2016 上海信息化年鉴

《上海信息化年鉴》编纂委员会◎编

Shanghai Informatization

上海人民出版社

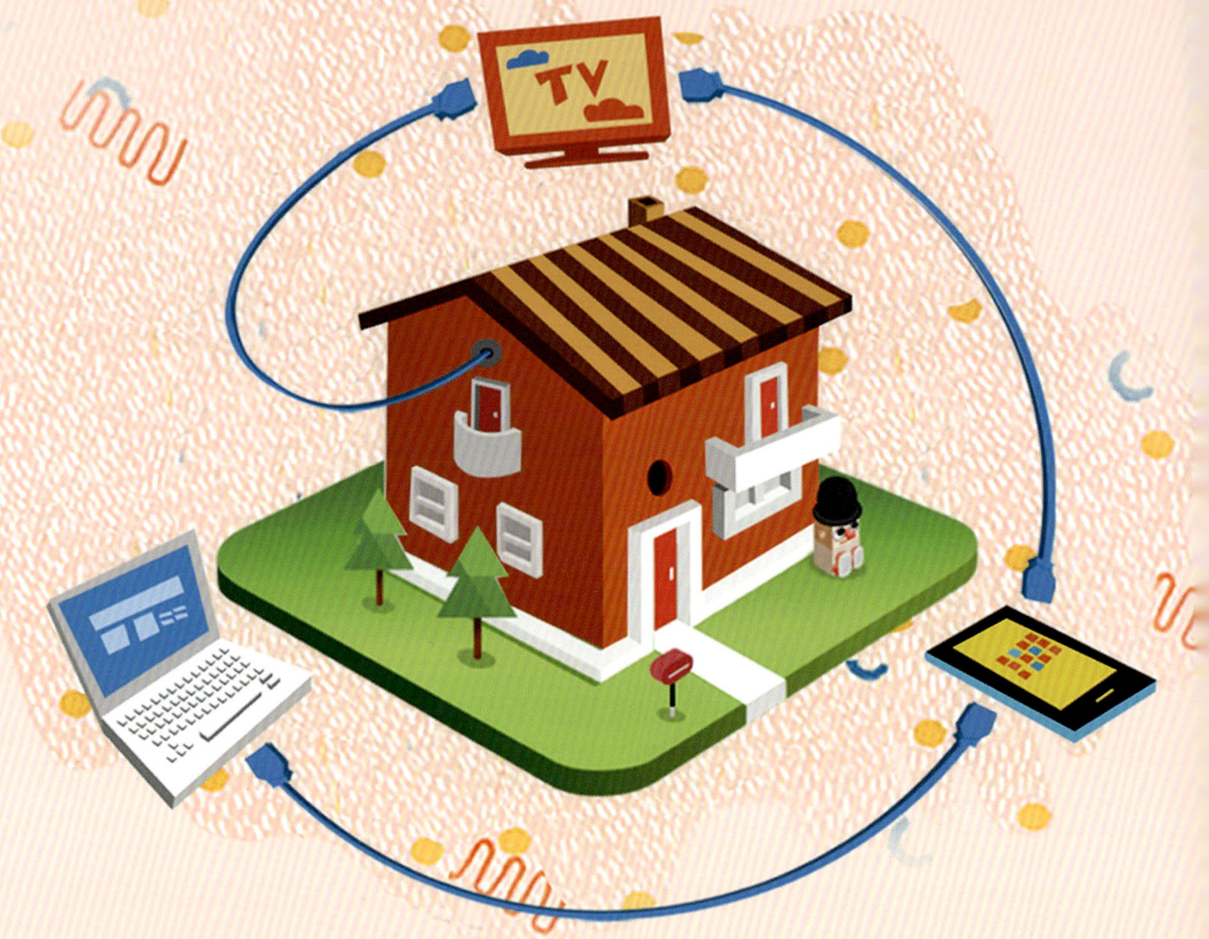

流程简单 使用方便 纯移动端操作

时尚消费模式 体现用户的信用价值

信用钥匙

更便捷的信用消费生活圈

娱乐化 人性化 社交化 黏度高

产品优势

便捷

100%线上操作

简单

无抵押 3步完成信用评估

急速

2万元以下即时
反馈评估结果

全面

多平台展示 多入口导入

《2016 上海信息化年鉴》编纂委员会

《2016 上海信息化年鉴》编辑部

主　　编：张晓莺

副 主 编：邵　娟

编　　辑：李　燕　李丹文　蔡晶静　殷晓磊

魏百慧　王　婷

承办单位：上海市经济和信息化发展研究中心

2015 年 11 月 3 日，由联合国工业发展组织主办的 2015 年全球 CEO 发展大会在上海开幕。

2015 年 5 月 9 日，上海首席信息官联盟论坛暨成立大会举行。

2015 年 10 月 28 日，杨浦国家创新型城区高层发展战略咨询会暨湾区创新创业论坛举行。

2015 年 7 月 15—24 日，上海国际信息消费节举行。图为互联网 · 消费金融论坛现场。

2015 年 11 月 3—7 日，第十七届中国国际工业博览会在上海举办。

2015 年 7 月 30 日—8 月 2 日，第十三届中国国际数码互动娱乐展览会在上海开展。

2015 年 11 月 27—30 日，第二届上海国际科普产品博览会举办。

2015 年 11 月 4—7 日，2015 中国上海智慧城市及智能产品展览会召开。

2015 年 4 月 23 日，第十三届亚洲打印技术及耗材展览会在上海举办。

2015 年，上海全面推广“社区智慧微菜场”项目。图为市民在社区便民自动售菜机上买菜。

2015 年 9 月，上海无线电管理宣传月活动。图为嘉定区开展无线电宣传月广场活动。

2015 年，上海大力发展智慧交通体系。图为市民在公交站点电子预报屏前了解公交车到站实时情况。

2015 年，自助式智能提货柜出现在上海各个角落。

2015 年 8 月 14 日，黄浦区举办信用实事项目进社区活动，百余位居民参加。

2015 年，上海市人民政府将“为全市法人和市民在线免费提供一次信用查询报告”列为市政府十大实事项目之一。图为虹口区开展信用报告查询体验宣传活动。

目　录
Contents

第二章 信息服务业

第三编 政务领域信息化

综 述

第一章 政务信息资源与基础支撑系统

第二章　重点业务系统建设和机关信息化

第六编 信息安全

综 述

第一章 信息安全管理

第二章 信息安全服务

第三章 信息安全技术研发及产业化

第七编 信息化环境

综 述

第一章 信息化政策法规

第二章 信息化人才工作

第三章 信息化研究与咨询

第四章 信息化宣传

第五章 行业(专业)协会发展

第六章 信息化合作交流及重要会展

第八编 区县信息化

综 述

第一章 浦东新区信息化建设

第二章 徐汇区信息化建设

第三章 长宁区信息化建设

第四章　普陀区信息化建设

第五章　闸北区信息化建设

第六章　虹口区信息化建设

第七章　杨浦区信息化建设

第八章　黄浦区信息化建设

第九章　静安区信息化建设

第十章　宝山区信息化建设

第十一章　闵行区信息化建设

第十二章　嘉定区信息化建设

第十三章　松江区信息化建设

第十四章　金山区信息化建设

第十五章　奉贤区信息化建设

第十六章　青浦区信息化建设

第十七章　崇明县信息化建设

第九编　社会信用体系

综　述

第一章　信用制度建设

Shanghai Informatization

特　载

要论

适应新常态　构建信息安全工作新局面

——在上海市智慧城市信息安全保障工作会议上的讲话

认清形势、提高认识，适应新常态、迎接新挑战

要准确把握工作新要求

习总书记对信息安全工作非常重视，亲自担任了中央网络安全和信息化领导小组组长，对涉及网络安全和信息化发展的一系列重大问题提出了要求和指示，指出“没有网络安全就没有国家安全，没有信息化就没有现代化”，强调两者是“一体之两翼，驱动之双轮，必须统一谋划、统一部署、统一推进、统一实施，做到协调一致、齐头并进”。同时，上海自身工作也有特点，在开展“四个中心”建设，尤其是具有全球影响力的科技创新中心建设，推进“四新”经济、自主可控战略性新兴产业发展中，信息化是上海形成核心竞争力的关键环节，信息安全具有重要的基础支撑作用。

要努力适应工作新常态

上海经过多年信息化领先发展战略的持续推进，发展水平领跑全国，城市运行已高度依赖网络和信息系统。一旦出现信息安全问题，那就是一把“双刃剑”。市委、市政府在城市安全工作中强调“党政同责、一岗双责、齐抓共管”，“管业务的必须管安全，管行业的必须管安全，管生产经营的必须管安全”。信息安全是城市安全的重要一环，在大力推进信息化建设的同时，必须加强信息安全保障，及时化解智慧城市建设中的安全风险，有效应对安全事件高发态势，这是当前工作的“新常态”。

要充分重视安全新情况

随着信息化对政治、经济、社会等各领域不断渗透和融合，网络安全已经成为国家间博弈的焦点问题。“棱镜”事件及其后披露的大量APT(高级持续性威胁)攻击表明，针对工业控制系统的隐蔽攻击，会对关键基础设施的安全运行构成极大威胁，上海拥有大量的关键设施和跨国总部，数据和信息资产具有极高的价值，极容易成为被攻击的目标。移动互联网、物联网、大数据等新技术成为信息化新一轮发展的重要驱动力，但部分新兴应用的安全保障机制尚未成熟，安全隐患突出，一旦出现问题，影响量大面广。

要认真审视社会新期待

当前全社会对于信息安全问题的关注度呈上升趋势。一方面，钓鱼网站、电信诈骗、网络制售假等涉网犯罪行为高发；另一方面，信息泄露事件时有发生，严重侵害了企业和个人信息安全。随着市民个人隐私保护和维权意识的日益提高，企业对于商业机密的更加重视，这些影响切身利益的突出问题，必须认真加以应对和解决。

总而言之，一方面随着智慧城市建设的大力推进，城市建设、市民需求、企业发展，以及新商业模式都更加依赖信息化，离不开信息化；另一方面，信息安全风险也越来越大，日益成为城市运行和安全生产的重要组成部分。为此，在智慧城市信息安全保障工作中，应进一步提高责任意识和忧患意识，不断夯实网络与信息安全保障基础。

理顺关系、协同作战，着力构建工作新局面

网络和信息安全攸关城市安全、公众利益和社会稳定，在大力推进智慧城市建设、积极发展互联网经济进程中，上海按照国家要求，紧密结合实际，按照“谁主管谁负责、谁运行谁负责”的原则要求，聚焦智慧城市信息安全保障，着力处理好“五个关系”。

要处理好政府与市场的关系

信息安全已经成为影响到每一个法人和公民的社会问题，要通过法规和标准体系建设，充分发挥社会中介组织和市场主体的作用。要通过实施信息安全审查等制度，保障关键信息基础设施的安全可靠。

受中央网信办委托，上海市经济和信息化委员会在青浦区开展了党政机关云服务安全审查试点工作，下一步要探索建立面向党政机关信息系统的安全审查机制，政府部门带头使用自主可控的产品与服务。同时按照“依法管网”的总体要求，营造公平守法的社会环境，市公安局、市通管局、市工商局等部门加大对网上违法行为的监管和打击力度；市法制办、市经济信息化委等部门加快推动公共信息系统个人信息保护和关键信息基础设施防护等立法工作。

充分发挥行业协会、功能性机构、联盟等第三方作用，抓好网络欺诈和假冒网站防范、统一身份认证服务、互联网金融安全、工控信息安全仿真测试等公共平台建设，积极推进行业自律，加强网络综合治理。上海加快建设具有全球影响力的科技创新中心，主战场在经济社会发展领域，主体是企业，要充分依靠信息技术企业自主创新，通过基金、园区、联盟等载体的联动和协同，为自主可控信息技术、产品和服务的创新发展营造良好环境。

要处理好安全与发展的关系

在发展的同时考虑信息安全，在狠抓安全生产的同时狠抓信息安全，时至今日，安全生产事故有可能发生在信息安全领域。信息安全不能简单地通过不上网、不共享、不开放来保安全，这样做不仅会降低信

息化效率，还会失去发展机遇。要集中精力落实好新一轮智慧城市建设三年行动计划明确的9个信息安全重点专项，做到信息安全与信息化协调一致、齐头并进，以安全保发展、以发展促安全。市政府重点推进的政府公共数据资源开放、网上政务大厅、信用报告在线查询等重点项目，要做好信息安全与信息化的同步规划、同步建设和同步运行。

要理顺面上统筹与突出重点的关系

全面深化城市信息安全保障体系建设过程中，在完善面上管理制度的同时，要围绕城市运行安全这个“底线”，抓住重点领域、关键环节中的“牛鼻子”。对影响城市运行安全的重点领域进行全面梳理，包括电信网、广播电视网、互联网等基础网络，政务、金融、医疗保险等重要网站和信息系统跟供水、供电、供油、供气等城市生命线系统，以及石化、钢铁、装备制造等工业控制系统。

要处理好当前与长远的关系

2015年是全面完成“十二五”规划的收官之年，也是落实新一轮智慧城市建设三年行动计划的攻坚之年，必须切实落实好市政府常务会议已经明确的2015年各项重点工作。同时，2015年又是谋划和编制“十三五”规划的关键之年，要按照需求导向和问题导向，准确把握发展趋势和当前面临的瓶颈问题，按照国家战略部署，把“十三五”期间重点任务落实到规划，落实到工程方案，落实到具体措施。

要处理好投入和效益的关系

要加大信息安全投入，并更多考虑社会效益。目前电子政务网络系统硬件基础条件比较好，但在数据资源开放和大数据中心建设过程中，市发改委、市财政局要改变以往项目和资金管理思路，加强对带头人和团队支持，以及政策、人才等软环境的建设，要创新方法和机制，如引入民营企业参与竞争的PPP等新模式。信息安全是高技术的对抗，关键靠人。市经济信息化委、市人社局等部门，要围绕智慧城市信息安全保障的客观要求，加快做好多层次信息安全人才体系建设研究，着力培养和汇聚一批信息安全高技能人才，加快培训一批专职从业人员，吸引领军人才来沪创业发展，办好网络安全宣传周和信息安全技能竞赛。

（上海市副市长　周　波）

把握信息时代机遇　谋划智慧城市建设新思路

——在智慧城市建设工作推进会上的讲话

按照市委、市政府发布的《上海市推进智慧城市建设 2014—2016 年行动计划》，要加快各项任务细化分工和落实，形成全市推动智慧城市建设的合力。总体来看，上海智慧城市建设在全市各部门共同努力下，推进有序、成果丰硕，为提升上海城市竞争力做出了积极贡献。

深刻把握信息化时代的特征、机遇和挑战

信息化已经成为当今最显著的时代特征，作为信息化与城镇化、工业化融合发展的产物，智慧城市建设成为世界各大城市改善发展环境、促进城市功能提升的共识，智慧城市掀起了信息化建设领域的新一轮高潮。纵观国内，围绕智慧城市的探索与实践在各地如火如荼地展开。据不完全统计，全国近 400 个城市和地区开展了智慧城市建设试点，其中不少城市将智慧城市建设作为发展的核心战略。同时，包括国家发改委、工信部、住建部等在内的相关部委也就智慧城市展开了一系列调研和试点，相继出台促进发展的相关政策举措。

但智慧城市建设不宜一哄而上、同质化发展，需要因地制宜、紧扣需求、突出重点地持续推进。智慧城市已成为这个时代城市创新发展的必然选择，在这股潮流中，要关注以下几方面形势。

国际形势

以信息技术为核心的新一轮科技革命正在孕育兴起，互联网、移动互联网日益成为创新驱动发展的先导力量，深刻改变着人们的生产生活方式，推动社会发展。抓住移动互联网、大数据、云计算、物联网带来的机遇，加快产业转型升级迫在眉睫。与此同时，发达国家对核心技术和产业转移依然采取诸多限制，并在知识产权保护、进出口贸易等方面设置了一系列壁垒，旨在维护自身优势，限制后发国家在这轮科技革命中“出线”。因此，上海必须补足核心技术这一短板，以建设科技创新中心，发展“四新”经济为契机，在某些关键领域掌握一批核心信息技术，并加快产业化和实际应用，这是建设智慧城市的根本所在。

全国局面

习总书记亲自挂帅2014年年初成立的中央网络安全和信息化领导小组，并提出“没有网络安全就没有国家安全，没有信息化就没有现代化”的重要论断。网络安全和信息化作为“一体之两翼、驱动之双轮”的辩证关系已经明确，在推动智慧城市建设过程中，必须牢牢把握网络安全这一“底线”，确保在发展的同时，不出现重大的网络安全事故。

上海自身

未来几年是上海加快建成“四个中心”和现代化国际大都市，加快向具有全球影响力的科技创新中心进军，不断创新社会治理和加强基层建设的关键时期，在此过程中，必须发挥好信息化的引领、带动和支撑作用。与此同时，上海智慧城市建设的重心正逐步从信息基础设施转向智慧化应用推广，智慧城市建设与全市经济社会发展的各个领域深度融合成为自身发展的迫切需求。

上海智慧城市建设一定要破除“两张皮”现象，真正将新一代信息技术和信息化理念融入上海城市发展、市民生活、政府改革的各个领域中。

不断完善智慧城市建设机制、重点和载体

对于智慧城市建设工作而言，找准方法和完善机制尤其重要。上海下一阶段的智慧城市建设要聚焦“四个抓”。

抓重点

智慧城市涵盖了城市运行、经济发展、政府治理和市民生活的各个领域，政府推动智慧城市建设，必须在阶段、领域上突出重点，有序推进。在阶段重点上，智慧城市建设第一轮三年行动计划确定了基础先行的策略，着力推进光纤宽带网、无线局域网、3G和4G通信网等建设，为大力推动智慧化应用提供了有力的支撑。

现阶段强调应用推进，就是要加强智慧城市建设成果的展现度，把基础设施利用好，把信息资源整合好，把信息服务提供好。同时，信息化应用需要突出领域重点，要把市民、企业及政府自身需求作为应用推进导向，要从上海特大型城市发展和战略定位出发，明确智慧城市应用推进的着力点，避免重复建设和盲目投入。近年来，上海在交通、卫生、城建等领域的信息化应用取得了积极的进展，涌现出交通综合信息平台、医联工程、网格化平台等一批具有代表性的应用项目。

下一步，一方面要把这些有较好基础的应用深化好，形成上海智慧城市“名片”，另一方面要进一步围绕民生服务、社会治理和政府改革，发掘一批信息化应用新亮点，逐步推广智慧城市的应用覆盖面。

抓载体

智慧城市是一个相对宏观的概念，在具体工作推进中需要明确若干个具体的区域载体，将智慧城市建设的内容细化分解，并形成有针对性的建设方案。新一轮三年行动计划中提出，围绕社区、村庄、商圈、

园区和新城，形成智慧城市“新地标”，这些“新地标”就是智慧城市建设的重要载体，各个领域的建设内容都要向载体集聚，政府政策资源向载体倾斜，市场化的推进力量向载体引导，通过三年的持续推进，形成标杆效应和在全市推广的成功经验。

与此同时，载体建设往往涉及多个部门，及部门与载体自身的协作配合，特别是智慧新城建设，某种程度上就是智慧城市在新城范围内建设的试验田，具有很强的综合性。因此，在智慧城市“新地标”建设过程中，各部门之间，以及与相关区县或单位间，要打破行政边界，加强协作，形成合力，不断探索和创新工作机制。

抓评估

智慧城市建设是一个长期的过程，政府在过程中应扮演引导者、推动者的角色，真正的建设主体是企业。因此，如何发挥好政府的引导和推动作用是思考智慧城市建设工作的关键。近两年，在工信部指导下，中国电子信息产业研究院开展了全国信息化发展水平评估工作，并对各省区市信息化水平进行了测评，上海连续两年综合指数位居全国第一，有效促进了各省区市及相关企业对信息化建设的投入。上海也借鉴其模式，推动了面向区县的智慧城市发展水平评估，提高区县的积极性。同时，在信息基础设施能级、信息化与工业化融合等专业领域，也探索性地开展了评估工作，形成“以评促建”的良好局面。

下阶段，在继续深化完善智慧城市综合性评估的同时，要结合重点工作推进和示范载体建设，充分依托社会第三方机构开展一些针对性强的评估，发并布评估报告和建设指南，既形成了公共产品，又强化了市场引导。

抓示范

智慧城市建设过程中，政府除了要做好引导，发挥市场主体的力量，同时也要把政府自身的信息化建设作为重要的示范工程推进好，并与政府职能转变和行政体制改革有机结合。目前，抓政府信息化示范，重点是要推进好政府数据资源开放共享，这是政务信息化的基础性工作，也是一项协调难度很大的工作，上海市委、市政府对此高度重视，市政府办公厅和市经济信息化委作为牵头部门，在各部门配合下开展了大量工作，出台了相应实施意见，开通了上海数据服务网。但开放数据的质量、数据的领域覆盖面、相应的更新维护机制方面依然存在一定差距。

下阶段，要把推进数据资源向社会开放作为重要工作，抓紧梳理部门数据资源、编目和注册，推进社会关注度高、应用需求迫切的数据资源进一步向社会开放。

抓紧谋划智慧城市新的思路、战略和规划

2015 年是智慧城市新三年行动计划推进落实的重要一年，也是全面完成“十二五”规划，启动谋划新一轮五年规划的关键一年。

智慧城市建设要体现好改革和创新的要求

国家对于上海的要求是当好改革开放排头兵和科学发展先行者，上海承担着国家“两带一路”战略、自贸试验区建设、科技创新中心建设等一系列重大战略任务，自身也面临着转变政府职能、优化社会治理、保障民生服务、改善生态品质、推动产业升级等一系列重大课题。因此，下阶段的智慧城市建设将充分体现改革和创新要求，在建设内容上进一步聚焦全市重点任务，在工作机制上积极探索政府和市场的合作模式，在推进举措上创新突破一批政策抓手。

智慧城市要与科创中心建设紧密结合

上海当前工作的重中之重就是要拿出建设具有国际影响力科技创新中心的方案，2015 年市委一号课题专门研究这项工作。信息化作为覆盖现代化建设全局的举措，应该在上海建设科技创新中心过程中发挥重要的引领和支撑作用。要把智慧城市建设与科创中心建设有机结合起来，“十三五”期间，在信息资源开放利用、信息经济发展和信息科技创新、信息基础设施和网络安全支撑等领域聚焦一批重点项目和工程，成为上海科创中心建设的重要内容。

智慧城市五年规划要与三年行动计划有机衔接

上海市委、市政府在智慧城市建设领域已出台了两轮三年行动计划，对智慧城市的建设框架、体系内容和阶段重点提出了明确要求。编制“十三五”规划要承接好两轮三年行动计划内容，既体现规划的前瞻性、引导性，又在具体工作内容上与三年行动计划有所呼应，并要求各部门对本领域信息化建设做好顶层设计，按照集约协同的原则规划好一批信息化管理和服务平台，提出相应工作举措。

（前上海市政府副秘书长　徐逸波）

求真务实　创新进取　攻坚克难
推动各项工作取得扎实的成效

——在市经济信息化系统2016年党的工作会议暨两委工作会议上的报告

上海深入贯彻中央经济工作会议、十届市委十次全会、上海“两会”、工业和信息化部年度工作会议要求，围绕实施制造强国、网络强国战略和“十三五”开局，抓推进、抓落实、补短板，全面部署推进产业和信息化各项工作。

2015年工作及“十二五”总体情况

2015年，上海经济和信息化系统落实市委、市政府部署要求，以“改革、创新、转型、升级”为主线，推动产业经济和信息化工作取得进展，“十二五”目标任务基本完成。特别是加大调结构工作力度、积极对接“互联网+”行动和中国制造2025、大力扶持“四新”经济，被国务院列为地方工作典型经验做法，在全国通报。

产业经济效益和结构向好。工业经济效益进一步提升，产业结构进一步优化，土地利用效率进一步提升。

重大项目实现新突破。落实中国制造2025战略，举办全市领导干部专题研讨班；发布《加快发展智能制造助推全球科技创新中心建设实施意见》；成立全市集成电路产业发展领导小组，形成集成电路产业发展投资基金方案。北斗卫星导航应用系统迈出重要步伐；新能源汽车累计推广超过4万辆，继续位居全国第一；第十七届中国国际工业博览会成功举办，成为落实中国制造2025的成果发布平台。

“四新”经济取得新进展。市政府与工信部签约共同推进上海“四新”经济实践区建设。优化“四新”经济推进机制，开展85个“四新”经济创新基地试点；新创建10个“工业和信息化高技能人才培养基地”，成立智慧医疗、互联网教育等15个产业联盟。向36家企业发放“四新”服务券，首批27家企业在科技创新板挂牌。同时,发展专业化、特色化、集成化的众创空间,中国工业设计研究院等项目有序推进;对接“四个中心”建设,协同推进大宗商品电子交易等平台经济发展。

产业结构和整体布局进一步完善。在结构调整方面,按照“四个锁定”要求,调整实施淘汰落后产能项目 1 236 项。聚焦重点区域转型发展,启动 9 个重点区域调整;发布产业结构调整负面清单(2015 版);深入开展节能降耗,创建绿色产业园区,加快发展节能环保产业。在基地园区建设方面,深化“区区合作、品牌联动”,发布全国首份《产业园区创业服务体系建设导则》,建设 15 个国家新型工业化产业示范基地。

融合发展效能进一步提升。在智慧城市方面,提升智慧应用水平,开展工业云应用试点,成立 CIO 联盟;市政府与腾讯、阿里巴巴合作推进“互联网+”战略,深化智慧园区、智慧社区、智慧商圈等建设;提升宽带城市和无线城市服务功能,光纤到户覆盖总量达 880 万户,4G 网络基本实现全市域覆盖;强化信息安全保障,信息安全总体可控。在军民融合发展方面,协调保障全市国防科研生产任务和“绿色通道”畅通,军工配套体系建设取得新进展,国家军民标准通用化试点等政策在上海先行先试;军民融合产业工业总产值 3 390 亿元,同比增长 15%。

政府职能和综合环境进一步优化。在信用体系建设方面,中国(上海)自由贸易试验区信用建设成果在全国复制推广,已建和在建区县子平台 15 个;完成“为全市法人和市民在线免费提供一次信用查询报告”年度市政府实事项目。在企业服务,特别是央企服务方面,服务商飞等央企总部入驻世博园区,推进市政府与中核集团等战略合作;打造服务外企平台;支持浦东新区入围国家首批“小微企业创业创新基地城市示范”。在政府职能转变方面,发布行政权力清单和责任清单,取消 4 项行政审批事项;制定《上海市政务数据资源共享管理办法》,推进设立产业转型升级投资基金。

“十二五”期间,全市产业经济聚焦“新和增”、“减和压”,推动转型升级和结构优化,各项目标任务基本完成。全市规模以上工业增加值年均增长约 4.3%,生产性服务业增加值年均增长 13.8%,工业和生产性服务业增加值占 GDP 比重达到 60%。共完成产业结构调整项目 4 208 项,涉及产值 1 086 亿元,节约标煤 435 万吨;全市规模以上工业单位增加值能耗累计下降 22.9%。同时,推进实施智慧城市建设两个三年行动计划,上海信息化发展水平综合指数、网络就绪度、信息通信技术应用指数连续两年位列全国第一。

2016 年重点工作任务部署

2016 年是“十三五”开局之年,要牢固树立创新、协调、绿色、开放、共享发展理念,对接制造强国、网络强国战略,坚持稳中求进工作总基调,保持战略定力,坚定发展信心;更加注重减与压及园区转型升级,更加注重拓展网络经济空间与智慧城市应用突破,更加注重两化深度融合、军民深度融合,更加注重信用、法治环境与政府效能建设。主要预期目标是:实现规模以上工业增加值增长 0.5%左右;完成产业结构调整项目 1 000 项,工业增加值能耗下降 1%;年内光纤入户率达 60%,家庭光纤用户平均互联网接入宽带速率达 40 兆,固定宽带用户平均可用下载速率超过 13.5 兆。

夯实基础支撑工作，确保守底线稳增长。韩正书记在十届市委十次全会上提出，“十三五”期间制造业增加值占GDP比重保持在25%左右。从当前国际国内形势来看，“十三五”前三年仍面临较大的下行压力，制造业很可能呈现先抑后扬的态势，要千方百计稳增长，在提质增效上有新起色。一是对接国家部署。二是抓重点项目推进，聚焦10亿元、亿元以上重点项目。三是推动产业、科技与资本对接。四是促进工业品消费升级。五是加强运行监测分析和政策储备。

贯彻中国制造2025，推动产业向高端转型。杨雄市长在全市中国制造2025研讨班上提出，要着力提升产业技术创新能力、两化融合能力和参与国际竞合能力，大力发展高端制造业。一是对接工信部中国制造2025“1+11”支撑体系，对接已发布的5个专项实施方案(高端装备创新、绿色制造等)，尽快形成上海的实施方案。二是以智能制造作为主攻方向，加快实施智能制造应用示范、自主突破、标准支撑、平台创建、载体建设五大工程；加大智能制造装备与软件等关键共性技术攻关力度，加快机器人等产业集聚区建设。三是聚焦产业链高端环节，提升新能源汽车产业化能力和自主品牌汽车影响力，抢占智能网联汽车制高点；深化钢铁供应链建设，推动化工产业重组和布局。四是加快发展生产性服务业，实施服务型制造三年行动计划，支持总设计、总集成、总承包、总运维以及互联网金融、互联网教育等产业化示范项目。五是推动军民融合发展。

大力发展“四新”经济，培育经济新动能。一是加快部市共建“四新”经济实践区，落实2015年合作协议各项内容，融合众创空间、“四新”基地等，打破围墙、放大空间、叠加功能，形成“四新”经济实践区的试点区域。二是促进制造业创新能力建设，对接国家制造业创新中心建设工程，积极争取国家试点；打造共性技术研发平台，滚动建设产学研合作创新示范基地，加快推进科技成果产业化。三是继续深化完善“四新”经济工作机制和工作模式，探索解决一批“四新”企业瓶颈问题。四是推进战略性新兴产业加快突破，如继续推进“1213”自主可控桌面系统建设；加快物联网、高端医疗装备、下一代网络和通信等新兴产业培育发展。

深化智慧应用，提升智慧城市感知度。要全面落实2014—2016年智慧城市三年行动计划目标任务，推动“两化”深度融合，深化各领域智慧应用。一是促进工业化与信息化深度融合。实施互联网与产业融合创新工程；落实“互联网+”行动实施意见；出台大数据发展行动方案，成立上海数据交易中心、大数据发展联盟等功能性机构。二是拓展智慧应用。三是建成宽带城市和无线城市。四是切实保障网络安全，制定二年行动计划，打通信息化领域的“断头路”、“断头桥”。

加大结构调整力度，促进产业绿色发展。一是推进“1350”计划，“十三五”期间聚焦50个重点区域，落实专项调整路线图及年度实施计划。推进产业基地、产业城区、产业社区与零星工业用地融合发展，2016年第一季度要把整个土地、产业园区家底摸清，统筹谋划产业结构调整与节能减排、园区转型、生态建设、“四新”经济、众创空间、社会治理协同推进。二是聚焦重点项目，严格环保、能耗、技术等标准，扩大差别化电价应用范围，实施产业结构调整项目1 000项；继续推动桃浦、吴淞、高桥等重点区域调整转型。三是优化产业布局，推动产业集聚发展，加强国家级、市级新型工业化产业示范基地建设，推进30家左右产业园区转型升级试点，落实土地全生命周期管理，支持重大产业项目落地。四是推动绿色发展。

转变政府职能，营造良好发展环境。一是建立全过程信用管理模式，发布数据、应用、行为“三清单”和编制标准，以及相关实施指南；强化信用信息共享应用，拓展政府部门应用事项，加强宣传推广；启动建设市信用平台二期，支持浦东、嘉定申报创建国家信用建设示范城市。还有一项重大任务就是推动信用体系建设人大立法。二是提升服务企业能力，发挥全市服务企业直通车平台作用，加大对新业态、新模式项目的招商服务力度，为符合导向的企业和产业发展创造条件；加强与在沪央企、外资、民营企业对接，培育壮大一批细分行业“隐形冠军”；办好第十八届工博会，为上海企业“走出去”提供舞台和窗口。三是坚持依法行政、转变职能。

凝心聚力共同提升产业经济和信息化工作效能

第一，要直面困难、坚定信心，确保完成上海工业稳增长的底线目标。当前整体经济环境不容乐观，2016 年会非常艰难，要有信心，凝心聚力，共同提升产业经济和信息化工作效率，确保完成上海工业稳增长任务。另一方面，也要看到上海拥有完整的产业体系、强大的配套能力，以及改革开放释放的巨大红利、实施中国制造 2025 的时代机遇，这些主客观条件使得上海工业发展仍然具有较强的内在支撑、弹性空间和增长潜能。因此，要认清形势、找准问题、主动作为，把工业稳增长作为首要任务抓紧抓实。

第二，要聚焦重点、强化动力，加快形成产业结构优化提升的多重合力。一方面，必须坚持聚焦重点，要围绕解决重点领域的突出矛盾和问题，抓住牵一发动全身的关键环节，突出抓好两个专项行动。其一是产业提质增效专项行动，研究制定有利于企业降本增效等办法。其二是智能制造专项行动，要学习合同能源管理的办法，研究智能制造供给侧政策，搞活上海智能制造的产业和市场，培育一批重点行业龙头企业。另一方面，必须坚持多策并举。要激活存量，推动传统产业改造升级，盘活存量资产、修复发展活力。要培育增量，加快培育形成新的增长点(集成电路、新材料、高端装备等)，拓展产业发展空间。

第三，要锐意改革、大胆创新，以新思路新举措形成新亮点和新成效。2016 年重中之重是抓落实，一是要明确新的发展方向和推进思路。二是要研究制定更加精准有效的产业政策。针对要素使用、平台建设、环境营造等关键环节，研究制定出更加精准的政策，进一步降低企业成本。三是要围绕目标任务狠抓落实。以奋发有为的精神状态抓落实，把干事创业作为最大责任，做到勤勉敬业、善谋善为、守土尽责。要以扎实有效的工作措施抓落实，跨前一步、先行衔接，提高策划组织全球资源的能力和魄力，形成上下联动、全市一盘棋的总体格局；要强化目标管理、结果导向，严格效能监察，切实提升整体作战效能。

（上海市经济和信息化委员会主任　陈鸣波）

“互联网+”产业创新　推进上海经济转型发展

新常态下的产业发展新趋势

“互联网+”是当前全国热点，“互联网+”在行动，企业、产学研机构及社会其他各方等都在热火朝天地发展“互联网+”产业。在新的趋势出现时，不应固步自封，而应学习、关注它，做到知行结合；当趋势变成潮流时，需及时拥抱它；当它变成规律时，要遵循它而不是怀疑它。变化带来的创新具有破坏性，破除旧体系，创立新体系，其过程必然是痛苦的，创新对人类而言，机遇和挑战并存。

工业革命以来，每一次创新都是对传统社会结构、经济结构的调整，对就业及人们生活方式的颠覆。如蒸汽机的发明，遭到诸多反对；压缩机的发明，导致北欧制冰企业的倒闭；直至今日，面对创新转型也出现了许多问题，但最终创新消费的趋势将主导一切，由用户决定需求。

当前的创新，大多是对某个技术、某个工艺、某个产品碎片化的创新。对于中国而言，制造业总量世界排名第一，大而不强，就须在继续开放、创新、改革、包容的前提下，做到既向全球开放、鼓励“引进来”发展，又鼓励中国企业“走出去”，同时在工业基础、核心技术等关键领域，要有自主发展。既反对狭隘的民族主义，也摒弃虚无主义，把握从技术层面到产业的创新。

在创新背景下，天使投资、PE(私募)、VC(风投)支持“小而美”创新。互联网小企业从用户角度出发，聚焦精细定位、精准定位，成果突出。“大而美”创新是根据互联网移动化、泛在化的新发展，向5G时代、物联网时代、万物相连时代演进。比如ICT(信息和通信技术)问题，室内与室外的信息基础设施建设，除了建设基础网络，还应考虑如何提高用户感受度、均衡网络资源，于是出现了微机站及新的云端服务，将大集团整合并购、软硬结合，就是新的创新趋势。

目前我国经济发展有两个特点。一是中国经济体量巨大，若举全国之力发展某一行业，将会导致产业过剩，包括战略性新兴产业等。二是传统消费，特别是日常生活消费、传统资源商品消费、住房消费等进入新常态的增长。未来真正有爆发性增长的消费，可能是信息消费领域。结合上述两个特点，总书记在上海建设“四个中心”的战略定位基础上提出了更高要求，即建设具有全球影响力的科技创新中心。

科技创新中心的含义包括科学和技术两个维度。目前大家比较关注科学创新，如基础科学、基础教育、原始创新等。科学与技术两者的创新规律是完全不同的，前者是不能急功近利、不追求回报，基于基础理论、基本方法、基本路径的变化，跨越式考虑未来情况；后者要把技术的可行性和经济可行性有机结合在一起，并引入企业家精神。

我国许多创新中科技的孵化、加速、温室培育成功的转化率仅10%，与欧美国家相差若干倍，主要原因是产品并非由企业家主导。因此在创新发展中，应注意科技创新的公式——(TI+IT)×IT。(Technology Innovation + Information Technology)×Industrial Transformation，即技术进步加信息技术，整体进行产业变革。引领新经济的有影响力的创新，是结合技术创新、应用创新、模式创新相互融合形成未来版的创新模式，提升产业变革能力。而目前我国产业变革加速对接的问题仍未解决。我国政府从上到下的政策许多都致力于帮助企业解决发展创新问题，主要集中在供给侧，包括固定资产投资、技术改造、科技专项资金扶持、税收优惠政策、土地价格优惠等，以发达企业的“肌肉”，解决能力问题。但有“肌肉”没有订单，扶持政策作用不大，而若有订单，将激励企业锻炼“肌肉”。因此，需求侧也很重要。

当前中国的经济远没有达到发达国家的一元化和均衡化。从全国范围来看，发展的深度和广度不够，只有省会城市、中心城市和特大型城市发育比较健全、基础设施完善。二三线城市的就业能力、生活配套，包括污染治理、环境治理、文化生活、交通水平等方方面面严重滞后，且大量的资产闲置，产能过剩，与一线城市的落差很大。当前我国制造业的平均产能利用率仅68%，而全球的平均产能利用率是78%，以美国和欧洲为代表的发达国家产能利用率则达到了87%。

“四新”经济是上海推进科创中心建设的重要承载力量，“四新”经济是去政府主导的产业定位，不做顶层规划、不分传统和现代、不设定统计口径、不锁定发展内容、不固定推进模式和方法，而是尊重市场、尊重创新、尊重基层、尊重规律，坚持眼睛向上，看中央的战略部署和我们自身的责任、能力和机会；眼睛向下，看企业、看技术、看产品；眼睛向外，看国际产业变革、创新、发展的趋势和规律；眼睛向内，看政府职能转变，借助上海自贸试验区平台开展创新试点，形成可复制可推广的经验。上海要做好高端服务业和高端制造业，发挥在国内智能制造领域价值链处于相对高端、产业链较完善、创新链协同较强、资源链相对集聚的基础优势。

布局“互联网+” 推动产业与信息化融合

移动互联网改变生活，生产、再生产和生产性服务业是社会产业的主体，汽车行业将会是下一个与“互联网+”融合的产业。汽车是工业中最大的最终消费品，它花费几十万元，能开十几万公里，如果全球汽车市场覆盖人口总量，地球的污染将变得极其严重。而以当前汽车产能，预计不久的将来市场就将达到饱和。但汽车产业不是单一维度的，有新能源汽车的发展、无人驾驶技术的发展等，面临着传统汽车技术的调整，未来汽车产业的模式会互联网化，将有几个变化：第一，汽车从工厂主导、制造主导，逐渐转向制造平台化、制造联盟化、制造分享化；第二，互联网汽车将出现联盟化，实现混线生产，像国际航运那样联盟化、干线化、规模化，发展为定制汽车。加强信息化和城市化融合，充分打通位置网、道路交通网和车联网，能解决大部分车辆的交通问题。例如嘉定新能源汽车分享模式，是社会公开透明、扁平化透明化发展的体现。

上海发展“互联网+”，一是要紧跟国际趋势和潮流，着眼于当下；二是要结合中国的特点，既不能捧杀、也不能棒杀。目前我国正面临着经济转型，上海需带好这个头，发挥自身优势。中国现代工业、近代工业从上海起步，并有100多年的工业积淀，因此国家准备建设的工业博物馆地址首选上海。上海同时也要发展“小轻新”、“小而美”的产业，这就需要大众创业、万众创新，而政府需回归以服务为主的职能。

关于“互联网+”的有关思考

对于“互联网+”和“+互联网”的区分，需要从经济和社会管理的层面理清概念。目前经济可分为互联网经济和经济互联网。经济互联网是传统行业用互联网工具、引入互联网人才、引进互联网技术平台来改造自我、开展互联，是“+互联网”，如苏宁电器、国美电器做的互联网就是电器消费领域触网，网络银行就是金融界触网。互联网金融、互联网经济则是纯粹第三方的互联网企业进入实体经济行业，即“互联网+”。

“互联网+”背景下，不同领域的融合度和成熟度各不相同。比较低端、融合度较低的是农、林、牧、渔，受限于农业互联网、农业信息化和人才培训等因素。其次是第二产业中的基础供应领域，如燃气、电力、水利和一般制造业。比较高端的互联网成熟度较高的是公共服务，包括公共卫生、公共事务、教育和公益性活动。融合度更高的是生产的市场服务，如金融服务、物流、房地产中介、批发业、大宗商品。互联网企业在与传统企业融合发展过程中，行业的主管部门应先服务后管理，帮助企业发展。

“互联网+”使传统的资本论、宏观经济管理、行业关系、区域经济管理等理论都发生了变化，上海未来的城市总体规划框架要对互联网深入研究。信息化对消费产业模式创新的变化与工业经济不一样，它不是一个直线或是抛物线，而是台阶状的，是一个量的积累，而后转型升级。以此结合时代特征、中国特色和上海特点，谋篇布局做好上海的规划。

（上海市经济和信息化委员会）

总 述

2015 年上海市国民经济和社会信息化工作综述

2015 年是《上海市国民经济和社会信息化"十二五"规划》的收官之年，同时也是《上海市推进智慧城市建设三年(2014—2016)行动计划》的关键之年。上海智慧城市建设在"创新驱动发展、经济转型升级"的总体战略部署下，重点围绕"活力上海"(LIVED)，全面推进智慧民生、智慧经济、智慧治理、智慧政务、智慧新地标五大行动及下一代信息基础设施、新一代信息技术产业、网络安全保障三大支撑体系建设，并取得全新突破，以便捷高效的信息感知和智能应用体系为重点，以高速泛在的下一代城市信息基础设施体系、绿色高端的新一代信息技术产业体系、自主可靠的网络安全保障体系为支撑的智慧城市框架体系进一步完善。发展至今，智慧城市已成为突破全市土地、能源、人口、环境等约束性条件限制，全面推进上海"四个中心"和具有全球影响力科技创新中心战略部署的关键举措。

下一代信息基础设施支撑体系持续完善，服务能级显著增强

公共信息基础设施综合服务能力大幅提升。2015 年中心城区集约化信息管道平均覆盖率达到 90%；接入商务楼宇、移动基站、企事业单位、居住小区等 5 952 栋(处)；光缆建设达到 5 042 皮长公里(约59 万芯公里)，调度机房 17 个，光纤交接箱 740 个；3G/4G 网络基本实现全市域覆盖，3G/4G 用户超过2 400万户，用户普及率超过 98%；移动电话用户达到 3 283 万户；互联网上网人数 1 773 万人，互联网上网人数普及率为 73.1%；城市公共区域 WLAN 接入热点累计达 14.2 万个；新建 450 处 i-Shanghai接入场所，总量达 906 处；互联网国际出口带宽超过 672 Gbps，互联网省际出口带宽增至5 600 Gbps。

信息网络和功能性服务设施服务能力进一步增强。截至 2015 年年底，全市光纤到户覆盖总量达到 880 万户，实际用户达到 470 万户；家庭宽带用户达到 620 万户，家庭用户平均接入带宽接近 35M，同比增长 80%；上海全市有线电视用户 720 万户，其中 IPTV 用户达 177 万户，高清数字电视和高清 IPTV 用户共计 327 万户，下一代广播电视网(NGB)覆盖 680 万户家庭；各类互联网数据中心(IDC)机架数总量达 4 万个；2015 年，上海超级计算中心完成了"魔方 2"安装运行，建立了上海大数据发展联盟网站、微信公众

号两个宣传平台以及“魔方大数据”系列论坛，发展会员近150家。

信息基础设施发展机制更加完善。编制了《中国(上海)自由贸易试验区信息基础设施专项规划》和《上海新一轮城市总体规划(2020—2040)——上海智慧城市信息基础设施专项规划》；建立了全市信息基础设施专项规划分级体系，支持黄浦、金山、虹口、长宁等区县信息基础设施布局专项规划编制；完成了《上海浦东新区三林滨江南片区信息基础设施专业规划》、《上海浦东新区北蔡社区Z000501单元(白杨路以西片区)信息基础设施专项规划》、《上海市嘉北郊野公园信息基础设施专项规划》等地块信息基础设施专业规划编制工作，并纳入区域控详规划。

智慧民生应用体系建设深入推进，推动全面建成小康社会

智慧健康应用体系深入推进。上海市健康信息网持续稳定运行，继续深化完善基于3 000多万份市民电子健康档案的卫生信息化工程，搭建市、区、社区中心“三位一体”的卫生综合管理平台；完成综合为老服务信息平台基本形成框架以及立项和招投标工作，初步形成“五个清单”基础数据库框架；面向残疾人群的“信息无障碍”作为重点内容列入上海智慧城市建设“十三五”规划；积极推动上海体育综合管理及数据分析共享系统立项建设。

智慧教育信息化应用深入推进。新版上海学习网平台持续稳定运行，市级平台在线课程达15 000门，截至2015年年底，上海学习网注册用户达到184万，比上年增加40%；上海教育数据中心IDC完成第四期扩容升级，虚拟化云平台通过三级等保测评；易班开放平台实现与高校UIS(身份认证系统)对接，同时完成易家教平台开发运营；社会就业服务信息化应用稳步推进。

智慧文化应用体系进一步完善。市民数字阅读平台资源总量达图书约34万种，期刊1 500种，报纸近1 000份，2015年市民数字阅读门户网站访问量达到1 342 418人次，APP提供电子书检索1 109 067次，较2014年增长128%；全年“一卡通”借阅总流通量62 194 458；图书馆微信平台累计用户104 200人；面向全市持证残障人继续深化无障碍数字图书应用；“文化上海云”平台主平台建设方案通过审批，嘉定、浦东、静安、徐汇、长宁、闵行、金山、松江、崇明9个区县子平台顺利上线运营；数字博物馆建设按计划稳步推进，建成数字博物馆群公共信息服务系统。

智慧交通工程建设有所突破。支持嘉定、奉贤、闵行、青浦、松江实施不同类别的智能集群调度模式；开发全市统一的道路停车场电子收费及信息接入系统，初步覆盖黄浦、徐汇、静安、长宁、普陀、浦东、嘉定等区部分道路停车场实时交易信息；建设公共停车信息平台和“上海停车”APP，缓解停车难问题；实现“上海出租汽车信息服务平台”上线运营。健全“市—区—街道(镇)”三级覆盖的“互联网+”旅游公共服务体系；推出使用智能手机扫描二维码下载客户端；锦江、携程等旅游企业积极推进旅游电商模式和可视化行程管理模式创新。

公共服务信息化应用深入推进。2015年电子账单公共服务平台注册用户数突破650万，年账单交易金额约100亿元；上海市失物招领平台积极深化为民服务应用；“上海天气”完成升级改造，获得“2015年

上海智慧城市建设惠民应用奖”;社区管理与公共服务信息化建设取得阶段性成果,农村信息化培训及普及工程深入推进。

智慧经济应用体系建设成效显著,加快打造创新创业新局面

两化融合工作进一步深入推进,强化产业转型升级力度。对接中国制造 2025 战略,编制《上海加快发展智能制造助推全球科技创新中心建设的实施意见》、《上海市推进互联网+行动实施意见》,修订《上海市高端智能装备首台突破和示范应用专项支持实施细则》;首批 8 家两化融合管理体系贯标试点通过达标评定,2015 年新增试点企业 29 家;中国东方航空、上海振华重工、上海康耐特光学股份有限公司入围国家互联网与工业融合创新试点;聚焦汽车、钢铁等重点产业开展新技术新模式创新、产业服务公共平台建设和信息化系统集成应用;成立上海首席信息官论坛暨首席信息官联盟,大力推进企业信息化建设。

金融业信息化建设深入推进,智慧金融体系不断深化。2015 年前三季度金融 IC 卡累计发行 18.83 亿张;互联网金融呈现规模发展态势,全年互联网金融经营收入达到 385 亿元,比上年同期增长 48%,其中第三方支付收入达到 270 亿元;浦东、黄浦、长宁、嘉定等区县建设互联网金融产业基地,推进互联网金融产业集聚;8 月筹建成立上海市互联网金融行业协会,发布《上海个体网络借贷(P2P)平台信息披露指引(试行)》(国内首个 P2P 行业信息披露指引);编写《上海互联网金融发展报告(2015)》。

智慧商贸应用继续保持良好态势,全面助力新经济发展。2015 年电子商务交易总额达到 16 452 亿元,同比增长 21.4%,其中 B2B 交易额 12 312 亿元,同比增长 15.7%,网络购物交易额 4 140 亿元,同比增长 42.6%;完成上海自贸试验区信息共享平台(一期)、跨境通平台的主体功能开发及海关金关二期工程自由贸易试验区海关监管信息化系统(二期)项目开发;2015 年 6 月 30 日上线运行国际贸易单一窗口 1.0 版,在此基础上,2015 年年底基本完成平台 2.0 版功能开发,全年单一窗口平台开户数超过 1 200 家;电子口岸无纸化建设不断完善,截至 2015 年 11 月月底,通关无纸化改革覆盖所有业务现场,无纸化率达到 92.3%,参与企业达 29.5 万家。

农业信息化应用继续深化,智慧惠农效果突出。开展“农民一点通”设备更新与便民服务功能拓展,全年完成 239 台新版“农民一点通”设备更新;印发《为农综合信息服务平台年度考核奖励办法》和《村申请撤销“农民一点通”的处理办法》;涉农补贴资金监管平台继续加强涉农补贴资金信息公开,农村集体“三资”监管覆盖镇级范围,公开信息查询点击量达 105.8 万次,涉农监管平台功能继续优化完善;上海农业物联网云平台整合接入 75 个业务系统与平台,顺利完成上海农业物联网区域试验工程首轮计划。

智慧治理应用体系建设稳步深化,支撑城市全方位健康发展

城市网格化管理信息平台建设持续稳定推进,全市 16 个区县 224 个街镇(含开发区)覆盖能级稳步

提升，城市网格化综合管理区级平台改造升级工作全面完成，浦东、徐汇、普陀、虹口等区级网格化管理建设取得明显成效；水务专业网格化管理系统对全市海塘、黄浦江、苏州河智能防汛预警、精细管理能力得到极大提升；市容绿化专业网格化管理信息系统和综合监管平台建设取得新进展，固体废弃物综合监管和陆域环境质量专业网格化管理能力增强；市政专业网格化管理系统和燃气服务信息化项目稳步推进；2015 年 9 月，启动覆盖全市范围的地下空间专业网格化管理系统项目建设，嘉定等区县地下空间网格化管理信息系统已投入运行，城市精细化综合管理水平极大提升。

城市运行安全管理信息化应用深入推进，完成人流密集场所安全风险监测平台建设并投入运行；全年完成 10 000 个视频监控点位覆盖，公共场所监控能力增强；编制完成“互联网警务建设和大数据应用创新的行动计划”；完成食品安全监管和信息服务平台“一网八系统”的主体建设，食品安全追溯平台涵盖 9 大类 20 个重点品种食品信息追溯，截至 2015 年年底，已有 5 705 家企业上传数据，数据总量 1 083 万余条；安全生产综合管理信息系统(二期)功能持续完善；智能化消防数字平台扩容升级与拓展应用建设稳步推进。

城市土地房屋管理信息化应用不断深化，建筑信息模型(BIM)技术深入应用于上海国家会展中心、轨道交通等公共建筑和市政基础设施项目，截至 2015 年年底，全市已有 162 个项目使用 BIM 技术；规划和国土业务管理在线监测信息系统在全市上线运行；完成国土资源部综合信息监管平台课题成果验收；形成“房屋统一数据库及住宅小区管理基础平台”项目建设方案；不动产登记信息平台完成业务规范梳理、数据整合和数据库建设、硬件环境搭建等近 300 个功能点的应用开发任务。

智慧政务应用体系建设趋于深化，全面提升公共服务水平

基础数据库建设有所突破，上海市法人库汇聚了 160 万户法人单位数据，实有人口库汇聚了全市 2 500万人口数据，空间地理库形成了覆盖全市陆域高分辨率空间地理基础信息；2015 年 5 月，上海市政府数据服务网 2.0 版正式开通，基本覆盖了各部门主要业务范围，涵盖经济建设、资源环境、教育科技、道路交通等 11 个重点领域，累计开放数据资源共 470 项；政务云公共平台有序推进，浦东新区构建区政务云数据中心，杨浦区基于政务云建设方案，形成了可落地、分步实施的细化方案；法人“一证通”数字证书应用全面深化，截至 2015 年年底，全市有效法人一证通数字证书共发放 152.52 万张；移动政务应用步入新阶段，有效支撑了政务领域移动办公、移动服务需求。

2015 年 7 月，以互联网+政务新模式构建集网上办事、政府信息公开、便民服务、政民互动等功能于一体的新型政务服务平台为目标，完成了“中国上海”门户网站全新改版并正式上线运行；“12345”市民服务热线增加了手机 APP 和网站，拓展为民服务渠道，热线开通以来共接听市民电话 450 多万个，接通率 93.2%，办结率 99.5%，回访综合满意率 91.4%；全年“12348”法律咨询专线共接答法律咨询 263 938 件，同比增长 7.12%；编制《上海市网上政务大厅建设与推进工作方案》，各委办相继完成条线网上政务大厅各项信息化建设任务，并推进相关行政审批事项接入市网上行政大厅。

2015年年底，上海市公共信用信息服务平台正式开通运行，平台已有包含行政机关、司法机关、公用事业单位在内的99家信息源单位，归集信息事项拓展至3 444项，基本覆盖全市常住人口及138万企业法人、事业法人和社会组织法人。区级信用信息平台建设取得进展，浦东、长宁、黄浦、闵行等区级子平台信用信息汇集能力和平台功能持续加强，2015年12月，金山公共信用信息服务平台正式开通，市区两级平台信用信息对接和互联互通能力提升；发布《上海市公共信用信息归集和使用管理办法》，信用制度建设不断完善。

智慧新地标工程建设跨入新阶段，智慧城市示范效应凸显

智慧社区试点工程取得新突破。发布了《上海市智慧社区发展白皮书(2015)》；完成了智慧社区需求调研，搭建了行业应用产品公共服务平台；建成浦东陆家嘴街道、闵行古美路街道、宝山友谊路街道、静安石门二路街道、长宁周家桥街道等全市首批5家示范社区；区县相关街道(镇)智慧社区建设积极有序推进，智慧惠民效果明显；社区事务受理系统实现了与9个条线、18个业务系统对接，完成了在长宁、(原)静安、闵行、嘉定4个区的试点。

智慧村庄试点示范工程有序开展。崇明县绿华镇绿港村和竖新镇仙桥村、闵行区七宝镇九星村等积极开展智慧村庄调研工作并取得良好成果；完成了金山区八字村“智慧村庄”试点项目建设，建设便民公共信息服务平台，信息基础设施配备和便民公共服务得到改善；新型农村合作医疗信息系统持续深化；积极开展上海市第二批“智慧村庄”建设试点，进一步加大智慧惠农力度。

智慧商圈试点工程效果突出。2015年2月，启动首批智慧商圈试点创建活动，评审17家智慧商圈创建试点单位，确定徐家汇、淮海中路、南京西路等7家作为首批“智慧商圈”试点；开展智慧商圈发展水平试评估工作；筹建智慧商圈创新发展联盟；各区县试点商圈积极开展相关宣传推广活动，传统商业模式转型取得突破，商圈信息设施服务水平和信息化应用能力提升。

智慧园区试点示范助推经济创新发展。启动了第三批智慧园区试点单位推荐和评审；重点园区信息网络覆盖和信息化应用进一步优化，园区智能化管理和精细化服务水平提升，有效推进创新创业发展；筹建智慧园区发展研究中心；智慧园区标准规范建设取得良好成果，编制完成《上海市智慧园区建设指南》，完成松江经济技术开发区智慧园区规划编制，启动上海国际旅游度假区智慧园区规划、上海世博园信息基础设施规划，开展智慧园区地方标准修订工作。

智慧新城试点示范建设深入推进。围绕区域管理和民生服务，编制了《金山智慧新城试点实施方案》、《嘉定智慧新城试点实施方案》并获批复，金山新城、嘉定新城成为2015年上海首批智慧新城试点；协调相关部门、社会机构指导试点新城进行市、区两级平台及资源整合；形成南桥智慧新城试点方案，进一步推进第二批智慧新城试点示范建设，全面打造智慧城市建设“新地标”。

新一代信息技术产业体系加快布局，新型产业竞争力不断增强

电子信息制造行业运行平稳，产业结构更加完善。2015年完成工业总产值6 159.6亿元，在全市工业总产值中占比20%，完成“十二五”既定目标。集成电路产业链呈现均衡发展态势，前三季度集成电路产业实现销售额631.2亿元，同比增长12.52%，其中设计业194.83亿元，同比增长20.29%，芯片制造业144.4亿元，同比增长18.72%，封装测试业229.2亿元，同比增长5.38%，设备材料62.8亿元，同比增长3.80%；全年行业销售规模近950亿元，占全国四分之一；全市集成电路企业超过440家，从业人员近13万人；设立集成电路产业基金，基金总规模达到500亿元；重点支持高端光刻机、刻蚀机、光学检测等集成电路高端装备和12英寸大硅片研发和产业化，中芯国际28纳米技术进入量产，华力微电子28纳米工艺完成研发并进入量产，展讯通信的14纳米4G基带芯片完成研发，格科微电子的CMOS图像传感器全年出货超过10亿颗，全球市场占有率近30%；物联网产业在技术创新应用方面取得突破性进展，上海物联网企业数已超过700家，在危化品监管、公共交通、车联网、移动生活等领域得到深化应用，并培育了6个百万终端规模的应用示范工程。

软件和信息服务业向高端集聚转型发展态势良好。2015年上海软件和信息服务业全行业实现经营收入6 010.86亿元，比上年同期增长17.7%，实现增加值1 753.49亿元，同比增长12.0%，占全市生产总值的比重达到7.0%，占第三产业增加值比重达到10.4%。其中软件产业实现经营收入3 526.16亿元，比上年同期增长17.5%；互联网信息服务业实现经营收入1 425.56亿元，比上年同期增长30.0%；电信传输服务业实现经营收入689.45亿元，与上年基本持平。截至2015年年底，上海规模以上软件和信息服务企业超过5 000家，从业人员达到62.1万人，其中2015年经营收入超亿元企业达到494家。成立上海市信息服务产业基地联盟；截至2015年年底，上海规模以上软件和信息服务产业基地超过50个，其中经认定的市级信息服务产业基地累计达到36个，集聚7 430家企业、23.6万人，全年实现经营收入2 401.3亿元，单位面积产值为2.54万元/平方米，人均产出101.96万元，规模经济效应和产业集聚效应突出；形成以漕河泾开发区、紫竹高新区、浦东软件园、天地软件园等为代表的综合基地和以云计算、数字内容、数据服务、移动互联网、互联网金融等为重点的特色基地。

智慧城市发展环境建设持续优化，综合保障能力进一步提升

信息安全综合保障能力稳定增强。制定了年度公共信息系统安全测评计划，完成了107个公共信息系统的安全测评工作；全年针对重点网站共发布风险预警提示360份，妥善处置安全风险685个；组织完成党政机关云服务网络安全审查试点任务；持续开展针对非法生产销售和使用“伪基站”、“黑电台”的专项打击和整治行动，年内累计破获各类涉网案件4 985起，抓获犯罪嫌疑人9 113名；市工商局与市通管局建立非法主体网站清理工作机制，共集中关闭2 455个非法主体网站；全市新增备案信息系统403个，截至2015年年底，共2 807个重要信息系统完成定级备案工作；完成《公共信息系统突发事件处置办法》

执行评估和延期工作,印发《2015年上海市网络与信息安全专项检查实施方案》,编制《上海市网络与信息安全事件处置工作手册》,启动市级网络与信息安全应急预案执行情况评估,部署重点单位组织开展年度信息安全示范性应急演练。

数据资源开发利用成果突出。跨部门政务数据资源共享稳步推进,研究起草了全市政务数据资源共享管理办法征求意见稿;上海市政府数据服务网2.0版累计向社会开放涵盖经济建设、资源环境等11个重点领域共计470项公共数据资源,徐汇、长宁、闵行启动数据资源开放试点工作;编制大数据平台建设方案与《上海市组织系统大数据行动计划(2016—2020年)》;推进形成规范的数据资源目录,强化大数据技术在政府部门业务条线中的应用,提升政府办事效能和服务水平。

智慧城市发展综合环境持续改善。信息化发展立法工作进一步推进,审议通过《上海市公共信用信息归集和使用管理办法》;成功举办“2015上海智慧城市体验周”,发布《智慧城市发展水平评估报告》。成上海首席信息官联盟,完成2015年经济信息化领域领军人才选拔,及信息创意类首席技师千人计划资助申报和技能大师工作室申报及审核工作;完成《上海市产业与信息化领域“十三五”人才规划》,发布《关于服务具有全球影响力的科技创新中心建设,实施更加开放的国内人才引进政策的实施办法》;编制《上海市推进智慧城市建设“十三五”规划》,各区县智慧城市“十三五”规划及各委办局“十三五”信息化规划等编制工作相继展开。

上海产业发展和信息化建设 2015 年工作总结和 2016 年工作要点（摘要）

2015 年工作总结

2015 年，上海市经济和信息化系统围绕市委、市政府“创新驱动发展，经济转型升级”总体要求，以“改革、创新、转型、升级”为工作主线，围绕“五个聚焦，五个突破”，对标“十二五”目标任务收官，凝聚共识，锐意进取，产业持续创新转型，智慧城市建设效果不断凸显，“十二五”目标任务基本完成，“十三五”规划编制全面启动。部分领域取得新突破，加大调结构工作力度、积极对接“互联网+”行动和“中国制造 2025”、大力扶持“四新”经济等工作，被国务院列为地方工作典型经验做法。

主要工作指标基本完成

顶住经济下行压力，效益和结构向好。产业结构优化，战略性新兴产业增加值占全市生产总值 15%，比上年提高 0.3 个百分点；生产性服务重点领域实现营业收入约 2 万亿元，增长 15%左右；软件和信息服务业实现营业收入约 6 000 亿元，增长 18%左右；文化创意产业增加值占 GDP 比重提高到 12.2%左右。土地利用效率提升，104 区块单位土地产出 70 亿元/平方公里，生产性服务业功能区单位土地产出 317.2 亿元/平方公里。实施产业结构调整项目 1 236 项；“十二五”期间规模以上单位工业增加值能耗下降 22%。

智慧城市建设水平持续提升，市民满意度不断提高。上海信息化发展综合指数、网络就绪度、信息通信技术应用指数连续两年列全国第一。推进嘉定、金山智慧新城以及 50 个智慧社区、30 个智慧园区、14 个智慧村庄、7 个智慧商圈等“新地标”建设。第四代移动通信（4G）网络基本实现全市域覆盖，第三代/第四代移动通信网络（3G/4G）用户总量达到 2 400 万户。全年新增 40 万户家庭光纤到户覆盖，覆盖总量达到 880 万户。全年新增 55 万户下一代广播电视网（NGB）家庭覆盖，覆盖总量 680 万户（见附表 1）。

深入推进产业和信息化的重点工作任务

落实科创中心和“四个中心”建设各项任务。围绕科创中心建设“22条”，深化产业技术创新体系建设，全年新增7个国家级企业技术中心、4家国家认定示范企业、69个市级企业技术中心、18家上海市知识产权优势企业，新增5个上海市产学研合作创新示范基地。制发《上海市创新产品推荐目录编制办法(试行)》，探索加大对创新产品采购支持。分类推进Founder众创社区、腾讯众创社区、零号湾、大麦村等专业化、特色化、集成化的众创空间发展。对接“四个中心”建设，协同推进大宗商品电子交易等平台经济发展和亚太示范电子口岸建设。完成上海国际经济中心建设等前瞻课题研究。

促进“四新”经济蓬勃发展。加强部市合作，市政府与工业和信息化部签订战略合作协议，共同推进上海建设“四新”经济实践区。“四位一体”模式取得新进展，发布《上海“四新”经济发展绿皮书(2015版)》，抓手型领域从36个扩展至41个，开展85个“四新”经济创新基地试点，新创建10个“上海市工业和信息化高技能人才培养基地”，15人入选“2016年上海领军人才”，成立智慧医疗、智慧交通、互联网教育等15个产业联盟。联合市教委向36家企业发放“四新”服务券。科技创新板开盘，首批27家企业挂牌。国家机器人检测与评定中心、国家机器人质量监督检验中心落户，3D打印零部件首次用于卫星，光韵达、蔚来汽车、沪江网、优刻得(UCloud)等典型企业涌现。

推进制造业向高端发展。全力抓好《中国制造2025》的贯彻落实，举办全市领导干部贯彻落实《中国制造2025》专题研讨班，发布《关于上海加快发展智能制造助推全球科技创新中心建设的实施意见》，出台高端智能装备首台套及智能制造示范应用支持政策，推动国家首台套重大技术装备保险补偿机制试点，实现首台套保险两个全国第一单。贯彻落实国务院《国家集成电路产业发展推进纲要》，成立全市集成电路产业发展领导小组，形成集成电路产业发展投资基金方案。上海国际汽车城的智能网联汽车等3个项目入选工信部2015年智能制造试点示范项目名单。智能制造工业云和大数据标准试验验证等9个项目获得工信部智能制造专项，立项数位居全国前列。重点项目实现突破，上海天马5.5代AMOLED项目试生产；搭建位置网运营平台，北斗卫星导航应用系统迈出重要步伐；轨道交通17号线搭载卡斯柯信号装备，成为国内首条使用完整信号自主装备的地铁线路；形成临港新材料工程技术中心发展规划；新能源汽车累计推广超过4万辆，继续位居全国第一，新能源汽车制造业全年产值90亿元，增长40%。第十七届中国国际工业博览会成功举办，开幕式评出奖项42项，成为落实《中国制造2025》的成果发布平台。

加速发展生产性服务业及服务型制造。发布《上海市推进“互联网+”行动实施意见》，推进市政府与腾讯、阿里巴巴合作落实“互联网+”战略。信息服务业形成竞争优势，全国60%的第三方支付业务量和54家持牌企业汇聚上海；网络游戏占全国市场1/3份额；网络文学占全国市场4/5份额；网络视听占全国市场1/4份额；互联网教育企业近150家，覆盖产业链各环节。发布《关于贯彻〈国务院关于加快发展生产性服务业促进产业结构调整升级的指导意见〉的实施意见》，开展服务业创新发展示范区建设；上海电气、上海核工程研究院、国核工程等企业加大研发及技术服务力度，积极拓展服务型制造，核电服务业营业收入超过90亿元。“品牌上海”影响力不断提升，成功举办首届中国品牌经济(上海)论坛等活动，联影医疗、光明乳业、晨光文具等新老品牌从产品经济向品牌经济转型；37个园区获评上海品牌园区。发布《上海市人民政府关于贯彻〈国务院关于推进文化创意和设计服务与相关产业融合发展的若干意见〉的实施意见》。市政府与中国纺织工业联合会合作推进上海国际时尚之都建设。中国工业设计研究院、世界手工艺博览园、宝玉石交易中心等文创项目建设有序推进。认定106个“上海市文化创意产业园区”、10个市级“文化创意产业示范园区”、11个市级工业设计中心。

加大产业结构调整和绿色发展。实现由末端治理型的被动调整向战略型主动调整转变，全年调整淘汰落后产能项目减少标煤82万吨，腾出土地1.1万亩，分流职工6.7万人。聚焦重点区域调整淘汰与转型发展，启动金山廊下、嘉定嘉北、浦东合庆等9个重点区域调整，桃浦地区调整完成率超过50%，南大地区已建成绿地、医院等公共设施。发布《上海产业结构调整负面清单(2015版)》，编制《上海产业结构调整重点区域专项1350行动计划》。深入开展节能降耗，完成2 394台燃煤锅炉清洁能源替代，超过年度目标22%。编制国内首个绿色产业园区评价标准，5个园区创建绿色产业园区，10家企业创建国家绿色数据中心。加大清洁生产工作力度，实施887项清洁生产方案项目。全年大宗工业固体废弃物综合利用率达96.7%，保持国内领先的资源综合利用水平。加快发展节能环保产业，推广节能产品120个，奖励合同能源管理项目77个。深化产业园区“区区合作、品牌联动”，发布全国首份《产业园区创业服务体系建设导则》，编制《上海产业用地指南(2016版)》。建设15个国家新型工业化产业示范基地，25个产业园区开展转型升级试点。协调推进1 200余亩市统筹土地指标用于临港再制造、联影医疗、上汽集团、中航商发等重大项目落地，累计跟踪落地项目2 200多个。

深化智慧城市建设。加大智慧应用，着眼于服务民生领域和城市运行管理，协助各部门建成市民电子健康档案、养老数据库、公共文化服务信息平台、景区人流量监测系统、食品安全监管和信息服务平台等重点项目。继续推进宽带城市和无线城市建设，全市i-Shanghai接入场所共900处，各类数据中心(IDC)机架总量超过4.4万个，完成亚太海光缆(APG)崇明、南汇登陆段施工，推进国际旅游度假区、虹桥商务区等重点区域信息基础设施配套建设，开展杨浦互联网教育大厦、800秀等重点创客空间的信息基础设施优化。强化信息安全保障，完成中央网信办下达的党政机关云服务网络安全审查试点。按照国家部署完成对全市114家信息安全保障重点单位的网络与信息安全检查。完成对64家单位的107个信息系统的安全测评工作。对全市重点网站实施监测预警和应急处置，全年共发布360个预警信息，妥善处理685个安全风险。启动电力行业工控系统安全加固示范工程。“两化”融合程度提升，开展工业云和BIM技术应用试点，宝钢集团以EVI(供应商早期介入)模式推进智能制造，全市首席信息官(CIO)联盟成立。制定全市大数据发展行动计划，成功举办上海开放数据应用创新大赛(SODA)。探索频率审批领域的先行先试，建成无线电检测开放实验室，完成

700 MHz兼容性试验测试。第十二届上海国际信息化博览会、2015 上海国际信息消费节、第五届上海市信息安全活动周等活动成功举办。

不断提升服务企业能力。营造“双创”良好环境，充分发挥“企业服务直通车”、“2＋X＋16”、“四新”服务体系、“1＋16＋X＋N”中小企业服务体系，完善服务企业“绿色通道”，全年解决“四新”企业面临的共性问题 29 项；对需要国家部委层面解决的 5 项“四新”发展共性问题，探索在自贸区先行先试。开展涉企收费清理规范专项行动。服务商飞等央企总部入驻世博园区，打造服务外企工作平台。支持浦东新区入围国家首批“小微企业创业创新基地城市示范”。深化“专精特新”中小企业培育工程，推出“专精特新”企业价值增值计划，做好中小企业“战略新兴板”上市准备，推荐市级中小企业服务机构 361 家。推动银企对接，以基金方式鼓励银行为小微企业提供信贷支持。推进市政府与中核集团、中国核建等央企开展战略合作，浪潮集团云计算总部、中国广播电视集团大数据公司、中移动咪咕视讯公司等项目落户。跨区域产业合作深入推进，与云南、河南、甘肃等产业和信息化主管部门签订合作协议，沪苏大丰产业联动集聚区管委会和开发建设公司挂牌成立。

强化社会信用体系建设。初步形成以制度为核心、以数据为基础、以平台为抓手、以应用为关键、以行业为支撑的信用建设运行体系。自贸试验区信用建设成果在全国复制推广，已建和在建的区县子平台 15 个，覆盖率 90%，浦东新区、金山区公共信用信息服务平台上线，并完成与市公共信用信息服务平台对接。拓展市公共信用信息服务平台查询应用，上海诚信网日均点击量从 2014 年的 2 400 次增加到 2015 年的 10 640 次，平台累计法人信息查询 358 万次，累计自然人信息查询 1 127 万次。市公共信用信息服务平台服务社会机构 19 家；政府部门应用事项 214 项。圆满完成“为全市法人和市民在线免费提供一次信用查询报告”年度市政府实事项目，多渠道实现信用报告在线查询，自然人累计查询 531 万人，法人累计查询 106 万家。

2016 年工作要点

指导思想和主要发展目标

全面贯彻党的十八大和十八届三中、四中、五中全会及中央经济工作会议精神，按照十届市委十次全会要求，牢固树立和贯彻落实创新、协调、绿色、开放、共享的发展理念，适应经济发展新常态，坚持稳中求进工作总基调，保持战略定力，坚定发展信心，坚定不移对接和服务国家制造强国和网络强国战略，坚定不移推进制造业成为上海国际经济中心及具有全球影响力的科技创新中心建设的坚实依托，聚焦痛点与短板，深入落实中国制造 2025，着力推进供给侧结构性改革与需求侧政策性创新并举，坚持稳增长、调结构、促转型、抓创新相结合，更加注重制造业改造提升与培育产业发展新动能，更加注重减与压及园区转型升级，更加注重拓展网络经济空间与智慧城市应用突破，更加注重两化深度融合、军民深度融合，更加注重信用、法治环境与政府效能建设，为实现“十三五”良好开局打下坚实的基础。

主要发展目标。2016 年,实现规模以上工业增加值比 2015 年增长 0.5%左右。完成产业结构调整项目 1 000 项,规模以上单位工业增加值能耗下降 1%。年内光纤入户率达 60%,家庭光纤用户平均互联网接入宽带速率达 40 Mb/s,固定宽带用户平均可用下载速率超过 13.5 Mb/s。(见附表 2)

重点任务

1. 坚持供给的质量和效率,努力推动工业经济稳增长

顶住经济下行压力,细化落实国务院关于工业稳增长、调结构、增效益等一系列重要举措,及时做好工业经济变化的预警、研判与措施应对,努力保持工业运行在合理区间。

推进技术改造升级。推进实施新一轮重大技术改造升级工程,支持高端产品、关键环节的技术改造和设备更新,研究股权投资、贴息、事后奖补等支持政策,发挥财政资金引导作用,鼓励企业加大运用先进适用技术开展技术改造。提高技改投资有效性,发布 2016 年度重点技术改造支持目录,完善重大项目库,加大项目储备力度,编制实施重大项目三年滚动投资计划,引入第三方推进项目评审与验收。

促进工业品消费升级。计划推广新能源汽车 4 万辆,扩大电动汽车分时租赁模式覆盖范围。开展国家工业电子商务创新区域试点,建设钢铁、石化、农产品等大宗商品跨境电子商务平台、大宗废物资源可追索信息管理和电商平台,逐步实现全球资源集散能力。

开展质量品牌提升行动。以食品、工业消费品为重点,建设一批高水平产品质量控制和技术评价实验室。继续推进品牌培育示范企业和产业集群区域品牌试点示范。探索发展品牌评估、交易、融资租赁等品牌经济要素市场。实施品牌价值提升工程,培育一批能够展示"上海制造"优质形象的品牌与企业。

加强产业与资本对接。发挥产业基金的撬动作用,组建集成电路投资基金,开展项目方案实施的对接,设立实施产业转型升级投资基金,对接国家基金筹建设立上海中小企业发展基金。打通股权投资与政府专项对接通道,对接"科技创新板"、"战略新兴板",引导社会资本等要素投向,推动上海战略新兴板的企业和项目向长三角范围拓展。

保障煤电油运安全运行。强化电力供应与应急保障能力,提升电网调峰水平,落实省间电量置换。落实电力体制改革相关工作,抓好工业领域电力需求侧管理和示范评价。促进新型封闭煤仓开工,提升电煤储备能力和环保水平。加强经典廉价药、紧缺药品生产的沟通协调。守牢安全底线,按责任分工继续落实好安全生产的行业监管工作。

强化预警研判和重大政策研究储备。密切跟踪重点行业和区县,做好监测分析、运行协调和企业服务,关注重大产业项目投资计划。协助开展工业和生产性服务业统计改革试点,开展制造业全产业链指标体系研究,深化产业经济和信息化转型指标体系研究,提出反映质量、效益和可持续发展目标的统计体

系。跟踪服务一批全产业链全价值链的重点领域，培育形成新增长点。

2. 坚持创新引领发展，加快壮大经济发展新动能

对接中国制造2025“1＋X”体系和科创中心建设，抓住建设国家级制造业创新中心的机遇，以“四新”经济实践区建设为依托，以智能制造为主攻方向，加快新兴产业发展。

促进制造业创新能力建设。对接国家制造业创新中心建设工程，打造贯穿产业链、创新链、资金链的创新生态系统，推动企业成为科技创新中心建设的主体，打造共性技术研发平台。实施制造业创新中心培育计划，推动新型研发机构建设，布局一批市级制造业创新中心，争取在国家级制造业创新中心建设方面取得突破。滚动建设产学研合作创新示范基地，建设紫竹创新创业走廊。在智能制造等重点领域开展综合标准化工作，发挥企业在标准制定中的重要作用。发布上海市创新产品推荐目录。

推进国家重大战略领域加快突破。集成电路，继续推进“1213”自主可控芯片和桌面系统建设。卫星导航，加强核心芯片和模块等技术攻关，推进高精度测量、高精度授时等领域重大项目建设，实现在交通诱导、停车诱导、城市供电配送等方面应用。

推进优势领域提升国际竞争力。核电，推进AP1000、“华龙一号”、高温气冷堆等核心装备研制及配套装备发展。风电，推进6 MW、8 MW平台直驱海上风机的研制。建设国家级的风能勘探设计、海上风电装备质量监督检验等公共服务平台。太阳能，推进光伏电站示范应用，建设国家光伏检测重点实验室、光伏技术公共研发平台。船舶与海洋工程，启动豪华邮轮建造设施建设和中海油深海油气生产装备产业基地建设，打造船舶动力自主研发平台和全系列船舶动力生产基地。

加快培育新兴产业。机器人，推进临港基地建设，加快形成机器人产业集聚区。3D打印，加快3D打印装备在汽车、医疗、航空航天等领域的集成应用。新型显示，推动和辉光电一期扩产项目及二期项目、天马5.5代线项目建设。推动智慧照明系统研发和产业化。高端医疗装备，形成数字化X射线成像等一批具有自主知识产权的、可与国际巨头比肩的装备产品。物联网，建设传感器生产、技术创新及应用开发体系，支持智能传感器的研发和产业化，支持“传感器＋大数据”的商业模式探索。开展第三方电梯物联网平台试点、个性化全流程的精准医疗试点，在城市基础设施、能源物联网、车联网和智能交通等领域及重点区域探索开展物联网应用示范。新能源汽车，以国际标准加快新一代新能源汽车产品的产业化。车联网及汽车电子，开展汽车电子和车联网应用示范工程建设，建立产品检测、技术成果交易、知识产权服务等公共服务平台。下一代网络和通信，加快5G关键技术研发，构建演示试验系统；促进移动通信网（2G、3G、LTE）与无线局域网（WiFi）技术融合，推动可见光通信（LiFi）技术应用推广。智慧照明，结合智慧新城、智慧社区建设，推进集成信息终端的新型路灯在部分区域试点应用。新材料，促进跨国公司先进材料及系统研究平台落户，推进宝山城市工业园区石墨烯产业基地、浦江智谷新材料产业创新园建设。

拓展“四新”经济发展空间。部市合作建设“四新”经济实践区，融合工业园区、大学校区、文创基

地、科技孵化器、商圈楼宇、“四新”基地等,打破围墙、放大空间、叠加功能,形成“四新”经济实践区的试点区域,打通瓶颈,推进统筹规划与建设。引导新建一批“四新”基地、孵化器和示范园区等核心载体。发布2016版《上海“四新”经济发展绿皮书》。打造“四新”服务券升级版,拓宽支持对象范围和支持方向。

推进生产性服务业及服务型制造加快发展。实施服务型制造三年行动计划,创建全市服务业创新发展示范区。放大生产性服务业专项资金效应,推进总设计、总集成、总承包、总运维等服务发展。“双推”工程支持政策进一步向产业园区叠加。丰富软件和信息服务业内涵,集中支持互联网金融、数字互动娱乐、网络视听、互联网教育等产业化示范项目和创新示范项目。继续支持文化创意产业发展,建设创新设计研究院,运营上海时尚之都促进中心,探索成立上海品牌之都促进中心,形成全市品牌经济发展公共服务体系。

促进工业化与信息化深度融合。实施互联网与产业融合创新工程,鼓励制造业企业向C2B、O2O、众包众创、柔性生产、制造服务等新模式发展,推荐2—3个工信部“互联网与产业融合创新”试点项目。继续推进智能制造试点示范行动,打造2—3家智能制造示范工厂。建设上海智能制造研究院,打造智能制造基础环境平台。发展工业互联网,突破工业基础软件平台、实时操作系统、工业控制系统等关键技术,形成工业一体化软件等服务产品,协同设计、虚拟生产、协同制造等解决方案,工业大数据分析服务等示范项目。编制云海计划3.0,支持具有自主技术的云计算企业提供基础云服务,推动工业云在中小企业和重点行业的应用和标准化。开展企业两化融合评估诊断和对标引导工作,年度贯标评定达标企业10家。完善信息化人才培养和CIO制度,提高上海首席信息官联盟对长三角地区的影响力。

3. 坚持传统产业改造提升,稳妥推进结构调整和产业转型

发挥好传统产业的基础支撑和就业主力军作用,聚焦去产能,改造提升传统产业,化解过剩产能,夯实实体经济发展基础。

实施工业强基工程。聚焦战略性关键新材料绿色制造,加快功能材料、复合材料等研制步伐,开展高温超导、石墨烯等前沿新材料及应用研究;组织开展工业控制、汽车电子等关键领域芯片技术的攻关。扩展首台套政策覆盖领域,制定软件首版次和新材料首批次政策,支持在核心基础零部件(元器件)、先进基础工艺、关键基础材料等领域应用。依托国家新型工业化产业示范基地,结合工业“四基”发展目录,布局一批产业技术基础平台和服务支撑中心,加快建设“四基”企业集聚区。

优化提升传统产业。升级汽车车型结构,提高关键零部件国产化率,打造高端乘用车制造基地,继续推动零星钢铁减量化,推动上海石化产业整合,加快产业园区外零星化工生产企业调整。建立健全时尚产业要素市场,开展具有国内权威性和国际影响力的流行趋势发布。

加快绿色改造升级。按照三年行动计划目标,全年推进50%以上的集中供热锅炉清洁能源替代,完

成30%左右的高效电机推广淘汰计划任务，推动40%的清洁生产技术改造项目。扩大再制造试点领域，鼓励医疗设备、航天设备等高端制造、智能再制造、在役再制造。对接国家绿色制造实施工程，推进绿色工厂、绿色产业园区、绿色数据中心的试点示范。筹建能源大数据联盟。

加大重点行业和重点区域调整。按照环境整治、城市安全、社会治理、低效用地、能效等维度，基本完成正在实施的奉贤金汇、青浦练塘等15个重点区域调整，按照"1350行动计划"路线图，启动实施桃浦地区(三期)等10个重点区域调整。推动重点区域转型发展高端产业集群，集聚厂房、土地等要素，建立信息发布与交易合作平台；集聚投融资机构资源，支撑重点区域发展新兴产业。聚焦重点行业，多措并举化解产能过剩，严格环保、能耗、技术等标准，扩大差别化电价应用范围，研究落实国家推动产业重组、处置"僵尸"企业总体方案，发挥好国家工业企业结构调整专项奖补资金和地方财政资金的引导作用，梳理全市主要产业领域的产能利用情况，加大过剩产能的化解力度。

推进园区调整转型。推动全市各区县启动构建产业基地、产业城区、产业社区与零星工业用地融合发展的产业园区空间体系，明确现有"104、195、198"的转型路径和管理策略。分类推进并落实30家左右产业园区转型升级试点。深化联动合作，继续推进国家级、市级新型工业化产业示范基地建设，继续开展上海市"四新"经济创新基地试点工作，沿地铁上盖打造一批产业发展走廊。落实土地全生命周期管理，支持重大产业项目落地。

4. 坚持应用感知，建设触手可及的智慧城市

围绕50个专项，完成好智慧城市建设2014—2016年行动计划，落实"互联网+"行动实施方案，以智慧城市应用建设为突破口，带动新兴产业发展，进一步提升智慧城市感知度和市民获得感。

推进全社会各领域的信息感知和智能应用。依托智慧照明建设智慧城市感知网。协调推进上海微校、景区实时信息发布系统、数字博物馆群、上海文化云、长三角区域空气质量预报预警系统等智慧民生、智慧治理领域应用项目的建设和完善，在嘉定汽车城开展车路协同试点。继续开展智慧城市区域试点示范，拓展深化智慧社区、村镇、商圈、园区和新城的建设内容和创新模式，启动建设智慧家庭，以多种渠道提供入户端信息服务。

积极落实国家大数据发展战略。出台全市大数据发展行动方案，成立上海数据交易中心、大数据发展联盟等一批功能性机构。建立全市数据交易工作机制，加强数据交易综合协调和市场监管。争创国家大数据综合试验区。制定工业大数据发展计划。发布落实《上海市政务数据资源共享管理办法》，扩大政务数据资源开放共享范围，市级部门全面完成信息化系统编目任务。深化政务数据资源开放和应用，实时、动态数据资源开放所占比例进一步提高。全面开展法人库数据质量管理工作，推进各部门法人一证通应用，提升实有人口、法人、空间地理三大基础库数据质量。

强化信息基础设施建设。发挥市场主体作用，加快构建高速、移动、安全、泛在的新一代基础设施。聚焦提速降费，新增光纤宽带覆盖50万户、i-Shanghai场所600处；推进内容分发网络建设，开展城市千兆大带宽接入扩大规模试点，力争完成10万户覆盖；继续实施宽带用户提速，全市家庭宽带接入用

户 50 Mb/s 及以上接入带宽占比超过 45%；拓宽第四代移动通信(4G)网络覆盖面，推进产业园区和众创空间光纤宽带网优化覆盖、移动通信网深度覆盖和无线局域网精准覆盖。力争亚太直达海光缆(APG)投入使用。聚焦设施功能创新，加快第五代移动通信(5G)关键技术联合攻关，重点布局车联网、智能交通等新兴领域。支持运营商打造物联专网。开展 i-Shanghai 和区县公益无线局域网的互联互通。

强化网络安全保障。实施党政机关云计算服务网络安全管理。开展工控系统信息安全风险评估，推进重点行业工控系统安全加固试点。加强重点领域信息安全监管，落实信息安全测评和网络安全检查制度。启动市网络与信息安全应急基础平台建设，开展重点单位信息安全应急演练。在云计算、移动互联网、工控系统等领域拓展安全服务功能。

发展频谱经济。发布实施“重点台站保护专项规划”。加快频谱资源释放，建设 700 MHz 地面无线广播电视网，推动国家级下一代广播电视网无线技术实验室落地，开展基于广电频谱资源的物联专网应用。启动建设频谱资源效用管理体系，结合自贸区率先开展频谱资源优化配置，无线电开放实验室提供免费测试服务，降低创业创新成本。

5. 坚持营造环境和总体布局，强化信用体系和服务企业能力建设

立足当前，谋划长远，拓展建设全方位覆盖的社会信用体系，做好为各种所有制企业服务工作，搭建国际国内合作平台，为企业的创新发展和“走出去”营造宽松的市场经营和投资环境。

完善社会信用体系建设。建立全过程信用管理模式，发布数据清单、应用清单、行为清单和实施指南地方标准，制定《个人公共信用数据标准》。强化信用信息共享应用，政府部门应用事项拓展至 300 项，市信用平台服务社会机构数 30 家，筹建信用数据交易中心。实现市信用平台与市企业信息公示系统、国家统一信用信息共享平台的对接，启动建设市信用平台二期。支持浦东、嘉定申报创建国家信用建设示范城市，在浦东建设自贸试验区信用云平台。深化长三角区域信用专题组合作，联合创建国家信用建设合作示范区，发布跨省市信用数据清单。

进一步提升服务企业能力。发挥全市服务企业直通车的平台作用，构建国际化市场化法治化营商环境，加大对新业态、新模式项目的招商服务力度，加强与在沪重点外资企业的对接。服务好央企总部入驻世博园区工作，全面建成 B 片区央企总部集聚区。依托“四新”直通车、中小企业服务平台网络，聚焦打通政策落实“最后一公里”，建立常态化、多渠道、广覆盖的企业诉求收集协调机制。开展中小企业服务第三方绩效评估。协调落实国家减轻企业负担要求，优化中小企业发展环境。加大“专精特新”中小企业支持力度，培育壮大一批细分行业“隐形冠军”。做好与“战略新兴板”推出的对接工作和重点培育企业的储备工作。完善人才引进绿色通道，调整人才引进重点机构名录，持续培养领军人才。

促进国际国内市场开拓。围绕“一带一路”和“长江经济带”，支持工业企业加快“走出去”步伐，搭建

上海产业合作交流平台。办好第十八届中国国际工业博览会和第十三届上海国际信息化博览会，利用工博会和信博会的影响力，为工业企业“走出去”提供舞台和窗口。

贯彻落实规划方案。发布执行制造业转型升级、智慧城市和社会信用体系建设等3个“十三五”市级专项规划。聚焦问题和短板，细化行业颗粒度分析，编制发布26个行业和专项的“十三五”规划。坚持有所为有所不为，对接落实中国制造2025“1＋X”体系和工信部年度重点工作，制定贯彻落实的实施意见与方案。

附表1

2015年主要工作指标完成情况

序号	指标内容	目　　标	完成情况
1	规模以上工业企业增加值	增长3%	增长0.2%
2	战略性新兴产业(制造业部分)产值	增长5%	下降1.1%
3	产业投资规模	微增	持平
4	生产性服务业重点领域营业收入	增长20%	增长15%
5	信息服务业营业收入	增长18%左右	增长18%左右
6	文化创意产业增加值占GDP比重	12.2%	12.2%
7	工业R&D投入占主营业务收入比重	提高0.1个百分点	提高0.1个百分点
8	规模以上单位工业增加值能耗	下降3%	上升0.5%
9	实施产业结构调整项目	800项	1 236项
10	试点建设智慧社区	5个左右	5个
11	试点建设智慧村庄	10个左右	9个
12	试点建设智慧商圈	5个左右	7个
13	试点建设智慧园区	10个左右	8个
14	3G/4G用户数	1 800万户	2 400万户
15	104区块单位土地产值	71亿元/平方公里	70亿元/平方公里

附表 2

2016 年主要工作指标

序号	指标内容	目　标	属 性
1	规模以上工业增加值	增长 0.5%左右	预期性
2	工业增加值占全市 GDP 比重	27.4%	预期性
3	战略性新兴产业(制造业部分)产值	持平	预期性
4	生产性服务业重点领域营业收入	增长 12%	预期性
5	信息服务业营业收入	增长 15%左右	预期性
6	文化创意产业增加值增速快于 GDP 增速	2 个百分点	预期性
7	技术改造投资占全部工业固定资产投资比重	60%	预期性
8	规模以上单位工业增加值能耗	下降 1%	约束性
9	实施产业结构调整项目	1 000 项	约束性
10	光纤入户率	60%	预期性
11	家庭光纤用户平均互联网接入宽带速率	40 Mbps	预期性
12	固定宽带用户平均可用下载速率	13.5 Mbps	预期性
13	104 区块单位土地产值(已供应工业用地)	70.5 亿元/平方公里	预期性

Shanghai Informatization

第一编　信息基础设施

综　述

2015 年是“十二五”收官之年，也是上海市第二轮智慧城市建设的承上启下之年，按照国家“宽带中国”建设总体发展要求，根据《上海市推进智慧城市建设行动计划(2014—2016)》目标，以问题驱动为导向，围绕信息基础设施基本建设和能力提供，“加强服务、提升感知”，推进基础设施综合服务平台化能力的形成和输出，促进信息基础设施的转型发展，继续保持上海信息基础设施在全国的领先地位。

加快宽带城市、无线城市建设，推进能级提升。2015 年，进一步贯彻落实国家“宽带中国”战略和《上海市推进智慧城市建设行动计划(2014—2016)》要求，加快推进宽带城市、无线城市建设，至 2015 年年底，4G 网络已基本实现全市域覆盖，以及中国(上海)自由贸易试验区(以下简称“上海自由贸易区”)、国际旅游度假区、虹桥商务区、佘山国家旅游度假区等重大工程、交通枢纽重点区域的深度覆盖。3G/4G 用户数接近 2 400万。在全市新建 450 处 i-Shanghai 公益上网服务接入场所，总量累计达 900 处。推动光纤宽带网络建设，进一步缩小城乡差距。光纤到户覆盖总量已达 880 万户，光纤接入用户达 479 万户。下一代广播电视网(Next Generation Broadcasting Network，以下简称“NGB”)覆盖 720 万家庭。历年累计敷设集约化信息管线 9 975 沟公里；累计接入商务楼宇、基站、小区 5 952 个；互联网国际出口带宽超过 672 Gbps，互联网省际出口带宽增至 5 600 Gbps。

坚持建管并举，改善发展环境。编制《上海新一轮城市总体规划(2020—2040)——上海智慧城市信息基础设施专项规划》。开展《上海市智慧城市“十三五”规划》编制，明确信息基础设施部分发展思路、建设重点和主要指标。推动建立上海市信息基础设施专项规划分级体系，在完成黄浦区信息基础设施布局规划的基础上，支持金山、虹口、长宁等区县启动编制信息基础设施布局专项规划；组织编制嘉北郊野公园、三林滨江南片区、北蔡社区等地块信息基础设施专业规划。

强化服务意识，提高服务能力。截至 2015 年年底，上海电话总户数达到 4 057.2 万户，其中固定电话用户达 797.3 万户；移动电话用户达3 259.9 万户，其中 3G/4G 用户数接近 2 400 万户；移动互联网用户达到 2 569.3 万户；固定宽带接入用户达 551.1 万户，其中家庭宽带接入用户达 620 万户，普及率达 71％；有线电视用户达 710 万户。

（吴南竹）

第一章　专业规划与重点工作

概　述

2015年，信息基础设施规划扎实推进，覆盖范围不断扩大。在国内率先发布涵盖电信、广电网络等基础设施的《上海市信息基础设施布局专项规划(2010—2020)》。组织完成上海自由贸易区、三林滨江南片区、嘉北郊野公园、北蔡社区Z000501单元等区域的信息基础设施专项规划/优化方案的编制，并纳入区域控详规划。

重大工程信息基础设施配套建设工作稳步推进，重点项目建设取得新进展，结合各重大工程的建设进度，推进迪士尼国际旅游度假区、虹桥商务区、佘山国家旅游度假区、大型居住社区等重点区域的信息基础设施配套建设工作，完成佘山国家旅游度假区信息基础设施配套建设。推进智慧城市五大地标区域信息基础设施配套建设工作，完成智慧村庄光纤覆盖工作。聚焦杨浦互联网教育大厦、800秀、八号桥、Founder创业社区等重点创客空间，推动信息基础设施优化及“互联网+”服务。

在宽带城市建设方面，全市光纤到户基本实现全覆盖，实际用户达470万户，家庭光纤宽带普及率54%，家庭用户平均接入带宽达35.7 Mbps，互联网平均下载速率达11.44 Mbps，新建住宅通信配套设施第三方专业维护，累计总量达到6 000万平方米，覆盖小区749个，确保了用户对电信业务经营者的自由选择权。下一代广播电视网(NGB)覆盖720万有线电视用户。

在无线城市建设方面，累计建成4G各类基站2.4万个，4G网络基本实现全市域覆盖，3G/4G用户总量接近2 400万户。建成i-Shanghai公益无线接入服务场所900处。

在枢纽和服务能力建设方面，互联网国际、省际出口宽带分别达672G和5 600G，互联网数据中心机架总量超4.4万个；全市高清IPTV(交互式网络电视Interactive Personality TV，简称IPTV)用户和高清数字电视用户共265万户，成为国内“高清第一城”。

(吴南竹)

一、信息基础设施专业规划

【《中国(上海)自由贸易试验区信息基础设施专项规划》】 规划范围是外高桥保税区、外高桥保税物流园区、浦东机场综合保税区、洋山保税港区陆域四个区域,面积总计21.47平方公里。规划期限为2015—2020年。根据规划,区域范围内将新建接入机房10处。在保留现状市政道路基础通信管线的基础上,配套新建相应的基础通信管线878.4孔公里。保留或改建现状室外宏基站31处,新建室外宏基站46处(其中,因规划范围中地块功能有较大调整及4G网络建设,新增站址资源38处),移动通信网络建设优先采用新技术、新形态、新方式,设置室外分布系统和室内分布系统。

【《上海浦东新区三林滨江南片区信息基础设施专业规划》】 规划范围为华夏西路、外环线、济阳路、杨思西路的围合区域,面积约151公顷,规划期限至2020年。根据规划,在保留现状市政道路基础通信管线的基础上,配套新建或加排相应的基础通信管线198.9孔公里。保留或改建现状室外宏基站3处,新建室外宏基站7处,移动通信网络建设优先采用新技术、新形态、新方式设置室外分布系统和室内分布系统。

【《上海浦东新区北蔡社区Z000501单元(白杨路以西片区)信息基础设施专项规划》】 规划范围为白杨路、王家浜、沪南路、龙阳路的围合区域,面积约61.3公顷,规划期限至2020年。根据规划,区域范围内将保留现状市政道路基础通信管线137.64孔公里,配套新建或加排相应的基础通信管线33.11孔公里。保留或改建现状室外宏基站1处,新建宏基站1处。移动通信网络建设优先采用新技术、新形态、新方式设置室外分布系统和室内分布系统。

【《上海市嘉北郊野公园信息基础设施专项规划》】

规划范围为嘉北郊野公园一期,包括沪宜公路以南由沪宜公路、嘉松北路、嘉安公路和沈海高速的围合区域,以及沪宜公路以北由沪宜公路、盐铁塘、大碾路的围合区域,规划面积约9.31平方公里,规划期限至2020年。根据规划,将新建通信接入机房1处。保留现状市政道路基础通信管线183.85孔公里,配套新建相应的基础通信管线166.9孔公里。保留或改建现状室外宏基站12处,新建室外宏基站5处,移动通信网络建设优先采用新技术、新形态、新方式设置室外分布系统和室内分布系统。

(吴南竹)

二、无线城市建设

【公益免费 WLAN 上网服务】 公益免费 WLAN(无限局域网 Wireless Local Area Networks,简称 WLAN)上网服务(i-Shanghai)建设工作于 2012 年 7 月启动实施。主要覆盖上海市人流密集、窗口功能突出的公共交通、公园绿地、旅游景点、公立医院等 9 大类约 450 处重要公共服务场所,为公众提供免费上网服务。自 2013 年 6 月正式运营以来,受到市民的普遍欢迎和国内外的关注。满足了市民在公共场所免费、方便的上网需求,促进了上海市无线城市发展和智慧城市应用,在全国也起到了较好的示范引领作用。

2015 年,组织开展公益免费 WLAN 上网服务(i-Shanghai)的优化升级。在原有 450 余处场所服务升级的基础上,又新增 450 处服务场所,总量达到 900 处。进一步完善用户认证方式,增加手机 APP 一键登录,统一服务平台实现用户数据的集中管理,开设应用服务门户,实现生活服务信息汇聚,提升用户感知,面向“互联网+”的平台化运营模式也初具雏形。截至年底,i-Shanghai 优化升级服务已累计提供用户接入 1.4 亿人次,免费提供服务时长达 1.2 亿小时。

(吴南竹)

三、三网融合

【东方有线推进三网融合】 在国家新闻出版广电总局和上海市相关部门的领导下,东方有线网络有限公司(以下简称“东方有线”)坚持先行先试,一面积极推进互动模式的数字化整转,一面积极建设下一代广播电视网(NGB),同时大力拓展各类三网融合增值业务,探索文化和科技融合,推动相关文化产业的发展。

NGB 网络的建成,实现了 T 级骨干、千兆进楼,以及用户端的百兆接入,极大释放了网络资源,有效提升了网络承载能力和传输质量。NGB 网络的本质是 DVB(数字视频广播 Digital Video Broadcasting,简称 DVB)广播电视网和 IP 全光网的叠加,是继中国电信股份有限公司上海分公司(以下简称“上海电信”)后第二张全覆盖的城市光网,也是上海最为重要的城市网络基础设施之一,为智慧城市的建设提供了有力的基础保障。NGB 网络建设已形成先发优势,依靠“全光网、低成本”的网络优势,以及“可扩展、强管控”的安全优势,具备承载互联网电视业务的网络能力。NGB 网络的建成也促使东方有线向互联网企业加速转型。

在进行数字化整体转换和 NGB 网络建设的同时,增值业务用户规模增长迅速,用户服务体验不断提升改善。东方有线构建的上海数字电视服务平台,全面提供广播电视业务和数字电视互动业务,快速推进家庭文化娱乐平台、家庭金融服务平台、互动教育、游戏平台、智能家庭等各类增值服务,在NGB区域大力推广以"高清和实时交互"为主要特征的各类应用服务、各类互动电视新业务、新应用的快速发展。同时以"高宽带、强交互、可管控"为优势特征,东方有线大力发展高速互联网接入业务,并提供视频、数据、语音业务等三网融合业务。NGB网络改造后已经推出了覆盖10M到100M的宽带产品,10M以上宽带产品已经成为东方有线自有产品的主力。

NGB网络的建成和业务形态的进一步丰富,带动了用户规模和收入的迅速增长。自2010年至2015年12月,高清用户从12万多户增加至超过230万户。同期,宽带用户规模从30万增加至超过73万户。NGB网络的建成为上海平均入户带宽的提升作出了重大贡献。

(李　滕)

第二章　公共信息基础设施

概　述

2015年，全市公共信息基础设施综合服务能力迈上新台阶。年内新建集约化信息管线约358沟公里，累计敷设约9 975沟公里；接入商务楼宇、基站、小区5 952个。

（吴南竹）

一、信息通信管线建设

【概况】 2015年是上海市信息管线有限公司(以下简称“信息管线公司”)完成“十二五”发展战略和规划纲要确定的战略目标和主要任务的决战之年。

信息管线公司在保证完成市级重要活动运营维护工作的同时，继续投入力量参与迪士尼二期、前滩二期、临港主城区、产业区、徐汇滨江等重点区域工程，完成了延安东路隧道大修工程、虹梅南路隧道等重大市政工程配套集约化光缆工程的建设，良好地结合了信息基础设施建设与信息化应用推进，为上海的信息通信基础设施建设作出了新贡献。

【管线楼宇建设】 2015年，信息管线公司共开工新建管道358沟公里。其中，中心城区和浦东新区为257沟公里，约占72%；郊区为101沟公里，约占28%。截至2015年年底，信息管线公司累计开工建设管道9 975沟公里以上，中心城区集约化信息管道平均覆盖率达到90%左右。截至2015年年底，信息管线累计接入商务楼宇、移动基站、企事业单位、居住小区等5 952栋(处)；光缆建设达到5 042皮长公里(约59万芯公里)，调度机房17个，光纤交接箱740个。

【搬迁工程】 2015年，信息管线公司承接了东西通道、北横通道、沪宜公路、四行仓库纪念馆、浙江路桥改造、长兴岛、嘉闵高架,以及多条轨道交通等搬迁项目。根据上海市重大工程建设办公室和项目指挥部的要求,信息管线公司按时、保质、保量地完成了重大工程的搬迁工作,无安全事故,出色地完成了任务。

【城市公共光纤网建设】 根据智慧城市建设发展的需要,信息管线公司于2015年成功签约“邮政储蓄银行上海分行业务网项目”。该项目为共计71个接入节点的光纤E网建设项目,标志着“上海城市公共光纤网”成为可承载与三大运营商同级别应用的城域网络,并为进一步提升信息管线公司在专网服务领域的口碑奠定了基础,确立了“上海城市公共光纤网”专网运营服务品牌。

【维护保障】 全市已纳入信息管线公司统一管理维护的管道为8 635沟公里,其中2015年新增约477沟公里。

(李　朦)

二、功能性服务设施

【上海超级计算中心】 2015年,上海超级计算中心(以下简称“超算中心”)在“魔方”超级计算机资源严重老化的情况下,仍然坚持不懈的发展新用户。9月,“魔方”停机退役后,经与多家公司协商,中科曙光愿意提供一台400T的应急系统(“魔方2”)临时支撑服务,10月顺利完成安装,1个多月后,“魔方2”的资源就被用足,老用户大多迁移到“魔方2”,新增用户39个。通过数月的实际运行,系统日趋稳定,可用率达到99.9%以上。

2015年,根据市领导的要求和上海市经济和信息化委员会(以下简称“市经济信息化委”)的工作部署,超算中心的发展规划要结合国家大科学中心的建设,确定中心发展目标是:成为全国最具影响力和服务能力的高性能计算中心与科研大数据中心,综合指标保持国内领先;成为国家科学中心构建的科研创新生态圈的重要组成部分;成为新一代信息技术的研究创新、应用服务、产业孵化、人才培养和体制机制创新的重要基地。另一方面,超算中心积极探索市场化道路,从资本、项目和应用三个层面开展各类市场合作,已签订多个战略合作协议,并按合作协议积极推进各项合作事宜。通过市场化合作,实现超算中心的建设模式和运维模式从全部依赖政府到以政府资金为主、企业等社会化资本相补充的“两条腿”协调发展模式。

2015年,超算中心作为上海大数据联盟的秘书长单位,积极准备各项筹建工作。自6月启动以来,已配合市经济信息化委大数据发展处组织和参与各类调研40余次,组织中大型会议6场,建立两个宣传平台(上海大数据发展联盟网站和微信公众号)和一个品牌活动(“魔方大数据”系列论坛),发展会员近150家,在对接市经济信息化委大数据发展处、服务各类大数据企业主体、营造上海大数据产业生态方面起到积极作用。

(张　怡)

第三章　信息网络设施

概　述

2015 年，上海市实现电信业务总量 780.3 亿元，同比增长 30.5%。实现电信业务收入 531.8 亿元，同比增长 0.1%，剔除营改增的影响，按可比口径计算，同比增长 3.5%，电信业务收入中固定通信业务收入 226.2 亿元，移动通信业务收入 305.6 亿元，在电信业务收入中的占比分别为 42.5%和 57.5%；非话音业务收入 392.5 亿元，在电信业务收入中的占比为 73.8%，继续提高。移动数据及互联网业务收入 108.1 亿元，同比增长 28.3%，居各业务收入增长贡献的首位，成为拉动行业收入增长的第一驱动力。实现电信利润总额 100.3 亿元，同比增长 1.0%。实现电信业增加值 285.4 亿元，同比下降 2.5%。2015 年上海的电话用户总数达到 4 057.2 万户，其中固定电话用户达到 797.3 万户，移动电话用户达到 3 259.9 万户，同比分别下降 5.1%和 1.0%。固定电话用户普及率为 32.9 部/百人，移动电话用户普及率为 134.4 部/百人。3G 移动电话用户和 4G 移动电话用户达到 2 211.3 万户，同比增长 32.9%，占移动电话用户的比例达到 67.8%。互联网网民达到 1 773 万，同比增长3.3%，普及率为 73.1%，普及率排名保持在全国第 2 位。固定互联网宽带接入用户达到 551.1 万户，同比增长 3.6%，其中 FTTH/0 用户 454.9 万户，同比增长 11.2%，占固定互联网宽带接入用户的 82.5%；速率在 20M 以上的用户达到 377.9 万户，同比增长46.4%，占固定互联网宽带接入用户的 68.6%。移动互联网用户达到 2 569.3 万户，同比增长0.3%，增速放缓。IPTV 用户达到 177.4 万户，同比下降 8.9%。

（胡永龙）

一、固定电话网

【概况】 2015年上海的固定通信业务收入累计为226.2亿元,同比下降1.9%,占电信业务收入的42.5%,其中固定本地电话业务收入、固定长途电话业务收入、固定数据及互联网业务收入、固定增值业务收入分别占固定通信业务收入的12.9%、5.4%、42.2%、19.4%。固定数据及互联网业务依然是固定通信业务发展的中坚力量。2015年上海的固定电话本地通话时长和长途通话时长分别累计为153.5亿分钟和39.8亿分钟,同比分别下降14.3%和9.2%。固定互联网宽带接入时长累计为11 476亿分钟,同比增长42.2%。

(胡永龙)

【上海电信】 上海电信是中国电信行业国际通信最大的出入口局,建有国际海缆登陆站和国际卫星站,是APG(亚太直达)、TPE(跨太平洋高速)、APCN2(亚太二号)、CUCN(中美)、SMW3(欧亚3号)、FLAG(环球)、C2C(城市间)等国际大容量海光缆系统的登陆点,也是“一带一路”的欧亚、中俄、中哈、中吉、中蒙、中越、中挝、中缅、中印等大容量国际陆地光缆系统的终端站。截至2015年年底,上海的国际电路已通达236个国家和地区,同时和中国电信国际公司各境外分公司(中国香港、美洲、欧洲)开通了多条多速率高带宽互联电路。作为亚太互联网中心,上海电信主要向各大运营商提供宽带接入、流量交换和逻辑上全透明的国际转接。

(王 勇)

二、移动通信网

【概况】 2015年,上海的移动通信业务收入累计为305.6亿元,同比增长1.6%,占了电信业务收入的57.5%,其中移动本地电话业务收入、移动长途电话业务收入、移动漫游通话费收入、移动数据及互联网业务收入、移动增值业务收入分别占移动通信业务收入的17.2%、8.9%、6.0%、35.4%、20.5%。移动数据及互联网业务和移动增值业务的发展增速迅猛。2015年上海的移动电话通话时长累计为1 238.2亿分钟,同比下降4.0%。移动短信业务量和彩信业务量分别累计为211.9亿条和29.4亿条,同比分别下降4.8%和增长51.6%。移动互联网接入流量累计为104 336T,同比增长了85.6%。

(王 勇)

三、数据通信网

【基础数据专线网】 上海本地基础数据专线网是一种以ATM交换为核心，以多种业务接入设备为接入层的数据传输网。数据专线网适用于信息量大、实时要求高、保密性强的客户需求，适合数据传输、图像传输和话音传输，可提供点对点、一点对多点的业务，便于金融证券公司、科研教育系统、政府部门租用数据专线组建自己的专用网；提供帧中继业务和语音、G3传真、图像等通信服务。上海电信已建成上海本地最大的数据网络，基本覆盖全市。

【IPTV平台】 IPTV是以电信宽带网络为传输通道，以电视机为终端，集互联网、多媒体、通讯等多种技术于一体，向家庭用户提供多种交互式服务的业务。自IPTV正式商用以来，业务数量稳步增长，并逐步提供互联网电视、智能电视等新业务。

【IP网络】 上海电信的IP承载网是世界上最大的IP承载网网络之一，承载着庞大的NGN语音、宽带接入、IPTV和VPN等业务，具备网络拥塞控制、流量控制和质量控制能力，具备ADSL、光纤、FTTB+LAN和PON等丰富的综合接入手段。

(王　勇)

四、有线电视网

【有线电视数字化整转基本完成】 截至2015年12月，全市有线电视用户总数为710万户，同步完成数字化整转用户650万户，基本完成全市的数字化整体转换任务。通过有线电视数字化整体转换和NGB建设，上海有线电视网络基本实现更新换代，网络承载能力得到大幅提升。

(李　朦)

五、无线电管理

【概况】 2015年是"十二五"规划的收官之年，是全面推进依法治国的开局之年，也是加快"十三五”规划布局的关键之年。在工信部无线电管理局的指导下，上海市无线电管理工作按照“更加注重围绕经济社会发展、更加注重服务民生需求、更加注重保障无线电安全，着力优化顶层设计和总体布局，着力提升干部队伍综合业务素质和单位凝聚力，着力提高技术设施能级和有效性，努力做到在建设具有全球影响力的科技创新中心中有作为、在全国无线电管理行业中有地位、在全市改革发展稳定工作中有明显作用”的思路有序展开，各项工作稳中有进。

【合理规划频率资源】 2015 年，上海市无线电管理局(以下简称“市无管局”)共完成 900 余件约 7 万页文件材料的整理和制作，填报频率分配信息 358 条、频率指配信息 3 815 条；启动固定监测站 15 个，累计监测时长 2 520 小时，完成 13 个重点频段的监测数据比对工作，基本摸清上海地区的频率使用情况，夯实了频率资源精细化、信息化管理的依据。

编制完成 1.8 GHz 专网建设规划初稿，拟定并上报 1.4 GHz 共网建设规划方案；完成700 MHz 试验测试，并通过专家评审；推动对讲机“模转数”规划落实，新增用户全面实施数字化，存量用户基本完成“模转数”迁移；完成频率行政许可审批 80 件，审批使用频率 216 个/组；审批涉外、赛事、重大活动保障及科研试验临时用频 15 件频率 845 个/组；开展中日国际卫星协调 2 起，协调站点 18 个；启动频率地图研究，完成可行性研究并拟定技术规格书。

【规范台站管理】 台站设置方面，非基站行政许可审批受理 315 项，新增 2 582 个，核发和更换执照 3 194 个，指配船舶呼号 68 个，设备进关审批 33 批次(不含进关盖章)3 066 台设备；深化基站“一站一档一验”工作，站址认定 4 121 个，执照核(换)发 999 张，完成室内分布系统集约化 158 个项目；业余无线电行政许可受理审批 544 项，新增/换发电台执照 531 张。

设备检测方面，检测新设台 164 家单位 2 016 台设备，定检测试 233 家单位 2 194 台设备；批后监管检测 41 家单位 86 台设备，技术鉴定 35 台非法设备；型号核准检测 335 个设备，公用移动通信基站检测 1 907 个；提供中国海监上海市总队、长江口航道管理局、上海港引航管理站、上海车联网联盟等重点行业在用设备检测服务。

推进与城乡规划相结合的台站布局和保护体系，编制完成《上海市重点无线电台站布局和保护专项规划(2012—2020)》；起草完成“上海市民用机场电磁环境保护区域划定”并通过专家评审；完成基站站址布局专项规划评估；发布《公共场所无线局域网信号覆盖系统集约化技术规范》；完成上海智慧城市 205 处热点区域 WiFi 性能测试；启动业余无线电中继台规划编制工作。

有序开展业余无线电活动，组织业余无线电台操作证书考试 6 次，新增/换发证书(A 级和 B 级)1 052 张；组织业余无线电应急通信演练 5 次 90 人次，累计监听业余无线电通信 153 个小时。

【无线电安全保障成效明显】 持续开展专项整治工作。联合文广、公安、文化执法等部门取缔 13 个私设广播黑电台；联合公安、通管、移动公司建立打击“伪基站”违法犯罪联动长效机制，鉴定 24 套“伪基站”设备证据；联合交警总队定期检查车载电台；联合工商部门于高考前突击检查无线电销售市场；妥善处置 22 起涉及移动运营企业基站的干扰。

聚焦重点行业和地区，维护空中电波秩序。成功处置重大干扰 8 起，其中涉及民航、高铁、公安、北斗各 1 起，社会投诉 4 起；圆满完成各项无线电安全保障任务，包括 F1 中国大奖赛、上海花滑世锦赛、劳伦斯体育颁奖、世界耐力锦标赛、上海大师杯赛、国际田联钻石联赛上海站等重大赛事保障；实施各类教育考试保障 11 起，出动监测车辆 35 台次、执法人员 178 人次。

【技术能级逐步提升，有效支撑无线电管理】 全面落实“十二五”规划，频率资源规划有效满足各类用频需求；和谐台站管理模式持续创新；技术设施能级有效提升，无线电安全保障成效明显；服务产业发展，助推智慧城市建设取得进展；依法行政体系不断完善；无线电发展环境日趋改善。“十三五”规划形成初稿，聚焦主要问题，以基本形成“普惠、安全、发展”的无线电管理新格局为总目标，推动频谱资源更好地服务经济社会发展，推动台站分类分级管理，推动依法行政和简政放权，建立服务型监管模式，建立完善面向新型无线电安全的保障体系，初步确立了 5 大类 18 项建设和监管任务。

提升无线电监管技术能力，全面启动迪士尼、浦东机场、松江 3 个固定监测站，以及浦东机场、崇明空军机场网格化监测系统建设；启动快部式网格化监测系统、水域固定监测站建设和应用研究；改造 1 辆移动监测车；推进各类监测平台融合和单站功能升级；检测实验室获得上海市授权许可(CAL)资质，建成无线电检测开放实验室；建成在用设备检测工作系统(一期)、北斗卫星导航终端测试系统、无源器件互调测试系统、5.3 GHz 无线接入系统(DFS)测试系统以及 1 个电磁屏蔽室并投入试运行；移动检测车完成设备集成需求调研和车辆初步选型工作；一体化平台完成系统架构设计。

进一步加强频率占用费使用管理，强化预决算编报时效，规范结余资金预算管理，提高资金执行率；进一步加强项目管理，修订完善《上海市无线电管理局项目管理办法》，落实管理主体，完善与项目管理相配套的资金管理、考核等制度；进一步加强固定资产管理，引入外部专业资产管理机构逐件清点，初步完成现有资产的清点，修订完善固定资产管理制度，重点规范资产的生成、资产的定期盘点和资产的处置等管理节点。

【深化行政审批制度改革】 编制发布行政审批业务手册和办事指南；制定发布《行政审批申请接收管理规定》；完成行政审批的评估评审清理，保留无线电台(站)设置审批中的电磁环境测试等在内的 5 项评估评审事项；完成行政权力清单的编制工作，形成 9 类 72 项行政权力；完成行政责任清单的编制工作，形成 10 类 860 项行政过错责任追究事项；结合行政审批、行政权力事项，梳理形成 10 项行政检查抽查事项；推动物业服务行业公用频率对讲机告知承诺常态化；依申请公开政府信息 8 件，妥善完成 699 件信访投诉的处置和意见反馈。

【继续深化区县管理】 继续深化区县管理工作，完成与虹口、杨浦两区的无线电管理合作框架协议签署；组织开展区县无线电管理专题业务培训和监测演练。继续做好行业协调工作，与东海航海保障中心签署合作框架协议，探索水上无线电安全管理；协调民航与驻沪空军建立航空干扰通报、交流机制。继续强化军地协调工作，遂行“沪动—2015”演习；成功处置涉军重大干扰3起；为驻沪海、空军部队配置专用设备，组织军地频谱监测演练，协调参加无线电安全保障实战。继续做好对口援疆工作，完成喀什地区无线电管理网格化规划的编制工作。

【强化无线电管理宣传和培训】 全力加强社会面宣传，巩固传统广播、电视、报刊等阵地，见诸电视广播4次，报纸专题新闻报道3次，网站登录及刊载10余件；拓展“申城无线”官方微博和微信新媒体，发布新浪微博1 313条，发布微信近千条。重点做好专项宣传工作，出版发行3期《上海信息化(无线电专刊)》，编印4期《无线电行业动态》简报，编辑8期《无线电管理工作信息》电子简报；组织开展213世界无线电日、九月无线电宣传月宣传工作，推进“科普新干线——身边的无线电”进社区、进学校。深化青少年无线电科普，组织26场2 000余名青少年参观科普基地；组织科普活动进社区2次受众300人、进校园3次受众16 000人；组织青少年无线电竞赛活动1次。

进一步加强培训工作。依托科研院所、设备厂商，开展“学习日”主题培训、无线电管理综合培训以及各类专业业务培训18批次，受众217人次；依托上海市无线电行业协会，对无线电设备使用单位相关管理人员进行政策宣贯和业务培训4批次，受众1 500人。

（黄雨清）

Shanghai
Informatization

第二编　信息产业

综 述

电子信息产业作为上海的支柱性产业，在上海经济发展中扮演着重要角色。近年来，上海电子信息产业逐步形成完整的产业链、先进的技术储备、良好的产业公共服务平台和国际合作经验，令上海在新一代信息技术和制造技术的融合发展领域具备得天独厚的优势。2015 年，上海信息产业顶住经济下行压力，效益和结构整体向好。其中电子信息制造行业运行平稳，产业结构更加完善，全年完成工业总产值 6 159.6 亿元，在全市工业总产值占比 20%，顺利完成“十二五”既定目标。战略性新兴产业增加值占全市生产总值的 15%，比上年提高 0.3 个百分点；生产性服务重点领域实现营业收入 2 万亿元，增长 15%；软件和信息服务业向高端集聚转型，发展态势良好，全年营业收入突破 6 000 亿元大关，占全市生产总值的比重达到 7%，成为带动上海经济发展的支柱产业。

第一章　信息产品制造业

概　述

【概况】 2015年，面对工业经济下行压力持续加大的困难与挑战，上海电子信息制造行业认真贯彻市委、市政府决策部署，行业整体运行平稳，转型升级成效显著，创新能力明显提升，产业体系不断完善。

【创新能力提升】 在芯片领域，中芯国际集成电路制造(上海)有限公司[简称"中芯国际(上海)"]28纳米进入量产、14纳米工艺关键节点技术FinFET(鳍式场效应晶体管 Fin Field-Effect Transistor，简称FinFET)的专利申请数量跃居世界第6位；上海华力微电子有限公司(以下简称"华力微电子")40纳米工艺进入量产、28纳米工艺完成研发；展讯通信(上海)有限公司(以下简称"展讯")14纳米4G(第四代移动通信技术 Fourth-Generation，简称4G)基带完成研发，2015年基带芯片全球市场占有率超过20%；格科微电子(上海)有限公司(以下简称"格科微电子")的CMOS图像传感器芯片全年出货超过10亿颗，全球市占率近30%。

在面板领域，上海和辉光电有限公司(以下简称"和辉光电")的AM-OLED(主动矩阵有机发光二极体面板 Active Matrix/Organic Light Emitting Diode，简称AM-OLED)屏在国内率先实现量产，成为华为技术有限公司(以下简称"华为")、中兴通讯股份有限公司(以下简称"中兴")等终端龙头企业的国内唯一供货商，"缺芯少屏"局面逐渐扭转。

高精度便携式化学气体和PM2.5传感器研制成功，面向手机、无人机等消费品市场的传感器每月出货突破100万颗，硅麦克风芯片制造工艺为苹果手机供应商提供量产服务，自主研发的智能家居短距离通信技术被思科、英特尔等国际大公司批量采购，上海交通大学高清视频网络化即时服务技术与应用获国家科技进步二等奖。

【产业体系优化】 原先占据电子信息制造业半壁江山的电子组装加工业主动调整产品结构，在沪产品从桌面电脑、笔记本电脑逐渐向智能手机、服务器等高端产品转型，2015 年电子计算机制造业工业总产值在电子信息制造业工业总产值中的占比为 30.4%，较“十一五”下降 24 个百分点。集成电路产业在政策、资金、人才聚焦下，实现 950 亿元销售收入，继续保持两位数增长，是上海电子信息制造业发展的核心竞争力。

【带动作用明显】 除直接贡献外，信息技术在经济社会各领域的应用渗透日趋广泛和深化，有力促进生产、生活效率提升。智慧城市、智慧医疗、智能交通等建设步伐不断加强，物联网产业应用示范成果显著。

在工业物联网领域，电梯物联网已接入 5 万台电梯，成为原厂维保模式的典型案例。钢铁热轧智能车间示范项目入选工信部智能制造首批试点示范项目。为奔驰、丰田等公司提供车轮装配产品线解决方案和服务，具备智能物流、智能检测和混线共用等能力，大幅度提高了客户生产质量水平和自动化水平。

在健康物联网领域，第三方医院药品供应链平台在新华医院的试点减少医院库存 75%，有效降低药品流通成本，实现药品全程可追溯；在此基础上向全国推广，已经实施超过 80 家医院、100 家药商。远程心电服务覆盖 600 多家基层或小型医疗机构，累计诊断超过 160 万人次，年均增长 100%。

物联网技术应用于食品安全、公共交通等市民生活。上海率先将 RFID(射频识别 Radio Frequency Identification，简称 RFID)技术应用于生猪饲养、屠宰、加工、销售、能繁母猪保险和动物无害化处理全过程，实现了从生产到消费的全程溯源，为全市提供 70 万头生猪的溯源管理。“上海公交”APP 实现 955 条公交线路、约 1.4 万辆公交车到站信息预报。巴士集团已在 4 635 个站点设置二维码标识，实现手机扫描即可知晓该站经停公交车的信息，范围覆盖整个中心城区；在 916 个站点利用 1 600 块公交站亭 LCD55 寸屏实现车辆预计到达信息的发布。浦东公交完成约 1 700 根具有实时动态信息发布的太阳能电子站牌及 70 余块具有中英文发布功能的首末站智能发车屏。

【投资保持增长】 2015 年，电子信息制造业完成投资 173.3 亿元，比上年同期增长 6.3%，高于全市工业投资增速 23 个百分点，成为六大支柱产业中唯一保持增长的行业。集成电路制造业投资激增 33.8%。

（王　雷）

一、集成电路产业

【概况】 根据上海集成电路行业统计网(SICS)的跟踪统计，2015 年上海集成电路产业实现销售收入 950.15 亿元，同比增长 15.7%，这是继 2014 年以来上海集成电路产业连续两年两位数增长。2010—2015 年上海集成电路产业销售规模见图 2-1。“十二五”期间，上海集成电路产业销售收入年均增长 12.1%，逐步进入持续稳步较快增长的轨道。

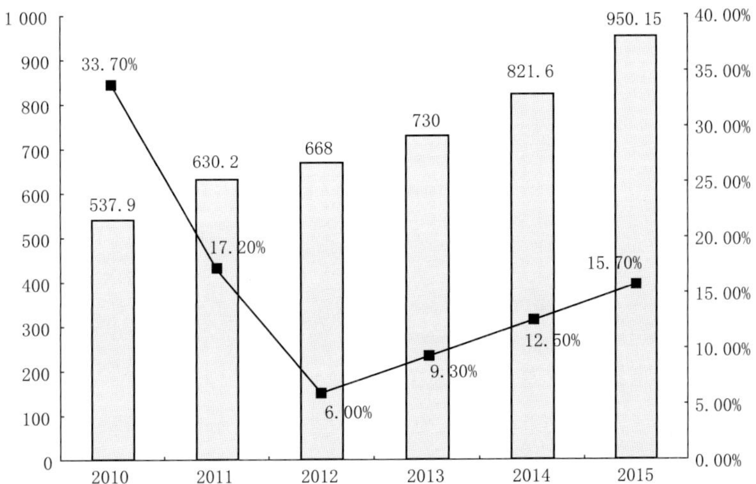

图 2-1　2010—2015 年上海集成电路产业的销售规模及增长率

数据来源:根据 SICS 数据整理

2015 年,上海集成电路产业的出口金额为 83.6 亿美元,同比增长 12.9%,"十二五"期间,上海集成电路产业出口金额的年平均增长率为 9.1%。分析上海集成电路产业持续快速发展的原因,一是国家集成电路产业政策进一步完善、国内集成电路产业快速发展带动,尽管 2015 年全球半导体市场销售规模下滑 0.2%,但我国集成电路产业在《国家集成电路产业发展推进纲要》和国家"大基金"推动下,出现"风景这边独好"的景象,实现 20%以上的增长,由此带动上海集成电路产业进一步增长;二是近两年,特别是 2015 年下半年以来,上海市实施了多项推动集成电路产业快速发展的重大举措,进一步提升上海做大做强集成电路产业的信心。

【产业地位】　2010—2015 年,上海集成电路产业销售额占中国集成电路产业销售额的比重见表 2-1。

表 2-1　2010—2015 年上海集成电路产业规模占中国集成电路产业的比重

年份		2010	2011	2012	2013	2014	2015
中国集成电路产业	产业规模(亿元)	1 440.0	1 933.7	2 158.5	2 508.5	3 015.4	3 609.8
	增长率(%)	29.8	34.3	11.6	16.2	20.2	19.7
上海集成电路产业	产业规模(亿元)	496.6	546.3	599.7	657.2	737.2*	851.55
	增长率(%)	33.7	13.7	6.3	9.3	12.2	15.5
上海集成电路产业占中国集成电路产业比重		34.5%	28.3%	27.8%	26.2%	24.4%	23.6%

数据来源:根据 CSIA、CCID、SICS 历年数据整理

注:为进行同口径比较,本表中上海集成电路产业销售额仅包括设计业、芯片制造业及封装测试业,不包括设备材料业。

由于近年来国内集成电路产业销售额增长加快，上海在全国集成电路产业的占比有逐步减小的趋势。2015 年，上海集成电路产业占全国的产业比重为 23.6%，与 2010 年相比，下降 10.9 个百分点。

【产业链结构】 2015 年上海集成电路产业链结构向合理、先进方向推进。2015 年设计业占产业链比重约为 32%，芯片制造业比重基本保持在 20%，封装测试业占产业链的比重降至 35%，专用设备材料业占产业链的比重基本保持在 10% 左右，2015 年上海集成电路产业链结构比见图 2-2。

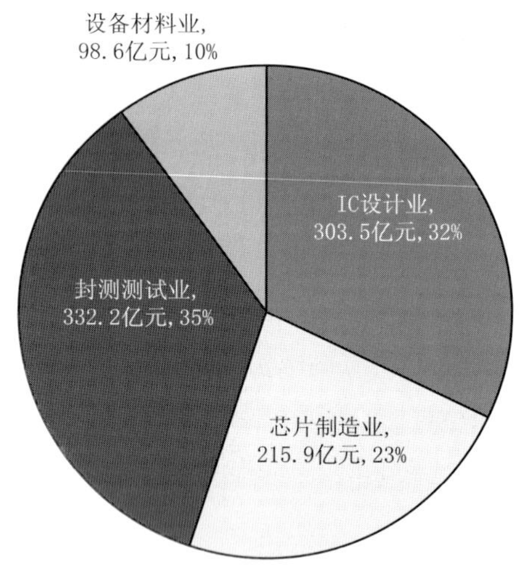

图 2-2　2015 年上海集成电路产业链结构比

【企业和从业人员】 截至 2015 年年底，上海从事研究开发、制造生产、推广应用、配套服务和专业教育培训的企事业单位共 481 家，比 2014 年新增 40 家。上海集成电路产业从业人员总数达 136 384人，比 2014 年净增 9 292 人。从业人员中，管理人员为 6 776 人，专业技术人员为 59 453 人，生产和其他人员为 70 155 人，各占从业人员总数的 5%、43.6%和 51.4%。

【产业投资】 **总投资额和注册资金额**。截至 2015 年年底，上海集成电路产业累计总投资额为253.95 亿美元，其中 2015 年新增投资额为 4 573.33 万美元；累计总注册资金额为 114.53 亿美元，其中 2015 年新增注册资金额为 9 3476.93 万美元。**科技开发投入**。根据 2015 年上海集成电路行业统计网对 188 家主要企业的统计，2015 年科技开发投入合计为 82.88 亿元。其中，设计业科技开发投入占销售收入的比例最高，达到 24.9%；其次为芯片制造业，占 2.5%；设备材料业较低，仅占销售收入的 0.6%；封装测试业相对更低，只占 0.4%。

【经济效益】 **利润总额**。2015 年，上海集成电路产业实现利润总额合计为 52.89 亿元，比 2014 年的 69.06 亿元减少 23.4%。2015 年，上海集成电路各行业实现的利润，设备材料业和封装测试业增幅较大，各增长 42.9%和 35.2%；设计业和芯片制造业各下降 22.7%和 50%。2015 年上海集成电路产业中最佳经济效益前 10 位企业排名见表 2-2。2015 年，这 10 家最佳企业的利润总额合计为 47.82 亿元，比 2014 年的 51.15 亿元下降 6.5%。**缴纳税收**。2015 年上海集成电路企业在享受多项税收优惠政策的基础上，全年缴纳增值税 1.93 亿元，企业所得税 4.42 亿元，两税合计为 6.35 亿元。

【技术创新水平】 技术创新是推动集成电路产业发展的动力。2015 年上海集成电路产业的技术创新继续沿着摩尔定律(More Moore)预示规律大步推进，最先进的主流技术已经从 40 纳米推进到 28 纳米；二是继续扩展泛摩尔定律的内容，推陈出新，涌现出众多标志性的创新成果。

表 2-2 2015 年上海集成电路产业最佳经济效益前 10 位排名 (单位:亿元)

序号	单 位	2015 年利润总额	2014 年利润总额	2015/2014 年增长率
1	台积电(中国)有限公司	16.45	13.39	22.9%
2	上海华虹宏力半导体制造有限公司	7.85	7.24	8.4%
3	环旭电子股份有限公司	6.75	2.70	150.0%
4	展讯通信(上海)有限公司	5.17	6.0	−13.8%
5	中芯国际集成电路制造(上海)有限公司	3.35	10.3	−67.5%
6	上海复旦微电子集团股份有限公司	2.36	1.70	38.8%
7	昂宝电子(上海)有限公司	1.65	6.10	−73.0%
8	日月光封装测试(上海)有限公司	1.43	1.54	−7.1%
9	应用材料(中国)有限公司	1.42	1.05	35.2%
10	上海松下半导体有限公司	1.39	1.13	23.0%
合 计		47.82	51.15	6.5%

数据来源:根据 SICS 数据整理

2015 年,上海集成电路设计和晶圆制造 40 纳米技术已经成熟并被广泛采用。中芯国际(上海)28 纳米多晶硅(PolySION)和高介电常数金属闸极(HK/MG)制程先后投放晶圆代工市场,上海华力微电子在 40 纳米制程成熟的基础上,成功开发 28 纳米工艺。展讯通信在取得 28 纳米基带芯片成功生产的基础上,借助台积电(中国)有限公司和英特尔公司的先进工艺平台,研发成功 16/14 纳米多模多频手机芯片。联芯科技有限公司(以下简称“联芯科技”)的移动通信芯片设计技术也从 28 纳米推进到 16/14 纳米。Bumping(凸点焊球技术)、WLP(晶圆级封装)、FlipChip(倒装焊球术)、CSP(芯片级封装)和 3D/2.5D(3 维/2.5 维堆叠式封装)等先进封装技术都已实现规模化生产。

多项高端装备和配套材料纷纷投放市场。中微半导体设备(上海)有限公司(以下简称“中微半导体”)的“28 纳米～15 纳米介质刻蚀机”研发成功,上海微电子装备有限公司(以下简称“上海微电子装备”)的先进光刻机和盛美半导体设备(上海)有限公司(以下简称“盛美半导体”)的兆声波单晶圆清洗机均已出货多台,并向海外销售。睿励科学仪器(上海)有限公司(以下简称“睿励科学仪器”)的硅片表面缺陷光学检测系统和硅片表面光学测量系统也已进入大生产线考核使用。安集微电子(上海)有限公司的“45 纳米～28 纳米 CMP 抛光液”和上海新阳半导体材料股份有限公司(以下简称“新阳半导体”)的“45 纳米～28 纳米芯片铜互连超纯电镀液和添加剂”都已通过 02 专项验收,并投放市场。

【技术创新成果】 2015 年上海集成电路产业的技术创新成果体现于各个行业。

在设计方面，除展讯通信和联芯科技的移动通信、智能手机芯片外，上海兆芯集成电路有限公司成功研发X86架构桌面计算机CPU，并实现批量销售；澜起科技（上海）有限公司成功研发DRAM(动态随机存储器Dynamic Random Access Memory，简称DRAM)缓存控制芯片，达到国际领先水平；格科微电子(上海)有限公司CMOS(互补金属氧化物半导体Complementary Metal Oxide Semiconductor，简称CMOS)图像传感器全年出货超过10亿颗，保持30%的国际市场占有率和70%的国内市场占有率。

在芯片制造方面，中芯国际(上海)为美国高通公司成功制造骁龙410移动通信芯片，16/14纳米技术专利申请数量跃居全球第6位，并与IMEC、高通和华为合作，开发14纳米FinFET制程技术。上海华力微电子的40纳米制程成熟，2015年取得了20亿元收益，28纳米制程开发成功。上海华虹宏力在多年积累基础上，建成国内规模最大、工艺类型最多的特色工艺平台，自主研发的“0.13微米嵌入式自对准闪存技术与工艺开发”项目获2014年度上海市科技成果一等奖。上海先进半导体制造有限公司与北车集团结成战略联盟，合作设计制造的6 500VIGBT(绝缘栅双极晶体管Insulated Gate Bipolar Transistor，简称IGBT)芯片在高铁上通过超过10万公里考核，与比亚迪股份有限公司建立战略产业合作联盟，在1 200 V平台上开发两个产品，并通过全套汽车级可靠性标准测试，正式进入比亚迪新能源汽车用IGBT供应链。

在封装测试方面，除多种先进封装形式实现规模化生产外，中芯国际与江苏长电科技股份有限公司合资建立的12英寸Bumping生产线建成投产。

在设备材料方面，截至2015年年底，中微半导体交付使用的各种先进的介质刻蚀设备反应腔已突破400台，在国内外17条晶圆生产线上正常运行。中微半导体在先进介质刻蚀机研发、生产、销售、应用方面逐步成熟，美国商务部在2015年2月宣布将等离子体刻蚀设备从限制出口清单中删除。上海微电子装备的先进封装光刻机已出货40余台。盛美半导体的12英寸单晶圆兆声波清洗机在顺利通过韩国海力士公司认证的基础上，在国内外市场成功销售18台。睿励科学仪器的硅片表面光学测量系统在通过国内外大生产线考核验证基础上，向国内外市场销售7台。上海新傲科技股份有限公司(以下简称“新傲”)成功研制出国内首批基于注氢层转移技术的8英寸SOI(基于绝缘体的硅晶片Silicon-On-Insulator，简称SOI)晶圆。

(孙美玉)

二、通信和网络设备制造业

概况

“十二五”期间，上海通信产业总体保持平稳发展势头，形成包括网络通信设备、无线通信设备、光通信设备、通信终端、通信配套元器件等门类齐全的通信产业架构。浦东金桥、张江、漕河泾等园区聚集上海主要的通信制造研发、生产企业，基本形成区域协同发展的局面。2015 年以来，在"互联网+"、"信息消费"、"宽带中国"、"智慧城市"等热点概念带动下，全市通信产业规模保持平稳增长，同时受国内外经济形势影响，行业利润持续下降，整体处于调结构、稳增长的关键阶段。

下一代广播电视网(NGB)

NGB(下一代广播电视网 Next Generation Broadcasting Network，简称 NGB)的建设分两个阶段：第一阶段完成覆盖 100 万户的 NGB 试验网建设，第二阶段在试验网基础上开展大规模 NGB 网络建设。截至 2015 年 12 月，上海全市有线电视用户总数超过 710 万户，NGB 网络覆盖 620 万户，达到全市有线电视用户总数的 87%，基本实现 NGB 网络全覆盖。通过整体转换和 NGB 建设，上海有线电视网络基本实现更新换代，网络承载能力得到大幅提升。

（李　朦）

上海贝尔股份有限公司

【概况】 上海贝尔股份有限公司(以下简称"上海贝尔")成立于 1984 年，是国务院国有资产监督管理委员会(以下简称"国资委")直属的 112 家中央企业之一，也是阿尔卡特朗讯全球旗舰企业之一，是中国第一家外商投资股份制公司。上海贝尔为固定和移动运营商、企业和行业客户提供端到端的信息通信解决方案和高质量的设备服务，拥有强大的本土实力和广泛的全球资源。公司产品拥有遍布 31 个省区市的分公司，境外设有近 20 个办事机构，产品出口至全球 50 多个国家和地区。2015 年，完成营业收入约 183.6 亿元，实现利润总额约 2.5 亿元，研究与开发费约 24 亿元，技术投入比约 13%。

【主要产品和重大项目】 2015 年，面对疲软的通信设备市场，上海贝尔着力开拓国内国际业务。

国内电信运营商方面，无线 4G 业务在中国三大运营商的新一轮集中采购中继续保持前三甲地位：在中国移动三期集中采购中率先签约并落单；在中国联通实现了新建市场份额 10%；在中国电信二次集中采购中综合排名第三。VoLTE(基于 IMS 的语音业务)在中国移动集中采购招标中排名第二，新建超过 20%的市场份额。PON 产品在运营商市场创造历史新高，同比增长 55%。IP 路由器在中国移动国家干线中赢得 8 个省 16 个骨干核心节点和 9 个省的省节点；在中国联通首次进入国家干线核心节点，并夺得核心路由器 100%的新建市场份额；在中国电信获得核心路由器 25%的新建市场份额。传输产品在中国移动成功赢得东北环骨干网扩容。

行业市场方面，上海贝尔继续巩固电力、交通、党政专网市场，在国家电网独家中标两条国家干线，成为光网络供应商前三强；在国家安全中心等重要政府客户赢得 OTN(光传送网 Optical-TransportNetwork，简称 OTN)项目。同时在 OTT(Over The Top，代指通过互联网向用户提供的应用服务)、互联网等新兴行业实现突破，成功进入阿里巴巴传输市场，赢得 100GOTN 项目；突破铁路光传输市场这一重要领域；中标百度干线项目，是上海贝尔 200G 传输在国内的首个应用；在鹏博士 EPON(以太网 Ethernet Passive Optical

Network,简称 EPON)和 IP BRAS(宽带远程接入服务器 Broadband Remote Access Server,简称 BRAS)集中采购中取得第二名,赢得 30%市场份额。

国际业务中,重点项目实现新突破。2015 年全球电信设备市场需求不旺,欧美市场项目延迟,拉美市场投资下降,国际市场发展放缓。直接出口方面,上海贝尔积极应对困难和挑战,借助国家“走出去”和“一带一路”政策,充分利用中国融资优势,紧抓机遇开拓市场,全年销售额基本与 2014 年持平。成功突破一些重点市场:在菲律宾实现订单总额近 3.4 亿元;进入老挝、蒙古的 4G 市场;产品覆盖缅甸三大移动运营商;与坦桑尼亚客户签署 IP 和光传输框架合同。持续巩固原有优势市场:支持泰国运营商 TRUE 的 IP 网络大规模扩容;巩固与尼日利亚运营商 EMTS 和多哥移动的长期合作。合作出口和国际运营业务方面,由于全球用户需求变化以及行业需求不旺,特别是北美市场投资下降,全年业务进入调整期。

持续推动科技创新,集中资源发展核心和高效益业务。2015 年,上海贝尔聚焦核心战略产品,加快产品研发和产业化,坚持高科技创新投入,确保技术领先。无线领域实现多款新型射频产品的研发和产业化。TD-LTE LR14.3 版本正式在中国移动、北美运营商 Sprint 等网络中全面部署,新系统版本 LR15.1 的研发也在进行之中。固定宽带接入领域推出 7360 FX NGPON2 产品,进一步挖掘光纤带宽潜力;铜线接入技术方面,首次推出 G.fast 全系列产品,将铜线接入能力提高到 Gbit/s 的能力,为解决光纤最后一段提供更丰富的选择。光传输领域,推出大容量、紧凑型的 100G/200G WDM/OTN 设备,完成传输核心网设备的研发本地化,成功交付 R8.0、R8.1 等新版本,并在中国电信、中国联通、百度、北美运营商 Verizon Wireless 的骨干网络中得到部署。IP 领域完成 7950XRS 核心路由器的本地化生产集成,快速高效地服务于中国市场的网络高速发展。SDN 本地研发的流量调度系统在中国电信的商用部署,充分体现 7950XRS 核心路由器对 SDN 的支持能力,更好地满足运营商需求。应用平台领域借鉴为 AT&T 等先进运营商开发部署经验,推出 IMS 最新版本 14.0,为中国运营商带来全球领先的端到端解决方案;获批成立上海张江国家自主创新示范区“未来网络创新实验室”,重点进行云计算、大数据、物联网方向的研究,同时也为人才培养提供产学研联合实验室。

【公司荣誉】 2015 年,上海贝尔技术创新人才队伍进一步加强,蒋智宁荣膺贝尔实验室最高荣誉 Bell Labs Fellows Award 大奖,这是贝尔实验室历史上第一次由来自中国的技术专家获此殊荣。上海贝尔全年新申请发明专利 180 余项,新增授权专利 175 项,牵头或参与国家通信标准化项目 100 余项,向国际标准组织提交文稿近 1 000 篇。新申报成功国家专项课题 4 项,累计承担专项课题 53 项(其中牵头 21 项),累计获得国家资助超过 5.6 亿元。重大专项课题研究,从技术储备、能力建设和产品基础方面,为公司创新和发展提供了良好条件。上海贝尔研发的“TD-LTE 4G 新一代移动通信系统”获得上海市科技进步奖一等奖,“分组传送网(PTN)重大技术攻关、设备研制和应用创新”获得国家科学技术进步奖二等奖,TD-LTE 9926 系统基站设备荣获“国家战略性创新产品”证书。

晨讯科技集团

【概况】 晨讯科技集团是境内领先的移动通讯和物联网企业，分别在中国香港主板和中国台湾TDR(存托凭证)两地上市，总部位于上海，拥有员工3 000余人，在上海、北京、沈阳等地建立了研发中心。

希姆通信息技术(上海)有限公司(以下简称“希姆通”)是晨讯科技集团的首个移动终端研发公司，由千余名工程师组成研发队伍，掌握了手机研发和移动通讯的核心技术，拥有3G到4G LTE多平台设计经验。除了高端消费类手机ODM(原始设计制造商Original Design Manufacturer，简称ODM)业务外，希姆通还增加了行业专用智能终端业务。

上海晨兴希姆通电子科技有限公司和晨讯科技(沈阳)有限公司是晨讯科技集团的生产基地，占地300余亩，拥有现代化生产车间数十万平方米，具备手机前道主板SMT及后道组装能力。晨讯科技集团的研发实力和制造工厂获得世界一流运营商和品牌商的严格认证。

【主要产品】 晨讯科技集团加速发展新业务，除了云贸平台的智能自动售卖机线上线下业务之外，还为各大传统行业提供“+互联网”服务，其“专用移动终端+后台软件”的系统级解决方案，适用于专业养老院、居家养老、智慧社区、警务安保、车联网等行业。

晨讯科技集团借助十几年来从事手机及其关键部件的生产制造经验，依照工业4.0思路，用机器人改造自有手机产线，并将成功的设备和经验推广给国内手机工厂。同时采用平台模式建立晨讯智造产业联盟，并购多家机器人非标集成公司和视觉系统公司，利用平台共享资源，协助客户生产线从“机器换人”到“工业4.0”改造。

【重大项目】 工业自动化智能制造技术研发与应用项目获得2015年上海市科学技术委员会(以下简称“市科委”)科研计划项目。项目基于工业智能机器人在移动通信终端制造生产线上的应用，设计制造用于LTE移动终端和模块产品生产线的自动化成套设备及应用。通过对机器人编程二次开发，加上视觉智能系统、LTE测试设备等其他部件，集成高端自动化成套设备。项目的实施可以解决劳动力密集，产线劳动力成本高、附加值低、效率低等问题，同时避免人工误操作，大幅度提升产线的直通率和合格率，提高产品及企业整体质量水平。

养老云大数据服务平台项目获得上海市经济和信息化委员会(以下简称“市经济信息化委”)2015年度产业转型升级发展专项资金(产学研合作项目)。项目针对老龄群体的养老健康服务需求，提出居家养老、社区养老、机构养老三种不同养老模式的智能化养老应用解决方案。研发居家、社区、机构养老服务的养老云大数据服务平台，提供健康管理、居家安全监护和生活护理服务。研制智能手环、老人手机等智能终端，通过智能终端和信息技术减少养老服务对人力的需求，提高养老服务效率。

(杨　琳)

上海博达数据通信有限公司

【概况】 上海博达数据通信有限公司(以下简称“博达”)成立于1994年，是业界领先的网络数据

通信设备提供商和整体网络解决方案供应商。博达拥有完整的自主知识产权，已建立以太网交换机、无源光网络、路由器、工业通信、信息安全、无线产品等产品体系，广泛使用于运营商、政府、金融、军队、教育等诸多领域，在已有海外市场基础上，产品打入乌克兰、印度等多个海外市场。公司以先进、低成本、高效的解决方案帮助各行各业构建网络通信平台，推动信息化网络建设进程，实现互联网信息时代的跨越式发展。2015 年 6 月，博达公司增资 5 000 万元人民币，注册资金达 1 亿元人民币，整体综合实力进一步提升。2015 年 7 月，博达启动金山土地购置项目，购置土地 26 亩，打造下一代互联网通信设备产业基地，为实现自主研发制造全国产化安全可靠高品质的网络通信设备奠定基础。

【主要产品】 博达的主要产品包括交换机系列、路由器系列、无源光网络系列、信息安全产品系列、工业通信产品系列及无线产品系列(完善中)，能够满足用户高、中、低及 SOHO 级各个层次的应用。

网络操作系统平台(BDROS)。该平台应用于博达全线数据通信产品中，确保产品的安全性，并以“外硬内软”的形式，广泛应用于金融、电信、教育、政府、税务、公安、气象、卫生等各大行业领域。

系列化以太网交换机。博达拥有业界最全的交换机产品线，产品包括核心、汇聚、接入、桌面各个层次，能够满足客户各种场合下的网络需求。BDCOM S9500 系列交换机是博达面向高性能云计算、数据中心和高端园区网推出的新一代高性能核心交换机。S9500 系列采用先进的硬件架构设计，提供高交换性能和丰富的数据中心业务能力。S9500 系列支持高达 64Tbps 交换容量，整机最大支持 768 个 10G 端口、512 个 40G 端口和 128 个 100G 端口，并预留向 256 个 100G 端口的演进能力。

系列化路由器。博达 1998 年成功研制第一台通过邮电部测试的商用路由器产品，是国内最早研发、设计、生产路由器产品的厂商之一。路由器产品是博达专业网络技术的集中体现。博达拥有包括高端核心路由器、BSR 多业务路由器、企业级宽带路由器等几十款业界领先的路由器产品。路由器产品在三大运营商大量销售，占到中国移动路由器市场的 40%。

PON 产品。博达通信 EPON(以太网无源光网络 Ethernet Passive Optical Network，简称 EPON)系列产品是公司面向融合性多业务网络推出的全球新一代智能型光网络设备，该系列产品具备优越的接入性能、强大的业务承载能力、精细化的业务控制能力、丰富的 OAM 功能及完善的互连互通能力，是主流运营商首选的光网络产品。博达 PON(无源光网络 Passive Optical Network，简称 PON)产品被广泛应用于运营商、广电、电力、能源、交通等重要客户和行业，并服务于海外多个运营商。

工业网络产品。博达针对工业领域对网络产品的高标准要求，推出全套工业网络产品解决方案。产品通过国家电网 A 类认证，达到 IP40 以上的防护等级，关键产品指标及元器件选型优于国际知名品牌。产品能够在恶劣的工业环境下稳定工作，被大量应用于国内地铁轨道交通、电力、铁路、风电、道路监控等各类工业领域。

无线产品。博达顺应无线网络发展趋势，针对市场上大量商业 WiFi 需求，研发设计全套无线接入产品，包括无线 AP、AC、云业务平台、无线接入网关、车载网关、远距离覆盖等方方面面,能够提供基于云平台的完整商业无线解决方案。

【重大项目】 2015年,博达承担了市经济信息化委软件和集成电路产业发展专项,主要研究下一代互联网IPv6(第六版互联网协议Internet Protocol Version 6,简称IPv6)的核心关键设备,可摆脱网络通信产品关键技术对国外的依赖,解决日益突出的网络信息安全问题,加快我国下一代互联网建设,同时有利于国产关键通信芯片的发展,促进国内产业链健康发展。2015年,博达承担了市科委科研计划合作项目,开展面向高效能数据中心的TOR(The Onion Router)交换机研制。通过各项目的开展实施,加快了国内厂商设备自主研发步伐,提高了企业核心竞争力,为国家信息化建设提供关键技术和设备,为国家网络信息安全出一份力。此外,博达还承担了市科委科技创新行动计划信息技术领域项目,进行单线卡处理能力达100Gbps的高性能路由器的研发与产业化,提升国内厂商核心技术的自主研发能力,并带动产业发展,促进高带宽、多业务设备领域行业发展,创造就业机会,有利于提高市民信息化应用能力,使科技造福于民。

【公司荣誉】 博达是上海市软件企业、上海市高新技术企业、上海市企业技术中心、上海市创新型企业,同时是国家火炬计划软件产业基地骨干企业、上海市明星软件企业,取得质量管理体系认证、环境体系认证及武器装备质量体系认证。博达拥有发明专利40项、软件著作权54项、软件产品登记13项。

(张 毅)

上海创远仪器技术股份有限公司

【概况】 上海创远仪器技术股份有限公司(以下简称"创远")是专注于无线通信和射频微波测量技术领域的、具有自主知识产权的通信仪器设备研发生产商,创远以"成为中国高端无线通信测试仪器领导者"为发展愿景,以市场为导向,提供领先的无线通信和射频微波测试产品及解决方案,持续为客户创造价值。

【主要产品】

终端综合测试仪系列。T6280通用无线通信测试仪是达到世界先进水平的高性能、宽带化、多用途无线通用测试平台,可高效实现信令测试、非信令测试、快速校准等多场景、多模式应用,广泛适用于芯片厂商、终端设计、研发、认证机构和生产制造、维修、教学等领域。支持GSM/GPRS/EGPRS、TD-SCDMA、WCDMA、TDD/FDD-LTE等终端综合测试。

TSP-X系列扫频优化分析系统。TSP-X系列扫频优化分析系统是基于功能强大的全制式扫频仪和分析软件的综合平台,以扫频方式自动、高速扫描和解析GSM、CDMA2000/EVDO、TD-SCDMA、WCDMA、FDD/TD-TE、WLAN等制式空口信号,输出结果包括小区覆盖参数、广播信道系统消息和频谱信息,以直观、多样方式进行呈现,可广泛应用于网络勘察、规划、建设、优化等场合。典型应用包括:传播模型校正、清频测试和干扰排查、网络覆盖、干扰和邻区优化分析、网络结构质量评估、室内覆盖测试等。

矢量网络分析仪系列。该系列产品是创远为射频微波系统、器件、组件的研发、设计、实验、生产、维护提供的理想测试解决方案,应用领域涵盖了无线通信、广播电视、军工、半导体和科研教育。测试频段覆盖 300KHz～8GHz；特有“一键测试”解决方案，动态范围大、迹线噪声低、测试速度快、测试曲线稳定。

ANTsys **天线自动化测试系统**。该系统基于创远研制的 TM 系列高性能射频开关矩阵和两端口矢量网络分析仪，实现 TD-LTE 9 端口智能多频天线 S 参数自动测试，包括端口驻波、相邻端口隔离度、校准口到各天线单元端口的幅相一致性等指标测试。

TD-LTE **矢量信号发生应用解决方案**。主要由 T3142A 矢量信号发生器和 IQC5000A 信号存储回放设备组合而成。该系统可扩展提供多种矢量宽带射频信号，包括标准的 TD-LTE 射频信号、外场环境的真实信号、复杂混合信号（如 TD-LTE/WCDMA/WLAN 混合）等。主要应用于设计研发、网络优化、生产线测试等。

【重大项目】 2015 年，创远主承研的 2013 年国家重大专项“TD-LTE-Advanced 终端综合测试仪表开发”、“多天线无线信道模拟器研发”进入正式验收阶段。

创远主承研的 2014 年度国家重大专项“LTE/TD-SCDMA/WCDMA/GSM 终端综合测试仪开发”、“LTE 及 LTE-Advanced 信号源及无线信号分析仪开发”基本完成课题目标，进入验收准备阶段。

2015 年重大科技专项“LTE-Advanced MIMO 矢量信号分析仪”项目按进度顺利进行。

在市级项目方面，创远与上海市无线电监测站合作，成功申报上海市战略性新兴产业发展专项资金项目“北斗高精度定位、授时、检测及监测保障系统产业化建设（北斗检测及监测保障系统）”，项目聚焦北斗检测及监测保障系统研发，成果可广泛应用于终端测试、无线电监测，包括机场、港口和城市重点区域等。

【公司荣誉】 创远是国家高新企业、上海市小巨人培育企业、中国 TD 产业联盟单位、上海 TD 联盟会员单位，具有上海市软件企业资质，2005 年起通过 ISO9001 产品质量体系认证；多年持续承担多项工信部 03 重大专项课题及上海市重点科技领域项目，同时承担上海无线通信测试仪器工程技术研究中心建设工作。

2015 年 11 月 17 日，创远顺利通过军工资格认证初步核查。2015 年，创远积极参加中国无线技术与应用大会等展会，向业界展示公司的创新、发展能力，创远独立研制的手持式天馈线分析仪在第十七届中国国际工业博览会上获银奖。

（陈嘉琪）

上海卡布奇诺电子科技有限公司

【概况】 上海卡布奇诺电子科技有限公司（以下简称“卡布奇诺”）成立于 2013 年 6 月，是一家专注于中老年智能机及相关电子产品研发、生产、销售的高科技公司。卡布奇诺依托上海晨想集团深厚的研发底蕴与创新优势，在国内率先推出专为中老年人量身打造的高端智能机，在软硬件设计方面实现突破性创新，第一代产品在京东商城全国首发，深受中老年用户喜爱，在业内引起强烈反响。

【主要产品】 2015 年，卡布奇诺把工作重心继续放在为中老年用户打造更好的产品、研发出更适合老年人的手机应用上，在软件和硬件上均有突破创新，并成功发布两款新品——“卡布奇诺 2s”及“卡布奇诺 3”，是国内率先支持 4G 全网通的中老年智能手机，中国移动、中国联通、中国电信三大运营商的用户卡均可使用。

（孙逸瑾）

三、数字音视频产业

概况

2015 年，作为“十二五”规划硕果累累、“十三五”规划即将开局的一年，上海信息家电产业向规划目标再跨进一步。游戏内容与游戏机合作开发打开与外商全面战略合作的新局面；基于百视通互联网电视平台打造的电视端星粉互动产品“娱乐家”拉开“互联网电视粉丝经济平台”大幕，率先进入“互联网＋娱乐”的 T20 互动新时代；给 IPTV、OTT、安卓电视游戏等终端用户带来福音的多终端、多网络、多渠道云游戏服务全面启动；上海市推进“互联网+”行动吹响进军号角，为依托云平台和大数据，全面建设互联网媒体生态系统奠定基础。

在全球彩电市场不景气的形势下，中国彩电业逆势增长，远超预期。2015 年我国彩电市场零售量约为 4 473 万台，同比增长 4.8%，零售额同比增长 7.5%，市场均价同比增长 2.6%。

2015 年，海信、创维和 TCL 电视分别为 16.71%、14.66%和 14%的市场占有率，占据国内线下市场销售份额前三位。截至 2015 年 12 月 27 日，海信、TCL 和创维的线上市场零售占有率分别为 14%、9.9%和 9.8%，分列第一、第三、第四位，而线上销量前十位的企业中，中国传统品牌占据七席。

据不完全统计，2015 年上海彩色电视机的产量为 1 353 878 台，销量为 1 352 780 台，产销率为 99.92%，其中，LCD（液晶显示器 Liquid Crystal Display，简称 LCD）彩电产量为 1 353 531 台，销量为 1 352 433 台，产销率为 99.92%；智能彩电的产量为 347 台，销量为 347 台，产销率为 100%；视频投影激光机的产量为 297 518 台，销量为 296 402 台，产销率为 99.62%；视频投影仪产量为 266 006 台，销量为 271 621 台，产销率为 102.11%；数码摄录一体机产量为 2 195 761 台，销量为 2 592 855 台，产销率为 118.08%；网络摄像机（VS）产量为255 251 部，销量为 279 482 部，产销率为110.22%；彩色一体化摄像机（IS）的产量为253 566部，销量为 250 822 部，产销率为 98.92%。

上海东方明珠新媒体股份有限公司

【加强终端与平台合作发展战略】 上海东方明珠新媒体股份有限公司（以下简称“东方明珠新媒体”）十分重视合作发展战略的制定实施，期望借助强强联合充分利用各方产品、客户关系、渠道资源，共同开拓做大市场，提升品牌价值，最终实现共赢。

2015 年，东方明珠新媒体与终端厂商中兴、华为等宣布战略合作，在云计算、大数据、CDN(内容分发网络 Content Delivery Network，简称 CDN)、家庭终端(4K 机顶盒、智能网关)等领域展开合作。一是通过在 IPTV 和互联网电视业务的集成播控、内容运营方面合作，为用户提供集内容、渠道、终端和应用服务于一体的解决方案；二是在视频编解码、人机交互与用户体验、互联网技术等科研方面，平台厂商为东方明珠新媒体提供云计算、网络、存储、服务器及 CDN 解决方案和服务，东方明珠新媒体则在视频购物、展会、大型活动营销宣传推广等方面为终端厂商提供合作资源，并在智能电视芯片、智能电视终端上提供内容和服务的集成。双方本着资源互补、优势共济、协同运营与利益分享的原则，实现更大的商业价值。

【打造“互联网+”生态圈】 借互联网强势发展和“互联网+”战略加速推进的东风，2015 年，东方明珠新媒体与网宿科技股份有限公司(以下简称“网宿科技”)、奇虎科技有限公司(以下简称“奇虎科技”)、完美世界(北京)软件科技发展有限公司(以下简称“完美世界”)等多家互联网企业达成战略合作。通过和互联网企业联姻，东方明珠新媒体本着“优势互补、互惠互利、长期合作、共同发展”原则，积极打造“互联网+”生态圈，借助互联网内容分发能力、终端延展能力、游戏影响力，把东方明珠新媒体的内容送到千家万户。

与网宿科技的互联网电视战略合作中，双方发挥各自在通信、电视领域的规模优势、比较优势和协同效应，共同打造新媒体视听服务平台，通过智能终端、多媒体终端等终端媒介向互联网客户提供视听服务。在社区云、CDN 内容分发、增值应用引入等领域，东方明珠新媒体投入优势内容资源，网宿科技投入 CDN、社区云服务及网络等资源，双方共同合作进行互联网电视业务领域的市场拓展。

与奇虎科技的战略合作中，双方在互联网、移动互联网、互联网电视等业务领域展开合作。东方明珠新媒体的优势基于视频版权资源、内容运营能力、视频牌照及互联网电视集成播控平台，而奇虎科技的优势基于互联网流量资源、360 影视平台的业务基础及互联网产品开发和运营能力。

与完美世界的战略合作框架协议中，双方在文化创意、互联网、新媒体信息服务领域建立紧密的战略合作关系，借助完美世界在游戏引进、开发、运营、渠道上的优势，及东方明珠新媒体在新媒体家庭终端产品的技术优势，联手打造家庭娱乐产业生态链，给消费者提供更好的家庭娱乐消费体验。

东方有线网络有限公司

【全面完成 NGB 建设及模数整体转换】 2015 年是东方有线网络有限公司(以下简称“东方有线”)从“建好网”到“用好网”的关键一年，围绕深化改革主线，聚焦结构转型、用户体验、业务发展三大核心工作，加快推动体制创新、业务创新，进一步提升了公司综合运营管理水平。自 2012 年开始，东方有线在示范网建设基础上，在全市开展大规模的 NGB 网络建设，截至 2015 年 12 月，上海有线电视用户总数超过 710 万户，全市 NGB 网络覆盖 620 万户，达到全市有线电视用户总数的 87%，同步完成数字化整转用户 650 万户以上，基本实现 NGB 网络全覆盖，基本完成全市数字化整转任务。通过整体转换和 NGB 建设，上海有线电视网络基本实现更新换代，网络承载能力得到大幅提升。此外，东方有线积极应对市场竞争，进一步扩大用户规模，截至2015年年底，高清用户规模超过230万户，宽带用户规模超过70万户。

【借助智能终端产业联盟推进智能机顶盒研发】 东方有线推出由广电总局研究院牵头，联合多家单位自主研发的智能终端，该终端采用TVOS1.0智能电视操作系统，拥有自主知识产权的高性能芯片，它具有安全、开放、融合的特性。智能终端的DVB＋OTT＋WiFi的全业务形态有利于快速形成用户规模，全面占领“客厅入口”；有利于基于NGB全面布局家庭互联网；有利于拓展核心服务内容，将业务延伸到家庭信息化和智能家居领域；有利于增强用户对网络的依赖性。为了更好部署智能终端产业发展，东方有线联合各省市广电网络公司共同发起成立广电智能终端产业联盟，2015年12月26日，联盟正式宣布成立，宗旨是通过联合设备制造商、内容及应用服务提供商，共同构建合作平台，统一行业标准，加快业务部署和推广速度。作为联盟秘书长单位及首届轮值会长的东方有线，在打通产业链各环节、巩固家庭客厅入口阵地、推动产业升级、加快转型发展的道路上又迈出新步伐。

东方明珠广播电视研究发展有限公司

【与社区数字化公共文化服务相互融合】 2015年，东方明珠广播电视研究发展有限公司（以下简称“东方明珠”）继续在项目开发和网络建设上发力，《基于无线广播电视网络的社区数字化公共文化服务示范工程》就是其中之一。该项目是东方明珠独立承担的上海市科委科研计划项目，主要结合科技创新服务文化产业，研制面向社区公共文化传播的无线数字电视收发系统，为上千家的社区文化中心提供服务，搭建基于无线广播电视网络的社区数字化公共文化服务平台。2015年12月，该项目通过市科委验收。该项目充分利用东方明珠无线广播电视网络优势，采用高速率、大覆盖面的传输方式，为社区提供高清晰度节目和个性化的定制节目。项目在全市近3 200个社区居委会，选择条件较为成熟的1 000个社区活动场所进行社区数字化公共文化服务平台的示范推广，重点发展区域包括徐汇、黄浦、闵行、普陀等，并通过试运营陆续扩大服务范围，成为社区文化与广播电视科技发展融合的亮点示范工程。该项目除了2014年申请发明专利一项（一种用于地铁运营的应急广播字幕发送、接收方法及系统，申请号：201410265024.X）、获得计算机软件著作权一项（东方明珠数据广播播控软件V1.0，著作权号：2014SR053857）外，2015年继续申请发明专利一项（一种数字广播控制系统及方法，申请号：201510214538.7）。

【覆盖网建设探究】 《地面混合广播发射系统研发及覆盖网络建设》项目是东方明珠承担的市科委科研计划项目子课题，主要针对广播电视网络具有为移动互联网业务分担流量负荷的需求，研究广播电视网络混合传输移动互联网内容发射平台的设计，优化广播电视网络覆盖效果，形成地面广播（T）＋OTT业务的应用示范。项目通过研究一种基于DTMB（数字电视地面广播传输系统帧结构、信道编码与调制 Digital Television Terrestrial Multimedia Broadcasting，简称DTMB）的数据传输标准，将互联网的数据内容通过特定的打包形式转换成DTMB码流形式，并且通过专用复用器进行数据合路与复用，以送入发射系统进行发射，实现广播电视网络互联网内容传输。该项目结合上海城市特点，研究出适合全市应用的无线地面数字电视覆盖网与优化的实施方法。利用单频网的方式，可以有效消除阴影区及优化覆盖效果，使得广播电视网络能够更好地为互联网服务。自2013年7月立项以来，已完成混合广播数据推送协议，搭建一套数据广播推送系统平台。2015年11月，由市科委组织专家验收。

该项目2015年获得实用新型专利一项(一种基于数据广播技术的混合广播设备，专利号：ZL201520272312.8)，同时申请发明专利一项(一种数字广播控制系统及方法，申请号：201510214538.7)。

数字电视国家工程研究中心

【新一代数字电视标准】 数字电视国家工程研究中心(以下简称"工程中心")一直注重与国外同行携手合作制订数字电视标准，并取得令人初步成果。为验证标准的可行性，工程中心与美国高级电视系统委员会共同组织ATSC3.0 Plug Fest的互通性测试工作，作为标准的重要研制单位，工程中心提供的包括信令码字、星座映射、比特交织、帧结构中的Bootstrap时域结构、反向信道等5项自主知识产权的技术模块成功导入美国ATSC3.0标准。2015年，工程中心协同韩国电子通信研究院、韩国三星电子、LG电子，日本索尼，法国Teamcast、Enensys，荷兰Decteck，西班牙瓦伦西亚大学、巴斯克大学等美国ATSC3.0标准的研制单位，在上海完成150套样机参数的全球首次互通性测试，成功完成标准的技术及系统的验证工作。

【中美数字电视标准创新及产业对接峰会】 为使工程中心的标准研制成果在同行中广而告之，提供研制标准的全球知晓度，上海交通大学未来媒体网络协同创新中心于2015年10月22—23日在上海主办了中美数字电视标准创新及产业对接峰会暨美国新一代数字电视标准ATSC3.0。全球互通性测试大会上，来自全球10多个国家、70多家广播电视及媒体网络标准组织、媒体机构、科研单位及消费电子整机、集成电路及系统设备企业的代表参加主会活动。与此同时，活动还先后举行中美数字电视标准的创新及产业对缝峰会及中美数字电视产业对接闭门会议，工信部、科技部、国家新闻出版广电总局及上海市政府的代表出席会议。来自美国的高级数字电视系统委员会、全美广播电视联盟、二十一世纪福克斯、电子与电气工程师协会、加拿大通信技术研究中心、杜比实验室、德国弗朗霍夫研究院的代表与中国的中央电视台、上海文广、东方明珠、TCL、海信、海尔、小米、华为、创维、康佳、长虹、北广科技、联发科技、瑞昱半导体等国内的产业链企业深度交流全球广播电视技术发展的新趋势，共同探索中美在下一代广播电视领域的合作新机遇。

上海高清数字科技产业有限公司

【概况】 上海高清数字科技产业有限公司(以下简称"上海高清")长期以来关注并致力于为中国广电行业提供优质的数字电视芯片及系统解决方案。

【主要产品和重大项目】 上海高清的重点产品是芯片研发，并不断将其推向市场。利用直播卫星对广大农村地区开展广播电视服务是中央作出的重要决策,是重要的惠民工程、民心工程。作为国家级高新技术企业和集成电路设计企业,2015年,上海高清自主研发的具有自主知识产权的HD3601(高级安全卫星解码芯片)累计市场出货量超过2 000万片,市场占有率超过50%,被广泛应用于国家“户户通”工程的机顶盒中。为了更好地支持我国广电事业的发展,为客户提供更高性价比的芯片产品,上海高清不断投入研发资金,持续开发性能更优、成本更低的芯片产品和解决方案,受到康佳、TCL、海信等大客户的认可。上海高清在直播卫星市场取得重大突破的同时,依然保持地面数字电视市场的优势地位,2015年在地面机顶盒和数字电视一体机方面均取得了良好的业绩。另外,公司多年研发积累形成的知识产权取得收益。2015年,有三家全球性企业购买DTMB解调IP,同时,上海高清通过数字电视国家工程研究中心,收取DTMB核心格式专利费。

上海全景数字技术有限公司

【视频监控应用】 上海全景数字技术有限公司(以下简称“上海全景”)近年来致力于视频监控系统与相关设备的研发,并有不少产品打进各个应用领域。公司注意到:机场技防建设正处于模拟转向数字、人工转向自动、机械转向智能的重要阶段,同时预测中国民航机场的新、改、扩建高峰即将来到,于是花大力气将视频监控应用挺进交通领域。从2015年3月项目启动起,上海全景作为远程值机大厅项目的高清智能监控方案提供商,积极配合甲方开展前期需求调研,把握机场监控业务需求的特殊性,全身心投入方案、系统、设备的全方位研发,以确保交付产品在应用中万无一失。上海全景本着遵照标准统一、接口开放、操作简化、处理及时的设计原则,制定出使机场监控工作更加有效的系统方案,以切实提高机场监控的主动处理能力。经过半年的努力,项目于9月通过验收,10月,由上海虹桥机场、中国东方航空和虹桥天地三方合作打造的国内首个购物中心内的远程值机大厅正式投入使用。远程值机大厅安装的视频监控系统通过系统监控中心、行李开包间和管理部门办公室的三屏联动,使得管理人员能够在第一时间借助直观的图像分析问题、调配资源,并能对事件处理作出相对准确的判断。

【安防新品研发】 上海全景为使其安防产品切实确保一方平安,研发中一丝不苟,并适时融入许多新技术,PVR-7300系列高清智能人脸识别服务器就是其中之一。其配合加密狗自主研发生产,具有高处理、高可靠、高安全、高扩展特性的管理服务器,是一套拥有大数据处理能力的硬件设备,其先进性与稳定性结合自主研发的人脸识别智能管理平台软件,可以具备数据存储、查询、转发等处理、管理能力。经相关机构评测,该服务器识别准确度高、系统反应迅速、平台兼容性强、后端可多级扩展。因对提高公安侦查的排查效率、提升商家服务品质、保障公共场所安全有极大帮助,从而受到用户欢迎。2015年10月29日,在深圳举行的第十五届CPSE(China Public Security EXPO)中国国际社会公共安全博览会上,PVR-7300被评为“第十五届CPSE安博会金鼎奖”。上海全景也因多年来持续推进行业智能化应用而被评为2015第四届智慧城市建设推荐品牌,这是上海全景第二次获得该称号。

上海文广互动电视有限公司

【把握市场契机谋求合作发展】 2015年，上海文广互动电视有限公司(以下简称“文广互动”，英语缩写为SiTV)把握“三网融合”背景下加速推广DVB+OTT模式的契机，在推广增值内容产品的基础上，精心设计，确立全新的产品体系，全面推动基于有线网络的家庭互联网平台项目的业务开展。2015年9月起，先后与东方有线、江苏有线签署《有线电视视频点播业务(智能版)战略合作框架协议》，全面开展DVB+OTT业务合作，稳步开启视频内容、互动增值应用等合作。2015年，东方有线全面启动智能终端(即集上网、WiFi、互动、直播功能于一体的智能机顶盒)规模化部署和大规模商用，计划于2016年春节前部署50万个智能终端，未来二三年在全市范围内部署400万个智能终端。合作中，为配合东方有线规划的顺利实施，文广互动与东方有线专门成立OTT小组，积极部署推进第一期及第二期东方有线OTT项目上线。通过合作，文广互动一方面实现了产品突破和模式创新，另一方面，也为自身向DVB+OTT产品和业务模式过渡转型、新业务拓展打下了坚实的基础。

【针对性研发DVB+OTT方案与系统】 2015年，文广互动广泛接触各地有线网潜在客户，深入开展OTT项目技术调研，推出SiTV有线电视网DVB+OTT端到端解决方案，并积极协调百视通、云平台事业群等内外部资源，启动东方有线等驻地OTT项目的实施，基本完成OTT原型系统开发。针对国内各有线电视网基础能力参差不齐、标准规范不统一的特点，SiTV的DVB+OTT平台解决方案精心考虑了方案的良好兼容性和可扩展性：在内容分发方面，支持公网CDN回源和私有网络CDN镜像两种模式；终端适配方面，支持TVOS、安卓等不同操作系统类型与版本；客户端应用方面，采用Native+HTML5混合模式实现，以兼顾用户体验和业务灵活性；产品管理方面，BOSS系统不仅支持传统的包月和按次付费业务，也支持产品小包月、包年、组合打包、限时免费等丰富的产品形态和多样的促销推广策略；认证鉴权方面，使用的AAA认证系统采用标准化流程与运营商系统对接，实现两级AAA。与国内同类解决方案相比，SiTV的DVB+OTT平台方案在先进性、兼容性等方面具有显著优势。

【立足自主专利技术研发】 2015年，文广互动在节目制作、市场拓展及合作发展方面不断进取，对技术研发，尤其是具有自主知识产权的技术研发格外重视。在视频内容审查技术方面，针对很多国家级、省级广播电视台仍在使用传统人工目视审查的市场现状，文广互动积极展开计算机视觉与人工智能研究，基于国家“863”课题“面向三网融合的集成播控平台研究与示范”的研究成果，成功研发“基于多模态信息的视频内容审查系统及方法”。该方法克服了视频内容抽象特征与图像特征难以准确对应、模板普适性差等一系列缺陷，成功实现对非法内容的自动审查。一方面可以进一步提高内容审查的准确率，另一方面可以大大降低内容审查的人力成本。2015年，“基于多模态信息的视频内容审查系统及方法”申请国家发明专利(申请号:201510688541.2)。

针对国内外的3D电视商用系统只支持具有3D立体效果的视频内容，门户仍然采用传统2D界面的弊端，文广互动在软件上下功夫，成功研发基于国家科技支撑项目“开放网络环境下立体电视制播系统架构设计、集成与应用示范”研究成果的“3D立体门户软件”。该软件彻底解决2D门户界面在显示终端(以3D电视机为主)3D模式下无法正常显示的问题,为广大电视用户提供更好的视觉体验,极大提高用户观看3D电视节目的舒适度。2015年9月10日,“3D立体门户软件”获得中华人民共和国国家版权局计算机软件著作权登记证书(证书号:软著登字第1126997号)。

上海索广电子有限公司

【产品向专业领域转型】 上海索广电子有限公司(以下简称“索广电子”)多年来致力于家用摄像机的研发生产,面对2014年市场和经营环境的巨大变化,索广电子迅速作出反应。为了应对智能手机和单反相机(含微单相机)的市场冲击,索广电子以“创拓”(创造新的工作,积极开拓未来)为口号,积极调整产品结构,并在不断创新产品开发的同时,拓展经营管理思路,实现自我转变,以适应市场环境变化。经过公司上下共同努力,索广电子产品成功由家用向专业领域转型。2015年,导入生产广播级专业摄像机、4K运动型摄像机、4K监视摄像机、车载摄像头、远程电视会议系统等新产品,包括具备WiFi机能、追加XAVC格式记录机能、软件处理记录能力大幅提高的PXW-X320专业摄像机;开创摄像机新视界、可以结合航拍飞行器组成一台会飞的摄像机的FDR-X1000V个人可佩戴式摄像机等。为了使转型生产的专业产品能迅速打开市场,索广电子精心调整经营战略,以加速构建独立自主企业运营体制的“融立”为年度经营口号,探索适应新常态的新思路、新模式,力争实现公司“生产高效率、产品高附加值、企业可持续发展”的长远目标。

【研发配套专用生产设备】 新产品试制和量产过程中会出现各种问题,为了提高生产效率,索广电子投入大量科研经费,克服重重困难,自行研发多种摄像机专用生产设备,其中CCD Mount设备应用自行开发的图像处理软件,能自动识别与寻找CCD上的iMark标识并计算规格偏差,大大方便CCD的调试。另一台IPO电路板自动检查机能针对各种元器件的形状,应用大津阈值算法、数字形态学算法、闭合轮廓提取法等多种计算方法,确保各种元器件插入方向的精确判断。这些专用生产设备的自主研发,不但节约大量的设备进口费用,还锻炼研发中心的技术团队,大大提高年轻技术人员的研发能力,增强了公司的企业竞争力。

上海索广映像有限公司

【概况】 上海索广映像有限公司(简称“索广映像”)以“进取”为口号,立足市场,发展自身优势,强化技术力、生产力和协作力,完善逐步建立的成果连动机制,一如既往地重视生产安全和产品品质。2015年,索广映像顶住不利的大环境压力,全年实现销售台数186.3万台,其中液晶彩色电视机及模组145万台,专业机及光机组件41.3万台;总销售收入73.8亿元。

【提升产品品质】 生产出品质优异、用户放心的产品,是公司的不懈追求。2015年,索广映像坚持对产品品质高标准、严要求,并且比以往更注重产品在市场上的用户体验。具体措施包括每天组织公司相关部门对市场品质信息进行分析总结;每周会同事业部和设计部召开VC(Video Conferencing)视频会议,共同探讨改善方案;每月定期与相关部门召开品质会议,向高层汇报品质现状、活动和接下来的改善重点,听取领导意见指示。另一方面,索广映像充分利用团队资源,调动集体的力量为品质改善群策群力,以尽早发现问题、规避问题、解决问题。2015 年 8—10 月,索广映像的产品顺利通过德国莱茵股份有限公司、中国电子技术标准化研究院、北京赛西认证有限责任公司上海分公司等单位实施的质量管理体系外部审核。2015 年,索广映像还花大力气狠抓"ISO13485 医疗器械质量管理体系"建设。2015 年 4 月,体系建设项目获得批准实施,5 月召开专门会议,期间,质量事务局 3 名成员获得"医疗器械质量管理体系内审员"的资质;6—10 月,公司内各相关部门定期召开相关产品导入前的确认会议;11 月,质量事务局携各部门完成 ISO13485 体系文件初稿。

【改善环境绩效】 索广映像持续实施环境体系管理,遵守政府有关环境的法律法规,贯彻索尼管理要求,推进改善公司环境绩效。2015 年,公司环境事务局持续实施工厂环境、制品环境改善项目,降低环境负荷,向索尼环境中期目标("环境负荷为0")继续前进。工厂环境与制品环境主要改善项目包括空调运行优化、新风机组余热利用、LCD/实装车间风管保温改善等的"节能改善"(削减能源 CO_2 排放 495 吨);锅炉水箱液位计改造、加强用水点巡检等的"节水改善"(削减用水量 113 吨);持续管控污染物质排放(全年三废均达标排放)、环境应急响应演习(全年度环境事故为 0)等的"污染物质排放和环境风险管理";持续监控生产过程中化学品使用状况,通过焊锡回用设备进行焊条再生利用的"化学品管理改善"(削减了 70 kg新焊条使用量);持续实施制品环境管理,GP 认证制度与部品有害物质检测相结合,确保产品环境要求达标的"制品环境管理";屏部品包材回用、G0 对象部品包材回用、小件部品包材回用等的"废弃物管理改善"(削减包材废弃物 979 吨),以及实施新改扩建项目环评和索尼 GSP 环境管理评价的"环境评价制度"。这些项目的实施在改善环境效益的同时,降低部品成本,提高生产效率。

【狠抓安全生产】 2015 年,索广映像安全生产状况继续保持总体稳定、持续好转的发展态势,生产性事故数量明显下降,全年未发生火灾爆炸事故、因工重伤/死亡事故及职业病事故,但道路交通事故数量有所上升,安全生产形势依然严峻。索广映像针对这一情况,加大对全员交通安全教育的力度,以减少道路交通事故的发生。在进一步强化安全生产管理工作上,索广映像采纳多项措施:一是深入开展一系列形式多样、内容丰富的安全生产教育宣传活动;二是组织驾驶员参加公司道路交通安全培训讲座;三是对在职场和作业现场出现的那些不至于引发事故,但容易被人忽视的惊吓事件进行收集、公开,杜绝潜在的安全事故;四是在 119 消防日开展全员紧急疏散避难演习及消防灭火演练;五是更新技防设备,提高治安防范能力,将公司陈旧的模拟监控系统全面升级为高清数字网络监控系统;六是继续做好职业健康安全管理体系评审工作,对必维国际检验公司审核中发现的问题及时整改。

上海国茂数字技术有限公司

【概况】 上海国茂数字技术有限公司(以下简称"上海国茂")位于上海浦东张江高科技园区,由上海广电(集团)有限公司中央研究院转制,经知名风险投资基金投资设立。上海国茂是从事中国电子信息产业重大自主知识产权技术AVS研发和产业化的领军企业。公司以“推进中国自主知识产权标准产业化”为己任,致力于成为“中国技术、中国专利、中国标准、全球市场”的成功典范。

【主要产品】 上海国茂主要从事AVS头端编码转码及相关设备、终端各种数字电视接收机和一体机,及数字音视频系统的研发、生产、销售与服务,并为全球数字电视、IPTV、三网融合、视频监控、高密度光盘等领域运营商、行业客户,提供系统集成和完整解决方案。上海国茂是AVS工作组的核心成员单位,从初期就参加了AVS/AVS+标准的研究工作。经过近几年的努力,拥有了多项核心专利,是AVS专利池管理委员会理事单位、产业联盟发起单位,并任中国AVS产业联盟理事长单位。

【重大项目】 **从“制造出口”到“标准出口”**。上海国茂自成立以来一直十分注重专利开发与标准制订,长期致力于AVS音视频编解码技术的自主创新、AVS专利与系统研发、AVS标准制订,并取得卓越成绩,在经历攻克音视频编解码核心技术难关之后,最终实现“中国标准”替代“国际标准”的目标,成为中国音视频产业实现从“制造出口”到“标准出口”的成功典范。2015年2月,上海国茂AVS标准研发及产业化项目再次荣获国家科技部2014年国家重点新产品奖。2015年3月10日,《浦东时报》头版以《从“制造出口”到“标准出口”浦东企业自主研发》为题,进行重点报道,列举公司“从产品出口到标准出口”的代表性实例,其中包括“地铁无线大数据音视频传输技术”和“AVS编码器”出口多个海外国家的骄人业绩。

央视国际网络高清频道建设项目。公司主创团队专注AVS行业十余年,参与并见证了中国AVS标准发展的全过程,创建并完善“核心技术→专利→标准→核心部件和产品→产业化”的整个产业链。上海国茂自主创新研发的AVS编解码技术和产品凭借业界领先的产品性能和深厚的知识产权积累,得到中央电视台等国内外客户好评,也渗透到很多音视频产品开发制造企业和千千万万百姓家中。2015年1月,上海国茂的AVS+高清系列产品成功中标中央电视台央视国际网络的高清频道建设项目,为该项目提供AVS+高清实时编转码器及AVS+多信道专业解码工程机设备。上海国茂自主研发的AVS+系列产品凭借其稳定可靠的产品性能、多样化的输入输出模式、易升级的特色功能,满足了央视国际网络的高规格需求,在央视国际网络的严格测试中脱颖而出。

(解　放)

四、新型显示产业

概况

“十二五”期间,上海大力推进资源节约和环境保护、加快建设资源节约型和环境友好型城市,大力推动半导体照明等光电子技术进入商业化试点,2015年上海光电子产业总产值约为580亿元人民币,比2014年总产值增加约30%,产业相关企事业单位800余家。2015年,上海光电子产业形成一定特色,半导体材料及装备制造、特色应用及人才储备等在国内具备显著优势。

高端装备制造

在半导体照明的高端装备领域,上海在国内处于领先地位。上海微电子的步进曝光机,以及中微、中晟、理想能源的MOCVD都实现了量产和销售,和国际上最好的同类设备相比差距不大。不足之处是这些设备的用户经验还比较少。

"十二五"期间,市政府大力支持外延、芯片工艺,上海在相关技术研发、知识产权方面一直处于国内领先地位。上海的外延、芯片企业,如上海蓝光、映瑞光电、博恩世通等,在生产规模没有竞争优势情况下,加紧研发进度,力求在WLP、CSP方面突破。同时,利用在GaN为主的第三代半导体材料领域积累的经验,进行GaN基功率电子器件的研究开发,为GaN基半导体材料从照明走向功率电子做好核心技术储备。

平台体系

【概况】 通过长期的建设和积累,上海市建立了强大、齐全的半导体照明公共研发服务平台。平台通过产品测试评估、技术培训、技术交流、产业分析与咨询、标准与规范制定、工程技术支撑、建立专利池、技术转化等多方面工作,有效支撑产业的高速发展,并为上海半导体照明产业长期、有序、健康发展,奠定坚实的基础。

【上海半导体照明工程技术研究中心】 作为上海的优质光电子产业服务平台,上海半导体照明工程技术研究中心检测实验室自2007年起开始筹建,整合复旦大学电光源研究所、复旦大学国家微分析中心、中科院上海光机所、上海大学新型显示与系统集成重点实验室、上海理工大学国家光学仪器质量监督检验中心、中科院上海技物所、国家电光源质量监督检验中心(上海)七个检测机构的优势力量,构建公共服务平台,在国内率先形成专业、全面的半导体照明产品检测服务能力。拥有国家实验室认可(CNAS)和上海市资质认定(CMA),是长三角地区唯一一家具备认可资质的半导体照明产品专业检测服务机构。对外技术服务立足上海,辐射江浙,覆盖北京、深圳、湖南、山东、广东、四川、山西、安徽、温州、河南、吉林、辽宁、甘肃、云南、福建、江西、中国香港、中国台湾等地,覆盖率超过70%。2015年累计对外提供测试服务达2.3万余次,加速光电子产业相关技术的研究与突破,间接为企业减少费用支出,推动光电子产业在照明领域的应用,持续为节能减排发挥重要作用。

特色应用

【概况】 与其他地区产业发展特点相比,上海的光电子产业不断积极开拓LED功能照明及高端应用、LED智能照明和智慧应用技术、激光显示产业及产业链生态建设,如汽车产业、健康医疗、文化产业、现代农业等多个领域的拓展应用,并通过一些探索性与示范性项目,掌握半导体照明在相关领域的应用前景和关键技术,取得令人瞩目的成果。

【汽车产业应用】 上海已拥有国际汽车城,荣威以及华普等中高端自主品牌产品，汽车产业规模正在快速扩大。车灯是汽车外观的重要组成部分，是常新件，大部分的汽车改型都需要新的车灯产品来支持，更新速度较快。由于汽车改型的重要内容之一是车灯重新设计，整车企业对车灯的同步开发依赖度较高。近年新型车灯技术的应用，加快了车灯产品升级速度，包括 LED(发光二极管 Light Emitting Diode，简称 LED)车灯，AFS(自适应转向大灯系统 Adaptive Front-lighting System，简称 AFS)车灯技术的实现，车灯市场规模增长较快，同时以上海小糸车灯有限公司为代表的龙头车灯企业盈利能力和市场地位得到快速提升。

【现代农业应用】 在农业科技领域植物照明应用中，上海现代化农业典型示范基地孙桥现代农业开发区研发并应用低能耗 LED 植物补光照明系统。基于 LED 具有节能、寿命长、绿色无污染、波长丰富与组合灵活的优点，波长匹配的新型封装 LED 光源可应用于高温、高湿的温室大棚，灵活调节大棚内光照，科学合理地配置光源，解决植物“缺光”的难题，加速植物健壮生长，对推动绿色农业的推广乃至社会的可持续发展具有重要的意义。上海孙桥现代农业开发区现已试点建设5 000平方米的 LED“植物工厂”。相关技术也已在崇明国家设施农业工程技术研究中心推广应用。上海在生物医疗、老年产业等方面的资源及技术储备在国内也可称首屈一指。

【空间应用】 中国科学院上海技术物理所从 2000 年开始研究 LED 照明在空间环境中的高可靠应用，多次在航空航天领域实现 LED 的应用(实践八号科学实验卫星、神舟七号、神舟八号飞船、天宫一号、神舟九号飞船、天宫二号)，为 LED 的高端应用提供良好的技术保障。

【智慧照明】 在 LED 智能照明和智慧应用技术方面，上海市推进智慧城市建设行动计划中指出，推进智慧城市建设是上海加快实现创新驱动、转型发展的重要手段，深化实践“城市，让生活更美好”的重要举措，也是上海信息化新一轮加速发展的必然要求。上海 LED 正在由功能照明向智慧照明渗透发展的关键时期。数据显示，我国智能化 LED 照明渗透率还不足 2%，且产品应用主要体现在可调光 LED 景观灯、可调色温 LED 路灯及其监控等方面。国内企业对智能化照明的研究主要停留在 LED 可调光调色照明产品，真正进行系统化 LED 智能照明的厂商还很少。上海亚明照明有限公司、上海三思电子工程有限公司、上海九高节能技术有限公司等相关企业、研发机构，已开始关注并投入智慧照明的研发。

【激光显示】 上海仪电生产的 100 寸超短焦激光投影电视，上海二鑫科技发展有限公司推出的智能激光微型投影机，上海垒得激光科技发展有限公司研发的激光光源模块均已达到国内领先水平。2014 年成立的上海垒得激光科技发展有限公司整合中科院苏州纳米所、上海三鑫和国家半导体照明中心在激光器及光源模块的优质资源，2015 年研发的光源模块超越德国欧司朗的同类产品。

重要企事业单位

【映瑞光电科技有限公司】 产品方向为高亮度

LED 电视背光源和 LED 照明，主要产品和服务范围涵盖了从蓝宝石衬底材料及图形化、外延片、芯片到封装测试的各个环节。企业可提供从光学器件设计、光学模拟、灯条制造、导光板的设计与制造到整体光学模块的设计与制造等交匙式技术服务解决方案。

【上海鼎晖科技股份有限公司】 从事 LED 的芯片封装工艺，主要生产 LED 点阵，背光模组、照明级 COB 模组，拥有业界国际最先进智能封装设备及各类先进的测试分析检测仪器；全静电十万级无尘车间及大型高温老化检测等基础设施，通过 ISO9001、ISO14001、RoHS 等多项认证，部分产品通过 CE、ETL、CCC、CQC 等国际认证。

【理想能源设备(上海)有限公司】 理想能源设备(上海)有限公司(以下简称“理想能源”)于 2010 年 9 月正式启动 MOCVD(金属有机化合物化学气相淀积 Metal-organic Chemical Vapor DePosition，简称 MOCVD)项目。在政府部门产业引导和政策扶持下，理想能源 MOCVD 设备从无到有，到在国内率先发送二台设备至客户端验证，并最终在一家客户处投入试量产，取得长足进步。理想能源围绕 MOCVD 设备累计申请发明专利 28 项，其中 3 项已获授权，并获得 2 件软件著作权授权。

【中微半导体设备(上海)有限公司】 中微半导体从事芯片制造和微观加工高端关键设备的研发和生产，三大产品包括介质刻蚀设备(芯片制造三大最关键设备之一)、TSV 设备(用于三维芯片制造和先进封装)和 MOCVD(发光二极管制造关键设备)。中微半导体的介质刻蚀设备占国内市场的 35%，TSV 占 58%。2015 年中微半导体设备出口占全国泛半导体设备出口的 75%。

【中晟光电设备(上海)股份有限公司】 中晟光电设备(上海)股份有限公司(以下简称“中晟光电”)研发的 MOCVD 设备(ProMaxy®)具有产能高、外延良品率高等核心竞争力。具有自主创新的知识产权，解决了目前大规模 LED 生产急需解决的关键问题。

【上海微电子装备有限公司(SMEE)】 “十五”期间承担国家 863 重大科技专项“高端扫描投影光刻机”的研制任务，“十一五”期间被国家确定为“极大规模集成电路制造装备及成套工艺”科技重大专项中“高端扫描投影光刻机研制”和“先进封装光刻机研制及产业化”的承担单位。拥有国内最完整的投影光刻机研发团队，建设有高等级净化厂房、高精密光电试验室和先进加工制造中心。申请国内外发明专利 1 400 多项。

【上海亚明照明有限公司】 公司创建于 1923 年，是中国第一家民族照明企业，也是中国第一只灯泡的制造者。集研发、制造、营销和工程服务为一体，形成光源、电器、灯具、零部件产品系列，并以技术雄厚、规格齐全、质量上乘、服务优质而成为上海应用企业的标杆。

【上海三思电子工程有限公司】 公司拥有员工 1 700人，其中研发人员近 400 人，2013 年销售合同总额达 10.2 亿元。连续 10 年在国内 LED 显示行业中排名第一，在国内道路可变情报显示领域维持超过 60%的市场占有率，其全彩屏已经安装到纽约时代广场，受到国际好评。

【国家半导体照明应用系统工程技术研究中心】 国内半导体照明应用领域唯一的国家半导体照明应用系统工程技术研究中心，是一个具有国际一流科研设施和人才的半导体照明应用系统研发及试验基地，开展了大量半导体照明集成应用研究，是我国半导体照明应用系统领域的领军者和技术创新的源泉。

【上海九高节能技术有限公司】 公司智能化照明系统具有自有知识产权；核心灯具产品具有Knowhow，平板灯系列技术指标国内第一；研发团队领军人物有境内控制专家，也有引进美国和中国台湾的LED专家；核心技术团队主体年轻，有持续的研发能力，能为用户提供设计、仿真增值服务；景观照明控制技术一流，可实现区域景观照明联动；已完成多项城市地标项目，具有总包优势。

【上海瀚唯科技和上海无线电设备研究所】 牵头研发的LED路灯系列化产品，光效好，可靠性高，已在上海进行道路试挂，取得令人满意的效果。公司在LED照明技术的基础上，又率先开展4G无线通信、电源管理、智能充电等技术在LED路灯系统上的应用研究，在该领域处于国内先进水平。

【中国科学院上海技术物理所】 2000年开始研究LED照明在空间环境中的高可靠性应用，多次在航空航天领域实现LED的应用(实践八号科学实验卫星、神舟七号、神舟八号飞船、天宫一号、神舟九号飞船、天宫二号)，为LED的高端应用提供良好的技术保障。

【上海仪电电子股份有限公司】 上海仪电牵头研发的100寸超短焦激光前投电视已经达到国内领先、国际先进水平。上海仪电成立专业的激光显示研发中心、专注激光电视的整机研发和关键部件研发，并获得多项实用新型和发明专利。整机研发和激光光机、智能软件方面处于技术领先地位。并已经建成国内第一条先进的全自动化激光电视整机生产线及100英寸菲涅尔屏幕后工序生产线，并已经开始小批量试生产。2015年第一代激光投影电视已经生产销售近15 000台。第二代激光电视已经完成设计定型。

【上海三鑫科技发展有限公司】 注册于上海市浦东新区张江高科技园区的高新技术企业，注册资金2 000万元。在激光微型投影方面拥有多项国际领先的专利技术，并在“十二五”期间推出世界首款智能激光微型投影机，投影机获得2 000余万元的销售额，并获得美国、日本两国的国际专利授权，公司还牵头编制并颁布微型激光显示行业标准2项。

【上海垒得激光科技发展有限公司】 由上海三鑫科技发展有限公司在2014年投资成立，公司注册于上海市浦东新区张江高科技园区，垒得激光是一家专业从事氮化镓半导体激光器和激光显示光源研究的高科技创新型企业。现已汇聚中科院苏州纳米所、上海三鑫科技发展有限公司、上海半导体照明中心等相关激光显示上游企业的核心研发人员，2015年，激光光源技术已达到国内领先水平。

（唐庆艺）

【上海现代先进超精密制造中心有限公司】 上海现代先进超精密制造中心有限公司(以下简称“上海超精密”)是在上海市政府的领导支持下,由上海市信息投资股份有限公司投资控股的高科技企业,现有资产规模超亿元。上海超精密主要从事包括非球面和自由曲面在内的各类超精密光学器件的加工、检测、整合和产品开发,是目前中国乃至亚太区最大的超精密光学器件制造及检测基地之一。上海超精密业务范围不仅面向航空、航天、科研等尖端领域,同时为医疗仪器、光学仪器、光电子设备、微机电系统、红外成像、超短焦投影仪以及新光源路灯系统等提供各类光学器件的超精密加工及检测。

2015年,上海超精密被上海市经济和信息化委员会列为2015年度上海市“专精特新”中小企业(这是上海为推进科技创新中心建设和发展“四新”经济而实施的举措)。上海超精密利用此契机,对标先进企业,加强技术创新,努力实现转型升级。上海超精密长期致力于光学领域的加工,为国内外大中小企业、国内各大研究所提供面向企业创新的专业技术服务,并通过核心检测能力的打造,聚集国内外优势资源,不断进行技术创新,服务产业,加速推进光学元器件超精密加工和检测的产业化发展,促进行业内企业间的分工和协作。上海超精密致力于提升上海高端智能装备的技术创新能力,并进一步辐射全国。

上海超精密在原有光学自由面检测专业技术服务平台建设的基础上,结合创新驱动和持续发展的总体要求,不断提升光学检测公共服务的技术能力和软硬件条件,拓展光学检测服务对象的范围和规模,并应用自主开发的多种超精密光学检测工艺方法,从光学平面、球面、柱面、锥面检测技术服务出发,开展特殊光学面型以及复杂光学系统检测公共服务。同时,上海超精密致力于建设一个开放的服务性检测平台,在运营机制的保障下,通过资源的集聚和整合,针对企业发展所面临的检测技术水平限制加工发展等问题开展研究和探索,提供资源共享服务,推动企业进一步发展。

(李　朦)

第二章　信息服务业

概　述

2015 年，上海软件和信息服务业全行业实现经营收入 6 010.86 亿元，比上年同期增长 17.7%；实现增加值 1 753.49 亿元，同比增长 12.0%，占全市生产总值的比重达到 7.0%，占第三产业增加值比重达到 10.4%。截至 2015 年年底，上海规模以上软件和信息服务企业超过 5 000 家，从业人员达到 62.1 万人；其中 2015 年经营收入超亿元企业达到 494 家。

一、软件产业和信息服务业

【概况】　2015 年上海软件产业实现经营收入 3 526.16亿元，比上年同期增长 17.5%；互联网信息服务业实现经营收入 1 425.56 亿元，比上年同期增长 30.0%；电信传输服务业实现经营收入 689.45 亿元，与上年基本持平。

【软件产业经营效益提升显著】　2015 年上海软件产业实现利润总额 532.45 亿元，比上年同期增长 30.4%，平均营业利润率为 15.1%。2015 年上海软件出口产值达到 35.52 亿美元，比上年同期下降 7.73%。全市出口企业主要集中在浦东、徐汇和杨浦等 7 个中心城区，占全市出口比重超过 90%。截至 2015 年年底，软件从业人员达到 44.9 万人。经营收入超亿元软件企业 409 家，其中经营收入超 10 亿元企业 44 家。累计有 299 家企业获得计算机信息系统集成资质。中国银联等 7 家企业入围 2014 年中国软件业务收入百强企业。

【互联网信息服务业保持高速增长】　2015 年上海市互联网信息服务业继续保持高速增长态势。网络游戏发展进入转型期，2015 年经营收入近 450 亿元，比上年同期增长 19.2%，增速放缓。2015 年，上海从事网络游戏运营研发的企业近 500 家，从业人员超过 6 万人。2015 年上海共有 317 款游戏被新闻出版广电总局批准出版，其中移动游戏占比不断提高，出版游戏占全国的 49.8%。

互联网金融呈现规模发展态势，2015 年互联网金融经营收入达到 385 亿元，比上年同期增长 48%。其中第三方支付收入达到 270 亿元；重点跟踪的 18 家网络信贷企业交易额达到 452.13 亿元，经营收入达到 29.34 亿元，2015 年度上海网贷行业交易达到 1 126.63 亿元。

网络视听优势资源不断汇集，吸引了一批领先企业、培育了一批高成长性企业，竞相推出的一批创新产品对接市场多元化需求准确，2015 年经营收入近 170 亿元，较上年同期增长 50%以上，占据全国市场约 1/4 份额。

【电信传输服务业发展步入稳定期】 2015 年上海电信传输服务业与上年同期基本持平。究其原因：一是上海电信市场已趋于饱和，用户增长空间有限；二是在微信等网络社交平台的大规模应用下，传统的语音、短彩信业务受到巨大冲击。截至 2015 年年底，上海电话用户数达到 4 057.2 万户，其中固定电话用户数 797.3 万户，较上年年末减少 42.9 万户，固定电话普及率达到 32.9 部/百人；移动电话用户数 3 259.9 万户，较上年年末减少 32.8 万户，移动电话普及率达到 134.4 部/百人。

【产业能级稳步提升】 软件和信息服务业产业能级稳步提升，由两年上一个台阶发展到一年上一个台阶，2015 年突破6 000 亿元大关，顺利完成“十二五”既定目标。以软件和信息技术服务为基础构建的国民经济和社会生活体系越来越智能化、便利化，对其他上下游产业带动作用突出，对社会保障和民生领域的改善作用愈加明显。

【特色优势逐步形成】 上海软件和信息服务业在基础软件、工业软件、互联网金融、在线旅游、互联网教育、互联网健康等领域形成自身的特色和优势，技术水平、服务能力和市场占有率在国内处于领先水平。

基础软件已初步形成完整的自主可控基础软件产业链条，集聚普华基础软件、中标软件、普元中间件、上海金蝶和锐道等一批国产基础软件龙头企业和具有竞争力的基础软件产品。随着全社会的安全可控需求逐步增加，上海基础软件企业也迎来一个新的发展高潮，普元、爱数等自主可控基础软件供应商市场开拓顺利，均实现 30%左右的增长。

工业软件特色鲜明，在汽车、轨道交通、钢铁、石化等诸多产业领域处于国内领先水平。如宝信软件公司在全国钢铁领域成为最重要的产业中坚；卡斯柯信号公司占据国内轨道交通信号领域重要市场份额。

第三方支付领域 50%以上的业务量在上海，除银联总部和 17 家全国性银行的 8 家信用卡中心在上海外，全国五分之一有第三方支付牌照的公司位于上海，其中银联商务、快钱和汇付天下三家企业位列第三方支付市场前五名。

以携程为代表的在线旅游积极转型移动领域，并不断取得突破，通过资本运作入股艺龙、去哪儿，整合产业链上下游，进一步巩固在线旅游市场的龙头地位，全年营收超百亿元，在线旅游领域优势明显。

互联网教育企业近150家,沪江网是国内最大的互联网学习平台,拥有注册会员8 000万,其中付费会员300万。卓越睿新公司的“智慧树”平台与高校课程紧密结合,并采用线上线下互动式教学,已有近200所高校加入,覆盖在校生300万,学生可以通过平台自主选课并实现学分互认。

互联网健康组合产生全新商业形态,赋予移动医疗健康服务新的活力。如金仕达卫宁为医疗卫生领域全方位信息化管理提供完整解决方案,连续两年在IDC评选的我国“医疗整体解决方案十大供应商”中均位居第一。

【创新能力不断增强】 企业不断加大研发投入力度,2015年全市软件和信息技术企业研发投入比超过10%,远高于全国平均水平。在工业软件、大数据、云计算等多个领域取得技术突破。将炼钢连铸部分的数字化仿真成果与MES(制造执行系统 manufacturing execution system,简称MES)产品化系统进行集成和整合的工业软件初步形成了炼钢MES系统的仿真支持方案和功能扩充;星环的Hadoop架构产品取得一定进步,并开始向分布式内存数据库层面进军;基于大数据的点融网P2P信用模型取得突破;基于大数据的网宿科技内容分析与分发平台取得实质进展;Ucloud云主机、七牛云存储日趋成熟与应用广泛;万达信息、华东电脑、爱数软件等公司形成面向企事业单位的私有云解决方案;新跃物流平台为5 000多家物流企业实现资源有效对接;帜讯信息移动业务平台的企业用户已经接近18 000家;安捷力医药数据管理平台覆盖一百家药厂和7 400多家经销商;小i机器人的人工智能技术不断走向成熟;上海玻森语义识别的“风报”企业舆情监控产品已有40家大中企业应用;鲁班和蓝色星球的BIM(建筑信息模型 Building Information Modeling,简称BIM)技术已在迪士尼和上海中心项目建设中得到应用。

【资本市场表现活跃】 2015年资本市场表现活跃,软件和信息服务领域的并购、融资活跃度高于上年同期。百视通完成资本重组与并购后实现产业与资本的对接,借助强大的资本平台,提高外部资源整合的能力,形成包括“内容、平台与渠道、服务”在内的互联网媒体生态系统和产业布局;巨人网络借壳世纪游轮回归A股;金仕达卫宁通过一系列收购,成功巩固国内HIS龙头地位;携程通过与百度的股权置换,拥有“去哪儿”约45%的总投票权;东方财富凭借收购同信证券,从原来的互联网+资讯、基金代销拓展至相关证券业务,一跃成为“一站式互联网金融大平台”。据统计,全国公布的互联网产业投融资2015年共有1 826笔,上海以324笔排名第二,仅次于北京。根据项目领域分布情况来看,上海投资热点主要集中在以下领域:生活服务领域(99项)、电商平台(41项)、互联网金融领域(38项)、互联网教育(23项)、休闲娱乐(22项)、健康医疗(21项)等。从公布投资总额来看,超过(含)5 000万美元的投资共发生40笔,占披露金额项目数的19.2%。上海市互联网产业投资数量总额占前六位的是浦东新区、嘉定区、杨浦区、徐汇区、闵行区、长宁区。

【产业布局不断优化】 上海软件和信息服务产业基地大多紧临轨道交通网络和城市交通主干道,呈现网状分布格局,主要集中在浦东、徐汇、杨浦、长宁、普陀、静安等中心城区。上海规模以上软件和信息服务产业基地共有 50 多个，其中经认定的市级信息服务产业基地累计达到 36 个，基地建筑面积达到 949.5 万平方米，集聚 7 430 家企业、23.6 万人，2015 年实现经营收入 2 401.3 亿元，单位面积产值为 2.54 万元/平方米，人均产出 101.96 万元。形成以漕河泾开发区、紫竹高新区、浦东软件园、天地软件园等为代表的综合基地和以云计算、数字内容、数据服务、移动互联网、互联网金融等为重点的特色基地。同时，不断推动特色产业向特色园区集聚，提高特色产业集聚度，提升园区品牌知名度，提升园区的竞争力。

（杨立哲）

二、互联网服务产业

概况

根据工业和信息化部 ICP/IP/域名信息备案管理系统统计数据，截至 2015 年年底，上海市共有 279 305 个网站主办者开办 377 187 个网站，较上年实际增长 39 544 个网站，平均每月新增网站 3 295 个，增幅同比上升 2.26 倍。其中，35.05%的主体将网站服务器放置在上海，64.95%的主体将网站服务器放置在外省；网站主办者中，78.74%为单位主办者，21.26%为个人主办者。在上海各区县中，开办网站最多的区县为浦东新区，共开办网站 43 154 个，网站数超过 1 万的区县还有闵行区、徐汇区、嘉定区、普陀区、松江区、奉贤区、长宁区、金山区、杨浦区和宝山区，开办网站最少的是崇明县，网站数量为 2 759个。

在国家“互联网+”战略推动下，上海市互联网网站增幅在经过多年下降后首次出现回升，同时，更加快捷、透明的网站备案审核机制进一步促进全市网站数量的上升。截至 2015 年年底，全国共有 285 万个网站主办者开办 364.7 万个网站，其中上海主体开办的网站数位列全国第四，排在广东、北京、江苏之后。

上海网站主办者中，网站服务器放置在上海的主体共有 132 192 个，占 36.57%，网站服务器放置在外省的主体有 229 241 个，占 63.43%，本地托管数量与外省托管数量差距继续拉大。2015 年放置在上海的外省主体网站服务器也保持下降态势，总计共有 242 215 个，较上年减少4.06%，主要是因为 2015 年上海进一步加强网站备案审核力度，清理了大量虚假备案及违法违规网站。

截至 2015 年年底，上海共有 160 家接入商开展网站接入服务，共为 292 430 个网站主办者的 377 184 个网站提供专线、服务器托管、虚拟主机等不同形式的接入服务。其中，接入网站数量超过 1 万个的接入商有 7 家，与上年持平，这 7 家接入商接入的网站总数达 233 408 个，占上海接入商接入网站总数的 61.88%。上海接入网站数量最多的接入商为上海美橙科技信息发展有限公司，接入网站数达 107 575 个。上海市主要互联网接入服务提供商见表 2-3。

表 2-3 上海市主要互联网接入服务提供商

单 位 名 称	主体数量	网站数量
上海美橙科技信息发展有限公司	88 868	107 575
上海臣翊网络科技有限公司	37 118	49 432
上海有孚计算机网络有限公司	21 875	26 305
上海呼啸信息科技发展有限公司	13 036	14 549
上海智行网络科技发展有限公司	10 154	13 801
上海网域网络科技有限公司	8 447	11 626
中国电信股份有限公司上海分公司	4 933	10 120

(胡永龙)

三、电信服务业

概况

截至 2015 年年底,上海市通信管理局共向 1 205家企业颁发 1 340 项增值电信业务经营许可证,其中信息服务业务数量占所有业务许可总量的 70.15%。增值业务收入方面,2015 年上海增值电信企业收入总额为 848 亿元,较上年增长 52.25%。其中,信息服务收入比重最高,收入总数达 746.49 亿元,占比高达 88.53%。

新颁发许可证的主要业务类型为信息服务和因特网接入服务。2015 年,上海市通信管理局共对 210 家经营者发放 210 项业务的增值电信业务经营许可证。其中,信息服务尤其是互联网信息服务业务许可证数量最多,共计发放 179 张互联网信息服务许可证(见表 2-4)。

表 2-4 2015 年上海增值电信业务许可证发放数量

在线数据处理与交易处理	0	存储转发类	1
国内多方通信服务	0	呼叫中心	4
国内因特网虚拟专用网	0	因特网接入服务	24
因特网数据中心	0	信息服务	180
无线寻呼	0	其中:互联网信息服务	179
模拟集群	0	移动网信息服务	1

注:其中无线寻呼和模拟集群为参照增值电信业务管理。

在申请互联网信息服务许可证的企业中，有86家企业经营网络游戏服务，占比48.04%，说明上海网络游戏市场仍然活跃；61家企业经营电子商务服务，占比34.08%，说明网上消费已经广受民众接受和喜爱。2014年还发放因特网接入服务许可证24家，呼叫中心业务经营许可证4家，移动网信息服务许可1家。

截至2015年年底，共有1 205家企业获得上海市通信管理局颁发的1 340项增值电信业务经营许可证，其中信息服务业务数量占所有业务许可总量的70.07%，互联网信息服务业务数量占比63.28%。此外，因特网接入服务企业有241家，呼叫中心企业有94家(见表2-5)。

表2-5　2012—2015年上海增值电信企业数量表

名　称		2015年	2014年	2013年	2012年
增值电信企业		1 205	1 046	940	891
其中：	国有控股	160	156	144	241
	民营控股	1 045	890	796	645
在线数据处理与交易处理		7	8	7	7
国内多方通信服务		2	0	0	0
因特网虚拟专用网		13	14	12	11
因特网数据中心		26	27	25	21
存储转发		12	12	11	12
呼叫中心		94	101	98	104
因特网接入服务		241	228	205	203
信息服务		939	838	725	640
其中：	互联网信息服务	848	734	618	563
	移动网信息服务	87	100	103	115
	固定网信息服务	4	4	4	6
无线寻呼		6	7	7	7
模拟集群		2	2	2	2

注：其中无线寻呼和模拟集群为参照增值电信业务管理。

2015年上海增值电信业务收入继续保持较高增长态势。全年上海增值电信企业总收入1 552亿元，增值电信业务收入848亿元，较上年增长52.25%。其中，信息服务收入746.49亿元，同比增长79.30%；呼叫中心收入73.86亿元，因特网接入服务收入19.73亿元(见表2-6)。

表 2-6 上海市增值电信业统计报表

指 标 名 称	计量单位	实 际	同 比
企业总数	个	1 250	15.2%
从事增值电信业务人员	人	214 459	7.5%
因特网接入服务业务宽带接入用户	户	1 463 248	0.4%
营业收入	万元	15 521 052	24.2%
营业成本	万元	12 643 867	28.0%
营业税金及附加	万元	249 310	31.8%
营业利润	万元	1 205 849	127.0%
企业所得税	万元	221 484	106.0%
研发费用	万元	477 427	13.4%
增值电信业务收入	万元	8 480 105	52.25%

（胡永龙）

中国电信股份有限公司上海分公司

【第七次“智慧城市”宽带大提速】 2015 年 3 月 18 日，中国电信股份有限公司上海分公司(以下简称“上海电信”)面向全市宽带用户，启动主题为“百万用户享百兆、高清电视再升级、网龄计划真回馈”的第七次“智慧城市”宽带大提速。截至 2015 年年底，公司百兆宽带用户数发展至 180 万。2015 年 5 月 17 日，公司在浦东新区陆家嘴地区建成全国首个千兆宽带示范小区，该小区是全国首个基于对称型 10G-PON 技术的光网千兆宽带示范点，该技术属于国际领先、国内首创，上海电信成为首家提供千兆宽带接入的基础运营商。2015 年，上海电信积极贯彻政府提出的“提速降费”要求，让越来越多的市民花更少的钱，用上更快的网络。

【天翼 4G+”】 2015 年 8 月 5 日，上海电信推出“天翼 4G+”，成为中国电信“天翼 4G+”首批试点城市。“天翼 4G+”在原有 4G 网络基础上，应用国际前沿的载波聚合技术，下行峰值速率可达 300Mbps，上行峰值速率可达 50Mbps。

【上海“互联网+”创新发展联盟】 2015 年 11 月 3 日，由上海电信发起的“上海‘互联网+’创新发展联盟”正式成立，联盟的首批专项创新计划为“创新 1+1”和“大数据 T 计划”。公司计划投入千万元扶持百个产学研团队及 200 家科创企业。“创新 1+1”计划，即创业者可以通过联盟服务门户网站申请扶持，通过申请后，可以获得数万元不等的扶持产品包，包括云计算、流量包、网络安全、云办公等创业必需的电信服务，总价值可达 1 500 万元。大数据 T 计划是公司对外开放 TB 级的大数据实验平台，在该平台上，公司先开放一个月的通用网络历史数据，包括固网网络数据、移动网络数据和基站定位数据，数据量总计超过 35TB，创业团队可申请免费使用实验平台，开发大数据产品原型。

【《电报书籍》回归电信】 2015 年 6 月 11 日，上海电信博物馆举行全球首部中文电报电码书捐赠仪式，全球第一部中文电报电码书《电报书籍》原本由丹麦北欧亚洲研究所转赠上海电信博物馆。《电报书籍》于 1871 年 5 月在上海印刷出版，后几经辗转，被北欧亚洲研究所收藏。《电报书籍》是用四位数代替汉字的电报编码，全球仅存两本原本，另一册存放于丹麦国家档案馆。从 20 世纪 90 年代后期开始，电报使用率逐渐下降，但上海电信仍然为公众提供电报服务，可通达 31 个省会城市，国际电报可发往美国、英国、日本、澳大利亚、俄罗斯、新西兰等国家。

【智慧社区】 上海电信积极响应国家、上海市对智慧城市、智慧社区建设的新政策、新要求，聚焦社区治理与社区服务，以社区信息化为核心，走出一条“政府搭台、企业唱戏、百姓受惠”的共建道路。在第 12 届中国信息港论坛上，智慧社区综合服务平台获得工信部、业内专家及与会代表的高度认可，荣获“中国通信与信息化应用优秀成果金奖”。紧扣“互联网＋政务”和“互联网＋民生”主题，着力为社区基层政府提供适合本地特色的信息化工具。2015 年，上海电信先后中标普陀、闵行、杨浦、松江等多个政务信息化建设项目。

【移动支付】 重点关注线上线下消费环境建设、便民交费等领域，形成 10 多家线上知名特约商户和近 2 000 家线下特约商户门店，“交费助手”产品实现自动缴纳话费账单和“永不停机”功能。上海成为中国电信首个采用动态下载应用的城市，公司成为上海首家上线紫色交通卡充值的运营商，同时是上海用户数最多的运营商。以“上海翼支付”公众号为核心，全新打造消费者与商户互动的平台，通过与商家合作发布各种优质产品，实现线上推广、线下消费的互联网模式，吸引众多翼支付活跃用户。上海市居民健康卡率先在电信运营商领域使用国密算法芯片 UIM 卡，打造以新型 NFC（近距离无线通讯技术 Near Field Communication，简称 NFC）市民健康 UIM 卡为核心的健康卡管理平台。

【IPTV】 上海电信充分发挥与电信光网高带宽的整合优势，推出全新 4K 超清 IPTV 产品，2015 年 4 月启动试商用推广，截至 2015 年年底，4K 用户规模已突破 19 万。4K 超清 IPTV 产品实现由电信主导运营，以掌握用户第一入口，同时加大多元化内容合作引入，极大丰富了 IPTV 产品内容，进一步提升产品竞争力和差异化。

（王　勇）

中国移动通信集团上海有限公司

【4G 业务发展取得领先优势】 2015 年，中国移动通信集团上海有限公司（以下简称“上海移动”）围绕“做广、做深、做厚”目标，持续加大 4G 网络超常规建设力度，4G 基站总数突破 2 万个，已超越 2G 网络规模，实现 4G 网络全市人口全覆盖。全市核心及业务热点区域网络容量实现翻倍增长，中环内及城镇区域实现 CA（载波聚合）

连续覆盖,同时大力推进高铁、地铁等重点区域覆盖。持续完善4G网络质量管理体系,网络质量满意度提升,覆盖类投诉明显下降,网络体验用户有效提升。4G用户保持快速发展,规模突破800万户。强化4G“换终端、换卡、换套餐”协同,大力引导2G、3G高流量客户向4G迁移,不断优化营销模式,持续提升营销效益,贯彻落实营销资源与销售费用压降要求,有效提升客户综合价值与4G发展质量。完成VoLTE网络整体改造,在全市率先推出“4G+高清语音”业务试商用。4G服务水平持续提升,强化服务品质监督管理,构建NPS(净推荐值)服务质量监测体系,加快推进面向互联网的服务模式转型,全年平均客户满意度领先度3.08,保持4G服务优势,客户满意度持续上升。

【面向互联网加快转型发展】 2015年,上海移动持续深化流量经营,通过完善流量精益运营体系,创新流量经营模式,灵活运用流量红包等互联网营销手段,大力推进流量价值经营,手机上网客户渗透率、手机上网流量份额有效提升,流量经营成为收入增长第一驱动力。全面落实国家“提速降费”要求,推出“套餐流量当月不清零”等十项惠民服务举措,流量资费大幅降低,流量服务便捷度持续提升。上海移动全面深化渠道转型,电子渠道加快拓展,电子渠道交费占比与终端销售占比全集团保持领先,互联网渠道实现累计使用客户超千万目标。强化营业厅集中化运营,试点推行终端特许经营模式,营业厅渠道单厅月均终端销量居全集团之首。社会渠道加强管控,全面启动直供网点授权,有效加强渠道健康度管控。注重线上线下渠道协同,积极探索优势互补的O2O运营模式,全渠道运营效益有效增强。大数据平台建设初显成效,完成全集团规模最大的跨域平台建设,初步形成“6+X”的大数据运营管理体系,支撑大数据试点应用探索与数据接入。积极探索大数据应用,对内形成流量激发运营体系,对外形成DMP精准营销、征信服务、位置洞察、行业咨询四大数据产品。

【临港IDC研发与产业化基地开工】 上海移动临港IDC(互联网数据中心Internet Data Center,简称IDC)研发与产业化基地开工仪式于2015年3月27日在上海临港综合区举行,市经济信息化委、市通管局、浦东新区政府、临港管委会、金桥集团、书院镇政府、中国移动、中移设计院等出席并为开工仪式奠基。项目以“立足华东、服务全国、辐射海外”为定位,以建立数据中心为目标,形成完整的互联网上下游产业,大力推动中国移动未来业务产业的快速、健康发展,是中国移动七大一类IDC中心之一,也是上海移动成立以来最大的工程项目。项目拟建总建筑面积约25万平方米,包括数据中心、油机房、维护支撑用房、变电站等,计划2017年土建项目竣工,2018年项目投产。针对信息消费需求持续扩大、上海市互联网数据中心业务需求逐年上升的势头,上海市人民政府与中国移动通信集团签署共建智慧城市战略合作框架协议,推出“上海移动临港IDC研发与产业化基地”项目,打造中东部地区最大规模的绿色高端数据中心,助力推进临港地区先进制造业和现代服务业高效联动的“智造城”建设。项目的开工建设是贯彻国家“‘互联网+’行动计划”的积极举措,是构建完整聚合的互联网通信上下游产业的重要节点,提升上海“大数据”发展水平,助推上海建设具有全球影响力的科技创新中心进程，提升上海超大城市的辐射力和竞争力。

（骆远远）

中国联合网络通信有限公司上海市分公司

【业务稳健发展】 2015 年，中国联合网络通信有限公司上海市分公司（以下简称“上海联通”）以集团发展战略和市场变化新特点为引领，主动适应新常态，把握新规律，突出发展重点，强化创新驱动，全面深化改革，优化客户体验，推动管理提升，拓新域、转模式、精投入、重存量、优结构、强服务，持续保持公司在新一轮发展中的领先地位，为公司的转型发展奠定坚实的基础。

2015 年，上海联通营收、利润增长保持领先，市场经营在困境中有新突破。全年累计实现主营业务收入 87.77 亿元，可比口径同比增长 4.06%，利润总额可比口径同比增长 10.7%。秋季校园营销再创新高；国际业务收入有所增长，存量收入保有率同比持平；举办了首届“1024 流量节”，移动宽带用户 1G 以上占比、流量收入占比等均实现同比提升；发布大数据应用标准化产品 4 项，签约合作方 15 家，基本实现“用户千万级、收入百亿级、利润十亿级”的战略目标。

持续打造精品网络，全年投资完成率达到 100%。在集团率先实现 U900 进城，累计完成 1 300个站点开通和区域整体优化。LTE 载波聚合完成 50 个热点场景的建设和测试验证，具备了 300Mbps 峰值速率；基本建成全面覆盖上海市区、全面支持所有号码和 4G 用户的 VoLTE 试商用网络，成为全国唯一同时应用 ATCA（Advanced Telecom Computing Architecture）标准（即先进的电信计算平台）和 NFV（网络功能虚拟化 Network Function Virtualization，简称 NFV）双技术平台的城市。上海迪士尼等一批市政重大工程进入建设阶段；顺利完成第二批地铁线路无限覆盖系统的回购等工作；持续深化智能新型运维模式，累计完成网络隐患整治 234 项。实施机房“腾笼换鸟”计划，完成核心机房 142 个设备机架的下电清退，释放通信机房面积 170 平方米，同步释放 213 KW 的电力资源。

深入实施服务转型，全面开展服务专项整治，聚焦 13 类重大问题，完成 37 项整改任务。以集团大服务运营工单为载体，完善投诉处理流程，建立关键运行指标质量监控机制；规范一线窗口投诉处理授权；构建“服务失误预防”体系，启动用户生命轨迹数据库建设；创新“集团客户服务经理挂牌”机制，建设“WOShanghai”外语微信服务平台，新拓展百度知道等互动式服务渠道，新媒体渠道覆盖用户 364.9 万。

【“互联网+”助力智慧城市建设】 2015 年 7 月 15 日，上海联通启动“互联网+”行动计划正式发布《“互联网+”白皮书》，与合作伙伴及重要客户签署合作协议，共同打造“互联网+”产业生态圈。白皮书中，上海联通提出“I-PLUS”的“互联网+”能力开放体系，旨在为软硬件开发者、行业企业合作伙伴提供全方位的服务支持与资源共享，共建“互联网+”生态体系，包括以“Incubation 创新孵化”培育产业创新生态圈，以“Platform 平台聚合”提供互联网要素在实体经济中的渗透能力，促进高效的开放与协作，以“Link 互联接入”便捷实现企业连接、人人连接、物物连接及互联网接入，以“User 用户通达”实现客户低成本接触和全渠道拓展，以“Service 云 & 大数据”提供数据存储加工及应用服务。

上海联通本着共建、汇聚、开放的态度，以政府规划为引领、以能力开放平台汇聚资源，侧重通过协同创新实现产业开放、通过信息服务实现应用开放，在现阶段协同各方共同服务“中心建设、信息强政、信息惠民、信息兴业”四大重点领域。

“互联网+”科创中心建设。大众创新、万众创业——积极推进园区信息化进程，参与智慧园区建设。基于上海联通在园区内部署的通信网络、分布式数据中心以及专属电商平台，为园区管理方及园区内企业提供灵活定制、快速部署、高效响应的“CT+IT”的支撑服务；为入驻企业提供包括电脑IT服务、互联网接入服务、企业电话服务、呼叫中心服务、会议服务、企业信息系统服务、文印服务等在内的拎包入驻一揽子解决方案。打造智慧园区统一门户，为园区部署访客管理系统、停车管理系统、物业管理系统等，通过提升园区管理信息化水平来更好的服务区内重点产业。上海联通积极与众多园区联手推进智慧应用，打造示范园区。如与嘉定南翔智地园区展开全方位合作，为其提供车牌识别停车管理系统、远程视频监控系统、园区免费 WiFi 微信认证系统、园区能源监控管理系统、智能硬件大楼公共无线网络系统、智能硬件展示设备等。同时，上海联通依托自有的 CT 优势整合 IT 项目建设，在智慧园区领域开创新的服务内容。

“互联网+”信息强政。智能、开放、高效的政府——面向政府管理需求，上海联通充分开放自身能力，协同产业链，聚焦“互联网+”城市管理、政务、应急等领域。协助政府围绕城市管理精细化、可视化、智能化的发展需求，充分利用公司在数据采集、存储、分析、展示等方面的信息化技术优势，推动信息化在城市建设和管理领域的深度应用，全面支撑上海城市功能提升和安全运行。针对政务管理各细分领域，上海联通推出移动城管方案、城市环境保护方案、智能化城市生命线方案（面向水、电、气等城市生命线管理）、智慧工地方案，以及电子政务公共平台等。此外，利用电信运营商独有的移动数据等资源，结合大数据实时分析预警能力，构建人流预警系统，向管理部门提供人流预警和统计报告，为游客营造舒适、安全、便捷的城市环境。

“互联网+”信息惠民。真正意义上的智慧生活——面向便捷民生需求，上海联通聚焦“互联网+”交通、旅游、教育、医疗、社区、养老等行业，致力于为城市居民的日常生活的各个方面提供周到、方便、安全、贴心的信息化应用，共建幸福社会。上海联通自 2014 年年底开始对智慧社区进行建设调研，根据互联网企业、物业/开发商、街道/居委以及运营商等在智慧社区建设上的各种经验，并结合公司实际情况，对智慧社区建设进行顶层设计。上海联通提供了智慧社区的解决方案平台，以协助物业和街道打造智慧社区为出发点，聚合、拉通产业资源，助力服务深化，通过平台能力开放、聚焦合作伙伴痛点提供相关服务，吸引更多的合作伙伴加入，共同打造智慧社区生态圈。同时，上海联通参加并成为市经济信息化委信息服务行业协会发起的智慧社区创新联盟副理事长成员单位，积极与相关社区合作试点智慧社区，如上海联通已经在宝山与大华美兰湖社区联手推进智慧应用，打造宜居生活。大华美兰湖定位为宝山区高端物业项目，公司主要在智慧用电、智能家居方面进行合作，推进智慧社区建设，在智慧医疗、智慧物业、家政服务等便民应用服务领域提供更多的服务。

“互联网+”信息兴业。工业互联网下的中国制造——面向行业发展需求，上海联通聚焦“互联网+”金融、汽车、制造、物流、商贸零售、传媒等行业，致力于推进工业化与信息化的“两化”融合，助力产业升级。

【战略合作】 2015年，上海联通与多方展开战略合作，提供创新服务。

2015年4月15日，上海联通与中国铁塔股份有限公司共建的第一站——闵星星基站顺利开通入网，标志着通信基站开启了“集约化统筹建设、按需使用”的新局面。

5月12日，上海联通与上海邮政签署框架合作协议，携手为推进上海智慧城市建设进行积极合作，实现网络服务、产品合作、渠道融合、物流仓储等全方位的共赢发展。

5月25日，上海联通与上海文化广播影视集团有限公司签署战略合作协议，携手在数据通讯、内容传输上达成战略合作，探索深度挖掘用户、深度挖掘内容的模式。

6月，上海联通建筑工地噪声扬尘在线监测系统成为上海市政府指定的统一监测平台。

7月8日，上海联通与上海工程技术大学签署全面战略合作框架协议，在校园固移通信基础网络建设、人才交流、技术创新、IT运维服务等方面开展对接，为公司在高校市场的信息化建设再创校企合作的成功示范。

7月16日，上海联通举办“互联网＋助力科创中心建设”主题论坛，旨在在“互联网+”的大时代背景下，积极对接上海市科创中心建设，助力大众创业、万众创新。论坛期间，上海联通分别与兆联天下、华滋投资、物联网中心、中威天安等知名企业机构签署战略合作协议。

8月3日，“上海联通—复旦大学大数据城市发展研究中心”正式成立。面向政府应用，打造上海联通服务于政府智慧城市建设的大数据应用品牌。

8月20日，为全面深入推进金山区信息化建设，上海市金山区人民政府与市经济信息化委、三大运营商、相关系统集成公司共同签署《共同推进金山区“智慧新城”建设战略合作框架协议》。

9月18日，由上海联通携手飞乐音响、华为共同研究的“微基站灯”在飞乐音响上海亚明基地正式发布。

10月20日，上海联通与上海海事大学签署战略合作框架协议。

10月22日，“2015年中国联通上海自贸区‘一带一路’国际业务推介会”上，上海联通分别与新华社上海分社、中国工商银行数据中心、上海期货信息技术、中国惠普公司、耐克商业等知名企业机构签署战略合作协议。

11月6日，上海联通正式启动沃云上海资源池，与合作伙伴及重要客户签署合作协议，共同打造“互联网＋沃云”生态圈。

11月10日，“中国联通移动互联网国际创业中心”、SK电讯与韩国大田市共建的“大田创意经济创新中心”及SK电讯孵化器三方签署战略合作备忘录，拟在创新孵化与创业投资领域达成合作。

12月21日，上海联通与深圳腾讯公司签署“公众‘互联网+’业务战略合作协议”，依托各自优势，围绕渠道能力、公众产品与服务、大数据资源共享、“互联网+”能力四大领域开展合作。

（叶一纬）

Shanghai
Informatization

第三编　政务领域信息化

综　述

2015 年是全面贯彻落实党的十八大，十八届三中、四中全会精神的重要一年，也是实施“十二五”规划的收官之年。2015 年上海市进一步加强部门业务系统的信息化建设，推动部门合作和部门联动，提高政府经济管理和社会管理效率；进一步拓宽服务渠道，提高政府公共服务效率和水平；加强“一门式”、“一站式”服务建设，优化各级政府网站，不断丰富网上办事服务内容，提高办事效率，在框架重建、内容完善、功能创新等方面取得新的突破。

第一章　政务信息资源与基础支撑系统

概　述

2015年，上海市各级政府网站以国务院办公厅开展第一次全国政府网站普查为契机，全面贯彻市委、市政府关于抓落实、补短板的要求和市政府关于“建设网上政务大厅，打造政府服务‘单一窗口’”的部署，抓好政府网站建设工作，形成合力，积极进取，增强政务服务实效性，提高解读政策、回应关切的能力和水平，创新功能，提升政府网站服务能级。

一、政府信息公开

“中国上海”政府门户网站

【概况】 上海市政府门户网站管理中心（以下简称“门户网站”）不断健全管理体制机制、建设完善栏目内容、强化安全保障技术支撑，在政府信息公开、网上政务大厅、公众服务、政民互动等多个方面稳步推进，切实抓好政府网站普查、网站基础建设、内容保障、功能应用、访问体验等重点工作，扎实进取，获得了明显的成效。

2015年度，“中国上海”门户网站（以下简称“中国上海”）在由中国信息化研究与促进网主办的2014年中国优秀政务平台推荐及综合影响力评估活动中，获得2014年度“中国最具影响力政务网站”和2014年度“中国政务网站领先奖”；在由中国社会科学院信息化研究中心与国脉互联政府网站评测研究举办的“2015中国智慧政府发展年会”上，“中国上海”智能服务平台——“白玉兰助手”入围“2015中国‘互联网＋政务’实践案例50强”；在由电子政务理事会和《电子政务》杂志社在海南三亚举办的“2015·互联网＋政府网站精品栏目建设和管理经验交流大会”上，“白玉兰助手"获"2015 互联网+政府网站精品栏目"称号;门户网站获得上海市网络与信息安全应急管理事务中心授予的 2015 年上海市重点网站运行安全优秀工作单位称号。

【信息公开与要闻发布】 根据市政府办公厅发布的《2015 年本市政府信息公开工作要点》,"中国上海"作为政府信息公开的第一平台,继续落实政府信息的网上公开工作,扩大信用信息和政府数据资源开放利用,围绕行政权力、财政资金、公共资源配置等各类重点领域信息公开,加强政府信息公开专栏建设。

"中国上海"全年集中发布的市政府文件、市政府新闻发布会、各部门公开信息(文件、通知等)2 255 条,其中市政府文件 250 个,市政府常务会议 23 次,市政府新闻发布会 34 期,政府公报 24 期,市政府法规(草案)征求意见稿 7 个,市政府各部门文件等 1 809 条。"政府信息公开"栏目全年页面总访问量 7 349.48 万页(次)。

"要闻动态"栏目(含上海要闻、国务院信息、部门信息、区县动态、行业信息、视频与图片、消息速递)全年发布信息 219 635 条,日均 602 条(以日历日计),其中选用市政府部门、区县报送信息 93 801条,占发布总量 91.50%;图片新闻1 465幅,日均 4.0 幅。"要闻动态"全年页面总访问量3.12 亿页(次),较 2014 年上升 14.29%,位居网站主要栏目访问量首位。

【网上办事与便民服务】 "网上政务大厅"栏目汇聚各类审批、服务、监管事项,通过标准化数据共享,实现业务协同、系统对接、数据融合,完成 675 项单部门审批事项接入,提供企业设立、建设工程和中国(上海)自由贸易试验区投资办事直通车(市场准入)等并联审批事项,逐步实现办理事项的一口受理、一次申请、一码查询、一站反馈;整合发布各种办事事项 1 314 项。其中,提供在线受理环节 740 项、状态查询环节 767 项、结果反馈环节 742 项,办事 3 大环节(在线受理、状态查询、结果反馈)全部提供 618 项。"网上政务大厅"页面访问总量突破 293 万人(次),网上办理事项 9.5 万件。

"公众服务"栏目全年页面总访问量 8 060.63 万页(次)。其中,"便民提示"(含当日提醒、政策新规、道路交通、消费警示、食品安全等)全年发布信息 7 886 条,页面访问总量 7 938.62 万页(次);查询类信息(含实用信息查询、生活地图查询、服务热线查询、公共设施查询)421 条,页面访问总量 122.01 万页(次)。

【领导信箱与政民互动】 2015 年,"中国上海"开设的"市委领导信箱"、"市长之窗"共收到各类邮件 67 200 件,各单位可公开回复的事项20 755件,实际公开回复 15 936 件,公开回复率 76.78%。全年开展《上海市建设工程城乡规划管理技术规定》等 7 项规章草案民意征询;2015 年市政府实事项目评议、2016 年市政府实事项目继续在网上向公众征集意见建议;联合各部门、区县网站开展网上征询(征集、公示、评议)654 次;举办在线访谈 10 期,累计最高峰同时在线人数 11.50 万人次;发布区县政府、市政府部门"在线访谈预告"123 次。新推出的"白玉兰助手"整合上海市政府网站群服务资源和"12345"市民服务热线知识库数据 70 余万条,以智能交互的方式为公众提供更准确、更有针对性的在线咨询。政民互动栏目(市委领导信箱、市长之窗、互动平台、在线访谈、征询平台)全年页面总访问 2 115.61 万页(次)。

【重点工作】 落实国办要求,开展政府网站普查工作。2015 年 3 月,国务院办公厅下发《关于开展第一次全国政府网站普查的通知》(国办发〔2015〕15 号),要求在全国范围内开展政府网站普查,有效解决“不及时、不准确、不回应、不实用”等问题,切实提高政府网站信息发布、互动交流、便民服务水平。门户网站会同有关部门成立专项工作小组,在做好“中国上海”自查整改工作的同时,全面推进上海市的普查工作,形成各区县政府、市政府各部门、各有关单位办公室共同参与,上下联动、分级负责的全市政府网站普查工作体系。国务院办公厅 12 月 5 日下发《关于第一次全国政府网站普查情况的通报》(国办函〔2015〕144 号),上海市抽查合格率为 95.92%。

配合网上政府大厅建设,完成“中国上海”改版。2015 年 7 月 1 日,“中国上海”全新改版,以打造网上政务“单一窗口”为目标,以融合数据、拓展应用、创新服务为主线,探索以“互联网+”政务新模式构建集网上办事、政府信息公开、便民服务、政民互动等功能于一体的新型政务服务门户。新版“中国上海”对原有的网站栏目体系进行系统整合,简洁易用,层次清晰,界面人性化,内容板块化。“网上政务大厅”位于首要位置,以公众应用需求为导向,拓展网上服务范围,优化审批流程,丰富主题办事服务内容。“白玉兰助手”整合上海市政府网站群服务资源和“12345”市民服务热线知识库,以智能交互的方式为公众提供更准确、更有针对性的在线咨询。网站栏目围绕“要闻动态”、“政府信息公开”、“政民互动”、“公众服务”和“走进上海”5 大板块,提供更加及时准确的政府信息、方便快捷的互动渠道和准确有效的公共服务。

围绕市委、市政府重点工作,开展专题专栏建设。“中国上海”全年开设 7 个专题。其中,“政府工作报告 2015”根据上海市第十四届人民代表大会第三次会议政府工作报告,对 2015 年全市经济社会发展主要目标、2014 年工作回顾和 2015 年主要任务作专题介绍;“对话市长”专题将上海广播电视台新闻综合频道《夜线约见》“对话市长”栏目相关视频编辑成集,并配上详细的文字实录;针对 2014 年和 2015 年两个市委一号课题,分别做了“创新社会治理,加强基层建设”和“建设具有全球影响力的科技创新中心”两个专题;根据市委、市政府发布的《关于推动新型城镇化建设促进本市城乡发展一体化的若干意见》及 21 项配套政策文件,推出“落实新型城镇建设,促进上海城乡发展一体化”专题,整合相关的重点政策和政策解读等。

贯彻移动互联发展理念,建设“中国上海”微门户。“中国上海”微门户开设“掌上服务”、“指尖互动”、“申边政务”3 大栏目为公众提供权威准确的信息、服务和互动渠道。作为网上政务大厅的移动服务端,提供按身份、主题、事项等分类的办事服务信息,并提供状态查询、办理点查询等服务状态信息;按照移动接入规范要求试点接入民政、交通、税务、气象等 9 大类,包括结婚登记、房产税查询、公交线路查询、公积金查询等 25 项业务;多维度聚合打造消息服务中心,主动发布权威政务,及时推送预警信息;在保障网站的信息无障碍建设的基础上,探索移动端“无障碍时代”。

实现政务资源智能检索，打造“白玉兰助手”智能服务平台。与新版“中国上海”同步推出的“白玉兰助手”智能服务平台整合政府网站群资源，探索建设政务资源库。智能服务平台以数据标签的形式进行数据的智能关联，根据主题和内容建立有效的管理，数据之间实现相互支撑，在公众使用相关主题服务时自动对网站内容进行智能化呈现。同时结合社会化分享趋势实现自动推荐，提高信息利用率。通过自动语义智能化处理，允许采用自然语言进行信息的交互，提供智能问答、智能搜索、智能引导、智能标签、关联推荐等多种功能，对用户提交问题的智能分析和自动匹配，实现系统主动响应和自动答复，提供更方便、更确切的搜索服务。

【网站建设数据】 2015 年，“中国上海”首页总访问量 2 522.61 万(日均 6.91 万)，页面总访问量 7.20亿(日均 197.26 万)，比上年下降 0.56%。自开通以来，累计首页总访问量 2.95 亿，页面总访问量 51.89 亿。英文版发布新闻 3 941 条，图片 631 篇，政府公报 3 期，“市长之窗”新增信息 18 条；公务信箱开户数 13 132 个，企业信箱用户数 1 631 个；电子邮件订阅服务用户数 10 035 个，手机短信服务订阅用户数 20.01 万个，全网检索系统可检索数据 106.87 万条。微信公众号累计关注人数 10 712人，微门户 APP 下载次数 7 615 次。

上海市区县政府网站与市政府部门网站

【概况】 2015 年上海市区县政府网站和市政府部门网站(以下简称“政府子网站”)做好内容保障、资源整合和功能建设；加强政府信息公开、网上政务大厅、政民互动、公众服务等核心内容建设；加强本级政府网站及所属部门和街道乡镇网站建设管理，推进网站集约化进程；加强安全管理和制度规范建设，全面实现政府网站首页无障碍改造；注重用户体验，探索政府网站的移动应用服务。网站建设稳中有升，各项工作扎实开展。

2015 年全市 66 个政府子网站全年首页总访问量约 4.29 亿(日均 117.62 万)，页面总访问量 106.15 亿(日均 2 911.52 万)，首页访问量与页面访问量比值约 1∶24.75。

【政府信息网上公开】 全市政府子网站主动公开的各类政府信息(文件、通知、公告)17.2 万余条，其中区县政府网站 98 711 条，市政府部门网站 73 345条；通过政府子网站受理的政府依申请公开信息 8 052 件(次)，其中区县政府网站 5 212 件，市政府部门网站 2 840 件。

普陀区制定《上海市普陀区人民政府办公室印发〈关于做好本区政策文件解读工作的实施办法〉的通知》(普府办〔2015〕62 号)，政策文件和解读材料同步起草、同步审批、同步发布。松江区创新政府信息公开渠道建设，先行试点 5 台政府信息公开查询一点通设备，将网站信息公开板块的栏目内容实时显示在多媒体液晶显示屏上，方便民众随时查阅政府信息。

上海市卫生和计划生育委员会(以下简称“市卫生计生委”)开展新型农村合作医疗信息公开，首次对外公布上海新农合有关信息；完善政府信息公开专栏建设；加强信息系统数据资源编目管理，制订年度政府数据信息向社会开放目录。上海市教育委员会全面展示上海市在基础教育、职业教育、高等教育、终身教育、民办教育 5 大类教育贯彻落实规划纲要重点工作的进展情况。

【网上政务大厅与公众服务】 区县政府与市政府各部门按市政府网上政务大厅建设的统一部署，确定介入的829项市级部门审批事项中，已完成675项，占总量的81.4%。其中18个部门实现审批事项100%接入。15个区县（静安区有待进一步整合）确定接入区县网上政务大厅的共有6 707项审批事项，已完成接入4 892项，占总量的73%。

徐汇区90%的单部门审批事项接入区网上政务大厅，同时在徐汇一站通栏目、徐汇政务服务一站通APP、徐汇政务服务微信号进行相应的开发和对接工作。闵行区全面推进行政审批制度的改革，增加了行政审批事项汇总清单板块，对全区行政审批事项向社会全面公开，清单之外无审批。

上海市经济和信息化委员会（以下简称"市经济信息化委"）通过数据对接方式将审批事项统一接入市政府网上政务大厅，实现用户统一登录，出台网上预约、窗口优先办理等措施。上海市地税局优化上海税务网厅应用，结合市政府网上政务大厅建设，进一步完善涉税事项上网和改造，包括表证单书、报送资料和办理流程的改造等。

【政民互动】 区县网站接受网上咨询月平均5 803多人次；接受网上投诉月平均近500人次；网上公示评议、征集"政府工作规划（草案）、决议、意见"和政府工作调查、民意测评意见527余项，共有120余万人次参与；单位网站开展"在线访谈"节目46期。黄浦区将网上咨询投诉办理渠道与"12345"市民服务热线办理渠道进行归并，对市民诉求进行"集中办理、统一答复"，归并后答复率保持在96%，回复质量和满意率显著提升。普陀区探索构建"区政府—街镇/部门—社区/居委"多级回应体系，对基层民众关心的问题逐一细化，落到实处。比如开设"解放思想大家谈"、"新征程 新气象 普陀小巷总理"专栏等。

市政府部门网站网上咨询月平均1.26万多人次；接受网上投诉月平均5 870人次；网上公示评议、征集"政府工作规划（草案）、决议、意见"和政府工作调查、民意测评意见570余项，共有110万人次参与；单位网站开展"在线访谈"节目204期。上海市科学技术委员会（以下简称"市科委"）开展"在线访谈"之"《发现双创之星》走进上海"、"发展众创空间 推进大众创新创业"等大型主题系列活动；开展"上海科技"网站建设、"上海科技"微信公众号用户体验调查活动等。上海市财政局（以下简称"市财政局"）定期开设"在线访谈"，与中小企业零距离交流；积极利用智能平台，24小时应答用户咨询；完善互动交流内外网协同办理系统，建设互动交流系统预警模块，实时监测办理情况。

【外文版建设】 上海市有16个区县网站开设英文版，33个市政府部门网站开设英文专栏或英文版；7个区县和2个部门网站还开设了其他语种版本（日文、韩文、法文、德文、西班牙文）。2015年区县网站英文版发布热点专题18个，部门网站英文版发布热点专题42个。英文版更新频率：1个区县网站和29个部门网站每日更新。11个区县网站和18个部门网站提供办事指南服务；14个区县网站和17个部门网站提供咨询、投诉等互动渠道。

嘉定区英文网90%以上为原创文章，文章质量优良，报道受到国内外读者的关注，部分文章甚至被多家国内外媒体转载；杨浦区加强外文网站精品专栏建设，开展《杨浦·创业青年肖像系列》、《第二届杨浦新江湾城8公里跑》和《科技创新》3大专栏的建设；市政府外办坚持贯彻迅捷、原创和同步原则,整体英文版本与中文版内容保持同步,并在新闻性方面保持迅捷,所有新闻内容都来自原创;市政府新闻办建设"感知上海"网上国际新闻中心英文版,发布更新全市采访线最新采访点情况和国际文化交流基地情况,同时完成世界中国学论坛、网球大师杯等18场重大活动的记者邀访在线报名。

(杨 蕾)

二、重要公共服务热线

"12345"市民服务热线

【市民诉求总体情况】 2015年,"12345"市民服务热线通过电话、手机客户端和网站等渠道共受理市民诉求212.77万件,其中咨询类102.75万件,占48.29%,同比上升41.40%;投诉举报类57.40万件,占26.98%,同比上升37.90%;求助类34.46万件,占16.19%,同比上升3.80%;意见建议类4.13万件,占1.94%,同比上升12.80%;其他类14.03万件,占6.60%。

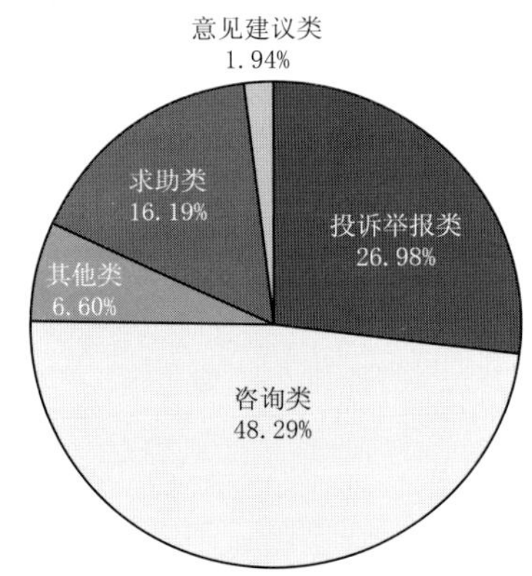

图3-1 2015年工单类型占比

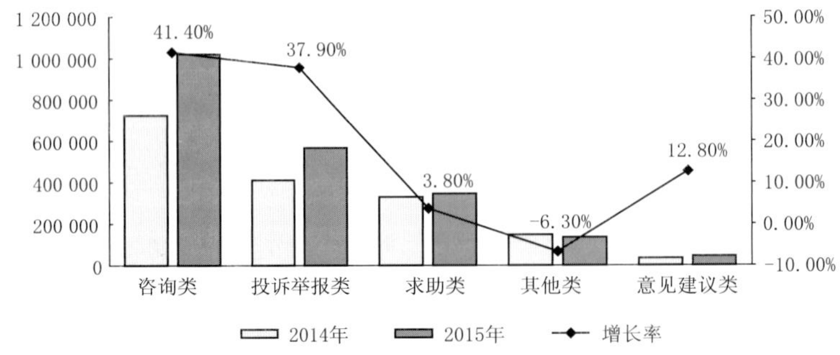

图3-2 2015年工单类型数量变化情况

【热线事项转送办理情况】　2015 年，"12345"市民服务热线共转送承办部门办理市民诉求 721 626 件。其中，17 个区县共受理市民诉求 265 597 件，同比增长 45.24%；按期办结率平均为 98.89%。

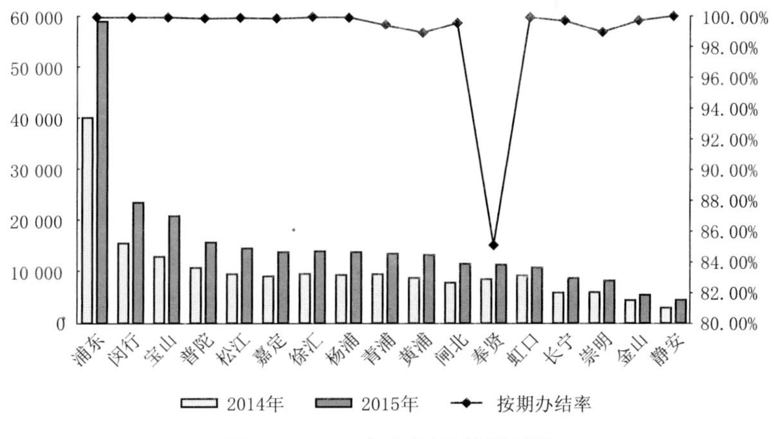

图 3-3　2015 年各区县转送情况

委办局和企事业单位共受理市民诉求456 029 件，转送总量居前的是市公安局、市住房保障和房屋管理局、市交通委、市绿化和市容管理局、市工商局。其中转送量居前的 15 家单位中，按期办结率平均为 98.38%。

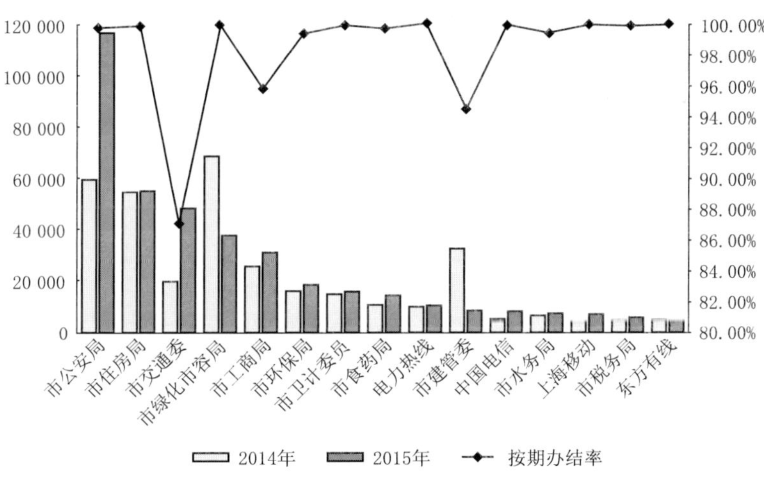

图 3-4　2015 年居前的委办局及企事业单位转送情况

【诉求分类情况】　2015 年市民诉求集中领域前三位分别为公安政法类、建设交通类和社会管理类，分别为 61.31 万件、58.98 万件和 31.41 万件，三者占市民诉求总数的 71.30%。其中，公安政法类同比增加 153.10%，主要原因是公安热线上半年并入市民服务热线，咨询公安政策、投诉警风警纪等事项全部由"12345"市民服务热线承接。

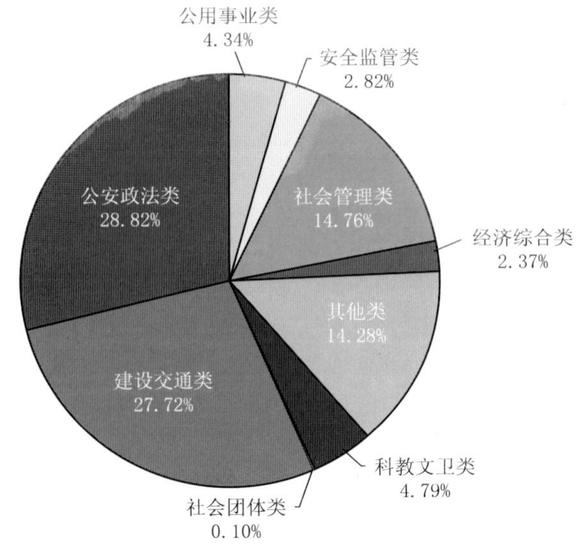

图 3-5 2015 年市民诉求一级分类占比

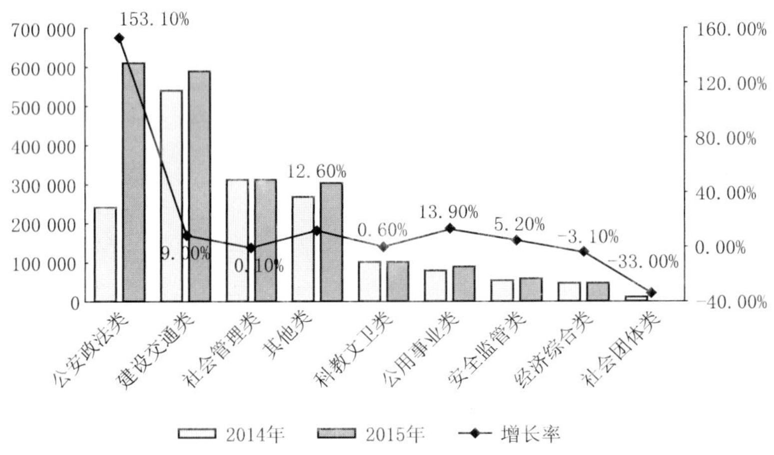

图 3-6 2015 年一级分类数量变化情况

（管苏清）

“110”报警电话

2015 年，“110”报警服务台共接警 1 329 万余起，同比增加 2.9%；处警 457 万余起，同比增加 2.3%，其中报警案件类 576 774 起，同比增加 4.17%，纠纷类 836 440 起，同比减少 2.3%，煽动性案件类7 409起，同比减少 52.17%，事故类1 625 472起，同比增加 1.8%，交通管理类 450 357 起，同比增加 2.4%，社会求助类 638 666 起，同比增加 10.3%。

（柴 珏）

"12348"法律咨询专线

【概况】 2015年,"12348"法律咨询专线共接答法律咨询263 938件,同比增长7.12%,其中市法律援助中心接答101 381件,占全市接答量的38.4%。区县法律援助中心接答量居前3位的分别是浦东新区22 015件、普陀区11 050件、闸北区10 754件。从咨询内容看,居前3位的分别是:合同纠纷47 851件,占咨询总数的18.1%;劳动纠纷40 861件,占咨询总数的15.5%;房屋纠纷30 555件,占咨询总数的11.6%。

【推行多项便民服务措施】 为了切实满足人民群众的法律咨询需求,2015年上海市"12348"专线继续推行多项便民服务措施。一是坚持24小时全天候人工服务,增加夜间接答座席,更好地满足市民夜间法律咨询的需求。据统计,全年"12348"专线共接答夜间法律咨询电话48 717件,同比增长317%,该举措切实解决群众的夜间法律咨询需求,取得良好的社会效益。二是积极开展专题咨询服务,全市"12348"专线在三八妇女节、五一劳动节、重阳节等重要节日开展妇女维权周、劳动者维权周和老年人维权周等专题咨询活动,有效维护特殊困难群体的合法权益。

【"12348"专线开通狱务公开服务功能】 为了有效提升公共法律服务的服务能级,全面拓展新形势下上海市司法行政为民服务的深度、广度,2015年10月19日,"12348"专线开通运行狱务公开服务热线功能,市民拨打"12348"转"5"即可咨询上海市监狱管理局和各监狱狱务公开相关信息。狱务公开服务热线在每个工作日的9:00—16:30由专人接听,直接为来电人提供咨询服务。非工作时间采取电话录音,工作日予以回复的方式,解答来电人的问题。该热线具有查询、求助、投诉三大功能:一是信息查询,提供监狱执法管理相关法律法规、政策、制度咨询和有关服刑人员改造信息的查询。其中,凡依法应当对社会公众公开的事项和信息,均可查询;依法对服刑人员近亲属公开的事项和信息,向服刑人员近亲属提供查询。二是求助服务,对涉及监狱执法管理的有关业务需要办理的,给予指导和帮助。三是投诉受理,接受涉及监狱执法管理工作的投诉和建议。"12348"狱务公开服务热线的开通是增强上海市监狱执法透明度,提升执法公信力,树立监狱良好社会公众形象的重要措施。

【举办"法律援助直通车"专题节目】 2015年,为了宣传"12348"专线,着力打造"12348,送法进万家"的司法行政知名品牌,继续与上海人民广播电台《直通990》栏目联合举办"法律援助直通车"专题节目,安排资深律师每天参与民生法律话题的讨论,接听市民来电法律咨询;积极参与司法部、中央电视台合作的《法律讲堂——法律援助在行动》节目的采编和主持工作,收集"12348"专线法律援助典型案例,以案说法进行宣传,进一步扩大"12348"专线的社会知晓度。

(尹晓楠)

"962200"社区服务热线

"962200"上海市社区服务热线是一条由上海市民政局、上海市精神文明建设委员会办公室、上海市慈善基金会联合主办,由上海市社区服务中心具体承办的公益性便民服务热线。自1998年正式开通以来,始终以民生需求为向导,坚持"以民为本、需有所应、便民利民、服务社区"的服务理念，为社区居民提供专业化、个性化、规范化的社区服务。

"962200"热线的主要功能定位为：居家生活好帮手、民政政务一号通、跨部门事务导航、承接"12345"市民热线。"962200"热线"服务超市"可为市民提供水电维修、修锁开锁、家政服务等近 40 项服务项目，通过与服务单位签订诚信服务协议的方式，确保服务质量和市民满意度；作为民政各类政策对外统一的咨询热线，向市民提供婚姻管理、殡葬管理、社会服务、救济救灾、社会福利等 16 大类 52 项民政具体业务的政策咨询服务；对非民政的政务咨询来电，依托街镇社区事务受理中心涉及的人保、医保、计生等 9 个部门 184 项业务，为市民提供政务咨询导航服务；作为"12345"市民服务热线的二级承办部门，负责"12345"知识库接入，接受、处理、反馈各类民政工单和交办任务至各区县及市局相关职能部门等三级承办单位分类落实的工作。

2015 年，"962200"受理来电及流转工单约 21 万个。其中，民政业务类约 3.9 万个，社区生活咨询约 9.4 万个，跨部门政务导航约 0.9 万个，社区生活服务约 6.7 万个。共接到"12345"流转工单及切转电话 3 294 件，其中当即处理 1 643 件，占 49.89%；流转至区县民政局及业务处室承办 1 351 件，占 41.01%，在成功回访的 725 件工单里，综合满意率为 89.52%。

（方廉忞）

"962020"上海旅游热线

2015 年，呼入电话约 14 万通，接通率 100%，通话时长平均 127 秒。在旅游咨询电话中，景点咨询居首占呼入总量的 54.78%，共计 76 692 通。做好"962020"上海旅游热线的正常运营工作，对存在的问题进行总结分析提出改善建议，提高上海旅游热线整体服务水平，保证服务质量，提升上海旅游热线形象。参与上海旅游咨询服务中心体系组织的"5.19"中国旅游日大型公益活动以及"东方之星"号沉船事件、韩国爆发"中东呼吸综合征"疫情的应急咨询服务工作。

热线升级改造项目多次征求各方意见，还调研城建热线的运作流程和成功经验，2015 年 10 月完成升级改造项目招标工作，拟定质监所热线与旅游热线的合并方案和建设框架，并对机房网络布局进行优化。

（刘　昊）

"9682000"信息化服务热线

2015 年是上海市网络与信息安全应急管理事务中心"9682000"信息化服务热线投入运行的第 15 年，全年正常运作，通过电话咨询、上门现场技术服务等方式，向政府机关、企事业单位和广大市民提供信息化咨询、信息安全、计算机网络等方面的多方位、多元化信息服务。

全年共接待各类电脑报修 3 780 余宗。其中以系统故障、网络故障、硬件故障、病毒入侵等为主，呼叫中心依客户需求、提前预约、按时排单、准时服务、定期回访等步骤，根据实际情况对客户报修的问题进行了及时跟进及处理。电话回访同样是呼叫中心的重要工作内容之一，也是与客户之间保持良好沟通的重要渠道。根据统计，全年回访近 480 次，得到客户好评。2015 年，共计受理免费技术咨询电话服务 54 303 次(其中，应用技巧和信息安全咨询占 80%)，上门技术服务 2 045 次，在全市布置 3 个加盟服务网点，提供快速、便捷、优质的技术服务。

（吴恩平）

第二章　重点业务系统建设和机关信息化

概　述

2015 年是“十二五”收官之年，各部门进一步建设和完善重点业务信息信息系统，确保“十二五”计划的完成，并为“十三五”的规划和发展做好铺垫。交通卡方面，不断提升自助服务、网上平台的服务能级，方便用户使用。各委办局发挥信息化工作的创新支撑作用，优化各类信息平台，拓宽服务途径，不断提高政府经济管理、社会管理和公共服务的效率与水平。

一、重点业务系统建设

交通卡

【概况】 截至 2015 年年底，交通卡累计流通量 6 051万张，交通卡系统交易结算笔数 36.83 亿笔，交易结算额 115.02 亿元；累计销售发展沪通卡用户 72.5 万户，沪通卡系统交易结算笔数 7 875 万笔，交易结算额 16.23 亿元。2015 年 12 月底，上海轨交刷卡率 86.3%、公交刷卡率 79.7%、出租刷卡率 18.5%；2015 年 12 月，上海路网 ETC(不停车电子收费系统 Electronic Toll Collection，简称 ETC)日均交易 29.26 万笔，占市高速公路日均车流量的 27.76%，高峰时段部分主线道口 ETC 交易比例超过 35%。交通卡已成为具有行业特色、时代特征的“城市名片”。

【提高服务水平】 依托移动互联网技术，打造线上服务体系。2015 年上海公共交通卡公司(以下简称“公交卡公司”)在移动、互联网端技术应用方面取得突破。如小米手机空中充值上线、手环交通卡上市；支付宝钱包在地铁CVM设备实现售卡充值和退卡；NFC（近距离无线通讯技术 Near Field Communication，简称NFC）手机平台的交通卡外卡充值及APP上线截至2015年年底公司APP累计下载量113.45万人次，注册用户达14.07万人次。

调整服务网点布局，完善线下服务体系。2015年，公交卡公司在原有自营网点基础上，新增10个地铁站自营网点（累计18个），新增409个邮局交通卡退卡、移资、维修综合服务网点，新增投放74台多功能CVM设备（累计投放300台）。2015年实现自助充值额占交通卡充值总额10%。

关注社会舆情，推进品牌建设，提升企业形象。公交卡公司高度重视信访、舆情工作，不断完善服务措施，加强品牌建设。2015年公交卡公司受理群众来信来电咨询19.06万人次，上海市交通委员会（以下简称"市交通委"）等转达人民来信30起，12 319受理交通卡投诉同比下降了54.09%，2015年上海市质量协会用户评价中心调研交通卡持卡人满意度为99.8%，与2014年持平；2015年在推进品牌一体化，提升企业形象建设方面加大工作力度，进一步完成自助服务设备和新增服务网点的标识统一化工作，累计2 057家网点张贴交通卡统一服务标识，占总量86.07%，同时还加强了内部品牌建设的相关培训以及外部品牌的推广引导。

【确保系统安全】 公交卡公司严格执行《中央清算系统应急及维护保障制度》，认真做好日常系统维护和定期总结分析工作，针对运维中发现的问题及时整改，2015年投资建设了ETC热备系统，扩展数据磁盘容量；根据全国高速公路互联网、实时联机等业务发展需求，完成了VPN（虚拟专用网络 Virtual Private Network，简称VPN）接入、防火墙升级，提高系统网络接入安全；成功实施交通卡容灾系统的切换演练，提高应对危机的处理能力。2015年，中央清算系统运行完好率达100%，无重大事故发生。

【确保资金安全】 加大内部监管力度，采取各种有效措施，全力保障资金安全。通过对可疑账分析及时发现与解决问题，确保数据清算的完整性；通过充值流水号连续性、实时充值挂账等监控方式，确保资金安全；严堵纪念卡维修不合理规则和操作，维修数同比下降43%；2015年，交通卡、沪通卡清算准确率为99.99%，清算及时率为99.9%。

【制定企业战略规划】 2015年，公交卡公司先后完成《公司深化企业内部改革的实施方案》、《公司业务扩容与拓展战略研究》、《公司"十三五"发展规划》等编制和研究工作，为下一步公交卡公司深化改革，实现战略发展目标创造了条件；按照上海久事（集团）有限公司（以下简称"久事集团"）深化改革相关要求，根据久事集团直属企业的权限规定，修订了公司章程；按照要求，公交卡公司在采购、售后等方面加强成本控制，不断完善财务审批制度和财务预算制度，确保运营高效、成本可控。

【坚持科技创新】 完成上海市出租汽车信息服务平台开发建设。根据市交通委要求，在时间紧任务重的情况下，开发完成出租汽车信息服务平台建设，并于2015年6月上线，实现出租公司调度平台与打车软件平台信息与资源的对接整合。该平台运行平稳,日均空、重车状态信息交互约 210 多万笔,约车成功信息为 26 万笔,并定期向行业主管部门上传相关运营数据材料,为管理提供监管依据。

有序推进上海市停车信息服务平台建设。公交卡公司 2015 年顺利完成上海市停车信息平台初步建设及 APP 开发工作。截至 2015 年年底,停车场库静态信息接入 2 176 个,动态信息接入 185 个;道路停车静态信息接入 998 条路段,动态信息接入 202 条路段,为后续停车系统的全面接入奠定基础。公交卡公司按照市交通委统一部署和要求,协同运管部门,按计划、分步骤进一步推进上海市停车场库的改造、信息接入及交通卡、沪通卡等支付应用开通工作。

认真落实久事集团信息化工作要求。为贯彻落实久事集团 2014—2016 年信息化整体规划中关于 2015 年信息化建设目标,在久事集团相关部门牵头下,公交卡公司与上海巴士公交(集团)有限公司等公交企业开展客流数据及时采集的技术研发工作,在上海巴士三汽公共交通公司、上海巴士四汽公共交通公司等相关公交线路开展车载智能终端与公交 POS 机连接等工作,并参与市交通委相关部门基于公交实时客流的课题研究,编制修订公交 POS 机客流采集的相关规范和标准,为下一步实现公交 POS 机升级做好了技术应用储备工作。

积极参与基于国家交通运输部(以下简称“交通部”)标准的交通卡互联互通工作。公交卡公司结合上海市实际情况,在确保安全稳定的情况下,提出基于交通部标准的交通卡互联互通启动方案,并积极组织开发符合交通部标准的兼容性 IC 卡的前期研究工作,并完成兼容卡的卡片 COS(片内操作系统 Chip Operating System,简称 COS)开发、发卡工作并提交交通部相关部门开展应用测试。

【积极拓展市场】　拓展交通卡支付应用。2015 年,公交卡公司积极在停车场、汽修等领域开展市场拓展,新增道路停车交通卡支付应用嘉定区 22 个路段(328 个泊位)。为适应上海市出租车调价,公交卡公司与各大出租计价器厂商合作,对计价器的交通卡应用功能进行了软件升级,新增了手机交通卡支付功能。

着力纪念卡营销,增加销售收入。在预付卡团购减少的情况下,公交卡公司积极开拓差异化产品销售,满足不同层次客户需求。2015 年,发行纪念卡 48 个版面,销售非普通卡 86.92 万张,其中与社区、银行、手机厂商等合作,发售联名卡 16.17 万张。

加大 ETC 业务投入,不断扩大用户规模。公交卡公司与中国建设银行网站、中国光大银行等合作发行联名卡,推出各种优惠促销手段,积极发展 ETC 用户。2015 年,销售沪通卡 26.39 万张(累计销售 72.51 万张);全面完成全国 ETC 互联互通多次升级改造项目,实现与 29 个省区市的互联互通。

2015 年,公交卡公司以深化企业改革,实施“四位一体”和“两翼”支撑发展战略为契机,坚持“三为”服务方针,在确保系统安全的基础上,立足公共服务型企业实际,加快深化企业改革,不断提高服务水平,将创新作为企业驱动发展的重点工作,积极推进上海市公交优先发展战略和智慧城市建设,努力将公司打造成国内一流的现代支付和信息服务企业。

(石晓莉)

二、市级机关信息化

上海市人民代表大会常务委员会

【概述】 2015年，上海市人大常委会办公厅以保障常委会和人大代表履职为核心，着力提高机关信息化水平，注重信息交互分享，制定《上海市人大常委会机关信息化建设三年规划(2015—2017年)》(以下简称"《三年规划》")，完成上海市立法工作业务管理平台、上海人大代表履职服务平台、上海市人大代表网网上互动平台和上海人大机关网综合业务平台的建设工作，对上海人大公众网进行无障碍改造，成功上线"上海人大"微信公众号。

【制定《上海市人大常委会机关信息化建设三年规划》】 上海市人大常委会办公厅为了加快推进市人大机关信息化建设，根据全国人大常委会办公厅《2012—2017年人大机关信息化建设规划》和《关于通过网络平台密切代表同人民群众联系的实施意见》要求，结合市人大机关信息化工作实际，制定"三年规划"。

"三年规划"深入贯彻中国共产党第十八次全国代表大会和中国共产党第十八届中央委员会第三次全体会议(以下简称"十八届三中全会")、中国共产党第十八届中央委员会第四次全体会议(以下简称"十八届四中全会")精神，围绕全面推进依法治市大局，以保障常委会和人大代表履职为中心，以提高机关信息化应用水平为重点，以加大信息资源共享为主线，发挥信息化的带动和融合作用，为常委会、人大代表依法履职，市人大机关各职能部门提高工作能效提供信息化保障。"三年规划"积极提升常委会组成人员、人大代表和各级人大机构的信息化水平，满足各方面对信息化建设的实际需求，充分发挥各级人大和信息系统使用部门的主动性和积极性，统筹规划与分步实施相结合，推进重点信息系统建设和已建成信息系统的完善、推广工作。"三年规划"将上海人大公众网作为宣传人大制度和人大工作的阵地，畅通公民有序政治参与的网络渠道；将上海人大代表网作为各级人大代表依法履职的信息平台和密切代表与人民群众联系的纽带；将上海人大机关网作为市人大机关日常业务工作的一站式快捷服务平台，逐步实现办文、办会和办事的无纸化。

按照"三年规划"要求，上海市人大常委会办公厅将提升常委会各类会议的信息化水平，改造常委会会议厅电子会务系统，升级常委会APP电子阅文系统；拓展宣传人大制度的网络渠道，对市人大门户网站进行无障碍改造，健全信息发布机制，推进代表议案和建议的办理工作网上公开，开通市人大微信公众号；丰富人大代表履职的信息化服务手段，全面升级上海人大代表网，建设代表履职服务平台，逐步实现"三级服务平台、四级代表共享、五大网络功能和六方互联互通"，开发人大代表移动交流平台，建设区县、乡镇人大换届选举工作云平台；推进机关办公信息化建设，建设立法、监督工作业务系统，优化机关业务工作保障系统，拓展网上信访办理渠道，加强档案信息化建设，夯实机关信息化工作基础。

【上海市立法工作业务管理平台建设】　上海市人大常委会办公厅根据《国家电子政务内网建设和管理规划》、《“十二五”国家政务信息化工程建设规划》和《2012—2017 年人大机关信息化建设规划》精神，以常委会立法工作需求为导向，运用网络及信息化技术，依托大数据这一新兴载体，对常委会立法工作中的立项、提议、审议、表决、公示等一系列立法程序全程网上管理，建设上海市立法工作业务管理平台(以下简称“立法管理平台”)。

立法管理平台具备两个“多渠道”。一是多渠道整合信息资源。立法管理平台包含法律法规数据库、人大代表数据库、人大机关工作信息库，可以通过外联数据交互接口，与各类舆情信息库等无缝对接。立法者可以通过这些高度整合的多渠道信息来源，便捷地在立法工作的各个节点阶段查询、调阅和使用这些信息。二是多渠道发布、采集信息。科学立法要求以民为本、立法为民，使每一项立法都反映人民意志、得到人民拥护。立法管理平台上线后，常委会在立法过程中可以利用这一渠道，有针对性地扩大公众的参与途径并增强立法工作的公开性和透明度。对接代表履职平台，可以充分发挥人大代表在立法工作中的作用；对接“上海人大”微信公众号，可以让公众表达利益诉求有更“时尚”的网络渠道；对接“上海人大公众网”，可以发挥网站信息深度和广度优势，拉近立法与公众的距离。有了多渠道信息发布、采集功能，听民意、知民情、汇民智，就能真正提升立法的参与性和开放度，进而提高立法质量。

立法管理平台将立法工作的全过程整体纳入信息化管理范围。立法计划的提出、意见征求、大纲草拟、法规起草、专门委员会审议、常委会审议、草案征求意见、法规通过、公示发布、归档备案等，这些立法过程中产生的完整或碎片信息都将通过系统特定的管道分类归档，构成立法管理平台的动态大数据。立法管理平台在数据处理上，除了按照流程分类归档以外，还引入“聚类分析”的数据解析手段，将立法各个环节中产生的相似性数据依照人工智能进行聚类，或者用以衡量过程数据之间的相似性，去芜存真，节约人力资源。立法管理平台的建设，是科学发展观在计算机辅助决策领域的一次践行，是科学立法在网络时代背景下的必然要求，也是用信息化手段助力常委会立法工作的前瞻性尝试。

【上海人大代表履职服务平台建设】　为了适应互联网背景下人大代表履职工作的新需要，上海市人大常委会办公厅建成上海人大代表履职服务平台，该平台为全市各级人大代表提供一个“网上代表之家”，为社会公众提供一个了解、联系人大代表的窗口，为各级人大常委会提供一个联系公众、服务代表的新渠道，提高人大工作的科学性、公开性和民主性。上海人大代表履职服务平台主要包括 6 大模块：履职记录模块，包含履职登记、我的履职、履职信息和我的履职登记表板块，具备代表履职情况查询、代表履职活动组织安排等功能；履职交流模块，包含公共交流区、主题交流区、问卷调查、热门交流贴、我的收藏和圈子交流区板块，为平台全体用户提供工作交流、评论互动、调研反馈等信息交流功能；履职学习模块，包含学习课件、专题讲座、工作信息和履职参考板块，主要提供代表参加各类履职活动的学习资料，并为代表定制履职资讯信息和网上在线学习等；网上列席模块，包含会议视频和视频点播板块，代表可以实时收看常委会会议视频，点播历次常委会会议视频资料；站内信模块，该模块操作方式类似常用的邮件系统，可以结合移动运营商的短信系统向代表提供站内信以及短信发送功能；通知公告模块，用来发布活动通知和系统公告。

【上海市人大代表网网上互动平台建设】 上海市人大代表网网上互动平台(以下简称“网上互动平台”)是一个运用移动互联技术打造的掌上平台，通过手机、平板等移动终端设备实现代表与代表之间、人大机关与代表之间、公众与代表之间的多方交互联动。

网上互动平台在市十四届人大常委会第四次会议期间正式开通上线，市人大代表只要扫描一下专用的二维码，就可以下载使用该掌上平台。大会期间的“会议指南”、“日程安排”、“大会须知”、“会议文件”、“大会简报”等栏目信息可以通过手机屏幕随时查阅、掌握，极大地方便代表在与会期间快速获取各类大会信息。在大会召开的 6 天时间里，有 580 多位代表下载并使用该平台，登录总数超过 2 万次。

网上互动平台具备文字、图片、语音、视频、位置等信息实时传送功能，通过数据网络可以实现点对点聊天和群组聊天功能。平台具有以下常设栏目：图片新闻，反映市人大常委会的最新工作动态；通知公告，便于代表及时知晓会议和履职活动信息，并且可以直接反馈出席意向；资料查询、信息推送，为代表履职提供各类资讯，提供法律法规查询、“一府两院”有关信息、参考消息等；代表互动，可以按照各代表团、常委会组成人员、各专门委员会、代表专业等划分交流群，代表也可根据履职需要自组交流群；议案、建议，代表可以通过平台直接查询所提交的议案、建议的答复、办理进度；问卷调查，采取发布网上问卷的形式，方便代表参与人大工作；履职记录，代表可以自助登记、查询本人的履职情况。“网上互动平台”是上海人大代表网的柔性延展，符合互联网应用的“微”发展方向，以更简约、高效、便携的互动模式为代表提供服务。

【上海人大机关网综合业务平台建设】 上海市人大常委会办公厅注重持续推进机关信息化建设，力求将机关内网打造成办公核心网，随着网络技术的发展，原有的机关内网存在定位模糊、功能有缺失、使用不够简便等问题，使其无法在现阶段对机关办文、办会、办事等日常工作起到更有效的助力作用。为了落实“三年规划”确定的任务目标，上海市人大常委会办公厅建设完成上海人大机关网综合业务平台(以下简称“综合业务平台”)。

综合业务平台按照机关日常办公需要，包含工作安排、公文处理、信息简报、会议管理、事务办理、通知公示、规章制度和互动交流 8 大功能模块。

工作安排模块包含工作规划、一周安排、月度计划和年度计划板块，可以发布部门工作计划，交流、展示部门工作动态；公文处理模块可以通过数据接口衔接各个业务系统，辅助公文网上流转；信息简报模块包含信息发布、频道管理、发布范围控制、工作专报和信访专报板块，用户可以设定信息的发布范围，制定信息阅读权限，发布工作和信访情况专题报道；会议管理模块包含会议议程管理、会议文件管理、视频文件处理、排位系统、会议督办管理、会议请假管理、会议统计和移动通信板块，可以对各个会议室统一调度管理，在线流转会议文件，录制、点播会议视频，安排会议席位，管理缺席、请假，对接手机短信平台等；事务办理模块提供办公用品、计算机设备、文件印刷等服务项目的网上在线申领、办理、归档等功能；通知公示模块可以发布内部通知和信息；规章制度模块可以查询常委会各项工作制度；互动交流模块包含人大学堂和互动论坛板块，提供学习资源分享和内部人员互动交流功能。

综合业务平台基于J2EE技术规范，采用界面展现、业务逻辑、数据访问三层MVC(模型—视图—控制器Model View Controller，简称MVC)开发架构搭建，其中包含的各类组件、服务架构及技术层次均有共同的标准及规格，具备良好的兼容性，可以与市人大机关原有业务系统方便地对接沟通。

【上海人大公众网无障碍改造】 上海人大公众网是市人大常委会联系群众、对外宣传的桥梁和纽带，为了提升视力障碍群体访问网站的便捷性，缩小网络时代因人群差异所造成的数字鸿沟，上海市人大常委会办公厅对上海人大公众网进行无障碍改造。

无障碍改造优化网站模板结构层次，使其能够在所有浏览器上正常显示；修正语义化网页结构，确保页面能够通过键盘特定区域正常浏览；理顺网页的结构顺序，确保语音朗读软件的朗读顺序；补全语法漏洞，确保能够通过各种无障碍检测软件的工具检测；定制非文本内容网页(视频、音频、flash、表单等)的改造线路，使其适应障碍人士快捷访问网站。通过无障碍改造，上海人大公众网进一步满足色盲、弱视、老花眼、光泽性过敏等人群对网站访问的特殊要求，提供无障碍辅助功能工具条，在无需安装任何网页插件的情况下，用户可以使用主流浏览器，使用“无障碍浏览模式”访问网页。

【“上海人大”微信公众号上线】 2015年11月16日，“上海人大”微信公众号正式上线，这是一个全面发布上海人大权威信息、广泛征集社情民意，深度宣传人大制度、积极普及法律法规知识的线上平台。微信号涵盖“立法”、“监督”、“任免”、“现场”、“代表”、“解读”、“动态”、“区县”等栏目。这些栏目图文并茂地展示市人大立法工作情况，直击市人大重要会议的审议现场，权威解读最新制定或修订的法律法规，第一时间发布由市人大常委会通过的人事任免信息，多角度聚焦各类民生热点，加强人大代表与市民之间的在线互动。“上海人大”微信公众号是展示人大工作的新平台，可以让市民积极有序地参与上海民主法治发展的进程，增进全社会对人民代表大会制度这一国家根本政治制度的共识，让人大工作更接地气、更具活力。

(宋　兵)

中国共产党上海市委组织部

【概况】 2015年是《上海市组织系统“十二五”信息化规划》的收官之年，围绕“大数据”理念，在总结和评估“十二五”期间信息化工作成果基础上，对“十三五”规划主要思路进行了初步谋划，有序推进重点工程项目实施，完善组织系统信息化发展承前启后。7 月,中共中央组织部专题调研上海市组织系统信息化工作,并给予充分肯定。

【推进"十二五"规划总结与"十三五"规划谋划】 一是通过调查问卷、座谈会等形式,并实地走访各区县、大口党委,对"十二五"规划落实情况进行深入总结分析,编制形成《上海市区县组织系统信息化"十二五"工作情况分析报告》。二是举办全市组织系统信息化培训班,对"十二五"规划成果进行综合评估,交流共享区县优秀系统应用案例,并对"十三五"规划主要思路进行培训辅导。三是围绕"开门办规划"的原则,有序推进"十三五"规划的研究编制。

【拓展大组工网建设】 一是根据全市电子政务内网建设总体规划,研究编制《中共上海市委组织部电子政务内网(大组工网)建设总体方案》,加强网络体系总体设计。二是继续推进大组工网二期项目建设升级,加强大组工网的安全管理与运行维护,全面完成各区县大组工网建设与分级保护测评,并通过中组部的检查验收。三是逐步完善并推广公文传阅、干部系统、绩效考核、门户网站群和邮箱等大组工网功能应用。

【推进重点信息化平台项目建设】 一是推进领导班子和领导干部综合分析研判平台建设,更好地承载业务需求、服务领导决策。二是推进干部人事档案专项审核系统、干部监督邮件系统等项目立项,加快干部监督信息综合管理平台、智库平台等项目的研发建设。三是完成区县领导干部日常管理平台、干部教育培训系统的项目验收。

【加强信息资源综合开发利用】 一是开展大数据应用专题研究,编制形成大数据平台建设工作方案与《上海市组织系统大数据行动计划(2016—2020 年)》,完善组织系统大数据顶层设计。二是加强信息系统与资源综合梳理,研究制定信息资源整合共享管理办法,加强信息管理维护与整合汇集。三是以党员、党组织信息库为基础,完善党建信息交互共享工作机制,为"两新"党建、区域化党建的试点推进,以及各领域党建应用创新提供支撑。

【完善信息化和网络安全制度规范体系】 一是强化组织系统信息化业务培训、应用推进、安全管理等工作机制建设,健全信息化工作制度及标准规范体系;2015 年全年对各级组织人事部门开展干部、党建、大组工网等系统应用培训 10 个班次。二是加强部内网络、计算机设备日常管理等制度规范建设,组织安全保密教育培训,定期开展安全保密检查,完善安全保密基础支撑。三是推进与全市信息化及网络安全保障工作的协同,深入基层实地走访相关区县、大口与街镇,加强对信息化及安全工作的指导与检查监督,为全市组织工作保驾护航。

(穆　彪)

上海市经济和信息化委员会

【概况】 2015 年上海市经济和信息化委员会(以下简称"市经济信息化委")在近几年形成外网应用"大集成"和内网办公"大协同"的格局下,运用新技术和有效的管理手段,在业务数据整合、业务流程改造上狠下功夫,完善基础设施架构 IaaS(基础设施即服务 Infrastructure as a Service，简称 IaaS)，初步建成统一标准平台 PaaS(平台即服务 Platform as a Service，简称 PaaS)，各业务系统正在横向拓展和纵向完善中，为建成委内 SaaS(软件即服务 Software as a Service，简称 SaaS)层更好地服务于企业和市民而努力。

【建成市经济信息化委网上政务大厅】 市经济信息化委有 18 个可公开行政审批事项，受理方式包括在线受理、纸质受理和跨部门受理等，门户网站已建成 18 个相关事项的网上办事通道，以及结果的统一入口查询。但依照上海市网上政务大厅的筹建要求，实现部门网上办事的统一办事编码、统一入口登录、统一入口办事及统一入口结果查询等功能，需要对原有网上办事方式做相关的升级改造，以建成一个基于门户网站为基础的委办级办事大厅，达到各部门间的协同事项处理。市经济信息化委网上政务大厅具有一口办理、一码查询、一站反馈、亲民提醒、公众服务等功能，正通过"云计算"、"虚拟化"、"数据集成"等技术构建一个以全市产业数据为核心的开放数据平台。

【建成上海市智慧城市评估工作与服务平台】 上海市智慧城市评估工作与服务平台，以大数据、地理信息技术为基础，通过整理各区县委办局、运营商、公众用户反馈等多种途径的数据，利用初步形成的上海市智慧城市评估模型，形成上海市智慧城市发展时空档案数据库，最终以电子地图、数据统计分析报表的形式展现，反映上海市各区域智慧城市发展水平和发展历程，衡量各个区域差异，促进上海市各区域智慧城市发展均衡发展，并从评估结果中体现出市政府对智慧城市建设重点的引导性。该平台建设主要内容包括数据采集、数据处理、指标评估、应用展示、信息发布等，能客观衡量上海市智慧城市发展水平、形成智慧城市发展数据、对外展现智慧城市发展成果，为制定智慧城市发展策略提供依据。该平台可供内部管理部门、区县、市经济信息化委和分管市领导多层次进行不同功能的处理和查阅。

【完成市本级信息化项目支出预算业务管理系统升级改造】 为进一步加强市经济信息化委的信息化项目归口把关工作，提升归口把关工作的规范化、一致化、效率化，2015 年市经济信息化委对"上海市市本级信息化预算项目管理平台"进行升级改造。新增项目文档子系统、智能分析决策子系统。对原预算系统已有子系统的功能进行改造，包含预算申报子系统改造、预算审核子系统改造。通过串联申报系统中立项、验收模块的流程，使预算项目的全生命周期申报更加规范化；通过审核系统中各类数据分析的应用，使审核过程更加准确化、效率化；通过智能分析决策系统的应用，帮助业务处室在海量数据中发现异常性、规律性、趋势性的问题。最终使平台成为推进全市市级预算单位信息化建设水平的重要抓手。

市本级信息化项目支出预算业务管理系统还根据中办要求进行国产标准化改造，每个预算部门都在全国产化的终端上进行申报处理，2015 年申报和审核工作在新平台上圆满完成。

【建成上海市经信系统先进典型数据库】 上海市经信系统先进典型数据库是以中共上海市经济和信息化工作委员会(以下简称"市经信党委")为核心，依托市经济信息化系统内各级宣传机构，包括系统下属各分支宣传机构、区县委办、企业等，通过各分支宣传机构对所属范围内先进人物、集体的信息申报、信息整理、信息录入和风采展示等形成完整的市经济信息化系统先进人物信息的数据中心。先进典型数据库为4个层次提供服务：为上级机关提供市经信系统的信息查询；为市经信党委相关处室提供信息汇总统计和查阅；为各级基层单位提供先进典型信息上报；为全社会提供先进典型人物和集体的风采展示。先进典型数据库的建成，为弘扬市经信系统的先进人物、宣传传递正能量发挥了较大作用。

【建成市经济信息化委会展工作信息平台】 为更好地实施“会商旅文”联动，实现信息共享和市区两级联动，规范市场经营，促进展览市场繁荣，2015年市经济信息化委建成会展工作信息平台，旨在提升上海市会展工作综合管理水平。平台以四大板块——“工博会板块”、“信博会板块”、“上海会展信息板块”、“外省市会展信息板块”为主体的展会信息发布门户为核心，向移动端及微信端移植，实现门户端、移动端和微信端信息发布的三联动，并提供对外互动（如在线咨询、在线事项办理等），与市经济信息化委门户网站的便民服务接口对接，丰富市经济信息化委门户网站及网上办事大厅的服务范围，提升便民服务力度。会展工作平台制定的系统维护机制和后台数据统计分析检测，为保证信息发布质量、优化信息内容等起到良好的保障作用。

【建成上海国防科技工业军民融合信息服务平台】 为推进上海市军民结合产业发展体系建设，推动国防科技与民用科技、国防工业与民用工业互通互动互补的融合式发展，为在沪涉及军工企业提供政策宣传、资源共享信息、服务协同的综合服务，2015年市经济信息化委建成上海国防科技工业军民融合信息服务平台。平台功能包括：发布国家和上海市有关国防科技工业的政策、法规、相关行业信息；通报上海市国防科技工业领域的大事新闻，国家及上海市有关政策；通过整合各类资源，使军工企业能通过平台了解全市各区县（开发区）的有关信息，获取相关资源；通过关键指标综合分析、数据抽取和展现，为领导层提供决策支持和分析依据。平台为政府（上海市国防科技工业办公室）和军工企业之间搭建了良好的信息沟通桥梁。

【门户网站】 市经济信息化委以门户网站为载体，运用云计算技术，集成委内几乎所有的服务功能和可公开的应用系统，通过统一身份认证、统一数据库标准、统一界面设计、统一传输方式等手段，运用信息安全技术，实现不同业务之间、不同部门之间的协同处理。2015年市经济信息化委以建设网上政务大厅为契机改造门户网站，实现委内所有可公开行政审批事项与市政府网上政务大厅的对接。几经测评整改，门户网站在为企业（市民）服务功能、安全性能、网站可见性等方面不断优化。2015年再次获得上海市政府优秀网站，并被上海市网络与信息安全协调小组办公室（以下简称“市网安办”）评为“2015年上海市重点网站运行安全优秀工作单位”。

【信息公开推进情况】 根据企业和社会的需求，定期调整和优化网站栏目，逐渐形成“上海产业投融资平台”、“经济运行与产业安全监测平台”、“专项资金项目管理与服务平台”、“上海政府数据服务网”等一批深受企业和社会公众欢迎、点击率高的精品栏目,将最新获取和制定的数据动态、产业政策、项目资金等情况实时在网上发布,并将市经济信息化委最新发布的政策给予解读。2015 年根据委内重点工作主要公开关于开展上海市智慧村庄建设试点的通知,公布 2015 年度上海市“专精特新”中小企业名单的通知,上海市“四新”经济创新基地建设试点单位公示,关于 2015 年更新《上海市电动自行车产品目录》的通知,中小企业发展专项资金拟支持项目情况,软件和集成电路产业发展专项资金情况,上海市信息化发展专项资金使用情况;部门财政资金预算(包括委内财务收支预算总表、财政拨款支出预算表、“三公”经费预算说明);公示 2015 年度上海市经济和信息化委员会专项资金评审专家名单等内容。

截至 2015 年年底,累计主动公开政府信息 5 176条,全文电子化率达 100%,其中,2015 年度新增的主动公开政府信息 225 条,全文电子化率达 100%。2015 年度共受理政府信息公开申请 10 件,其中,当面申请 1 件,网上申请 9 件;2015 年度共接受市民咨询 5 043 次,其中公共查阅室接待 3 次,咨询电话接听 4 083 次,当面咨询接待 2 次,网上咨询 955 次。

【网上行政审批推进情况】 实现网上行政审批事项有“表格下载”、“在线受理”、“状态查询”、“结果公告”四大功能。按照便民、高效的原则,健全监督制约和责任追究制度,明确工作责任,强化过程监督、内部监督和责任考核,并实现委内所有可公开行政审批事项与全市公务网管理中心的对接。截至 2015 年年底,审批(许可)类事项共有 21 项,其中可公开的有 18 项,门户网站上已公开的审批类事项有 18 项,占可公开的审批类事项 100%。已实现网上受理的审批类事项有 18 项,已完整实现三个环节 18 项,已完成办事要素整合 18 项。

【网站建设】 网站及时发布全市工业经济运行最新动态、委内工作最新动态、国内主要经济要闻、全国工业经济运行研究报告以及高新技术产业化最实时、最前沿的信息,及时发布全市工业经济运行数据,包括全市工业、区县工业、都市产业、现代工业园区、行业协会等,开辟工程建设领域项目信息公开专栏、提供软件和信息服务业办事窗口以及各类信息化方面的政策和资讯。网站每天更新各类信息约 20 万字以上。

【提供便民服务】 网站为企业、民众提供众多便民查询服务,包括加油站 GIS 站点查询、i-Shanghai上海市公共场所无线局域网覆盖地图查询、上海产业地图、都市产业园区分布地图查询。每周提供计算机病毒预报,供企业、个人提前做好预防工作。

【业务处理大集成平台】 网站集成了市经济信息化委对外业务处理的十多个信息系统,为企事业单位和市民提供方便的协同处理和查询功能。如经济运行和产业安全监督平台、软件和信息服务业网上服务平台、专项资金申报平台、开发区产业项目报送系统、中小企业服务平台、上海产业投融资平台、个人信用服务平台、上海市工业和信息化人才继续教育平台等。网站真正成为“一门式”服务的支撑平台,为委内工作大协同提供基本保障。

【网站和其他媒体形成六联动机制】 门户网站与政务微信微博、政务信息报送、简报、新闻报道和舆情六联动，形成互补机制。顺应互联网社交媒体发展趋势，围绕委中心工作大局，建立完善“四新直通车”等 24 个公共微信群，方便信息沟通，更好服务企业。

逐步完善以委政务微信为龙头，政务微信微博、门户网站、政务信息报送、简报、新闻报道和舆情应对等政务信息六联动运作模式，形成联动互补机制，为统筹全委政务信息对外发布和对内报送奠定坚实基础。截至 2015 年 12 月，已发布微博 2 028 条，粉丝数 137 296；政务微信 239 期，粉丝数 23 748。向市政府办公厅报送政务信息，在办公厅《今日要情》、《每日动态》、《报中办国办重要信息》等平台上反映上海市产业和信息化发展的重点工作情况。根据市政府办公厅统计，2015 年 1—11 月，市经济信息化委政务信息录用得分为 740 分，在全市各委办局中排名第二。此外，编著《上海智造》获得中共上海市委对外宣传办公室第 13 届“银鸽奖”三等奖。

（张舒敏）

上海市人民检察院

【概况】 2015 年，上海市人民检察院（以下简称“市院”）信息技术部门根据最高人民检察院（以下简称“高检院”）电子检务工作要求和市院党组的部署安排，按照《2014—2016 上海检察信息化建设发展规划纲要》和《2015 年上海检察信息化工作要点》的工作计划，立足本职，紧扣重点，统筹兼顾，顺利完成全年检察信息化各项工作。

【助力法律监督】 完成法律监督平台的初步开发工作，用于收集分析全市各级院侦监、公诉、未检、金融、监所、社区、控申等各业务条线在诉讼监督工作中发现的立案、侦查、审判、执行以及民事行政等各阶段的所有违法信息，旨在搭建全市全程立体诉讼监督体系。平台于 2015 年 8 月投入试点运行。市院积极跟进试点情况，对试点单位细化技术指导和技术保障方案，并根据反馈及时做好 bug 修复和功能改进等工作。

【助力检务公开】 整合举报、信访、律师预约登记、案件信息查询、法律文书公开、法律咨询、活动预约、行贿犯罪档案查询和投诉信箱 9 项服务，建成“12309 检察服务平台”。平台于 2015 年 4 月 28 日进入试运行，并于 6 月 19 日起正式开通。开通后，继续配合做好系统完善和功能改进等工作。

【助力司法改革】 紧密关注上海检察改革试点工作，建成上海检察机关检察官司法档案管理系统。通过建立信息共享接口方式，从基本信息、办案业绩、办案责任、职业培训、业务研修、职业操守、业绩自述 7 个维度，整合统一业务应用系统、队伍建设信息管理系统、案件质量评查系统等信息系统中相关基础数据，建立全市范围内可量化、可比较的分类指标。系统于 2015 年 10 月进入试运行阶段。

【助力远程接访和远程提讯】 制定并下发《上海市检察机关远程提讯系统建设方案（试行）》，明确项目建设基本要求、具体配置和相关技术参数，指导分院、区县院进一步完善建设方案、完成设备选型。截至 2015 年 12 月，全市（包括市院）远程接访系统完成的有 17 家，远程讯问系统建设完成的有 11 家。同时，配套开发的上海检察机关司法办案场所预约管理系统也已投入试点运行。

【助力政法信息资源共享】 推进政法信息资源共享，以涉罪人员综合信息平台建设为抓手，加强与司法局、公安、政法委、社区矫正局、监狱局等相关单位的沟通协调，探索建立检法案件信息的常态交换机制。2015 年上半年基本实现检察院与公安之间，刑事诉讼活动中刑案侦查、看守所执行等 7 个环节信息的关联共享。

【推进电子检务工程】 根据高检院 2015 年 2 月《关于对〈上海检察机关电子检务工程可行性研究报告〉的批复意见》，整体规划上海电子检务工程。根据上海市发展和改革委员会（以下简称“市发改委”）立项审批要求，与具有专门资质的公司合作，于 10 月底完成《电子检务工程初设及投资概算（初稿）》的编制。同时积极寻求市经济信息化委支持，先行落实电子检务工程项目省级院所需财政资金。

【做好全国统一业务系统保障】 全年共完成全国统一业务系统重大版本升级 3 次，受理并解决问题 2 694 件。先后协同案件管理部门走访基层开展现场指导 10 次，有效保障全国统一业务系统的安全运行。

【规范全市信息化应用开发】 制定出台《上海检察机关信息化应用开发基础数据规范 V1.0》、《上海检察机关利用统一基础业务数据库进行个性应用开发的管理办法（试行）》、《上海检察机关统一身份认证平台使用管理办法（试行）》3 个规范性文件，旨在规范、统一各单位应用系统开发的基础架构和模式，在鼓励创新的同时，实现全市个性化应用开发数据层面的互联互通。

【跟进电子卷宗应用部署工作】 按照高检院 2015 年 9 月的要求，在 2015 年年底前完成上海电子卷宗系统部署应用工作，积极做好系统上线前的应用调研、设备部署、软件购置、系统安装、维护、使用培训等工作，及时做好上线前的技术准备。

【探索改进运维管理模式】 通过建立每周工作例会制度、组织保密教育和考试、重新签订新版保密协议、启用堡垒主机技术监控等，进一步落实驻场技术人员安全管理相关要求。同时借鉴“12309 服务平台”经验，探索一门式电话受理、网上平台和消息提醒等配套系统建设，进一步改进和完善信息技术运维服务技术模式和工作机制。

【做好基层院科技强检示范院创建指导工作】 通过组织材料预审、工作交流、现场检查等，为三分院、浦东、嘉定、金山 4 家参选单位提供有效的指导和建议。2015 年 11 月 4 家单位均获得“全国科技强检示范院单位”称号。

【加强条线技术人员培训和指导】 在套餐培训基础上，积极组织岗位练兵活动，通过信息化知识考试、撰写信息技术专业论文和提交业绩报告，让分院、区县院技术人员在竞争中加强自主学习和努力工作。

【组织参加各类信息化竞赛】 先后组织专业技术

人才力量参加2015信息安全技能竞赛、高检院"全国检察机关信息化网上轻应用开发活动"等竞赛，帮助检察信息化专业人才在实战中增长见识、砥砺技能，不断提升信息技术队伍的专业素能。其中，上海检察团队在2015信息安全技能竞赛中获综合组一等奖。

【基层院工作取得新进展】 浦东区院根据市院工作实践，深度开发和拓展综合管理信息平台功能，将全国检察机关统一业务应用系统的数据资源整合为44项核心指标和31项辅助指标，以大数据为支撑，凸显对检察官的管理属性，获得中共中央政法委员会调研组的肯定。嘉定区院搭建"智慧检务"平台，主导研发的"嘉检之星"检务保障平台于2015年上线试运行，实现检察事务数据电子化、流程标准化、办公网络化、监督实时化、管理规范化。此外，将微信公众平台应用到行贿档案查询领域，开通行贿档案微信查询，实现查询告知函"到院即取"。虹口区院利用电子数据多年办案成果，自主开发职务犯罪侦查综合信息查询分析系统，采集市院以往电子数据案件信息和互联网公开信息，服务职务犯罪侦查。

（张　妍）

上海市高级人民法院

【概况】 2015年，上海各级法院认真贯彻人民法院信息化工作战略部署，按照《上海高级人民法院信息化建设三年规划(2014—2016)》，大力加强软硬件建设。上海法院全年共完成20项三年规划任务，已建成由6大系统、133个应用软件、标准化专业化中心数据库(57个子库)等组成的上海高级人民法院综合信息系统；完成现代化数字机房、集约化云平台、千兆级网络带宽、标准化法庭、高清视频会议、信息管理中心等基础设施建设，形成网络顺畅安全、应用全面覆盖、数据即时生成、信息高度聚合、资源共享互通、管理三级联动的信息化大格局，做到执法办案"全程留痕、全程可视、全程监督、全程公开"，实现法官办案智能化、司法公开常态化、司法为民便捷化、司法决策科学化、法院管理可视化、司法监督系统化。

【加强信息化顶层设计】 落实最高法院要求，制定《上海法院信息化十三五规划》、《上海法院信息化跨越3.0版》；针对信息化人才队伍保障的迫切需要，制定《关于加强上海法院信息化人才队伍建设的意见》、《上海法院信息化联络员管理办法》；成立上海法院基层设施架构、网络信息安全架构专家咨询小组，初步完成上海法院信息化基础设施与网络信息安全建设技术架构方案，为上海法院信息化持续健康发展奠定坚实的基础；健全完善21项信息技术标准规范，包括高清法庭、远程审判、信息管理中心、全程留痕、全程公开目录标准等，并合订成册，有利于三级法院统一技术标准，规范信息化建设。

【整合利用信息化资源】 为解决干警反映较多的"信息查询难"问题，开发"全快搜"查询系统，把全市法院所有审判资源信息、所有法院网站信息整合起来，实现一键即查，打通上海法院内部信息壁垒；开发专用浏览器，架起全国四级法院互联互通的桥梁，整合全国法院信息资源，彻底解决上海法院与最高法院、外省市法院信息无法共享的难题；开发上海法院司法决策分析系统，办公办案中常用的60多种统计分析一键即得，快速呈现；整合上海市高级人民法院综合信息系统，对上海法院综合信息系统主界面进行功能优化，对130余个应用软件进行梳理，让干警全部看得见，并配有用途说明、操作手册和在线使用权限申请，有效解决“许多应用系统干警不知晓、不会用”的问题。

【着力信息化基础设施建设】 全市法院已完成业务专网、政务外网带宽扩容、相关设备升级和线路施工；已建成168个高清法庭，其中松江法院37个、徐汇法院23个、闵行法院14个、宝山法院11个，杨浦法院已建成1个广播级高清智能法庭，做到“逢庭必录”；全市法院立案窗口及羁押通道实现全程无死角录音录像；全市法院高清视频会议系统已基本建成，远程庭审、接访、会商等视频应用系统已投入使用；一中院建成白茅岭监狱高清远程审判法庭，二中院已与外省监狱建立高清远程审判法庭，三中院与合肥铁路法院之间已建成跨省高清远程审判法庭；浦东、长宁、宝山法院率先建成看守所远程审判法庭；高院、浦东、长宁、徐汇、虹口等法院已建成信息管理中心，集执行指挥、警务指挥、信息管理于一体，实现四级法院信息共享与协调指挥。

【狠抓智能化办公办案】 上海法院大力推进法官办案智能辅助系统建设，运用上海法院积累的海量审判资源数据，结合大数据分析技术，为法官办案提供智能化、精细化服务；在全国法院率先推出裁判文书智能分析系统，对文书中61项质量要素进行大数据分析判别，发现人工评查不易查出的实体性问题，提醒法官甄别修正，2015年对7.5万篇民商类文书进行分析，发现9 032篇存在问题，占比12%；开发办公办案APP，法官利用手机等智能终端，即可处理办公办案事务；开发办公办案“一键通”系统，大大方便干警办公办案；建立执行指挥平台，整合集中查控、远程指挥、执行公开、执行监督、决策等功能，促进审判质效。海事法院、奉贤法院加强巡回法庭建设，建立随时搭建的智能化简易“移动法庭”，助力巡回审判；上铁法院利用虚拟云桌面技术开发智能化审委会评议系统，长宁法院运用云计算技术服务审判业务，构建基于云存储的云桌面工作环境，提升干警办案效率。

【多渠道方便群众诉讼】 在最高法院司法公开3大平台基础上，上海法院完善10大司法公开与服务平台，在全国法院率先推出律师服务平台，提供网上立案、办理、沟通、辅助、评价等功能，改善律师执业环境，保障律师权益；开发上海高院诉讼服务APP，运用移动互联网技术为群众提供移动化、全天候、全方位的诉讼服务。建立案件信息全程发布机制，将案件流程分为53个节点，主动推送案件信息给当事人；推进诉讼服务大厅信息化建设。上海法院对诉讼服务大厅进行标准化改造，统一名称标识、基础设施和服务标准规范，建立立案窗口全程录音录像系统、诉讼服务窗口评价系统，开发网上电子法庭，配备诉讼服务自助机，提供庭审以外的全部诉讼和非诉讼服务，实现诉讼服务“全方位、零距离、无障碍”。浦东法院自主开发自助立案系统，并在全国法院诉讼服务中心建设会议上就该系统作经验交流；徐汇法院开发应用智慧友好的诉讼服务系统，采用导览留言屏、电子旁听证等方式服务群众。

【全力支撑司法改革】 上海法院利用大数据分析系统,对现有的海量数据进行科学分析,通过200多项指标的分析计算和10多万条信息项的查询分析,为立案登记制、审判权运行、人员分类管理、定岗改革方案等司法改革与最高法院《四五改革纲要》任务落实提供信息化支撑。为配合立案登记制改革,开发立案登记管理系统,实现对全市法院案件收、结、存情况的实时监控管理。中央电视台"新闻联播"在全国法院实行立案登记制首日专题特别报道该系统,推荐全国法院使用;为配合审判权运行机制改革,建立审判权力与责任清单,通过对立案、分案、开庭、结案等流程中的450个关键环节录音录像或日志记录,运用电子签章与电子签名技术,实现案件管理全程可视、办案操作全程留痕,大大规范了审判权、审判管理权的运行;为推进人员分类管理改革,完善法官业绩评价系统和案件权重系统,完善案件权重系数、人事系统信息点及法官业绩档案考核方法,实现对法官工作业绩、工作能力和管理水平的客观考核,为法官入额遴选、评先评优、晋职晋级等提供科学的决策支撑。为配合最高法院新案号标准化改革,升级案件管理系统,确保从2016年1月1日起按照新案号标准启用新案号。一中院运用新技术、新构架升级审判执行管理系统,并推出合议庭评议音字转换智能支持系统,实现网上流转、网上审批、全程留痕、全程可视、智能推送、评议电子记录、电子送达等功能。三中、宝山法院已建成诉讼案卷即时扫描系统;浦东、青浦、普陀法院大力推动电子印章系统应用;闸北法院应用电子标签技术管理档案卷宗取得较好效果;海事法院创新"互联网+"船舶拍卖工作机制,与上海联合产权交易所设置"船舶拍卖"专栏,突破传统拍卖方式,更快更好地实现当事人胜诉权益。

(杨　敏)

上海市公安局

【概况】 2015年,上海公安信息化工作以党的十八届四中、五中全会精神为指导,以公安部"四项建设"为引领,圆满完成2015国际滑联世界花样滑冰锦标赛等一系列重大安保信息通信保障工作,进一步巩固和提升全局信息化建设与应用水平,有力支撑和服务公安中心工作与核心战斗力发展,充分彰显科技信息化在上海现代警务机制升级版建设中的重要作用。

【编制互联网警务建设和大数据应用创新行动计划】 为进一步开创互联网、大数据时代下公安工作的新局面,不断提升公安核心战斗力和实战水平,根据国家公安部推进信息化建设的相关工作意见和上海公安现代警务机制升级版建设要求,市公安局编制互联网警务建设和大数据应用创新的行动计划(以下简称"《行动计划》")。《行动计划》以公安业务需求为主导,以引领、支撑、保障上海公安互联网警务发展为主线,进一步整合公安内部与外部数据资源,坚持"应用创新、突出重点"的原则,将"互联网+"思维、大数据创新应用与公安业务工作紧密结合,推动公安工作由人力支撑型向科技支撑型转变,全面提升上海公安机关的核心战斗力和综合服务水平。《行动计划》积极运用"互联网+"思维,深入挖掘互联网公安业务应用,推进全局大数据应用创新工作。涉及基础建设创新,警种业务创新,公安大数据应用探索、民生服务创新和建设智能便捷的互联网警务等任务，并提出相关工作保障措施。《行动计划》进一步推动上海公安工作理念创新、技术创新、机制创新、能力创新，逐步实现警务工作、信息数据和互联网技术的高度融合，警务工作的贴心化、便捷化和“让数据多跑路，让群众少跑腿”。

【开展上海公安新一代移动警务 PDA 换发及应用推广工作】 2015 年，上海市公安局在前期调研、论证的基础上，开展新一代移动警务系统改造。改造工作包含构建新一代基础平台及移动接入平台，PDA(掌上电脑 Personal Digital Assistant，简称 PDA)采购、换发和 APP 应用商店开发等内容。与上一代警务 PDA 相比，新一代 PDA 具有三大优势：一是在网络连接方面，同时支持移动、电信和联通 3 家运营商的无线接入；二是在终端设备方面，使用者可在符合公安部相关标准规范的前提下自主选型；三是在软件应用方面，允许并鼓励使用者结合工作所需自行开发软件。上海市公安局先后下发《上海市公安局新一代移动警务系统总体框架》、《上海公安移动警务终端(PDA)升级换发工作方案》、《上海公安移动警务终端选型指导意见》和《上海公安移动警务应用开发部署总体规范》4 个规范文件，确保新一代移动警务系统建设、应用的安全、有序、规范。2015 年，上海公安各级部门共采购万余台 PDA 终端，各种 APP 应用开发及推广逐步展开，“互联网+”移动警务工作的新局面已经形成。

【建设大客流聚集安全风险监测平台】 针对城市公共安全管理中面向非常规的群体性突发事件的主动感知和大型活动安保等问题，结合上海公共安全监控系统现状，上海市公安局着手建设人流密集场所安全风险监测平台(以下简称“监测平台”)。监测平台针对重点区域，引入大数据分析等前沿技术探索基于大数据平台的多源信息融合分析和时间序列算法等核心技术，通过对相关多源数据进行综合处理，研究形成相关算法模型，初步实现重点区域内当前人数估算、客流变化趋势预测、安全风险等级预警、周边轨交站点进出站人数提示、监控探头视频实时调用，以及对相关历史数据的综合统计分析等功能，为上海公安机关应对大客流聚集时的指挥决策、风险防范、安全预警等提供技术辅助支撑。监测平台建设集中市局相关技术部门高、中级技术人员 20 余人，并与高校、公司等社会力量合作。在 2015 年年底的“元旦”跨年安保工作中，平台投入使用，并较为准确地预报重点区域现场客流人数。

【建设上海公安“阳光警务”大厅】 为构建开放、动态、透明、便民的阳光执法新机制，提高警务工作透明度，2015 年年初，市公安局依托局门户网站，建设上海公安“阳光警务”大厅(以下简称“‘阳光警务’大厅”)。2015 年 11 月 25 日，“阳光警务”大厅正式上线投入使用，共设职责权利、执法依据、案件查询、法律文书、行政处罚、窗口信息、警情公开、便民服务、图片新闻、留言板 10 个栏目，最大程度向市民群众公开公安机关职权范围、执法依据、执法标准、服务窗口以及执法过程和结果等警务信息，搭建向群众展示、与群众沟通的平台，以公开促公正，集中展现上海公安“阳光警务”建设成果。截至 2015 年年底，“阳光警务”大厅累计点击 4 万余次，其中案件进展情况查询次数累计近 3 万人次，群众共对 415 件案件进行了评价，并提出意见、建议。

【完成国际滑联世界花样滑冰锦标赛科技保障工作】 2015年，国际滑联世界花样滑冰锦标赛(以下简称“花滑世锦赛”)在上海举行。上海公安紧密围绕赛事安保工作，全面落实图像监控、基础通信、信息系统运维等技术保障措施，为实现“四个确保”的工作目标提供信息化支撑。全局相关科信部门通过推进现场指挥所信息通信、完善各类监控系统，着力建设与花滑世锦赛安全保卫工作相适应的信息通信保障体系。一是在基础网络方面，完成光缆线路敷设、网络设备安装，共开设信息点36个。二是落实一批图像监控建设和联网。在安保工作所需点位安装监控探头，完成重点场所内部的图像监控联网，进一步提升图像监控及覆盖水平。三是保障重要信息系统的平稳运行。围绕赛事安保工作实际，依托两级信息中心工作机制，进一步加强信息系统运行监测与机房管理，着力保障网络数据传输速度、通畅程度，营造良好的信息化应用环境。

【签署互联网警务战略合作框架协议】 2015年8月21日，上海市公安局与深圳市腾讯计算机系统有限公司签署互联网警务战略合作框架协议。双方将本着优势互补、共同发展的原则，以“互联网+”的发展理念，在上海公安“互联网警务”等方面开展紧密合作，共同推进上海公安警务工作效能和服务群众水平的提高。

(柴　珏)

上海市民政局

【概况】 2015年是“十二五”规划的收官之年，上海市民政局(以下简称“市民政局”)强化工作责任，细化具体措施，有序推进重点信息化项目建设、业务应用系统升级改造、网上政务大厅建设，政务微信开通等工作，利用信息化手段，加强社会管理和公共服务，为推进现代民政事业发展发挥了积极作用。

【成立宣传和信息化处】 为加强工作统筹，2015年1月，市民政局设立了宣传和信息化处，负责拟定民政新闻宣传和信息化建设工作规划、管理制度和工作规范；统筹指导局系统宣传和信息化工作；负责民政新闻宣传、舆情监控和应对处置工作，沟通联络各类新闻媒体；负责民政信息化建设的技术标准制定、信息化项目的预算编制和验收管理等。

【建章立制】 先后制定了《关于进一步加强“上海民政”网站信息维护若干规定》、《局系统政务微博、微信等政务新媒体管理办法》，加强了对局系统网站、微博、微信等媒体建设和运行维护管理工作；制定了《上海市民政局信息化建设与管理暂行办法》、《关于进一步加强上海民政信息化建设的意见》，明确了市民政局信息化建设管理的内容、原则、措施和具体要求，提出了未来民政信息化发展的目标任务与思路。

【优化上海市社区事务受理信息系统】 市民政局根据市领导关于社区事务受理信息系统优化工作的推进要求和《上海市社区事务受理信息系统项目实施方案》工作计划，完成全市统一的社区事务受理系统和市级管理系统开发；完成市级9个业务条线部门18个业务系统184项事项的梳理、系统开发和对接；完成5个试点区(长宁、静安、闵行、嘉定、奉贤）区级平台部署和所有受理中心全覆盖；明确运行管理机制，研究并提出市区两级“1+16”运行管理机构的建议方案，以确保新系统优化工作顺利推进和正常运行。

【社区事务受理信息系统民政条线对接改造】 根据上海市社区事务受理信息系统优化工作统一部署要求，完成社区事务受理系统数据接口对接模式设计和前置服务接入开发；完成民政婚姻、优抚、救助11个受理事项与社区事务受理系统对接的相关接口开发；完成民政相关“一证通办”证照服务接口开发和事项跨区域通办设计开发；完成民政业务系统升级改造；完成软硬件设备招标和调试，实现社区事务受理系统民政事项和民政相关业务经办流程的全面对接。

【上海市老年照护统一需求评估信息系统建设】 基于“老有所养”和“持续照护”理念，围绕“建立老年长期照护体系”目标，按照养老统一需求评估系统项目建设推进计划，完成项目招投标、需求调研、系统详细设计、架构搭建以及与委办局和区县平台对接功能的开发；完成服务申请、受理、审核、评估等主体业务功能的开发调试以及与市卫生计生委、市公安局人口库、市民政局救助系统、收入核对系统等部门业务系统对接。

【网上政务大厅建设】 根据市政府的统一部署，市民政局全面梳理行政审批（许可）类事项，整理办事指南，规范审批流程，制定行政审批事项上网计划；改造网上办事平台（民政门户网站）和相应业务系统，明确技术规范，实现与市网上政务大厅平台的对接，完成80%行政审批事项（11项）上网的建设任务。同时，上海市社会团体管理局（以下简称“市社团局”）完成10项行政审批事项上网，提前一年实现100%审批事项上网的建设任务。

【上海民政政务微信建设】 结合新媒体发展趋势，建设和开通市民政局政务微信，设“民发布”、“民服务”、“民信箱”3个栏目。“民发布”作为在微信平台上发布有关民政信息的窗口，主要发布政策政务信息、便民提示两部分内容；“民服务”是在微信平台为公众提供的民政服务，主要包括婚姻预约、便民一览表以及办事指南；“民信箱”是在微信平台与公众互动的渠道，主要包括局长信箱、咨询建议等。

【上海市居村委会换届选举信息管理系统建设】 根据上海市委、市政府关于做好上海市居民委员会和村民委员会换届选举工作的有关要求，完成上海市居村委会换届选举信息系统居村委会基础信息、人员信息以及换届选举信息填报功能开发，提供居村委会基础信息，及时统计、汇总、上报选举结果，建立居、村委会换届选举工作档案，实现街镇、区县、全市的三级数据沉淀和统计分析功能，建成集数据沉淀、统计分析、动态更新于一体的居村换届信息系统，确保换届选举工作依法平稳有序，进一步推动换届选举工作制度化、规范化。

【上海市社区工作者信息管理系统建设】 根据上海市委2014年一号课题文件要求，建设社区工作者信息系统，从人员总量管理、薪酬制定、规范化管理等各方面推进社区工作者队伍建设，通过街镇定期录入、区县统计汇总、市级量化分析三个层级，在全市建立一套涵盖社区工作者的基础信息库，为全面掌握基础信息，分析测算，政策制定提供科学依据，方便后期数据及时更新，全员队伍管理。同时，建立完整的社区工作者完整的进、管、出信息管理手段，以电子化替代纸质化信息报送方式，有效减轻基层负担，提高工作效率。

【上海市社会救助信息管理系统升级改造】 为贯彻落实国家和上海地方关于低收入家庭引入经济状况核对机制的相关政策，完成救助系统低收入困难家庭申请专项救助经济状况核对、住院医疗救助事后报销核对和低收入困难家庭成员申请医疗救助一站式服务等功能改造。

【上海市居民经济状况核对信息系统升级改造】 新增临时救助、教育救助两大业务功能；完成共有产权房、廉租房业务车房评估查询、车房评估统计、车房复估功能、银行交易明细查询以及审批责任人分配等功能改造；完成最低生活保障、支出型贫困核对报告的模板、工作量统计、工作进度统计等功能的调整与优化；完成与房管局、人社局的比对接口方案变更。

【上海市养老信息管理系统升级改造】 为了更好地贯彻落实民政部关于实施养老机构设立许可的规定，建立运行顺畅的养老机构设立许可在线办理系统，完成设立许可的申请、受理、审核、批复、发证等业务功能改造。

【上海市优抚信息管理系统升级改造】 为及时掌握、解决重点优抚对象的生活困难问题，对上海市优抚信息管理系统进行升级改造，完成优抚系统"关爱功臣"信息系统业务功能改造。

【上海市婚姻收养信息管理系统升级改造】 为进一步加强与各市级委办、市高院等的数据交换，并使婚姻系统运行更加顺畅稳定，完成系统性能提升、统计分析报表和数据库优化以及系统日志功能完善等功能改造，更好地满足日常工作需要。

【上海市双退信息管理系统升级改造】 为进一步提升双退业务管理水平，完成人员基本信息、院校信息、学历信息、数据统计等模块功能改造。

【上海民政电子政务平台升级改造】 新增收件人姓名模糊查询、重要邮件短信提醒、邮件取回、个人通讯录等功能；操作界面和使用方式沿用旧版邮箱的风格；举办点赞活动，新增"为身边人点赞，为民政人喝彩"网络点赞模块，包括信息发布、作品展现、作品点赞、作品评论、数据导出等功能。

【社会组织综合管理服务信息平台建设】 在原有综合监管、执法业务、预警网络、群团备案、地理信息五大功能的基础上，新开发社会组织执法监察功能，实行全过程执法文档入库、全过程执法信息留痕，规范执法行为，提升依法行政水平。加大各类平台系统的整合，推进登记、年检、评估、执法等环节的无缝对接，提高管理服务效能；实现与市法人库和上海公共信用信息服务平台的互联互通，获取来自17个政府部门的监管类信息，初步实现对社会组织的综合监管；把社会组织违法非法信息报送等作用拓展至街镇和居村，自上而下形成监管合力。2015年年底，信息平台已经在全市16个区县进行全面推广。

【社会组织信用体系建设】 进一步加强上海市社会组织信用信息管理系统应用，对接上海市公共信用信息服务平台，开展社会组织子平台试点和信用信息公示应用试点，推动社会组织的行业监管类信息共享，在社会组织登记、年检、评优等过程中发挥了重要作用；落实市政府实事项目“为全市法人和市民在线免费提供一次信用查询报告”，为全市1.2万家社会组织提供信用报告查询；编制社会组织信用信息的数据清单、应用清单和行为清单，探索全过程信用管理模式；联合市征信办举办上海市社会团体诚信体系建设培训班，对300余名市级社会团体的秘书长进行培训。

【社会组织网上年度检查方式创新】 试行年检与年报公示并行、直接登记管理与双重管理并行制度。在依法履行年检职责的基础上，试行对社会组织年报进行网上公示。在年检审查中，发挥好行业主管部门监管作用；继续实行网上填报与抽查审计、实地检查相结合，提高网上年检效能，保证年检数据的准确性和权威性。

【社会组织业务信息管理系统升级】 根据国家及上海市政府有关政府购买服务文件精神，市社团局制定《建立上海市承接政府购买服务社会组织推荐目录(试行)》，明确承接政府购买服务的社会组织条件，目录生成方式、目录公布、目录运营以及监督管理等内容。依托社会组织业务信息管理系统，实现对推荐目录的“条件管理、自动生成、动态更新”，方便购买主体和社会组织查询使用，为政府购买社会组织服务工作提供信息技术支撑。

【政务数据资源编目与开放】 积极推进和完善部门数据资源目录的编制工作。以法人数据为中心，逐步建立社会组织统一的数据信息资源目录和数据信息交换标准化体系；进一步推进部门数据资源开放工作，以接口服务和数据产品等方式共享社会组织基本信息、审批机构、审批状态、社会组织服务中心名录、群众活动团体名录等社会公众密切关注的信息。同时加强数据质量的校验和维护工作，严格按照公开的更新频率进行发布。

（费文东）

上海市财政局

【概况】 2015年是全面深化改革的关键之年，也是“十二五”规划的收官之年。市财政局通过四个“围绕”来开展信息化工作：一是围绕财政改革发展，助力市局重点工作；二是围绕财政核心业务，拓展信息系统功能；三是围绕系统稳定运行，有效提升运维服务水平；四是围绕部门持续发展，努力构建信息化管理机制。

【助力市局重点工作】 组织开发市级财政专项资金管理平台，发挥基础作用。该平台由市财政部门统一管理，相关主管部门共同使用，将市级财政资金申请、预算安排、执行信息纳入系统管理，实现对专项资金进行事前、事中、事后的监管。信息处根据预算处的业务需求，制定设计开发方案，组织技术力量完成开发测试，组织市局处室、主管部门培训和操作辅导，2015年7月平台上线试运行。通过构建管理平台，为进一步厘清财政资金支持重点、解决财政资金重叠支持问题创造条件，并发挥三个方面的基础作用：一是深化部门协同，提高财政资金使用效率；二是通过数据分析，优化财政资金政策;三是加强项目监管管理,确保资金使用安全规范。

全面上线运行市级电子凭证库系统,支撑国库集中收付改革。根据财政部有关改革要求和年初工作计划,有序推进市级财政国库支付电子化工作,在近半年试运行和不断完善软件功能的基础上,市级电子凭证库系统于 2015 年 9 月上线运行。通过电子签名校验、电子签章验证、安全加密传输、实名身份认证等组合安全措施,保证电子凭证的唯一性、完整性、防抵赖和防篡改,最大限度防范支付安全风险。同时通过预算单位、财政、国库行和商行 4 层对账机制,将原人工核对改为自动核对,为资金安全运行提供有力保障,提高电子支付工作的效率。协助国库处制定《国库支付业务电子化管理暂行办法》和《市财政局国库集中支付业务内部工作规程》,明确支付电子化开展过程中的电子凭证相关管理措施、数字证书和电子印章管理的相关要求。

着力推进政府采购信息公开,全面应用电子招投标。随着政府采购法实施条例的出台,为提高上海市对政府采购工作的监管水平,在推进政府采购信息公开及电子招投标全面应用方面做了多项工作。一是进一步完善政府采购信息公开、信息上报等功能,按条例规定对所有在平台进行采购的项目合同进行公开,并上报财政部政府采购平台。二是在全市范围推进电子招投标应用,实现市、区两级政府采购活动的委托受理、招标策划、投标、开标、评标、定标、签订电子合同全流程网上操作。截至 2015 年年底,共完成电子招投标项目一万三千多个,为规范管理上海市政府采购操作发挥了积极作用。三是按照企业“三证合一”工作要求,对政府采购管理平台中涉及的“三证合一”功能模块进行升级,能兼容新旧不同证照企业供应商的信息,从而将因证照变化对供应商的影响降到最低。2015 年“上海政府采购”网站荣获 2015 年度中国政务网站领先奖。

优化用款计划功能,保障上海市国库现金管理。为进一步加强预算单位及相关处室用款计划的管理,提高库款管理精度,有效提高用款计划编制的准确性,借助支付电子化实施与国库行进行系统对接,优化了财政业务信息系统中用款计划功能模块,定时获取库款情况。根据国库库款情况和预算单位按季分月用款计划,协助国库处编制制定国库现金管理工作计划,有效压缩库款余额,提高资金使用效益。

开发政府综合财务报告信息系统,支撑财政制度改革。根据《国务院关于批转财政部权责发生制政府综合财务报告制度改革方案的通知》(国发〔2014〕63 号)的要求,组织开发政府综合财务报告信息系统。一是建立能适应多级财政、不同编制对象的系统应用框架。二是建立与财政收支总账、财政决算、资产管理和单位会计账对接的信息采集机制。三是根据设定的凭证抵消规则,实现自动提取各级参与单位间的信息,生成合并财务报表。四是建立起各层级财务报告的交叉核对机制。该系统已在市级财政、公益性国企和土地储备中心中应用,并形成 2014 年市级政府综合财务报告合并报告,为这项改革工作推行提供信息技术支撑。

参与“十三五”规划的研究制定,谋划创新发展。为研究制定第十三个五年规划中上海市财政信息化建设和数据综合利用战略,发挥信息技术和财政数据对财政管理和决策的支撑作用,负责撰写《进一步推进“网上财政局”建设的规划建议》

和《进一步促进财政数据综合利用的规划建议》。其中《进一步推进"网上财政局"建设的规划建议》提出"十三五"期间上海市"网上财政局"的建设目标和总体建设思路，围绕建设目标明确六方面信息化重点建设任务和相应措施；《进一步促进财政数据综合利用的规划建议》提出新时期财政数据综合利用的指导思想、基本原则和总体目标，并分别从体系建设、业务导向、技术创新、标准制定、权限管理等方面论述主要任务。

【拓展信息系统功能】 升级改造上海市非税收入管理信息系统。为进一步提升上海市非税收入管理系统对业务管理要求的适应性，重新分析了业务管理流程，完善和优化业务逻辑关系、业务处理链条，对非税系统进行全面升级改造。一是统一收入收缴方式，精简退付流程，强化过程约束控制，规范整体业务框架。二是建成市与区县同一数据源，实现市与区县在应用级、数据级的真正集中，以便对全市非税收入收缴过程的全面监控，确保资金及时、足额缴入国库或财政专户。三是改进国库专户调账功能，通过电子信息数据交互模式，实现信息流完整闭环，提升工作效率。四是改善非税国库对账模式，由人民银行统一最终数据，避免国库代理行与人民银行对账时间不一致的问题。

推进预算绩效管理信息化建设和应用。系统建设方面，开发完成财政资金项目绩效运行支持系统，通过系统开发完成绩效目标申报、跟踪、评价和结果应用全流程管理，建立评价指标库。系统应用方面，一是进一步保障市级预算单位绩效管理信息化系统的应用，为预算部门开展绩效跟踪和绩效评价，提供数据运用和管理手段支撑。二是加快区县的预算绩效管理信息化建设，2015年通过绩效信息化系统编制绩效目标的区县达到100%。三是分批推进乡镇财政预算绩效管理信息化系统的应用，近20个乡镇通过绩效信息化系统实施预算绩效管理，市、区县、乡镇预算绩效管理信息沟通共享机制的架构逐步建立。

改版升级上海财政门户网站。为使上海财政门户网站的功能更具导向性，凸显服务政府的理念，财政门户网站改版对整站页面布局做重大调整，以使网站栏目更简洁，热点更明了，结构更人性。一是门户网站采用HTML5技术，使网站能兼容通用浏览器和不同终端(电脑、Pad或手机移动终端)，网页上的元素能根据屏幕大小自动调节，保障页面更新的同步性和后台管理的便捷性。二是门户网站内容管理平台采用资源树和展示树相结合的资源管理方式，以满足各类新闻一次发布、多重展现的管理需要，方便对信息分类设置和不同展现。三是优化网站后台管理的短信邮件处理中心和数据交换监控平台，使得信息展现更全面、监控更直观、应用易扩展。2015年上海财政门户网站获得中国政务网站领先奖和上海市重点网站运行安全优秀奖。

全面应用部门决算网上报送系统。为配合上海市部门决算信息公开工作，改变原先使用单机版软件的部门决算报表报送模式，开展网络版部门决算系统的研发。该项目遵循财政业务系统一体化建设的指导思想，实现决算报表在线填报、审核、汇总、查询、打印等功能，并与其他系统相衔接，还将以前年度单机版的决算数据转入系统，使财政和单位可以查询比对。在2015年的市级部门决算工作中，全面应用部门决算网上报送系统，实现决算工作的全流程信息化管理。决算系统的优化升级和推广应用，规范部门决算编报流程，提高部门决算审核管理效率。

【有效提升运维服务水平】 优化功能衔接，提升财政业务处理效率。一是建立财政业务处理平台统一门户，实现用户单点统一登录系统，待办事项和信息提醒统一管理，预算管理中涉及来文办理与行政办公系统无缝衔接，减少重复工作量和信息录入差错。二是进一步提升服务信息集成化，对已开发的预算管理系统、政府采购系统、资产管理系统等进行信息互联互通，为财政管理提供及时、准确、多视角、多维度的一站式财政统计分析数据，体现财政信息化的应用成果。三是对财政信息系统用户提供跨系统的一门式受理服务，建立运维知识库，统一问题解答口径和方法，快速准确服务，提升服务满意度。

深化服务理念，提升用户体验满意度。一是制定IT界面风格标准，优化重组业务系统功能模块，优化页面设计，使功能菜单操作路径更加清晰，界面布局更加合理，提升系统的纠错、容错、出错提示和输入校验能力，最大限度提高用户的响应效率要求。二是建立用户操作体验评估机制，使用先进的信息化操作体验诊断手段，对财政信息系统推进中的问题及时收集、评估，并完善系统，以满足多数用户的使用习惯。三是进一步拓展综合办公系统功能，提升行政办公效率。在综合办公系统中增加综合信息采编功能，实现上海市财政系统各单位政务信息、网站信息、政务微博信息一口报送，分类处理，按需编审等。

夯实基础设施，保障财政信息化安全。一是建成应用级灾备系统。按照国家有关标准，采用存储磁盘阵列复制和数据库复制等多种数据复制技术，建成一个涵盖主机、网络、计算和存储资源的应用级灾难备份系统，实现数据基本不丢失和应用基本不间断。同时，采用“资源虚拟化、管理自动化、设施集中化”等虚拟化开放式体系架构，实现资源动态优化分配，做到既能快速部署业务应用，又能充分利用各种资源，为财政关键业务应用提供可靠的信息化支撑。二是利用灾备系统资源，组织实施 4 次应急演练。结合应急演练积累的经验和教训，修订完善网络与信息系统安全事件专项应急预案，进一步改进信息系统灾难恢复预案的针对性、适用性和有效性，锻炼应急响应队伍，提高应对信息系统突发事件的整体处置水平。三是推进重要信息系统的信息安全等级保护测评工作。继续开展财政重要信息系统等级保护安全测评工作，委托第三方信息安全专业测评机构对市财政局 6 套信息系统、一套应用级灾备系统和两套物理网络(内网、外网)实施等级保护安全测评，提高财政信息系统的信息安全防护能力和水平。2015 年市财政局被评为上海市信息安全等级保护工作先进单位。

落实服务机制，推进信息系统运维体系建设。财政主体信息系统建设完成后，日常运维工作重要性日显突出，根据信息技术支撑财政改革发展的工作要求，进一步完善上海财政信息化运维服务管理体系，开发应用运维管理的专用平台，以“制度＋科技”规范财政信息化运维工作的开展，逐步将运维整个过程纳入运维平台统一管理。通过对用户提供跨系统的一门式受理服务，建立运维知识库，统一问题解答口径和方法，快速准确服务，提升服务满意度。同时探索引入微信等创新服务手段提高运维效率，拓展运维渠道，实现运行维护服务从“被动到主动”的转变。规范运维公司人员管理，制定考核标准，提升运维人员工作能力，提高运维质量。

持续服务基层，提升区县财政信息化水平。为提高区县财政信息化支撑作用，增强各级财政的整体合力，进一步推动上海市基层财政部门信息化建设与完善工作，一是加强联络沟通，及时了解各区县工作推进情况和存在的困难，统筹技术资源协调解决，做好对区县财政局信息化建设和信息系统应用的工作指导。二是加强内部合作和外部协调，收集汇总新出现的问题和需求，如机构调整等，帮助区县共同分析、化解难题。对于采用市局版本软件的区县提出的新需求，会同相关业务处室进行分析研究，尽可能在市局版本内统筹解决。三是组织各类专题培训，2015 年以 UNIX 技术、预算绩效管理系统、国库集中支付电子化、财税库银横向联网系统为主题，先后举办 4 期区县培训班，提高各区县财政局相关人员的系统管理能力。四是不断完善乡镇财政性资金管理平台监管功能。配合处级干部的乡镇沟通工作，完善乡镇平台监管子系统的查询功能，使每个处级干部可以及时了解对口乡镇的财政资金状况。

【努力构建信息化管理机制】 加强制度建设，有效防控风险。财政数据的采集、保存、使用、共享等都置于严格的制度管理之下，以确保数据信息的完整、安全。在制度约束的同时，建立各应用系统和用户统一遵循的权限控制机制，使各部门、各岗位的数据权限分明、控制有效。在已规范信息化项目预算编制及政府采购流程的基础上，2015 年继续规范信息化项目的过程管理，在局内控规范的框架内，会同相关处室研究在需求提交、需求分析、设计开发、测试验证、运行推广、验收付款等管理环节更加规范的操作方式，逐步形成对信息化项目执行过程中的风险进行有效识别、监督和控制的制度体系。

制定技术规范，提高技术应用水平。按照财政信息化建设规范要求，做好现有标准规范的执行，开展标准规范的完善修订工作，进一步夯实一体化建设基础。在系统建设过程中，坚持以《财政业务基础数据规范》为基础，充分发挥标准化的导向作用，以确保各子系统间的互联互通、信息共享和业务协同；坚持建设与管理并重，遵循信息系统建设、管理、运维的相关国家标准，通过规范系统建设提升系统建设质量。加强标准规范执行的监督检查，建立监督检查机制、通过各种方式检查执行情况，确保标准规范的贯彻落实。依托数据编目工作的开展，做好信息资源统一规范管理。

提高专业技术，加强人才储备。信息处作为财政信息化的职能部门，运行维护各类信息系统和运行环境，信息处的技术管理人员，不仅要跟踪、了解本专业领域的技术知识，还需学习、掌握与之相关的财政业务知识、法律法规和管理流程。一是组织开展新《预算法》、《采购法》、《行政诉讼法》等专题讲座的学习，进一步提高财政干部依法行政和依法理财的意识和能力。同时对于业务部门反映的问题，协同相关业务部门对业务流程进行梳理分析，组织专题讨论会，逐一分析研究，并设计系统实现的技术方案等。二是开设关于数据库、操作系统、软件测试、软件调优等方向的兴趣专题，深入研究相关技术，掌握系统管理的主动性，并借助外部资源，了解前沿技术的发展动态，分析新技术在财政信息系统应用的可能性。

（李　政）

上海市交通委员会

【提出智慧交通体系建设布局】 上海市交通委员会(以下简称"市交通委")在落实《交通运输行业信息化调研报告》的基础上,编制并发布《关于加强智慧交通体系建设的指导意见》。以"互联网+"行动计划为指导,明确智慧交通建设任务,创新信息服务和数据管理模式,协调综合交通可持续发展,促进上海市智慧城市建设。形成智慧出行、智慧管理与决策、智慧运营和智慧物流的上海市智慧交通总体布局。为创新交通运输服务方式、运营组织方式、管理决策方式等,做好实施准备。

【推进公交智能集群调度建设】 以提升城市公共交通运行监测、企业智能调度、行业监管决策和公众出行信息服务水平为总体目标,加快推进公共交通智能化应用示范工程建设。通过对运营调度的网络化和智能化建设,实现运营管理、行车监控和安全生产的数字化管理,为公众出行信息服务与行业监管提供信息支撑。据统计,2015 年"上海公交"APP 下载量超过 300 万次,日访问量达到 80 万次。

【完善行业信息化和数据分析管理】 围绕道路危险品运输、水上危险品运输、轨道交通、省际客运、公交客运、出租汽车等重点行业安全与服务管理的需要,加强信息接入管理,定期编制分析报表供行业管理与决策参考。全年围绕应用完善、信息共享、基础建设等重点,信息化管理与运维工作取得明显效果。公路客运信息平台在春运高峰期运行平稳,日平均售票 66 540 张,日最高售票量达 97 250 张。市交通委门户网站"无障碍浏览"功能上线,"网上行政审批"栏目开通。黄标车及老旧车辆数据应用系统项目、交通热线信息管理系统项目及安全生产标准化考评及监督管理系统等项目通过验收。

【深化平台系统应用对接,拓展数据共享新领域】 2015 年,市交通委与"12345"市民热线、"12319"城建服务热线、出租汽车信息服务平台、行业管理部门的信息系统等,开展信息对接,将数据分析与行业管理有效结合。并与腾讯、阿里、百度等互联网企业建立合作机制,探索"互联网+交通"的信息服务创新模式。

【提升交通行业创新发展能力】 2015 年 5 月,市交通委发布《加快推进本市交通行业科技创新的若干意见》,研究科技创新应用、保障机制,激发科技创新活力,进一步完善科技成果转化和产业化机制,推进行业内科技服务业发展。并配套形成《上海交通行业科技创新管理办法(试行)》,鼓励科研机构、高等院校、大型骨干企业协同创新,提升行业整体技术创新能力。

【"上海出租汽车信息服务平台"上线】 上海出租汽车信息服务平台于 2015 年 6 月 1 日正式上线运营,该平台由市交通委、上海市四大出租汽车企业和"滴滴打车"三方共同参与,将管理部门所掌握的行业从业人员和车辆信息、出租汽车企业实时动态营运信息、"滴滴打车"的服务信息,结合在同一个平台上实现资源共享、信息互通。初期重点解决三方面问题,一是车辆和驾驶员身份识别。"滴滴打车"将注册驾驶员和车辆信息实时向平台传送,平台及时反馈驾驶员和车辆身份比对结果,

"滴滴打车"以此及时剔除"黑车"和"克隆车"。二是实现车辆运营状态识别。承接"滴滴打车"及其他预约业务的车辆,其顶灯实时转换成"电调",有效消除乘客扬招中存在的误解。三是提高车辆运营安全性。对载有乘客的车辆(重车)进行屏蔽,不再发送预约信息,提高车辆运营安全性。

【贯彻落实"互联网+"行动计划】 与市经济信息化委共同举办数据开放大赛,以城市交通为主题,运用行业管理部门和相关企业提供的海量开放数据,面向全国征集改善城市交通、便利市民出行、创新商业模式的应用程序和解决方案,为城市交通系统的建设出谋划策。

【推进标准化行政审批信息系统建设】 依据上海市行政审改工作标准化要求和《上海交通港航行政许可办事指南(2014 版)》与业务手册,2015 年对原有行政业务管理系统进行升级改造。项目采取系统整合、数据汇聚、功能完善、统一标准的方式进行建设,将交通与港航行政许可事项的受、办理业务流程标准化、统一化、规范化。

【搭建整治非法客运工作信息管理系统】 结合证据中心及信息工程建设,市交通委执法总队初步搭建了整治非法客运工作信息管理系统,通过该系统使得各区县拍摄的非法客运 3 次视频能够上传到证据中心,用于证据收集和打击非法客运工作。

【推进联动诱导发布体系建设】 按照城乡一体化、路网一体化的发展思路,近年来实现中心城快速路、地面道路主要交叉口、高速公路以及干线公路重点断面信息采集全覆盖,并对快速路、高速公路和干线公路三级道路网形成一致的交通信息发布服务。2015 年,为进一步拓展交通诱导服务能力,有序开展中心城区越江隧道交通诱导、郊区公路网干线公路运行监测、高速公路网情报板完善等项目,以进一步提高道路设施服务能力和联动诱导服务水平。

【实现"越江隧道关联组"联动诱导】 为缓解上海市越江通道交通压力,针对越江隧道通道进行发布体系梳理,2015 年重点建设完成越江隧道应急诱导完善工程一期和二期的建设,通过发布关联越江通道及地面主通道交通状态和事件信息,引导越江交通流选择合理的越江通道出行,提高越江通道通行能力。

【加强"地面交通"与"快速交通"联动诱导】 通过普通干线公路视频安全防护系列工程的建设,突破各区域路网间的限制,加强干线公路与高速公路近郊区域的联动诱导;针对地面道路与快速道路,联合交警部门,研究基于关联上下匝道交通实时状况的交叉口信号配时,进一步提高路网通行能力。

【推进"近郊区高速公路网"多路径诱导】 针对上海市高速公路近郊区交通拥堵日益严重,且交通诱导仍然以单条道路交通事件信息发布为主的情况,2015 年上海市路政局路网监测中心重点推进基于 G15 以东高速公路网入城方向的诱导完善工程建设,重点解决近郊区路网进程方向多路径诱导问题,缓解上海市高速公路网近郊区域交通出行压力。

【实现 ETC 全国联网】 按照交通部工作要求，实现了全国联网：在既有高速公路联网收费结算中心架构上升级改造，建成上海省级 ETC 结算中心，实现跨省结算业务。完成对所有 1 146 根收费车道、108 座收费站、16 个收费分中心的软硬件升级，以支持全国联网新的跨省交易流程和用户状态名单存储等新要求。截至 2015 年 7 月底，所有全国联网省市与上海市均已产生 ETC 交易，即 ETC 业务已覆盖所有已联网省市。

【推进 ETC 车道完善管理工作】 在交通部相关技术标准的基础上，形成上海市 ETC 地方标准，以规范上海市 ETC 车道的建设改造。通过建设 ETC 监管平台、车道实时监测系统，完善管理手段，推进 ETC 车道实时动态管理，提高车道运行效率；加强与交警等部门协调合作，通过增设违章抓怕装置、加大执法频率等方式，减少非 ETC 车辆的闯入现象，继续推进 ETC 车道执法管理。

【建设上海市交通建设工程安全质量监督应急通信平台】 与中国移动合作，搭建完成上海市交通建设工程安全质量监督应急通信平台，通过智能短信平台及时向所有受监的交通建设工地进行空气重污染预警。2015 年共启动 5 次应急响应，向 350 个工地建设单位、施工单位和监理单位项目负责人累计发送 5 250 条行业监管短信。

【强化交通建设工程工地噪声扬尘在线监测】 在市交通建设重大工程项目、敏感地区和重点地区，督促相关参建单位按照市交通委《关于加强本市交通基础设施建设工程扬尘和噪声在线监测系统安装工作的通知》要求安装扬尘和噪声在线监测系统。该站依托工地扬尘和噪声在线监测系统提供的实时监测基础数据，组织专业力量对平台监测数据进行全面汇总和分析，对工地扬尘排放和噪声影响情况有了数字化的精确了解，为严格实施交通建设工程空气污染治理提供了决策依据。

【基于内河电子航道图的应急救援系统研发及应用示范通过验收】 为满足各级港航(海事)管理部门对应急救援系统的迫切需求，上海地方海事运用船联网及内河电子航道图技术，通过对交通管理、应急联动、辅助决策、信息整合、电子航道图数据交换等关键技术的研究，进行基于电子航道图的应急救援系统研发，并通过了项目的验收。该课题分为 4 项研究内容：内河交通管理和应急联动系统关键技术研究及应用、内河应急救援辅助决策系统关键技术研究及应用、内河航运现场综合执法信息整合关键技术研究及应用以及船联网内河电子航道图空间和属性数据交换关键技术及标准研究。课题结合内河航道特点及应急救援、现场执法等业务发展情况，通过船联网技术在内河应急救援和现场执法综合终端的示范应用，对创新水上监管进行探索，加快推进内河航运智能化以及船联网产业的发展。

【上海内河 VHF、AIS 信号覆盖监测】 该项目由上海地方海事局承担，组织专业技术人员设计测试方案，并协调各区县海事所(站)确定测试航道和路线。监测工作以各 VHF(甚高频 Very High Frequency，简称 VHF)、AIS(船舶自动识别系统 Automatic Identification System，简称 AIS)基站为测试基点，利用天馈线测试仪、接地电阻测试仪等专业测试工具，采用测试终端采集数据、专用软件进行后台数据分析处理的方法，在内河航道所属的各区县海事处有序实施，最后形成项目成果《上海内河 VHF、AIS 信号覆盖监测评估报告》。该项目的实施，不仅对上海内河 VHF、AIS 基本情况有了全面评估，而且为上海内河 VHF、AIS 建设提供了可靠的科学依据。

【运用互联网思维提供航海展馆体验】 2015 年，中国航海博物馆建设航海展馆体验与展示系统。通过知识图谱、三维虚拟等技术手段，使展品、故事、技术、形式等实现有机融合，公众可参与互动，多渠道、全方位地传达航海文化的力量，建设具备"兼容性、多元化"的网上宣传和教育平台。同时，通过自建知识库构建海博馆陈列展览和公众服务方面的广度、深度与时限的新空间，形成一个以数据库为基础的专题展示系统和独具特色的虚拟宣传系统。

【中国海运集装箱运输备案综合服务平台】 以"全国海运集装箱运输备案"综合信息服务为核心，为建设上海国际航运信息中心基础数据库，2015 年上海航运交易所启动建设"全国海运集装箱运输备案综合服务平台"，基于互联网探索创新行业监管新模式，面向市场打造服务企业的智慧型航运政务平台。平台建设的主要内容包括运输备案受理系统、备案辅助支撑系统、公众服务系统、报文备案系统、航运综合信息基础数据库系统等功能。平台建设是在互联网、大数据时代实际操作、应用的有益探索和尝试。

【开发"一带一路"指数编制应用系统】 上海航运交易所于 2015 年 7 月 29 日正式对外试运行其开发编制的"一带一路"航运指数——"一带一路"货运贸易指数与"海上丝绸之路"运价指数。在对外运行后，上海航运交易所对指数系列中的部分指数进行功能补充和完善。如新增 TWFI 报送数据的解析入库功能、解决 CBFI、CBCFI 新报送界面重复提交数据问题、完成紧急情况下的指数发布的系统结构改造、开展 SCFI 指数筛选框架的重构工作、完成进口指数系统 T3 表 CICFI 报送、解析和计划管理的设计、开发以及上线工作。

上海市环境保护局

【概况】 2015 年，上海市环境保护局(以下简称"市环保局")以"智慧环保"建设为目标，坚持"信息强环保"战略，以环保信息化"十二五"规划引领，紧紧围绕上海市环保工作重点，积极推进上海市环保信息化"一中心、两平台、三应用"体系建设，污染源、环境质量和环保政务管理的信息化应用得到不断深化，数据集成和资源共享逐步形成良性机制，有力地推动了环境管理的科学化、规范化、精细化。完善环保信息化架构，构建"一张图、一朵云、三个智慧"的"十三五"发展重点，开展环境应急和辐射管理系统建设工作，深入推进以主要重点污染源主要污染物排放许可证为重点的污染源管理体系，强化建筑工地扬尘在线监测管理，深化以"上海环境"网站为核心的环保公众服务，强化信息化对环保工作的支撑能力。

【组织编制"十三五"环保信息化规划】 规划由上海市环保信息中心承担编制。通过对市环保系统信息化总体架构的系统研究，充分收集"十三五"环保信息化建设相关需求，系统总结"十二五"环保信息化建设成果。瞄准未来信息化发展方向，抓住生态文明建设的新机遇，紧盯开放共享的信息化发展新趋势，推进智慧环保建设新阶段，形成“十三五”上海市环保信息化规划征求意见稿，提出主要目标和重点任务，即在进一步完善“一中心、两平台、三应用”基本架构的基础上，实现感知更全面，传输更快捷，应用更智能，服务更高效的“智慧环保”目标，并明确建设“一朵云(环保云)、一张图(环境地图)、三个智慧(智慧监测、智慧监管、智慧门户)”的发展重点。

（栗小东）

【推进上海市主要污染物排放许可证证后监管系统】 为配合市环保局排污许可证管理工作，上海市环境保护局重点污染源主要污染物排放许可证监管与信息发布系统——排污许可证核发与证后监管系统于 2014 年年初投入开发建设。由上海市环保信息中心承担开发建设。系统包括“排污许可证申请与核发”与“排污许可证证后监管”两个子系统。两个系统已先期于 2014 年和 2015 年完成开发，并在市环保局及部分区县环保局进行试运行。经试运行，系统各项功能发挥正常，性能稳定，用户反映良好，于 2015 年 6 月完成系统验收。系统的建成保障上海排污许可证工作的有序推进。2015 年度，市区两级共有 238 家企业通过本系统完成排污许可证核发工作，同时市环保局，嘉定、松江、奉贤、金山区环保局还基于系统开展发证企业的证后监管工作试运行工作，为 2016 年度排污许可证证后监管工作的全面推进奠定了基础。

（李　铭）

【推进建筑工地扬尘在线监测信息化建设】 为了控制扬尘污染，改善城市环境空气质量，2015 年在市政府统一部署下，上海市住房城乡建设、交通、环保等部门聚焦建筑工地、散货码头堆场、道路、混凝土搅拌站等易扬尘场所开展扬尘在线监测工作。上海市环保信息中心根据整体项目规划，牵头组织接口标准化工作，参与制定数据采集、传输、存储与处理规范，并在中国联通上海市分公司支持下，使用联通云计算平台搭建基础硬件环境，完成了工地、道路、堆场、搅拌站 4 种类型共近 1 000套扬尘监测设备的实时接入工作。初步搭建了全市扬尘在线监控管理平台，实现对监测数据的实时展示、区县汇总统计、数据对比分析、地图展示等功能模块，同时按照好、中、差评价标准对不同的监测数据进行可视化展示。同时，为配合各业务主管单位更好地对扬尘监测数据进行监测和管理，设计并开发手机客户端 APP，实现实时数据查看及分类别、分区县评价。

（王　跃）

【深化“上海环境”网站的服务能力】 2015 年，“上海环境”网站重点推进信息公开、网上办事以及提高为民服务功能，取得良好的成效。网站增设清洁空气行动计划、长三角环保协作等重点专栏，加强与微信、微博等新媒体的互动，改进网站站内搜索引擎，同时积极配合国务院办公厅组织的全国网站普查工作，对网站内容进行系统梳理。2015 年“上海环境”网站网上办事系统完成与中国上海门户网站政务大厅审批事项联网，并实现多项目标:过程透明化。规范行政许可与非行政许可事项管理，促进行政许可与非行政许可事项全面规范公开，提升行政许可与非行政许可审批透明度；审批效率化。通过技术化手段，规范行政许可与非行政许可事项内部业务流程，提高行政许可与非行政许可审批处理效率；服务便捷化。丰富服务手段及内容，充分利用互联网技术，为服务对象提供便捷服务；资源共享化。结合已建信息化积累，促进信息资源的开发利用。

市环保局行政审批（许可）类事项（以市审改办公布材料为准）共有 14 项，其他办事类事项22项，全部实现网上公开，100％实现网上受理（预受理），100％实现“在线受理”、“状态查询”、“结果反馈”三大环节。

（刘 敏）

上海市规划和国土资源管理局

【概述】 2015 年，是“十二五”的收官之年。上海市规划和国土资源管理局（以下简称“市规土局”）根据上海市委、市政府和国土资源部信息化工作的统一部署和总体要求，继续加强认识，思想观念进一步提升，从“机构改革、规土合一、流程再造”入手，把信息化作为促进管理工作的重要工具和手段，坚定不移地走“以信息化带动管理现代化，加快政府职能转变，建设服务政府”的发展道路，努力实现全业务、全方位、全流程的信息化管理，平稳有序推进不动产登记信息平台建设工作，进一步加强规划国土资源“一张图”及核心数据库建设，扎实开展国土资源管理全业务网上运行体系和综合监管体系建设及应用，不断巩固和建设新老系统，不断提升在线服务水平和信息共享能力。

【不动产登记信息平台建设】 一是编制标准，平稳推进信息平台建设。在国土资源部信息中心的全程指导下，组织强有力的编制队伍，与行业内信息化的资深专家紧密协作，顺利完成了《不动产登记数据库标准》编制工作。在完成国家任务的基础上，根据上海市要求，立足现有基础，利用云计算、大数据等新一代信息技术和理念，通过研制不动产登记、信息管理及共享交换的相关技术标准，开展数据应用的集成创新和关键技术的突破公关，通过不动产统一登记信息平台建设和应用，推动不动产登记职责的整合和不动产登记制度实施。

二是分布实施，攻坚克难取得阶段性成果。上海市不动产统一登记信息平台建设项目分为顶层设计、制定标准、数据整合、应用开发、环境搭建、项目验收 6 个阶段实施开展。项目得到了房地农林海各部门坚实的支持和保障。在各方团结协助下，顺利按计划完成了既定的“两阶段两目标”任务。在业务规范梳理、数据整合和数据库建设、硬件环境搭建等方面都取得了阶段性成果，攻克各类技术难点，完成了近 300 个功能点的应用开发任务。此外，结合上海市数据集中管理的实际情况，以及权籍调查和成果管理的体系架构，采用“调查成果入库自动编制，结合业务动态更新”的方案，对房地农林海存量数据进行编码梳理，结合不动产统一登记数据动态更新模式制定了统一编码的更新方案，确保不动产登记单位都具有唯一的编码。

三是改革创新，统筹兼顾开展平台试运行。上海市不动产登记信息系统首先顺利完成了闵行、奉贤两个区的试运行，随后即将全市试运行。该系统严格按照国家关于统一信息平台的要求、《不动产登记暂行条例》及其实施细则的要求以不动产登记统一簿证样式和《不动产登记数据库标准》为依据进行建设，同时按照尊重既往历史，兼顾改革创新，加强部门协作，注重便民利民的原则，将房地农林海5类登记的各类图属信息整合在一个底板上、在"一套坐标"体系下来审视，以发现、纠正、避免登记客体间相互交叉、重叠等问题；厘清各权利约束、对抗的关系，形成法定的不动产登记权利矩阵，避免5类登记权利之间相互冲突，坚持各领域登记的真正统一。

【巩固和建设"一张图"及核心数据库】 在已有成果管理工作总体框架和管理制度的基础上，以完善涵盖地下、地表、地上、全市统一的规划国土资源数据平台为目标，按照数据"一个口子进、一个口子出"的原则，进一步加强规划国土资源"一张图"及核心数据库建设。一是认真完成日常权属调查确认工作，主要包括北横通道、嘉闵高架、沿江通道越江隧道、轨交5、8、10、12、14、15、18号线等重大基础设施建设和民生工程项目，共完成土地权属调查项目确认890件。

二是及时更新土地利用现状数据，包括土地利用现状项目变更11 809件，执法案件上传376件，土地整理复垦项目变更388件。

三是及时更新二次调查数据，2015年共完成约2 263件二次调查数据更新工作，切实有效保证土地基础数据库的现势性和准确性。此外，按照成果管理要求，高效完成新开工登记楼盘搭建、登记信息触发和项目编号挂接工作824件，储备土地宗地楼盘表的搭建工作8件，供地信息补录工作20件，土地整理复垦重复上传工作190件以及全市经济适用房、公共租赁房、单位租赁房、动迁安置房等房屋标注共计14 260户。

【开展综合信息监管平台标准业务分析与关键技术研究】 根据国土资源信息综合监管目标要求，承担了国土资源部综合信息监管平台课题，通过建设现状分析，标准分类原则、方法、建设模式、关键技术等内容的研究，形成课题成果并进行验证，为国土资源信息综合监管平台的管理者、业务用户、系统开发和建设实施单位进行建设提供指导，解决建设过程中的基本问题和矛盾。

一是开展国土资源综合监管标准体系框架研究。按照国土资源综合监管的业务需求，针对土地资源、矿产资源监管指标数据主题繁多，来源和分布广泛，类型多样，相互关联，实时更新和各级国土管理部门逐步开展综合监管平台建设的现状，面向建立基于国土资源"一张图"的四级联动的"全国覆盖、全程监管、科技支撑、执法督察、社会监督"的国土资源监管体系。二是形成国土资源综合信息监管平台建设指南，指导各级国土资源综合信息监管平台建设。三是形成国土资源综合信息监管基础指标体系。从国土资源监管的角度，梳理、确认和统一监管指标，明确土地资源、矿产资源各业务监管指标和监测预警指标的名称、内涵、语义，新旧指标对应关系和指标关联关系，保证监管指标的标准性、唯一性、准确性、全面性。四是形成综合信息监管平台数据服务接口框架。指导各级国土资源综合信息监管平台接口的建设，从而实现各级监管指标的信息共享、互联互通，并最终实现各级监管业务的四级联动。

【规划和国土业务管理在线监测信息系统】 该系统经试点区县试运行后，对监测指标的效能进行动态评估，调整、改进51处，系统已于2015年9月正式在全市部署上线投入运行。基本实现对规划和国土审批事项的关键环节和重要指标进行实时监测,并对业务系统形成有效约束。对黄灯警示的问题事项,业务信息系统自动停止最后一项审批(管理)事项的审批,待在线监测信息系统放行后方可继续。对橙灯警示的问题事项,业务信息系统自动停止当前审批(管理)事项最后一个环节的审批,待在线监测信息系统放行后方可继续。对红灯警示的问题事项,业务信息系统自动停止当前审批(管理)事项的审批,待在线监测信息系统放行后方可继续。监测流程设置为发现、判别、处置、结案 4 个程序,当提示指标异常时,区县局、办理处室等办理部门与主管部门、监督处三方同时亮灯,办理部门负责在线检查、自纠,形成纠正报告;主管部门进行在线核查处置,审核确认纠正报告;监督处负责跟踪协调与超期催办,并根据系统累积的资料、结果形成定期统计分析监测报告。

【推进以需求为导向的新老系统建设、运维】 应用开发方面,一是市规土局办公自动化系统升级改造。该项目是建设一个全面的办公自动化系统,在优化和继承原项目所有需求的基础上,加入流程优化、关注提醒、并行办文、档案管理、督办管理等新功能,利用新的技术平台重新开发。二是详规系统升级改造。加强和优化详规 GIS 浏览界面的功能,新增详规成果实时管理的在线审批流程等。三是组织实施 36 项行政审批事项接入市网上政务大厅,完成相关开发工作,于 2015 年年底顺利上线。四是土地有形市场管理信息系统升级改造,于 2015 年 10 月全部上线。增加招挂复合式出让、增加交易管理(终止、中止/恢复)功能、与外网大屏等接口的开发和优化、自助挂牌机功能升级、大文件存储改造、现有系统部分功能及性能改进及优化等。五是建设用地批文合同审批升级改造。根据业务变化,在土地审批系统中,调整现有建设用地批文合同审批模块;建立调整批文与原批文、补充合同与主合同、批文和合同之间的上下游关联关系,并辅助业务管理查询;增加补充合同备案功能。六是根据新版全生命周期工业合同调整土地审批系统和土地有形市场管理信息系统。将工业合同管理与原合同管理内容分离,形成经营性合同管理和工业合同管理,合同内容调整兼顾相关预合同的生成。七是“一书两证”升级改造工作。解决设计方案与用地许可证业务申报、工程方案申报和审批的相关问题;改进申报系统中设计方案业务和工程规划许可证业务楼盘表录入方式;实现分期或分批申报和审理设计方案、区县送审、注记的需求;对系统界面进行人机交互方面的优化;增加详规、土地、地籍处室权限,完善汇签流程。此外,还开展统一 GIS 平台升级,测绘管理系统升级改造,统一用户平台 3.0 推广,参与年度安全等保测评工作和信息安全管理等工作。

应用运维方面,一是系统运维工作,对已经接收的征地系统、土地有形市场管理信息系统、房地产交易登记系统和合同监管系统,进行更新部署、代码管理和日常运行监控。二是测试中心建设工作,在不动产登记信息系统建设的过程中进一步优化测试中心现有预上线环境和业务测试环境的资源配置和日常管理;引入自动化测试平台并初步尝试使用;建立信息中心、软件测评重点实验室、测试团队,并在系统建设中磨合和锻炼,探索信息中心测试团队的建设和工作模式。

(郭　丽)

上海市水务局(上海市海洋局)

【概况】 2015年,上海市水务局(上海市海洋局),聚焦“服务防汛、服务行业、提升应用”的目标,不断提升水务海洋信息化服务能力和保障水平,全面推进水务海洋信息化转型发展,为上海水务、海洋事业的可持续发展提供服务和支撑。

【完成水务、海洋信息化规划修编工作】 贯彻落实上海创建“智慧城市”的要求,紧紧围绕上海治水管海统筹、流域区域水务协调、城乡一体化的发展思路,深入谋划全局信息化发展战略,全面完成市水务海洋信息化规划(2015—2025)、市水务信息化“十三五”规划、市海洋信息化“十三五”规划编制工作,谋划“大枢纽、大平台、大数据、大安全、大服务”的信息化发展方向。

【完善第二轮防汛信息化项目建设编制规划】 聚焦“推进信息化与防汛业务的深度融合,提高防汛应急指挥和处置能力”的工作目标,开展新一轮防汛信息化项目规划(2016—2018年)编制,明确未来防汛信息化三年发展任务。

【加强行业信息化指导服务】 一是推进重点信息化项目前期和立项,在全局范围开展重点项目需求征集,开展许可监管执法与工程建设管理业务协同项目的前期调研和总体设计,科研项目管理协同进入试运行。二是完成2015年度信息化相关培训,开展覆盖全市三级防汛部门的防汛信息系统培训,开展局机关和局属各单位电子办公、行政许可、热线系统等操作培训,全年培训人数达650人次。三是完成全局2016年度信息化专项预算申报工作,共申报水务海洋信息化项目61个,批复项目56个,批复金额2 861.49万元。

【提升信息系统和信息资源安全管理】 通过组织召开局网络与信息安全工作会议,进一步明确责任、落实措施,系统地部署和推进网络与信息安全工作。组织开展网络与信息安全检查、公务网接入网安全风险评估和整改工作,配合上海市水务局(上海市海洋局)保密办组织开展局机关保密技术专项检查工作,对纳入2015年度信息系统安全测评的4套信息系统开展等级保护测评,进一步提高水务海洋信息安全防护水平。围绕“践行网络文明,共护网络安全”主题,组织开展水务海洋信息安全日活动,通过一系列信息安全教育活动,提升相关人员对信息安全工作重要性和迫切性的认识,为构建安全稳定健康的网络环境发挥积极作用。

【深化防汛信息系统建设】 一是着力推进国家防汛指挥系统二期工程上海部分的建设,完成系统服务器等设备的采购和公开招标工作,优化完善防汛“一网四库”管理系统功能。二是全面推进上海市(不含崇明)洪水风险图编制工作,四区一城的基本洪水风险图编制工作基本完成,洪水风险图管理与应用系统建设进展顺利,依托上海水务海洋公共信息平台,开发部分洪水分析与快速分析及可视化系统。三是进一步加强对上海防汛移动版、上海防汛微信号的功能完善和信息维护,上海防汛移动版的内部用户已超过1 300个,上海防汛微信号的粉丝数超过5 000个,有效拓宽信息发布和防汛人员的联系渠道,提升信息发布效率。

【推进水资源管理系统建设】 国家水资源监控能力建设项目(上海部分)经历需求调研、详细设计、开发测试、系统试运行等阶段,已全面完成系统功能建设,并通过整体项目技术评估及验收,实现26户地表水取水户数据采集,117个水功能区的定期监测上报,8个重要水功能区、3个重要水源地的实时监测;水资源管理系统(地方配套)已完成项目的政府集中采购和分散采购,主合同及补充协议的签订,各子项目完成前期需求调研、实施方案评审和开工报审等工作。

【国家水资源监控能力建设上海项目率先通过水利部技术评估】 2015年11月17日,国家水资源监控能力建设上海市项目通过水利部组织的技术评估,由此上海成为全国首个通过技术评估工作的省区市。上海在该项目建设中实现"目标优先、整合为措、数据为据、应用为上"的总体目标,项目建设任务和试运行稳定可靠,监控平台设计理念先进、简洁实用、体验优良。

国家水资源监控能力建设上海市项目主要包括取用水监控体系、水功能区监控体系和水资源管理系统建设,实现对总颁证水量99%的取水户(不含火电和农业用水户)的实时监测,实现对上海市水功能区100%监测,实现对全市3个重要饮用水水源地水质100%在线监测。上海市水资源管理系统基于云计算技术开展业务梳理四级颗粒度、数据与功能关联、功能模块化、应用智能推送、业务流和数据流统一、计量设施二维码管理等特色设计,形成全市一个系统、分级应用的特色;结合水务10年信息化规划要求,建设"水之云"基础设施管理平台,探索建设移动化水资源应用。该项目的建成进一步完善水资源三条红线综合管理,增强水资源定量管理和对"三条红线"的考核能力,为实行最严格水资源管理制度提供技术支撑。

【推进海洋信息化项目建设】 "数字海洋"上海示范区(地方配套)项目完成招标工作,并于2015年4月启动实施,项目机房改造部分完成第二次服务器搬迁,硬件系统和设备陆续上架调试,工程形象进度完成近60%。海域动管系统(国家部分)完成海域动管专网改造工作;动管系统(上海地方配套部分)通过市发改委组织的专家技术审查。上海市海洋生态环境监督管理系统完成总体方案编制,并获得国家海洋局批复,建设方案也通过局长办公会审核,项目有关工作进程有序推进。

【推进电子政务开发和应用】 一是积极配合做好全市政务大厅建设,单部门行政审批事项上网工作基本完成,全面做好供水水质、公示公告等信息公开的技术保障工作,进一步扩大政府信息资源向社会开放利用。二是全面完成市民服务热线技术系统设计,基本完成与"12345"、"12319"的数据对接联调工作,进入内部试运行和培训阶段。三是全面完成水务海洋行政许可网上办事系统,进一步实现内网受理、外网流转、信息共享、业务协同等功能,为行政管理、行业监管、应急管理和公共服务提供有力支撑。四是进一步加强电子政务建设应用推广,局办公自动化模块成功上线运行,防汛预警、值班、短信等功能不断完善。五是网站、微博、微信进一步优化,完成全国第一次网站普查自查工作,开通上海防汛水务海洋微信企业号,二次开发一周安排、会议通知等政务功能模块,并在局内部试运行。

【完成2015年度网上政务大厅信息化建设任务】 2015年，按照市政府网上政务大厅建设要求，完成2015年度网上政务大厅的各项信息化建设任务。按照市政府要求的2015年实现单部门审批事项总量60%上网的总体要求，紧紧依托信息技术推进该项重点任务，先后完成项目技术方案的设计编报、行政审批系统的升级改造和与市级平台的数据联调、系统对接等。截至2015年年底，上海市水务局(上海市海洋局)53项审批事项已在市网上政务大厅成功上线，96%的水务海洋行政审批事项接入市网上政务大厅，大大超额完成年内目标。同时，按照市网上政务的规范标准，基本完成上海市水务局(上海市海洋局)门户网站的改造改版。2015年度网上政务大厅信息化任务的完成，进一步促进上海市水务局(上海市海洋局)行政审批的公开性规范性，让水务海洋行政审批的效能上了一个新台阶。

【加强政务服务信息化应用】 优化完善行政审批数据库，完成2014年1月1日至2015年年底水务行政审批事项和全部海洋行政审批事项数据的完整性、准确性检查，实现个性化查询、统计等业务功能开发，加强数据库推广应用，基本实现审批数据与监管系统的数据共享，基本完成批后监管系统和目录管理系统原型设计，为实现批后监管和行政审批目录电子化、信息化管理及信息共享打好基础。建成受理中心移动、远程办公应用平台，实现信息化办公系统的移动应用和业务系统的远程应用。开通"上海市水务海洋业务受理中心"微信公众号，完成行政审批、信息公开、热线服务、信息发布等功能开发，为申请人实时查询、网上满意度评价、投诉举报提供便利。

【核心机房服务器搬迁工作完成】 2015年4月，市水务局完成核心机房服务器搬迁工作。此项工作是"数字海洋"项目推进的关键节点，是构建"大枢纽、大平台、大数据、大安全、大服务"的重要步骤，也是探索基础设施资源化管理的重要举措，搬迁后核心机房系统设备资源得到进一步释放，各信息系统的运行保障能力进一步提高，为构建"水之云"打下基础。此次搬迁工作涉及的服务器共47台，存储设备3套，支撑着包括水务海洋数据中心、水务海洋公共信息平台、局电子政务系统、热线系统等业务应用。各信息系统及设备已成功投入稳定运行，各项业务均有效衔接。

【加强执法信息化建设】 不断加强执法信息化建设，对总队已建信息系统部分功能模块进行升级改造。进一步加强信息化应用培训。做好总队"十三五"信息化建设的谋划工作，编制完成总队"十三五"期间执法协同监管平台建设可行性研究报告。首次通过在小范围内构建信息化指挥系统模型，实现借助信息化手段指挥2015年上海海底电缆保护执法协同应急演练。配合局完成水务执法协同监管平台(河湖水面率监管执法协同部分)建设方案的编写设计和项目申报。

【加快供水管理信息化建设】 完成《上海市取、用水收费和业务管理信息系统》项目招投标工作；完善年取水量100万立方米以上的地表水、地下水取水实时监测方案；计划在上海市中心城区开展75个用水点的在线监管建设，已进入数据调试阶段；拟建设55个用水监管点，截至2015年年底共实现158个监测点用水实时监管；发布"阿拉自来水"手机APP移动端二期；重点实施网上政务大厅建设，重新设计“计划用水指标的核定与批准”事项的行政审批流程；完成供水处政府数据资源开放项的注册工作。

【提升排水管理信息化水平】 一是继续做好下立交积水监测系统、排水行业数据库及其管理信息系统、道路积水监测系统、排水处门户网站的运维；升级改造上海市排水行业数据库及其管理信息系统；新建 2015 年下立交积水自动监测系统。二是主汛期前完成市府实事项目 121 处下立交积水监测点的基本建设工作，剩余 5 个标准站点也陆续开工，于 2015 年 11 月中旬完工。截至 2015 年年底，汛期共监测下立交积水 932 次，发布积水提示及报警信息 83 051 条，起到实时监测、及时报警、快速处置的作用。三是开展“污水处理行业监管信息系统”前期研究工作。确定泵站放江和污水厂超越管溢流放江实时监测项目施工方案，18 个站点已全部完成施工。完成苏州河沿线泵站全年水质检测并录入系统。

【做好政务数据资源向社会开放工作】 做好 2015 年度网络与信息安全保障工作，建立网络安全和信息化领导机构。梳理完善信息安全制度，按照局信息化规划和等级保护三级要求，编制网络系统和安全升级改造方案。

【水文信息平台项目通过验收】 上海市水文总站围绕水文业务需求，建设水文信息平台，主要包括数据汇集与管理软件、数据值班管理软件、数据预处理软件、水文分析方法库、综合业务应用展示系统等建设。系统经试运行，功能实用，运行情况稳定，通过验收。

【完成区县海域动态监管系统项目前期】 完成核心设备采购、部署，实现区县节点与上海市省级节点专网的互联互通；加快海域应急监测业务专用车采购、改装；完成海域动态监管业务应用软件开发、测试和试运行。同时，开展海域动态监管工作机制研究，全面建立海域动态监管工作机制，加强与区县之间的联动，进一步落实法定责任义务、提升工作效能。

（蓝　岚）

上海市文化广播影视管理局

【概况】 2015 年，上海市文化广播影视管理局（以下简称“市文广影视局”）紧紧围绕“建立与政府履职相适应的电子政务体系”，不断提升信息化水平，构建安全可靠的政务运行网络，搭建共享开放的政务协同工作平台，建立完善便捷的网上公共服务体系，形成智慧高效的政府管理支撑，促进市文广影视局行政效能不断提升、服务水平不断提高、治理能力不断增强。

【完成所有市级审批事项 100%对接联调市政府网上政务大厅】 按照市政府办公厅印发的《上海市网上政务大厅建设与推进工作方案》（沪府办〔2015〕36 号）统一部署，市文广影视局全力推进网上政务大厅建设，于 2015 年 11 月初提前完成计划任务，完成所有审批事项网上政务大厅的接入和改造（共有 63 项可在网上政务大厅实现办理与查询），成为中国上海“网上政务大厅”第一批成功入驻运行的委办局之一。

【上海文广影视网上行政审批平台升级】 为了完

成市政务建设统一标准的市区两级网上政务大厅，形成物理上分级分布、逻辑上一线贯通的网上政务“单一窗口”，市文广影视局对上海文广影视网上行政审批平台进行升级改造，把所有办理事项统一接入网上政务大厅。进一步扩大市级网上政务大厅服务范围，提升服务能级，优化网上办事平台。以服务对象为核心，以应用需求为导向，提供便捷、规范、高效的网上办事主题服务，实现各类事项的“一口办理(网上办事一个入口)、一码查询(办理事项一个编码)、一站反馈(结果反馈一个窗口)、亲民提醒(办件动态主动提醒)、公众监督(投诉直达监管部门)”。

【改版上海市文广影视局门户网站】 2015 年，市文广影视局完成“文广影视”门户网站改版，与“中国上海”进行系统对接和数据交互。对原有的网站栏目体系进行系统整合，在更加突出网上政务大厅的同时，优化网上办事、信息公开、公众服务等核心栏目的设置，并为公布权力清单、责任清单，开展事中事后监管预留栏目空间，同步开展微门户建设和移动应用服务。

【推动政务信息资源整合与共享】 2015 年，市文广影视局按照市政务要求梳理相关政务信息资源，编制目录，加强整合，扩大共享，促进开放利用，已完成 70％的数据编目工作，并将进一步统筹硬件资源、数据采集、信息应用，完善基础数据库，推动信息共享，逐步实现与电子政务云和大数据平台的对接，将市文广影视局打造成“互联网+政务”的网上服务与实体大厅服务、线上服务与线下服务相结合的新型服务型政府。

(符慧君)

【“文化上海”影响力稳步提升】 2015 年，市文广影视局官方微博“文化上海”在新浪网、腾讯网、东方网 3 个平台运行平稳。截至 2015 年 12 月 31 日，“文化上海”在 3 个平台上累计发布微博 6 021 条，转评量占全部转评的 70％左右，粉丝数总计 289 940 名。2015 年，市文广影视局官方微信“文化上海”全年发布演出、展览、公共文化、政府公告等相关资讯 1 173 条，拥有粉丝数量 49 881 名。2015 年，“文化上海”在全市委办局政务微信、微博中的影响力排行榜中名列前茅，获“上海发布”颁发的“最具潜力微信”称号。

(张　典)

【“文化上海云”全面上线】 2015 年，全国第一个实现省级区域全覆盖的公共文化数字化服务平台“文化上海云”全面上线，上海市 16 区县全部完成子平台建设，上海博物馆、上海图书馆、中华艺术宫、群众艺术馆和少儿图书馆 5 个市级场馆也初步完成“文化上海云”子平台的建设工作。“文化上海云”通过整合全上海公共文化场馆和公共文化服务资源，充分利用全市已建的数字资源和网络资源，通过跨平台、跨网络技术，实现在各种场合对公共文化数据资源，包括区图书馆、博物馆、美术馆以及社区文化活动中心、社会化主体文化资源的互联互通，形成“一站式”公共文化服务，让群众足不出户，随时随地共享公共数字文化资源服务。市民只需在“文化上海云”APP、网站、微信公众号等门户上通过热点推荐、兴趣分类、附近搜索等项目，便能快速找到并预约感兴趣的活动，包括戏曲、讲座、亲子活动、电影观摩等大量免费的公共文化活动，然后通过发送到手机上的短信或二维码，便可预约进入各个公共文化场馆参加活动。方便、快捷、公益，是带给每位“文化上海云”用户最直观的感受。同时，为鼓励更多市民走进文化场馆，“文化上海云”平台整合全市公共文化设施资源，将排练厅、多功能教室、团队活动室等场所全部上网，供文化团队预定。全市300个各类文化场馆、活动中心的所有活动室将全面实现网上公开对外预订，此举将极大助力市民自建文化团体的迅速发展。

（刘丕国）

【网络视听行业不断发展】 2015年，中国网络视听产业的营收规模已达531.5亿元，比2014年的388.6亿元增长36.8%，增幅略有下降。其中，网络视频作为网络视听业的核心业务几乎占据半壁江山，市场规模同比增长50%，首次超过350亿元大关。2015年，土豆网、PPTV、PPS等上海市主要视频网站健康有序发展。

2015年，中国手机网民用户规模达到6.8亿人，同比增长7.9%，保持快速增长态势。移动互联网视听节目服务商业化进一步深入，网络广告规模超过2 000亿元。土豆网、PPS、PPTV、哔哩哔哩等4家单位开发的移动客户端APP内容类别众多，装机量、用户数达到一定的市场规模。百视通、新民网、优度网、东方购物依托自身特色优势，开发的移动客户端APP内容特色鲜明。喜马拉雅FM和蜻蜓FM凭借丰富的体验形式和内容存量，用户数均超过2亿。此外，上海市还建立了互联网视听网站、手机电视和IP电视监管平台，积极开展广播电视媒体融合及三网融合监管技术研究。

（贾瑞明）

【举行NAB SHOW GIX-上海全球跨媒体创新峰会暨小型技术展】 2015年，由中共上海市委宣传部（以下简称“市委宣传部”）及市文广影视局指导、国家对外文化贸易基地（上海）国际高科技文化装备产业基地与美国国家广播电视业协会（NAB）联合举办的“NAB SHOW GIX-上海全球跨媒体创新峰会暨小型技术展”于12月3—4日在上海举行。来自全球8个国家3 000多位嘉宾围绕“全球跨媒体创新”、“互联网+环境下的广电发展”等议题，从全球发展趋势、各国差异化、政策层面、企业层面、用户层面等方面进行探讨和对话，为上海进一步盘活文化科技资源，助力科创中心建设提供建设性意见。

（王学勇）

【完成数字上博相关项目建设】 2015年，上海博物馆通过数字上博项目建设对现有的信息化基础设施进行重新梳理整合，以及部分业务应用系统的改建和新建。基础设施的整合主要是采用虚拟化技术实现统一的硬软件体系架构，统一计算和存储资源管理，以达到节省成本、节能降耗、便于部署管理的目的。并改善由于各种设备数量的不断增加而带来的设备成本、维护成本、运行成本和人员成本的增加，以及各系统之间各自为政、交流不便所形成的信息“孤岛”的现象。在业务系统方面，完成覆盖整个文物修复部门的，为博物馆文物修复部门提供日常主要工作处理的专业信息系统——文物修复管理系统的建设，同时，还对建立已十多年的藏品管理系统进行升级改造，淘汰更新一批已不符合要求的软硬件设施，建立一个更规范、完整的藏品数据库系统。为适应移动化发展趋势，建立数字移动导览系统。并开发新版的大堂触摸屏导示系统，完成多个陈列室的多媒体触摸屏系统的改建和更新。

【上海博物馆完成官方网站改版】 2015 年，上海博物馆对原网站的中英文版进行全面改建。主要调整的方面包括对原有页面风格进行重新设计，对栏目结构进行优化和整合，对使用功能进行全面升级。如新增推荐路线引导观众在一定时间内参观；首创的“每月一珍”栏目，满足观众对博物馆藏品的深度了解需求，对单件文物精品进行全方位、多媒体式的详细解读。2015 年，网站共发布各类新闻公告、展览 111 条，活动信息 136 条，三维、视频、数字产品等多媒体信息 46 条，研究信息 30 条。另外，据网站改版要求，对原有藏品信息进行大规模更新，对 1 430 件藏品的近 5 000 张图片进行拼接、修正并录入，并对其编目、陈列介绍等文字信息中英文共 15 万字文字信息进行了编辑、校对、录入工作。坚持推出“每月一珍”、新年特辑、网上展览等中英文网站专题，撰写相关专题文字近 5 万字。上海博物馆网站在全国博物馆网站 Aelxa 排名中位列第 4。

（翁昌欣）

【完成中国共产党第一次全国代表大会会址纪念馆网站改建】 2015 年，中国共产党第一次全国代表大会会址纪念馆完成对门户网站的改建工作。改建后的网站在原有基础上增加新的栏目——党性教育，进一步充实网站展示内容。同时，在展示手段上，改变原网站文字加图片的单一方式，通过增加视频、音频等多媒体方式，使网站具备更多的动态展示手段，以进一步完善网站功能，给网络观众更好的浏览体验。此外，为了给网络观众增强现实感，特别增加“网上纪念馆”功能。“网上纪念馆”采用全景技术，实现场馆虚拟展示，以进一步丰富纪念馆宣传教育手段，扩大影响力。

（朱中一）

【上海文化遗产保护网上线运行】 2015 年，上海市文物保护研究中心筹建的上海文化遗产保护网上线运行。该网站基于上海市文物保护研究中心职能，协助上海市文物局宣传和推广上海市文化遗产保护工作。上海市文化遗产保护网以“创新、协调、绿色、开放、共享”为理念，是上海市文化遗产保护的集中展示窗口，文博信息资料的查询平台，公众参与文化遗产保护的共享、交流平台，为上海的文物工作者、文物爱好者服务。为更好地宣传和推广上海文化遗产保护工作，设立“文博资讯”、“上海文博”、“政策法规”、“学术研究”、“文博交流”和“公共参与”等板块。

（钱　玲）

【上海中国画院数字美术馆运行良好】 上海中国画院的数字美术馆设有画院概述、最新动态、艺苑珍藏、画院画师、陈列展览、学术交流、文化服务 7 大板块。观众可实时浏览画院权威历史资料、最新展讯的发布、藏品高清图片、画师的最新动态，并可实时参与“学术圈”的学术交流、观看网上 3D 虚拟展览、上传作品请专家作网上点评。在网页设计上，上海中国画院数字美术馆从用户的实际体验出发，采用扁平化视觉表现手法，并充分考虑菜单层级的科学性、展示效果的有效性以及操作细节的人性化，力图呈现一个全新独特的中国画展示与交流平台，以切实服务于公众的文化艺术需求。为配合数字美术馆的运营，结合当下移动互联网热点，上海中国画院同步开设了官方微信号，主动向普通民众推送公共文化与服务信息，搭建起一个立体的多渠道数字化美术馆平台。

2015 年，数字美术馆共计加工整理数字化高清艺术作品 6 000 余件，编辑整理画师资料 182 位，发布电子版学术成果 22 篇，添加知识库信息 2 300余条。平台微信公众号发表文章 701 篇，获得关注用户数 28 914 个，累计评论 125 419 条。全年网站访问量达 10 万余人次，40 岁以上用户占比超过 43.6%。每日通过搜索引擎主动访问的用户量占比超 50%，来自北京、浙江、江苏、广东等地的全国性访问量占比达到 35%。通过数字美术馆的建设，普通用户足不出户，就能在家参观“全年无休”的上海中国画院。

（陈　薇）

上海市审计局

【概况】 2015 年，上海市审计局（以下简称“市审计局”）紧紧围绕审计署、市委市政府的工作部署，积极转变思路，创新大数据环境下审计工作的方式方法，稳步推进“上海数字化智能审计工程”项目建设，坚持积极作为、主动作为、有效作为，探索运用现代审计技术，努力提升审计工作的效率效果。

【推进“上海数字化智能审计工程”建设】 一是重点结合大数据、可视化、智能推荐等新理念和新技术应用，研究融入项目的整体规划和设计中，基本完成应用支撑平台、数据中心、统一数据采集和交换平台、审计数字化分析系统、审计数字化管理系统的功能设计和开发工作，涉及功能点 1 600 余个。二是按照全市已建基础共享数据、政府部门集中管理数据和被审计单位的数据 3 个层次，按实施计划开展相关单位财务和业务系统数据的采集利用工作。三是推进各业务部门及时总结审计经验，编制行业审计方法，在同类或再次审计的项目中进行有效复用，提高审计效率，2015 年开发适用审计方法千余个。

【发挥门户网站信息公开第一平台作用】 一是主动公开政府信息。在做好部门预算执行等单项审计结果及时向社会公告外，继续扩大审计公开范围，首次公开 7 家医院财务收支审计结果。向社会公开市局行政权力和行政责任清单，同时公开 2015 年部门预算及“三公”经费预算、2014 年部门决算及“三公经费”决算。二是完善、调整网站部分信息公开专栏目录和内容，增设“政府信息公开依据”栏目，发布国家和上海市政府信息公开相关法规规章、文件资料，以及市局自行印发的政府信息公开实施办法等 5 个相关制度，调整依申请公开版块中的相关内容。三是完成市审计局部分信息化运维项目的信息资源梳理、编目、注册工作，通过“上海数据服务网”实现年度重点审计项目计划、全市审计工作成果、审计结果公告、审计工作报告、审计整改报告等 5 项共 87 个数据产品的开放，以满足社会对审计机关政务数据资源开发利用的需求。

【探索大数据技术在审计工作中的应用】 一是推

动多部门数据资源的综合分析利用。依托工程项目建设和项目审计实施，对逐步积累的数据资源进行归集、整理，形成规范的数据资源目录，为审计工作实现跨部门、跨行业数据分析提供新思路。二是积极探索新技术在审计工作中的应用。通过对 PYTHON FLASK、CYTOSCAPE.JS、R 语言、NEO4J 图形数据库等技术的研究利用，2 篇相关的案例和创新技术论文入选全国审计机关审计技术创新案例集。三是积极探索大数据技术在审计工作中的运用。超过 80%的业务处和部分区审计局在项目审计中对人口、工商等 5 类数据资源进行综合分析比对，收到良好效果。此外，市审计局还运用大数据关联分析工具，对数据资源进行挖掘，发现数据线索，移送有关部门查核处理。

【促进建立健全信息化相关配套制度】 2015 年，市审计局结合贯彻落实国务院意见的工作布置，制定《上海市审计局关于推进大数据技术在审计中应用的实施方案》、《上海市审计局 2015 年至 2016 年推进大数据技术在审计中应用的工作重点及任务分工》、《上海市审计局数据中心电子数据采集管理和使用办法(试行)》、《上海市审计局大数据综合分析团队管理办法(试行)》等制度，规范数据中心电子数据管理与使用中的职责分工、数据采集、入库、数据利用、数据存储、数据监督等相关内容，提出大数据环境下开展审计工作“五个一”的建设目标和工作任务，即一个数据中心、一个管理平台、一支分析团队、一套制度体系和一套审计模式，为进一步深入推进大数据审计工作的开展提供制度保障。

【做好计算机审计技术培训工作】 一是继续举办全市审计机关第 8 期计算机审计中级培训班。市审计局和各区县审计局共 34 名学员参加为期近 3 个月的全脱产培训，推荐优秀学员参加“审计署计算机审计中级水平考试”，其中有 4 人通过考试，取得审计署中级证书。二是组织举办全市审计机关计算机审计培训班，特邀天津市审计局副局长谢津秋介绍天津市审计数据一张网的建设及大数据应用情况，进一步拓展审计工作的创新思路，全市审计机关有近千人参加培训。三是组织举办上海市审计机关信息化项目建设管理培训暨 2015 年度计算机审计联系人碰头会和第二期计算机基础技能培训班、两期计算机数据转换技术提高班，进一步强化审计人员基于信息化条件下开展审计工作的能力。

(张云天)

上海市国有资产监督管理委员会

【概况】 2015 年，是上海市国有资产监督管理委(以下简称“市国资委”)制定和落实“十三五”规划，全面迈向国资国企改革的关键之年。市国资委全面落实中共中央、国务院《关于深化国有企业改革的指导意见》和“上海国资国企改革 20 条”，着力推进国资改革，促进国企发展。2015 年内，市国资委信息化工作围绕全委工作重点，深入贯彻党的十八届三中、四中全会精神，落实市委书记韩正“上海国有企业理应成为上海加快向具有全球影响力的科技创新中心进军的主力军之一”的工作要求，突出信息化对企业科技创新的支撑作用，进一步提升国资专享云建设，推动合作促创新，强化考核抓导向，集中采集提效率，做好国资系统信息化工作。

【推进企业信息化建设】 组织召开2015年度市国资委系统企业信息化工作推进会，总结交流企业信息化与产业化融合发展的典型经验，部署企业信息化工作。

【指导企业信息化和产业化融合发展】 推进“两化融合示范企业”创建。邀请市经济信息化委和外高桥造船参加国资委系统两化融合贯标座谈会，指导企业开展两化融合贯标工作。组织开展《创新动力——上海国企信息化建设示范工程案例汇编》，完成11家示范工程采编企业调研，初步形成《创新动力——上海国企信息化建设示范工程案例汇编》样稿。

【探索企业信息化评价机制】 提高评价的科学性，组织开展“企业信息化水平评价指标及信息化工作考核指标研究”课题调研，完成课题调研报告，制定市国资委信息化专家库方案。同时，开展2015年企业信息化水平评价，完成企业初评。

【完成年度信息化沙龙活动】 协调举办工业4.0与国企改革发展研讨会、云时代的便捷与风险主题研讨会，组织“互联网+时代自主可控”主题沙龙活动，组织企业BIM应用专题研讨会；组织企业走进东航信息化沙龙活动，对标学习央企信息化，组织企业走进仪电物联，探讨信息化新技术在智慧城市的应用。加强企业联系，组织开展企业信息化工作调研，将调研延伸到部分重点二级企业，已完成13家企业或二级企业的信息化调研。配合市经济信息化委，做好上海CIO联盟筹备相关工作，协调企业加入上海市CIO联盟并参与联盟系列活动。

【加强信息安全工作】 起草《关于加强上海国资企业信息安全的指导意见》，指导企业加强信息安全工作。组织企业参加上海市信息安全竞赛活动，配合参与筹备第五届上海市信息安全活动周系列活动，参与组织优秀案例及优秀CSO评选。加强企业信息安全技能培训、认证和人才储备，联合公安三所和德勤有限公司筹备企业信息安全培训，提高企业相关人员的信息安全知识和技能。

【开展市国资委系统“十三五”信息专项规划制定】 下发《关于编制“十三五”信息化专项规划相关事项的通知》，明确制定规划的指导思想、编制形式、规划内容、有关目标和任务的建议等工作要求，指导企业制定本单位“十三五”信息化专项规划，推进国资监管信息化和企业信息化建设。

【推动国资监管信息共享】 继续完善国资监管系统基础环境，在国资系统专线网络建成的基础上，联合科技网着手建立上海国资灾备云。组织搭建企业测试环境。组织召开上海市国资监管信息系统项目验收会，完成安全生产等有关项目验收。推进不动产管理等相关项目建设。推动系统内信息技术和信息服务领域的合作，完成国资专享云需求调研，初步完成需求报告。组织建设国资工业企业共享灾备云平台课题调研，组织云服务招标。推动监管信息的指标化和标准化工作。完成国资监管基础信息一站式集中采集试点，已形成第一批采集数据，编制相关制度。做好数据编目工作，确定市国资委通过上海数据服务网公示的数据清单，完成数据资源的组织、整理及数据上传工作。

【落实机关信息化保障】 推进无纸化办公。做好新版 OA 的后续功能开发和完善工作。做好市委文件涉密网传阅的技术保障;强化运维体系建设。继续做好市国资委数据中心专业化托管后软硬件资源的进一步整合工作。

完成硬件更新云化方案。建立国资委集中运维管理系统。2015 年度完成计算机运维 2 270 多项,计算机防攻击 44 000 多条,杀毒库升级、文件升级等 54 000 多条。

为更好地沟通协调业务信息系统运维项目,将项目前期招投标、中间的监理以及收尾阶段安全测评等第三方服务纳入项目管理范畴,组织开展并完成国资委信息化项目招标代理机构服务和信息化项目监理服务的公开招标工作,确保信息化项目的质量、进度和效益。

完善网站功能。做好 2014 年市国资委门户网站测评。配合做好国资企业信息披露,配合做好网站普查工作,调整和完善网站的相关栏目、内容,并着手做好网站技术改版方案。做好内外网站信息的常态发布,2015 年共编发信息 1 700条,其中被中国上海门户网站转发的有 898 条,被国务院国资委转发的有 556 条。加强信息化制度建设。完善相关的办法、细则、流程和模板。初步制定完善信息化管理有关制度。配合做好保密局测评中心入驻大沽路 100 号现场测评。完成 2016 年度市国资委信息化项目预算。

【推进"制度加科技"风险防控】 加强网络科技应用,对企业以信息化建设落实党风廉政责任制进行督查和指导。围绕加强资金、土地资源管理等重点风险防控工作,2015 年内,赴多家集团参与企业风险防控的专项督查,从制度加科技的角度提出针对性意见和建议。

(赵　泉)

上海市地税局

【电子税务管理】 2015 年上海市税务系统信息化建设继续紧密围绕税收中心工作,以服务大局、服务税户、服务基层为重点落实各项工作任务,完成国家税务总局在上海试点的增值税发票升级版、离境退税试点工作;积极开展"金税三期"上线的前期准备工作;深入研究总局《"互联网+税务"行动计划》,编制上海的工作实施方案,为"便民办税春风行动"添砖加瓦,确保各项工作顺利完成和信息系统稳定运行。

【增值税发票升级版系统推广应用】 上海是增值税发票系统升级版首批试点省市,升级版涉及多个应用的新建和重构,其中税务数字证系统、网上统一受理平台、电子底账系统是新建系统,防伪税控和货运税控税务局端系统需要全面升级完善,上海综合征管软件、网上应用、自助办税均为上海自行开发,因此在实施国家税务总局系统升级部署的同时,还需要根据国家税务总局规范流程和接口对自行开发系统进行修改和调整。2015 年 11 月 1 日增值税发票升级版系统顺利上线运行,中国(上海)自由贸易试验区(以下简称"上海自贸试验区")企业开出升级版系统第一张增值税专票。截至 2015 年 11 月,全市使用增值税升级版企业已有 59 万户,月接收各类增值税发票近2 700余万份,特别是 2015 年 3 月征期最后一天实时上传票量历史性突破百万张,在关键时刻上海升级版系统经受住了考验。

不断拓展深化，提升系统应用，试点发票网上申领和电子发票，探索数据比对应用，积极利用增值税升级版系统数据开展“利用实时上传开票信息，前移失控发票锁定时间”、“利用货物品名信息，类比虚开货物名称”、“利用购销企业名称信息，加强多环节票链响应”、“利用电子底账库信息，扩大虚开发票比对种类”等信息对应用，系统和数据的支撑在宏观分析、风险预警、税务稽查等工作中起到重要作用。

【离境退税系统顺利上线】 2015 年 6 月中旬启动离境退税系统平台建设方案设计，规划异地应用级灾备平台。结合信息化基础设施实际情况，按照资源共享模式，通过扩容、优化、升级等方式构建离境退税系统平台：扩容小型机资源和虚拟化资源池；扩容数据库区存储资源，新增高性能固态盘阵列；扩容网络及安全设备资源，用于优化内网安全、扩充网络接口容量、新增互联网接入口；构建离境退税系统数据库，部署中间件；实现新增资源与原有系统的有效整合，保障系统可靠性。7 月初确定项目采购需求，及时启动采购流程。

为了满足上海市离境退税应用系统于 2015 年 7 月 1 日正式上线的需求，6 月中旬，通过灵活调度服务器虚拟化资源池和小型机资源池剩余资源，为离境退税系统紧急交付开发测试和正式环境提供 5 台服务器虚拟机，确保应用环境按时到位。7 月 1 日上海境外旅客购物离境退税政策正式启动实施。运行首日有 9 家商店开出 40 单《离境退税申请单》，购物退税物品合计金额近 9 万元，涉及退税款约 1 万元。一位外国旅客于 7 月 2 日上午成功向上海市退税代理机构（上海浦东发展银行）申请办理离境退税，并以现金方式领取退税款。这标志着上海市离境退税业务办理所涉及的退税商店、海关、退税代理机构等环节已成功实现互联互通。

【金税三期第二阶段工作】 2015 年 11 月初，在市经济信息化委的组织下，专家对金税三期工程第一阶段网络项目进行评审，主要内容包括广域网建设、网络配套建设和灾备网络建设等子项目完成情况和资金使用情况。最终通过初验，批准启动后续第二阶段信息化项目申请。

为缓解上海市地税局、临江机房的窘迫困境，进一步争取到市电子政务灾备中心的支持，在张江灾备中心 3 楼机房批准获得 240 平方米可用面积和 120 kW 可用电量的环境资源，用以支撑金税三期优化版推广上线所需基础设施的部署，张江机房的相关配套改造工程已基本完工。同时在上海市地税局和天平宾馆搭建金税三期开发测试环境。

对接“金三”推广，升级改造网上申报系统：为满足金税三期业务需求（征管规范 1.0），符合金税三期系统接口接入规范（金税三期标准服务清册），符合等保三级安全性，11 月启动网上电子申报系统全面升级改造。

【编制《“互联网＋税务”行动计划》工作实施方案】 根据国家税务总局印发《“互联网＋税务”行动计划》的通知（税发〔2015〕113 号）的要求，电税中心会同征科处、纳服处共同研讨，结合市局原来开展的“网上税务规划”编制方案，拟定上海《“互联网＋税务”行动的工作实施方案》，以及“网上税务概述”、“纳税服务综合管理平台概述”、“大数据分析应用概述”3 个附件。

【"三证合一、一照一码"技术支撑】 按照国家税务总局应用系统升级工作内容和要求,研究落实自有系统接口调整方案,并在模拟环境下进行补丁包预升级和接口联调测试,从信息系统方面保障此次登记制度改革相关税收征管业务需求的实现。2015 年 10 月 1 日在综合征管和升级版系统中为上海市首家新办"三证合一、一照一码"企业顺利办理一般纳税人资格认定、票种核定、税控设备发行、增值税专用发票领购等涉税事项。

【国际贸易单一窗口技术支撑】 根据上海市口岸服务办公室会同电子口岸办公室、各口岸监管单位及相关部门和企业建设和推进国际贸易单一窗口的工作方案,以实现"一个平台、一次提交、结果反馈、数据共享"为总体目标,解决各部门信息系统互连互通问题,提高办事效率。税务部门的任务是将平台与总局出口退税申报、备案、审核、数据传输系统对接,为上海市纳税人在单一窗口直接办理退税业务。

【上海自贸试验区税务局信息化建设】 为解决无纸化试点企业无法自行使用增值税税控设备完成退(免)税申报税控数字签名问题。2016 年 6 月 10 日开展实地调研,现场测试通过使用税控数字证书系统发行的证书作为出口退税无纸化的数字签名证书的可行性,测试成功并走通全流程。配合上海自贸试验区做好后续的试点推进工作,包括税控数字证书系统的现场操作培训以及 3 500 个 USK Key 的采购、初始化等工作。配合业务部门,为推进出口退税无纸化应用做好系统技术保障工作,升级退税审核系统,利用升级版税务数字证书系统解决了数据网上传递的企业身份认证问题,上海自贸试验区 3 903 多户退税企业已实现无纸化退税。

【高清视频会议二期】 按照 2014 年上海市地税局电子税务管理中心下发的《关于税务分局近期新建视频会议系统指导意见的通知》的规范,2015 年度青浦、崇明、嘉定、松江启动视频会议二期建设。根据税务分局视频会议建设方案(即时通讯+录播模式),上述 4 家单位利用上海市地税局高清视频会议系统平台资源,通过 webex 为外部税务所提供视频会议服务,满足分局—税务所之间的视频会议交互需求。青浦 16 个外部税务所、崇明 10 个外部税务所已完成部署,接入区局视频会议网络。嘉定 13 个外部税务所近期启动部署、联调工作。松江 23 个外部税务所已完成招标工作。2015 年全年高清视频会议系统运行平稳有序,未发生重要故障。

【网络与信息安全保障工作】 积极落实国家税务总局关于税务系统绩效管理工作的要求,重点加强病毒爆发率、违规外联数量和防病毒软件安装率 3 项指标的管控。定期监控分析全市的信息安全形势,及时发布上海市信息安全监控月报。严格落实安全责任;及时组织开展安全检查,修补严重安全漏洞;切实加强应急值守工作,在全国"两会"及"亚信峰会"期间做好信息安全应急保障工作。

组织开展涉密信息系统的技术维护,委托上海市保密测评中心对 2014 年上海市地税局公务网接入网系统新增涉密设施开展涉密信息系统分级保护补充测评。组织开展上海市地税局各处室的保密技术检查,对所有计算机及移动存储介质开展保密技术检查，并督促有问题的设备使用者进行整改。从2015年6月29日开始，配合国家税务总局信息安全评测项目组组织开展为期3周的2015年度税务系统信息安全评测工作，内容包括安全检查、等级保护和风险评估三方面相关工作。

为提高上海税务互联网办税信息系统的安全保障水平，上海市地税局委托上海市信息安全测评认证中心，根据税务总局《网上办税系统信息安全测评准则(试行)》标准，对上海市地税局网上办税信息系统安全状况进行测试评估，共包括5个子系统，分别为出口退税网上申报系统、年所得12万元以上个人所得税网上申报系统、税控收款机网上抄税系统、网上电子申报系统、增值税专用发票网上认证系统。

【日常运维和技术保障】 2015年，完成增值税升级版、出口退税、车购税等40余个应用系统的运行维护工作，仅软件升级一项全年完成补丁包升级近百次。日常维护主要工作职责包括数据库、中件间、应用系统的日常维护、软件升级、数据备份；数据处理、数据分析利用。完成总局布置的应用系统安全检查、健康检查工作；受理市局、分局和税务网站提交的问题和服务请求，解决应用系统中的问题；承担上海市地税局信息化相关指标绩效考核任务。除了面向纳税人的应用系统外，还需要完成行政办公各类应用系统的运行维护，包括国家税务总局推广的“12366”咨询热线、“12366”知识库、人事、财务、纪检、监察、公文、信息采编，自行开发的税务网站、内门户、远程教育网、政策智能化咨询系统、四位一体系统、上海市地税局电子邮件、税务系统档案、法规库、等级考评、公务员招聘、各级信访系统、市政府核心办公系统等36多套应用系统的日常运行维护工作。

(刘　汀)

上海市工商行政管理局

【概况】 2015年，上海市工商行政管理局(以下简称“市工商局”)信息化工作面对商事制度改革和市场监管体制改革的形势，围绕工商行政管理的重点工作，认真贯彻落实《工商总局关于深入推进工商信息化工作的意见》，按照市工商局总体工作部署和工商业务需求，大力加强工商信息化建设，深入推动业务整合、应用融合、数据聚合一体化进程，有力支撑工商行政管理简政放权、放管结合、优化服务的工作要求，为全面深化商事制度改革，依法加强事中事后监管，充分发挥工商部门服务经济社会发展的职能作用提供技术保障。同时，市工商局认真回顾总结“十二五”期间信息化工作，在回顾总结分析的基础上初步形成“十三五”发展规划，确立上海工商信息化未来5年发展的指导思想和重点任务。

【完成“三证合一、一照一码”系统建设】 积极推进“三证合一、一照一码”的信息化建设工作，按照总局的技术方案、数据规范以及登记部门的业务需求改造现有信息系统，按照编码规则实现统一社会信用代码生成和赋予，并完成登记系统相关业务流程的数据指标、文书样式、营业执照等应用的调整；完善与税务部门登记流程的系统衔接，实现企业信息的数据共享；实现基于上海市法人库的统一代码的企业基本信息回传到代码中心；升级与上海市法人库和其他部门的数据交换系统，完成“法人一证通”数字证书更新等工作，“三证合一、一照一码”工作 2015 年 10 月 1 日实施。

【完成企业信用信息公示系统升级改造】 按照市政府要求，积极推进市政府各部门的行政许可信息和行政处罚信息通过上海市法人库平台在工商企业信用信息系统上的公示，完成相关信息系统升级改造工作并于 2015 年 5 月 20 日如期进行企业信用信息公示。

在企业信用信息公示系统升级改造中主要完成经营异常名录的撤销、举报和异议处理等功能开发，增加简易注销公示功能，实现统一社会信用代码的应用和电子营业执照登录功能，实现数据定期上报总局，完成移动 APP 接口开发，实现企业信用信息公示系统与市公共信用信息服务平台的数据对接，完善其他信息公示相关应用功能。

【完成网上政务大厅接入建设任务】 根据市政府深入推进行政审批制度改革和“中国上海”门户网站网上政务大厅建设工作要求，编制完成《上海工商审批事项接入网上政务大厅实施方案》并提交上海市电子政务办公室，市工商局办公室完成相关业务处室办事事项信息的整理、公众服务网办事功能的开发和业务专网系统功能的调整，完成统一审批编码程序的开发和前置机服务器的部署，实现与网上政务大厅的对接应用，为实现市政府提出的“推进行政权力的公开透明网上运行，创新管理模式，提升行政效能”目标提供系统支撑和技术保障。

【推进公众诉求综合处置平台建设】 通过和质监、食药监、物价等部门的协作，初步形成公众诉求综合处置平台的业务流程、系统功能和系统架构，统一业务流程，梳理数据指标并听取部分区县市场监管局的意见，形成公众诉求平台与“12365”、“12358”和“12331”的业务数据接口规范；如期完成系统的应用部署，实现部分区县的试点应用，完成与相关市级单位接口联调。

【落实小微企业名录系统建设】 认真贯彻落实《工商总局关于印发小微企业名录系统建设方案和标准规范的通知》要求，完成小微企业名录系统建设方案的确定、业务专网和公众服务网的系统开发和应用部署。

【做好现有业务系统的完善与优化工作】 实现企业登记系统与保险专业中介股权登记系统的数据接口功能，完成企业监管移动 APP 的开发，推进办公自动化系统和基层所队工作平台系统的升级改造，配合推进人事管理系统改造。进一步完善企业登记、名称登记、档案管理、综合监管、网络监管、商标监管、广告监管和监测、“12315”投诉举报、“12345”转办件处理、电子行政效能监察、业务信息检索、业务数据综合分析、法人数据利用等应用功能，做好工商门户网站、法人库的运行维护。

【做好信息基础设施运行维护和技术保障工作】 完成市工商局公务网接入扩容改造项目的实施和运行许可证到期后的风险再评估的配合与保障工作，做好相关用户的技术支持与应用保障。做好纪委专线网路的接入配合工作，完善屏蔽机房相关设施；完成 10 楼备用机房布线系统扩容改造项目验收和分级保护补充测评的组织协调工作;配合企业信用信息公示项目的实施,完成存储设备从业务专网到公众服务网的迁移;完成广域网路由协议的切换工作,实现市局业务专网核心交换机的国产化替代;完成“业务专网活动目录系统的升级方案”编写工作;完成相关应用系统防火墙、网络存储、网络同步时钟等设备的技术选型测试、拟定设备技术指标、编写设备采购的技术需求。

做好信息化相关设备和系统的日常维护保障工作,包括虚拟服务器的配置和发布,市工商局域用户账户和邮箱管理,做好半年度的核心设备停机维护,做好国家工商行政管理总局视频会议、全市视频会议的技术保障工作。

【配合市场监管体制改革信息化相关工作】 完成8个郊县局属地化及机构合并工作中工商业务系统和门户网站调整并配合进行应用测试和技术保障工作;对各区政务外网的现状进行调研,与相关部门讨论网络连接方案并会同市、区两级政务外网管理中心和基础电信运营商拟定广域网链路的调整方案,完成业务专网线路由电信专线到政务外网的切换,保障网络系统的安全接入和互联互通。

【落实等级保护管理要求】 按照信息系统安全等级保护管理要求,建立规范、完善的工商信息系统安全等级保护管理制度,加强安全技术防护,切实做好安全检查、等级测评、风险评估和整改提高工作,建立信息安全保障体系。

组织协调上海市信息安全测评认证中心每月完成对业务专网信息系统的三级测评和工商门户网站的二级测评,同时对业务专网和公众服务网的核心设备及安全防护设备的安全日志进行审核,对信息系统进行漏洞扫描和风险评估,对发现的问题及时进行整改并督促存在安全隐患的区县市场监管局及分局落实整改措施;针对市网络与信息安全应急管理事务中心日常例行安全检查中发现的安全风险,督促系统集成商和应用开发商进行整改并反馈报告。

做好全市 Windows 平台的安全补丁审核发布和全市防病毒服务器病毒特征库的定期更新,做好业务专网网络准入控制系统的维护以及移动存储介质的管理。

【加强门户网站的安全管理】 不断完善技术手段和管理措施,切实提高网站的防攻击、防篡改、防窃取能力,规范网站的应用功能上线和信息发布审核,不断提升网站的安全运行管理水平。

完成门户网站服务器的重建及部署,组织协调系统集成商和第三方服务提供商做好公众服务网内容分发网络服务,并将防火墙从黑名单模式切换到白名单模式,提高门户网站特别是企业信用信息公示系统的稳定性、安全性和可用性,应对突发访问流量,节省运维成本。

【建立健全应急处置工作机制】 完善安全制度建设,强化安全防范措施,加强应急预案管理,建立应急处置工作机制,提高对安全突发事件的应对和处置能力。加强工商信息化系统容灾备份建设,强化灾难备份意识,提高信息系统的可靠性、可用性以及抵御外部攻击的能力。

完成《上海工商企业登记系统网络与信息安全事件应急子预案》的编制和备案工作;根据《应急演练科目纲要》并结合现时安全形势,拟定 2015

年度上海工商信息系统应急演练科目并备案，完成实施方案编写并按要求组织开展实际演练。

加强数据安全管理，做好日常数据备份工作，防止重要数据遭到破坏、更改和泄漏，提高工商数据的可用性、完整性和保密性。组织协调系统集成商和设备生产商就工商数据的备份方案进行技术论证和前期测试，完成应用级灾备中心可研报告的讨论编写工作。

【做好信息安全教育培训】 完善信息安全教育与培训机制，开展信息安全意识教育、信息安全防护技能培训。组织开展2015年度网络与信息安全主题学习月活动，完成方案制定、题库增补、组织动员和总结表彰等工作，进一步提升全员信息安全意识和安全防护能力，有效应对新形势下的信息网络安全威胁。

【做好信息化项目管理和绩效评价】 及时开展2015年度市工商局信息化3个建设项目、4个运维项目和2个2014年度追加项目的预算执行工作。按照验收规程组织完成2014年度信息化7个建设及运维财政预算项目和1个专项资金项目课题的验收。根据相关要求，会同业务处室开展2016年度市本级信息化项目预算申报工作，完成2016年度市工商局信息化5个建设项目、5个运维项目和6个追加建设项目的预算申报工作。

强化对软硬件产品和服务提供商的刚性约束，确保信息化建设前期工程设计与后期技术实现的一致性。完成2015年度信息化项目绩效目标的填报，完成年度信息化项目绩效跟踪管理评价工作。

【做好信息化资源梳理和资产清查】 梳理现有信息化资源，完成2015年度信息化建设、运维项目的数据采集和信息化项目历史数据的补录，初步建立信息化资源库。组织完成市工商局信息化资产清点工作，对市工商局部署于直属分局、区县市场监管局、检查总队及干校等17家单位的核心设备进行核查，同时核实市工商局历年下发的信息化资产的使用情况。

（李佳音）

上海市质量技术监督局

【概况】 2015年，上海市质量技监局（以下简称“市质量技监局”）紧紧围绕上海市“四个中心”、科技创新中心发展规划定位与产业转型需要，聚焦服务发展与保障民生，以“金质工程”综合改造和网上政务大厅建设为抓手，不断提高质监信息化对上海市经济社会发展的支撑与促进作用。

根据国家电子政务“十二金”工程的总体规划，按照统一规划，分步实施；统一制度，分层管理；统一标准，分开运维的建设思路，以及以规范化为前提，以标准化为基础，以系统化为导向，以实用化为目标的原则，市质量技监局建成以质量技监业务管理、一门式受理与服务、行政办公辅助管理以及综合分析为框架的“金质工程”电子政务应用体系，有效支撑市质量技监局业务开展和服务工作。随着时间的推移和业务规模的不断增长，已有的硬件设备的工作年限已超出产品设计使用周期，现有硬件平台的性能已不能很好支撑系统的有效运转。为此，市质量技监局提出实施上海市“金质工程”综合改造及拓展项目，经历项目前期咨询、项目建议书的编制、可行性研究报告的编制和评审等几个阶段，于2014年年底由市发改委批复项目可行性研究报告，2015年项目正式进入实施阶段。项目总投资1 859万元，其中建设资金1 586万元，其他费用184万元，项目建设周期预计2年，建设地点宜山路728号，项目法人为市质量技监局。2015年，结合市政府网上政务大厅建设要求，全面统筹金质工程综合改造及拓展项目和年度信息化预算项目，深入推进信息化项目建设应用，信息化支撑水平持续提升。

【部署实施网上政务大厅建设】 按照市政府2015年全面推进“网上政务大厅”建设的要求，对接《上海市网上政务大厅建设与推进工作方案》，市质量技监局组织制定《落实市政府网上政务大厅建设要求 深化市质量技术监督局网上政务改革工作方案》，明确工作要求，搭建推进工作的组织架构，针对市质量技监局与技术机构承担的29项行政审批事项，确定事项全部接入、标准规范推进、数据有效共享、业务持续优化、范围逐步延伸5大建设目标，分阶段、有步骤深入推进网上政务建设工作。2015年7月完成行政审批事项结果数据交换格式确认、对接接口部署、接入事项业务联调测试工作；10月完成统一行政编码调试工作，实现办事状态准实时交换；11月全面加快事项接入技术对接，加紧实施“重要工业产品生产许可证核发”和“制造计量器具许可证签发”新系统开发，统筹功能建设和接入进度，赶在11月底前同步完成系统上线和正式对接；12月上旬提前实现29个行政审批事项100%接入，其中20个事项达到四级接入深度。按照“网上政务大厅”一口办理、一码查询、要素齐备的统一要求，坚持系统建设与手册梳理同步推进，开展行政审批事项办事指南和办事要素表梳理和确认，结合“三证合一”登记制度改革要求，对涉及需要企业提供组织机构代码证的行政审批事项，重新修改和确认办事指南，并逐项提取办事要素，统一编制网上申报须知，及时在市政府“网上政务大厅”上向公众公开。

【推进“金质工程”综合改造及拓展项目】 结合网上政务大厅建设要求，组织制定《上海市“金质工程”综合改造及拓展项目实施方案》，积极与市财政局协调，明确项目实施的计划进度和招投标包件划分，2015年顺利完成“金质工程”综合改造项目中总集成和主机存储、监理、机房等6个项目的招投标工作。为有效提升金质工程系统运行效率，针对机房间额外数据传输造成的响应缓慢的顽疾，根据项目进展，制定迁移切换实施计划，在确保业务系统平稳过渡的前提下，实现新老机房顺利切换。新机房定位于能满足未来5—8年业务发展所需要的、具有国内先进水平、高可用、高可靠、灵活应变的新一代A级机房，9月中旬完成建设工作，整个机房占地面积95.8平方米，分为核心区域、监控区域、维护区域，成为市质量技监局信息系统的运行的基础平台；完成软硬件支撑系统，主机、存储、系统软件、网络及安全系统各项采购，并及时开展系统集成，于11月完成测试并交付使用，重新搭建业务系统运行环境并完成调试，最终顺利完成新老机房迁移和业务系统的切换。

【推进年度信息化项目实施】 在“既各有侧重又互相配合”的原则下，合理安排年度信息化预算经费，完成2016年年度信息化项目申报。在完成项目招标基础上，积极推进各开发公司及时启动2015年度项目建设，完成“质监行政审批改革支撑”项目计量、认证两个试点业务审批功能的改造，完成“质监法人信息共享与应用管理系统”需求调研、开发和培训，督促主机存储、网络及安全、应用系统等运维厂商进行正常运维，确保各系统正常，保障全局工作顺利开展。着力推进“重要工业产品许可证核发”事项的内外网系统改造，顺利实现多种类、多周期产品许可证的申报、审批、发证、换证等功能。及时响应改革要求，根据刚出台的《质检总局关于深化工业产品许可证制度改革优化许可审批流程有关工作的通知》(国质检监函〔2015〕491 号)要求，重点围绕申请书内容格式、生成打印、收费取消等功能，赶在网上政务大厅建设时间节点之前正式上线，全面实现网上申报、网上预审和网上受理功能。

【保障中心城区市场监管体制改革的信息系统调整】 为适应区县市场监管体制改革、保障中心城区市场监督管理局工作稳定有序开展，按照浦东新区信息化建设的设计框架，围绕基础设施、信息资源、应用支撑等内容开展各项调整工作，确保四个不断，全面保障中心城区市场监管体制改革的信息系统调整。配合相关区县局进行政务外网接入调整，由原先市政务外网直接接入调整为区政务外网接入市政务外网，确保四局合并后工作网络不断；根据合并后市场监督管理局的人员结构，调整信息系统中组织结构及人员权限，调整及开通 RTX 中使用人员情况，确保联系渠道不断；根据合并后的市场监督管理局要求，调整行政审批、行政执法、移动监管、OA 等系统中各类文书的单位名称及文号生成规则，确保业务流程不断；重新制作各局电子签章，确保各局公文流转不断。

【完成 2015 年网站改版建设】 一是完成政务网改版。根据 2015 年国家质量监督检验检疫总局网站绩效评估工作和上海市政府网站测评工作要求，完成市质量计监局政务网站的改版工作。根据年度质监业务需要，结合国家质量监督检验检疫总局网站绩效评估和上海市政府测评各项指标，本着“为民、便民、利民”的建站原则，从网站风格布局、栏目优化整合、全站信息智能检索、便民知识库快速问答、英文版、全网无障碍建设等多个方面，对网站进行改造，提升网站的便民服务水平，提高用户体验度。二是顺利通过网站普查。为贯彻落实《国务院办公厅关于开展第一次全国政府网站普查的通知》(国办发〔2015〕15 号)要求，根据市政府门户网站管理中心的工作要求，开展对市质量技监局网站的运维情况进行自查、整改和上报工作。在上级管理部门规定的时间段内，先后上报网站基本信息，通过专人检查与技术机构扫描相结合，发现网站运维内容中的问题，督促信息维护责任部门整改到位，确保网站在普查考核中达标。三是开展特色专栏建设。围绕市质量技监局重点工作，完成“小区老旧电梯安全评估”实事项目、“三严三实”专题教育、“十三五”技术基础规划编制、职工文化节、行政处罚案件等专栏的建设；完成企业标准备案网上查询及后台统计的功能建设。完成“自贸区党建网”“业务受理中心党建网”的新建工作，以及“质检院党建网”“执法总队党建网”的新增支部页面的新建工作；定期维护公务网信息和页面，同时做好市质量计监局网站信息到“中国上海”门户网站的日常上报工作，确保市质量技监局各个网站的正常运行。

【强化保密及信息安全保障】 一是完成涉密网络

调整及保密检查。完成纪委专网线路铺设工作,依据中共上海市委保密委员会《关于转发中共中央保密委员会〈关于组织开展涉密网络保密检查的通知〉的通知》(沪委密〔2015〕1号)的要求,完成市质量技监局涉密网络开展了检查工作,并提交自查报告。二是完成信息安全自查。分别按照《质检总局办公厅关于开展2015年度质检系统网络安全检查工作的通知》(质检办函〔2015〕812号)以及《关于印发〈2015年上海市网络与信息安全专项检查实施方案〉的通知》(沪公通字〔2015〕22号)的要求,完成信息安全检查计划的制定,遵循以查促建、以查促管、以查促改、以查促防的方针,完成网络安全管理情况、技术防护情况、应急工作情况、宣传教育培训情况、等级保护情况和商用密码使用情况(国外信息技术产品和服务的使用情况)6个方面的自查,编制并报送《上海市质监局2015年网络安全检查总结报告》和《网络安全检查表》。

(靳　昂)

上海市统计局

【信息化综合改造项目取得阶段性成果】 上海市统计局(以下简称"市统计局")信息化综合改造项目从统计发展改革的实际需要出发,借鉴国内外统计信息化建设经验,结合上海统计的具体实际,主要进行统计局机房改造、信息化基础设施升级和统计应用系统建设。2015年,基本完成机房搬迁改造和信息化基础设施升级。通过此次改造升级,一是解决原机房因办公大楼无法放置空调室外机并且机房设备逐年增加带来的安全问题;二是将原先较混乱的线路进行梳理和升级,用光纤从机房连接到楼层弱电间,再用6类线从楼层弱电间连接到桌面,全部使用新的线路,提高网络传输速度和可靠性;三是每个工位增加一个网络接入点,为配合国家局日后的内部工作网建设创造条件;四是将涉密和非涉密网完全分开,更加符合信息系统安全要求;五是将电话线路进行梳理,更新大对数电缆,取消原先多个楼层配线架,统一接入机房的新配线架,便于管理维护。按计划稳步推进统计应用系统的开发。

【加强信息系统安全管理】 严格按照国家统计局、上海市国家保密局(以下简称"市保密局")、市网安办等单位的工作要求,落实安全措施,做好安全测评、安全自查和检查等工作。根据国家统计局"第三次全国经济普查客户端安全管理系统升级和扩容项目"工作安排,重新部署了新版客户端管理系统服务器,并将局队现有计算机终端的旧版客户端全部升级至新版客户端;根据国家局保密委要求,对局队每台涉密计算机、非涉密计算机、涉密移动存储介质和非涉密移动存储介质进行检查,对涉密网络的各项信息安全防范措施进行核查;根据国家统计局要求,对联网直报系统数据库访问方式、安全监测、访问攻略等方面进行强化;根据信息安全等级保护和国家局信息安全工作相关要求,部署江民杀毒软件控制中心服务器,在局队所有服务器和计算机终端上安装江民杀毒软件;按照预定计划,对市统计局的4个非涉密系统进行等级保护测评,对涉密系统进行补充测评。

【做好上海市1%人口抽样调查数据处理工作】 按《2015年上海市1%人口抽样调查工作计划》(沪人调办字〔2015〕1号)总体要求,做好上海市1%人口抽样调查数据处理工作,主要包括完成上海市1%人口抽样调查系统的部署、调查所使用PDA相关设备的管理维护、定制满足上海市地方调查需求的系统等内容，为本次调查做好技术服务。2015年，已按计划完成调查数据的采集、上报、编码等工作。

（赵冬晖）

上海市新闻出版局

【概况】 2015年，上海市新闻出版局进一步完善政府数据资源向社会开放工作的工作制度及相关工作机制。根据年度工作计划，推进局政府数据资源梳理、目录编制和注册工作，实现被列入开放重点领域的数据资源，通过上海市政府数据服务网向社会公众开放。网上政务大厅建设由政策法规处牵头，办公室和各处室密切配合，基本完成项目建设。上海市新闻出版局按照上海自贸试验区对行政审批改革先行先试的要求，对图书进口加工区、承接境外出版物和印刷品加工贸易开通“印刷对外加工贸易综合服务平台”。沪版教材绿色印刷材料服务平台上线，图书、期刊印刷委托书系统与江苏省新闻出版广电总局联网，为全国委托书系统联网奠定重要基础。完成上海市新闻出版专项资金管理系统建设。“书香上海”政务微博和微信创新办微理念，优化办微机制，注重提升“双微”平台的活跃度、开放性和参与度，2015年12月在腾讯大申网举办的2015上海微信大赛中，“书香上海”入选“十佳内容类政务微信号”榜单，2016年1月“书香上海”被上海市委宣传部、上海市政府办公厅评为“政务新媒体优秀奖”。作品版权登记保护应用平台新增软件著作权登记资助申请模块。上海市新闻出版局直属单位韬奋纪念馆开通微信平台，上海新闻出版职业技术学校（上海新闻出版教育培训中心）自主研发的上海市数字出版企业信息综合服务平台和新闻出版行业人才供需平台正式上线运行，上海新闻出版职业技术学校完成信息中心改建升级和数字出版发布平台建设。2015年上海市新闻出版专项资金在报刊出版产业发展扶持方面，聚焦传统报刊转型，重点支持能较大提升刊物在国内外专业、学术地位或影响力的学术期刊项目。

（梁国奋）

【完成“数据资源向社会开放管理系统”项目建设】 上海市新闻出版局数据资源向社会开放管理系统，实现对全局政务信息资源的统一整合与有效利用。各业务处室指定专人负责政务数据资源向社会开放工作，开展政务数据资源使用和管理的培训，指导相关工作人员开展开放数据资源的抽取、审核和导出工作，并建立公开数据的层级审核制度，确保公开数据的准确和安全。

通过已有系统实现政务资源公开数据的导出和抽取功能；以政府信息公开管理功能，对政务资源数据进行整合管理，为上海市政府数据服务网和社会公众提供数据支撑；通过数据共享功能，实现上海市政府数据服务网和出版局网站的政务信息资源共享，并对共享情况进行跟踪管理、查询共享情况等。对新闻出版局网站常用查询功能进行升级改造，让社会公众能方便查询、下载和再利用。加强已开放数据资源的更新与维护工作。已实现对上海市新闻出版局提供的数据资源实行动态管理，依照公布的更新频率进行数据更新，确保数据资源的准确性、时效性和安全性，并根据用户使用的反馈意见及时核查。

进一步扩大政府数据资源向社会开放的范围。2015 年新增 7 项数据资源，分别为出版物发行单位、农家书屋、驻沪记者站、作品著作权登记、著作权合同备案、印刷复制企业基本信息和行政审批事项办理状态信息，其中行政审批事项办理状态信息实现与上海市政府数据服务网实时交互，已完成上述数据的目录编制、注册工作，相关数据已向社会开放。截至 2015 年 12 月，上海市新闻出版局数据资源的编目工作已全部完成，共 19 项，512 629 条，已全部通过上海市新闻出版局政务门户网站向社会公开，页面查询量为 86 900 次，下载量为 3 524 次。其中有 12 项应用信息、6 项数据信息、1 项接口交互信息通过上海市政府数据服务网向社会公众开放。

（沈冰玉）

【建设网上政务大厅项目】 2015 年，编制完成《网上政务大厅建设方案》，并根据需求调研情况和预算调整情况，先后两次对该方案进行修改。在预算缩减的情况下，基本保留建设网上政务大厅所需的软硬件和相关功能模块。按照网上政务大厅建设要求，完成行政审批办事指南审核上报工作，与“中国上海”门户网站开展联调测试、软件安装等技术对接工作，为全面实现数据交互奠定基础。上海市新闻出版局的网上政务大厅项目已如期上线，其中，纳入网上政务大厅办理的行政审批 22 项，不纳入 15 项。

（赵书雷）

【印刷对外加工贸易综合服务平台开通】 2015 年 3 月 11 日，上海市新闻出版局开通“印刷对外加工贸易综合服务平台”，该平台承载多项功能。

一是加强承印境外出版物的监管。建立境外出版物审读和境外印刷品备案的统一管理平台，承接境外出版物加工贸易的进出口公司、印刷企业和订单中心等，统一上传到该平台，文化执法总队检查印刷企业承接境外出版物时，可以通过该平台进行核实，从而使监管更为有效；境外出版物上传该平台后，采用关键字电子审读的方式进行初审，已经开发英语、法语、德语、西班牙语、葡萄牙语、意大利语和日语 7 种语言的关键字审读功能，该平台开通后，还将继续开发其他语种的关键字，从而使审读更有针对性，监管更有效；进出口公司以电子文件方式进口在本地印刷企业承印的出版物，也在该平台进行监管，并将进出口公司审读员的审读与境外出版物印刷审读统一管理，既可以非常清晰地掌握进出口公司出版物在规定的印刷企业印制的情况，也提高审读效率，更好地服务于企业。

二是为境内承印境外出版物审读提供服务。该平台为全国各出版局开发客户端，并在上海自贸试验区建立上海新闻出版数字传媒服务中心，各省出版局可以在本省内上传境外出版物的电子文件，采用平台的关键字电子审读进行初审。初审后，可以由本省的审读员进行人工审读，也可以将平台内的审读员进行全国共享，从而不仅提高境内印刷企业承接境外出版物审读效率和贸易的便利，也加强境内承接境外出版物的监管；该平台通过若干年的运行，可以使境外出版物形成大数据，不仅可以分析印刷加工贸易的情况，也可以掌握境外出版物的基本情况。

三是开通中国文化“走出去”的新渠道。上海自贸试验区建立的上海新闻出版数字传媒服务中心将原有境内出版物的先印刷、后发行的实物出口，转变为先订单、后印刷、一本起印的按需印刷出口。该平台将境内各出版社按需印刷的图书汇聚，并在各出版单位的授权下上传到相关的网站，境外有读者订单，可以采用境内按需印刷，并通过物流邮寄，也可以在境外按需印刷，邮寄到读者手中，是中国文化“走出去”的又一渠道。

截至 2015 年 11 月 30 日，该平台已经承接 336 个品种的图书在沪印制备案，总印量达 16 087 册，外销总值 305.26 万元；承接 1 268 个品种的传统印刷境外出版物，总印量达 3 496 万余册，外销总值 12 416.33 万元；承接 623 个品种境外复制业务，复制总量 2 784 万余张，外销总值 5 531.36 万元。此外，采用“先订单、后印刷”模式的按需印刷境外出版物达到 206 个品种。

【沪版教材绿色印刷材料服务平台上线】 沪版教材绿色印刷材料服务平台上线，不仅保证沪版教材绿色印刷材料的补贴落到实处，而且实现沪版教材绿色环保的源头控制；不仅为材料供应商和印刷企业提供一个高效、便捷、共赢的服务平台，而且激励材料供应商对绿色印刷材料的研发；不仅具备为中小印刷企业服务的采购、物流等服务，而且为中小企业的金融服务奠定基础。平台上线后，第一期面向 2016 年沪版春季教材印制的 21 家绿色印刷材料供应商已经有 246 款产品通过环保检测，26 家承担沪版春季教材印制的印刷企业已全部完成注册，并开始交易。

【图书、期刊印刷委托书系统联网】 2015 年统计数据显示，上海市新闻出版局印刷管理处共受理行政审批 34 500 件，其中数量最多的图书、期刊印刷委托书备案达到 32 128 份，长期以来，这一直是出版物印刷监管最有效的抓手，也是总量最大的一项审批工作。根据新闻出版广电总局的要求，结合出版单位和印刷企业的需要，上海市新闻出版局通过信息化手段不断完善该项工作。作为国家新闻出版广电总局进行全国委托书系统联网的首批试点，上海市与江苏省进行联网的工作稳步推进，从调研、开发和测试等各个阶段，印刷管理处安排专人积极与江苏省局沟通合作，并于 2015 年 7 月，率先实现两地间委托书网上备案的“无缝链接”，为全国委托书联网奠定重要基础。

（李善亮）

【上海市新闻出版专项资金管理系统建设】 为充分发挥新闻出版专项资金在文化领域的引领作用，着力提升资金使用效益，加强专项资金管理，规范资金使用流程，管好用好每年的专项资金，上海市新闻出版局建设“上海市新闻出版专项资金申报系统”，该系统是市新闻出版局电子政务信息系统中的一个模块，仅具备申报功能。2014 年在原有的软硬件设备基础上进一步改进，更名为“上海市新闻出版专项资金管理系统”。该系统是一套上海市新闻出版专项资金全生命周期的在线填报与审批系统，由企业在线申报平台、专项资金管理平台、拨款进程网上查询平台、网上监察平台、数据中心平台和系统维护平台组成；包括项目查询（当年项目、历年项目）、项目管理（项目受理、项目初核、项目初评、项目定评、审定立项、资金拨付、项目监管、验收结项、验收归档）、课题管理（课题查询、课题备案)、修改密码和离开系统等功能;涵盖项目申报、项目初核、项目初评、项目定评、资金拨付、审定立项、项目监管等各阶段的管理。该系统包括图书、音像出版、报刊出版、发行渠道、印刷产业、数字出版、版权产业、国际传播、公共服务和专业出版中心9大项目申报类型(每年根据上海市新闻出版专项资金申报指南略有调整)。通过数据接口与上海市新闻出版局网站和上海市新闻出版局办公外网系统的用户和数据整合,实现网上填报并在线打印《上海市新闻出版专项资金申请表》和管理部门网上审核,并为出版业务人员提供在线导出及统计查询功能,能够提升业务人员的工作效率。

2015年,为更加方便企业用户的申报,在原有系统的基础上,将项目申报类型调整为图书出版、报刊出版、发行渠道、印刷产业、数字出版、版权产业与国际传播6类,项目申报表格由2014年的7个样式合并调整为3个样式。在企业用户在线填报申报表格中,赋予申报用户"分段论述、调整字体大小及验收"等比往年更多的自主权。

(李　娜)

【"书香上海"政务微博和微信】 2015年,"书香上海"政务微博和微信全年累计编发微博4 258条,微信362期、1 173条。推荐沪上和全国的精品好书656种,优质阅读活动306场次,特别邀请12名青年作家、56名青年编辑、48名社长总编通过"书香上海"推荐好书。2015年"书香上海"工作呈现以下特点:

一是注重协作共享。2015年4月,召集上海发布、乐游上海、上海黄浦、上海静安、上海人民出版社、上海文艺出版社和魔法童书会等27家机构或自媒体公众号负责人,发起成立上海阅读文化推广新媒体联盟。联盟旨在聚合新媒体的力量,发挥新媒体在阅读文化推广活动中的宣传和引导作用,推进阅读文化更加深入广泛发展。联盟一经成立即引起热议,中宣部"每日要情"、市委宣传部"宣传工作动态"等均予以关注和报道。联盟在运作推广的过程中,自身不断发展壮大,已陆续吸纳浦东发布、上海虹口、上海地铁、新华传媒和上海图书馆等30余家机构公众号加入,至2015年12月,联盟成员总数已达58家。上海阅读文化新媒体联盟正在成为沪上推广阅读文化活动的强大新媒体平台。

二是注重活动策划。"书香上海"围绕精品图书、重大活动和重要时间节点策划推出主题活动。分别于元旦、春节、三八妇女节、4.23世界读书日、五四青年节、六一儿童节和国庆节等时间节点,以及解放书单、思南读书会、上海书展、ChinaJoy和中国上海国际童书展等重大事件发布或重要活动举行之际,推出年度沪上人气青年编辑大赛、"一地一书味"沪上青年作家新年荐书、"书香上海"出版社掌门人年度贺岁书单、"给为人父母的你"、"带一本书去旅行"及与中福会合作推出"向生活微笑"女性书单6次有较大影响力的互动活动。"书香上海"与上海阅读文化推广新媒体联盟各成员积极互动,紧密关注上海市优秀出版物的信息、实体书店、出版机构及社会公众组织的公益阅读活动并帮助做好宣传推广。全年联手举办大型活动2次,与粉丝互动赠送图书86种、220余册。成员之间的通力合作,让阅读推广的效果产生出"1+1大于2"的溢出效应。联盟推荐的新书好书信息引起传统媒体的关注,《旅游时报》和《i-时代报》等也积极予以摘编刊发。2015 上海书展闭幕后,“书香上海”及时启动新媒体阅读推广奖的评选,上海静安、上海音乐出版社、上海图书馆和魔法童书会等 10 个公众号获奖。岁末年初,“书香上海”联合上海市编辑学会,组织开展 2015 年度“沪上最具人气青年编辑”大赛,吸引全市 68 名青年编辑参与本次活动,联盟成员上海发布、各出版机构同节奏推广,引起沪上出版和阅读界人士的广泛关注,共引发转发阅读、点赞 10 万余次。

三是坚持轮岗交流。“书香上海”邀请和促成上海市出版机构派员到“书香上海”轮岗,壮大核心“亲友团”。截至 2015 年 12 月 31 日,已先后有上海交通大学出版社、少年儿童出版社、华东理工大学出版社、同济大学出版社、上海大学出版社、中国中福会出版社和上海文化出版社 7 家单位派遣优秀青年编辑前来轮岗。

(张　翼)

【作品版权登记保护应用平台建设】 进一步加强作品版权登记保护应用平台的研发工作,完善平台在版权开发、应用等方面的功能。2015 年,平台新增软件著作权登记资助申请模块,在线办理软件著作权登记资助的网上申请、初审、复审、付款清单制作和退款通知等相关工作,大大提高工作效率,提升服务品质。2015 年,平台收到来自上海市企业及个人网上申报 12 158 次,其中有效申请为 12 025 件,受理并审核通过 10 474 件,拨付金额约 800 万元。

(张　羽)

【韬奋纪念馆开通微信平台】 随着移动终端网络技术的发展,微信公众服务平台被广泛运用于博物馆公众服务中。为了提高公共服务水平,拓宽宣传渠道,韬奋纪念馆于 2015 年 6 月正式开通韬奋纪念馆微信公众平台。该平台运用微信技术与纪念馆原有业务相结合,提供展厅导览、纪念馆介绍、韬奋生平介绍、馆藏珍品陈列、活动资讯、参观指南、互动留言和网上预约等功能。实现纪念馆与观众之间文字、图片、语音、视频等全方位的沟通和互动,为公众带来更新、更全面的移动导览体验。

(王　晨)

【上海市数字出版企业信息综合服务平台通过验收】 “上海市数字出版企业信息综合服务平台”(以下简称“服务平台”),是市科委对上海数字出版产业科研课题研究设计提供的资助课题,由上海新闻出版职业技术学校(上海新闻出版教育培训中心)研制完成,并取得计算机软件著作权登记证书,于 2015 年 3 月通过市科委专家组验收,正式上线运行。服务平台是一个集企业年度信息在线申报、管理员在线审核、短信邮件通知、信息综合查询、统计分析、行业信息发布、企业展示、新产品展示和信息服务咨询等多功能、多服务的管理服务平台。平台不仅为管理人员提供对数字出版企业在线上报信息的逐项审核、查询、比对和统计等功能,也可以为打印和颁发互联网出版许可证提供数据支撑。课题的实施不仅简化数字出版企业申报材料的流程,同时极大地方便服务和管理,提高管理效率,课题具有较高的使用价值并符合行业发展的趋势。从

2015年起，上海市互联网出版单位的年检工作将采用该平台进行网上申报。

【新闻出版行业人才供需平台改版上线】 2015年，上海新闻出版职业技术学校(上海新闻出版教育培训中心)自主研发的“新闻出版行业人才供需平台”正式上线。平台具有企业信息(学校信息)管理、求职人员管理、信息发布管理、统计分析和应聘人员实习录用管理等功能，为新闻出版行业企业、学校、毕业生和求职者等提供网上职位发布、人才求职、职位查询、人才检索和企业信息发布等服务，同时为新闻出版行业人才、职位和薪酬分布等各类数据提供参考依据。平台取得了计算机软件著作权登记证书，并通过第三方权威机构的测评。

(刘　翔)

【上海新闻出版职业技术学校信息中心完成改建升级】 上海新闻出版职业技术学校信息中心改建升级是学校信息化建设重点项目，由学校计算机信息管理中心负责项目规划与实施。为学校教学管理、教学资源共享和实训管理等数字化校园服务提供信息化基础能力，实现教学手段的信息化，为学生提供更好的信息化服务。2015年12月，学校在计算机信息化管理基础能力建设中，完成计算机中心机房和数据管理系统的改建升级，增添刀片服务器系列、扩充网络磁盘阵列、加固数据安全防火墙、引入数据集成中心和统一登录认证平台、支持多平台系统应用。硬件和软件系统的扩容，使得数据的安全性得到很大提升，为教学信息化应用提供了支撑。学校校园网络更加畅通和安全，校园无线网络实现全覆盖，数据平台实现统一登录认证，教学资源存储总容量空间达50TB,满足教学管理、教学资源共享等方面的需要，满足多用户实时访问，师生享受信息化服务程度较高。

【数字出版发布平台建设】 数字出版发布平台建设是上海新闻出版职业技术学校信息化建设重点项目，由学校数字媒体技术应用专业教师负责项目规划与实施。为学校实训、教学资源共享、行业人才培养提供实践、生产平台。2015年9月，在上海市新闻出版局的指导下，在学校专业实训室建设中完成数字出版发布平台并投入教学使用，服务行业人才培养。数字出版发布平台是面向数字出版内容的、与计算机技术融合而成的一种全新的出版形态，传承了传统出版产品的优点，并用计算机技术深度表现传统出版内容的一种形式。平台支持epub、dpub、pdf、音频、视频等文件格式的发布与阅读。

(钟　勇)

【上海报刊数字化项目建设】 中国科学院上海硅酸盐研究所申报的全面提升《无机材料学报》学术影响力项目，将加强与科研战线的合作，积极争取优质稿源；加强刊物的选题策划；探索发行《学报》英文版；提升刊物数字化出版水平，力争把《学报》办成精品学术期刊。上海《自然与科技》杂志社申报的《科学教育与博物馆》学术质量提升工程，将依托学术视频与数字出版方案提供商超星公司移动互联网“域出版”技术，从加强选题策划、约稿组稿、奖励优秀论文和优秀审稿专家、传播力建设与价值链挖掘等方面着手，整体提升该刊的学术质量。上海科学普及出版社有限责任公司申报的“健康生活　有问必答”——基于移动互联网的科普服务平台项目，将依托移动互联网，实现线上线下相结合，即时与个人互动，传播健康、科学的生活理念，将健康生活信息推送给各年龄人群。上海材料研究所申报的《机械工程材料》学术创新平台项目，将建设工程材料技术创新服务平台，通过开辟专栏，发布前沿理论及技术；建立专家、企业数据库，推动产学研合作等措施，促进科研院校与企业之间的协同创新和资源共享。同济大学申报的建设上海科技期刊在线审读平台项目，将实现网络化在线期刊审读，可为行政管理部门实时有效地掌握舆情提供支持，有助于及时把握期刊出版动态，通过先进技术手段的引入，能够切实地提高管理服务水平。

2015 年文教结合项目上海高校学术期刊质量提升计划，继续支持市属高校学术期刊专业化、数字化、国际化发展。资助的项目包括：上海音乐学院《音乐艺术》申报的音乐图谱声像电子期刊建设项目，第二阶段将在创刊号基础上，继续研发新一年度的声像电子期刊，并探索电子期刊的载体形式及销售模式；上海大学《上海大学学报》(自然科学版)申报的高校综合类科技期刊数字化、国际化办刊之路径项目，完成 3 期电子刊物的 App Store 上线工作，并开发《上海大学学报》(自然科学版)Android 系统客户端，并实现正式上线运行；《上海理工大学学报》(自然科学版)申报的期刊立体化数字服务平台建设项目，运用现代数字媒体手段，改进编校、出版等流程，建设立体化的期刊数字服务平台，用于期刊的数字化和网络化宣传、电子网刊的发布、作者、读者群等信息交流；上海开放大学《开放教育研究》申报的在线英文学术期刊的开发、建设与运行项目，主要创办和运行“Open Education Research”在线英文学术期刊；上海师范大学申报的《高等学校文科学术文摘》数字化平台项目，实现《高等学校文科学术文摘》数字化转型，积极引进数字化专门人才和专门编辑人才，同时通过学术文摘、学术期刊、出版机构、国内外重点大学和研究机构的紧密合作，共同搭建专业化、数字化的学术研究服务平台；上海大学申报的《秘书》的数字化与多终端出版项目，对过刊内容进行筛选、整理和数字化处理，为下一步处理打好基础，并对《秘书》现有网站进行改版，适应数字化出版需要；上海大学《应用科学学报》申报的运用数据挖掘和精确匹配技术有效提升学术期刊影响力项目，以增强学术影响力为切入点，运用数据挖掘和精确匹配技术，研发论文精准推介系统，用于精准定位刊物受众，及时而准确地进行内容推介、专家聘请、信息反馈，以达到提升期刊质量的目的。

(周尚科)

上海市知识产权局

【概况】 上海知识产权(专利信息)公共服务平台是上海市专利信息传播利用的重要载体。截至 2015 年年底，网站累计访问量为 142 余万人次，平台注册用户 8 387 家，集团用户 84 个，自主建立专题数据库约 1 207 个，用户分布遍及包括港澳台在内的所有省级地区。

2015 年，平台以新材料行业数据库、漕河泾开发区 3D 打印数据库的建设和推广服务为重点，积极支撑行业或园区的专利信息服务工作。新材料行业数据库是2014年和2015年上海专利信息平台的重点工作，经过一年半多的建设周期，截至2015年6月数据库全部建设工作基本完成，于6月下旬交给用户并上网开通试用。信息平台还负责对委托单位进行培训，并与该行业协会一道开展了推广应用工作。新材料数据库包含新材料的各个类型共计870多个小分类，能为行业用户提供更专业、便捷、有效的专利信息检索和分析服务，得到行业相关单位的积极响应。同期，受漕河泾松江开发区委托，平台还支撑其建设了3D打印数据库，库的主要内容包括3D打印材料、3D打印设备和3D打印工艺等。在三大内容的基础上再进行技术细分，从而通过数据库中有关导航可很方便地了解细分技术中包含的国内外专利，大大方便园区内企业获取3D打印专利信息，增强园区的专利信息服务能力。同时，在数据库建设的基础上，每半年开展对新增3D打印专利数据进行专利分析，并及时为用户提交专利分析报告。

（丁文洁）

上海市绿化和市容管理局

【概况】 党的十八届四中全会报告中指出，"要持续推进新型工业化、信息化、城镇化、农业现代化的发展"。2015年，在国家信息化全面提速、行业深化改革和总结"十二五"成果、谋划"十三五"蓝图之际，上海市绿化和市容管理局（以下简称"市绿化市容局"）信息化工作继续保持良好的发展势头，强化应用服务支撑功能，突出信息共享功能，拓展网络云端集约功能，有力地支撑行业的管理，取得一定的效果。

【林业"三防"项目取得突破性进展】 现代林业是充分利用先进科学技术和信息化手段的林业，实现林业灾害防控信息化是全面推进现代林业管理的迫切要求。作为市绿化市容局重点任务，上海市林业"三防"项目前期工作体量大、技术性高、综合性强。根据《上海市林业"三防"体系建设规划》，按照"一中心、三平台、十二分中心、网格化"的工作思路，打造上海林业三防管理体系，对全市森林防火、疫源疫病监控以及有害生物防控等进行全方位信息化管理。2015年主要对林业"三防"项目中各监测点位进行了梳理，明确并实地踏勘了95个防火、158个疫源疫病和有害生物测报点，初步确定森林防火的技术路线和前期方案。该项目工程可行性报告初稿已编制完成，于10月底参加市发改委第一次评审，项目的审批进入提速阶段。

【综合监管平台完善项目进入冲刺阶段】 作为"十二五"期间首次获市级建设财力资金的项目，按时完成硬件系统环境、视频点的建设、接入和各应用系统的开发。同时，项目中相关主题库、一张图、固废监管系统和市容环卫质监系统等已于2015年12月上线试运行。至此，环卫条线业务已基本实现信息化全覆盖。项目建成后将实现固体废弃物综合监管和陆域环境质量的专业网格化管理；通过行业主题库和一张图建设，实现数据的整合和综合展示。

【上海绿化市容行业"十三五"信息化规划出炉】 市绿化市容局信息化发展是以连续3轮的五年规划为总体指导的。2015年，规划研究课题进一步深入，明确下一轮推动行业信息化的指导思想和主要任务，并在征询各主管部门意见后最终形成规划文本。规划指出，要以深化智慧应用为主线，强化大数据思维和应用为手段，按照"优服务、促管理、提能效、强决策、高智能"的工作思路，全面提高行业信息化水平。

【生态园林 APP"游园宝"提速行业服务现代化进程】 生态园林 APP"游园宝"于 2015 年 7 月正式上线运行，整合市绿化市容局辖内的公共信息服务资源，包括上海市 165 个特色公园、63 家信得过果园等市民出游所关心的热门资讯，并提供趣味互动及生活便民查询功能，为积极倡导和服务市民绿色出游提供全新的解决方案。同时，通过信息资源整合和应用功能的一体化开发，采取市场化运作模式达到服务民生的目标。

【掌上办公助推行业电子政务加速发展】 为有效解决办公场所的制约，实现智慧城市环境下的随身智慧政府办公，市绿化市容局从 2014 年开始进行"政府部门移动办公及移动端信息服务解决方案"科研课题的研究。为进一步加快移动办公 APP 的应用，2015 年建设行业移动办公应用示范，使办公信息可以随时随地进行交互流动，从而提升机关行政办公效率。

【网上行政审批工作进一步深化】 建设网上政务大厅、完善政府信息资源共享与开放，是"互联网+"时代提升政府服务能力的重大基础工作。根据上海市人民政府办公厅要求，2015 年，市绿化市容局通过"上海市绿化市容局电子政务大厅"项目的建设，将 39 项行政审批事项上网，用数据对接的方式将审批事项统一接入上海市网上政务大厅，实现了数据的实时交换和信息共享，通过对许可流程的管理与效能监控，进一步深化网上审批的全覆盖。

【无证建筑普查数据库的建设工作】 违法搭建是城市管理顽症之一，为配合全面掌握上海无证建筑的底数，2015 年市绿化市容局开展无证建筑普查数据库的建设工作，并在 9 月底完成第一版的部署。正式投入使用后，系统将实现市、区两级的数据采集、查询、统计等功能，为违法搭建拆除计划的制定和拆违工作提供准确的后台支撑。

【上海市建筑渣土卸点计量系统建设完成】 2015 年，市绿化市容局配套进行上海市建筑渣土卸点计量系统的开发工作。系统根据卸点计量、按量结算的原则，结合车辆 GPS 电子围栏进行计量，完善对渣土建设单位、运输企业的监管。

【上海绿化林业养护管理系统顺利建成】 系统旨在初步建立上海市全市共享的绿化林业养护信息平台，对上海市绿地、行道树数据、养护动态信息及日常监管信息等建立统一的信息管理系统，逐步实现上海市绿地养护的动态管理，为新形势下上海市绿化林业养护的监管提供依据。系统主要功能包括基础数据管理、日常巡检、专项检查、养护信息和归档信息等模块，并且在遥感解译数据的基础上，完成各区县绿地养护基本数据的处理工作。

【行政事务受理系统不断改进】 为适应"12345"热线工作要求以及各区县事务受理需求，2015 年，市绿化市容局对行政事务受理系统不断进行功能完善，并做好各类数据接口工作，实现两个系统紧密的互联互通。2015 年度升级改造涉及数据交互接口、部分业务流程的变更等多个方面，在完成“受理状态”、“对账信息发送”和“工单流转状态反馈”等接口工作的同时，调整与“12319”及浦东服务热线的数据接口，系统运行正常、稳定。

【森林资源管理系统完成升级改版】 2015 年是上海市森林覆盖率达 15%目标的考核年，为此，市绿化市容局启动森林资源管理系统的功能完善工作，一方面配合全市森林资源调查以及数据入库工作，另一方面根据业务管理需求，对数据统计汇总等功能进行修改完善。系统通过专题地图展示上海市森林、林木和林地资源的种类、数量、质量及其分布情况，实现对上海森林资源数据维护、抽取、查询、分析、更新等功能，为上海市森林资源管理水平提升提供技术保障。

【上海市园林绿化工程管理与服务系统不断完善】 随着上海市园林工程管理制度的不断优化完善，园林绿化工程的管理也在不断向精细化方向发展。2015 年，市绿化市容局在原有系统基础上，对园林绿化工程管理移动端功能模块整合、园林绿化工程项目进度、移动绘制、图库管理等功能进行优化升级，提高全市园林绿化工程数字化信息的采集效率。

【绿化林业遥感解译工作开展】 绿化林业遥感解译已成为市绿化市容局数据采集的一项常规工作。通过 2015 年的绿化林地遥感解译工作，客观掌握全市绿化林地覆盖面积、覆盖率等总体情况；获得各区县绿化林地分布图、各类绿地林地面积汇总统计数据、新增减少绿地林地 2014、2015 年对比图及列表等数据资料，为绿化林业数据更新、林木绿化率的考核提供了准确的数据依据。

【软件正版化工作成效显著】 推进软件正版化是实施国家知识产权战略、建设创新型国家的迫切要求，2015 年，根据市委巡视组的要求，市绿化市容局在软件正版化整改工作上采取“以点带面、不留死角”的方法，对列入重点审计整改的 6 家单位开展督导检查，并对其他单位进行突击抽查。截至 2015 年年底，市绿化市容局全局电脑 1 638 台，通过自查和整改，正版化率达 100%。

【强化政府信息资源社会化开发利用】 为促进政府职能转变和信息服务业发展，配合市政府工作要求，在 2014 年对外开放 9 类信息的基础上，市绿化市容局结合本行业的发展和社会需求，梳理 2015 年数据开放工作计划，2015 年继续做好实时、半年度和年度等 3 类共计 17 项信息的开放，进一步加强本行业数据开放工作的推进机制和保障措施，扩大数据资源向社会开放的范围。

【完成行业“数据仓库”与“一张图”平台建设】 2015 年，市绿化市容局利用数据仓库技术，对行业内 30 余个分散的信息系统进行梳理和分析，形成一个全行业数据仓库；把行业内现有的 GIS(地理信息系统 Geographic Information System，简称 GIS)系统通过“一张图”平台建设，实现各类行业空间数据的展示和查询，同时依托行业“一张图”，构建绿化市容地理信息共享服务平台。通过“数据仓库”的建设，实现整个行业数据仓库的一键搜索和查询。通过行业“一张图”建设，汇集行业林业资源分布、市民投诉情况分布以及行业视频信息等60余个专业图层，将管理人员所关注的信息以专题图的形式在地图上予以展现。

【2015年度上海市绿化市容行业信息化工作会议召开】 2015年12月1日，上海市绿化市容行业2015年度信息化工作会议召开，全行业各单位信息化分管领导、市绿化市容局机关各相关职能部门负责人员共100人参加本次会议。会议总结2015年全行业信息化工作开展情况，并对2015年的重点工作进行部署，同时，会议还为与会人员解读行业“十三五”信息化规划。

（王　平）

上海市民防办公室

【完成2015年国防教育日全市范围防空警报试鸣技术保障工作】 2015年，上海市民防办公室根据警报试鸣保障工作要求，在全民国防教育日(9月19日)组织全市范围防空警报试鸣。完成警报试鸣的各项技术准备、保障工作，完成全市警报终端设备的巡检工作；完成市级试鸣指挥部的各项技术保障工作，确保了各项系统的稳定运行，较好地完成此次试鸣各项保障任务。在此期间还积极依托市应急信息发布平台、上海民防网站、微博、微信等多途径发布提示预警信息。

【完成“网上政务大厅”市民防办审批事项的对接工作】 在2014年已完成与市网上政务大厅对接试点的6个项目的基础上，完善数据接口，做好日常巡检，确保数据交换正常。

在中国上海门户网站改版完成后按要求在门户网站后台提交申报新版行政审批办事指南，确保数据的及时准确性。在2014年提交的《上海市民防办公室单部门行政审批事项规范上网建设方案》基础上，按最新格式要求，编制完成并上报新版《上海市民防办公室单部门审批事项上网接入实施方案》和《单部门审批事项基本情况表》。

按市政府最新对接要求和标准完成市民防办审批事项的所有技术功能的接入。按单部门事项上网数据对接联通确认单的要求，逐项落实对接的要求，年内已按最新对接要求和标准在2014年试点对接的基础上，完成“窗口申请”的统一审批编码获取接口更新、回执单的改造、前置机的调试、短信通知功能的接入。此项工作已经市政府相关部门确认，完成2015年规定的任务。

【推进地下空间专业网格化管理项目建设工作】 上海市地下空间网格化管理系统旨在依托市网格化管理系统，借鉴有关部门专业网格化管理系统的建设模式和实施经验，结合地下空间管理工作的具体情况和特点，整合全市现有地下工程信息资源、推动信息共享和充分应用，建设一套覆盖全市范围内的地下空间专业网格化管理系统。作为市网格化管理工作在地下空间领域的延伸，主要建设内容包括：建设地下空间专业网格化管理综合数据库、地下空间专业网格化管理基础设施平台、地下空间专业网格管理系统、地下空间专业网格管理综合评价系统、地下空间专业网格管理的标准规范和地下空间资源整合与共享等。上海市地下空间网格化管理系统于2015年9月开始建设。

【车载系留气球监测系统的运维及后续应用】2015年12月基于车载系留气球的大气环境垂直观测在上海奉贤开展。利用上海市民防车载系留气球浮空平台搭载环保局环境监测设备进行大气科学观测。现场垂直观测历时一月有余,在上海环境污染最重的季节完成数十次垂直扩线的观测,监测与灰霾形成密切相关的颗粒物、臭氧以及二氧化硫、氮氧化物等因子,在污染浓度垂直分布、污染物区域输送、本地源积累、高架排放等诸多环境监测研究领域取得重要的科研成果。

【推进电子政务建设】

加强上海民防网站建设。根据市政府网站测评工作的要求,完成技术准备工作。根据《国务院办公厅关于开展第一次全国政府网站普查的通知》的要求,完成对民防网站的相关检查工作。对网站的信息公开专栏进行全面的梳理并及时整改,按要求新增信息公开依据、政府采购、财政信息等9个专栏,实现信息公开栏目内容更加清晰和规范。

做好网站的日常维护工作。及时开设"三严三实"专题教育专栏;为市民防办领导"走近防空警报试鸣"在线访谈直播、"512"防灾宣传、警报试鸣等做好网站的保障工作。

做好网站安全运行工作。根据重点网站运行安全监测的有关情况及时完善加固。完成网页访问监控软件功能升级。

做好上海民防官方微博的管理。做好日常微博信息工作,全年共发送微博信息2 778条。做好微博日常监督管理工作,共有粉丝49 534人。开展"微直播"、"微活动"工作,做好微博宣传工作。开展"微直播"3次,包括"上海市民防工作会议"、"512防灾减灾日"、"全民国防教育日"。

做好上海民防微信的管理。截至2015年年底共有粉丝4 807人。共收到用户消息1 463条,微信知识问答16期。

做好"12345"市民热线工单处理。日常做好工单收取与反馈工作,已按时按要求收取工单17条,全部办理完成。

做好办公自动化系统的功能优化。对系统进行完善和升级,新增打印控制插件,改进收发文和公文检索模块功能,梳理用户个人权限,为规范性文件系统增加数据接口。

继续做好行政审批应用系统技术保障工作。完成初步设计阶段、工程拆除模块、设计资质审批等模块的完善与新建。确定6个单部门行政审批事项规范上网建设方案试点事项及可在网上政务大厅公开的事项办理环节信息,做好开发实施的各项准备工作,按政务大厅对接要求,完善原有试点工作的接口程序并进行联调,已实现市办项目的数据对接工作。完成系统备份、用户权限新增修改等工作。配合审计局完成对信息系统的审计。

完成政务数据资源开放报送工作。根据《上海市政务数据资源共享和开放2015年度工作计划》相关安排,完成年度部门数据资源的注册和审核工作。将"应急避难场所信息"、"人防工程监理企业信息"等5类数据资源通过"上海市政府数据服务网"进行注册和审核,其中"行政审批事项办理状态信息"以应用程序接口方式开放。2015年10月底已全部完成注册和审核工作。

(陈奕平)

上海市国家保密局

【概况】 2015年,上海市国家保密局(以下简称“市保密局”)继续强化涉密网络保密管理,大力推进重要保密技术项目建设,持续完善保密技术设备配备应用,积极开展保密监督检查和保密技术监管,为全市党政机关和涉密单位的信息安全保密提供了坚实保障。

【进一步加强全市涉密网络保密管理】 一是继续加强涉密信息系统保密管理,基本完成全市已建涉密信息系统的测评工作,风险评估和审查工作稳步推进,上海市涉密信息系统测评审批工作在全国各省市中名列前茅。其间,市保密局强化服务意识,加强建设指导,及时做好涉密信息系统定级定密、方案论证、现场测评、风险评估等工作,为推进全市涉密信息系统规范化管理发挥重要作用。二是积极稳妥做好上海市电子政务内网建设保密管理工作。市保密局与市内网建设相关单位加强协作,及时推进解决内网建设中遇到的安全保密技术难题,完善建设实施方案和工作流程,为推动上海市电子政务内网建设与应用提供重要支撑。

【持续加大保密检查力度】 一是组织开展涉密网络保密检查。通过自查和抽查相结合的方式,对全市机关、单位的涉密网络、应用系统、涉密计算机、涉密移动存储介质进行全面检查。二是开展国有企业保密管理专项检查,检查覆盖全市647家市、区两级国有企业,针对检查中发现的问题,及时指导落实整改,协助做好后续核查和处置工作。三是开展抗战胜利70周年纪念活动专项保密检查。市保密局对全市部署保密管理要求,并对8家单位以及全市3 000余个电子政务外网和互联网门户网站相关信息开展专项保密抽查。通过上述各类检查,排摸、消除一批泄密隐患,强化党政机关、单位涉密网络安全保密防护措施。

【进一步强化保密技术支撑】 保密科研方面,完成《指静脉智能KEY研究与示范应用》子项目的科研攻关,下一步将探索试点应用;《虚拟化环境下的用户异常行为分析研究》等3个课题完成立项并启动科研攻关。装备配备方面,市保密检查大队升级检查装备,技术检查能力进一步提升。2015年内还进行信息安全保密科学技术专家委员会换届,人员组成和知识结构得到优化。

【各保密技术监管平台发挥作用明显】 市保密局通过涉密计算机违规外联监管平台及时发现多起违规外联报警;通过党政机关门户网站保密检查平台发现中标信息1 700余条;开展互联网网页保密信息检查约110小时,浏览网页约9 000多页;通过精确采集系统检查浏览10 000余条信息;通过社会网站保密检查平台检查7 000余条报警信息,通过区县审计系统监管平台及时发现各区县异常登录情况。针对技术监管工作中发现的问题,市保密部门及时核查原因,指导有关单位落实整改措施,杜绝工作漏洞和失泄密隐患,保密技术监管发挥作用明显。

【有力推进涉密人员保密教育实训平台建设】 2015年,按照国家保密局相关工作要求,市保密局在全国率先启动涉密人员保密教育实训平台建设项目,在深入开展考察调研的基础上,制定既符合上海市保密宣传教育实际需求、又融合上海特色和元素的平台建设方案。截至2015年年底，实训平台建设已顺利完成招投标工作，进入深化设计阶段。建成运行后，上海市涉密人员的保密教育培训工作将借助该平台进一步走上专业化、规范化轨道。

【稳步推进保密行政管理部门信息化建设】 市保密局完成全国保密系统视频会议系统建设，与国家保密局视频会议系统实现连通。指导各区(县)保密局完成全国保密综合业务网建设及调试联通工作。基本建成局OA系统并投入使用，实现局内各类公文网上流转处理，局所有对外发文网上传阅与存档。市保密局积极推进局综合业务网应用系统和上海市涉密载体销毁中心信息化建设，2015年年底已完成应用需求调研和硬件设备采购。

(汪宇雯)

上海市监狱管理局

【概况】 2015年，上海市监狱管理局(以下简称“市监狱管理局”)信息化工作把握“继承、深化、完善、创新”的工作主基调，以服务监管安全和教育改造主业为核心，全力做好信息化支撑和保障工作，较好完成全年各项工作任务和目标。

【“监房盒子”研发取得阶段性成果】 2015年5月，市监狱管理局科技处科研项目“监房盒子”顺利完成主板设计和调试工作。监房是监狱信息化终端设备最集中的地方，由于之前各类设备大多为独立网络，因此监房走廊的布线十分繁琐，增添新设备十分复杂，原有设备维护起来也十分困难。为了解决监狱信息化这一现实性难题，科技处成立“监房盒子”科研项目，参考智能家电的思路，计划设计出一种智能“盒子”，实现“一张网络、自由扩展、主动告警、应急遥控”的功能，即通过“监房盒子”，将所有监房的信息化终端设备如各类感应器、报警器、监控、对讲等全部集成在一张网络内，凡终端设备新增或调整，只需在“监房盒子”上进行相应操作，无需另外布网。此外，“监房盒子”还可以实现故障自动报警、智能照明、应急遥控等功能。

【“上海监狱”微信公众号开通】 为做好狱务公开信息化保障工作，落实《市监狱管理局深化狱务公开推进工作专题会议纪要》的要求，2015年7月24日，市监狱管理局开通“上海监狱”微信公众号。该微信公众号由市监狱管理局办公室和市监狱管理局团委负责内容建设和信息发布。发布内容涵盖监狱干警队伍建设、罪犯教育改造、监狱执法工作、监狱历史文化等多方面内容。截至2015年年底，“上海监狱”微信公众号共发布信息116条，阅读量达221 092人次。

【完成视频监控系统标准符合性测试工作】 2015年8—9月，市监狱管理局科技处联合公安处、狱政管理处以及纪委、监察室开展局首次视频监控系统标准符合性测试工作。测试工作地点选择在五角场监狱，历时近两个月。本次测试参测品牌选择，采取基层单位推荐、厂商报名和邀请国内知名厂商的方式，组织9家厂商参加测试。测试内容主要有摄像机的标准符合性、图像质量、编码规范与效率、接口功能等，以及监控平台的兼容性、易用性等。本次测试通过抽签决定测试顺序、外聘公安部第三研究所和上海市公安局等第三方专家、主观性项目盲评以及纪委、监察室人员现场监督方式确保测评过程的公正性。通过要求厂商提供单品及系统报价的方式摸清监控系统建设成本，为视频监控项目的立项评审提供依据。视频监控系统标准符合性测试工作有利于进一步统一全局视频监控系统的建设标准，为市监狱管理局逐步探索信息化建设的准入制度作有益尝试。

【推进虚拟换证系统项目建设】 2015 年 8 月起，为进一步加强监狱人员进出管理、提高监管安全系数，根据市监狱管理局统一安排，局科技处和公安处积极指导和督促各监所开展虚拟换证系统建设。根据事先规定的时间节点，各监所高度重视，积极行动，建设任务顺利推进。截至 11 月底，全局各监狱完成虚拟换证系统的设备安装、调试等建设任务，并开展培训工作。其中，青浦监狱、军天湖监狱、白茅岭监狱、吴家洼监狱、四岔河监狱、女子监狱、宝山监狱 7 家监狱的虚拟换证系统投入使用。

【举办全局信息技术培训班】 2015 年 10 月 15—16 日，市监狱管理局在司法警官学校举办信息技术培训班，全局 16 家基层单位，共 50 余人参加培训。本次培训的主要内容一是由局科技对《局信息化建设“十三五”规划(送审稿)》进行解读；二是由外单位专家就信息化项目管理、业务流程再造和日常运维，以及信息安全管理与实践进行专题授课；三是由局科技处对近期修订的制度文件进行解读，并征求意见和建议。本次培训，进一步丰富参训人员的项目管理知识，增强信息安全意识和安全事件的应急处置能力，促进参训人员对全局信息化建设发展方向的理解和把握，对市监狱管理局信息化工作起到良好的促进作用。

【皖南两监狱狱内远程法庭建成开通】 2015 年 12 月 12—13 日，市高级人民法院副院长盛勇强、茆荣华一行在市司法局党委书记、局长郑善和的陪同下调研指导皖南两监狱狱内远程法庭建设工作，并出席在白茅岭监狱举行的市高级人民法院、市监狱管理局减刑假释远程审判系统暨市第一中级人民法院、市第二中级人民法院安徽、江苏远程法庭开通仪式。盛勇强与郑善和共同为远程法庭揭牌，市第二中级人民法院院长顾伟强就第二中级人民法院辖区远程法庭建设开通工作作情况介绍，并现场观摩远程审判开庭。远程法庭的开通，减轻往返劳顿，避免提讯、审理过程中的潜在风险，有利于节约诉讼成本，优化司法资源；有利于提升审判效率，提速案件审理；有利于保障罪犯权力，确保司法公正；有利于深化司法公开、狱务公开，促进司法、执法透明。市高级人民法院、市第一中级人民法院、市第二中级人民法院主要领导，市监狱管理局局长吴琦、副局长刘金宝以及来自上海法院、市司法局、市监狱管理局的相关工作人员共 70 余人参加仪式。

【编制信息化建设“十三五”规划】 2015 年 12 月，市监狱管理局经过充分的调研、起草、论证和修改，完成《局信息化建设“十三五”规划》编制工作，为未来 5 年局信息化工作指明方向。8 月 5 日，市监狱管理局党委书记钟杰专门作出批示，要求市监狱管理局科技处认真做好规划的学习调研和论证工作。8 月 17 日，局长吴琦专门听取市监狱管理局信息化建设“十三五”规划编制情况的汇报，并提出工作要求。8 月 12—26 日，副局长宋烈分别在局机关、司法警官学校和南汇监狱主持召开 5 个座谈会，广泛听取相关人员对《上海市监狱管理局信息化建设“十三五”规划》的意见和建议。12 月 2 日，市监狱管理局科技处在女子监狱召开市监狱管理局信息化“十三五”规划专家评审会，市经济信息化委信息化推进处（大数据发展处）副处长裘薇以及处室工作人员参加评审。会上，各位专家对市监狱管理局重视规划工作的做法表示赞赏，对规划的内容表示肯定，并结合局历年信息化项目预算申报工作，从进一步明确系统整体架构、进一步加强应用软件开发和应用力度、进一步充实信息安全规范标准等方面提出意见和建议。

【探索大数据建设】 2015 年，市监狱管理局为破除消息孤岛、整合系统内外部数据资源，积极探索综合数据库建设。一是开展数据标准和数据编目建设。按照司法部数字标准，结合局现有数据现状，以罪犯相关数据入手，着手建立全局数据标准；完成 12 个应用系统的数据编目工作。二是开展数据清洗工作。首先对涉及罪犯的相关数据进行清洗和整理，完成 360 张数据表、4 800项数据字段的整理工作，完成原有狱政系统、综合治理系统、亲情电话系统和亲情会见系统 9 000 余万条数据记录清洗工作。三是初步完成“上海监狱大数据平台”开发工作，可实现全局数据一门式全息查询功能。四是积极与市法院系统各单位沟通，启动与相关政法单位数据交换工作，获取 49 656 份刑事起诉书和 53 109 份刑事判决书的电子文件。

（冯立章）

Shanghai
Informatization

第四编　经济领域信息化

综　述

2015年，上海在深入实施“两化”深度融合、增强产业创新动力、推进产业转型发展等方面实现新突破，基本形成了由人才、标准、研究等基础性工作，企业信息化集成、智慧园区和智慧商圈建设、重点领域信息化等提升性工作，智能制造、产业互联网、工业大数据等创新性工作，以及信息基础设施、信息安全等保障性工作组成的“3×3＋2”推进模式。

上海农业信息化工作主要是加快转变农业发展方式、提升农业产业化水平、增强农产品供应保障能力，完成农业物联网区域试验工程首轮计划，进行食用农产品安全溯源及档案电子化，建设涉农补贴资金监管平台和“三资”监管平台。同时不断推进“农业＋互联网”的创新应用，构建新型农业生产体系。

金融方面，上海各类资本市场主体继续加强集聚态势，证券、期货、基金、保险业交易量持续上升，信息化水平进一步增强，积极应对信息安全挑战，拥抱移动互联网、大数据等技术，为互联网金融的发展做出贡献。

电子商务方面，上海电子口岸建设持续推进，发布国际航运中心门户网站，完成上海自贸试验区信息共享平台(一期)、跨境通平台的主体功能开发。上海电商交易额持续上升，电商交易结构基本稳定，快消品电商发展势头良好，跨境电商不断促进传统外贸转型升级，移动电商向生活领域拓展。

旅游方面，不断推进旅游公共服务，促进智慧景区建设。围绕全面提升上海旅游公共服务能力、行业监管能力、预警预测能力和应急管理能力，汇集旅游行业信息和城市涉旅信息，整合市局各信息化业务系统，构建旅游信息系统。

第一章　信息化与工业化融合

概　述

2015年,继续推进"两化"深度融合。国务院印发的《中国制造2025》把推进"两化"深度融合作为9大战略任务之一。上海在深入实施"两化"深度融合、增强产业创新动力、推进产业转型发展等方面实现新突破,基本形成了"3×3+2"的工作推进模式,以传统产业改造提升和"四新"经济培育发展为目标,助力上海建设具有全球影响力的科技创新中心。

一、重点工作

【推进企业首席信息官制度建设】　举办首席信息官论坛暨上海首席信息官联盟成立大会,上海CIO联盟正式成立。启动开展优秀CIO和产品评选、首届"两化融合"创新高峰论坛、信息化大咖走进金山、专题交流近20场次活动;联合中国浦东干部学院等启动的上海首席信息官培训工程,被纳入上海市经济和信息化人才发展"十三五"规划。此外,由上海首席信息官联盟推荐的上海地区22名候选人中,有14位当选全国优秀首席信息官,6位当选全国百佳首席信息官。

【全面推进两化融合管理体系贯标试点】　联合上海市国资委、行业协会和园区等,在全市范围内进行广泛动员和宣贯培训,启动开展企业"两化融合"评估诊断和对标引导工作;首批8家贯标试点完成达标评定,2015年新增试点企业29家,由市经济信息化委牵头协调,48家试点企业、3家服务机构、1家评定机构和多家全国或地方性服务机构参与协同的推进格局日益健全;分类分批召开贯标动员会、交流沟通会、专题培训会、供需对接会等约20场次;建立企业贯标工作、年度测评工作推广和跟踪反馈机制，通过企业贯标和等级评定，促进两化融合管理体系的社会化；推动上海市信息化发展专项资金支持贯标试点，对达标企业给予一定资金支持。

【夯实两化融合综合支撑体系】 发挥4个研究中心和10个重点实验室的支撑作用，如编印2015年度上海信息化与工业化融合发展报告，正式发布2014年度上海市"两化融合"发展水平评估报告，较2010年提高近12分；依托上海社会科学院启动《上海市两化融合"十三五"规划》编制；依托上海华东电信研究院启动工业大数据专项课题研究，调研相关重点企业约30家，编印工业大数据典型案例，并开展重点工作思路研讨和系列宣传报道。

【推进制造业高端发展和"四新"经济培育】 聚焦钢铁、装备制造、汽车等重点产业，围绕传统产业信息化改造提升，推动传统企业开展新技术新模式创新、产业服务公共平台建设和信息化系统集成应用等，积极推动以"互联网+"为主线的"四新"经济发展，新增创意经济、工业物联网、移动互联网等热点领域，抓手型领域从36个扩展至41个，以"四位一体"（创新联盟＋产业基地＋产业基金＋人才基地）的工作模式加以统筹、分类推进，开展85家"四新"经济创新基地试点，智慧医疗、智慧交通、互联网教育、BIM（建筑信息模型 Building Information Modeling，简称BIM）等一批产业联盟相继成立。

【深入推进智慧园区建设】 已完成3批共30家智慧园区试点单位申报认定，加强重点项目建设落实，编制完成上海市智慧园区建设指南和标准化体系研究，推进世博、虹桥商务区、国际旅游度假区开展智慧园区规划，推动智慧园区信息化试点示范的建设指南编制。以推进智慧商圈建设促进传统商业转型发展。认定徐家汇商圈等7家单位作为首批"智慧商圈"创建活动试点单位；依托市智慧园区发展促进会、华东电信研究院，研究形成智慧商圈发展水平评估体系；结合信息消费节、智慧城市体验周等，开展多种渠道的智慧商圈推广；整合商圈信息化相关各方，发起智慧商圈创新联盟，形成市场化推进机制。

【推进互联网与工业融合创新试点】 中国东方航空股份有限公司等3家企业列入国家工业和信息化部（以下简称"工信部"）2015年互联网与工业融合创新试点企业名单。推进"工业云"创新服务试点，支持一批服务特定领域、示范带动效应明显的"工业云"平台，聚合一批制造业和生产性服务业领域云服务资源；制定相关技术服务标准与规范，推动平台标准、服务规范和安全可靠性研究，形成阶段性成果；加强"工业云"宣传推广，打造上海"工业云"创新服务品牌。发展工业电子商务，重点围绕宝山区钢铁主导产业，构建"1＋6"电子商务平台体系，即以工业电子商务平台为支撑，构建涵盖智能制造、供应链金融、大数据分析、钢贸交易、研发设计、物流配送6大类产业服务的钢铁行业综合服务体系。宝山区被认定为全国首家"中国产业互联网创新实践区"及全国6家"国家工业电子商务区域试点"之一。

【开展工业大数据前瞻研究布局】 鼓励企业大数据应用，引导企业利用数据感知技术，加强生产制造和管理经营过程中的数据采集，通过对工业大数据进行分析处理，增强企业预测、预判和预警能力，优化企业研发设计、生产制造和经营管理。推动建设产业大数据平台，加强行业、市场和社会数据的收集整合，建立专业数据库和大数据系统，支持第三方大数据平台建设，促进长三角、全国以至全球数据资源在上海集聚，鼓励开展数据深加工服务。开展《上海市促进工业大数据集成应用研究》，形成工作思路；围绕智能化生产、协同化管理、平台化服务、个性化定制和大数据应用安全等方向，支持引导一批工业大数据重点示范项目。

【加强重点领域工控安全】 将工控系统信息安全事件纳入《上海市网络与信息安全事件专项应急预案》管理，开展上海市重点行业、企业工控系统信息安全现状调研和重点工控单位信息安全标准宣贯，启动电力行业工控系统安全加固示范工程。推动工控系统信息安全监测预警、监测评估等技术服务平台及支撑能力建设。加大对信息安全产业和重点项目的资金支持，推动网络信息安全服务方向的“四新”经济发展，强化重点领域信息安全自主可控。

（张　诚）

二、支持机构

研究中心

【信息化与工业化融合研究中心】 作为市级“两化融合”研究中心，2015 年，上海市推进信息化与工业化融合研究中心开展了“两化融合”综合性研究与推进工作。完成 2014 年度上海市信息化与工业化融合发展水平评估工作，形成 2014 年度上海市信息化与工业化融合发展水平指数，编制发布《2014 年上海市信息化与工业化融合发展水平评估报告》；参与编制信息化与工业化融合年度报告，该报告纳入《2015 年度上海产业和信息化发展报告》系列丛书。

“两化融合”支持项目评估工作，针对不同年度信息化发展专项资金支持的“两化融合”项目开展评估工作，通过调研，逐一总结项目实施情况、创新亮点和成效，编制年度“两化融合”项目建设情况报告和项目单篇分析报告；承担并完成国家工信部区域“两化融合”发展水平评估（上海）工作。完成区域“两化融合”发展水平评估企业调查指标数据报送工作；为 2015 年中国“两化融合”发展水平评估报告提供信息支撑；承担上海市企业“两化融合”管理体系对标引导服务工作；开展信息化与工业化深度融合实践分析工作，形成“两化融合”案例集初稿；完成宝山区“两化融合”发展水评估报告；完成工业云应用系统可靠性评估课题研究。

（曹惠芳）

三、“两化融合”实践区

浦东新区

【概况】 新一轮科技革命和产业变革呼唤加快推进信息化与工业化深度融合。“十二五”以来，浦东新区作为上海市“两化融合”实践区的核心区域，重视信息化对提升产业能级的“催化剂”作用，通过紧密围绕上海市“两化融合 1010 工程”、围绕产业转型升级的战略要求，尤其是紧扣移动互联网、物联网、云计算、大数据等新兴技术发展契机，推动信息化在电子商务、智能制造、金融业等领域进一步深度融合发展，重构企业内部的组织架构、生产、经营、融资模式以及企业与外部的协同交互，实现产业间融合与产业生态协同发展，催生出一批“四新经济”(新技术、新产品、新业态、新模式)企业，信息化在工业制造、产业协作等企业级应用领域具有巨大的发展空间。

【加大互联网与工业融合创新政策支持】 发挥财政资金的杠杆效应，以政府资助的形式，推动企业实施“两化融合”发展战略。“十二五”以来，浦东社会领域信息化专项资金带动企业创新，实现财政资金的 3 倍放大效应，覆盖智能制造、现代农业、现代服务业、互联网金融业等行业。

【优化智慧城市信息基础设施建设】 浦东基础网络建设水平已完成“十二五”规划总体目标，通过着力推进城市光网升级、无线城市完善等计划，逐步形成以“光网＋无线”为主的城市网络体系。

【电子商务成为“两化融合”重要支撑】 自国家工信部批准浦东新区成为“国家电子商务综合创新实践区”以来，电子商务成为浦东新区推进“两化融合”的关键内容，在加快传统产业改造、助力中小企业发展、拉动内需和促进就业等方面发挥重要作用。一批优秀电子商务企业在浦东脱颖而出，例如第三方电子支付企业、大宗产品电子交易企业、网络营销服务企业、行业电子商务平台企业等，都已逐渐成长为推动产业跨越发展的中坚力量。电子商务正成为众多企业拥抱互联网、实现“两化融合”的重要路径。

【形成有利于两化深度融合的良好氛围】 搭建两化深度融合交流平台，召开上海浦东智慧城市高端研讨会、中国(上海)智慧城市创新发展峰会、“两化融合”主题研讨会等，推广两化深度融合发展理念。召开多次“四新经济”企业座谈会，深入了解企业发展现状和诉求，积极推动“四新经济”企业和资金市场对接。

【“两化融合”提升企业行业整合力】 在商贸业、物流业等领域，通过深度应用信息化技术，很多企业在业内的整合力和影响力得到了极大提升。上海西本物流、锦商网、东方钢铁电子商务有限公司和“我的钢铁网”等商贸企业，利用新一代信息技术开展业务流程改造、拓展新的业务领域，成为钢贸行业的领导者，使浦东成为全国钢铁行业资源配置中心；物流企业通过信息化整合企业管理和业务流程，为客户提供更为精准和高效的物流服务，在物流行业的影响力不断提升。

【生产型制造向服务型制造转变】 生产型制造向服务型制造转变是全球制造业的大趋势。浦东众多制造型企业通过深入融入信息化技术和模式，围绕制造业生产、加工、装配等核心环节，逐步构建起现代制造服务业的业态。例如“良信电器的柔性定制化制造”，将生产模式向大规模柔性定制方向变革。利用互联网技术进行大数据分析，及时准确地了解客户需求，处理生产环节产生的数据；利用物联网技术，将产品与生产设备联网，对市场要素与生产流程进行动态化、智能化配置管理，实现定制化生产。

【IT企业向平台化服务转型】 IT企业利用其信息化和物联网技术优势，通过优化行业业务流程，搭建统一服务平台，以“平台＋终端”重构服务模式，实现规模化服务价值。如“可鲁能耗监测服务云”通过为工业企业提供实时的能耗监测，不仅实现浦东的工业企业在线能耗监测，更加速辐射国内其他地区。

【信息技术成就新模式与新业态】 “两化融合”正在推动实现产品升级换代。如振华重工(集团)股份有限公司的自动化码头和远程技术融入工业物联网等新兴信息技术，成为行业引领的关键因素。上海浦东新区沪东建设发展有限公司基于信息化的新型社区服务模式改变了传统的物业管理模式。在信息技术集成的机器人领域，弗徕威智能机器人公司将服务机器人打造成全新智能硬件，成为业内引领性企业。

(蒯晓豪)

四、企业信息化应用

宝钢集团有限公司

【概况】 2015年，宝钢集团有限公司(以下简称“宝钢”)面对严峻的行业态势，围绕数字化宝钢建设，通过管理创新与信息技术创新结合的方式，有效地支撑公司战略管控模式的贯彻执行以及子公司商业模式的创新。

【云计算助力企业信息化建设】 为降低信息化基础投资、提高信息系统稳定性和可扩展性，集团下属各分/子公司加速了信息系统入云节奏，2015年有45套应用系统迁入“宝之云”。截至2015年年底，已有184套信息系统、311套IT基础环境运行在“宝之云”中。

随着“互联网+钢铁”理念在宝钢落地生根，欧冶云商股份有限公司(以下简称“欧冶”)应运而生，“欧冶云”也落户“宝之云”。“宝之云”共为欧冶旗下各公司提供48套应用系统、66套IT基础环境，有效支撑宝钢在互联网大潮下的新业务探索与实践。同时，为保障企业生产经营的业务连续性，“宝之云”同城灾备数据中心建成，并已具备为信息系统提供最高级别（等级 6）的灾备服务能力。

持续推进智慧工作平台的优化和覆盖实施，有效提高整个集团的办公和协同效率：在原有公文、联络件等移动应用的基础上，陆续拓展移动小秘书、移动任务管理、移动出差请假、移动订阅等应用。同步发布《宝钢移动应用管理规范》，实施公共移动应用对全员的开放授权，使普通员工随时随地办公成为现实，进一步利用碎片化时间。统一各业务系统接入平台首页“我的待办”的规范，实施近百个业务待办接入智慧工作平台，为员工办公提供便捷通道。

【覆盖实施方面】 实现平台对欧冶云商、韶关钢铁集团有限公司（以下简称“韶关钢铁”）的覆盖，完成宝钢国际经济贸易有限公司（以下简称“宝钢国际”）、梅山钢铁股份有限公司（以下简称“梅钢”）、宝钢特钢有限公司（以下简称“宝钢特钢”）、上海宝信软件股份有限公司（以下简称“上海宝信”）由协同办公平台到智慧工作平台的升级，基本实现集团范围内各分/子公司的互联互通，大大提高跨组织办公和协作的效率。

加快财务相关系统建设和推广覆盖，提升财务管理和决策能力：完成标准财务系统对上海宝钢金属贸易有限公司（以下简称“宝钢金属”）、韶关钢铁的覆盖工作，启动系统对上海宝地置业有限公司（以下简称“宝地置业”）、宝钢资源控股（上海）有限公司（以下简称“宝钢资源”）的覆盖工作，推动各覆盖公司财务管理制度、内控规范的全面梳理和流程再造。启动并实施了财务信息化建设相关项目，全面提升财务专业管理能力、决策支持能力、体系管控能力、专业服务能力。组织、落实国资委、财政部各项监管要求，强化内部基础规范管理，优化财务信息化评价指标体系，推动 XBRL（可扩展商业报告语言 eXtensible Business Reporting Language，简称 XBRL）平台研发及推广实施。

【持续推进人力资源系统优化】 按照标准功能全覆盖目标，对 29 家公司实施人力资源系统的覆盖。继续优化和完善系统，网上实施共享服务（包括：在职证明、收入证明、公积金提取证明、员工信息自助），并扩展共享服务单位 12 家。完成人力资源管理系统（eHR）系统提升领导人员信息管理，加强数据安全管理专项，完善薪酬总额管控功能。

【宝钢科技管理系统支撑科技创新体系】 2015 年，系统新增科研项目立项 936 项，结题科研项目 911 项，外协合同签订 420 项，专利受理 1 150 项，专利授权 849 项，技术秘密认定 1 562 项，合理化建议提出 103 474 条，合理化建议采纳 83 047 条，自主管理课题登记 4 069 项。以信息系统为抓手，将宝钢湛江钢铁有限公司（以下简称“湛江钢铁”）快速融入宝钢科技管理体系。完成宝钢科研外协管理子系统升级改版，实现外协单位自动推荐、外协收费报价数据字典、外协资质复审、外协费用报支科目细分等功能升级改造。

宝钢工程项目管理系统持续支撑对固定资产投资计划的管控，以及对子公司工程项目的过程管理。2015 年，系统新增工程项目 370 个，新增合同 8 000 份。功能优化方面，开发文档在线编辑和批阅功能，进一步提升宝钢工程项目在线管理水平，保证了过程管理数据、文档的准确性和完整性。与宝钢档案信息资源系统协同，实现从立项、设计、投资、建安、设备采购、施工到财务管理模块的电子归档功能，解决线下归档工作繁琐、效率不高、业务数据与归档文件不匹配的问题。

【优化档案信息资源管理系统】 进一步优化档案业务管理和档案利用功能，在线归档宝钢工程项目管理系统的项目资料和合同、采购供应链系统的资材备件，以及原料采购相关合同文件，利于历史资料再利用。完成系统对宝钢化工、湛江钢铁的覆盖，梅钢属地档案管理系统已完成公文归档的试运行。

【推进信息安全和软件正版化】 优化商业秘密保护系统，提升网络安全服务。继续推进宝钢云盘使用，完成国资委商业秘密保护工作试点，并在成都会议作经验介绍。升级宝钢邮箱，改进 VPN(虚拟专用网 Virtual Private Networks，简称 VPN)网络，完善认证服务，提升公司重要系统安全性。推进软件正版化工作，完成新一轮防病毒软件的选型、需求收集、与供应商谈判等工作，平稳实施从进口到国产防病毒软件的迁移。

宝钢集团下属在沪子公司

【宝钢股份有限公司】 全面开展“智慧制造2016—2021专项规划”，形成系统性的智慧制造规划方案，确定了面向钢铁产品全生命周期，以提质增效、高效协同为中心，以物联网、互联网、云计算、大数据等新技术与宝钢股份有限公司(以下简称“宝钢股份”)全供应链的深度融合应用为基本路径，逐步实现制造装备、全供应链管控、分析决策过程的智能化，构建集智能装备、智能工厂、智慧运营于一体的智慧制造体系，提升成本、品质和服务。

根据“国家智能制造示范试点要素指南”，结合专项规划，选择钢铁制造核心环节“热轧1580车间”开展智能工厂试点，通过网络技术、自动化、大数据、工业软件技术的交叉融合，打造流程工业示范工程，重点在物流自动化、热轧生产过程微数据感知、多源异构数据实时互联、新一代热轧控制模型等工业大数据先进应用、基于知识自动化技术的生产计划排程、工厂智能仿真可视化、能源介质综合管控与优化七个方面开展关键技术攻关。该试点获得工信部2015年智能制造示范试点资格，是钢铁制造行业唯一入选的示范点。

按照以点带面、先易后难的工作指导方针，从智慧装备(装备自动化提升)、工厂管理优化、供应链运营优化纬度，选择运输部码头库、冷轧厂1730 C008库区及行车自动化改造、产品全流程物料跟踪及成本盈利分析等8项试点项目，为公司推进智慧制造积累经验。

完成宝钢股份总部制造管理系统、采购供应链系统、生产物流管理系统、一体化销售系统、数据仓库系统对湛江钢铁的覆盖实施。启动宝钢股份存货日库存管控系统、宝钢在线及移动营销服务平台改造等15个信息化A类项目，提升营销电子商务、内部支撑系统的信息化能力。

【宝钢不锈钢有限公司】 从适应和支撑宝钢不锈钢有限公司(以下简称“宝钢不锈”)一体化经营方针出发，协同本部与德盛两地销售、采购、研发业务，对一体化销售、物流管控、财务、德盛属地产供销系统等多个系统开展全面的业务功能改造，按三个阶段完成合同下发、合同变更、合同封锁、现货申报、质量外设计、质量异议、三单结齐等功能。同时，从信息化管理角度总结提炼，撰写并申报“宝钢不锈日经营管控系统”管理创新成果，荣获宝钢集团一等奖、钢协二等奖。在风险控制方面，完成直销信用风险管控项目，解决控货实发功能（催款提示、信用控货），预防信用风险。建立统一的客户信用档案和标准的销售客户信用政策评价体系，对合同信用风险审批流程进行梳理，预设阈值比例进行剩余信用额度的提示，科学地规避潜在的风险点。

【宝钢特钢有限公司】 2015 年 5 月 23 日，宝钢特钢数据仓库系统 HP 8640 主机顺利搬迁至罗泾云中心并恢复对外服务，标志着系统入云项目已全部完成，全面进入云计算时代。解决了信息系统硬件设备老化引起的诸多问题，该项目开创宝钢属地制造管理系统入云的先河。

【宝钢资源控股(上海)有限公司】 配合宝钢资源的成立，优化调整多组织经营管理系统，快速高效地支撑公司正常运营。完成资源信息系统云环境迁移，借助云平台信息安全体系，提升系统安全水平。优化风险管理系统，加强风险监控，提升业务风险分析和防控预警；投资建设车宝网电商平台，并于 2015 年 4 月正式运行。秉承“专门为拆车厂服务”宗旨，结合“互联网+”理念，通过 O2O 方式，面向报废车主、拆车厂、零配件需求方等上下游客户，提供便捷、统一、可控的服务体系。已有 15 家拆车厂入驻全仕宝平台，注册用户逾 3 500 个，累计交易额达 3 000 多万元；初步建设上海矿石国际交易中心交易系统，完成会员管理、仓库管理、仓单管理、交易管理的部分功能。交易系统通过上海自由贸易试验区组织的上海大宗商品现货交易评审委员会专家评审，并获得批复，计划于 2016 年第一季度正式上线运行。

【宝钢金属有限公司】 对接宝钢统一客商管理平台，实现宝钢金属的统一客商管理平台建设。完成了移动技术深化应用的规划设计，实施合同管理、动态库存管理两大移动应用。与标准财务系统覆盖实施配套，金属制品板块完成宝钢型钢有限公司 ERP(企业资源计划 Enterprise Resource Planning，简称 ERP)、南京宝日钢丝制品有限公司 ERP、南通线材制品有限公司 ERP 及江苏宝钢精密钢丝有限 ERP 系统的改造；宝钢气体板块完成了 ERP、工厂设计管理系统的改造；贸易板块完成了钢材贸易系统的改造。

【宝钢工程技术集团有限公司】 推进项目核算管理平台建设，将工程项目、科研项目人员工时纳入项目成本管理范围。实现了总部及工程技术事业本部、宝钢节能资金计划在线生成、审核管理流程，提高了资金计划准确度和资金周转率。与工程技术业务扁平化管理要求配套，完成智慧工作平台、eHR、全员报支系统的适应性调整。与工程设备和工程服务采购一体化、项目和营销协同支撑配套，形成信息系统实施方案，有力地推进了公司业务整合。成立数字化设计云平台(宝数云)建设项目组，并完成宝数云平台环境建设、协同设计系统应用两个试点项目的委托。

【宝钢化工有限公司】 持续开展经营管理系统优化工作。开发库存可视化报表、销售合同综合分析报表等功能，实现原料中间品产品库存、厂外库、合同量、合同在途量等数据的透明化。完善合同逐级审批功能，增加合同操作履历记录，增加合同变更审批、价格审批等敏感业务的审批流转。

【华宝投资有限公司】 启动经营数据平台建设，为公司快速响应市场变化及业务发展决策的制定提供有力的数据支撑。华宝信托信息化建设有效支持代销服务、单一信托管理、财务抛账和欧冶金融服务。同时，实施一系列信息化基础环境安全改善和虚拟化服务，安全工作取得上海市企业管理现代化创新成果二等奖和宝钢集团管理创新成果二等奖。构建 SOC 应急中心，实现从救火式运维到预警式运维的突破，实现从技术到服务、从响应到预防、从运维到运营的转变。

华宝兴业基金管理有限公司完成新三板交易系统测试及上线，港股通交易系统测试及上线、港股通估值系统测试搭建及升级，实施美元份额基金、添益场外份额、平安委托理财、投研系统等改造。华宝证券有限公司在互联网领域积极开拓，结合客户的业务需求以及行业发展趋势，践行电商核心战略目标，实现网上营业厅从无到有的突破，与上海证券交易所合作的易富宝，通过敏捷式开发，全部业务功能均已上线，实现开户、第三方支付、账户管理、交易、清算等多项突破。

【宝钢发展有限公司】 用信息化手段支撑和推进各项业务发展，上线工业品电商平台，并将公司下属主要业务单元的采购业务切换至该平台进行交易，使客户供应商与各业务单元的信息传递与服务更加规范、透明。完成生活品电商平台（七彩生活）的上线试运行，以生活服务类业务为载体，搭建“医食住行游乐学”生活类一站式综合服务平台。完成健康体检管家的上线运行，为员工提供体检服务。完成湛江资源再生管理系统和湛江包装管理系统的立项工作，为下一步湛江业务的开展提供支撑。完成宝乐汇商业运营管理系统和宝乐汇网络及客流系统的上线试运行。

【欧冶云商股份有限公司】 致力于打造“共建、共享、值得信赖”的全新钢铁服务生态体系，依托互联网、物联网、大数据、移动互联等全新技术手段，建造生态型钢铁服务平台。完成欧冶云商门户网站、欧冶云商会员统一认证系统、欧冶地推信息采集展示平台（瞭望台）的建设。

欧冶电商实施电商交易平台的改造与优化。探索新型交易模式，满足用户在采购、金融及物流等方面的需求。实现覆盖全平台的实物认证，进一步优化移动应用，为买家/卖家双方的交易、付费等业务提供快捷支撑。通过优化分布式搜索引擎等，提高响应用户检索请求的能力，实现站外数据的应用，提高交易中心的客户服务水平和客户黏度。

东方钢铁以钢贸公司为试点，推进宝钢电商专属平台升级，同时打造面向营销人员的移动营销支持系统，强化用户服务能力。新建宝钢股份欧冶专营平台交易项目，形成与股份直供体系互补的网络销售渠道，对接宝钢股份产销一体化系统及交易中心平台。

采购宝方面。随着韶关钢铁实施电子采购和湛江钢铁的生产启动，平台应用已覆盖集团 158 家业务单位，聚集 28 000 家供应商，2015 年实现采购规模 364 亿元，累计采购 1 740 亿元。研发实施工业品超市和组合竞价的全流程交易模式，丰富采购模式，积极推进电子合同业务，签订电子采购合同 29 460 份。

欧冶金融配合各类互联网金融业务，初步构建互联网金融平台，内容包括融资、理财、会员管理、营销管理、资产管理等核心模块。同时，优化动产质押平台，实现银行作为放款主体的动产存货融资模式；完成上海自贸试验区大宗仓单公示平台与外部平台仓单数据的整合与校验，提供可靠的仓单登记及公示服务。

欧冶物流围绕千仓计划、运帮平台、管理加盟、业务协同等重点工作开展。其中，欧冶运帮平台已于 2015 年 9 月 9 日正式上线；供应链协同平台先后与交易中心、宝钢股份物流室、宝钢国际、五矿鑫益联、黄河金三角、一力物流等单位实现系统对接。同时，积极推进视频、PDA（掌上电脑 Personal Digital Assistant，简称 PDA）、RFID（射频识别 Radio Frequency Identification，简称 RFID）及超宽带感知定位等物联网技术在试点仓库的研发工作，为物流金融配套服务提供支撑。

欧冶材料针对“互联网+钢铁”的技术服务特征，对钢铁产品技术规范、技术知识、产品缺陷及使用技术、技术问题及解决方案等进行专业化解析，构建属于欧冶电商平台的钢铁产品技术规范体系，建立专业的技术分享社区，推出相应的钢铁产品技术知识的网络化服务软件包。推出深加工服务管理平台一期系统，打造加工企业旺铺、产品集市、产品超市、解决方案中心等模块，以期实现用钢终端用户与钢铁加工商的在线交易平台。

欧冶数据完成基础运行环境的建设，为各类应用提供基于云服务的 IaaS（基础设施即服务 Infrastructure as a Service，简称 IaaS）和 PaaS（平台即服务 Platform as a Service，简称 PaaS）支撑。启动欧冶数据集中项目，为相关单位提供数据统计与分析服务。建立晋南钢铁电商平台，引入欧冶物流和欧冶金融服务，2015 年平台已交易钢铁百万吨。

（谢立群）

中国石化上海石油化工股份有限公司

【概况】 2015 年，中国石化上海石油化工股份有限公司（以下简称“上海石化”）紧紧围绕公司发展战略，贯彻落实信息化工作“六统一”原则，以打造信息化环境下的新型能力为抓手，构建集成共享的经营管理平台、互联智能的生产运营平台和敏捷安全的基础设施平台，重点在先进过程控制、集中集成、业务流程优化、智能应用等方面推进系统建设、集成应用和深化应用，强化信息安全管理和信息技术研究，促进智能生产、调整结构和优化流程。公司 2＃重整装置先进过程控制、1＃乙二醇装置动态仿真系统优化项目、移动办公系统开发、计量管理信息系统等通过公司评定。ERP 大集中系统上线，智能化管线系统推进建设，生产装置报警管理系统（DCS）建成。公司先进过程控制系统（APC）控制器投用率保持在 96％以上，促进装置经济效益进一步提高。2015 年，公司被工信部评为全国首批“两化融合”管理体系达标企业，荣获全国石油和化工行业“两化融合”创新示范奖。

（卢叶凌）

【操作管理系统投入运行】 作为“六统一”项目，操作管理系统于 2014 年 11 月全面启动实施，

2015年3月投入试运行，实现操作合格率、操作平稳率、质量合格率、班组收率/物耗、班组能耗、切断进料次数、外排污水合格率、自控率、APC投用率9项操作绩效量化评价，实现在线监控操作执行过程、生产现场数据的采集共享、交接班在线记录、工艺指令电子化流转，进一步提升炼化一体化生产组织能力。

（卢叶凌）

【全国首批两化融合管理体系达标企业】 自2014年12月公司发布两化融合管理体系文件后，2015年，公司采取两化融合专业竞赛、加强两化融合中长期规划和年度规划、在信息化建设和应用过程中深入分析用户需求、将两化融合管理体系的检查评估纳入公司一体化管理体系运作机制等，进一步提高信息化管理水平和新技术应用能力。2015年4月被评定为全国首批“两化融合”管理体系达标企业，精益高效的炼化一体化生产组织能力、敏捷优质的产品供应服务能力、精准的经营投资决策能力等，覆盖全业务、全员、全系统。2015年9月，公司荣获全国石油和化工行业两化融合创新示范奖，“以打造企业新型能力为目标的‘两化融合’管理实践”荣获中国石化集团公司和上海市管理创新成果一等奖。

（吕燕君）

【生产装置DCS报警管理系统正式投用】 2014年9月，公司启动实施生产装置分布式控制系统(DCS)报警管理系统项目，主要对2＃乙烯等6套主要装置DCS报警系统性能进行实时监控与管理，提供统计类报表、分析类报表及性能类报表，可快速精确定位问题报警，为装置分析历史工况与发现报警系统问题提供数据支持，减轻操作员的报警管理负荷，提高对重要报警的响应效率。2015年5月，该系统开始试运行，8月正式投用。经分析评估，实施本项目的生产装置平均报警数降低45％，无效报警数下降56％，主要性能指标显著提升。

（吕燕君　梅　松）

【公司ERP大集中项目建成投用】 ERP大集中项目于2015年4月9日启动，22个单位(部门)124名关键用户参与项目实施，共分析提炼个性需求119个、业务流程536个，主数据收集55万条，权限设计本地角色3 918个、企业岗位1 706个。2015年8月6日，ERP系统实现切换上线并一次成功，2015年9月2日完成首次月结。系统上线之后总体运行和应用情况正常，业务处理规范化、业务流程精简、系统功能扩充完善，与内控要求的适应性等优势逐步体现。

（梅　松　孙春玉）

【物资仓库智能管理系统(RFID)投入试运行】 2015年8月，公司RFID管理系统投入试运行，系统实现对现场物资的入库、出库和移库实时监控，提高入、出、存、移业务的正确率和规范性；通过与SAP系统集成完成单据接口，减少数据重复记录，提高数据及时性和准确性；利用信息化手段加强物资供应管理、优化物资储备、强化物资库存管理，进一步减少库存积压，增强保供降本能力。截至2015年年底,RFID卡使用10 244张,占全部库存物资总数的79%。

(朱正连)

【推进HSE系统建设】 2015年9月,上海石化对HSE(健康、安全与环境管理体系Health Safety and Environment Management System,简称HSE)系统12个模块(风险管理、隐患管理、教育培训、项目三同时、油气安全、安全检查、事故管理、安保基金、事故管理、安保基金、应急管理、职业卫生、安全监管制度)进行优化和功能提升,2015年10月正式投用,实现安全生产的"信息化、数字化、智能化"目标。系统投用后,HSE服务器统一由中国石化集团公司集中部署和管理,业务流程和权限由各企业进行配置。

(梁永红)

【360防病毒系统建设】 2015年,上海石化开展企业版防病毒系统升级工作,采用360天擎企业版防病毒系统替换原有防病毒系统。根据本企业网络及终端实际情况,确定防病毒二级控制中心及统一安全策略的防病毒管理架构。升级后的防病毒系统加强客户端统一安全管理,通过积极防御的保护措施和强大的管理特性,在恶意代码进入网络前及时阻止并删除,减少系统异常、数据损坏或失窃带来的风险,保障业务连续性。

(戴梅英)

【加强工控网络安全防护】 为保障工控网络安全可靠运行,上海石化采用工业防火墙在办公网络和工控网络之间建立起私有信道,确保通讯可控、区域隔离、实时报警,在保障工控网络安全的基础上,实现了对生产装置DCS数据的采集和传输,为公司数据库系统提供实时生产装置工艺数据,为制造执行系统、ERP系统、生产运营监控系统提供基础数据保障,为生产装置先进过程控制技术应用提供安全数据通道。同时,公司定期组织工业防火墙系统巡检,确保工业防火墙参数配置和安全策略有效启用,设备现场供电及布线规范,实时数据库信息正常采集,防火墙管理平台和报警管理平台功能正常。

(吕燕君)

第二章　农业信息化

概　述

2015年，上海农业信息化在加快转变农业发展方式、提升农业产业化水平、增强农产品供应保障能力，在培育新型农业生产经营主体、发展精准化生产方式、完善农副产品质量安全追溯、提升网络化服务水平以及农业物联网区域试验工程等方面取得一定的成绩。

一、农业信息化平台体系建设

【农业物联网区域试验工程首轮计划完成】 2015年，制定并发布《上海农业物联网云平台接口标准与规范》，截至2015年年底，上海农业物联网云平台整合接入75个业务系统与平台。2015年7月，上海市农业委员会(以下简称“市农委”)编写出版《上海农业物联网探索与实践》一书。2015年9月，水产养殖远程控制应用模式、能繁母猪保险应用模式、草莓水肥一体化自动灌溉模式、设施蔬菜节水、节肥、节药模式共5个列入农业部推荐的节本增效农业物联网应用模式。2015年12月，农业部认定市农委为全国农业农村信息化综合示范单位，上海多利农业发展有限公司为物联网应用示范单位，上海菜管家电子商务有限公司为农业电子商务示范企业。2015年以农业物联网成果为主要内容，组织参加十三届中国国际农产品交易会、第二十二届杨凌农高会、2015年米兰世博会、“互联网+农业”上海高峰论坛等活动。

在200多家蔬菜园艺场、80多家标准化生猪养殖场、10多家奶牛场，应用电子标签、条码等技术，记录生产过程中的施肥、用药、灌溉、采收等信息，建立农产品质量安全可追溯系统。17个区县动物卫生监督所、8个市境道口、110个产地检疫报检点、16家屠宰场检疫点及58家动物产品集散交易单位，建立动物屠宰检疫与动物产品接收条码信息对应、联动，完善动物屠宰、接收过程中检疫防疫监管。在光明米业集团长江、跃进和海丰20多万亩稻米生产基地推广精准农业生产技术，提高水稻生产、仓储、加工、运输、销售等环节信息化管理水平。

【食用农产品安全溯源及档案电子化】 2015年250余家规模化生产基地继续应用蔬菜生产安全追溯系统，共上传各类信息46万余条。完成地产上市蔬菜农药残留定量检测5 000份，合格率保持99%以上。快速检测130万份，合格率100%。以田间档案为抓手，全市340家合作社使用约2 400万张二维码标签，涉及西甜瓜、葡萄、草莓等多个品种。对739个植物产品进行农药残留检测，平均合格率99.1%；畜牧兽医管理部门加强畜牧口蹄疫、禽流感、猪瘟和高致病性猪蓝耳病4种重大动物疫病的强制免疫和监测，应免动物免疫密度达到100%，免疫抗体合格率达到90%以上，全年无重大动物疫病疫情发生；完成兽药质量监督抽检143批，合格率97.2%。兽药残留监控845批，合格率99.9%。饲料中药物抽检826批次，合格率99.4%。饲料中有毒有害物质抽检153批次，合格率100%。饲料产品质量监督抽检1 684批次，合格率99.9%，地产养殖水产品抽检620份，残留定量检测合格率100%。

【涉农补贴资金监管平台和“三资”监管平台】 继续加强涉农补贴资金信息公开。2015年4月，完成2014年度涉农补贴资金监管平台数据公开公示，涉及35个财政项目，填报数据89.3万条，涉及23.2万农户、3 678个合作社(单位)、1 623个行政村(居委)，公开各级财政资金34.78亿元。其中，市级财政资金(含中央)16.53亿元。推进农村集体“三资”监管到镇级范围。2015年新增镇级资产管理、合同管理，制定镇级资产管理操作规范和平台操作细则，完成市、区、镇三级系统管理人员、平台操作人员培训，共计19期1 159人次。

截至2015年年底，平台涉及全市9个涉农区县、5个中心城区，共有122个镇级集体经济组织(包括相关涉农街道和开发园区)、1 600多个村级集体经济组织(包括相关已撤销建制、但集体资产尚未处置的村)和组级集体经济组织，公开集体总资产约4 500亿元，“农民一点通”三资公开信息查询点击量达105.8万次。

【加强农机安全生产监管】 加快农机智能化管理平台建设，利用农业物联网平台，采用北斗卫星导航技术，建立农机智能化管理系统，在全市7个郊区县和光明农场的300余台拖拉机和联合收割机上试点、示范，提高大中型农业机械的使用效率，降低管理成本，提升监管广度和精度。农机安全监理“三率”(注册登记率、持证率、检验率)继续稳定在90%以上。成功创建3个示范镇、8个示范村、6个示范合作社和9个示范机农结合互助点。发展新型农机社会化服务模式，推广农机作业“小结合”，以松江区“粮食生产+农机作业”的“机农一体”家庭农场和机农互助点为代表；农机作业“大结合”，以嘉定区“大中型农机合作社+粮食生产+家庭农场农机作业”为代表，开展订单作业、复式作业、“一条龙”服务等农机生产作业。

二、农业信息化发展应用

【“互联网＋农业”新型农业生产经营体系】 近年来，上海大力推进家庭农场、农民合作社、农业龙头企业的发展，引导新型农业经营主体拥抱互联网。2015 年，全市累计发展家庭农场 3 829 户，其中粮食生产家庭农场 3 555 户，完成年度计划数 106.2%；水稻种植面积达到 45.94 万亩，比上年增加 13.79%。粮食家庭农场中，机农结合家庭农场 561 户，种养结合家庭农场 80 户，粮经结合家庭农场 321 户。同时发展经济作物家庭农场 175 户，水产养殖家庭农场 59 户，其他家庭农场 40 户。

截至 2015 年年底，有一定经营能力的农民合作社 6 302 家，年销售额千万元以上的农民合作社 207 家，发展合作联社 27 家，在册成员 4.5 万余人，带动非成员农户数 13.7 余万户，由合作社经营的土地面积超过 120 万亩，实现销售额 90 亿元。农业产业化龙头企业 387 家（市级及以上 102 家），销售额 1 100 亿元，出口创汇 3 亿美元，直接和间接带动农户 49.5 万户，其中本地农户逾 14 万户。

【加强管理拓展服务】 开展“农民一点通”设备更新与便民功能拓展，让上海郊区农民足不出村就享受更多社会化便利。与东方网、拉卡拉合作，在新版“农民一点通”上拓展信用卡还款、银行卡查询、水电煤缴费、助医网预约挂号等便民服务功能，截至 2015 年 12 月，更新全市 239 台新版“农民一点通”设备。加强“农民一点通”运行管理，2015 年 1 月，印发《为农综合信息服务平台年度考核奖励办法》和《村申请撤销“农民一点通”的处理办法》，明确对区县的考核要求，将涉农村与非涉农村考核分离，规范对“农民一点通”的管理。

【稳步推进智慧村庄建设】 2015 年配合市经济信息化委组织开展市第二批智慧村庄建设试点申报、评选工作。2015 年 12 月评选出浦东书院镇塘北村等 9 个智慧村庄试点，累计有 14 个智慧村庄示范村在进行试点建设。2015 年 8 月，市农委与中国移动通信集团上海有限公司（以下简称“上海移动”）签订战略合作协议，充分发挥政府统筹协调和上海移动的网络、技术、服务、人才等资源优势，助力“互联网+”落地上海农业，加快转变农业发展方式，重点支持智慧村庄、农民合作社市级示范社、重点农业龙头企业。

【提升 12316“三农”服务热线质量】 2015 年，组织专家完成历年来热线知识库的梳理。筛选、整理、编写出知识库文章 6 568 篇，逐步形成农民自助式咨询平台。组织完成《上海三农服务热线历年咨询问答精选》编写，分 13 个专业类别，共2 573 篇文章。继续加强与电视媒体的合作，扩大热线影响力，与东方卫视《噶讪胡》节目签订合作协议。2015 年，热线服务总量达 78.6 万次。其中咨询服务总量达 15 442 人次，电话咨询 13 923 人次，“农民一点通”视频电话咨询 1 253 人次，开展下乡进社区活动共 58 次。

【部分企业农业信息化发展成效】 光明食品(集团)有限公司(以下简称“光明”)种猪场安装美国奥饲本种猪生产性能测定系统，精准分析每头种猪每天的食料、增重等数据，优化种猪的饲养管理，光明种猪场每头能繁母猪年提供商品猪达 23 头，在国内处于领先水平。2015 年，上海农业信息有限公司继续打造农机物联网应用的规模化、装备研发的产业化。大力投入多传感聚合智能机器人、水下环境声呐探测船等核心技术研发，农机物联网解决方案荣获工信部 2014 年度物联网解决方案称号，并荣获物流采购联合会的科技进步一等奖。

上海生物电子标识股份有限公司累计为全市 31.6 万头投保能繁母猪植入了二维码电子标识，并完成了相关信息采集及上传工作。在上海松林肉食品有限公司和四川成都春源肉食品有限公司屠宰流水线中引入基于 RFID 技术的溯源系统，实现生猪溯源信息的采集、流转和上传至数据中心。上海国兴农现代农业发展股份有限公司通过“五环联动”，为农业生产的产前、产中、产后和销售提供服务，努力解决“最前一公里的生产问题”和“最后一公里的销售问题”。

上海左岸芯慧电子科技有限公司开发研制了智能水肥一体机，具有信息采集监测、远程智能控制、云存储、肥料配比、定时、报警等功能，让管理人员获取农作物生长环境信息，实现远程灌溉和施肥。上海多利农业发展有限公司以“物联网+”作为核心技术，发展“生态、低碳、工厂化生产、高科技应用”的有机农业产业主体，2015 年有机蔬菜在上海的销售额为 1.37 亿元，占全市销售额的 13.5%。

(叶有灿)

第三章　金融信息化

概　述

2015年，上海市各类资本市场主体进一步发展，集聚态势明显。证券、期货、基金、保险业交易量持续上升，信息化水平进一步增强，结合实际业务，真抓实干，不断强化信息化保障和服务能力。积极应对信息安全挑战，拥抱移动互联网、大数据等技术，为互联网金融的发展做出贡献。

一、重点项目

金融IC卡

【概况】 2015年，上海地区秉承发卡、受理环境建设和行业结合应用“三位一体”工作思路，继续全面推进金融IC卡应用，并以非接闪付应用为重点，力推金融IC卡与移动金融融合发展，全力提升金融IC卡普惠水平。

【发卡方面】 上海地区已全面实现新发银行卡均为金融IC卡。截至2015年年末，上海地区金融IC卡发卡总量已超过4 700万张，其中借记IC卡3 900万张，贷记IC卡740万张，准贷记IC卡80万张。

【受理环境建设方面】 上海已实现POS终端和ATM终端全面支持金融IC卡，在此基础上，继续完善非接触式金融IC卡(以下简称“非接”)受理环境，主要开展三方面工作：一是推进POS终端非接改造，截至2015年年末，全市共有联网POS终端63万台，其中能受理非接的POS终端37万台，支持率达到60%，同比提高48个百分点。二是优化POS终端受理流程，通过简化菜单，提供更多快捷操作，截至2015年年末，完成流程优化的POS终端在上海地区终端布放总量中的占比已超过20%。三是推广非接闪付应用，中国人民银行上海总部组织全市31家商业银行共同开展营销活动，一方面吸引持卡人体验挥卡支付及移动近场支付，另一方面鼓励商户收银员全面受理，2015年实现活动交易138万笔，交易金额近1亿元，集中宣传活动有效促进非接应用氛围和环境形成。

【行业结合应用方面】 金融IC卡应用结合园区管理、自行车租赁、标准化菜场消费等需求，继续健康发展，交易规模稳中有升。另有移动金融创新应用兴起，截至2015年年末，上海地区共有9家银行与中国银联、移动运营商、手机厂商等合作，发行SIM-SE、eSE形态的金融IC卡，发卡量约为0.9万张；8家商业银行试水“卡机伴侣”应用，实现金融IC卡在移动终端上的贴卡转账、支付、身份认证、圈存等功能；多家银行推出云闪付应用，为持卡人提供基于手机银行的模拟卡支付服务。

（顾小燕）

二、证券业信息化

【东方证券股份有限公司】 完成对核心网络架构的优化改造，升级核心主干网络设备，引入华为等国产品牌交换机、光网络设备，提升信息系统安全性；“东方云”平台在新设营业部中全面推广；构建财富管理体系，完善财富账户体系，建立了财富账户和各业务账户包括普通交易、信用交易、理财、支付在内的账户关系树；持续升级东方赢家财富终端、手机开户、微信、网厅等互联网渠道，实现快捷开户、产品购买、在线业务办理等，提升客户体验；建成期权业务系统，包括面向投资者的期权经纪业务系统，面向公司投资部门的期权自营及期权做市系统；自主研发资金管理系统，实现全公司各项核心业务数据的采集、汇总、分析，便于公司各级领导和管理人员对各项业务全面、及时、准确掌控。

【光大证券股份有限公司】 2015年，制定IT战略并启动数据治理项目，引入数据咨询服务公司，为未来数据治理工作确定思路及实施路线；完善业务体系，如期完成个股期权、E账通、集中运营、协同工作平台、数据中心、CRM（客户关系管理Customer Relationship Management，简称CRM）系统、统一适当性管理、OTC（场外交易市场Over The Counter，简称OTC）系统、主经纪商系统、快速交易系统、交易所网络投票项目、现金宝T＋0业务、零售HRIS（人力资源信息系统Human Resource Information System，简称HRIS）、零售财富经理平台、反洗钱系统、净资本项目共16个重点项目建设，满足了内部客户管理、工作便捷性需求，以及外部客户多元化、财富管理个性化等需求；在全面做好系统运维保障的前提下，完成了大集中交易系统核心设备升级改造，为应对未来的极端行情和业务发展奠定坚实基础。

【国泰君安证券股份有限公司】 2015年，围绕公司综合金融服务战略，紧扣《2014—2017年IT战略发展规划》目标，重点推进“综合金融服务创新平台”建设，并获得第五届证券期货行业科技进步奖二等奖。该平台是面向证券金融集团/公司的综合化、国际化、互联网化的金融创新一体化服务平台，通过互联网等手段向客户提供包括交易、理财、投资、融资、支付、生活消费等综合金融服务，丰富投融资渠道，缓解大众投资难、小微企业融资难的压力；通过投资顾问、资产配置等专业服务引导投资资金流向，有效盘活社会闲散资金；通过平台运营管理全面认知用户，掌控平台运转健康度，基于数据分析指导平台优化、开展个性化理财服务。凭借优越的数据中心基础设施和综合金融服务创新平台架构，有效应对2.5万亿天量行情的挑战，核心系统可用性超越99.99%。10多个前中后系统及子平台通过综合金融服务统一接入，实现与黄金交易系统、外汇交易子平台、上海自贸试验区海外交易系统、证券集中交易系统、个股期权交易系统、场外市场交易系统、多金融销售系统、期货交易系统、资产管理系统等业务交易系统的对接。

【海通证券股份有限公司】 2015年，公司在外高桥新增30个机柜的托管机房；新建西安、福州两个网上交易站点；根据手机证券并发连接数大的特点，升级郑州站点的硬件；随着手机客户端的接入增加，广东路机房增加中国移动的接入；配合证联网建设，调整为双机房接入模式，参与上交所全天候测试环境接入测试和三方存管测试。

为应对2015年沪深股票市场异常波动行情的性能冲击，对集中交易系统的应用框架进行调整。以新上线的硬件及系统软件为基础，构建多功能态、高性能分布式集中交易系统新架构，不断根据行情发展进行调整，以最适合的系统配置来实现尽可能高的性能；2015年，完成OTC柜台交易系统17个迭代版本开发，优化业务流程，完善业务管理功能，同时调整系统平台框架，改进参与人数据服务框架，实现与管理人CRM系统、投资管理系统、托管人估值系统的接口数据对接，优化账户网关性能；沪市期权业务系统完成测试上线，总体运行平稳；2015年5月启动期权极速项目，为程序化快速交易提供通道。

【上海证券股份有限公司】 2015年9月新机房建设完成并正式启用，新机房按GB50174-2008《电子计算机机房设计规范》进行设计，主、备机房及公司总部双环裸光纤冗余成环链接，同城灾备系统采用双活模式，实现业务级灾备，新机房布线系统采用按需直连设备，省去机房综合布线和弱电列头柜等环节，减少单点故障，在降低线路连接成本的同时，大大提高线路管理效率，所有系统均已迁移到新机房，系统运行良好；2015年集中交易系统进行容量扩充，数据库部署设计为多个节点，提高集中交易系统容错能力和故障发生后的并发处理能力，同时增加中间件容量，调整中间件架构，将中间件分为5个独立通道；自主开发报盘自动化运维系统、核心系统运行监控系统、网上交易自动化监控及故障处理系统，大大提高系统运维效率。

【申万宏源证券股份有限公司】 2015年对交易系统及外围系统进行持续优化与扩容，大幅提高了系统的峰值处理能力，核心交易系统及双融系统委托处理能力提高50%以上；对上海主备中心机房实施扩容，对核心交换机进行大规模更新升级，并将公司互联网出口容量扩容一倍以上，较好地应对了市场交易量屡创新高的局面，保障交易平稳；完成主经纪商投资管理系统、O32 客户资产投资管理系统以及根网系统 B 股交易等系统建设。配合上交所各项新业务，完成股票期权做市系统、新股发行制度改革等建设。

（李　纲）

三、期货业信息化

【东航期货有限责任公司】　优化调整程序化管理流程。建立程序化交易接入核查制度，在接入前对其进行验证测试和风险评估，同时向监管机构报备，确保客户的程序化交易系统符合期货业协会制定的风控功能要求和接入管理标准，未经核查，禁止其接入；与供应商合作开发云运维平台，上线自动化运维系统用以提升运维效率、节省人力资源，以控制风险为基准点，更加简化运维流程、提升效率；在中国金融期货交易所（以下简称"中金所"）金桥移动机房租用 VIP 机房，共 12 个机柜，该机房的用途为同城灾备数据中心，部署网站、业务管理系统、开户系统、行情系统等。机房已完成基础环境实施，信息系统的部署与迁移根据项目进度表开展。

【东吴期货有限公司】　交易系统建设。2015 年 4 月，公司在中金所托管机房部署上线飞马二席交易系统；迅投资管系统于 2015 年 5 月上线使用，在该系统发行的 6 个产品运行状况良好；金牛资管系统于 2015 年 5 月底上线使用；为提高公司客户对交易系统的满意度，2015 年 11 月底将易盛 8.0交易版本切换至易盛 9.0；部署恒生 uft2.0 交易系统，该系统是恒生推出的新一代内存交易系统，客户的交易速度得到提升。

互联网金融。2015 年 7 月 10 日，期货市场监控中心的网上开户平台正式上线，期货行业首次结束开户只能在线下进行的历史。公司大力推进网上开户信息系统建设，截至 2015 年 11 月底，网上开户已经达到所有开户数量的 40%；2015 年 12 月 18 日，手机开户系统上线运行，成为推动业务发展的新动力；拓展和互联网企业的合作，与七禾网进行引流合作。

【光大期货有限公司】　2015 年年初，上线快速证券与股票期权交易生产系统，是上交所首批 10 家交易结算参与人之一，搭建深交所股票期权仿真系统并按要求参与测试，积极配合子公司参与中金所和大连商品交易所（以下简称"大商所"）的期权仿真交易大赛；建设郑州易盛 mini 系统，满足部分郑州商品交易所（以下简称"郑商所"）低延时客户需求，建设大连飞创万兆机房托管 XSPEED 系统，满足部分大商所低延时客户需求，建设张江 CTP（综合交易平台 Comprehensive Transaction Platform，简称 CTP）mini 和 CTP mini2 托管系统，满足部分上海期货交易所（以下简称"上期所"）低延时客户需求；及时搭建互联网云开户测试环境，保障公司后台操作人员有充足的时间提前熟悉互联网开户业务流程，便于总部为各营业部提供培训；协调网站和数据中心开发商，协作完成互联网开户入口及预约登记功能；配合能源中心组织的原油期货测试，提交会员申请材料，配合五大行和新进的商业银行，完成多币种银期转账测试和结售汇测试，迎接原油期货的开闸；配合证联网建设，推动业务上线，由于张江机房分布在不同楼层，通过网络改造，已将证联网上线，实现一线通、云开户等业务在证联网中传输。

【国信期货有限公司】 2015 年 5 月，在上海张江托管机房，上线金仕达上海 V8T 交易中心，实现核心交易系统异地双活交易，使公司具备期货客户盘中切换交易中心的能力，有效解决期货交易核心单中心故障导致交易中断的问题；微信公众平台项目于 2015 年 7 月正式上线使用。该系统主要分为微资讯、创新业务、微服务、全局指令四大功能模块。为客户提供更及时的研究报告、投资咨询等服务，促进公司产品服务销售的提升；新网站项目于 2015 年 12 月 1 日正式上线使用，改版后网站在视觉上简洁、舒适，使用上灵活方便，提高用户体验，同时功能上得到加强，支持各种新业务开展；2015 年第一季度，带外管理网开始立项，已完成深圳证通机房、上海张江机房的带外管理网建设，实现了系统运维网与业务数据网完全隔离，保证了数据业务网数据安全，并对所有系统服务器的硬件进行实时监控，提升了系统运维的可靠性。

【海通期货有限公司】 以中金所飞马交易系统上线为契机，在数讯机房租用 30 个机柜的基础上，在移动机房继续完善客户托管资源，通过部署多套飞马交易系统，有效提升公司在中金所的交易份额，交易速度在同行业中处于领先水平；与深圳市金证科技股份有限公司合作，采用云托管方式，在上证通机房部署金证个股期权交易系统，成为首批上线上交所个股期权品种的期货公司。同时成为首家获得上交所个股期权交易主做市商资格的期货公司。

完成四大交易所四大品种的上市技术准备工作；为配合四大交易所金融创新工作，公司先后部署多套期权测试系统、期权做市商系统、原油期货仿真系统，以及上交所个股期权测试系统，为未来整个行业的业务及技术创新提供支持；研发极速行情系统，自主开发多种业务支持系统，实现定制化结算单、多市场资金拆分等多项特色服务，有效提高客户满意度，提升公司整体服务能力和核心竞争力。

【海证期货有限公司】 2015 年，针对中金所新指令、组合业务、新交易规则、新保证金及费用收取方式，大商所报盘接口升级、结算文件格式改变，监控中心监管开户和报送文件格式变化等等，恒生系统进行 SP4、SP4pack1 及相关补丁的测试升级，以支持各个交易所及监管业务的要求；2015 年进行张江二席 CTP 系统 2 次重大版本升级，16 次业务功能升级。根据上海期货信息技术有限公司(以下简称“上期技术”)升级指引，结合实际情况制定比较完善的升级流程制度，确保新功能、新版本经过充分测试；为给专业客户提供资管服务，加强产品设计、丰富产品种类、健全产品体系，帮助多层次客户实现稳定的投资收益。实现投研一体化的自主投资能力，在优势领域为财富管理提供投资工具。遴选优秀投顾团队，为高净值客户提供优质资产生产商；2015 年初公司上线迅投资产管理系统。

【恒泰期货有限公司】 2015 年，进一步完善 IT 部门建设和管理，修订信息技术部制度，优化部门工作分配及岗位职责分工，适时调整日常运维内容，跟进解决系统巡检工作中发现的问题，落实等级保护及应急保障能力，保障信息系统稳定运行；对张江核心交易系统接入线路进行扩容；互联网开户平台上线投入使用；易盛 V8 系统上线投入使用；新建异地历史库数据平台，有效保障交易历史数据安全；完成呼叫中心设备更换；完成大商所、上期所、中金所交易线路扩容建设；建设深证通金融数据交互平台，实现与基金公司、证券公司数据通信；建设中金所一线通平台，开通招商银行银期转账业务。

【华闻期货有限公司】 通过信息技术分类指引二类标准的复查工作，为公司未来几年的分类评级及信息技术分类指引升级工作奠定良好的 IT 基础；2015 年 8 月至 12 月，完成中金所移动机房飞马快速交易系统建设，技术部联合系统建设专家，在低延时的调优环节作出相应创新，大幅度降低客户报单延时。

2015 年，公司致力于打造以期货公司资产管理系统为核心的资产管理平台。狠抓系统建设，初步完成澎博鑫管家资产管理系统建设、迅投资产管理平台建设。完成账户分拆交易，集中风控管理及投资顾问、投资经理、风控员、交易员的一条龙资产管理交易体系；构建独立的外联接入网络体系，与现有的交易系统网络架构严格隔离，实现以资产管理对接平台为基础，程序化交易、量化交易、高频交易为趋势的外联接入平台，真正实现信息技术对业务发展的全方位支撑。2015 年 8 月至 9 月期间，对接七禾网，实现互联网营销平台零的突破。

【建信期货有限公司】 2015 年 2 月将核心交易系统切换到 CTP 系统；3 月正式上线客户交易分析系统；6 月上线多套资产管理业务系统、办公自动化系统和人力资源考核系统；7 月完成互联网开户和总部办公大楼的搬迁；8 月完成中金移动机房和数讯机房系统建设；9 月上线新版公司网站；11 月完成 CTP 分中心建设、上线客户影像资料查询系统和自动化风控系统。系统建设的同时，加强制度建设和流程规范化，在风险防控、满足客户个性化需求以及产品支持等方面也取得显著成效。

【瑞银期货有限公司】 新机房位于外高桥万国数据的托管机房内，于 2015 年 4 月 1 日正式启用。在机房搬迁的过程中，信息技术部将恒生交易系统平稳地迁移至新机房。根据业务需求，搭建上期技术的 CTP 交易系统，经过 3 个月安装和多轮的测试，2015 年 12 月 4 日，CTP 正式上线。系统的上线为开展期货交易代理业务做好技术平台的基础工作。

【上海大陆期货有限公司】 积极配合国际能源中心完成原油期货各项测试工作。与建设银行、农业银行、交通银行测试银期转账、结售汇、对账等一系列的业务，测试全部通过；配合期货保证金监控中心完成原油数据报送测试，国际能源中心共选 3 家期货公司作为重点测试单位，作为唯一一家以金仕达为主系统的公司参与测试，共进行 3 轮测试，每轮都主动联系软件公司修复前一轮测试的问题，3 轮测试之后，数据报送符合要求。

【上海东证期货有限公司】 2015 年上海东证期货有限公司做好强化合规规范管理，奠定新业务发展。自主研发的“期货行业核心业务运营监控平台”获得上海市金融服务办公室颁发的 2011 年度上海市金融创新奖，该系统能够提升期货行业核心业务风险管控能力。

完成期货期权交易系统的部署和测试，为下一阶段开展交易期权业务奠定基础；完成原油交易系统、结算系统的部署和测试，为开展原油期货业务奠定基础；针对期货交易系统、交易所报盘、网络设备、银期转账、营业部系统、行情咨询系统等进行分项目演练、分类型演练或全项目演练共计 30 余次，定期参加中心机房相关基础设施故障应急演练，组织总部以及营业部参加公司级应急演练，提升应对信息系统故障的处置能力。

【上海浙石期货有限公司】 公司技术部根据《期货公司信息技术指引》中的二类检查内容，从技术管理、系统规划、安全管理、日常运维、系统维护及备份等方面，制定一套科学有效的制度和流程，严格规范 IT 人员相关工作，落实事后复核工作，提高 IT 人员的能力和责任心，确保 IT 工作到位，保障系统的正常运行，做到 2015 全年无安全事故。

2015 年 6 月，重新规划和部署核心交易系统的灾备系统。从 2015 年 8 月开始，历时 4 个多月，经过 IT 人员与恒生高级工程师的共同努力，完成设备选型、系统规划、系统部署、系统测试、系统试运行等阶段，灾备系统正式上线。新的灾备系统不仅在容量和性能上与生产系统保持一致，满足监管要求。

2015 年年初，采购一批服务器、存储、防火墙和交换机，用于替换滨江机房的核心系统、网络中心相关的旧设备，防止因设备老化带来信息系统风险。2015 年 7 月采购上期技术 CTP 迷你交易系统，部署在 CTP 机房。

【上海中期期货有限公司】 改造主中心接入区域，对不同的网络接入定义不同的网络安全管理方式，主交易中心外联网络分为三个模块区域：第三方接入区、互联网接入区、骨干网接入区，同时针对互联网接入区增加网络安全管理设备；建设高速交易通讯网络，分别将上期所、中金所、大商所直连交易所 SDH-2M 线路全面升级扩容为 MSTP-4M 线路，改造升级连接到交易所的报盘网，并使用 BFD(双向转发检测 Bi-directional Forwarding Detection，简称 BFD)技术替换 SLA(服务等级协议 Service-Level Agreement，简称 SLA)技术对线路进行检测，发现故障后自动切换到备线路；建设快速低延时交易网络，对交易所接入网络更换高性能、低延迟的万兆 Aarista 交换机，同时也对部分交易系统的报盘服务器加装低延迟万兆网卡，提升网络交换通讯能力。

保障备份数据高可用，在生产机房部署群晖存储设备，每日自动进行生产数据备份；对当前高成本运作的 IT 资源作全面梳理，在符合备份能力要求的大前提下，将位于大连的异地灾备系统迁至上海数讯机房，既能节约异地办公及通讯费用，更能利用总部技术资源增强灾备系统的运转能力。

【申银万国期货有限公司】 租赁并建设上证通机房，完成网络、服务器等基础环境建设，已完成4家期货交易所与上交所5家数据中心机房的布局建设；根据业务发展需要，公司进行上交所股票期权系统的部署，并先后完成股票现货交易结算测试、股票期权交易结算风控测试、三方存管测试，最终通过验收，成为上交所的股票期权业务参与人，可以为客户提供股票期权以及标的现货交易服务。同时，完成大商所、郑商所实名制期权仿真系统建设，并将多套期权仿真系统进行整合；易盛9.0系统是郑商所推出的新一代交易系统，选用功能强大的极星客户端，公司采购易盛9.0系统，并顺利进行了易盛8.0系统的切换迁移工作；为满足公司一对多资管业务，进行中金所资管云平台估值系统的测试试用工作，并进行原产品的迁移与新产品的估值工作；完成CRM资产管理协同定价开发、经纪业务协同定价开发、利息计算、交易所排名数据系统、嫌疑多账户软件开发以及新网站开发，支撑公司各类业务额发展，提升公司运营效率。

【通惠期货有限公司】 2015年10月30日，经过3个月的努力，公司荣获2015年第七届ISG信息安全技能竞赛—管理运维赛二等奖。

【同信久恒期货有限公司】 2015年，组织开展信息技术专项检查及相关自查工作，主要从以下几大方面开展：信息技术IT治理情况、核心交易业务系统情况、信息系统的网络安全情况、外包服务管理、第三方系统的接入情况等。通过此次大规模的安全检查，找出重要信息系统可能存在的安全风险隐患，并采取防范和改进措施，确保业务顺利运行并创造良好的信息系统环境；2015年，为了配合交易所业务发展，信息技术部对交易系统进行了重大升级，其中包括金仕达V6S6911&V6T1311版本升级，委托、风控强平，证监会报送相关问题的修改、中金所金仕达清算核心正式上线升级等；2015年，公司按照计划对V6T交易系统进行应急演练工作，各部门员工熟悉突发故障的处理流程，加强处理突发故障的应急能力。演练完成后，结合演练情况和结果对公司网络配置及硬件设施进行优化维护。

【新湖期货有限公司】 以CTP交易系统为核心进行风控二次系统开发。该系统通过CTP交易系统提供的风控接口，监控期货公司在四个期货交易所使用的资金总量、保证金占用量和资金余额，并且在资金余额小于设置的阈值时进行预警。通过预警和人工干预操作，避免保证金不足影响交易的情况发生；对指定的多个账户进行资金和仓位监控，当账户的可用余额小于设置的阈值时主动预警，有效监控客户的异常交易风险情况，并且予以控制。

通过CTP交易系统提供的主数据库接口，访问历史上任何指定时期的客户登陆IP和交易IP，并且根据事先设置的黑名单和白名单进行过滤，最后生成统计报告。通过该系统能够有效识别不合规的交易，随后进行人工干预。随着未来期货公司业务的深入开展，基于CTP提供的开放接口能够更有效地支持公司业务运营需要。

【上海中财期货有限公司】 为提高南方客户，特别是浙江、福建等地客户的交易体验，公司在杭州增加金仕达快期手交易站点、文华一键通交易站点、博易闪电手交易站点；为提高客户对博易大师行情系统的交易体验，公司把博易大师行情系统普通版升级为云平台版，大大扩展博易大师的行情服务器数量，为客户提供更多的行情站点选择；为方便客户开户，公司上线互联网开户系统，2015年7月15日起，正式开放给客户使用。

【中辉期货有限公司】 2015年4月进行总部迁址，7月完成IT部门管理人员更迭，9月CTP二席机房搬迁，10月信息技术管理指引检查，经历多项重大项目工程的考验；恒生主用系统方面主要完成互联网开户、能源交易所上线前相关测试工作、恒生反洗钱系统、中金技术一线通平台等各项工作；2015年8月底开始筹建的上海主中心项目是公司信息系统未来发展的重中之重，通过多轮方案探讨及专家评审，最后形成的多机房联动方案基本满足行业1—3年信息系统发展，彻底改变之前信息系统缺乏顶层设计，严重落后业务发展的现状。2015年一期项目如期完工，后续项目正稳步推进，结合2016年主用系统切换，将提供一整套专业化、高标准主用系统解决方案。

【中融汇信期货有限公司】 2015年3月，公司在上海葛洲坝大厦机房的私有云 Openstack 建成。该私有云运作正常，充分利用了退伍的老旧服务器，提高技术部整体的技术应用能力，承载几个周边应用系统，完成个股期权、基金代销等测试系统的测试任务；2015年7月25日，上海金桥路移动机房，建立CTP历史库交易查询系统，保证重要交易结算数据的保存完整性、持久性，满足中后台部门在交易时间进行大量数据查询分析的需求。2015年8月，上海葛洲坝大厦公司总部开通互联网开户。

（李　纲）

四、基金业信息化

【兴业基金管理有限公司】 2015年年底，公司信息系统运维包括基础硬件、网络设备、通信线路、安全防护、业务系统和办公系统6类对象，承担着超过80台服务器、100多台网络和安全防护设备、50多个业务系统和办公系统、20多条网络通讯线路、3套存储设备、10套中间件、8套核心数据库和300个员工办公电脑桌面终端的运维工作，以及所有分公司的远程技术对接和支持工作，确保公司网络核心架构的稳定性和30多个核心业务系统的可靠性；完成兴业宝红包专项项目，为公司新增活跃客户近40万。上线风控系统和员工申报系统。完成客服系统、子公司TA(过户登记 Transfer Agent，简称 TA)系统的升级改造。资产管理一体化系统上线，开创了资产管理行业中后台一体化、统一管理平台的先河；为加强公司及部门信息技术管理制度，信息技术部配合公司制度建设百日活动，新增修订密码管理、项目管理、软件安装、堡垒机管理、VPN管理、数据提取等 10 多个管理细则，进一步规范信息技术操作流程。

【中欧基金管理有限公司】 完成东方汇经新机房建设，并顺利完成搬迁，保障公司各项业务连续开展。完成北京分公司 9 楼扩容以及广州办事处的建设，完成北京分公司、广州办事处的 IT 建设，支持两地事业部的业务开展；建设投资交易系统国债期货系统，满足公司相关业务需求。建设投资交易系统新版自动化交易模块，提高中央交易室的效率。建设极速交易系统 UFT/UFX，保障量化事业部的业务开展。完成恒生估值系统测试、移植、建设及其他外围系统的改造等工作；IT 部配合业务部门完成业务系统的必要升级，投资交易系统、直销系统、TA 系统、估值和资金清算系统进行 10 多次升级。

【华宝兴业基金管理有限公司】 完成核心数据库服务器更换，将原来的 IBM 小机服务器统一更换为 PC 服务器，极大提高系统性能，为应对未来的极端行情和业务发展奠定坚实基础，同时减少 IT 建设成本；围绕公司业务发展，在分级基金、多币种基金、港股通、新三板、RQIFF、添益场外等新的业务上进行系统改造；建设数据中心，实现全公司客户数据的采集、汇总、分析，便于公司各级领导和管理人员对各项业务全面、及时、准确掌控；重构电商交易平台，重新开发公司 APP、微信、PC 端网上交易及网站。支持了公司互联网金融的发展。

【中原英石基金管理有限公司】 完成了办公网络的接入审计工作，外来设备一律无法接入公司网络，提升办公网络和信息系统的安全性和保密性；2015 年 3 月底中国证券登记结算有限公司系统改造。铺设了相关专线，同时 O32 投资交易系统进行了 2 次大版本升级；对服务器进行虚拟化管理，增强系统故障恢复的可操作性和时效性，有效节约服务器数量，使服务器做到集群化操作；由于某种原因，公司 2014 年发行的货币基金业绩不理想，经公司讨论，对该基金进行清盘工作，IT 部主要配合其他相关部门进行资料准备与系统升级；IT 部参与公司发行的第一支股票市场基金业务讨论，联系供应商进行系统升级、配合业务部门测试，为公司发行混合基金后续的业务做技术准备，基金发行完毕后配合系统设置，保证交易正常进行。

【圆信永丰基金管理有限公司】 完善风控监控体系，建设完成了风控绩效系统，大幅提高各基金产品的风险监控及预警效率；和两家安全厂商建立合作关系，对网站、网上交易进行安全漏洞扫描，对发现的漏洞及时整改，确保网络及应用安全。完成系统安全等级评级工作，核心业务系统被评为等保二级；根据不同应用系统的运行环境、业务特点、可能出现的各种危机，制定应急预案，并于 2015 年 12 月配合上交所和深交所进行灾难恢复演练，测试包括线路故障、设备故障等。对于机房的电力安全，模拟其中一路供电故障的演练。针对业务系统可能出现的软硬件故障、数据错误恢复等进行应急演练，确保应急预案的可行性。

【德邦基金管理有限公司】 2015 年部署的客户关系管理（CRM）系统以客户为中心，进行客户信息分析，初步实现市场营销、销售、服务等活动自动化；投资研究平台与公平交易项目满足监管要求，也提高公司内部管理的效率;2015年10月,采购恒生股指期货交易子系统。该系统作为恒生投资管理系统的增值内容,与原有恒生基金投资管理系统无缝连接,整合成为恒生投资管理的新平台。股指期货交易子系统主要包含的功能有指令功能、交易功能、风险管理功能、清算结算功能、财务管理、股指期货转换机任务、股指期货相关系统管理等;2015年11月起,多次参与新版(IPO首次公开募股 Initial Public Offerings,简称IPO)项目与沪深交易所的联测工作。新版IPO项目已经完成测试并上线。

2015年4月完成了中登接口改造项目的上线运行,同时作为深交所2015年的主要项目,全年配合深交所进行第五代交易接口的改造、测试。深交所第四代交易系统通过将小站部署在券商,实时读取报盘机写入DBF中的委托数据,并接收深交所的回报数据落入DBF,供投资系统转换机转回成交回报。深交所第五代系统省去报盘小站,投资系统直接接入深交所网关,通过深圳通网络向深交所新一代系统报送委托,接收回报。

【中银基金管理有限公司】 为实现移动营销和移动交易,公司开发微信、APP业务系统;为改善客户交易体验,在原有快捷通道的基础上,推出中行快捷付、通联快捷、直销银行应用,大大简化客户交易程序;为实现中国香港、内地基金双向互认和销售,开发基金南下、北上业务系统,并实现两地系统互通互联;公司数据中心经过持续两年的建设,已在基金投研、销售和运营方面发挥重要作用,成为业务发展的重要支持工具。

同时,公司启动了基金运营系统的建设,为业务部门内部管理提供系统化作业平台;为保证业务系统持续运作,公司投入大量人力物力建设张江同城灾备机房。2015年度完成该机房的建设,并举行业务系统灾难恢复应急演练;为保证信息系统故障能被及时发现,公司上线IT自动化监控系统,实现7×24小时故障监控。

【汇丰晋信基金管理有限公司】 完成中港基金互认(南下)项目的需求确认、开发、测试、系统上线,XBRL系统由吉贝克变更为赢时胜,所有40多台Windows Server 2003服务器升级为Windows Server 2008,核心业务系统应用服务器由AIX平台迁移到Linux平台;在Windows Server 2008升级项目中,重新购置PC服务器,加强系统的运行和容错能力。同时,重点加强运维管理,不断完善故障应急预案、日常操作流程等规章制度,完成2015半年度故障应急演练等,保证IT系统运行安全、可靠;关键业务系统包括基金注册管理、基金投资交易和研发、基金直销和代销、基金估值、运行保障(监控、风控、反洗钱)、托管银行等系统,均运行正常;完成投资交易系统、基金财务估值系统、直销系统、TA系统、XBRL系统等的版本升级工作;系统安全检查工作已固化为日常流程工作,2015年信息技术部将安全咨询服务供应商变更为北京神州绿盟科技有限公司(以下简称“绿盟”),重点对主机、网络、网站、电子交易等系统治性进行定期的安全检察,发现问题及时进行整改。

【光大保德信基金管理有限公司】 根据公司2015年迁址整体计划,完成新主机房及配套基础设施建设,建设公司新机房及新办公地的网络,完成原IBM小型机更换,采用PC服务器+存储的方案;电子商务系统方面,建设多项业务功能拓展及相关系统，包括还贷宝手机版、直销银行、网上交易系统改版、网上交易新增赎回转认/申购业务、微信平台增加开户及增设银行卡功能、引进实时 TA 系统，开展余额理财业务及手机 APP 开发项目。

完成深圳登记结算公司新接口、专户客户电子合同备案、上交所 Fast 行情接口、指数熔断规则等系统改造，配合交易所展开新股 IPO 新规则、深交所新 1 代测试，完成发行深交所、上交所 LOF 分级基金的系统准备；完成投研数据中心 1 期内部系统及外部系统数据采集，实现系列风控指标、债券指标的加工与计算；完成投资交易系统 2015 年度大版本、高性能模块、上海固定收益平台等模块的升级；完成 CRM 系统应用推广及功能完善；完成运维管理系统项目管理模块的开发，完成新股、债券的询价、申购、增发等流程优化，开发每日估值表文件分发功能，完善对公文审批流程的优化。

【嘉合基金管理有限公司】 投资交易系统（恒生 O32）新增高性能模块，实现交易量剧增的情况下指令、委托、清算等各项功能性能。同时配合深交所新一代交易系统的推出，进行相应的系统升级、测试；风控系统协同投资交易系统的事前、事中风险控制，事后的风险控制计算。系统上线后进一步达到内控及监管的各项需求，同时也为多平台、多交易系统的联合风控搭建基础平台；投资研究管理平台是为研究和投资等部门专门研发，集研究报告管理、股票池管理、模拟组合、绩效考核等功能于一体的综合性业务系统。

完成办公类服务器（邮件、OA 等）从 GDS 托管机房回迁至秦皇岛路办公机房，大幅提高办公类数据访问性能，并解决原数据通信仅通过一条专线连接两地机房造成的单点故障风险。增加联通上网专线出口，确保办公网的双链路出口。办公网回迁涉及机房改造，新增一台 UPS、机柜等，机柜供电改造为双路 UPS 供电；外联区网络实施改造，实现三层交换机制，提高网络访问安全性及服务器部署的合理优化。新增交易网的 VPN 设备及 CTRIX 软件部署，提供安全通过外网访问核心业务系统的解决方案。

【华泰柏瑞基金管理有限公司】 网上交易系统全面改版，有效提升用户体验，网上交易保有量与 2014 年同期相比增加 100%。网上交易平台获金融界“2015 年领航中国—中国基金行业值得信赖电子商务平台奖”；新上线了富友支付，拓展了客户开户支付渠道和银行卡选择范围，通过 APP 客户端提供移动端资讯、账户管理、在线交易等功能，通过 APP 客户端进行交易的客户量累积 2.5 万笔，累积交易量 2.58 亿元；与天天基金、蚂蚁聚宝、陆金所等主流的第三方销售机构开展合作，公司的产品在第三方平台如百度、淘宝、银联商务等开辟销售通道；公司和瑞银证券有限责任公司合作，在投资系统自动交易层面，采用瑞银算法交易系统，该系统具有多种场景模式，可以适应不同的交易要求，在公司的量化交易业务上开始普遍使用。

【金元顺安基金管理有限公司】 2015 年，完成公司核心供电系统的 UPS 电池的更换工作，提升机房电力的应急能力、机房安全工作的保障能力；完成公司核心系统（包括投资、估值、销售、客服等）的数据库改造工作。系统的并发处理能力、业务吞吐量、运行稳定性、系统自调节能力等获得极大提升，为公司业务的稳定运行和发展提供有力支持；完善公司的微信平台，实现移动手机端的基金申购、赎回、基金转换、资料查询等功能；建成货币市场基金的登记注册系统和估值系统等，同时还完成与之配套的客服系统、网上交易和网站系统，健全公司的产品线，提升公司竞争力；自主研发销售数据分析系统，实现全公司各项销售业务数据的采集、汇总、分析，便于公司各级领导和管理人员对产品销售情况进行全面掌控，并起到业绩考核的作用。

【财通基金管理有限公司】 将业务系统骨干网络从千兆交换机升级至万兆交换机，对现有虚拟化平台进行扩容，逐步完成系统全面虚拟化。在2014年虚拟化一期的基础上再创佳绩，节省巨大的财务和人力成本；将公司技术比较落后的模拟电话更新为IP电话，进一步推动协作办公，节省运营成本，提高工作效率；构建产品生命周期管理系统，对产品运作环节中的重要操作形成日志记录，进行集中有效归档、查阅、追溯，并且能及时提示产品的到期开放、分红、清盘等事项，避免人为遗漏风险，实现统一、可扩展、可持续的高件能业务协作；开发微信交易平台，为客户开户、交易、信息获取等服务提供便利性。

【诺德基金管理有限公司】 2015年，继续加强每日巡检和监控工作，仔细梳理信息系统可能存在的安全隐患，并及时解决。每季度对机房、小型机、存储应用系统、各业务数据库进行巡检，对系统备份数据进行有效性测试、回装性测试等。公司网络运行稳定，未发生重大安全生产事故。使用专用监控系统，监控网络、服务器、数据库等重要节点，严重警告通过即时短信息通知相关人员进行维护，降低各系统的安全风险。

在不影响公司业务使用的情况下，平稳实现办公网和交易网的域名更换，持续推进办公网和交易网的虚拟化，缩减了硬件成本，降低硬件故障风险。多次对主备电路进行切换测试，更换、扩容UPS电池；在全面做好系统运维保障工作的前提下，完成投资交易、估值、TA、直销等核心业务系统的多项重大升级改造，上线电子合同系统，完成OA系统的招标评标并进行实施。

【富国基金管理有限公司】 公司重点进行服务器硬件资源升级替换、统一备份平台、通信线路扩容、灾备应急演练、数据库性能优化、应用服务松耦合、应用系统关键业务点监控短信等一系列基础建设工作；引进专职安全人员，从基础安全入手，强化系统建设。与多家安全专业服务公司签订合同，加强漏洞扫描和安全检查，及时发现问题进行整改。引入Web应用防火墙、入侵检测、数据库审计等系统，推广堡垒机应用等措施，进一步完善安全体系。

按条线展开系统建设，在互联网电商方面，通过渠道整合平台、富钱包APP、网上交易系统改版、新呼叫中心系统、理财通等第三方金融平台接入，有效支撑电商业务发展，不断提升自主研发及创新能力。在数据服务领域，开展数据仓库平台和XBRL报告系统重构，初步完成数据统一入仓管理目标，大幅提升对机构中台年金、专户等报表及数据的服务支持。在内部治理方面，推行全面预算管理系统，优化费用管理控制手段。在新业务支持方面，通过港股通、货币交易型开放式指数基金（ETF）等功能投产，推进公司新业务开展。

【富安达基金管理有限公司】 升级改造公司风控系统，增加公平交易模块，重新配置报表，提高系统风控能力；配合上交所，改造行情分析系统、投资交易系统及估值系统，提升行情速度；配合业务开展，改版直销和网上交易系统，增加通联快捷支付功能，优化网上交易业务流程，提高网上交易便利度，提升客户体验；在全面做好系统运维保障的前提下，完成 IPS 设备和杀毒软件的升级改造；对估值系统进行多次升级，满足新估值方法、ETF 估值、中登第五代接口和中金所费用变化的要求。

【华安基金管理有限公司】 在系统安全稳定运行方面，加强各项自动及人工定期监控、基础设备的分步骤调整更新、系统问题的平台登记和追踪等手段，实现整体各项故障率较 2014 年有所降低、2015 全年 IT 无重大事故的目标；设备更新按计划稳步实施，完成较多增强 IT 日常运行能力的项目，包括核心网络设备、UPS 等关键设备更新；安全建设继续加强，上线各类电商外网安全防护设备、升级内部各类域控和设备安全准入，同时与绿盟达成安全合作框架；调研并建立 Jira 统一管理平台，推动 IT 和业务人员共同在该平台上实现需求提交、开发、版本管理和 Bug 追踪，后续继续加入 IT 知识库和 Helpdesk 功能，从而成为 IT 一站式工作平台；在 IT 专业测试方面，调研并与厂商共同完成测试体系落地，同时外包测试人员逐步覆盖各业务和内部管理系统，后续积累各系统测试库，为未来的自动化测试做好准备。

【浦银安盛基金管理有限公司】 信息安全加固，新增主动威胁发现设备并更新入侵防护设备。部署统一日志分析系统对主机、交换机、路由器、防火墙、安全设备、数据库等进行日志统一收集、统一分析、统一告警。部署堡垒机对运维人员的操作记录、跟踪、追溯；在浦发银行合肥灾备中心搭建核心业务系统的应用级灾备中心；客服数据中心、呼叫中心、外呼及网站的后台数据库升级、整合；期货业务系统建设，投资交易系统以及估值系统新增模块支持国债期货以及股指期货业务，新增银行间下行接口，自动对接银行间交易数据，投资交易系统新增分仓接口。

部署最新版本的自建 TA 系统，并将专户 TA 升级后与自建 TA 合并；建设营销一体化平台，在微信平台实现客户交易查询功能、服务订制、微信交易、第三方手机支付绑定，并新增若干支付渠道；切换 XBRL 系统，新增赢时胜公募基金信息报备系统，用于替换恒生相关系统；部署后台运营自动传真系统，实现自动抓取原始文件、根据规则自动拆分页面、自动匹配传真号码、发起流程加盖签章后，批量提交到传真服务器发送传真，支持多个业务场景。

【海富通基金管理有限公司】 电子传真系统增加批量盖章功能，同时将该系统推广至交易部；电商 2015 年主要围绕优化系统、拓展销售渠道、给营销提供技术支持方面开展工作，主要完成统一对外接口、民生银行定活宝、通联快捷支付通道，微信优化完成全新的 UI 以及全业务支持；为配合深交所新一代系统上线，适应股转、沪港通等新业务，完成投资交易以及深交所新版系统多轮测试和升级；投研系统完成佣金管理模块，研究员外出、券商分析师打分模块，完成非标跟踪、中国香港/海外债券研究等模块，完成债券分销模块流程优化，以及新股询价/申购模块规则调整及改进。

完成客服系统年度升级(包括客服数据中心、对账单及主动服务平台),服务管理、客户服务、统计报表等功能得到优化;完成产品生命周期系统上线,加强产品日常运作管理,提升产品管理的精细化水平,降低操作风险;完成子公司网站,包括子公司产品信息披露、产品查询及独立品牌风格展示。

【上银基金管理有限公司】 进行基础设施和信息系统的开发建设,包括办公机房建设搬迁工程、双山路机房卫星搬迁工程、异地数据存管、深交所第五代交易系统相关改造、上交所 Fast 行情相关改造、估值股转新三板模块、投资估值资讯数据库、风控系统及风控资讯数据库等;重点加强了信息系统安全建设,包括信息安全服务开通、监控系统上线、日志审计系统上线、核心数据库灾备方案部署、邮件系统群集上线、开展信息系统应急演练等;设立 IT 治理委员会,对公司重大 IT 事项统一决策,形成符合监管和规范要求的 IT 治理组织和工作机制,以法律、法规和行业规范为准则,对部门制度和工作流程进行及时修订。

【农银汇理基金管理有限公司】 完成公司机房从陆家嘴商务广场整体搬迁至农银大厦 18 楼,建设新办公地址和机房环境(强电、弱电、门禁、监控、UPS、卫星、空调和外联线路);替换主干网络设备,从原有千兆网络到万兆网络;2015 年 5 月 1 日至 3 日完成机房整体搬迁工作。

2015 年完成注册登记系统从 3.0 升级到 4.0;完成农行代销 T+0 项目的需求论证和开发工作;启动中港基金互认项目;完成新版网站和网上交易系统的上线;完成机构九恒星与网上交易的系统对接;完成新版呼叫中心和客服系统上线;完成核心业务系统(投资、估值、注册登记和直销系统)基于业务需求的 15 次升级;完成外围系统(CRM、网站、客户服务和 XBRL)40 余项需求的升级。升级改造投资交易、估值、注册登记和直销系统核心设备,从原来的 IBM570 系列升级到 IBM750 系列,基础环境操作系统、中间件和数据库版本统一升级到主流版本。

【兴业全球基金管理有限公司】 选择万国数据作为托管机房服务商,进行托管机房建设;核心业务网络与后台主机系统升级改造,引入 UCS X86 架构,建设高冗余、高可用的后台系统;为提升注册系统处理性能并为业务创新发展做好准备,对注册登记系统进行 TA4.0 大版本升级;对类余额宝订单系统进行优化,完成批量交易、金生宝等功能扩展;开展创新业务探索,进行基金质押业务研究与测试、权益类直销前置系统建设;推进 ISO20000 体系建设深入开展,主要是改进、通过内审和不断宣导 IT 服务管理系统,提升 IT 人员意识,通过定期以及不定期会议改进相关流程,2015 年 12 月,IT 小组通过英国标准协会(BSI)的年度审核,全年核心业务系统可用性水平达到 100%。

【泰信基金管理有限公司】 建设完成新投研平台,系统具备完整的宏观、策略、行业公司等多层级研究业务架构,内置调研、估值、研报等自动化效率工具,为公司投资、研究服务;支持上证 LOF(上市型开放式基金 Listed Open-ended Fund,简称 LOF)基金产品发行,建成完成上证 LOF 系统,为投资者提供新的产品线,进一步完善公司的产品类型;建成从业人员证券投资管理系统，并根据员工接触未公开信息的情况及投资决策的权限，对其本人、配偶、利害关系人的证券投资申报实行差异化管理。

建成微信平台微网站，系统包括信息咨询、公告发布、投资者业务查询等；自主研发客户信息管理系统，为市场部门进行渠道业务统计、职工业绩统计，为监管部门提供报表，以及信息披露、个人投资等方面的信息管理，为考核及业务开展提供帮助；完善业务体系，2015 年完成国债期货、投资交易、登记结算、估值清算、网站、网上销售、专户管理系统等 10 多个项目升级改造，满足各项业务需要及外部投资者多元化、个性化财富管理需求。

【西部利得基金管理有限公司】 2015 年年初配合上交所完成 LOF 系统测试，完成各业务系统及配套系统测试与上线工作，保障公司顺利发布首批上交所 LOF 产品——西部利得中证 500 等权分级基金；测试上线讯投交易投资系统，并与多家期货公司、证券公司清算完成接口对接，支持多支专户产品的设立运行。还上线赢时胜的 XBRL 信息披露系统、泛微 E-office 办公自动化系统等业务系统；为配合公司办公场所搬迁，信息技术部实施预先制定的迁移方案，完成公司机房所有服务器、网络设备的迁移，其中涉及 18 组服务器机柜、2 组 IBM 小型机机柜、8 组网络设备柜，并保障相关设备中部署运行的近 50 套业务系统顺利上线。

【华宸未来基金管理有限公司】 新购两台思科路由器，完成对公司交易网络的调整，优化网络路由，提升信息系统安全性；新增两条到深交所的专线，新增四台惠普服务器，分别用于深交所第五代交易系统行情网关、交易网关、文件网关和 OA 系统搭建。更换 UPS 电源，更换部分陈旧设备；公司对投资交易系统、估值系统进行接口及清算功能升级，并对投资交易周边系统进行部署升级，向深交所申请新的文件网关、交易网关和交易网关以及相应证书。参加深交所组织的联网及全网测试，报送协同上线计划及网关部署方案，为深交所第五代系统的上线做好准备。网上交易系统服务器证书续费，保障投资者网上交易的数据安全；公司新购 OA 自动化办公系统，对域控制器重新梳理，解决历史遗留的问题，提高系统运行保障能力。

【申万菱信基金管理有限公司】 完成服务器存贮网络设备等基础平台性能提升和扩容；所有硬件和存贮更换，整体方案改造优化，在原先主备异地两中心基础上增加本地系统备份，数据同步方法也从存贮同步改为第三方数据库同步模式。灾备通信线路同步从 4M 扩容至 10M。处理能力和容量达到主机房的 80%，同时数据同步效率达到监管部门要求；整合散落在各个系统的营销数据，构建公司基础营销数据平台；完成新版投资研究系统升级上线，新系统整合新的投研流程，并完成债券模块上线；启动深交所新一代项目，对恒生投资系统、赢时胜估值系统分别对应中登公司清算数据接口和深交所交易接口进行改造，进行测试；完成 OA 系统改版升级：更新开发平台从 Domino 改为.net，同时实现移动设备流程审批版，于 2015 年 10 月上线。

【天治基金管理有限公司】 完成核心业务系统基础架构的优化改造，用 PC 服务器替代 IBM 小型机，用新的存储设备替代老旧的存储设备，用

Windows操作系统、Linux操作系统代替AIX操作系统，并将投资交易管理系统、TA登记注册系统、估值系统、直销系统等所有核心业务系统切换到新服务器上；在新购的磁盘阵列上，搭建新的投资交易系统虚拟机集群系统，将相关的沪深报盘机、行情、交易、期货转码机等虚拟机迁移到虚拟机集群上，提高虚拟机运行速度和系统响应速度。通过编写备份脚本，定期对虚拟机实时备份，提高虚拟机的安全性。

完成出口线路扩容、连接银行间市场线路扩容，更换防火墙设备、VPN设备等，提高网站、网上交易、银行间交易系统的反应速度。所有核心业务系统进行多次升级；自主研发运营管理系统，开发文件拷贝系统，实现所有业务系统数据自动拷贝、解压缩、备份等功能，增强后台自动化运营能力。为监察稽核部开发专户净值预警程序，方便维护和查看各个产品预警线，监控专户产品。

【东海基金管理有限公司】 2015年完成基金运营系统核心小型机的内存、EMC存储的升级改造。改造后，系统负载和性能得到大幅度的优化提升，为应对未来的极端行情和业务发展奠定坚实基础；完善运维服务体系，并与多家供应商签订网络、小型机、服务器、基础设施的维保服务；加强信息安全体系建设，定期接受中证信息的安全监测扫描，还与供应商签订安全相关服务，发现安全漏洞、及时进行修补，消除风险隐患；对信息技术系统进行适应性改造，包括投资交易系统、TA系统、直销系统、估值核算系统、风控系统、信息披露系统、呼叫中心系统等，完成新系统建设或老系统改造后上线，确保业务正常开展。

【信诚基金管理有限公司】 2015年公司数据中心项目第二期基本完成公司整体信息中心体系部署，建立公司级营销数据中心，开发出灵活高效的办公自动化，达到无纸化移动办公；配合深交所推出的新一代交易接口建设，完成公司两个信息中心到深证通交易站点的网络对接工作；扩展管理产品投资范围，采购并部署国债期货的投资和清算系统功能模块，推出国债期货的专户产品；将原来外包的QDII业务运维搬回公司自主运营。设计新的运作流程，部署彭博投资系统和OMGEO交易配对子系统，调整相应的自动化数据采集任务，建立完善的、可伸缩的海外投资业务自主运营平台；更新投资系统相关的灾备方案并实际演练验证；在前期完成的CRM和办公自动化系统基础上，研究移动办公、移动营销的系统方案设计并开始系统整合，打造全新的公司信息系统统一移动平台。

【东吴基金管理有限公司】 完成对陈旧设备的更新换代，包括升级程控交换机设备和录音系统，将原有的模拟话机系统更换为IP电话系统。对投资交易核心岗位加装视频监控探头，加强监控力度；升级虚拟化架构系统，将原有的由3台IBM X3650运行VMWareESXi系统，组成计算资源池，新增三台X3850服务器和两套VNX5200接入Brocade 300E组成的生产存储系统，提高整个基础架构的利用率和稳定性，减少宕机事件。

增加投资交易系统支持深交所第五代清算接口的改造，启用上交所Fast高速行情模块，增加交易员绩效考核模块，促进新业务开展；升级代直销一体化、高端理财二期等功能；通过与第三方安全防护公司密切合作，对重点网络设备进行彻底排查，采购部署 WAF 网站应用防火墙、堡垒机，升级 IPS 入侵防御系统，提高整个信息系统对外部攻击、扫描的防御能力，增强内部运维审计能力，提升运维效率和安全性。

【中海基金管理有限公司】 2015 年 3 月，按国家外汇管理局上海分局要求，完善国际收支统计信息广播系统。2015 年 3 月，开展公司内非涉密重要信息系统安全等级保护工作；组织公司内部员工学习信息安全并参加竞赛，一人获得二等奖，多人获得纪念奖。2015 年 8 月，组织参加信息安全技能大赛，并最终获得第三名；2015 年 12 月，依照深交所、中登结算深圳分公司通知，参与 IPO 新规测试；2015 年 12 月，针对各业务系统进行改造，使公募产品具备熔断功能；2015 年 5 月至 10 月，开展专项系统升级工作，经过需求分析、方案评测、技术准备、技术测试等，最终完成全部核心业务系统的数据库版本升级工作；2015 年 6 月，完成公司邮件系统升级切换，降低系统出错概率；2016 年 12 月，全公司层面灾难备份演练在上海外高桥备份数据中心完成。

【华富基金管理有限公司】 为了提高性能，解决单点故障问题，2015 年上半年采购存储，在节假日完成关键业务备份、数据库备份、服务器关机断电、存储设备上架、设备接线、设备送电、设备开机、服务器开机、业务启动、业务验证、性能测试、单点故障测试等工作。经验证性能提升 1.5 倍；天融信防火墙变更为山石网科防火墙，提高内网安全可靠性；WAF 应用防火墙上线，对网站网上交易进行保护；F5 设备更换是一个非常复杂的工程，而且风险较大，因此在设备上线前做多次论证，编写详备的方案计划，最后 F5 设备上线并平稳运行近三个月。

【国泰基金管理有限公司】 2015 年，信息技术部自主完成系统开发工作，实现各项指标可自动扩展功能，为后续增加指标预留较大的灵活性。10 月 BI 系统正式上线，11 月风险系统正式上线；数据中心项目成为优秀项目案例。2015 年在大数据方面加大投入，构建一套可视化大数据平台，根据业务部门的需求开发客户画像、回撤平台。2015 年增加资讯数据源的处理和合并功能，实现 TA 系统平稳迁移，确保了数据报表的连续性；完成 TA4.0 版本升级以及高速存储更换，清算性能获得 5 倍提升。投资管理系统完成高性能版本升级，实现交易后台下单功能，提升交易处理速度；2015 年建设有办公云和交易云两个私有云架构，交易云的存储已连接完成，正在进行应用迁移工作。

【银河基金管理有限公司】 推进各项业务拓展与创新，完成电商信息技术方面的改造与扩容，主要包括京东商城项目、银联通监管模式、工行网银直连、手机 APP 绑卡、银河证券网上商城 T+0 业务等；对用户界面进行优化调整。多次参与金融安全方面的会议，借鉴同行建议、结合实际制定加固方案，具体包括：严控同卡进出规则、追踪客户资金流向、调整优化技术接口、强化银行卡的技术验证等。在业务方面优化电商风控模型、监控风险交易、异常交易时自动邮件通知客服备查等。

配合深交所升级与测试新一代交易系统，包括交易链路、网络结构、行情发布、业务规则、技术性能等，贯穿整个工作年度。此外，交易系统与估值核算系统还进行国债期货系统、中行电子接口、固收平台、网络投票系统、IPO系统的升级与改造;针对深圳通文件交收平台、上清所业务、网上交易业务、办公上网的带宽及设备进行扩容,加大吞吐量,减轻网络压力,提高运维效率。

【长信基金管理有限公司】 2015年完成估值核算系统的中证行情接口、深圳第五代交易系统接口和中登第五代结算接口的改造;2015年12月22日TA清算系统(V4.0)正式上线。新系统上线后,性能得到极大提高,为后续新业务的开展提供有利保障;2015年11月24日自建TA(V4.0)系统正式上线,为多只开放式基金同时进行登记过户业务,并支持多个销售渠道,改写公司无自建TA的历史;2015年6月12日分TA系统上证LOF及上证可分离基金功能上线。分TA系统支持基金在上交所申购赎回和买、卖、交易。支持上交所发行的母基金成立分离处理、基金到期转LOF处理、投资者日常自由分拆、合并、份额定期折算提醒和折算处理、份额不定期折算提醒和折算处理。

2015年1月26日正式通过银行间新本币成员端接口系统(CSTP)验收测试,1月30日正式获得接口接入资格,2月4日至6日完成上线部署,提高投资交易系统对银行间业务回报的处理速度;12月11日完成投资交易系统"交易所固收平台、综合协议平台"模块的上线,告别传统的纸质指令程序,满足风控需要,降低这两项业务的风险。

【万家基金管理有限公司】 优化升级官网(网站和网上直销系统),基本完成微信交易端的建设;将同花顺收益宝对接万家现金宝货币基金,完成代销赎回T+0;完成TA、直销等相关业务系统改造,实现中泰证券线上理财云平台与万家现金宝货币基金的对接;在自TA系统上新增电子合同功能模块,同时支持中登第三方模式和管理人自主模式。

恒生O32投资交易系统上线上交所Fast行情;完成IPO新规则的适应性改造;完成深交所新版五代接口的相关改造;为提高投资交易报盘效率并满足量化投资需求,将投资交易系统报盘机服务器托管至上证通机房;上线金仕达投资交易系统,满足量化投资的相关需求;上线迅投资产管理平台,与银河证券开展融资融券业务测试,满足特定专户产品的投资需求;完成销售子公司基金销售、资金清算、网上交易等系统的建设及场检。

【永赢基金管理有限公司】 北京分公司历时6个月完成室内装修、强电、弱电以及网络接入,于2015年12月开始投入使用;代销T+0业务时,投资者在宁波银行发起的货币基金赎回业务,资金T+0实时到账。与宁波银行一起进行开发测试,2015年2月上线;完善基金销售系统,建立网上交易系统,包括网上开立基金账户、增开交易账号、账户信息修改、交易密码修改、基金认购、申购、赎回、转换、变更基金分红方式、交易查询、服务订制等,提升客户体验。经过3个月开发测试,于2015年5月上线投入使用。

【上投摩根基金管理有限公司】 选用思科UCS刀片服务器升级核心数据库硬件,提升核心业务系统处理速度。使用市场上主流的VMWARE虚拟化系统,采用思科FLEXPOD硬件架构,完成核心应用系统虚拟化迁移工作;淘汰原来以思科

CATALYST4500 为核心的网络架构，选用最新的思科 Nexuss9000 系列交换机，构建新的网络核心架构，核心交换机的线性交换带宽从原来1Gbps提升至 10Gbps，并将服务器的接入都逐步升级至 10Gbps。核心交换机最高转发能力可以达到172.2Tbps，建立一套可升级至私有云架构的网络基础架构，为“互联网+”时代的业务打下基础。

配合公司中港基金互认业务，完成注册登记系统、直销系统、中登系统、估值系统、电商系统以及 CRM 等核心业务系统的升级改造；2015 年新增投资新三板市场，为配合该业务，公司完成对投资交易等系统的改造升级，升级后系统支持协议转让投资人端、限价方式申报等功能，从而全面支持新三板业务。

【鑫元基金管理有限公司】 2015 年完成与南京银行、郑州银行、长春农商行货币基金 T+0 服务对接，支持银行渠道端创新管理，加大银行对于活期资金管理的黏度，同时南京银行鑫钱宝功能支持份额 ATM 取现、份额刷卡消费等功能；新增业务流程移动审批系统、新三板市场业务系统、资产证券化业务系统，与银行、券商建立直连电子对账通道；加快与互联网公司互联互通，开展一般债券基金销售业务，完成与苏宁金融接口开发，与顺丰金融旗下“顺手付”产品进行系统对接，优化内部货币基金功能。

完成员工申报系统建设、风险控制系统二期项目建设，加强风险管理能力；建设应用虚拟化项目，实现应用系统集中部署、管理和交付。利用有限的网络带宽资源，安全、快速、高效地实现各业务操作，同时降低维护成本；建设自动运维监控系统，对服务器、网络设备、广域网线路及应用中间件、数据库等监控目标，实现自动化监控，及时预警系统故障，提升运维效率。

【华福基金管理有限公司】 优化开市闭市以及清算流程，经双人复核以保证系统每日正常运行。开市期间，严格按照相关操作表对各应用系统巡检，若发现问题及时启用应急流程，同时修订、完善系统应急流程。完成子公司相关系统如投资交易系统、TA、直销系统建设，构建完整的系统平台。完成电子合同系统上线，为客户提供自查查询服务，开通官网专户客户自助查询以及官网子公司公告模块等。

优化现有业务系统，对相关系统进行测试验证与升级；与交易所联测，完成深圳中登 D-COM 系统和新一代交易系统中登接口系统改造测试，升级中登深结算业务功能；网络安全方面，定期向所在辖区公安部门提交《信息系统安全等级保护备案》材料；与外部网络安全机构积极合作，对公司所处的网络环境及网络设备进行安全渗透测试，并对门户网站进行安全扫描。

【国海富兰克林基金管理有限公司】 开发网上交易系统新增盈亏查询模块，增强客户对账户盈亏信息的了解。部署 TraFax 无纸化传真系统，充分利用网络资源，用户直接在自己的电脑桌面上收发传真，支持浏览器方式、Outlook 客户端以及客户端三种收发方式。同时利用无纸化传真系统简化交易室的银行间交易流程。采用 GFI Mail Archive加上大容量的存储系统，进行电子邮件归档，实现自动实时归档邮件，避免邮件信息误删，同时具有严谨的邮件分级查阅权限，便于对邮件内容审查审计和行为操作安全监察。

【交银施罗德基金管理有限公司】 更新到期主机设备,升级核心业务系统数据库和虚拟服务器系统版本;进一步完善信息安全组织结构和管理制度,按计划进行全员意识培训,加强定期安全服务,完善个人电脑管控、病毒防护、Web威胁探测、防火墙等技术防护体系;启动移动互联网交易系统开发项目、超级现金宝项目、与第三方机构合作的余额宝、边花边赚等项目。

在客户数据仓库基础上扩建投资数据仓库,满足投资过程中对数量统计的需求;以数据仓库为支撑,研发提醒预警系统,通过前置条件、表达式、调度计划、预警计划等定义提醒任务,触发后通过邮件、手机短信、即时通信等方式及时提醒操作员;自主研发交易单元佣金计划管理、公司行为管理、投资组合绩效统计和业绩归因、券商机构绩效管理、工作日志、通用业务台账、业务数据核对等业务支持功能;建设资产管理子公司相关系统,升级系统支持深圳中登新一代数据接口、创新基金产品、专户电子合同、代销机构货币基金T+0快速赎回、新版股票IPO等新业务。

【长安基金管理有限公司】 完成业务系统整体虚拟化改造。采用VMWARE虚拟机技术,对核心业务系统(包括投研系统、清算系统和销售系统等)进行系统功能规划,建立统一的系统运行及监控平台。同时通过虚拟化技术进行系统备份,提高系统故障处理能力;通过采购新型主干交换机及外围网络设备等,重新规划网络,将网络划分为核心区、应用区、外联区等,彼此通过防火墙有效隔离,加强对外部网络接入的监控力度。

2015年,在万国数据中心搭建灾备运行环境,保障主机房核心业务系统出现故障后,能迅速启动灾备系统,提高业务数据保护能力和业务连续能力;在恒生数据中心的基础上,构建公司自用的数据中心平台,将各类业务数据进行汇总和归档,并开发业务管理系统进行数据录入与展示等;2015年,公司搭建统一的投顾服务平台,包括专用客服系统以及微信公众平台等,进一步完善和提高投顾服务水平。

【国联安基金管理有限公司】 安装与架设远程灾备中心系统,主要核心系统数据库等实时同步到远程灾备机房;完成公司交易环境服务云平台搭建、迁移、测试、上线,交易系统相应服务器迁移到云平台服务;完成专户TA电子合同、新业绩考核模块升级改造;完成恒生O32交易系统改造、交易提醒、接口升级;风控系统模块股指期货、商品期货、国债期货、个性报表功能升级;完成公司微信营销平台建设;增加日志管理程序、堡垒机、漏洞扫描等服务,增加安全服务程序与安全防护设备,阻止内外部攻击行为,保障生产系统正常运行;增加研报系统与O32交易系统的关联,将研究员推荐与交易关联起来等功能。

【汇添富基金管理有限公司】 为保障投资交易系统稳定性和高性能,将系统服务器更换为UCS平台(高端PC Server),将数据库版本升级到主流Oracle 11G,启用O32系统专用存储系统NetApp,同时构建本地全新备份系统;对数据中心的主数据同步、调度平台、IPS入侵防御系统(Intrusion Prevention System,简称IPS)系统分别进行升级,主数据同步完成多线程版本升级、历史Bug修复、单独应用剥离,IPS系统完成历史Bug

修复、UI调整、性能提升，调度平台升级大版本；在移动平台上实现OA办公管理流程审批以及部分常用流程的发起，实现员工通讯录、新闻公告、微信消息提醒等功能；构建移动CRM，实现企业客户和联系人资料维护、客户拜访记录维护、编写日报、日报汇总、名片扫描等功能；构建“同城双活”和“两地三中心”，调研并选用外高桥万国数据机房，与公司总部机房以裸光纤连接组成同城双活数据中心，并与深圳超算中心以IP专线连接，构建两地三中心环网。

（李　纲）

五、保险业信息化

【保险专业中介机构股权信息登记系统】　为配合上海保险专业中介机构股权信息监管改革试点，2015年8月，上海保险业联合易保网络技术有限公司开发完成保险专业中介机构股权信息登记系统，并于9月1日上线使用。登记系统涵盖保险专业中介机构名称、类型、工商注册、高管人员等基础信息，以及股权（出资）情况等关键信息，具有全流程监控信息登记与变更、与工商管理部门共享数据、独立第三方审查与监管部门审核相结合、系统用户投资者和公众分级查询等功能，实现保险专业中介机构股权治理监管手段现代化，并引入社会监督机制，为非上市保险机构股权交易平台奠定基础。截至2015年年底，系统共完成272家保险专业中介法人机构初始化信息录入。

【航运保险产品注册管理平台】　2015年6月，为配合实施航运保险产品注册制改革，上海航运保险协会开发航运保险产品注册管理平台，并于7月1日投入使用。平台主要包括用户管理、产品注册、信息披露、监测分析和系统管理5大功能模块，支持多语种、国际化标准产品注册，实现航运保险产品电子化注册管理和产品信息公开，与国际市场深度对接。市场主体通过平台可实现实时自主注册；管理机构可实现用户资格验证、注册产品复查、产品信息跟踪分析；监管部门可实现实时产品信息查询、实时注册行为监测等；公众可通过平台查询、对比，实现社会监督。平台注册的产品还设有专属识别号和通用接口，为日后与线上交易对接提供便利。截至2015年12月，共有23家主体通过注册资格验证并完成用户登记，完成695个航运保险产品注册。

【保险咨询投诉调解管理系统】　2015年，上海市保险同业公会根据监管要求，设计开发上海市保险咨询投诉调解管理系统，旨在畅通保险消费者合同咨询、投诉和调解渠道，提高保险合同纠纷处理效率。系统由咨询管理、投诉管理、调解管理、合同外管理4大子系统组成，可与监管机关、保险机构、诉调驻点机构和其他部门实时对接、传递数据、实时监测每个调解件的流转处理情况。系统实现与上海市机动车联合信息平台、上海市人身险综合信息平台、上海市保险从业人员管理系统对接，只需录入当事人基本信息，就可以查询其全部保单情况。

【系统对接实现行业数据联动】 2015年，根据中国保险监督管理委员会(以下简称“保监会”)和中国保险监督管理委员会上海监管局(简称“上海保监局”)监管要求，上海保险业陆续完成了保单登记管理平台、上海人身险综合信息平台、保险咨询投诉调解管理平台等多项系统对接，打破企业间信息壁垒，提高数据真实性和完整性，实现行业数据集中和企业间数据联动，为保险服务社会和反保险欺诈提供更加全面的数据支持。

【上海人寿保险获得信息安全技能竞赛二等奖】 2015年9月，上海人寿保险股份有限公司参加由中国信息安全认证中心(ISCCC)和上海市信息安全行业协会联合举办的中国信息安全技能竞赛管理运维赛，获保险组二等奖，该项赛事综合考察各参赛团队的信息安全意识、知识、管理维护及保障操作能力。

【众安互联网健康保险业务管理系统】 2015年，众安在线财产保险股份有限公司自主研发了一套健康保险业务管理系统，为开展互联网健康保险业务提供平台支持。系统包括投保、收费、保单管理、理赔、客户服务等功能，针对互联网保险金额小、发生频率高、海量的特点，引入ODPS(开放数据处理服务 Open Data Processing Service，简称ODPS)等框架，进行分库、分表数据存储，显著提高系统吞吐量和大数据处理能力，实现了对新形态健康险业务、基因保险等多个创新产品的技术支持。

【国泰人寿保险启用云巅桌面虚拟平台】 2015年，陆家嘴国泰人寿保险有限责任公司启用云巅桌面虚拟平台，为员工提供伸缩灵活的虚拟化办公桌面，通过网络或移动终端远程办公，桌面虚拟平台可实现集中式管理，强化数据备份和权限控制功能，并提供可行的数据防泄漏方案，大幅降低PC维护成本。此外，公司还与Cisco公司合作建立网络会议平台，支持PC、手机和平板在内的各类设备接入会议，参会者无论身处何处均可在线协作，共享文件、演示文稿和应用。

【车险微信平台增值服务项目】 2015年4月，中银保险上海分公司与上海辛巴达网络科技有限公司合作，开发启用中银车险微信平台，车险客户在平台绑定车牌号后，可在线查询保单、理赔信息和定损点等操作。为实现与客户良性互动、增强客户黏度，平台定期开展营销活动，设置积分商城板块。客户购买车险后获得相应积分，凭积分兑换洗车、机场停车、代驾等增值服务。

【长江养老保险开发企业年金受托户核算系统】 2015年，长江养老保险股份有限公司设计开发企业年金受托户核算系统，并于2015年6月27日在业内率先上线使用。系统包括各类资金收支管理、网银数据识别抽取、科目汇总、受托系统和核算系统间数据自动对接，核算会计科目与外部托管账目核对、核对结果查询导出等功能，确保了受托人与托管人开展受托户核算业务，有效防范受托户资金风险，公司三大企业年金集合计划、20多个单一计划的受托户已纳入系统管理。同时，公司还设计开发面向大型集团企业客户的委托人服务系统，涵盖企业年金计划发起、职工信息维护、年金缴费、年金领取、职工转移等业务的发起、校验、审批、提交、查询等功能，大幅提高集团委托人年金管理效率。

【招商信诺引进语音质检分析系统】 2015 年，招商信诺人寿保险有限公司引进语音质检分析系统，通过语音识别等手段，对语音数据文字结构化，并结合文本归类、文本聚类等手段进行分析挖掘。系统支持全文转写、角色分离、静音识别、语速检测、声纹识别、时间边界、情绪检测等功能，将呼叫中心座席与客户的对话实时接入系统，根据系统用户需求标注关键词。系统全文识别率达 75%以上，关键词识别率达 90%以上，可分析规范座席标准话术。系统质检功能通过量化建立泛听标准模型，实现全系统化泛听，系统判断不合格进入人工二次复核，大幅提高听单效率，有效控制运营成本。

【劳合社(中国)升级核心系统】 2015 年，劳合社保险(中国)有限公司升级核心系统，一是引入 RTF(多信息文本格式 Rich Text Format，简称 RTF)打印解决方案，实现产品条款集中管理。通过创建条款库，将财产保险直保业务中多样化的产品条款纳入统一管理，由合规部门审核启用各条款内容，通过 RTF 拼装方式，将条款内容生成最终保单条款 PDF(便携式文件格式 Portable Document Format，简称 PDF)文档。升级后系统提高保单条款开发效率，降低管理成本，增强条款使用合规性，确保只有审核通过的条款内容被使用在保单上，防范业务人员擅自更改条款内容的风险。二是改造功能模块，实现交易对手代码化集中管理。将所有交易对手信息录入由手工录入改为代码选择，确保交易对手信息的唯一性和精准性，实现信息变动轨迹管理。

【太平人寿电子发票开具平台】 2015 年，太平人寿保险有限公司开发实施太平人寿电子发票开具平台，以提高发票管理效率，改善客户体验。平台涵盖电子发票开具及配置、电子发票冲红、电子发票报表等功能。平台投入使用后在以下方面取得显著效益：一是结合电子投保系统、电子保单等功能，实现投保全流程电子化和无纸化管理；二是简化发票管理流程，降低发票印制及管理成本，规避发票流转环节中的风险；三是优化客户发票获取体验，提高服务质量，规避虚假发票风险。

(王丽丹)

第四章　电子商务应用推广与产业集聚

概　述

2015 年，上海电子口岸建设持续推进。上海电子口岸平台电子单证传输量 270 146 734 份，海关电子支付交易 1 678 万笔，金额 12 445 亿元，平台稳定性 99.93%。2015 年 6 月 30 日，上海国际贸易单一窗口 1.0 版上线运行，2015 下半年，建设 2.0 版单一窗口，重点开发 17 项任务，2015 年 4 月正式发布国际航运中心门户网站。同时，完成亚太示范电子口岸网络年度工作计划，以及上海自贸试验区信息共享平台(一期)、跨境通平台的主体功能开发。

2015 年，上海电商交易额 16 452 亿元，同比增长 21.4%。电商交易结构基本稳定，快消品电商发展势头良好，跨境电商在不断促进传统外贸转型升级，移动电商向生活领域拓展，平台类企业优势突出。

一、上海电子口岸信息化

【上海电子口岸平台运行情况】 2013—2015 年平台运行情况如表 4-1 所示。

表 4-1　2013—2015 年平台运行情况

指　标　项	2013 年	2014 年	2015 年
报文处理量(亿份)	1.93	2.29	2.70
电子支付交易额(万亿元)	1.14	1.28	1.24

【上海国际贸易单一窗口】 2015年上半年，重点围绕23项任务，建设上海国际贸易单一窗口1.0版，2015年6月30日上线运行。1.0版覆盖货物进出口、运输工具、企业资质、贸易许可、支付结算、信息查询六个模块，共同参与建设的单位有17家——4家口岸查验单位和13家新增单位，包括市经济信息化委、市商务委员会、市交通委员会、市税务局等。2015下半年，建设2.0版单一窗口，重点开发17项任务，2015年年底基本完成功能开发。单一窗口有6个功能板块和1个自贸专区，共26个子系统，基本覆盖国际贸易活动主要环节。单一窗口2.0版各模块及子系统情况如图4-1所示。

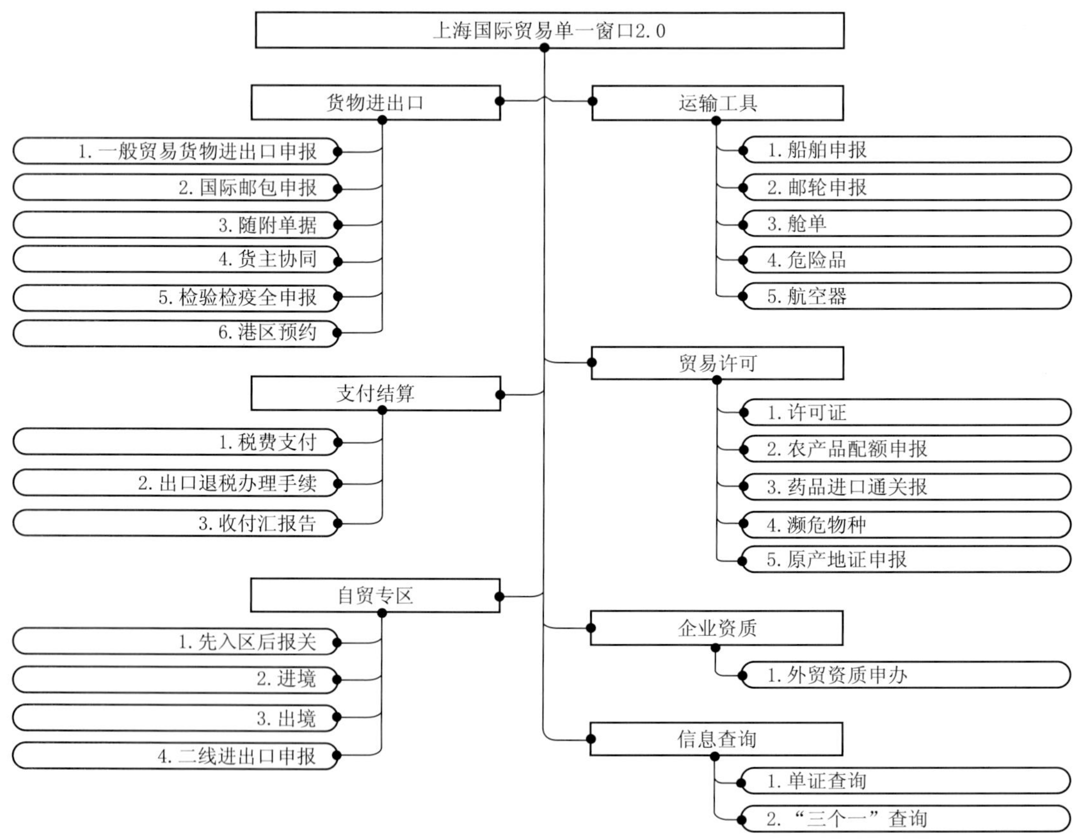

图4-1 上海国际贸易单一窗口2.0

依托上海电子口岸平台建设，与海关、国检、海事、边检的申报系统对接，申报数据通过单一窗口平台，发送到原有各部门的数据处理系统；单一窗口的申报采用B/S网页模式，支持数据导入功能，实行用户登记注册；仍维持原有系统各自的身份认证和账户体系进行申报；原系统运营主体，仍负责原有系统和客户的运维服务。同时组建联合团队，共同承担单一窗口的运维保障工作，形成统一的运营服务规范，提供7×24小时服务响应。截至2015年12月，单一窗口平台开户数1 155家，各项业务累计2 285 657票。

【上海国际航运中心综合信息共享平台】 2015年完成上海国际航运中心门户网站、一单两报、跨区域、船舶动态全部软件系统开发任务，形成数据量为亿级的航运主题数据库，为口岸信息共享和大数据分析奠定基础；完成口岸数据中心建设和电子口岸平台系统迁移工作。国际航运中心门户网站于2015年4月正式发布，运营工作正常开展。2015年12月底，上海国际航运中心综合信息共享平台整体项目通过初步验收，平台的运维保障工作纳入上海电子口岸整体框架。

【亚太示范电子口岸】 完成亚太示范电子口岸网络(APMEN)年度工作计划、拟制战略发展框架及机制等文件，并在APEC(亚太经济合作组织 Asia-Pacific Economic Cooperation，简称APEC)高官会和部长会议上审议通过；联系并推进APEC成员经济体加入APMEN，并协助召开公私对话会，2015年8月，亚太示范电子口岸网络及运营中心揭牌，已有9个经济体、12个口岸加入。启动了上海港与巴塞罗那、新南威尔士港以及英国IHS公司的互通试点项目。

【自贸试验区相关系统建设】 完成上海自贸试验区信息共享平台(一期)、跨境通平台的主体功能开发并通过验收；完成自贸试验区海关监管信息化系统(二期)项目开发。

(王之勤)

二、上海电子商务发展

【概况】 2015年，上海电子商务(以下简称“电商”)发展呈现持续、快速、健康发展态势，交易规模处于全国领先地位。电商在创新消费模式、激发消费需求，引发投资热潮、开辟就业渠道，推动服务业转型升级、催生新兴业态，加速与制造业融合、提供经济创新空间等方面发挥了重要作用。2015年，上海电商交易额16 452亿元，同比增长21.4%。其中，B2B交易额12 312亿元，同比增长15.7%；网络购物(B2C/C2C)交易额4 140亿元，同比增长42.6%(其中，商品类网络购物交易额2 251亿元，同比增长36.0%，服务类网络购物交易额1 889亿元，同比增长51.2%)。商品类网络购物交易额约占社会消费品零售总额的22.39%。

【电商交易结构基本稳定】 全国经济下行压力和供给侧问题，造成钢材、有色金属、矿石等大宗商品供过于求及行情下挫，部分大宗商品价格走低，交易额和交易平台活跃度有所下降，2015年B2B的增速比2014年同期回落7.6%，但B2B交易额仍占总交易额的74.8%，在体量上继续保持优势地位。2015年数据显示，钢铁类电商交易额4 077亿元，占B2B交易额33.1%；化工石油类交易额2 664亿元，占21.6%；有色金属、汽车、成套设备等交易额2 951亿元，占24%；服务类交易额462亿元，占3.8%；纺织品类255亿元，占2%；农产品类25亿元，占0.2%；其他类1 878亿元，占15.3%。

2015年，全市前50位B2B电商企业交易额达到7 800亿元,占B2B总交易额的63.4%,虽总量收窄,但显示出B2B电商企业良性的竞争发展态势。如:上海钢铁交易中心等全市优质钢铁交易平台,借助“互联网+”战略逆势增长,2015年第四季度交易额出现小幅回升。

【快消品电商发展势头良好】 快消品电商的快速发展,一定程度上影响了实体店发展,人们购物习惯发生较大变化,网上购物群体从青中年为主逐渐向中老年延伸,碎片化消费增加,网络购物已成消费主流。2015年全市B2C网络购物交易额达到4 140亿元,同比增长42.6%,高于全国网上零售增长率9.3个百分点,高于全市同期B2B交易额增速26.8个百分点,在电商交易额中占比上升至25.2%。但由于交易基数扩大,总体比2014年增速下降8%。在网购市场逐渐趋于理性消费的情况下,2015年下半年增速仍明显低于上半年。

网络购物交易中,商品类交易额为2 251亿元,同比增长36%,服务类网购交易额达到1 889亿元,增速达到51.2%,较2014年提高3.4%。其中餐饮、旅游服务类分别增长123.8%和21.6%;综合百货增长20.7%、家居建材增长15.4%、生鲜农产品增长85%、服装增长9.1%。同时,在网购交易中,网上商店零售额达到1 091.35亿元,增长31.6%,比社会消费品零售总额增长率高23.5%,占社会消费品零售总额10.9%,比2014年提高1.5%。

【跨境电商促进传统外贸转型升级】 上海是对外贸易的重要集散地,获全国首批跨境电商试点城市以来,在上海自贸试验区各项利好政策支持下,特别是2014年7月大宗商品现货市场交易平台启动后,已有10家大宗商品现货交易平台企业上线运行,全市跨境电商迅速推进,为跨境电商零售的快速发展、进出口大宗商品交易和传统外贸企业转型提供强大动力。2015年,上海口岸跨境电商销售额突破4亿元,同比增长10.2倍。300余家企业已在海关完成备案手续,上架销售产品60余万多种。

嘉定、松江、青浦、闵行、普陀等几个跨境电商园区运行良好,面向中小型进出口企业、电商企业和第三方服务企业,为境内外的进出口产品提供全方位专业服务。2015年,全市跨境企业实现交易总额281亿元,同比增长27.1%,其中进口55亿元,同比增长120%;出口226亿元,同比增长15.3%。上海跨境零售出口规模国内第四,在进口55亿元中,直购进口47亿元,网购保税进口8.5亿元。跨境网络购物(海外直邮)完成快递处理量8 280万件,其中出口4 999万件。跨境零售占外贸进出口额的3%左右。

【平台类龙头企业优势突出】 2015年,上海平台类企业交易规模达到16 124.9亿元,其中通过互联网达成的交易额8 984.4亿元,比2014年增长16.4%。一些电商龙头企业借助互联网技术,市场集约化明显。第三方平台交易比重越来越大,全市全年通过互联网完成的交易额中,非自营交易额占比84.1%,一些重要制造企业如上海宝钢、上海石化、上海爱姆意机电设备有限公司等,正着力拓展电商的广度和深度。一批领先的B2B交易平台在钢铁、有色金属、工业品、汽车、农产品、农牧装备物资等领域发展势头迅猛,已成为国内外有影响力的企业。

【移动电商向生活领域拓展】 2015年,电商与实体企业深度融合,线上线下互动发展,电商向实体延伸,实体纷纷"触网",推动了实体企业快速转型,实现商业模式创新。传统企业纷纷将传统品牌电商化和向线上延伸,上海光明都市菜园携手牛奶集团的牛奶棚、良友集团开展O2O合作,合作门店达700家。一些大型电商也纷纷下沉社区,开设服务中心,实现互联网和电商、生活服务的融合。同时,各企业依托移动互联网和大数据的强大优势,广泛应用电商新模式,移动金融服务迅速推广。在移动端发力,加大商品品类,助推电商市场向"线上+线下"、"社交+消费"、"娱乐+消费"、"互联网+金融"、"互联网+物流"方向发展,促使本地生活服务类O2O市场快速发展,尤其在餐饮、旅游、娱乐、支付、交通出行、服务贸易、网络零售等领域渗透很快。

【电商应用环境进一步改善】 上海电商交易量继续保持全国领先,特别在生活服务领域取得突出进展,应用涉及餐饮、教育、家装、家政、旅游、网络零售、医疗保健、妇婴保健、汽车服务、社区社群、家庭生活等行业,全市智慧商圈、智慧社区、智慧交通、智慧医疗等通过互联网和O2O,为电商发展提供巨大空间。根据《2015中国智慧城市发展水平评估报告》,上海高于全国平均水平,为电商发展奠定良好的基础,这主要得益于上海市政府对电商发展环境的重视与改善,上海的上网普及率已达到73.1%,宽带用户达到551万户,4G移动网络全覆盖,无线网络主要商圈和地域全覆盖,大数据应用进一步开放。同时,上海市政府还十分重视电商政策法规建设,2015年全市共发布7个电商发展政策性、规范性文件,相关电商社团组织也出台一些行业服务的联盟标准。上海电商的投融资居全国前列,为电商发展提供良好融资环境,2015年上海共有53家电商企业获得投资。

(陈文静)

第五章　旅游信息化

概　述

围绕全面提升上海旅游公共服务能力、行业监管能力、预警预测能力和应急管理能力，汇集旅游行业信息和城市涉旅信息，整合市局各信息化业务系统，构建以“2个系统、1个中心、6个发布渠道”为核心的旅游信息系统。同时，不断推进旅游公共服务，促进智慧景区建设，市旅游局与东方网达成战略合作，并不断共享和开放旅游政务数据资源。

一、旅游环境信息化建设

【建设上海旅游信息管理与发布平台】 该项目建设2个应用系统，即信息发布与公共服务子系统、行业运行信息管理子系统。构建1个中心，即旅游信息资源数据中心。新建开发和对接利用6个发布渠道，分别是互联网发布渠道、移动互联网发布渠道、现场发布渠道、电话发布渠道、公共服务站点渠道、专业共享渠道。

整合上海旅游政务网、旅游节庆网、旅游会展网，与系统实现对接；新增移动应用（旅游旅游公共服务APP）；对接现有部署在咨询中心、景区、星级宾馆、社区的旅游信息触摸屏；在重点场所建设公共信息发布LED屏；对接现有12301/962020旅游咨询服务热线，优化热线知识库更新机制；对接全市各旅游公共服务站点（旅游咨询服务中心）工作系统；建设信息共享接口，针对相关委办局、区县和涉旅企业，提供行业信息。

搭建软硬基础运行环境。以计算机网络和现代通信技术为基础，综合服务器系统、存储系统、网络系统等；建设旅游行业信息管理和展示中心，动态监管旅游行业综合信息、直观呈现各景区客流态势、适时发布舒适度指数、跟踪应对旅游突发事件，依托视频播放和通讯体系对各类管理信息做到图形化综合展示、实现监管。该项目已通过立项审批，2016 年进入项目具体方案细化和建设阶段。

【新建和改建地铁站点街区图】 作为 2014 年上海市政府实事项目的后续工作，全市共有 15 条地铁线路(含磁悬浮)，339 座地铁站点，每天输送近千万旅客。该项目让旅游信息进入地铁，使游客能够方便地了解每座地铁站点周边的旅游景区、星级宾馆饭店、旅游集散中心、旅游咨询中心等信息；在 2014 年建设 102 个地铁站点旅游信息服务导览系统的基础上，2015 年继续建设 100 个地铁站点。

【旅游公共服务促智慧景区建设】 为进一步贯彻落实《旅游法》有关规定，落实景区承载量控制，加快推进景区实时信息发布长效机制的建立，从国庆节起，全市各 A 级景区正式进行实时信息常态发布，每 15 分钟刷新数据，向社会 7×24 小时发布信息。上海市民和游客可以通过"上海发布"微信公众号，上海旅游政务网，"乐游上海"微信号、官方微博，上海旅游多媒体触摸屏，部分旅游公共服务站点的 LED 屏等渠道了解信息。2015 年 10 月 1—7 日，"上海发布"等移动终端渠道的访问量为 441 456 人次，市旅游局官网、东方网等 PC 终端渠道的访问量为 189 766 人次。人流量信息发布促进景区电子票务、客流统计、后台管理等手段的不断运用，为智慧景区和旅游电商在景区门票和数据对接上打下基础。

【市旅游局与东方网达成战略合作】 2015 年 11 月 10 日，市旅游局与东方网达成战略合作。贯彻国家"互联网+"战略，整合利用各自线上线下资源，进一步优化游客和市民服务。经友好协商，下阶段双方将遵循"长期合作、互惠互利"原则，建立健全定期沟通协调机制，在旅游宣传推介、社情民意收集、智慧旅游建设、公共服务提升等方面，全方位、多角度开展合作。

其中，双方将聚焦旅游市场重点、市民关注热点、改革发展难点，采用专题报道、访谈和新闻发布等多种形式，坚持正面宣传引导，形成良好发展氛围；依托社区信息苑、智慧屋等资源，深入社区直接推介旅游资源和精品线路，普及旅游政策法规和文明出游等知识，加强与市民百姓互动交流，积极收集社情民意，不断提升旅游管理服务水平；发布旅游资讯和景区实时旅游者数量、舒适度等权威信息，进一步健全"市—区—街道(镇)"三级覆盖的"互联网+"旅游公共服务体系。

【上海旅游政务网改版和数据整合】 完成上海旅游政务网改版后的系统数据对接工作。将原有分属在 10 余个业务处室的信息化应用在数据层面与政务网对接，网民不仅能看到各类旅游局发布的政务新闻、便民信息、活动动态，同时还可以通过统一平台(即政务网各个频道和栏目)，检索查询所关注的行业管理、服务信息，最终实现政务网与旅游诚信管理系统、旅游质量管理系统(电子合同系统)、团队出境游动态管理系统、导游考试报名系统以及人力资源网的数据对接和信息同步，并完成对旅游节庆网的归并整合。

【政务数据资源共享和开放】 根据《上海市政务数据资源共享和开放2015年度工作计划》的相关要求，市旅游局2015年先后发布“旅游景区客流最大承载量”、“旅游信息服务点信息”、“赴台旅行社信息”、“出境旅行社信息”和“旅游统计数据信息”5项数据产品，累计共有14项数据产品发布。完成资源目录编目41条，数据项691项，资源目录编目的信息系统占现有信息系统83%，达到2015年年底前完成70%以上的全市统一目标。

【旅游多媒体触摸屏管理】 自2015年3月起，对全市旅游多媒体触摸屏进行排摸，拍照取证，建立“一机一档案”。4月为100家触摸屏使用单位安装内存条，增加流畅度，提升用户体验。针对利用率不高的触摸屏放置地，抓紧回收、避免遗失。截至11月中旬软硬件维修共计1 443台次，在维修量大幅上升的前提下，依旧严格按照《触摸屏日常检查维修保养工作操作规范》，执行时间节点：市区2个工作日，郊区5个工作日完成维修(特殊情况除外)。重新签订195家触摸屏委托管理协议，修补原有后台监控系统软件，并安装190台触摸屏监控系统。

二、旅游电子商务信息化

【旅游电商平台探索新服务模式】 上海锦江国际旅游股份有限公司根据旅游服务自主化、定制化，旅游营销差异化、精准化和旅游管理即时化、数据化三大发展新方向，筹划建立数字旅游互动营销平台，采用多渠道的系统展示方式，在营销平台上整合推广旅游各要素；携程旅游基于团队透明化的管理理念，推出可视化行程管理，结合行程介绍、目的地指南、景点咨询、出团说明和客人反馈等重要内容，实现团队出游过程中的全流程管理。对于自由行游客，推出可自由搭配的旅游目的地产品定制服务，业务类型包含门票、美食、一日游、户外、休闲活动、境外WiFi等各种玩乐品类，全面支持游客的出行需求。

【推广旅游电子合同】 针对上海电商发展问题清单中有关“电子合同推广受制约，多作为合同备案，缺少法律有效性保护，阻碍电商企业在线为客户提供高效、便捷的服务”等问题，市旅游局逐步探索解决旅游电子合同的程序规范化问题，并不断加大团队旅游电子合同推广力度，截至2015年11月底，累计签订团队旅游电子合同324 891份，涉及游客1 018 353人次，业务覆盖赴台游、出境游、境内游等主要团队业务。为方便游客，使用电子合同手机客户端扫描电子合同二维码可查询合同真伪，同时手机客户端可以进行电子合同手机签名、意见反馈、合同意见查询等操作。

为进一步完善、规范合同签订流程，市旅游局会同上海市数字证书认证中心，通过实施电子签章系统，对电子化版式合同进行可靠电子签名、加盖电子印章，实现电子文档在签署、流转、接收确认等方面对电子数据的责任主体进行身份识别验证，及电子文档内容真实性、完整性、一致性验证，确保电子合同的真实性、有效性、合法性。

实现游客手写电子签名和旅行社电子签章的第三方认证，以保证所生成的电子合同具有法律效力并保证合同的完整性，约束游客与旅行社的法律义务。在合同签署时也可加盖时间戳，以保证时间有效性。项目已经形成技术解决方案。

【旅游团队与保险相结合】 2015 年起，按照国家旅游局的要求，上海旅游团队管理系统增加了中赴俄免签模块，将旅游团队审核与旅游保险结合，以期减轻旅行社负担、提高应急救援管理效率。借助该平台，旅行社组织旅游团队赴俄罗斯旅游，无需签证，在线统一处理名单表打印/审批、指定保险购物；系统还为旅行社企业搭建第三方保险电商平台，与 19 家保险产品供应商合作，提供 1 000多种保险产品，为旅行社、OTA(在线旅游社 Online Travel Agent，简称 OTA)和游客提供投保、结算、理赔一站式服务。保险平台累计注册旅行社 700 多家，活跃使用旅行社 164 家，累计投保用户 586 118 人次，累计协助理赔 115 起。

（刘　昊）

Shanghai
Informatization

第五编　社会事业与公共服务领域信息化

综　述

2015年,社会事业与公共服务领域信息化持续推进。在实事项目方面,上海付费通信息服务有限公司已为上海1/3的家庭提供了水电煤、宽带固话、有线电视、房产税、物业费、法院诉讼费、车辆罚没款、少儿基金等账单服务;注册用户数突破650万,账单平台年交易8亿笔,年账单交易金额约100亿元。社会保障卡领域有序应对行政事业性收费清理工作,并配合崇明做好新农合参保人员领卡工作。

在教育领域,复旦大学建设网上办事服务大厅、个人数据中心和校园电子公务系统等;上海交通大学主要启动与推进学校信息化"十三五"规划的编制,建设面向未来的"智慧校园",召开第六届全国数字校园建设与创新发展高峰论坛、网络信息安全工作组成立大会等。在文化领域,上海市三家单位获得第二批"数字出版转型示范单位"称号;上海图书馆基本完成"家谱知识服务平台"系统建设;"数字上博"项目工程2015年年底主要项目开发完成,进入验收阶段;上海科技馆信息化工作以构建"智慧场馆"为战略目标。

在邮政信息化方面,上海邮政公司进一步落实"科技兴邮"战略,对接新媒体,打造上海邮政线上服务平台,提升邮政传统业务的技术含量和服务能力,并开发与东方CJ对接的系统。在社区公共服务方面,2015年,社区新闻信息更新5万多条,居委会概况信息总数为3 392条,居委志愿者信息19 158条,公共服务设施信息增加471条,社区服务队伍信息总数98 833条。

第一章　市政府实事项目

概　述

2015年，付费通、社会保障卡等政府实事项目继续深入推进。上海付费通信息服务有限公司(以下简称“付费通”)作为生活缴费服务行业的领跑者，不断助力智慧城市建设，开发、上线多样化增值服务，提高市民生活质量。社会保障卡(以下简称“社保卡”)继续有序应对行政事业性收费清理工作，并配合崇明县做好新农合参保人员社保卡申领工作。

一、付费通

【微信城市服务水电煤查缴上线】 2014年，上海首个实现微信缴纳水电煤账单的公众号“付费通账单查缴”(微信号：ezhangdan)上线。2015年4月，付费通与腾讯大申网合作，由付费通提供上海市所有水电煤缴费服务，用户只需在微信里输入账单上的户号，便可进行生活费用的查询与缴费，轻松两步即可完成账单缴纳。该微信服务号最大的亮点是语音缴费功能，通过微信话筒读出自己的户号，点击确认即可立即支付。

【电子账单公共服务平台】 付费通承建的上海市电子账单公共服务平台(即“易账单”)运行三年来，一直秉持节约社会资源，共建低碳环保城市的理念。上海市民可以在易账单平台申请各类公共事业费的电子账单，不仅缴费便捷，也可以相应减少纸质账单。截至2015年年底，电子账单申请量突破348万份，减少5 800万张纸质账单，相当于保护2万棵10年生的大树。

【多项便民增值服务上线】 2015年，付费通作为上海市高级人民法院唯一指定的网上缴费合作平台,成功上线法院诉讼费网上缴费功能,可以为上万名律师及当事人等提供服务。与此同时,付费通试运行少儿住院互助基金的网上缴纳渠道,为上海市中小学生和婴幼儿住院医疗互助基金提供网上缴费服务。

【安全保障通过 PCI v3.1 认证】 2015 年 11 月,付费通通过 PCI DSS(第三方支付行业数据安全标准 Payment Card Industry Data Security Standards,简称 PCI DSS)v3.1 国际安全认证,成为国内为数不多通过审核的第三方支付企业之一。PCI DSS 是国际上最权威的安全认证体系,对支付企业内部的软硬件配置、网络架构、运营操作体系以及安全机制等提出了全面要求,在存储、处理和传输各环节中,对持卡人的数据信息进行最高级别的保护。通过 PCI DSS 认证不仅代表付费通平台的支付安全水准达到一个新高度,同时也为其各项支付业务迈向国际市场提供有力支撑。

【为四成纳税人提供网上缴纳房产税服务】 2015 年 11 月,作为上海市地方税务局唯一指定的房产税网络缴税渠道,付费通网站开通了个人住房房产税的查询和支付业务。截至 2015 年 12 月 31 日,付费通已经为四成纳税人提供这项服务。

【2015 年度上海名牌服务】 2015 年 12 月 31 日,“上海市名牌推荐委员会通告”在《解放日报》上进行公示,共有 472 项产品、178 项服务和 11 项明日之星上榜。付费通在本次评选中荣获“2015 年度上海名牌服务”称号。“上海名牌”是上海名牌推荐委员会为推进名牌战略而组织的专项活动,旨在鼓励和支持全市企业实施名牌战略,真正形成一批拥有自主知识产权和较强国际竞争力的优势企业,促进经济社会平稳较快发展。

(李　朦)

二、社会保障卡

【行政事业性收费清理工作】 根据上海市财政局、市物价局要求,为确保来电、来信、来访咨询服务与区(县)社保卡受理网点业务正常开展,切实保障惠民政策落地,做好以下工作:一是周密部署,制订配套预案。明确职责分工,分别针对新政落地后过渡阶段、实施高峰阶段和实施常态阶段明确具体任务;二是认真梳理,细化工作口径。调整儿童卡、蓝卡、红卡、金卡四种类型的工本费收取口径,除首次申领、到期补换免费外,儿童卡换领蓝卡、蓝卡换领红卡、学籍卡换领蓝卡视作到期换卡给予免费,敬老卡申领、续期、补换业务收费执行原业务口径;三是迅速响应,开展系统改造。分别于 2015 年 1 月 6 日、1 月 14 日完成居住证申领及社保卡申领、补换功能改造,同时根据票据使用范围变化,调整社保卡三级业务管理平台的业务统计功能;四是优质服务,确保市民满意。根据业务收费口径对元旦期间值班人员进行业务培训,随后分批、及时完成全员培训,保证 962222 服务热线提供准确的政策咨询服务。

【社会保障卡应用督导】 根据《人力资源社会保障部(以下简称“人社部”)办公厅关于开展社会保障卡应用督导工作的通知》(人社厅函〔2015〕111 号)要求,开展自查自纠,重点针对社保卡卡片个人化、卡面印刷、卡内数据是否存在安全隐患与质量问题;用卡环境、网点服务流程是否合理规范;系统机房、密钥载体管理及卡应用是否安全;信息安全、内部控制及突发事件处置是否到位等方面。同时整理社保卡有关实施方案、工作制度、技术管理文档、宣传资料、管理记录等基础台账备查。2015 年 9 月 17 日,人社部督导工作组全面检查,对发行管理、应用服务、质量安全等进行现场督导,对上海市社保卡日常服务管理工作给予肯定,并要求总结经验。根据人社部信息中心《关于上报社会保障卡工作典型经验材料的通知》要求,形成《上海市社会保障卡工作典型经验材料》。

【新农合人员社保卡申领工作】 根据上海市政府实事项目“实现村卫生室新农合实时报销”实施要求,配合崇明县做好新农合参保人员社保卡申领相关工作。一是走进基层,深入一线,开展业务指导。社保卡中心前往全县各乡镇受理网点调研,听取窗口工作人员关于工作问题和难点的报告,现场提出解决办法和意见;二是贴近群众,便民利民,做好服务保障。在保证社保卡及时制发的基础上,针对各乡镇年老体衰、行动不便人员的申领需求,推出照片替代业务,累计处理 5 486 笔。同时,为支撑新农合社保卡正常使用,完成相关数据交换接口开发。在各方支持、配合下,崇明县新农合社保卡申领工作完成,2015 年 7 月 1 日起,参保人员可统一使用社保卡看病就医。

(王晓炜)

第二章　社会事业领域信息化

概　述

2015年,社会事业与公共服务领域各部门积极开展信息化运用,在教育、文化、医疗卫生、邮政、铁路航空、社区服务等领域,从基础设施、业务系统等角度着手不断发力,取得了良好的成效。

一、教育领域信息化

复旦大学

【概况】　2015年,复旦大学信息化建设的工作要点是配合校院两级管理,完善管理信息公共服务平台。重点工作包括建设复旦大学网上办事服务大厅(以下简称"eHall")、个人数据中心和校园电子公务系统等。学校办公室及各职能部门梳理全校业务审批流程和面向师生服务事项,形成可在网上实现的清单;探索网上办事服务大厅技术方案,建设eHall平台,2015年9月正式提供服务。截至2015年年底,共推出超过100项审批和服务事项。信息化办公室以开源技术框架为基础,开发个人数据中心服务功能;建设"一表通",从个人数据中心读取基础数据,实现填表功能,并把填表数据与工作流平台无缝对接,提高数据利用效率。完成校园电子公务系统的升级改造并开展用户培训。

【校园接入网升级改造与网络带宽服务】　2015年,信息化办公室完成学校多个网络出口带宽的测试、招标、采购工作,并通过网络负载均衡设备有效整合,为学校师生提供良好的网络基础服务。在邯郸校区,根据学校修缮进度以及院系/部门实际需求,完成立人生物楼和遗传楼的网络改建。因教学科研需要,完成邯郸校区保卫处、文科楼1

楼、计算中心、二附中和幼儿园、江湾校区教学楼、生科院动物房和实验楼等楼宇内网络设备升级工作，共计新增 1 450 个信息点，更换 38 台交换机。在枫林校区，完成伊泰利大楼的弱电工程施工，开通校园有线网络和无线网络，共计 600 个信息点、200 个无线 AP(接入点 AccessPoint，简称 AP)；完成留学生楼 3 楼办公区域网络改造，接入校园网 60 个信息点；配合保卫处、水电中心开通网络专网，用于校园 IP 视频监控、校园水电智能化收费、电力温控服务等。

【校园无线网建设与改造】 复旦大学持续对无线网络进行优化升级，截至 2015 年年底，共部署 6 300个无线接入点，支持 802.11ac 无线网络，最高接入速度 1.3Gbps，每日在线终端数峰值近 3 万。完成邯郸校区校医院、枫林伊泰利大厦等楼宇的无线网络设备部署，共计 327 个信息点；重新修缮综合楼南楼、管理学院等楼宇的无线网络设备，共计 304 个信息点；完成邯郸校区美国研究中心、枫林护理学院、张江药学院等楼宇的设备更换，共 376 个信息点。

【提供多层次数据服务】 为加强内部管理，复旦大学采集校内职能部门的管理数据，基于此数据，提供面向个人、院系和学校职能部门的服务。建设面向教师、研究生、本专科生的个人数据中心，提供集成了基本信息、教学、科研、资产、体检、一卡通、奖学金、助学金、贷款等数据信息的综合查询服务；为多个院系和部门提供数据分析服务。

【基础平台建设与实施】 启动统一身份认证平台技术方案制定，初步完成产品选型工作；主要完成教务新系统、文科科研新系统、学工部微信服务号等系统的数据同步和共享；完成数据分析平台网络硬件设备升级，备份系统部署上线；统一数据仓库升级，优化数据库性能；分布式数据库安装完成；云存储平台维护和功能升级，现有用户 29 000 人，平均每个用户使用量 300M，每日活跃用户平均在 100 个以上，同时向业务系统如博士后系统提供 API(应用程序编程接口 Application Programming Interface，简称 API)调用服务；初步建成具有邮件、短信、微信三种推送方式，基于模板编辑内容和 REST(表述性状态传递 Representational State Transfer，简称 REST) API 接口的系统，并提供给网上办事服务大厅使用；继续开发面向师生的服务功能，新增消费提醒、微信支付、一卡通充值、电费查询、消息推送等功能。

【业务系统建设与实施】 在业务系统建设方面，重点完成 OA(办公自动化 Office Automation，简称 OA)系统、教务管理系统、选课系统、研究生管理系统、自助打印服务系统的升级工作。自助打印服务系统建设完成并投入运行，逐步实现教职工在职证明、职称证明以及在校学生的学籍证明、成绩单自助打印；配合教务处暑期小学期改革，在选课新系统基础上做定制开发，部署新的选课系统；教务系统升级项目全面启动，新增教学过程评估、答辩安排过程管理、学籍变动新增复学页面、推广一卡通注册等，学籍管理、培养计划和排课模块上线；迎新管理系统面向新生推出复旦计算机能力水平测试考试报名、入学教育在线考试、新生问卷调查、困难生申请、个人基本信息维护等服务；收费服务平台增加微信支付和支付宝通道，2015 年交易量大幅度增长；生活服务平台完成学生宿舍电费网上充值，学生活动场地和教室借用服务功能上线试运行。

【校园一卡通建设】 校园一卡通进行了系统升级，兼容CPU卡与RFID（射频识别技术 Radio Frequency Identification，简称RFID）卡，调整专网，部署硬件设施，升级改造配套软件，于2015年9月投入使用。新生全部采用CPU卡，研究生新生制卡第一次沿用考试报名照。改进网银充值功能，与微信支付对接，每日自动对账，一卡通系统是第一个实现与支付平台日结自动对账的系统。

【对外交流】 复旦大学继续担任中国高等教育学会教育信息化分会副理事长单位、上海市高等教育学会信息管理专业委员会主任委员单位、上海市高等教育学会校园网络专业委员会副主任委员单位、上海市高等教育学会理事等。2015年，为对口支援学校提供技术、资源保障，协助河西学院完成机房扩容，校园网出口带宽优化和扩容；部署复旦大学自主研发的基于Wordpress和多媒体播放器的视频点播平台；技术人员赴河西学院支持无线网络整体规划，配合完成无线网项目招标、一卡通建设等工作；1名河西学院信息化办公室工作人员来复旦大学进修；派遣多人参加信息化技术研讨会、国际教育信息化大会、中国高等教育学会教育信息化分会年会、青年技术论坛等，加强与其他高校同行的技术交流，拓宽视野。

【科研成果及获奖】 教育部中国移动科研基金项目“知识管理与分享云服务系统关键技术研究与示范应用”通过中期检查；实施上海市教育评估院“基于数据整合与挖掘的高校教育质量评估研究”项目；中国高等教育学会课题“面向高校的创新型层次化数据服务体系研究”通过中期检查；863课题“面向多业务融合的软件定义网络（SDN）规模试验”完成第一年度科研任务；“复旦大学校园网全网认证案例”获得上海市高等教育学会校园网络专业委员会2015优秀创新案例奖；完成2013年高等学校博士学科点专项科研基金课题“高等院校信息化建设与应用现状研究”；参与编撰教育部科技发展中心牵头的《高等教育信息化发展研究报告（2015）》。

（张　凯）

上海交通大学

【概况】 2015年，上海交通大学（以下简称“交大”）信息化工作主要是启动与推进“十三五”规划编制，持续推进网络信息基础设施与服务能力提升，加强教育管理信息化顶层设计与校级数据开放共享，加快教育教学信息化新技术实现与课程资源、学习平台建设，建设面向未来的数字化“智慧校园”等。

【校园网与地区网建设】 交大为增强资源合理利用能力，提高校园网可靠性，新增上海电信1G出口带宽，总带宽增至8.6G，并采用CDN（内容分发网络 Content Delivery Network，简称CDN）、流控、多链路负载均衡等技术加强出口管理；申请并部署完成校园网设备全面升级，30余台核心节点软硬件升级；完成了校园无线网扩容及无线认证体系改造，基本实现徐汇、闵行两个校区全覆盖，并推出多种访客认证及自助服务，峰值在线终端数达6万以上；财务、医疗报销专网等26个业务专网在校园网络上运行；校园网光缆敷设、改建约7公里，熔接纤芯约120芯；完成多个修建项目网络布线系统修整方案的审核、施工联系及验收；完成徐汇、闵行校区架空光缆入地工程，割接光缆约6.5公里，熔接纤芯约740芯。

继续负责上海教育宽带网建设、扩容工程，运维核心网络，覆盖上海17个区县教育用户，包括高校(含民办高校)、教育单位、高职高专、中职等，实现用户全面升级；在上海宽带城域网部署网络监控平台，并研发建设网络管理平台；完成中国教育科研网上海主节点设备线路升级。

【提升信息服务能力】 研发校级大数据分析平台，建成网络信息中心数据分析平台和信息安全数据分析平台，提供数据分析工具，并建立权威数据源存储，支撑上海市创新数据大赛等活动。进一步扩容数据中心存储容量至近1.8PB，并实现灾备系统关键业务异地备份，实现认证体系多主复制，升级个人存储服务(教师20G，学生2G)，开通Windows10激活服务和校园级Office365服务。进一步完善网络信息服务平台建设，推出“交大移动”APP，实现移动申请、线上服务、自动化配置相结合。交大邮件系统用户达8万人，研发邮件系统全球云监控平台，实时监控运营情况。

【网络信息安全保障体系】 学校服务于全国教育单位，及时发现、通报安全漏洞，感知黑客行为，做好安全预警，得到国内同行高度认可。组建中国高等教育学会教育信息化分会“网络信息安全工作组”，并获CNVD(国家信息安全漏洞共享平台China National Vulnerability Database，简称CNVD)漏洞处置突出贡献单位称号。建设推出Web安全评估自服务扫描系统；强化无线网络认证安全，完善jAccount认证体系的安全建设；开展信息安全普及活动，举办2015信息安全技术挑战赛，吸引全球38个国家和地区共654支队伍参加。

【高性能计算】 高性能计算机π持续稳定运维，2015年计算利用率保持80%左右，服务面进一步扩大，开启近100个用户账户，年计算服务4 700万核小时。交大与美国普林斯顿大学联合申请美国NSF(国家卫生基金会National Sanitation Foundation，简称NSF)的SAVI(源地址认证提高Source Address Validation Improvements，简称SAVI)项目；提供高水平优化服务，为多个用户提供π系统上移植CPU和GPU(图形处理器Graphic Processing Unit，简称GPU)程序、重写代码等优化工作；继续推进高性能计算技术的普及，共举办6次SJTU HPC系列研讨班(310人参加)；完成NVIDIA CUDA(并行计算架构Compute Unified Device Architecture，简称CUDA)卓越中心第4年的工作；评选2015年度“AMD高性能计算奖学金”，进一步发掘和储备人才。

【管理信息化建设】 通过数据交换平台，实现校级数据共享与交换，规划发展处与网络信息中心密切配合，进一步确立以现有共享库为基础，加快数据标准化进程，制定标准规范，进一步消除信息孤岛，实现数据共享。由网络信息中心自主研发的新一代应用流程管理引擎及相关应用开发环境被近10所高校采用。采用“流程化开发、整合接入和线上咨询线下服务”结合的方式，基本建成网上一门式办事平台，新建设各类流程43项，新增3

个服务领域(基建项目、资产管理和人事服务)。截至2015年11月底,运行流程63项,涉及9个服务领域,流程使用实例25 392个,服务153 014人次,比2014年分别增长117%和69%。继续建设覆盖校务管理各领域的应用系统,完成"学号升位"调整工作,以及资产系统二期、本研一体化课程展示平台、多平台移动应用建设。重点完善OA系统移动端建设,对财务、科研、教务等应用系统的开发、运行、维护进行全面支撑。

【部署EDUROME国际学术网络WiFi漫游服务】 2015年12月,部署教育漫游国际学术网络WiFi漫游服务,成为上海首家开通EDUROME(教育漫游EducationRoaming)服务的高校。这标志着交大用jAccount在EDUROME漫游联盟的所有大学和科研机构免费使用无线网络,到交大来访的联盟成员亦可以使用其原有账号免费使用交大无线网络。EDUROME已经覆盖全球70多个国家和地区的大学及科研机构,支持科研资源合作。

【"网络信息安全工作组"成立大会召开】 2015年10月10日,中国高等教育学会教育信息化分会"网络信息安全工作组"成立大会暨高校网络信息安全研讨会在交大徐汇校区召开。网络信息安全工作组由校网络信息中心主任顾一众任组长,联合全体成员从调查研究、技术测评、联合防御、示范推广等方面开展工作,为全国高校提供网络信息安全制度规范、信息交流、技术协作、培训演练等服务。来自高校、企业的网络信息安全专家以及全国100多所高校的200多位成员参加,就高校网络安全的制度建设、等级保护、威胁监测、技术防范和信息共享等热点问题,分享最新的研究成果和行业动态。

【第六届全国数字校园建设与创新发展高峰论坛】 2015年5月16日,"第六届全国数字校园建设与创新发展高峰论坛"在交大闵行校区举行。本次论坛由教育部教育信息化技术标准委员会、中国教育技术协会技术标准委员会等单位联合主办。来自全国各地的200多位专家学者围绕"建设智慧校园、促进教育创新"主题,共同探讨中国教育信息化、数字校园建设与教育新技术应用领域的热点问题。部分专家学者作主题报告,分别从"互联网+教育"的无限可能性与学校课堂教学变革、高校众创空间建设实践、智慧校园建设等角度,带来新的数字化发展趋势和实践经验。会议期间,中国教育技术协会标准化委员会对《多媒体教学环境设计规范》、《智慧校园总体框架》、《电子考场系统通用要求》进行了讨论。

【引入"云录播"教育技术】 交大教育技术中心引入"云录播"技术,合作研发系统平台,建设12套"云录播",2015年下半年全课程实录57门;采用云录播设施对宁夏大学直播,共16门课程、681个学时;与生命学院合作,推进课堂答题器应用,2015全年共有10门课程、1 600名学生使用;开设多媒体技术培训4期,新开设视音频制作技术培训;为密西根学院、巴黎高科学院远程上课提供技术支撑,共8门课,100余课时;运维标准化考场为硕(博)士生入学考试、大学英语四六级考试等保驾护航;给教务处提供视频巡查信号,给保卫处提供监控视频。建设专用视频网站,运维网络电视平台,每天滚动播放交大新闻、专题片等,并实况转播学校重大活动。

【推进全球范围慕课合作共享】 慕课推进办与美国 UCI、澳大利亚新南威尔士大学、阿德莱德大学,韩国汉阳大学、高等教育财团等组织的慕课合作,初步达成与 UCI、新南威尔士大学、汉阳大学的合作事宜。继续与中国台湾、中国香港地区的慕课机构或高校共享慕课课程资源,持续推进两岸三地基于慕课的交流。同时,参与并指导国家大规模在线课程建设与管理规范制定、国家慕课运行管理制度相关政策制定、上海市关于慕课推进工作的政策文件制定,指导撰写推进地域高校慕课教育教学工作的总体设想。

【慕课课程建设及选课学员培养】 新建慕课课程 25 门,课程总数达到 65 门。基础类课程包括物理、数学、生物、电子电路等;通识类课程包括法学、人文类课程;系列专业或微专业课程包括物联网、软件工程、大数据、工业工程、生物工程等,系列课程还探索校际间多方参与的合作建设新方式。全国 400 余所高校与"好大学在线"达成慕课选课意向,完成选课的学校超过 130 所,其中中西部地区占 40%。"好大学在线"平台完成课程运行 170 门次,选课超过 40 万人次,获得学分的学生人数超过 4 万人,课程证书已累计发出 300 余份。

华东师范大学

【概况】 2015 年,华东师范大学(以下简称"华东师大")进一步深化一站式服务理念,扩展服务领域,提升服务质量,提高师生满意度,为学校的教学、科研、管理提供安全、优质的信息化技术支持与服务。

【公共支撑环境建设】 网络、存储与计算资源。2015 年,华东师大校园网完成出口改造,优化网络认证、流控和路由策略,增加教师自助申请账号功能,IPv4 网络出口带宽增加至 4.15G;优化部署了圆楼、地理馆、田家炳楼等的无线网络,AP 总数达到 2 200 多个;完成田家炳楼、体育馆、18 宿舍楼、河东食堂、办公楼等的整体弱电和弱电间改造,每个楼宇设立独立的汇聚机房;完成基于开源软件的监控平台部署,包括出口设备、主要汇聚设备和核心应用等,提供日常运行状态及故障自动报警;构建核心交换机镜像流量使用模式,用于测试图书馆购买资源的数据分析;对现有应用存储进行约 120T 扩容;虚拟化平台的规模持续扩展,通过 20 台主机支撑约 450 个虚拟机业务。

服务台。延续 2014 年度对毕业生集中办理离校业务工作的改进,将毕业注销时间段拓展为两周,每天增加工作人员应对校园卡注销业务。为了保障 2015 届毕业生校友卡服务推出,配合对外联络处,梳理、制定校友卡办理及转卡等服务办理的规范模式,并在两校区服务台实行。办理转校友卡或者注销校园卡共计 8 000 多张。

邮件系统。持续优化 eYou 邮件系统,增加海外转发功能;更新系统证书,提高系统安全性。借助社会专业力量拓展邮箱服务,完成托管邮箱测试并形成技术结论,为后续工作开展打下坚实基础。

校园卡系统。配合微信、支付宝等线上充值方式,保障相关资金流转、结算、领取等,对校园卡系统应用服务器及采集工作站进行优化,在校园内及学生生活区增设多处自助领款服务点。

公共数据库平台。对公共数据库平台及其核心应用 Linux 操作系统、Web logic 中间件等自主部署和维护管理,监控公共数据库平台的日常运行状态。实现两校区 EMC(电磁兼容性 Electro Magnetic Compatibility,简称 EMC)存储的双活容灾及 NetApp 存储的异地容灾,进一步增强业务稳定性。

视频直播与视频会议。改造 6 个视频会议室的中控,包括科学会堂、理科大楼、文学沙龙等。完成了 30 余场次视频直播服务和视频会议支持,包括教育部各类工作会议、AECT(美国教育传播与技术协会)会议、ISMAR(国际磁共振学会)会议、全国首届教育实证研究论坛、2015 上海高校校园信息化技术论坛等。

标准化考场考试支持。为硕士/博士研究生招生考试、体育生专业课考试、期末考试、在职人员全国联考、中小学教师资格证考试等提供标准化考场保障,完成视频监控、身份验证、无线屏蔽仪、金属探测仪等服务支持。

【教学服务信息系统】 在线教学平台。支持慕课中心微视频教学平台的内核从 Sakai9 升级到 Sakai10,对 Sakai9 上所有二次开发代码进行迁移,包括视频跨域管理、资源管理、用户和学校批量处理等功能;新开发了面向基础教育用户的课程表功能;继续对 edX 平台开展技术探究与二次开发,进行平台版本升级与迁移,着手学习分析平台部署及本地化,进一步完善光华学馆平台;继续为校内 Sakai 在线教学平台的应用提供服务,提供课程制作、管理及使用等技术支持,加强对开源项目的管理。

新生自助服务系统(迎新系统)。为免费师范生、本科生和研究生入学流程提供引导,支撑学费支付、生活服务预定、新生问卷等部分业务在线办理;研究生系统。保障研究生一体化系统运维,变更研究生课程代码编码规则,优化专业学位“专业实践”管理和导师出资模块。上线研究生在学证明自助打印系统,推进研究生成绩单自助打印系统建设;2015 年 5 月,研究生出国(境)系统正式上线;2015 年 10 月,师生综合服务平台新版上线,重点增设在线问答及网上服务功能。

依据规划和用户反馈,逐步扩充科研管理平台功能,新增绩效返还、发票维护、科研人员库、合同追加管理等功能;继续推进教务系统功能拓展和需求完善,为选课提供支撑,完成教务系统二期需求整理和采购;支付平台实现支付宝、微信一卡通充值以及支付管理等功能。

【管理信息系统建设】 推动资源保障信息平台一期“房产管理系统”实施,启动二期“建筑能源监管平台”及基于 GIS(地理信息系统 Geographic Information System)的虚拟校园建设;保障 OA 系统日常运维,完成 2015 年公文的电子归档工作;人力资源系统,对教职工进校、离校及年度考核等日常业务流程进行信息化支撑,同步相关人事数据,梳理临时人员管理系统需求;2015 年 11 月完成财务处网络改造,2015 年年底全面预算系统正式上线;校友资源信息系统,推进基金会管理信息系统的实施与上线;继续推进国际交流管理信息系统建设,上线交换生管理模块;基于国际会议网站平台,配合 2015 中日韩会议、“十三五”期间大力促进教育公平高峰论坛等多个国际、国内会议进行网站建设。

保障工会一站式服务平台和教代会提案系统的运行,根据使用情况进行调优;2015 年 8 月完成设备处安全教育系统的验收,9 月进行该系统二期建设需求分析,并在 2015 年下半年开始实施;对干部考核系统进行优化、运行保障；建设院系考核系统，为学校加强二级院系管理提供支持；改进工程项目廉政预警系统；优化信访系统，提高学校的办信效率。完成来信系统的需求调研、选型、开发测试工作，进入试运行阶段；在食堂和部分楼宇进行终端设备安装调试，为校园信息的整合发布、突发事件的应急告警和引导等提供支撑；推进 BPM（业务流程管理 Business Process Management，简称 BMP）流程平台 K2 产品的应用；进一步完善华东师大数字博物馆系统，完成历史文物、古钱币等博物藏品的数据处理和展示功能，创建相应的微信应用。

【后勤服务信息化】 后勤宿舍管理系统。根据学校学生宿舍管理的新需求和新思路，2015 年 3 月完成学生宿舍管理系统项目的论证，11 月完成招投标，进入开发阶段；对校医院系统及基础数据进行日常维护；根据校医院对师生提供医疗服务的新需求，2015 年 3 月完成师生健康服务管理系统的专家论证，7 月进行招投标，进入开发阶段；开展公有住房管理系统功能优化的需求调研、立项、申购工作；推动餐饮管理监督系统分步上线，2015 年 3 月在闵行校区试用，10 月全面推广，逐步推进餐厅原料采购管理功能完善和应用。组织餐饮工作人员进行系统使用培训。

【网站及信息门户建设】 通过网站群进一步推进学校主页和校内二级网站建设，降低管理复杂度，建设研究生院、发展规划部等约 50 个校内二级网站。开发新的网站群模板约 15 个，并为校内所有使用部门提供技术支持，共制作并发布了 150 个校内网站；持续推进校园网主页中文版、英文版、法文版的建设、完善和日常维护。完成毕业典礼、冯契诞辰等重要事件时期的门户网站更新，并制作适配于移动设备的专题网站；继续为教师提供校内个人主页的技术支撑服务，为跨校乃至跨国学术交流提供基础保障；微信服务平台上线，已推出校园卡、宿舍服务、学生学业、通知公告等 10 多个应用共 30 多个功能。平台关注人数超过19 000人，日均访问人数约 5 000 人，访问次数约10 000次。

【网络与信息安全建设】 在学校网络与信息安全工作领导小组的领导下，信息化办公室作为主要执行部门，与院系、机关等网络信息使用部门建立信息安全员联络机制。确保重大节日期间的网络与信息安全，完成应急预案的修订及演练。

网络基础设施安全。升级改造学校出口防火墙的冗余部署和出口认证系统；新增部署日志审计软件；完成文科大楼、数学馆等楼宇的交换机更换；每周进行中心机房和汇聚机房的巡检，每学期进行 300 多个弱电间安全隐患大排查和整改工作，更新消防器材，新增 40 余个弱电间空调；完成两校区保卫专网改造，完成中山北路图书馆机房环境监控系统建设，并纳入信息办统一管理；持续推进软件正版计划。

网站与信息系统安全。加强对校内网站和信息系统特别是二级部门网站的安全跟踪和检测处置；定期扫描和及时整改漏洞，起草工作建议报告、二级单位信息安全管理责任书、等级保护工作计划，启动信息安全等级保护定级、测评、备案的准备工作。

【制度规划的制定与完善】 2015年10月20日，成立华东师大信息化工作委员会。依据学校信息化现状和后续发展定位，参考国内高校及其他行业的信息化建设管理策略，起草《信息化建设管理办法》。启动2015年华东师大信息化软课题的立项工作，开展学校信息化“十三五”规划的编制工作。

（任福芳）

上海外国语大学

【校园网基础设施建设】 信息技术中心（以下简称“中心”）根据学校要求，于2015年暑假开始网络需求调研，根据调研结果，制定系统全面的网络升级方案。方案中的出口带宽升级项目于2015年12月完成，分别采购虹口电信1Gb、松江联通1Gb宽带。学校总出口带宽达2 840Mb，其中教科网200Mb，电信1 440Mb，联通1 200Mb。

【完善业务信息系统建设和应用】 除保障已建信息系统的运维和应用外，2015年重点完成身份认证管理系统、信息门户系统、校园卡系统三期、人事管理系统二期、OA系统二期、研究生管理系统二期、科研管理系统二期、校园支付平台、国有资产管理系统、自助打印服务平台等的建设；开发中心微信服务号、基本完成IT管理服务系统建设；完成服务大厅流程汇总网站建设，并进行深入调研。

【调整信息技术中心组织架构】 2015年12月3日，中心召开全员会议，宣布成立以赵衍为主任、夏晴为直属支部书记、徐铮宁为副主任的新领导班子。为整合资源和开展业务方便，中心调整了组织架构，设立基础运维部、信息系统业务部、多媒体业务部以及行政办公室和项目管理办公室，明确了各部门、岗位的职责。中心还组织梳理各项业务流程、制定各类专项管理办法。

（杨雅静）

上海理工大学

【概况】 2015年是“十二五”的收官之年，上海理工大学信息化办公室（以下简称“信息办”）在做好校园信息化基础设施和信息系统的常规技术保障之外，在规划制定、网络安全、服务教师教学和为学生创新创业提供服务等方面开展工作。

【规划制定和制度建设】 2015年，信息办在认真听取多部门意见和建议的基础上，制定完成学校“十三五”信息化发展规划。为避免信息孤岛、功能重复，提高数据质量，提供安全、完整、统一的数据信息服务，信息办组织召开了信息化工作会议讨论《上海理工大学信息化建设项目管理办法》和《上海理工大学信息系统数据管理办法》，并最终成文发布，为学校信息化建设提供健全的制度保障。

【主机房安全建设】 为保障校园网主机房的安全以及设备正常运转，信息办于2015年对校园网主机房进行了多个安全项目建设：机房专用空调项目。建设5组机房专用空调，有效保障机房内温湿度恒定；气体消防系统。建设七氟丙烷气体消防灭火系统，保障机房消防安全；不间断电源系统。新增150 kW模块化不间断电源主机一台，大幅提高应对断电故障的能力，同时满足日益增长的供电需求。

【信息安全管理】 信息办以信息安全小组为骨干，深化信息安全工作，对学校的网站和信息系统进行了两轮漏洞检测，确保重大节日期间的网络与信息安全；按照国家有关规定完成了学校主页、一卡通系统的二级信息系统等级保护检测，以此为依托，改进相关安全配置，完善了多项制度；继续提供并完善微软正版软件和网络防病毒软件服务；通过专题会议进行网络信息安全的宣传教育，提高信息安全意识。

【基础网络建设】 信息办对学校分析测试中心大楼进行网络建设，包括有线网络、无线网络和大楼机房建设等，提供有线接入点 1 000 余个，无线接入点约 200 个。对第 6 期学生公寓和复兴路校区食堂等多个在建改造楼宇进行网络建设。

【业务系统和应用升级】 2015 年，信息办围绕“精品本科”，开展多项信息系统建设，包括：本科教学基本状态服务系统，满足教育部、上海市教育委员会(以下简称“市教委”)、高校基础建设报表(以下简称“高基表”)上报要求，一库多用；统一规范学校教学基础数据；支持审核评估过程管理，支撑材料关联信息化、生成审核评估数据报告；实现教学质量报告在线编写；支持专业评估和领导可视化的质量数据综合分析。本科生毕业论文管理与指导平台，为师生提供网络互动平台。面向国际化教学的管理服务平台，实现对国际留学生的信息管理、境内外交流项目的管理和发布、外籍教师的日常事务办理，促进学校国际交流合作的信息公开与透明，实现各类申请表在不同部门审批、流通。

信息办对部分信息服务系统进行升级改造：新版移动门户，基于新的平台建设，提供更好的兼容性、友好性和功能性；资产管理信息系统二期，新增设备移交功能、数据上报、资产数据整理和大型平台等，并扩展原有系统的很多功能；互联网+迎新，为新生制作 GIS 地图升级版，让学生足不出户游校园，在报到前查询宿舍的实景视频；统一考勤管理平台提供日常考勤和会议考勤。

【视频直播与视频会议】 信息办完成了多次视频直播，包括毕业典礼、研究生开学典礼和新年音乐会等；为校领导境外出访和国际交流提供视频技术支持；为爱沙尼亚总理来校的演讲报告提供视频展示技术支持。

【课程录制和微课制作】 为配合学校的教学改革，不断提高教学质量，信息办为多个学院、部门的 20 多位老师录制视频课程，包括中德学院、光电信息与计算机工程学院、机械学院、医疗器械与食品学院、出版印刷与艺术设计学院和教务处等。积极进行微课建设和推广，信息办邱晨鹰老师制作的两个微课视频，分获该赛事上海赛区一等奖和三等奖，其中“绒绣艺术品的制作”晋级全国赛事并获一等奖。

【创新创业支持】 信息办举办各种比赛，提高学生的创新能力，包括专题编程设计大赛、360 度校园全景制作大赛和微课程视频制作比赛；提供免费的云服务器资源，让创新创业项目的师生在真实环境中，部署调试支撑项目的软件系统，实现创新构想；信息办还邀请各领域专家，推出一系列创新创业讲座，拓展学生创新思路、培育创新创业能力。

（上理工）

上海师范大学

【概况】 2015 年，上海师范大学（以下简称“上师大”）以大数据平台整合、校园网络建设、应用服务推进、信息安全管理为主线，努力推进学校信息化工作发展，提升信息化服务水平。大数据平台整合，完成一站式服务平台的前期建设，强化教学、科研、管理等业务应用的数据及流程融合。完善学校数据标准，做好各类信息资源的管理汇总和分级共享规划。试点运行因公出国（境）管理、临时校园卡管理等业务的流程化网上申报审核；拓展无线网络覆盖，构架承载大数据交互传输的校园网络；应用服务推进，深化无纸化办公应用，推进校园网 APP 应用、教师微主页和学校微信企业号建设。完成 OA、干部网上考核等应用系统升级，提升认证服务安全和个性化服务水平。使用大数据技术构建答疑辅导考勤信息平台；从机制、体制、技术、管理、意识等，多维度、多层次运筹实施安全管理，提高信息安全管理水平。

【制订“十三五”规划】 2015 年，学校制定《上海师范大学校园信息化建设十三五规划（2016—2020）》（以下简称“《规划》”）。《规划》确定“十三五”期间实现基础设施完备、数据共享融合、基础平台集成、应用服务聚合的总体框架目标，制定信息化管理机制和制度、信息化基础设施、校级数据资源中心、校园网络公共服务平台、信息技术应用体系 5 大类共 10 项任务，实现“一网”、“两库”、“三平台”、“四应用”的智慧校园体系构建。

【信息安全管理】 通过规范信息系统安全应急响应机制，细化安全技术规范及操作流程；精细化管理数据中心服务器；加强基础设施和应用系统的运行监控以及数据的安全管理，利用监控软件从应用、系统、数据角度监测，强化每日报告、定期检测、分层告警等措施；推进校园网正版软件使用，加强宣传培训，提高师生的网络安全防范意识。

（顾益明　李若宝）

【因公出国（境）管理系统启用】 2015 年 1 月，上师大因公出国（境）管理系统正式上线，成为学校第一个基于流程的网上业务管理系统，用于因公出国（境）团组和个人申请、基层单位审批、政审、团组查询、数据统计等网上管理。实现了学校人事处、财务处、信息办、社科处、科技处等相关业务数据的共享和交换，使业务审批流程透明公开，让管理效率更高，业务数据更实时、准确。

【临时工作证整理工作】 为规范各类聘用人员的管理及校园卡用卡信息，根据学校人事管理工作要求及《上海师范大学非在编人员管理办法》、《上海师范大学校园证件卡管理办法》等相关规定，2015 年 3 月，学校完成临时工作证人员信息梳理，并于 3 月 30 日至 4 月 30 日开展校园证件卡（临时工作证）发放。此次临时工作证发放范围为学校人事处核定的劳务派遣人员、在职博士后、兼职教师、兼职辅导员、退休返聘人员等。

【办公自动化系统升级】 2015 年 5 月，上师大 OA 系统完成升级并正式启用，重新梳理学校主要办公业务流程，进一步规范业务要求、精简办事环节。新的 OA 系统按照预先定义的工作流程流转，提供严密的授权管理，实时监控文档传递过程，保证公文网上流转安全、及时、准确。为保证升级后的 OA 系统顺利运行，学校于 2015 年 5 月 19 日开展使用培训。

【入选《高等教育信息化创新应用案例集》】 为贯彻落实《教育信息化十年发展规划(2011—2020)》，中国高等教育学会教育信息化分会面向全国高校，公开征集高等教育信息化创新应用案例。上师大“校园宿舍网络运营新模式”入选《高等教育信息化创新应用案例集》(第 2 辑)。案例基于上师大宿舍网络建设管理模式，从自主建设管理基础设施，支持多方运营商宽带服务接入，创造良好网络服务市场环境，满足用户多样化需求等方面入手，对这一新模式的建设背景、目标与原则、成果应用及经验总结等各阶段工作进行详细阐述。

【无线校园网升级改造】 2015 年 6—7 月，为进一步扩大无线校园网覆盖范围，优化无线网络服务质量，学校对奉贤、徐汇两校区无线校园网络进行升级改造。一是对奉贤校区原有楼宇进行无线网络系统改造和旧无线 AP 的更换安装；二是对奉贤校区的楼宇实现无线信号全覆盖；三是把徐汇校区的 AP 全部换为思科 AP，提高设备性能和无线网络稳定性。升级改造后，基本实现除宿舍楼以外的教学、办公等楼宇无线网络全覆盖。完成新建东部文科实验楼和艺术中心大楼的网络布线、网络设备安装，开通有线无线网络、门禁系统。对 IP 地址进行整体规划调整，进一步加强办公网络、公共机房、无线网络、寝室网络的管理，切实做好实名上网管理。将校园安全技防视频监控网络融合于校园网络。

【信息化平台助力新生户口办理】 2015 年 8 月 29—30 日，为切实做好 2015 级新生户口办理工作，学校全面梳理办户办证流程，利用公共数据平台，在迎新活动中首次在报到现场采集新生身份信息，在报到现场服务点安装了新生报到系统、人员信息采集系统和二代身份证读卡器，前来办理户口迁移手续的新生只需刷校园卡即可完成户口申报登记流程，同时，使用二代身份证读卡器第一时间采集新生身份信息。信息采集后所有学生的身份信息存储到学校公共数据平台中，方便学校对新生身份核对及学生户证办理的管理服务。迎新活动结束后，学校保卫处安装信息采集系统和二代身份证读卡器，方便管理学校人员和补充完善公共数据平台数据。

【微信企业号开通】 2015 年 10 月，上师大微信企业号正式开通并面向师生提供服务，可以便捷地查询个人基本信息、课程表、校园卡余额和消费明细、图书借阅等信息，完成校园卡在线充值；教职工还可以查询个人财务信息(包括工资、绩效明细、公积金等)，实现奉贤校区住宿预约登记等功能。学校微信企业号还试点为学校二级单位提供平台，由二级单位向本单位师生实时发布重要通知和保密消息，二级单位也可定制专属服务，逐步把学校微信企业号建成一个开放共享的多维度信息化服务平台。为助力教职工畅游“智慧校园”，

2015 年 11 月 18—24 日，开展信息技术培训，12 个学院和 9 个职能部门的教职工参加培训。

【学生体质测试信息化新平台】 2015 年 10 月，为适应国家对青少年体质健康测试工作的推进，学校改进原有的学生体质健康测试系统，搭建学生体质健康测试和日常课外体育活动考核信息化平台。学生参加体质健康测试可直接刷校园卡，同时教师也可通过校园卡对学生课外体育活动进行监测和考核，既对接学生体质健康测试数据上报平台的数据接口，又实现与学校大数据平台数据衔接共享。

（李若宝）

上海体育学院

【概况】 上海体育学院 2015 年的校园信息化工作，主要围绕学校年度工作计划和信息化建设三年规划的实施要求，积极开展信息化项目建设，保障学校网络信息系统安全、稳定运行。努力服务教学、师生、科研，以适应学校未来发展对信息化的更高要求。

【完善数据中心建设】 继续完善现有的学校数据中心，建立有效的数据管理机制和数据积累途径，与各部门之间进行大量基础数据的沟通、收集、整理工作，以完善和维护数据准确性；人事、教务、研究生、财务、一卡通等系统的核心数据都已经进入中心数据库，并在全校范围共享使用。建设基本校情综合查询系统，可灵活查询教职工基本情况、考核情况，学生基本情况、完成学分情况、学籍异动情况、课程通过情况，学校各类项目经费使用情况等。建设高基表数据填报系统，极大简化数据上报的复杂度，提高数据准确性。全面完成前期基础信息平台建设升级项目，并通过验收。

【校园信息管理系统升级】 2015 年完成数字离校系统的建设和本科生数字迎新系统的升级，并正式投入使用。完成 Sakai 网上辅助教学平台的部署和集成，正式上线试运行。优化并调整 OA 系统，简化学校公文的审批流程。完成科研管理系统的升级建设。继续推进全生命周期学工系统和学生综合服务平台建设。

【校园网站群和个人信息门户】 在信息门户平台中增加开发“在线咨询”、“校内规章制度”等新服务，并上线运行。完成与市教委跨校认证的对接工作，方便跨校辅修认证。完成对校园网站群平台的升级，使之支持移动终端，并开发手机和 Pad 版的中、英文学校主网站。

【校园网络工程和机房建设】 拓宽校园网带宽资源。经与运营商协调，校园网电信出口由 200M 升级到 250M，并对流量控制策略全部进行调整和优化。建设附属体育竞校（以下简称“竞校”），完成竞校信息化一期有线和无线网络工程，并完成竞校与市教委之间的视频会议系统架设和联调。建设科研楼有线网络改造，改善科研楼的师生上网体验。建设完成一卡通及门禁系统的网络接入校园网工程。完成数据中心机房的 UPS（不间断电源 Uninterruptible Power System，简称 UPS）电源升级改造，实现所有机柜的双路 UPS 冗余供电。

（罗海林）

上海应用技术学院

【概况】 2015 年，上海应用技术学院围绕学校中心工作，稳步推进各项信息化工作。截至 2015 年年底，学校拥有多媒体教室 237 间（座位数 20 238 座）、公共机房 24 间（机位数 1 376 座）、语音教室 15 间（座位数 696 座）、全自动录播教室 3 间、移动录播设备 2 套、多媒体制作系统 2 套、外语广播电台 2 套。完成 115 课时相关教学课程的录制。承担 81 万人学时数的各类教学上机、38 万人学时数的语音教室上课任务、12.5 万课时数的多媒体教室上课任务。承担全国、上海市计算机等级考试上机考试，国家普通话水平计算机测试等各类机考任务约 7 000 人次。

【办公自动化系统二期】 2015 年，学校完成市经济信息化委项目“办公自动化系统二期”建设，调整原有的功能布局，建设校园辅助工具平台；作为教师激励计划配套项目的教学支持系统，建设教学答疑辅导管理和教学过程考核管理子项目；建成移动运行管理平台、移动应用开发辅助平台、校园移动基础 APP 应用软件（iOS 版、安卓版）；启动审计管理业务系统建设，为审计业务网上流转与审批提供支持；实现安开网系统统一身份认证接入及教学数据导入；完成财务系统与研究生、本专科生、高职、继续教育学院等系统对接；完成财务处薪资平台、财务查询应用、财务数据库的迁移和服务器上应用的拆分。

【专题网站建设】 新建专题网站 5 个，开发二级学院行政公开网站 14 个，网站新增或改版升级 12 个；调整完善教职工个人年终考评辅助填表系统；完成数字教学资源存储项目（085）项目建设，扩容 120T 用于存放学校图书电子资源和部分教学资源；扩建校园无线网络 i-SIT，做到室内室外重要场所无线信号全覆盖，手机无感知认证上网；完成学校标准化考场与上海考试院的视频对接；中心机房新增托管服务器 10 台。

【上海教育通信音视频平台】 建设完成上海教育通信音视频平台；完成多媒体教室云桌面虚拟化管理系统项目；完成 2015 年公共教学设施设备更新实验室项目；更新公共机房计算机 45 台、多媒体教室投影仪 28 台、教室扩音设备 25 套。

（秦 凤）

上海远程教育集团

【概况】 2015 年，上海开放大学（以下简称“开大”）始终围绕“深化改革，提升内涵”，不断强化学校教育信息化的建设与服务力度，为学习型社会建设和终身教育体系构建做出新的贡献。重点建设学校信息化公共服务、核心应用，以上海开放远程教育工程技术研究中心为纽带，加强信息技术与教育教学深度融合研究。建设开大云计算平台，整合形成上海开大云、终身教育云，优化校园信息化基础环境。优化无线网络，提高无线系统性能。推进新版学习平台建设及应用，支持全网上教学、移动教学和网上网下一体化教学业务模式，加强信息技术与教学业务的融合，拓展开放式教育理念，提升教学质量和效率。

2015 年，上海市电化教育馆在不断转型中寻求创新突破。承担“上海市义务教育入学报名系统”建设及业务运行，完成全市 16 万余名小学生的网上入学报名和招生，规范民办中小学的入学报名。承担“上海市普通高中学生综合素质评价管理系统”建设及业务运行工作，为高校招生、学生生涯规划、学校办学和政府宏观治理提供数据服务，服务于高考综合改革，建立更加客观、公正、科学的学生学习评价体系。积极参与“上海市一师一优课、一课一名师”项目、上海市“教师备课和学生学习支持系统”、“研究型学习教育专家系统”、“教师信息技术应用能力提升工程”等工作。

积极履行服务学习型社会职责。2015 年，上海学习网发挥技术优势，积极开展数字化终身学习服务模式创新，强化终身学习的推动力和主导作用，完成平台优化升级、市区互联互通、特色频道建设、学习活动策划等，全面助推市民数字化终身学习。截至 2015 年年底，上海学习网点击量突破 1.6 亿次，注册人数达 200 万；网上学习团队逾 700 个，发表互动话题 17 万余条；在运营推广方面，实现百度收录量超 8.1 万条，谷歌收录量达 20.3万条，谷歌指数突破 5，网站品牌与影响力显著提升。

【上海开放远程教育工程技术研究中心通过验收】 上海开放远程教育工程技术研究中心(以下简称“中心”)由上海市科学委员会(以下简称“市科委”)批准筹建，依托开大，以参与建设上海学习型社会和构建上海终身教育体系为主要使命。2015 年 10 月 13 日，市科委主持召开筹建验收会。验收专家组听取项目组的建设总结报告和典型案例汇报，形成相关验收意见。项目研发的共性关键技术，包括智慧学习实验分析技术和大规模终身学习云服务关键技术等。通过技术工程化，研发形成终身学习云服务平台、智慧学习评估分析系统、网络教研平台、数字教材管理平台等，在上海开放教育、基础教育、职业教育、终身教育等领域开展规模化示范应用。承担的纵向课题项目累计 18 项，其中新申请 11 项，发表 10 篇学术论文和出版 2 本专著，申请 7 项软件著作权和 3 项专利。中心从项目研发到形成产品，构建了“产学研用”的链条，开展教育技术学专业硕博及博士后的联合培养，形成特色的国际化交流和国内外合作研究机制。

【推进新版学习平台建设及应用】 经过前期大量的调研等准备工作，开大新版学习平台于 2015 年上半年正式启动开发，与教务管理平台等实现统一标准、统一基础数据管理。主要建设内容包括：面向开大本、专科及单科学生，以课程为基本单位关联教师、学生，汇集教学资源和教学活动；实现教学资源的统一存储、检索、利用，建立相应分类体系；支持多种教学设计及教学过程控制，提供多种教学活动工具及在线测试方式，如音视频交互、策略出题等，并可根据教学实际需求开发或关联新应用；提供各种报表，实现教学评估分析；完善学习支持服务，如行为记录、学习进度跟踪、任务提醒、智能反馈等；支持包括 PC、手机等多类型终端接入。2015 年秋学期，新版学习平台支持 8 个专业 27 门课程开展网上教学。

【优化无线网络】 覆盖开大各校区的无线网络运行一年以来，得到充分应用，为各种基于移动的校园应用推广提供便利。新的无线系统具有良好的安全性、可靠性、可管理性。在实际使用中，根据各种不同情况兼顾用户体验，对网络配置、用户策略进行调优。2015 年，随着统一身份认证平台正式启用，无线网络对接认证系统，所有在职、在册的师生以及员工都能通过账号登录。

【开大云计算平台】 开展开大云计算中心建设，整合形成上海开大云、终身教育云，通过国顺路机房、有孚机房2个节点，为上海开大及终身教育提供服务。上海开大教育云有超过100台虚拟机在运行。通过云计算平台，信息化基础环境资源得到统筹安排，提高资源使用率，应用系统搬迁、部署和拓展更便捷，为校园网基础环境的运维和管理带来提升空间。

【升级校际主干网络】 为建设一个可靠、稳定的网络通道，打造高性能、高可靠性、快速收敛、扩展性强的"弹性"网络主干，2015年开大对三个校区的核心节点进行更新改造，将互联线路升级为万兆链路，保障校园整体的宽带使用需求，将国顺校区的设备逻辑成一台核心，提高设备交换能力，实现双机热备。同时根据学校未来发展需求，前期预配置校园骨干逻辑专网规划及校园网络路由优化设计。

【筹建上海教育资源中心】 为进一步贯彻落实《上海教育信息化重点工作(2013—2015年)》、《上海市推进智慧城市建设行动计划(2014—2016)》等文件精神，积极响应上海市教育信息化顶层设计中"一网三中心两平台"的总体设计要求，依托开大建设上海教育资源中心，通过搭建集"汇聚分享、智能传播、认证评级、展示交流、置换交易"功能于一体的资源平台，构建教育资源公共服务体系。2015年，开大积极筹备项目，建设规划初步形成，组建项目管理团队，相关流程、标准、机制设计逐步完善，为项目后续开展奠定基础。上海教育资源中心将融合共享全市各级各类教育资源，探索建立资源建设多元评价机制和共享激励机制，推进全民终身学习，促进学习型社会建设。

【创新上海学习网服务模式】 2015年，上海学习网发挥技术优势，开展数字化终身学习服务模式创新，完成平台优化升级、市区互联互通、特色频道建设、学习活动策划等工作，全面助推市民数字化终身学习。上海学习网打造"宝山乐学网"、"杨浦终身学习网"、"崇明学习网"等特色学习平台；建设英语、消费维权(保健)等特色频道；组织策划第五届上海社区网上读书活动、首届上海市民诗歌节等百余场线上学习活动，其中第五届上海社区网上读书活动荣获"2015年度上海市振兴中华读书活动优秀项目奖"。作为上海市民数字化终身学习的载体，上海学习网还参加上海教育博览会、上海国际信息消费博览会等，分享创新模式和经验。截至2015年年底，上海学习网点击量突破1.6亿次，注册人数达200万；网上学习团队逾700个，发表互动话题17万余条；在运营推广方面，百度收录量超8.1万条，谷歌收录量达20.3万条，谷歌指数突破5，网站品牌与影响力显著提升。

【拓展学分银行平台功能】 开大开展学分银行双证融通信息化建设，涵盖课程基础数据管理、转换标准数据管理、机构管理、用户管理等核心功能，实现学历教育与职业资格培训的衔接贯通，推进职业资格证书和学历教育课程学分的转换互认。学分银行休闲文化教育学习认证研究项目已开展项目前期理论调研、市区17个学习平台的实践调研，编制项目调研总报告，形成区县学习网上学习记录存入学分银行的实施方案。项目组还梳理学分银行现有平台功能，研讨平台功能提升需求，编制项目建设方案,将重点研发数据统计分析功能,实现学分银行与外部系统平台对接。

【义务教育入学报名系统】 完成上海市义务教育入学报名系统的开发、运维、支持服务等工作。上海市第一次完成全市 16 万余名小学生的网上入学报名和招生,规范民办中小学的入学报名,这对促进教育公平、减少无序择校,实现市公安人口部门、社保部门、市幼教数据底层的融通共享,为政府基于大数据的治理提供基础性支持。

【普通高中学生综合素质评价管理系统】 上海市普通高中学生综合素质评价管理系统于 2015 年 6 月在全市全面推广。该系统为高校招生、学生生涯规划、学校办学和政府宏观治理提供数据服务,服务于高考综合改革,建立更加客观、公正和科学的学生学习评价体系。

【建立学分转换制度】 修订学习成果认定积累与转换办法、68 个高校网点的学分转换规定、认定的非学历证书及其他高校课程,初步形成学分转换机制。组织高校网点开展学历教育不同高校之间、学历教育与职业培训等非学历证书之间的学分转换,截至 2015 年 11 月 28 日,共有 38 803 人进行学分转换,转换为学历教育学分共计 331 337 分,初步搭建起终身学习“立交桥”。

【拓展学分银行服务】 在市教委支持下,正式启动全市普通高校学生成绩集中存入工作。学分银行开户并建立个人学习档案数 63.3 万个,积累成绩数 779 万条。组织启动全市“学分认可型双证融通”和“证书认可型双证融通”试点。支持学校在全市范围开展“直通车式双证融通”试点。协助开展上海资格框架研究,完成调研报告和决策咨询报告。

二、文化领域信息化

数字新媒体

【“译文的书”APP 上线】 2015 年 8 月 12 日,由上海译文出版社打造的移动数字出版整体业务平台“译文的书”APP 正式上线,“译文的书”APP 自 2014 年开始研发,分为“译文的书”和“书的事”两大板块。其中“译文的书”还设有“好东西”栏目,重点推荐热门畅销图书。“书的事”板块,特别介绍译文出版社最新书讯、译作者动态以及即将举办的线下活动预告及重磅活动回顾。“译文的书”APP 为读者提供电子书试读、评论及购买服务。上线销售的电子书有 200 多种,上海译文出版社计划将 400 余种电子书在线销售,实现与亚马逊等其他平台同步。这标志着上海译文出版社在探索大众出版数字化转型中迈出重要一步。

【第二届“网络文学会客厅”】 2015 年 8 月 23 日,上海书展期间举办第二届“网络文学会客厅”,阅文集团就《择天记》、《山河社稷图》等优质作品 IP(知识财产 Intellectual Property,简称 IP)进行现场推介,实现线上线下互动,网络作家与读者互动。此外,阅文集团与上海世纪文睿文化传播公司签署战略合作仪式。

【网络文学编辑人员培训班】 为提升互联网出版物编辑人员的业务能力和职业道德修养,加强行业自律,2015 年 12 月,上海市新闻出版局组织上海市网络文学编辑人员 50 人参加有关互联网出版政策法规、行业自律准则、社会责任等内容的培训。

【2015 年中国"游戏十强"】 2015 年度中国游戏产业年会期间举行中国"游戏十强"盛典,上海多家企业榜上有名。其中,综合类大奖"2015 年度中国十大品牌游戏企业"上海获 4 席,分别为:盛大游戏有限公司、上海巨人网络科技有限公司、上海游久游戏股份有限公司、三七互娱(上海)科技有限公司。"2015 年度中国游戏产业十大影响力人物"上海入选两位,分别为:盛大游戏董事长兼 CEO 张蓥锋、上海游久游戏股份有限公司 CEO 刘亮。上海市新闻出版局获 2015 年度中国游戏产业支持奖。

【自媒体建设与跨平台合作】 作为全国首批数字出版转型示范单位,上海故事会文化传媒有限公司(以下简称"故事会")近年来在新兴业务领域不断探索,在自媒体建设与跨平台合作方面取得可喜成果。微博是故事会最早建设的自媒体平台,2011 年与新浪微博共同打造线上活动"微故事大赛",截至 2015 年 10 月,"微故事大赛"线上征集作品累计超过 12 万篇,话题阅读量累计超过3 550 万。微信公众号是故事会于 2012 年创建的又一自媒体平台,每日发布故事美文和历年优秀作品,订阅用户数超过 23 万,其中单篇平均阅读人数近 2 万,最高阅读人数 4 万以上。故事会还积极拓展线上发行渠道,与掌阅、当当等阅读 APP 合作。故事会围绕版权占有、控制以及应用来梳理和规划新兴业务产品线,与喜马拉雅 FM 和掌阅签署战略合作协议,开展基于版权共享的业务合作。

(王一行)

数字出版

【3 家单位获数字出版转型示范单位称号】 2015 年,上海市三家传统出版单位获得第二批全国传统出版单位"数字出版转型示范单位"称号,分别是上海外语教育出版社有限公司、新民晚报社、青年报社。

【第十三届 China Joy 举办】 2015 年 7 月 29 日至 8 月 2 日,第十三届中国国际数码互动娱乐展览会(China Joy)举办。展会合计入场人次达到 27.3 万,同比增长 9%,创历史新高。其中,8 月 1 日入场人次达 8.1 万,创历届单日入场人次之最,展馆总面积达到 12 万平米,比 2014 年增加 20%;参展企业超过 800 家,比 2014 年增加 78%;参展的游戏作品突破 3 500 款,比 2014 年增长 3.5 倍。第十三届 China Joy 期间,举办了中国国际数码互动娱乐产业高峰论坛、世界移动游戏大会、中国游戏开发者大会和中国游戏商务大会,参加论坛嘉宾近 400 人,其中超过 40%的嘉宾来自海外。2015 年上半年,中国游戏市场实际销售收入达到 605.1 亿元人民币,同比增长 21.9%;移动游戏实际销售收入 209.3 亿元,同比增长 67.2%。B2B 平台效益明显,外商参展踊跃。

【网络原创文学征文大赛】 2015年7月29日，由上海市新闻出版局指导，阅文集团主办的网络原创文学现实主义题材征文大赛启动仪式在上海举行。通过本次网络大赛，一是挖掘、发现、推出一批有丰富生活阅历的网络作家，鼓励更多网络作家积极创作现实主义题材作品；二是引导网络文学网站传播优秀的、正能量网络文学作品，培养一批有眼光、能力强、高素养的编辑队伍；三是发现并扶持正面向上、更具思想启发性和更高文学水准的作品，使网络文学形成产业规模，又能成为传播社会主义精神文明的有效载体。

（王一行）

上海图书馆（上海科学技术情报研究所）

【概况】 2015年是"十二五"规划的收官之年，上海图书馆（上海科学技术情报研究所）（以下简称"馆所"）抓住上海加快建设"具有全球影响力的科技创新中心"和社会主义现代化国际文化大都市的契机，紧紧围绕"抓创新、重服务、谋发展"的工作主线，全面启动上海图书馆（以下简称"上图"）东馆和文化部公共文化研究基地项目。不断完善科学管理体系，适应新常态，并强化信息技术对馆所转型创新的支撑力度，继续保持馆所主要信息系统稳定运行，保障馆所各类信息服务和上海市中心图书馆图书大流通工作。此外，还精心编制馆所"十三五"发展规划，为未来五年的发展谋篇布局。

【市民数字阅读】 2015年，市民数字阅读平台的资源总量已达图书约34万种、期刊1 500种、报纸近1 000份。市民数字阅读门户网站新增图书专题8个、二级栏目3个、积分商城，包括签到、反馈、活动获取积分等新功能。2015年网站访问量达到1 342 418人次。同时，市民数字阅读APP为读者提供电子书检索1 109 067次，较2014年增长128%。读者图书收藏夹添加图书56 921次，较2014年增长53%。

此外，解决EPub（电子书格式）电子书微站阅读与支撑平台的技术难点，完成微站建设。打通微信、支付宝城市服务用户交互认证，提升微信、支付宝城市服务访问入口接入体验。上线积分系统，提供读者会员积分制服务，并支持多平台接入，为多方面了解读者需求、制定读书推广计划、进行策略分析、增进与读者之间的联系打下基础。继续对"上图爱悦读"数字阅读自助机进行优化与推广，硬件方面增加了USB充电和3G等新功能，改进了外形。2015年，先后推广至多家学校机关和企业单位。

【图书馆移动服务】 微信支撑平台建设完成，自上线以来，支持活动315个，提供活动报名、排队、取消等服务共7 318次，完成参考咨询服务41 374次。微信新增借还书提醒、续借提醒、索书通知提醒等功能，共计发送通知276 842次。截至2015年年底，微信公众号累计关注用户数达到104 200人，绑定用户数41 933人，认证率为40%。网上办证新注册22 972人。将二维码服务读者证嵌入微信公众号、手机APP、上图微网站、支付宝"城市服务"中，通过读者身份初始认证，即可生成二维码手机读者证，在各阅览室门禁设备上扫一下即可进入；让自助借还设备"扫一下"，即可进行借书、续借操作；参考外借索书台扫描二维码即可进行索书。自2015年8月上线试运行以来，累计生成二维码 21 498 次。

城市公共文化移动服务平台继续为馆所 APP 应用和中心图书馆各类应用提供开放接口支持。截至 2015 年年底，接入该平台的总计有 21 个组织机构、69 个应用、72 个接口，访问量同比增长近 1 倍。移动业务用户已突破 11.7 万人。2015 年新增用户 65 545 人，同比增长 116%。部分移动应用接口访问量呈爆发式增长，如网上注册接口访问达 39 824 次，同比增长 384%。外网书目检索的二维码服务，累计生成二维码 6 831 566 次，短链接服务跳转 3 937 次。

【数字人文服务】 基本完成“家谱知识服务平台”系统建设，并正式提供服务。该平台利用关联数据技术，将家谱资源和接口开放，读者可以利用、参与资源开发。该举措是开放数据的新尝试，将数据向社会开放和二次利用。上图家谱知识服务平台提供基于人、地、时、事、堂号多维分面浏览，建立了概念之间的关联关系，实现精确查询，并以“时间轴”、“地图”等可视化方式，提供可交互的数据展示。

该平台主要满足三方面的需求，一是建立全球家谱联合目录，促进数据重用和共享；二是实现基于万维网的唯一标识和统一定位；三是建立展示、可写、支持众包的平台，支持书目控制的可持续性发展。与此同时，上图对馆藏的 17 万余种盛宣怀档案资料进行数据整理和加工，整理出规范词表，基于已有的元数据，进行了规范和补充。这些数据集以关联数据的形式在网站上公开发布，并提供程序调用接口，后续将公布各种术语词表、规范档、书目数据等。

【特藏文献数字化服务】 历史文献服务平台稳定运行。该平台包含古籍、家谱、民国图书、民国期刊、旧日文、旧西文、盛宣怀档案和字林西报等分库，元数据 381 万条，全文 344 万种/篇，5 741 万页。2015 年累计检索 171 598 次，全文浏览 4 606 649 页，打印 8 122 次。继续推进“上海年华”等特色专题库建设，推出“稽谱探学开卷寻根”馆藏家谱数字服务新举措，从馆藏家谱中遴选 500 种(共计 748 958 页)对互联网读者开放全文服务。此外，还基于特藏文献尝试了数字人文服务。

【数字资源长期保存】 数字资源长期保存体系确定采用在线、近线、离线三级设计方案。离线备份采用磁带与硬盘双备份策略，以适应保存载体的发展。完成数字资产保存系统 Rosetta 的购置与部署，经过培训，系统已投入使用。更换升级离线级保存所用的磁带库，添置专用防磁柜，存放离线级磁带和硬盘，实现数字对象磁带与磁盘双备份保存体系。截至 2015 年年底，进入长期保存的自建资源共 19 项，数字资源长期保存级数据总量达到 290.92T，应用服务级数据总量 8 431G，数字对象总数突破亿级，达到 109 851 435 个。

【数据应用服务】 发布“我的悦读 2014”上图年度阅读账单，充分考虑成年人和少儿在阅读习惯、偏好上的差异，为不同的读者群发布专门定制的个性版阅读账单。少儿个人版阅读账单色彩更丰富，卡通形象和小动画穿插其中，更显活泼；还尝试在微信平台推出阅读账单通用版，发布《上海市公共图书馆 2014 阅读报告》、《2014 年上海市公共图书馆女性阅读报告》，发布对“阅读大数据”进行深度分析的《上海图书馆上海市中心图书馆流通分析(2014年度)》,并制作出版;实时数据展示屏增加图书推荐模块,新增中心图书馆近5年流通数据气泡图展示模块,新增到馆人数曲线图和图书每日流通数据比对展示模块,新增iPad无线控制大屏功能模块。

【公共图情服务体系】 上海市中心图书馆"一卡通"三级服务体系延伸到大型居住区。截至2015年年底,该服务体系共有2个市级图书馆、23个区县成员馆、47个区县馆级别的网络节点;214个街道(乡镇)服务点、236个街镇馆级别的网络节点、1个大型居住区服务点;2个大学成员馆、5个专业成员馆,其他服务点11个;网络节点数总计304个;另有一个图书分拣中心。2015年,图书借阅方面,"一卡通"借阅总流通量62 194 458,同比增加8.32%,其中成人流通43 224 774,同比增加1.41%,少儿流通18 969 684,同比增加28.26%;读者办证方面,总计250余家服务点开通现场办证,有效读者证数量达3 778 236,同比增加21%;此外,还将"办新证查信用免普通外借功能押金"的优惠措施推广到区(县)图书馆。2015全年通过诚信免押金方式办理读者证近5万张。

【信息基础设施优化与升级】 完成馆所互联网带宽扩容至440M(电信400M+科技网40M),实现带宽翻倍。无线网络服务进一步优化,更新升级无线网控制器,提升性能和抗风险能力。同时,对部分人流密集区域增加AP数量,优化网络连接稳定性,扩大覆盖范围。2015年馆所无线上网服务的使用量达到9.4万人次。完成主机房UPS系统升级改造,容量扩展至120 KVA,并增加监控管理功能。虚拟服务器的数量增长,应用规模扩大,已形成35台虚拟机宿主服务器、223台各类虚拟机,支持包括实体机迁移整合、新应用部署运用、系统测试等多种应用场景。完成负载均衡设备和终端应用虚拟化的部署实施,替代部分读者PC终端,分别在目录大厅读者自助索书终端、读者服务及历史文献中心iPac公共书目查询终端等处共123台终端上实施,实现应用集中管理、统一发布。

【办公自动化系统】 围绕馆所全面加强业务管理、严格财务管理的年度工作要求,在OA系统中对招标、合同、经费核销的联动管理,规范操作流程。对需要进行政府采购的预算,必须招标并填报招标结果,才可申请办理合同,合同审批后才可核销费用。环环相扣,进一步加强对政府采购预算的精细化管理,有效防范中标企业、合同签署方、收款方不一致。

【上图东馆项目筹建】 作为2015年上海市委、市政府重大文化设施项目之一的上海图书馆东馆项目进入立项审批阶段。馆所成立项目筹建办公室,查阅大量国内外有关图书馆规划建筑设计的资料,从建筑规模、功能定位、馆藏数量、阅览座席等方面进行分析研究,并且对标国际新建图书馆的未来走向。积极联合市社联、市方志办共同对项目建议书多次修改、反复论证,最终完成编写工作。同时,组织召开多场筹建座谈会,从未来图书馆的功能定位、空间布局、服务功能、设备设施等各方面广泛听取意见,做好设计任务书起草工作。此外,还赴兄弟省市图书馆考察调研,充分汲取经验,切实推动筹建工作。

【国家三大文化重点工程】 数字图书馆推广工程稳步推进，共有2家市级馆和21家区(县)馆加入，参与并完成国家中心下达的任务。2015年6月，在上图和2家区馆分别安装“统一用户管理系统、唯一标识符系统、运行管理平台”。2012年立项的3个地方特色项目全部通过评审验收。共享工程上海市分中心组织各区县支中心、东方信息苑和上海市网络视听行业协会共同参与申报地方特色资源建设项目，2015年共申报8个项目，经过专家评审，立项公示5个项目，创历史新高。截至2015年年底，上海数字文化网可提供服务的视频资源总量达838G，共计5 927部6 999集，读者访问量达1 079 548人次。上海市公共电子阅览室管理平台在全市安装覆盖到22个馆址、293个阅览室、8 184台设备，并基本完成和国家中心的数据对接。

【公共文化研究基地建设】 馆所于2015年7月被文化部命名为公共文化研究基地，成为全国唯一一家入选研究基地的图书馆。按照《文化部公共文化研究基地建设合作协议书》要求，结合馆所“十三五”发展规划的制定，从内涵、建设重心、实现路径、目标和亮点等多个方面，对标学习相关政策性指导文件，并通过专家调研和实地考察等方式汲取经验，推进基地建设。

【“十三五”发展规划编制】 馆所正式启动“十三五”发展规划编制工作，先后成立领导小组、工作小组、起草小组，历经实地调研、深入访谈、文献研究、技术预判等过程。该发展规划全面回顾了“十二五”时期的馆所工作进展及成效，并对“十三五”发展环境进行深入分析，明确制定“十三五”规划的指导思想、发展主题、主线和目标，详细阐述“十三五”期间馆所的主要任务及重点工作。

(夏　海)

上海博物馆

【数字上博相关项目建设】 “数字上博”项目工程2014年下半年正式进入实际建设阶段，2015年年底主要项目开发完成，进入验收阶段。“数字上博”主要对上海博物馆(以下简称“上博”)的信息化基础设施进行重新梳理整合，改建和新建部分业务应用系统。基础设施的整合主要采用虚拟化技术，实现统一的软、硬件体系架构，统一计算和存储资源管理，以便部署管理、节省成本、节能降耗，减少信息孤岛现象。并改善由于设备数量增加而带来的成本增加。

在业务系统方面，建设了文物修复管理系统，覆盖整个上博文物修复部门，同时，还对已建立十多年的藏品管理系统进行升级改造，淘汰一批不符合要求的软硬件设施，建立一个更规范、完整的藏品数据库系统。改建藏品图像管理系统，改善图像数据的传输和管理功能，理顺整个工作程序，形成网上传输机制。适应移动化发展趋势，建立数字移动导览系统。家具馆的移动导览系统已经基本开发完成，青铜馆等的导览系统也进入开发阶段；开发新版的大堂触摸屏导示系统，完成多个陈列室的多媒体触摸屏系统的改建和更新。

【官方网站改版】 2014年9月启动，2015年6月完成系统升级，2015年7月1日正式上线，对网站的中英文版进行全面改建。主要调整的方面包括重新设计原有页面风格，优化和整合栏目结构，全面升级使用功能。新增推荐路线引导观众有效参观；首创的“每月一珍”栏目，对单件文物精品进行全方位、多媒体式的详细解读，现已推出4期。网站日常维护，至2015年11月2日，网站全年共发布各类新闻公告、展览111条，活动信息136条，三维、视频、数字产品等多媒体信息46条，研究信息30条。另外，大规模更新原有藏品信息，对1 430件藏品的近5 000张图片进行拼接、修正并录入，对其编目、陈列介绍等15万字中英文信息进行编辑、校对、录入。坚持推出“每月一珍”、新年特辑、网上展览等中英文网站专题，撰写相关专题文字近5万字。上博官网在全国博物馆网站Aelxa排名中位列第四。

【配合文物保护科技中心建设】 为配合上博文物保护科技中心改建，协助实验室进行上海博物馆文物保护科技中心信息系统建设(一期)项目。项目已通过验收，基本实现资源整合、共享、拓展的总体要求，建立起一整套内部局域网与外网系统，以及与上博内网互联的信息系统，为实现业务管理、资源共享、信息互通的综合信息管理目标打下基础。

【配合全国首次可移动文物普查】 第一次全国可移动文物普查是新中国成立60余年来，首次针对可移动文物开展的普查，是文化遗产领域开展的重大国情国力调查项目。为准确科学、规范有序地完成上博的可移动文物普查任务，信息中心与其他部门合作，不仅布置专人负责此项工作，还多次召开了普查工作推进会，针对存在的问题，提出相关建议，并进行科学安排，始终有序推进普查工作。已向国家文物局提供5万件/套文物的图像和相关数据。同时，信息中心还重点推进总账系统和藏品数据库系统之间的比对工作，并进行数据校准；为考古出土文物建立相关的数据库，为考古物品的登录工作打下基础。

【改进办公自动化系统】 上博OA系统建立已有多年，为办公行政效率的提高做出了一定的贡献。但使用多年后也暴露一些问题，特别是由于内外网隔离的关系，邮件系统一直存在接收和发送不够顺畅的问题。为进一步提高OA系统的服务水平和质量，信息中心在2015年对OA系统进行初步更新，并更新改造原有的邮件系统。

【展厅内无线网络的接入布线】 长期以来，上博展示区域缺乏无线网络接入，为移动应用的开展带来不便。2015年，信息中心逐步推进展馆的无线网络布建。已完成四楼家具展览馆及临展展厅的布线，相关的AP定位也已部署完毕，四楼其余各馆也已布线到门口。主要的骨干线路也已接入机房，在网关验证通过后即可投入使用，为2016年展厅无线网络工程的全面铺开作初步尝试。

【多媒体制作和藏品三维数据采集】 2014年，上博的大展连续不断，为了更好地增强展示效果，对展品内涵进行有效阐述，信息中心配合专业部门，进行一系列多媒体展示项目的尝试。除配合展览推出网上专题之外，还配合上博藏砚展、皿方罍特展、吴湖帆书画特展等进行展厅的多媒体制作。已采集藏品三维数据100余件，在多媒体展示应用上取得良好的效果。

（张　毅）

上海科技馆

【概况】 2015年，上海自然博物馆（上海科技馆分馆）对外开放，上海天文馆（上海科技馆分馆）建设工程科研获得批复，开放已15年的上海科技馆正筹划全面更新改造。“智慧场馆”建设是上海科技馆在“三馆合一”新形势下服务科创中心建设、智慧城市建设、顺应“互联网+”发展的重大举措。2015年上海科技馆信息化工作以构建“智慧场馆”为战略目标，按照总体规划分步实施的思路，启动和实施一系列顶层设计规划、基础能力建设、应用系统升级开发等信息化项目。

【“智慧场馆”规划纲要编制】 建设智慧场馆是上海科技馆在“互联网+”时代，提升展览品质、提高公众体验、提速管理效能的发展战略，是支撑场馆运行和辅助管理决策的全方位、智能化系统工程。2015年提出初步构架，从空间形态、行业业态、信息生态角度出发，以人物结合、人人结合、人机结合为发展目标，绘制“智慧场馆”顶层设计框架，拟定未来“十三五”期间的实施路径。

【无线网络增补改善上网体验】 2015年2月完成上海科技馆展区的无线网络增补工程，增设了50个AP点。AP设备最大可支持128个客户端，保证在高密度环境下有稳定的接入数量与接入成功率。根据需要还可自动选择发射频点，自动调节射频功率，手工配置接入速率，可以分配同一AP下不同接入标准类型的数据发射时间权重，支持单一AP接入下基于频段的负载均衡调度，支持多AP组网下基于每个AP用户数的信道和流量负载均衡调度。将馆内无线上网与官方微信关联认证，改善了大客流期间游客的上网体验。

【馆际光纤提高数据传输能力】 2015年12月，上海科技馆与上海自然博物馆之间馆际互联，采用裸光纤替代原有的MSTP（多业务传送平台 Multi-Service Transfer Platform，简称MSTP）专线，不但降低馆际之间的互联成本，还拓展带宽。裸光纤理论速率可达1G，远超原专线50M的速率，提高数据交换的实时性和数据量，保证馆际互联的稳定性，为后续“三馆合一”信息化系统的建设及开发奠定网络基础。

【客流监测系统保障运行】 景区客流实时监控系统在2015年春节、国庆等大客流期间发挥关键作用。通过该系统实时监测景区瞬时承载量和日最大承载量，并发布至现场LED显示屏和自媒体等平台，向游客提供在馆实时客流情况，运行部门根据该数值启动限流预案，确保场馆安全平稳运行。2015年五一劳动节前，上海科技馆与自然博物馆的客流系统与市旅游局客流发布平台完成数据对接，每5分钟推送一次客流数据，通过上海发布和东方网向公众实时发布客流数据和舒适度状态。

【无线智能导览APP】 利用无线定位技术支持科技馆APP智能导览服务，为游客提供个性化参观路线、随时随地预约展项和教育活动、查询馆内参观服务信息、在线使用电子学习单、随手拍、语音导览，并可分享至微博微信。2015年12月完成项目招投标及开发，2016年将制作APP配套科普内容。

【票务系统升级改造】 为提升游客购票服务体验，2015年启动票务系统升级改造，2015年年底完成项目招投标，2016年深化设计并实施项目。

新票务系统增加网上售票功能，将售票空间从馆内延伸至馆外，游客购票成功后，可在自助取票机上领取纸质票，或使用系统发送的二维码检票入馆。二次入馆采用先进的掌静脉技术，既提高验证速度，也能解决指纹等生物识别技术的仿冒缺陷。同时支持实名制购票，游客可凭身份证直接入馆，由此获取游客资料，未来可通过大数据分析更精准地策划科普活动。该票务系统具有一定可扩展性，使用统一架构、平台、系统、数据库，可实现三馆统一售票功能。

【视频会议系统】 为满足"三馆合一"新形势下的异地管理、降本增效的需求，2015 年新建高清视频会议系统，实现多点视频会议功能。系统采用成熟技术，支持高清音频，具备噪音抑制和回声消除功能，可保证会议交流效果；支持加密算法，防止视频会议内容被非法获取；支持双显双流，除高清视频共享外，还具备办公文档与多媒体文件展示、共享功能。视频会议系统的应用，减少上海科技馆与上海自然博物馆员工来回奔波，方便两馆交流，提高工作效率，减少资源浪费。

【OA 办公平台新功能】 OA 办公平台新增工资查询、招标管理流程和宣传审批流程。工资查询替代了以往纸质工资单形式，员工可在平台上查询并导出本人当年和历年工资以及明细。招标管理流程对馆内招标的发起、会签、律师审核、招标文件编制等进行内部管控，易于管理归档。宣传审批流程为全馆新闻宣传和信息发布的归口管理提供技术保障。这三个新功能模块的启用，方便职工查询，促进招标采购管理和新闻宣传管理的精细化、规范化，增强信息的公开透明。

【上海自然博物馆信息化应用】 2015 年 4 月上海自然博物馆正式对外开放，同步推出包括官方网站、APP、微信的网上博物馆系统。上海自然博物馆官方网站设有常设展览、临展电影、教育活动、藏品精粹、参观服务、博物馆之友、博物馆商店 7 个版块，可以实现查询、预约、导览、互动、分享等多种功能。APP 提供馆内定位服务，可定制个性化参观路线、随时随地预约剧场和教育活动场次、查询馆内信息、在线使用电子学习单。同时还运用增强现实技术创新藏品展示方式，为游客带来新奇体验。截至 2015 年年底，网站点击量 1 126 344，APP 下载总量 184 346，微信关注量 173 932，被评为"上海十大科普微信"。

（曹　敏）

三、医疗卫生领域信息化建设

【初步完成上海卫生信息"十三五"规划】 总结"十二五"上海卫生信息建设的成果，在新形势下开展上海卫生信息的"十三五"规划工作。已经初步完成基于"23211"工程的上海卫生信息"十三五"规划蓝图。

【推进健康信息网工程建设】 全面推进健康信息网工程建设，初步完成2015年年初设定的目标。进一步提高数据质量，通过市区两级平台、医联平台，汇聚全市诊疗数据，通过加大质控力度，2015年数据质量有了大幅提升，卫生大数据支撑管理的成效显现。为进一步提高数据的可用性，完成数据接口规范及平台数据质量测评标准2.0版的发布。

【支撑社区卫生综合改革】 按照上海市卫生和计划生育委员会（以下简称"市卫计委"）统一部署，2015年初步完成"社区卫生综合改革信息化支撑"方案设计和系统开发，计划在闵行古美社区开展应用试点的基础上，2016年扩展到全市65家社区卫生服务中心。

【建立医疗机构信息公示系统】 建立以大数据为支撑、客观动态的医疗机构信息公示系统，对全市公立医院的主要运行指标进行行业内公示监督，为管理模式的转变提供支撑。

【推进EMR和EHR应用】 完成EMR（电子病历Electronic Medical Record，简称EMR）分级评估标准的细化、测试案例以及管理办法制定，完成全市二、三级医疗机构的网络自评与相关文件备案，正式启动上海医院电子病历分级评估工作。已经完成瑞金医院等3家医院的电子病历应用水平预评估与第三方测评工作。初步完成EHR（电子健康记录Electronic Health Record，简称EHR）测评标准，计划2016年启动试点测评，推进社区卫生服务中心的信息化应用。

【开展卫生大数据研究和服务】 初步形成上海卫生大数据研究的整体框架，逐步形成数据利用的基础数据库，开展大数据为行政管理决策、科研的服务工作。

【上海卫生计生工作先进集体单位】 市卫计委信息中心在各个方面都取得一定的成绩，2015年被评为"2012—2014年度上海卫生计生工作先进集体单位"。

【上海电子病历应用水平分级测评首批授牌】 全市首批通过第三方测评以及专家现场验收，并获得国家卫计委相关部门批准的共三家医疗机构，2015年8月22日举行授牌仪式。其中上海交通大学医学院附属瑞金医院获评6级，浦东新区公利医院获评5级，徐汇区大华医院获评4级。电子病历应用水平分级评估工作起步于2012年，由国家卫计委医院管理研究所具体组织开展。2013年，在国家卫计委的授权和支持下，上海市卫计委制定电子病历应用水平分级测评实施方案，建立网站自测、第三方测评与行业专家现场验收相结合的评价机制。

（陈春妍）

上海医联工程

【开展门诊跨院一站式付费服务】 2015年全面推行以患者为中心的全流程医疗自助"门诊一站式付费"服务，实现27家市级医院间门诊患者自助储值缴费的跨院跨行通存通用。部署自助机近500台，520.6多万人次使用，平均每月跨院交易额达310余万元。据统计，患者排队平均减少2.8次，节约时间近45分钟。

【建设医联云健康“智慧就医”服务平台】 2015年应用移动互联网、医疗大数据等高新技术，会同第三方产业，联合打造医联云健康“智慧就医”O2O服务平台。市民使用智能手机即可获得38家市级医院的预约挂号、报告查询、智能导诊和健康咨询等服务。

【升级跨院安全治疗智能提醒功能】 2015年，针对患者既往史、医嘱、药品配伍禁忌等，进行主动智能警示和重复用药、检验检查提醒。通过系统升级，构建了6 338条药物相互作用规则、10 063条适应症规则、1 823条药物禁忌规则和101 997条肝肾功能规则的临床知识库。据统计每月近期重复用药和检验检查提醒分别为79万次和5.6万次，医生根据临床实际遵从提示减少处方和检查，累计节约费用达2.64亿元。

【加强医疗质量为核心的试点】 以结构化电子病历为抓手，试点整合各市级医院的电子病历、手术麻醉、临床路径、移动医护、心电图系统等信息系统，创建起3 330个病历模板，覆盖362个病种，采集6 000多份电子病历质控评分数据。实现区域内病历数据的存储与交换，引导市级医院充分运用信息化手段，进一步加强医疗质量和医疗安全管理。

【建设医联综合运营管理平台】 以统一架构、统一权限管理为原则，建立市级医院综合运营管理平台，实现对医院绩效、业务量、收入、药品使用和医疗质量等医院运营情况的深度挖掘和实时分析，实现从38家市级医院到每个医院、每个科室、每个医生、每个患者、每次就诊记录的全程递进式监测。

【植(介)入耗材“一平台二试点”建设】 按照上海市政府医疗改革重点任务部署，依托医联平台建成植(介)入类医用耗材管理信息公示平台。平台公布1.9余万种植(介)入类医用耗材的采购、使用、管理等信息，比较分析各市级医院耗材使用情况。

【支撑重点病种绩效统计】 2015年，完善病案数据采集，利用数据挖掘技术，生成重点病种和手术分级等各类报表，研发病种数据分析规则，支撑对市级医院重点病种绩效的监测与分析。

【开展家医预约系统试点】 2015年，围绕家庭医生制度建设，依托“医联预约服务平台”，定制研发“医联家医预约系统”，方便家庭医生使用专用通道为签约患者优先预约市级医院专家，并在全市17个区的51家社区卫生服务中心实现试运行。

(何　萍)

四、邮政信息化建设

上海邮政公司

【概况】 2015年，上海邮政公司(以下简称“上海邮政”)进一步落实“科技兴邮”战略，充分发挥信息科技引领作用，增强企业核心竞争力。密切关注信息技术发展趋势，了解、借鉴国内外企业先进经验。依托“互联网+”思维，对接新媒体，打造上海邮政线上服务平台，提升邮政传统业务的技术含量和服务能力，实现效能提升，开拓新的业务领域，满足用户需求。依靠信息技术和现代管理方法、经营方式、组织形式，创新服务领域、服务模式。通过信息化建设，减少冗余流程，提高运行效率和效益，进一步解放生产力。

【“上海集邮”微信商城】 2015年3月6日，“上海集邮”微信商城正式开业。用户关注“上海市集邮总公司”微信公众号后，不仅可以及时掌握集邮资讯、新邮信息，还可以进入微信商城选购邮品。微信商城以上海特色邮品、上海自主开发的精品邮品为主，并定期举办抽奖活动，为市民购买紧俏商品、限量商品提供机会。上海邮政致力于将该微信号转变为邮政产品常态化发展的销售平台，逐步宣传推广上海邮政文化传媒产品。

【开通官方微信】 2015年6月20日，上海邮政开通官方微信，用户关注后，可以及时获得企业最新资讯和集邮信息，查询邮件动态、邮政编码和邮政网点，了解海淘屋门店分布，参与上海邮政组织开展的线上线下活动。上海邮政高度重视微信服务平台建设，以“互联网＋邮政便民服务”作为深化便民服务改革的切入点和突破口，利用互联网思维和全媒体手段，推动邮政业务转型和发展。

【网点授权集中系统】 2015年5月起，上海邮政网点授权集中系统工程推广项目正式启动。该项目是上海邮政贯穿全年的一项重大金融信息化建设项目，旨在通过技术手段，实现网络化远程、集中授权，将原有的现场授权操作通过网络转移到后台统一集中授权。至2015年6月26日，上海邮政代理金融共计103个网点完成授权集中系统上线。随着网点授权集中系统的建设，柜面业务实现集中式远程实时授权，缓解网点柜面操作人手紧张的问题，提高网点服务质量，规范授权操作流程，加强资金风险管控。

【东方CJ项目信息系统】 2015年5月，上海邮政与东方CJ达成合作意向，为其提供同城配送服务。为确保项目顺利启动，上海邮政在一个月内完成与东方CJ对接的系统开发，包括实现订单信息、结单信息、配送信息、邮件跟踪信息、支付信息等的互联互通，同时，还对商务投递系统的处理流程进行相应改造，包括出班投递、代收货款结算等。2015年7月1日，上海邮政商务投递系统与东方购物对接项目上线试运行，经过两个多月的测试，系统运行稳定有序。

【推广ERP系统工程】 2015年8月底，上海邮政ERP(企业资源计划Enterprise Resource Planning，简称ERP)系统推广上线。ERP系统是对企业所拥有的人、财、物、信息、时间和空间等资源进行综合平衡和优化管理的应用软件系统，基于统一的数据源，帮助企业实现跨部门、跨职能的流程控制和信息共享，是决策支持体系的基础。本次ERP项目包括财务管理、采购管理、投资项目管理、审计管理和主数据管理五大核心功能。按照项目实施计划，上海邮政成立ERP工程实施组织机构，召开推广启动会，明确职责分工，展开主数据清理收集等工作。同时选派具有一定协调组织能力、较强学习力的人员，组成上海ERP推广实施驻京团队，到中国邮政集团公司参加 ERP 项目实施工作。

【新一代东方书报亭试点亭落地】 2015 年 11 月 29 日，新一代东方书报亭首座试点亭在静安区延安中路 990 号落地。新一代东方书报亭大小约 6 平方米，亭体外立面各有四块电子信息屏，播放公益广告短片、报刊出样展示；亭体背面大屏上方的 LED 滚动显示天气预报等便民信息；互动体验区为用户提供附近信息、票务服务、旅游信息、便民付费等信息查询，用户还可以通过东方书报亭提供的免费 WiFi，扫描二维码，下载各类电子杂志，体验移动互联网时代主流媒体的便捷资讯。

五、航空服务信息化建设

中国东方航空股份有限公司

【概况】 2015 年，中国东方航空股份有限公司(以下简称"东航")，围绕战略重点，理流程、抓进度、抓质量，运用企业架构理念指导信息化工作，优化打通营销、服务、运行、机务、管控、物流等各领域内外的业务流程，大力发展大数据及移动互联技术，提升移动闭环效果，全面融入移动互联世界，建设"智能化"东航。在基础建设领域，东航 2015 年 10 月通过 ISO20000 的国际国内双重审核，成为国内首家获得中国认证认可监督管理委员会颁发的认证证书和国际权威机构 ANAB 颁发的国际国内双证书的企业。东航副总信息师王斯嘉获得"首届上海十佳优秀首席信息官(CIO)"和"全国百佳 CIO"荣誉称号。

【东航枢纽运行控制系统】 在 2015 年 12 月 14 日举行的 2015 中国智慧城市创新发展峰会暨 2015 上海智慧城市体验周闭幕式上，东航枢纽运行控制系统获得"2015 上海智慧城市建设优秀应用评选十大创新奖"。东航枢纽运行控制系统是一个全面覆盖航班地面保障作业流程的指挥调度系统，主要由枢纽管理系统、资源管理系统及中转管理系统组成。实现从线性运行向网络型运行，从职能型管理向流程型管理转型；实现对运行、资源的集中管控；实现有效、集约的人力配置管理和成本控制，为打造标准统一、流程一致、操作规范的全球地面服务保障体系奠定坚实的基础。东航枢纽运行控制系统在上海成功投产，在航班大量增长的情况下，为航班正点运行提供有效支撑，推动上海打造成国际航空枢纽港。

【全面预算管理平台】 东航全面预算管理平台项目 2014 年 10 月上线，使预算管理能够在统一的平台上完成，形成一套国内航空业领先的预算管理体系，获得"2015 年上海市企业管理现代化创新成果一等奖"。在功能方面，有效支持预算编制、分解、控制、分析和考核等功能；在价值体现方面，建立基于业务驱动的预算、预测模型，支持业务到财务的预算联动编制，以及财务到业务的动因追溯分析；固化预算标准、逻辑、流程，提升预算编制、分析和监测效率；结合各类业务特点，细化预算颗粒度，支持预算管理层级与精细化管理需求；通过建立中长期滚动预测计划，对公司的战略规划进行财务量化，加强东航战略与预算的衔接。通过滚动预测回收模型，实现了预算成本费用节流回收。此外，平台能够与商务数据中心等系统实现数据互通共享，并与关键业务系统建立集成，实现审批数据自动导入，支持财务系统预算控制，减少中间过程人工干预，降低成本，提升工作效率。

【空地互联平台】 自 2014 年以来，东航陆续完成技术摸索、认证申请、飞机改装、测试和验证空中网络安全性和稳定性，实现中国首个利用卫星通讯空地互联商业验证航班飞行，并与中国银联就新引进的波音 777-300ER 客机签署战略合作协议，东航和中国银联也在万米高空联合发布全球首个“空地互联云支付平台”，该平台被誉为“全球海拔最高的在线收银台”，在航空业与金融业均实现多个历史性突破。2015 年 11 月，东航与中国电信合作，率先在上海往返纽约、洛杉矶、多伦多等航线开启空中互联服务，成为国内首家将空中互联服务投入商业运营的航空公司。开通空中互联服务的波音 777-300ER 远程宽体客机安装卫星通信设备，由中国电信提供卫星及地面网络资源和运营平台，实现空中宽带上网，将空中客舱打造成互联网的新入口。

【自助值机服务不断拓展进步】 获“2014 年中国设计红星奖”的东航旅客自助服务系统，选用极简的设计风格，利用黄金分割划分服务界面，使操作更方便，在页面切换上，新版系统采取动态的滑动效果，大幅度提高值机效率。2015 年，自助值机应用通过 CUSS（通用自助服务 Common Use Self Service，简称 CUSS）认证并在上海浦东机场部署试运行。东航通过打通营销、服务信息链，将销售方的航班代码和舱位信息与承运方的相关信息自动关联，率先实现“共享代码”客票的自助值机。另外，东航在全国范围内提供全渠道座位预留服务，在全国 12 家机场实现不正常航班旅客自助改签服务。

【电商平台能力提升】 销售平台 B2T（团体采购 Business To Team，简称 B2T）完全由东航自主设计研发，是一款专门针对代理人和旅行社的客票分销平台，可销售国内、国际各类团体票。系统还支持现金支付以及分期预付等多种支付方式。2015 年用户数包括旅行社、代理人超过一万家，集团客户销售与 2014 年同比增长超过 30%；呼叫中心完成与 B2C（商对客 BusinesstoCustomer，简称 B2C）官网、B2G（商家到政府 Businessto Government）网站、海外 B2C 互联互操作，实现了婴儿票自动出票、特服申请等功能上线，销售额同比增长超过 40%；统一支付平台实现 B2B 支付通道、B2T 对公大额支付通道、呼叫中心借记卡/电话支付通道上线，建立自主设计研发的虚拟账户体系。完成微信、支付宝钱包等主流支付产品对接并在手机端上线，完成风控平台、海外支付网关、PCI 认证等工作。

【运行品质提升】 大运行网统一运行资质数据库平台 2015 年 6 月正式上线使用，同时全面推广至各分子公司；搭建运行管理枢纽平台，实现运行预警、运行信息管理、品质监控、生产例会运行管理全流程功能。性能平台统一了性能基础数据,能够自动计算及发布航线业载,有效指导销售;精准计算航班起飞、落地性能,提升运行效益。签派运行监控实现区域放行模式,以情报区、起降机场城市划分放行范围,均衡放行任务,整体升级放行、监控、告警流程,有效缓解航班量日益增长和气象条件复杂多变给签派员带来的高强度,提高全东航航班放行品质,增加航班安全冗余度。

【强化安全管控】 2015 年航班运行风险控制系统建立机场运行风险库、标准、限制库,构建起飞、巡航、着陆三个阶段风险树和风险计算引擎,对航班运行风险进行数学建模和计算,实现航班运行风险从主观判断到量化分析的转变。2015 年 6 月,安全管理网建立系统化安全绩效管理体系,引入安全信息数据库,借助员工报告和不安全事件的自动告警、QAR 事件全面分析,实现了安全风险、安全管理工作可量化、可视化。

【机务维修及管理会计】 机务维修管理系统二期完成 A320/330/B737NG 机型在上海总部及 13 家分子公司上线推广,涵盖工程管理、维修管理、定检维修、航线维修、附件维修、质量管理整个生产流程全覆盖,有力支持了技术公司"四化"变革。机务管理会计在总部和云南分公司上线,截至 2015 年 10 月,完成 45 万多项工单的成本归集,细度精确到机务业务子产品类别,从事业部、分公司、产品和客户视角及利润、收入、成本、工时、人均利润贡献、盈亏平衡点工时等多项指标,反映真实的维修经营管理水平,体现各层级部门对企业的贡献。

【物流转型和新模式系统支撑】 2015 年上线 SAP 运输管理、客户关系管理等系统,为第三方物流提供高效、稳定的系统支撑;传统货运、货站经营管理不断向智能化迈进。传统货运方面,舱控系统完成指标分解、监控、回溯体系,预售管理以及舱位决策流程方案,2015 年 8 月,完成订舱定价接口。新货运结算系统已进入并行运行第三阶段全流程数据测试,系统业务涉及国内、国际代理1 000 余家,海外营销中心、办事处 11 个,国内各分公司、营业点 33 个。货站管理方面,海关新舱单系统完成完舱单、理货、分拨模块开发,实现与 NCARGO 系统接口对接。机坪装卸自动化在昆明和武汉两地实施。货站经营收费系统与财务 ORACLE 接口、完成上海所有代理人及航空公司开账功能,并实现在第三方平台(CCSP)网上对账以及现结功能。

【大数据分析应用助力决策】 座控决策支持对标达美"雷达"系统,实现座控前端集成展示与多屏联动;与乔治亚理工大学合作研发基于旅客选择的收益管理模型,并在多个航线上试用;商务数据中心完成营销快报收入优化,改进当天看昨天承运及未来 120 天预售航班收入计算模型;客户洞察方面梳理 200 多个基础标签,进行标签库管理的流程确认,完成标签库平台建设;风险管控方面,为营销收入结算部完成违规订座分析、收入缩水分析、退票风险分析等一系列风险监控功能研发。

【移动应用方便快捷】 2015 年微信应用,实现东方万里行服务号不正常航班微信订阅功能,企业微信平台加入乘务、飞行、运行领域的 25 个信息推送节点；飞行电子任务书实现航班信息、飞行经历、燃油信息和业载信息等无纸化填写，新增保障不正常事件和电子检查单等功能，为小时费、燃油费等变动成本的计算提供一线数据；移动运行基于掌上东航3.0磁贴菜单交互体验和功能全新改版，航班动态增加现场检查、放行单、性能计算等功能；移动飞行完成对飞行员执勤、航后全流程的移动端支持，实现管理人员运行指挥和运行统计方面移动化。截至2015年年底，东航内部移动端日平均点击量达160万次。

（张 智 陆体山）

六、社区公共服务信息化

【社区服务网】 上海市社区服务网（www.962200.net）于1997年筹建，1998年正式开通。包含社区动态信息、生活百事、社区设施、居委管理、服务商家管理、志愿者信息管理、志愿者项目信息管理和组织机构信息等模块，涵盖社区新闻、活动预告等各类信息的展示和发布，以及志愿者、志愿者组织机构网上招募、注册等功能，并陆续开通黄浦、浦东、杨浦、静安、闵行等各街镇门户。街镇通过社区服务管理信息系统上传了各级社区生活服务中心、居委会的基本情况以及社区服务单位、社区服务项目、社区服务志愿者的信息等数据。社区志愿者网已注册志愿者超过39万人。2015年，社区新闻信息更新5万多条，居委会概况信息总数为3 392条，居委志愿者信息超19 158条，公共服务设施信息增加471条，社区服务队伍信息总数98 833条。

（方廉忞）

Shanghai
Informatization

第六编　信息安全

综　述

2015年，上海网络安全保障工作根据国家以及上海市委、市政府的文件精神，按照市委网络安全和信息化领导小组的工作要求，围绕国家战略部署、城市运行安全、企业创新发展和市民信息安全四个层次的安全需求，加快完善与上海智慧城市发展和科技创新中心建设相适应的信息安全保障体系。着力从完善协同机制、强化安全监管、夯实技术支撑、优化保障环境等方面，加大工作力度，顺利完成年度各项任务。全年未发生重特大信息安全事故，城市信息安全态势总体可控。

随着智慧城市建设的推进，以及云计算、移动互联网、大数据等新技术的兴起和应用，信息化已深刻影响着经济、文化、社会、军事等各个领域，其跨部门、跨领域、跨区域的特点更加显著。伴随着网络空间与现实世界的深度融合，城市关键基础设施运行已高度依赖网络和信息系统，网络安全问题日益凸显，安全形势复杂严峻，成为制约网络强国建设的关键因素。以“互联网+”行动计划为代表的一系列国家战略举措在进一步推动互联网促进社会进步、经济发展的同时，对网络安全也提出相关要求，体现从国家层面强调网络安全与信息化协调一致、齐头并进，以安全保发展，以发展促安全的战略部署。

在市网络与信息安全协调小组办公室(以下简称“市网安办”)的协调领导下，上海市经济信息化委、市公安局、市网信办、市保密局、市通管局和市工商局等主管部门，结合各自职责，有效推进责任制落实、等级保护、分级保护、密码监管、安全测评和风险评估、应急管理、工控系统安全管理等重点工作落实，联合开展网络空间专项治理行动，落实重点领域网络安全检查行动，均取得显著成效；加强信息安全基本制度落实，大力推进信息安全基础平台设施建设，完善网络信任体系，优化网络环境治理，进一步强化信息安全技术支撑能力。

全市信息安全产业通过充分发挥社会资源和企业主体作用，进一步强化自主创新，涌现出一批优秀的信息安全骨干企业，为信息安全产业做大做强打下坚实基础。此外，成功举办第五届信息安全活动周和 2015(第七届)信息安全技能竞赛，不断提高市民的信息安全意识和技术防范能力。

（章　蕾）

第一章　信息安全管理

概　述

按照国家和上海市委、市政府对信息安全保障工作的总体部署和要求，市网安办组织协调多部门，密切协同、有效配合，共同推进和完善全市信息安全保障体系的建设。2015 年，在网安平台协同联动、部门间共享和通报机制、多部门联合执法等方面加大工作合力和协同力度，进一步加强重要信息系统、党政机关重点网站、基础网络、工业控制系统安全管理和保障，开展信息安全综合治理和宣传教育，完善信息安全保障环境，为促进具有全球影响力的科技创新中心和智慧城市建设提供有力的信息安全保障基础。

一、组织建设

【协调管理机制】　上海市网络与信息安全协调小组(以下简称“市网安小组”)作为全市信息安全保障工作的决策协调机构，在市委网络安全和信息化领导小组、市国民经济和社会信息化领导小组的统一领导下，在全市信息安全相关机构的设置、安全管理制度的建立、跨部门专项任务部署以及信息安全重大项目的投资等方面发挥领导决策作用，综合协调全市信息安全保障工作。市网安小组下设办公室，作为市网安小组的常设办事机构，设在市经济信息化委，具体承担全市信息安全的组织协调和管理工作，以及市网安小组交办的各项任务。2015 年，召开上海市智慧城市信息安全保障工作会议，进一步落实信息安全重点单位责任制。按照市委、市政府的工作要求，以深化城市信息安全保障体系为目标，加强重点领域安全管理，强化部门联动、社会参与的信息安全协同机制;夯实信息安全技术设施和平台支撑,积极营造信息安全保障环境;认真做好抗战胜利70周年纪念活动等重大节日和重要活动的网络安全保障工作。

【功能性机构建设】 上海市主要建有以下信息安全功能性机构和基础设施,面向政府部门、企事业单位和社会公众提供服务:

市数字证书认证中心有限公司:按照政府指导、市场化运作的方式成立的第三方电子认证服务机构,主要负责构建全市性的数字证书认证服务平台,向政府、企事业单位和市民提供数字证书认证服务,推广数字证书应用,为构建统一的网络信任体系发挥基础性作用。

市信息安全测评认证中心:隶属于上海市经济信息化委,主要业务包括信息安全产品测评、信息系统(网络)测评、计算机信息系统集成企业资质(三、四级)认证、信息系统安全方案评审和提供相关技术支持、咨询服务、技术开发和测试实验环境等。

市网络与信息安全应急管理事务中心:隶属于上海市经济信息化委,主要职责包括承担全市信息安全应急管理的日常工作,协助开展重大信息安全事件应急处置协调;负责全市网络与信息安全综合监测体系建设与运行;统筹全市各类网络与信息安全应急资源和设备的信息管理;负责全市网络与信息安全应急技术组织和服务管理;运营管理上海互联网络交换平台等。

市信息安全行业协会:由上海地区从事信息安全产品研发、制造、经营和服务的企业和其他相关企事业单位按自愿、平等的原则组成,提供咨询和中介服务,组织调研、交流、合作、培训,开展会展、编辑出版以及政府委托的其他工作。

上海工业控制系统信息安全技术服务联盟:涵盖科研院校、工业控制系统关键设备和部件生产制造商、系统集成商、信息安全企业、终端工业控制系统用户等30余家知名机构。充分发挥市场机制,整合全市乃至全国、全球的优势力量,聚焦工业控制系统信息安全主题,服务“四新”经济发展,围绕工业控制系统信息安全技术研发、测试评估、标准制定、合作交流、宣传培训、政策研究等领域,促进信息安全技术服务发展。

二、制度建设和职能监管

【信息安全综合治理】 各职能部门按照各自职责,根据国家的部署和要求,对重点领域实施严格监管,开展网络空间综合治理,加强专项行动落实,取得显著成效。一是强化重要信息系统安全监督管理。市经济信息化委制定年度公共信息系统安全测评计划,实施安全测评工作并督促问题整改。根据国家部署要求,市公安局、市经济信息化委、市网信办和市密码局共同开展网络与信息安全专项检查。二是加强党政机关等重点网站安全管理。市经济信息化委组织完成中央网信办下达的党政机关云服务网络安全审查试点任务,验证国家标准的适用性,探索云服务网络安全审查程序和评估规范；委托市网络与信息安全应急管理事务中心对全市重点网站开展实时监测预警和应急处置；为政府部门网站部署应用安全产品，提高政府网站安全防护能力。三是开展专项打击和整治行动。公安、通管、无线电管理、工商等部门持续开展打击伪基站、黑电台、僵木蠕、黑客攻击破坏违法犯罪，打击治理移动互联网恶意程序、整治网上银行卡非法买卖和网上擅自销售彩票等专项行动，年内累计破获各类涉网案件 4 985 起，抓获犯罪嫌疑人 9 113 名；市工商局与市通管局建立非法主体网站清理工作机制，协同开展净网行动，共集中关闭 2 455 个非法主体网站；市工商局对全市交易类网站主体亮照情况开展复查，亮照率近 100%。

【信息安全应急管理】 城市网络与信息安全应急管理体系进一步深化。市经济信息化委完成《公共信息系统突发事件处置办法》执行评估和延期工作。召开应急预案修订培训会，发布《2014 年度重大信息安全事件回顾报告》。完成《上海市网络与信息安全事件处置工作手册》编制，制定信息安全突发事件分类分级评估细则。启动市级网络与信息安全应急预案执行情况评估。部署重点单位年度信息安全应急演练工作，并组织开展信息安全示范性应急演练。

【工控系统信息安全管理】 重要工控系统安全管理进一步加强。2015 年，市经济信息化委全面梳理全市重要工控系统运营单位，开展对重点行业、企业工控系统信息安全现状的调研。组织开展了重点工控单位信息安全标准宣贯，启动电力行业工控系统安全加固示范工程。进一步推动工控系统信息安全监测预警、检测评估等技术服务平台及支撑能力建设。

【信息安全基础支撑能力建设】 继续推进信息安全基础设施及重点项目建设，开展信息安全前瞻性研究，增强城市信息安全基础支撑能力。一是夯实信息安全基础支撑。市经济信息化委启动网络与信息安全应急基础平台建设；推进大数据应用安全研究中心项目建设，开展相关基础性研究工作。市委、市政府办公厅积极推动党政机关电子公文安全可靠应用试点，完成市公务网骨干网升级改造。二是开展信息安全前瞻性研究。组织完成上海市推进智慧城市建设“十三五”规划信息安全保障部分编制工作；针对移动 APP 应用安全风险、工控安全风险评估机制等领域开展研究，提出应对策略。完成《上海市公共信息系统个人信息保护管理办法》立法调研报告；开展医疗大数据应用中的个人信息研究，推进医疗卫生等领域的个人信息保护。三是加强信息技术服务外包安全管理。开展全市年度信息安全服务机构能力评估，发布年度信息安全服务机构推荐名单，修订完善评估规则，促进信息安全服务诚信化管理。

【网络信任环境建设】 网络信任体系建设进一步完善。修订并发布《上海市数字证书使用管理办法》；建设市场监督管理统一身份认证公共服务平台，编制《市场监督管理统一身份认证公共服务平台对接指南》，并在浦东新区开展试点。截至 2015 年年底，上海数字证书认证中心已累计发放各类数字证书 619.3 万张。

三、信息安全宣传教育

【第五届信息安全活动周】 为加强全民网络安全意识，提高各领域、各行业相关从业人员网络安全技能水平，推动自主信息安全产业发展，保障新一轮智慧城市建设，打造一个安全稳定健康的网络环境，由市经济信息化委、市网信办共同主办的第五届上海市信息安全活动周(以下简称“活动周”)于 2015 年 10 月 23 日至 10 月 29 日举行。本届活动周以“践行网络文明，共护网络安全”为主题，按照“全面普及、重点深化、广泛合作、创新手段”的总体思路，围绕技术发展、意识普及、人才培育、完善服务、促进交流等内容，在全市各重要行业主管部门、各区县政府、信息安全重点单位、相关行业组织、研究机构和企业的积极参与和全力支持下，组织开展面向社会大众、重点行业、专业人才的 30 余项活动。同时，还利用手机应用商店、微信等新兴媒介，及时发布各类活动信息和安全防范的知识。

【2015 信息安全技能竞赛(ISG)】 经过多年积累，本届竞赛以选拔信息安全领域的高技能人才，培育和提高重点行业信息安全保障能力和水平为目标，得到市国资委、市税务局、市通信管理局、中国人民银行上海分行等行业主管部门的大力支持和信息安全爱好者的积极参与。在技术挑战赛方面，2015 年首次采用全部线上竞技的方式和 CTF 国际比赛规则，全面考察选手的攻防、逆向、密码等综合技能。自 9 月启动报名，共吸引 641 支团队报名参赛，参赛选手 2 564 名，其中 295 支战队获得积分。经过激烈的线上比拼，最终来自中国台湾的 217 战队拔得头筹，来自复旦大学和碁震 Keen 团队的两支上海战队也跻身前十，分列二、六名。在管理运维赛方面，以信息安全运行保障为重点，赛事内容涵盖信息安全意识、运维知识和操作能力比拼，通过动口、动手、动脑、动笔的方式来考察各参赛团队的管理运维能力。自 8 月启动报名，共有 135 支队伍参赛，创造历史最高记录；经过激烈的线上初赛，48 支队伍进入 8 个组别的决赛。来自中国信息安全认证中心、中科院、人民银行、市经济信息化委、上海证监局、市信息安全行业协会等的专家组成专家评审团，为管理运维赛决赛进行现场打分和精彩点评。同时，为了让各参赛单位更好地投入竞赛，强化选手的理论、实操知识，还开办 3 期赛前训练营，10 多位重量级讲师精彩授课，参与学习的学员达到 200 多名，充分体现管理运维赛集培训、教育、竞赛、交流于一体的特色。

结合技能竞赛的举办，还开展“人才嘉年华”活动，定位于人才的展示、对接和输送，通过组织论坛、现场交流等方式为企事业输送优质人才。活动现场聚合了优秀人才、高薪职位和精彩经验，为参赛选手与用人单位搭建互动平台，将人才选拔和人才使用紧密结合。

【国家网络安全宣传周上海地方日相关宣传活动】 按照中央网信办《关于开展第二届国家网络安全

宣传周活动的通知》(网发〔2015〕127 号)文件要求,市经济信息化委会同市网信办积极响应第二届国家网络安全宣传周的号召,于 2015 年 6 月 1 日至 6 月 7 日同步开展以“共建网络安全,共享网络文明”为主题的系列宣传活动。第二届国家网络安全宣传周期间,围绕创建安全可信的信息消费环境,本着“政府主导,主题明确,传播广泛”的指导原则,开展社会公益宣传,举办创意大赛;走进校园,互动宣传;走进社区,亲民宣贯;利用手机应用商店、网络、平面媒体等多种媒介,从网络安全知识普及、重点行业网络安全保障、个人隐私信息保护等方面进行形式多样的宣传教育活动,切实提高全民信息安全防范意识。

第二章　信息安全服务

概　述

针对上海信息化发展的新趋势和新一轮智慧城市建设安全需求，在上海市信息安全主管部门、企事业单位积极努力和共同推动下，城市信息安全基础设施得到进一步完善，病毒防范、监测预警、安全测评、数字证书电子认证等信息安全社会化服务水平持续提升，城市信息安全技术支撑能力显著增强。

一、计算机病毒防范

【全市城域骨干网安全运行状况】　2015 年，上海市网络与信息安全应急管理事务中心(以下简称“市应急事务中心”)持续对全市城域骨干网进行全天候的网络与信息安全事件监测，主要包括各类安全事件以及流量的实时监测。全年整体网络与信息安全态势良好，未发生大规模或高危害的网络与信息安全事件。通过分析监测数据发现，影响全市网络安全的主要威胁来自于漏洞攻击和网络扫描类事件。2015 年度病毒蠕虫和后门事件量较 2014 年有所上升，拒绝服务、漏洞攻击和网络扫描事件量较 2014 年有所下降(见图 6-1、表 6-1)。整体来看，2015 年度上海市网络运行安全状况基本平稳，各类网络与信息安全威胁基本可控(见图 6-2)。

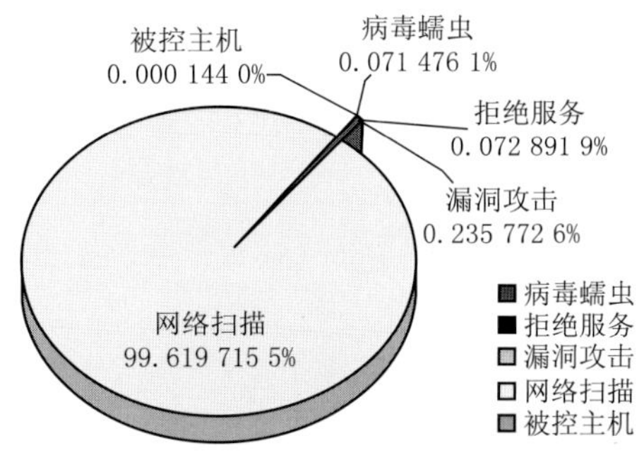

图 6-1　2015 年度各类安全事件总量权重图

表 6-1　2015 年与 2014 年各类安全事件数量对比表

	病毒蠕虫	拒绝服务	漏洞攻击	网络扫描	后　门
2014 年	2 531 502	85 324 868	226 214 006	24 546 352 974	845
2015 年	7 683 317	7 835 507	25 344 355	10 708 614 647	15 483

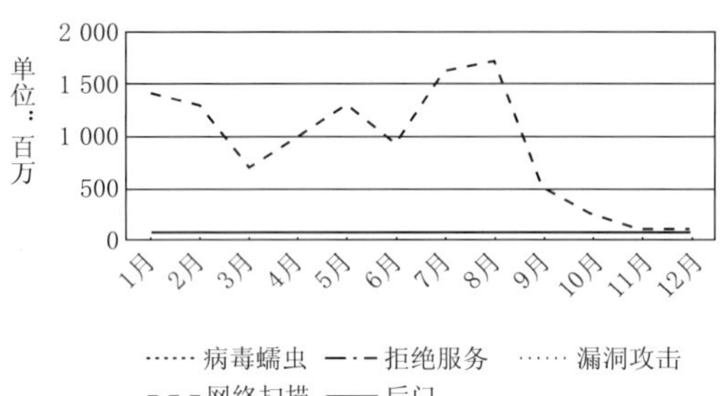

图 6-2　2015 年全市城域骨干网安全运行状况监测情况

【全市重点网站运行安全监测和应急处置工作】 2015 年，市应急事务中心共对全市 249 个重点网站及网上办事系统以及 350 多个重点单位其他网站开展运行安全监测。全年向发生安全事件或存在潜在风险的重点网站主管单位发布网络与信息安全风险预警提示 406 份，《上海市重点网站运行安全分析报告》4 期，为全市重点网站的安全运行提供坚实的监测、预警技术保障。综合 2015 年四个季度的监测数据，共监测到网站安全风险 565 个，其中，高危风险 29 种 270 个，中危风险 21 种 295 个，相关潜在风险影响网站 181 个。未发现信息泄露、域名劫持、网页篡改、网站挂马、断开链接等安全事件。

根据《上海市重点网站运行安全分析评估规则(试行)》要求，对全市重点进行分季度排名，各季度运行安全状况好的Ⅰ级网站达到 115 个以上，超过 71%的重点网站处于良好的运行安全状态。Ⅳ级网站数所占比例控制在 9%以下。根据对全年报告的统计显示，网站风险主要出现在 XSS 跨站脚本漏洞、SQL 注入漏洞、用户凭证以明文形式发送、IIS 文件枚举漏洞等几个方面，占总风险数的 20%以上，受影响的网站占 25%以上，需引起受影响单位的足够重视。各重点网站运营管理单位在接到风险提示后与市应急事务中心保持密切联系，在对网站系统开展升级改造后也及时以邮件、电话等方式告知市应急事务中心。

【互联网络交换平台】 2015 年，上海互联网络交换平台(以下简称“交换平台”)主要为上海电信、上海联通、上海移动、东方有线、上海科技网、长城宽带等 15 家接入成员单位提供本地交换服务，继续发挥上海本地各 ISP 间数据交换通信枢纽作用。2015 年，在保证 QOS 的情况下，交换平台日均流量稳定在 18.6TB(见图 6-3)。

交换平台是上海本地各互联网络运营商依赖实现本地网间交换的唯一的网络公共服务平台。2015 年，交换平台流量前 8 名分别为东方有线、上海联通、上海铁通、长城宽带、上海移动、教科网、科技网和上海电信(见表 6-2)。

统计显示，2015 年，交换平台流量中的应用协议主要包括迅雷、HTTP(超文本传输协议 HyperText Transfer Protocol，简称 HTTP)、KAD(一种通过分散式杂凑实现的协议 Kademlia，简称 KAD)网络 UDP(用户数据报协议 User Datagram Protocol，简称 UDP)数据、比特洪流 UDP 数据、QQ-SZ、QQDownload1、比特洪流对等协议、电骡 UDP 数据等，其中迅雷和 HTTP 两类应用协议流量占交换平台总交换流量的 61%(见图 6-4)。

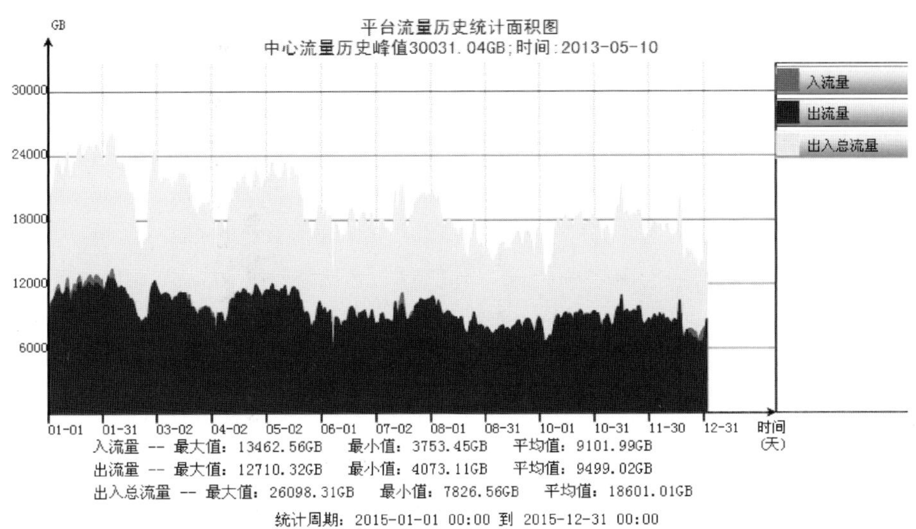

图 6-3　2015 年交换平台日总流量趋势图

表 6-2　2015 年交换平台 ISP 流量排名

（表中←表示不变，↑表示上升，↓表示下降）

接入成员单位	2015 年	2014 年	排名变化
东方有线	第 1 名	第 3 名	↑
上海联通	第 2 名	第 2 名	←
上海铁通	第 3 名	第 5 名	↑
长城宽带	第 4 名	第 1 名	↓
上海移动	第 5 名	第 7 名	↑
上海教科网	第 6 名	第 6 名	←
上海科技网	第 7 名	第 4 名	↓
上海电信	第 8 名	第 8 名	←

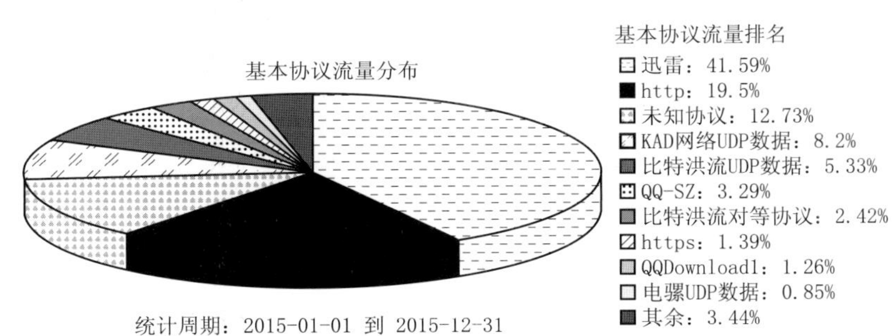

图 6-4　2015 年交换平台协议流量分布排名

（吴恩平）

【重点单位信息安全防范】 2015年全市信息安全重点单位由于机构合并、系统代管等原因，参加信息安全月报工作的单位数为206家。2015年12个月月报表受理情况统计显示，个别单位没能及时报送月报表，按时报送单位数平均为187家，按时报送率为90.78%。

全年共有41家单位发生信息安全事件，发生信息安全事件的单位数占报送月报表的单位总数比率为19.9%(2014年有62家发生过信息安全事件，其单位数比率为32.63%)。黑客攻击453 307例(按攻击IP统计)，比2014年增加3 916%(见表6-5、图6-6)。全年发生黑客攻击的单位数比率为4.58%(2014年为17.37%)。计算机病毒24 518台次，比2014年减少38.41%。(见表6-6、图6-7)。全年发生计算机病毒的单位数比率为21.57%(2014年为35.26%)。由于自身原因造成的信息系统瘫痪有3起，比2014年减少88.89%。全年由于自身原因造成信息系统瘫痪的单位数比率为1.96%(2014年为3.16%)。收到的反动及黄色内容邮件5 809封，比2014年减少47.74%(见表6-7、图6-8)。全年收到反动及黄色内容邮件单位数比率为3.27%(2014年为4.21%)。

表6-3 2015年信息安全事件发生情况一览表

信息安全事件 / 月份	黑客攻击(次)		计算机病毒(台次)		由于自身原因造成的信息系统瘫痪(次)		收到反动及黄色内容邮件(封)	
	发生数量	发生单位数(家)	发生数量	发生单位数(家)	发生数量	发生单位数(家)	发生数量	发生单位数(家)
2015年1月	188 761	4	1 261	21	0	0	485	4
2015年2月	157 174	6	1 345	32	1	1	516	3
2015年3月	20 930	4	1 996	28	4	2	498	4
2015年4月	13 950	3	1 880	22	4	2	634	3
2015年5月	4 174	4	1 426	26	1	1	474	2
2015年6月	12 706	4	1 238	19	1	1	366	1
2015年7月	5 325	3	1 892	26	2	1	411	3
2015年8月	5 967	5	1 156	23	3	1	717	3
2015年9月	4 480	4	1194	25	2	1	799	3
2015年10月	12 125	4	1 098	20	1	1	189	3
2015年11月	9 270	4	1 007	24	3	1	468	2
2015年12月	18 445	4	742	24	2	1	252	2

表 6-4　2015 年信息安全事件单位发生率走势表

月　份	2015 年											
	1 月	2 月	3 月	4 月	5 月	6 月	7 月	8 月	9 月	10 月	11 月	12 月
百分比	16.78%	23.81%	21.09%	16.33%	19.05%	13.61%	19.05%	17.69%	17.69%	14.97%	17.69%	17.69%

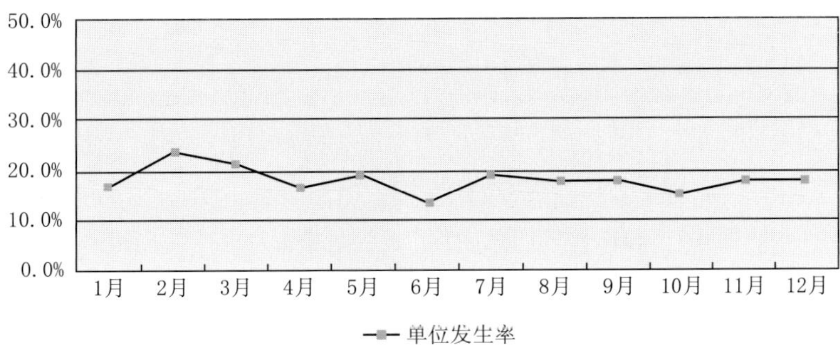

图 6-5　2015 年信息安全事件单位发生率走势图

表 6-5　2015 年"黑客攻击"发生数量各月分布情况表

2015 年												
1 月	2 月	3 月	4 月	5 月	6 月	7 月	8 月	9 月	10 月	11 月	12 月	共计
41.64%	34.67%	4.62%	3.08%	0.92%	2.8%	1.17%	1.32%	0.99%	2.67%	2.04%	4.07%	99.99%

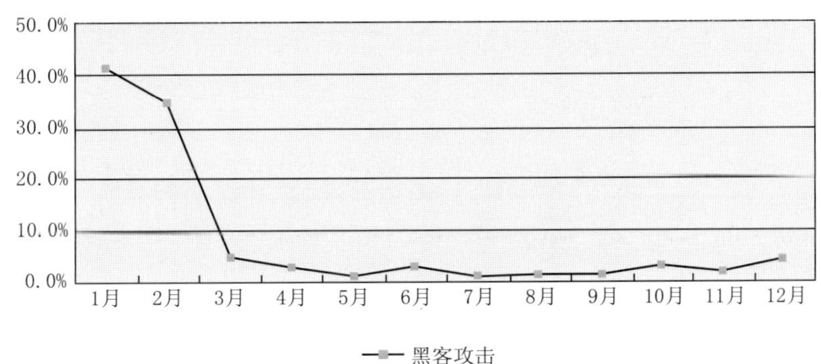

图 6-6　2015 年"黑客攻击"发生数量各月分布情况图

表 6-6　2015 年"计算机病毒"发生数量各月分布情况表

2015 年												
1 月	2 月	3 月	4 月	5 月	6 月	7 月	8 月	9 月	10 月	11 月	12 月	共计
7.77%	8.28%	12.29%	11.58%	8.78%	7.63%	11.65%	7.12%	7.35%	6.76%	6.2%	4.57%	99.98%

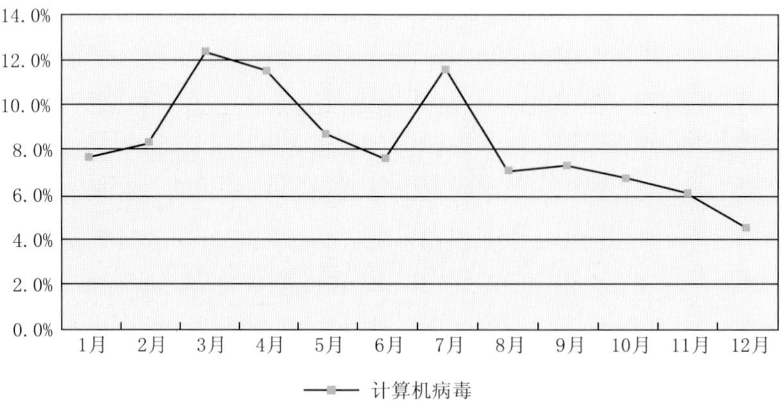

图 6-7　2015 年“计算机病毒”发生数量各月分布情况图

表 6-7　2015 年“收到反动及黄色内容邮件”发生数量各月分布情况表

2015 年												
1 月	2 月	3 月	4 月	5 月	6 月	7 月	8 月	9 月	10 月	11 月	12 月	共计
8.35%	8.88%	8.57%	10.91%	8.16%	6.3%	7.08%	12.34%	13.75%	3.25%	8.06%	4.34%	99.99%

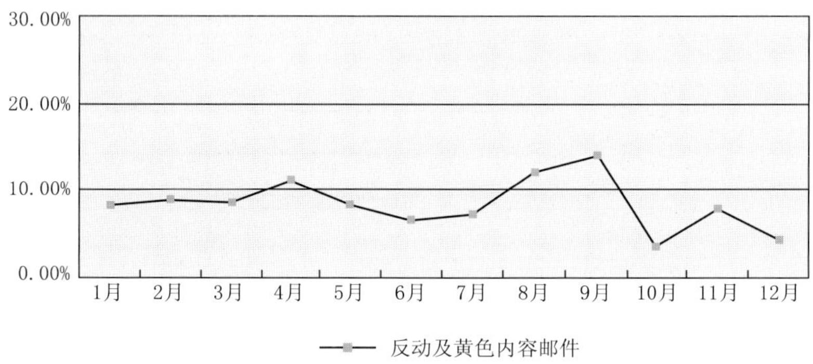

图 6-8　2015 年“收到反动及黄色内容邮件”发生数量各月分布情况图

表 6-8　2015 年各类信息安全事件单位发生率表

信息安全事件	黑客攻击	计算机病毒	由于自身原因造成的信息系统瘫痪	收到反动及黄色内容邮件
发生单位数所占总单位数比例	2.78%	16.82%	0.74%	1.88%

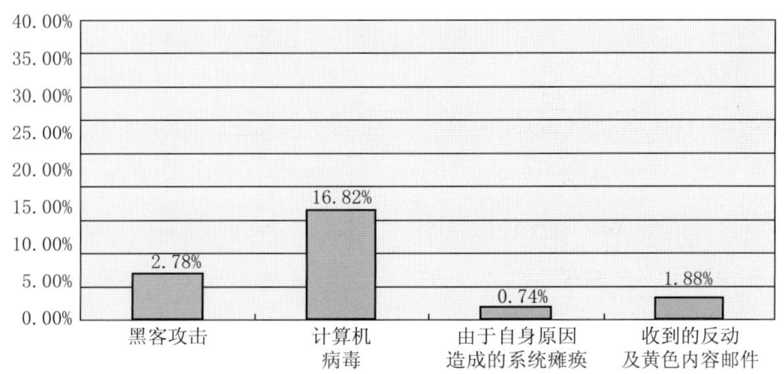

图 6-9 2015 年各类信息安全事件单位发生率图

表 6 9 2015 年信息安全事件重复发生分布表

事件类型 \ 发生次数	0(次)	1(次)	2(次)	3(次)
黑客攻击	95.24%	1.36%	0.68%	2.72%
计算机病毒	77.55%	2.72%	1.36%	18.37%
由于自身原因造成的系统瘫痪	97.96%	0	0	2.04%
收到反动及黄色内容邮件	96.6%	0	0	3.4%

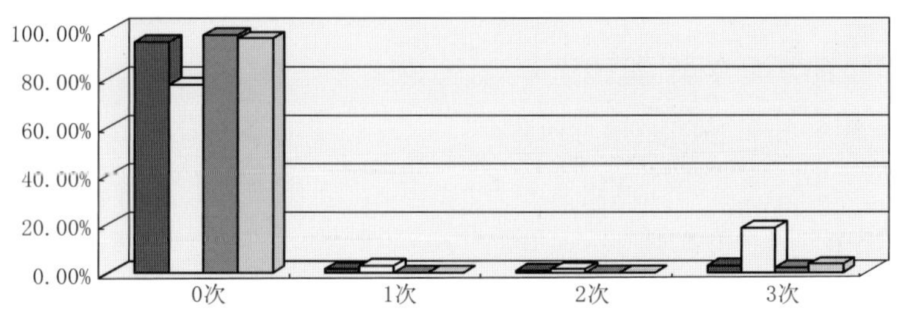

图 6-10 2015 年信息安全事件重复发生分布图

表 6-10 2015 年全年易发信息安全事件的单位分类表

事件种类	易 发 单 位
黑客攻击	金融类、通信网络类、政府机关、工业企业类、高校
计算机病毒	工业企业类、高校、政府机关、新闻媒体、金融类
由于自身原因造成的系统瘫痪	政府机关、工业企业类
收到反动及黄色内容邮件	新闻媒体、政府机关、金融类

根据2015年度12个月的月报表，全市信息安全问题有以下几点情况值得关注：

就发生信息安全事件的单位数量而言，2015年度信息安全事件月平均发生率为17.95%，与2014年度的月平均发生率23.16%相比较减幅明显。每月的信息安全事件发生率最高是2月的23.81%，最低是6月的13.61%，总体变化不大。说明随着有关单位对信息安全问题越来越重视，各项安全措施不断落实和完善，规范信息化工作的操作和管理行为，使得全市的信息安全态势进入一个相对平稳期。

黑客攻击事件与2014年度比较，数量明显增多，为453 307例(按攻击源IP统计)，主要为端口扫描、尝试性远程登入以及通过SNMP窃取设备配置信息等试探性动作。

计算机病毒事件2015年比2014年情况好转，全年有16.82%的单位受到不同程度的病毒感染，比上年的35.26%降幅明显。有18.37%的单位遭受过三次以上的反复感染，也比上年的32.11%明显下降。每月入侵计算机的病毒种类不完全相同，全年肆虐比较严重的计算机病毒有Worm蠕虫病毒、ARP病毒以及各种Trojan木马病毒极其变种。病毒的发展趋势由破坏性向窃取用户信息变化。

“由于自身原因造成的信息系统瘫痪”的次数比2014年度减少。就单位而言，这类信息安全事件发生概率最小，全年只有0.74%的单位发生过这类事件，但是它对社会和经济生产活动的影响却不容低估，有的甚至引起社会的关注。

全市发生各类信息安全问题比较多、频度比较高的单位依次是政府机关、工业企业、通信网络、高校、金融行业、新闻媒体等单位。

【计算机病毒防范】 2015年新增病毒的总体数量依然呈上涨趋势，但新增的挂马网站及钓鱼网站开始下降。其中，新增手机病毒上涨1564.88%，手机常见病毒中有16.81%是支付类病毒。路由器安全、NFC支付安全、智能可穿戴设备、大数据、物联网、虚拟化及云计算成为当前信息安全最为薄弱的环节。市应急事务中心每周在全市20余家电视、广播、报纸等媒体和市经济信息化委网站、市民信箱等网站发布计算机病毒预报及信息安全风险预警共计50余期。

2015年十大病毒排名如下：

Trojan.Psw.Onlinegame.Dog：机器狗木马，疯狂下载各种盗号工具或黑客工具。

dummycom：磁碟机木马，通过U盘和局域网ARP攻击传播，终止杀毒软件运行。

Trojan/Anti-AV：AV终结者，破坏系统安全模式、植入木马下载器的病毒。

Trojan/PSW.GamePass.Gen：网游大盗木马，秘密监视，然后盗取账号信息资料。

CTB-Locker：比特币敲诈者，该病毒通过远程加密用户电脑文件，向用户勒索赎金。

“大灰狼”远控木马：进入电脑后强制安装大量软件赚取推广费，电脑被植入Gh0st远程控制木马，木马作者能够窃取任意文件或监视键盘操作，甚至开启摄像头偷窥。

restartokwecha：利用Flash漏洞，将带有恶意代码的flash文件通过广告投放的方式嵌入各大网站，进行大范围传播。

Duqu2.0：使用Windows Installer的MSI安装包加载恶意代码所需的资源并解密，再将执行权限交给内存中的代码。

Xcode ghost：通过非官方下载的Xcode传播，

能够在开发过程中通过 CoreService 库文件进行感染,使编译出的 APP 被注入第三方的代码,向指定网站上传用户数据。

2015 年相册病毒:通过短信发送,内容为"新年快乐,这是过年时候大家聚会的照片,好珍贵的留影,你快看吧,地址:http://url.cn/eZs4uT"。用户点击后将安装名为"2015 年相册"的恶意应用,并向通讯录所有联系人发送上述内容的短信,出现窃取用户信息隐私、手机话费无故减少等问题。

【计算机司法鉴定服务】 2015 年,在上海市网络与信息安全应急管理事务中心、市司法局司法鉴定管理处、市司法鉴定协会的领导和支持下,上海上信计算机司法鉴定所(以下简称"上信所")较为圆满地完成所有鉴定任务,在业务开展和内部管理上取得一些成绩。2015 年,上信所共完成 25 份《司法鉴定意见书》,比 2014 年有所减少,内容包括电子邮件真实性鉴定、电子文档生成时间鉴定、软件功能鉴定、即时聊天记录鉴定、历史上网记录核实、网络数据流量真实性鉴定、硬盘数据固定以及数据恢复等方面。其中公检法、仲裁、公证委托 11 起,律师事务所委托 3 起,企事业单位委托 5 起,个人委托 3 起。司法鉴定人因人民法院和仲裁机关要求出庭质证 10 人次。另外,因各种原因拒绝委托 8 起,接受鉴定咨询 60 余次。2015 年 6 月,上信所参加司法部司法鉴定科学技术研究所组织的鉴定能力验证,取得"通过"的结果。2015 年,上信所两名新增的司法鉴定人人员参加司法局组织的培训,均通过最终考核。2015 年,上信所根据司法部有关要求,建立一整套严格的质量体系及程序文件,已通过上海市质量技术监督局的认证认可初审。

(吴恩平)

二、信息安全测评

概况

作为全市重要的信息安全基础设施,上海市信息安全测评认证中心(以下简称"测评中心")立足产品测评、系统测评、评估服务三大块核心业务,大力提升测评能力,打造测评高地,不断挖掘用户需求,努力开拓各类行业市场,截至 2015 年 12 月,全年累计共完成各类测评服务项目逾 1 000个。

【基础网络和重要信息系统安全测评】 2015 年,测评中心继续深入贯彻国家信息安全等级保护制度和《上海市公共信息系统安全测评管理办法》(上海市人民政府 58 号令)的政策要求,稳步推进全市重要公共信息系统安全测评工作。2015 年 1 月至 12 月,根据市网安办、市等保办的统一部署,测评中心共对全市 492 个重要信息系统进行安全测评工作,测评范围涉及电子政务、社会保障、银行、证券、保险、电力、燃气、供水、轨道交通、医疗卫生等关系国计民生的主要信息系统应用领域,为上海市各类重要信息系统的安全稳定运行和

"智慧城市"建设提供重要的安全保障。

其中,电子政务类系统165个,占33.5%;金融服务类系统141个,占28.7%;基础网络、公共事业、轨道交通、民航、第三方支付类系统119个,占24.2%;医疗卫生类系统23个,占4.7%;其他企业类系统38个,占7.7%。

【信息安全测评认证能力建设】 2015年,测评中心不断加强测评能力建设。在科研项目方面,自主研发的等级测评工具"测评能手"登陆中国信息安全等级保护网并正式向全国测评机构推广试用;"互联网金融信息安全公共服务平台"项目稳步推进,发布全国首个《互联网金融网络与信息安全技术指引》;IC卡安全检测平台专项完成验收;"身份鉴别类产品信息安全认证关键技术研究"项目通过技术验收;参与中国人民银行、认监委等部门的标准编制,其中"非金融机构支付业务设施检测规范"、"抗拒绝服务系统安全评价规范"、"上网行为管理系统安全评价规范"等行业标准已正式实施,体现安全测评中心的价值和品牌。同时,围绕能力建设,测评中心组织多类培训,开展技能竞赛活动,挖掘培育人才,强化学习氛围,大力提升中心的技术能力。在公安部9月于北京举办的全国140多个检测机构参加的等级保护测评能力验证活动中,测评中心以满分成绩获得第一。在年底的全国等级保护工作大会上,测评中心的等级保护总体工作获得业界的充分肯定和公安部的表彰,获得"全国等级保护测评机构的先进单位"荣誉。

(陈颖杰)

三、数字应用证书推广

概况

2015年是全面深化改革的关键之年,是全面推进依法治国、谋划"十三五"发展、上海创建世界科技创新中心的开局之年,也是全面完成"十二五"规划的收官之年,上海市数字证书认证中心有限公司(以下简称"上海CA中心")作为上海市唯一由政府授权的数字认证机构,紧抓"互联网+"、云计算、大数据、移动互联网、物联网、下一代互联网和国产化等新型技术和产业发展新机遇,逐步实现市场收入从电子政务向电子商务转型、服务对象从法人向个人转型、数字证书应用从身份认证向电子签名转型、电子认证产品从传统PC端向移动端转型、认证方式从单一数字证书认证向生物识别图像识别行为识别等多因素认证转型、服务领域从身份认证向电子签名转型,圆满完成年度发展目标和工作任务,逐步形成与上海建设"四个中心"和国际大都市地位相适应的领先型网络信任综合服务机构。

基础平台建设

【建设个人统一认证平台】 完成个人网上身份统一认证平台的系统开发,实现人脸识别认证、数字证书认证、短信动态口令认证等多种身份认证方式融合,集成人脸识别算法模型,优化人脸识别流程和语音提示,逐步建立真实的公民个人身份认证信息数据库,按照“身份即服务”的理念,构建全方位、多层次、智能化的个人网上身份统一认证服务基础设施。

【完善电子认证服务基础平台】 继续优化数字证书认证系统、综合业务受理平台、个人自助服务门户、业务运营支撑系统、应用开通系统、一证通数据访问系统、电子印章服务系统、可信时间戳服务系统等基础平台性能,研制证书业务自助服务终端,推动协卡助手应用升级,定制开发信用版、外汇英文版,开展单位担保个人授信服务模式研究,集成三码合一系统改造,支持签发 SHA256 数字证书,研发自动化测试工具,完善在移动端、Java、C 和 COM 等安全引擎,改善用户体验、提高服务质量。

【研制移动电子认证产品】 完成移动端数字证书认证产品—移证通 APP 研发,建设移证通产品宣传网站,在苹果 APP Store、国内主流安卓应用市场(百度手机助手、360 手机助手、腾讯应用宝、91 手机助手、豌豆荚等)和电信天翼云正式发布。移证通 APP 是一款为移动用户和移动应用提供电子认证服务的软件,通过其能够在移动设备上实现数字证书申请、下载、保存到证书存储区域等数字证书生命周期管理功能。使用扫一扫,用户可以扫描二维码来使用移动证书进行 WEB 系统登录和数字签名。使用移证通 SDK,第三方移动应用还可以便捷地使用移动证书登录、数字签名、验签签名等安全功能。移证通支持 Android 和 iOS 平台下的主流手机和平板电脑。

法人网上身份统一认证

截至 2015 年年底,上海 CA 中心共为 120.37 万法人单位发放有效一证通数字证书 152.52 万张,约 80%的法人只领取一张数字证书,新开办单位中只领取一张法人一证通的更是超过 86%,一证通用逐步成为法人网上办事的主流,涉及法人事务较多的委办局均已开通支持法人一证通的在线应用,包括税务、工商、人社等近 30 个部门。

【深入挖掘数字证书新应用】 以“三证合一、一照一码”为目标,推进法人一证通“三码合一”系统升级改造,并签发全国首张支持统一社会信用代码的法人一证通数字证书;人保局社会保险自助经办平台已有 43 万家单位持法人一证通数字证书登录,在人员新进、转入、转出、缴费基数调整、养老金申领等 17 项业务功能中使用电子签名,在个人社会保险登记核定表、基本养老保险个人账户转入核定表等 39 项业务功能中使用电子印章;通过调整系统架构、减少中间环节,定制开发大容量高性能的电子签章服务器,解决高用户量期间系统登录瓶颈的问题,制定人保自助经办平台灾备系统解决方案,一证通人保自助经办平台(一期)项目通过专家评审;解决工商年报公示 IE 版本兼容问题,保障 102.5 万家单位通过法人一证通实现网上年报公示;根据税务局统一认证要求,对接一证通证书统一认证大平台,解决证书数据同步问题;全面推进一证通在公积金业务系统中的应用,实现一证通数字证书登录公积金会员管理系统和直联汇补缴业务系统,打通一证通在税务、工商、人保、公积金这四个和法人单位业务密切委办局中的应用;配合社团局完整完成 2015 联合年检,通过集成统一认证服务器和加密机方案，实现社会团体与社团局之间交互信息的文档盖章。

【尽快上线法人一证通服务】 法人一证通公共服务平台一期上线，实现接入业务信息系统身份认证功能，启动法人一证通公共服务平台二期项目建设，并以平台单点登录、大数据分析服务为核心，明确法人一证通业务的主要推广模式；新增科委、农委、体育局和燃气处一证通服务，交通委对接统一认证大平台；积极推进上海自贸试验区、徐汇区、长宁区企业设立“一口受理”的工作，在徐汇区开展“五证合一”服务，实现企业用户“一表填报、一口收件、一次支付、一口发证”，承诺“五证联办、四天办结”，并首次将法人一证通用数字证书纳入了“五证合一”的服务中，真正做到企业工商、质监、税务一站式服务；积极和市政务外网合作，推进网上单部门审批应用和一证通证书紧密融合，完成市政府网上办事大厅的一证通证书应用改造方案，试点实现办事大厅和环保局业务系统使用数字证书进行单点登录。

【全面提升客户服务质量】 完成徐汇区、奉贤区、闵行区、普陀区、上海自贸试验区服务窗口迁址工作，开设公积金专用证书办理点，网点人员增加至89位，日均处理能力约50张/人，每月完成9.6万的申请和更新量；加强呼叫中心建设强化服务人员培训，增加坐席人员至50人，全年962600热线总来电818 430次，接听率为93.95%，同比提升近17个百分点，平均一次办结率高于99.96%；针对前期“窗口压力较大而网上业务量却明显不足”等问题，进一步深化网上服务内容，优化协卡助手功能、增加企业用户粘性，丰富一证通证书升级、应用自助开通、UKey管理、证书管理等多种在线功能，增加微信服务等渠道，提供在线预约等多种方式；建立《网点服务峰值应对策略及制度》，通过“服务网点现场办理＋资料收取”、“后台证书制作＋快递处理”、“呼叫中心处理用户来电咨询，做好正确指导”、网点配备自助服务终端一体机等多种措施，有效缓解窗口高峰压力。

信用实事项目应用

上海CA中心作为2015年上海市政府实事项目“为全市法人和市民在线免费提供一次信用查询报告”的技术支撑单位，负责全市法人和市民的在线身份认证工作。针对法人，研发电子信用标识系统、升级协卡助手、法人一证通数字证书集成上海诚信网等，实现法人在线身份认证、信用报告主动推送、信用报告展示等功能，确保法人能够便捷、准确、安全地查信用、晒信用和亮信用；针对市民，研发移证通APP、对接上海信用平台APP、人脸识别集成上海诚信网、公务员数字证书集成上海诚信网等，确保市民能够便捷、准确、安全地获取本人信用报告。截至2015年年底，实事项目共为市民提供信用查询报告6 069 125次，为企业提供信用查询报告1 812 852次，圆满地完成项目的预期目标，积极向社会各界传播社会诚信理念，以及守信受益、失信惩戒的社会奖惩机制，积极弘扬“知信用、用信用、守信用”的社会氛围。

数字证书应用推广

【推进政务招投标市场应用】 重点推进市财政局电子凭证无纸化支付项目，跟进市税务局、市统计局、嘉定区科信委、奉贤区科信委、静安科信委、宝山经信委、浦东市场监督管理局、文广局、市药监局电子认证项目;开展安徽省电子认证市场;维护昆明市公共资源交易电子化和计算机评标系统电子认证服务项目;推进联合投资、申虹集团、良友集团、上气集团、国电、兖矿、东风汽车、东方钢铁、推普信息、三归贸易证书服务项目;签约中航集团、中煤集团、深圳中标祥云、郑州感知电缆招投标平台。

【推进医疗卫生市场应用】 完成上海市卫生局大平台立项,为全市卫生系统电子认证树立标杆;积极推进瑞金医院、华山医院、嘉定中心医院、杨浦中心医院、徐汇大华医院、浦东公利、浦东人民、广西医附一、桂林中医、温州医附一等单位电子认证服务;完成青浦、闵行等区县卫生系统项目验收;与金仕达卫宁、万达、创业等卫生行业集成商和软件开发商建立合作渠道;参与上海市社区卫生综合改革项目,在嘉定、徐汇、静安等区县街道开展个人移动证书试点。

【推进金融保险市场应用】 建设上海银行企业SM2算法证书项目,成功中标华侨银行网上银行项目;完成外汇交易中心CA系统升级改造、黄金交易所系统新应用上线工作;中标建信人寿移动电子投保单项目,实现保险行业移动电子认证应用零突破;开通10家电子保单验证服务,继续维护三家期货交易所市场,全面推广海关网上放行SM2证书项目。

数字证书应用创新

【推动个人网上身份统一认证服务】 根据互联网、移动互联网对个人身份认证业务的迫切现实需要,结合移动应用普适性、移动性、多样性等特点,以数字证书认证为基础,对生物识别、行为识别、口令认证和条码识别等技术和产品进行分析、整合、集成和创新,构建面向社会公众的个人网上身份统一认证体系,成功对接公安部数据库,并积极探索产学研合作新模式,为移动应用提供完整、快速、安全、可靠、可控的身份认证服务,以实现身份认证、授权管理和责任认定等功能,从而为移动网络空间活动提供技术支撑和安全保障,开启个人网上身份认证服务的新篇章。

【探索公务人员公共服务新模式】 以浦东新区市场监督管理局"四局合一"项目为契机,建设市区两级公务人员统一身份认证公共服务平台,满足市区两级公务人员在身份认证、数据安全传输、单点登录等方面的安全需求,编制《上海市及区县公务人员统一身份认证公共服务平台对接指南》、《上海市区县公务人员统一身份认证公共服务子平台建设方案》、《上海市公务人员统一身份认证公共服务平台接口规范》以及《上海市公务人员证书申请发放规范》等;加强和市经济信息化委、办公厅和密码局汇报沟通,走访多个委办局、区县及外省市了解各单位及区域内公务员数字证书应用情况,推进全市公务员网上身份的统一认证。

【建设"互联网+合同"服务平台】 建设"大家签"云服务电子合同平台,集成采用身份认证、数字证书、电子签名、数据加密、可信时间戳、电子印章、数字水印、二维条码等创新性技术,提供电子合同在线磋商、签署、公证、支付和信用解决方案,并实现电子合同电子证据的生成、保全、提取、举证等全流程服务,为电子政务、电子商务发展提供有力的支撑服务,为信息化在各个领域的开展提供和谐、可信的应用环境。

(徐　祺)

第三章　信息安全技术研发及产业化

概　述

2015年,国家出台一系列关于促进信息化和网络安全发展的法律法规,互联网与传统产业加速融合,“互联网+”成为产业发展新常态,互联网新技术、新产品、新业态、新商业模式不断涌现。在“大众创业、万众创新”国家战略部署下,上海在全面落实创新驱动发展战略、加快建设具有全球影响力的科技创新中心方面成效显著,特别是张江国家自主创新示范区走在全国前列。同时,上海形成一批以在沪高校、企业、科研院所等为主体的信息安全创新群体,形成成体系的监管制度,营造较好的产学研用一体化氛围。

2015年,上海市基础信息网络和重要信息系统网络安全投入增加,风险评估、等级保护、测评认证工作全面推进,涉密信息系统分级保护快速发展,法律法规体系和标准化体系不断完善,网络安全基础保障工作得到显著加强。随着上海信息安全行业加速发展,行业结构性调整逐渐启动,产业类型进一步细分,市场进一步壮大。信息安全企业的数量持续保持增加态势,企业实力进一步壮大,不少巨头企业跻身信息安全服务领域。安全操作系统、安全芯片等基础技术取得一定进展,商用密码、网络身份认证等方面发展迅速。部分信息安全技术和产品领域走在全国前列,在支撑上海信息安全保障的同时,也为全国信息安全保障提供了有力支撑。

表6-11　上海信息安全产业近三年经营收入情况　　(单位:亿元)

信息安全产业年经营收入	2013年	2014年	2015年
	43.88	44.5	46.27

表 6-12 部分上海信息安全协会会员单位 2015 年度销售额

单 位 名 称	销售额
上海林果实业股份有限公司	2.8 亿元
杭州安恒信息技术有限公司	2.5 亿元
上海格尔软件股份有限公司	1.8 亿元
上海众人网络安全技术有限公司	1.4 亿元
上海卫士通网络安全有限公司	1.3 亿元
上海上讯信息技术股份有限公司	1.1 亿元
上海启明星辰信息技术有限公司	8 000 万元
上海瀛联体感智能科技有限公司	5 000 万元
上海颐东网络信息有限公司	4 205 万元
上海市数腾软件科技股份有限公司	4 000 万元
上海动联信息技术有限公司	3 948 万元
上海金电网安科技有限公司	3 500 万元
上海云盾信息技术有限公司	3 000 万元
上海冰峰计算机网络技术有限公司	3 000 万元
上海安达通信息安全技术股份有限公司	1 800 万元
上鼎信息科技(上海)有限公司	910 万元
上海华仓通信技术有限公司	664.86 万元
上海安致信息技术有限公司	450 万元
上海豌豆信息技术有限公司	300 万元

一、信息安全技术研发

【电子政务应用安全保障】 上海市电子政务建设不断深入和拓展,教育、医疗卫生、社会保障等民生方面的政务应用系统不断成熟,所运用的技术手段不断完善。云计算、物联网、大数据等新技术的不断应用,在改善电子政务发展的技术环境的同时,也使电子政务领域面临着以大数据为核心,以物联网移动互联网为信息采集途径,以云为存储和计算方法的新技术、新应用组成的新一代互联网体系问题和日益严峻的信息安全形势。

【工控领域信息安全保障】 首先,受限于工业环境特殊性、安全防护技术成熟度、基层人员安全意识等多种因素的限制,全市工业控制系统的信息安全防护水平依旧薄弱，工业控制系统信息安全总体形势并不乐观。随着“互联网+”、物联网、智能制造、智慧城市、车联网等各种创新应用不断发展和深入，工业控制领域所面临网络攻击风险进一步加大。其次，工控信息安全标准缺失。我国工业控制系统信息安全标准化工作正积极稳步推进，拟逐步形成涵盖安全管理、系统安全防护、产品安全评估等全面的工控信息安全标准体系，但工控系统的特殊性导致工控安全技术和管理仍处于探索阶段、绝大多数标准处于草案或征求意见阶段。金融领域信息安全保障方面，第三方支付、P2P 网络借贷、众筹和第三方金融服务等互联网金融新业务飞速发展。由于支撑互联网金融的云计算、大数据等新技术发展还不完全成熟，安全机制尚不完善，企业安全技术人员和资金投入不足、安全意识以及运维管理水平有限等原因，直接导致大量的 P2P 网贷、互联网金融产品成为黑客攻击的重灾区。各类信息安全事件的出现，引起上海市政府及安全保障相关职能部门对信息安全的技术、管理和政策高度关注，围绕信息安全展开的国家与科研院所、高校、信息安全企业之间的合作，将会是一个长期的过程。

二、重要信息安全企事业单位

【上海众人网络安全技术有限公司】 上海众人网络安全技术有限公司(以下简称“众人科技”)是专业从事网络信息安全技术研发和产品生产的高新技术企业，已通过 ISO9001 质量管理体系和 ISO27001 信息安全管理体系认证。成立于 2007 年，以“做中国自己的网络安全技术”为企业使命。主要技术和产品包括拥有完全自主知识产权的动态密码身份认证系统、基于云的统一身份认证平台、面向有信息安全需求的加密邮件系统、可广泛应用于移动互联网的 SOTP 创新安全认证技术等。众人科技坚持“自主研发、自主设计、自主生产”的“国产化”发展战略，成为国内信息安全关键细分领域——身份认证的领航企业。拥有动态密码专用安全芯片、后台认证系统、全自动化生产线以及对应不同行业的各类型终端产品的全产业链自主知识产权；申报国家发明专利过百项，核心技术“填补国内空白，达到国际同类产品先进水平”，是国内身份认证领域唯一具备完整产业链的企业；建立以密码技术为基础、以身份认证技术为核心、以互联网应用为拓展、以信息安全为主导的产业模式，是国家密码管理局正式批准的商用密码产品生产定点单位和销售许可单位。

【上海市网络与信息安全应急管理事务中心】 上海市网络与信息安全应急管理事务中心的前身为上海市计算机病毒防范服务中心，成立于 1999 年 9 月，为上海市经济和信息化委员会直属全额拨款事业单位。根据市委、市政府有关指示精神，为加强上海市网络与信息安全应急管理工作，加快网络与信息安全功能性机构建设，建立全市信息安全应急防范体系，2011 年 12 月 7 日经市机构编制委员会批准，上海市计算机病毒防范服务中心更名为上海市网络与信息安全应急管理事务中心，并增挂上海互联网络交换中心牌子，设应急管理部、网络交换部、综合保障部三个部门，及上海上信计算机司法鉴定所、上海市信息化服务热线两个机构。

【上海市信息安全测评认证中心】 上海市信息安全测评认证中心(以下简称“测评中心”)成立于2000年1月，是经上海市人民政府批准成立的专门从事信息技术产品、信息系统安全测评的第三方专业机构，是国内最早开展信息安全测评的机构之一。测评中心隶属于上海市经济和信息化委员会，是具有独立法人资格的事业单位。作为上海市的重要信息安全基础设施，测评中心创建国内独有的“一个测评平台、资源共享、多方授权、服务各方”的上海测评模式，是最早通过中国合格评定国家认可委员会(CNAS)的检测实验室认可(L0754)及检查机构认可(IB0039)的机构之一，并获得国家保密局涉密信息系统安全保密测评中心等部门的业务授权，是国家认监委对13种信息安全产品强制性认证的全国首批七家指定检测实验室之一。同时，测评中心是依据上海市人民政府58号令《上海市公共信息系统安全测评管理办法》，是由上海市经济和信息化委员会指定的本地唯一一家公共信息系统安全测评机构，是经公安部能力评估、上海市公安局(市等保办)指定的本地信息系统等级保护测评机构，是上海市密码管理局指定的本地商用密码系统安全检测机构。

【上海市数字证书认证中心有限公司】 上海市数字证书认证中心有限公司(以下简称“上海CA中心”)按照“政府支持、市场化运作”的模式，在市政府有关部门的协调下，由上海市信息投资股份有限公司、上海联和投资有限公司、上海电信实业(集团)有限公司和中国银联股份有限公司发起成立的国有企业。1998年12月31日在市政府举行揭牌仪式。

作为中央密码领导工作小组批准的唯一一家试点单位，上海CA中心是国内第一家专业的第三方电子认证服务机构，是上海市信息化发展不可或缺的基础保障设施，也是全国最大的电子认证服务机构之一。作为上海市唯一由政府授权的数字认证机构，上海CA中心承担全市统一的网络信任体系建设重任，按《电子签名法》要求面向政府、企事业、个人等提供电子认证服务。经过多年发展，上海CA中心形成以上海为主体、以长三角为重点的服务体系，并积极利用积累的经验和优势、依靠合作伙伴辐射全国，在北京、浙江、福建、安徽、河南、广西、广东、江苏、辽宁、重庆等全国其他区域开展服务，证书应用涉及政府办公、政府采购、招投标、电子报税、工商、社保、质监、卫生、房地、建筑、银行、证券、期货、保险、钢铁、在线交易、网络支付、企事业单位信息化等电子政务、电子商务领域。2015年新增证书1 021 801张，其中法人证书967 590张，占94.69%；个人证书53 700张，占5.26%；安全站点及设备等证书511张，占0.05%。在用证书用户已突破219万户，历年累计证书发放量为6 193 801张，在行业内处于前列。

【上海颐东网络信息有限公司】 上海颐东网络信息有限公司(以下简称“颐东网络”)创建于1997年4月，原隶属于中共上海市委办公厅技术中心，现隶属于上海市仪电集团下属的上海仪电物联技术股份有限公司，是一家由国企控股的专业从事计算机信息系统的集成和实施、IT 基础设施的维护和服务、信息安全技术的研究和研发、信息安全产品的研发和生产、信息安全系统的建设和集成、云计算安全体系的预研和实践、物联网安全的规划和实现、各类电子政务应用和电子商务应用的软件开发等业务的高科技企业。2010 年 11 月,中国电子科技集团通过普华基础软件股份有限公司收购控股颐东网络,利用其在信息安全领域的成就和产品,为国家的基础软件提供安全保障,因此着力将颐东网络塑造成为一个国内专注于安全保密业务的创新企业,以加速发展国产的安全信息产业。2013 年 5 月,上海仪电集团通过仪电物联收购控股了颐东网络,并通过业务整合将其非信息安全的业务实施剥离,定位到一个以安全产品和云安全研究为主业的专业公司,提出“立足上海、走出上海,进入全国市场”的目标,打造全国信息安全领先的专业安全型企业。

【上海华虹集成电路有限责任公司】 上海华虹集成电路有限责任公司(以下简称“华虹公司”)是专业的智能卡与信息安全芯片解决方案供应商,为中央直属国有独资特大型集团公司、中国最大的国有 IT 企业“中国电子信息产业集团有限公司(CEC)”的子公司,是国家“909 工程”中重要的 IC 设计公司。华虹公司连续 11 年蝉联国内集成电路设计企业前十名。2015 年,华虹公司与香港应用科技研究院合作成立无线物联网技术及应用联合研发中心,共同研发应用于终端和传感器节点的无线物联网芯片,产品将广泛应用于智慧城市和智能交通领域。

【启明星辰信息技术有限公司】 启明星辰信息技术有限公司(以下简称“启明星辰”)成立于 1996 年,是国内最具实力的、拥有完全自主知识产权的网络安全产品、可信安全管理平台、安全服务与解决方案的综合提供商,并于 2010 年 6 月 23 日在深交所中小板正式挂牌上市,成为国内第一家登陆资本市场的民营信息安全企业。启明星辰拥有完善的专业安全产品线,横跨防火墙/UTM、入侵检测管理、网络审计、终端管理、加密认证等技术领域,共有百余个产品型号,并根据客户需求不断增加。公司的解决方案为客户的安全需求与信息安全产品、服务之间架起桥梁,将客户的安全保障体系与信息安全核心技术紧密相连,帮助其建立完善的安全保障体系。启明星辰已在全国各省市自治区设立三十多家分支机构,拥有覆盖全国的渠道和售后服务体系。

【上海三零卫士信息安全有限公司】 上海三零卫士信息安全有限公司(以下简称“上海三零卫士”)是专业从事信息系统安全行业的高新技术企业和软件企业,注册于徐汇区虹桥路 333 号(慧谷),是上海市科委首批认定的科技小巨人(培育)企业。上海三零卫士依托国内实力最为雄厚的信息安全权威机构——中国电子科技集团第三十研究所,以其近 40 年的信息安全和通信保密工程的技术积累和经验为支持,结合现代信息安全技术的最新发展,积极投身我国信息安全事业,主要面向党政机关、金融证券系统、电子商务和各企事业单位,提供信息安全服务。同时,上海三零卫士在信息安全产品开发和推广及服务方面也走在前列,有成熟的鹰眼网络入侵检测系统、鹰眼主机入侵检测系统、SSL 安全网关、鹰眼安全评估仪、强林安全操作系统系列、龙信使安全电子邮件系统等,所有产品都获得国家保密局、公安部、国家信息安全测评认证中心的认证或认可。

【上海动联信息技术股份有限公司】 上海动联信息技术股份有限公司(以下简称“动联”)是信息安全和移动支付领域的领先厂商,致力于安全和支付产品的自主研发、生产、销售和服务。动联为金融、第三方支付、电信、互联网等企业和政府机构提供涵盖电子交易安全、移动支付、新型防伪的终端产品和系统解决方案。

动联创建于2006年,注册资金7 500万元,总部设在上海,在北京、广州、深圳、成都、杭州、香港等地设有分支机构。动联现有员工近200人,其中60%为研发和技术人员。动联拥有设备完善的生产基地,建筑面积超过15 000平方米,年产能可达5 000万片。作为国家商用密码产品生产定点单位和销售单位,动联获得高新技术企业、上海市双软企业、“浦东新区企业研发机构”、上海市“诚信创建企业”、上海市“专精特新”中小企业、上海市“文化科技创意企业”等荣誉,并且通过了ISO9001国际质量管理体系、ISO27001信息安全管理体系、ISO14001环境管理体系和OHSAS18001职业健康与安全管理体系的认证。动联产品拥有完善的资质,并获得上百项发明专利和实用新型专利。动联始终坚持技术创新的核心理念,拥有强大的技术开发实力,致力于新产品的研发。

【上海斗象信息科技有限公司】 上海斗象信息科技有限公司(以下简称“斗象科技”)成立于2014年5月,是以国内最为知名的安全网站FreeBuf.com为基础建立的新兴安全服务提供商。斗象科技旗下的企业级安全服务产品——漏洞盒子,致力于为客户提供完备的下一代互联网安全服务。斗象科技卓越的解决方案覆盖众多行业领域,拥有极高的客户忠诚度,这完全得益于精湛的技术、对客户需求的贴合、服务模式的创新、产品的易用性以及优异的服务品质。漏洞盒子互联网安全测试平台,借助平台上汇聚的众多顶尖安全专家和技术团队,帮助企业发现和解决安全问题。

【上海恒驰信息系统有限公司】 上海恒驰信息系统有限公司(以下简称“恒驰信息”)在信息化建设领域经过十年的探索与实践,已成为一家信息安全特色鲜明,技术服务能力卓越的综合性IT产品、方案和服务提供商,向客户提供一站式基础网络建设,信息安全,虚拟化与云计算解决方案。恒驰信息成立于2005年,总部位于上海,并在北京、广州、杭州、南京、成都、南昌、贵阳、长沙、西安、哈尔滨等地设有分支机构。恒驰信息以信息安全为主业,为客户提供基于中国信息安全等级保护法规标准和ISO27001国际信息安全管理体系的信息安全体系规划和咨询、安全风险评估、安全系统建设、安全运维服务等业务,其中信息安全系统建设涵盖网络安全、主机安全、系统安全、数据安全、应用安全、安全集中监测与运维管理六大领域,致力于振兴民族信息产业,以协助国家建设自主可控的信息安全系统为发展方向。

【上海格尔软件股份有限公司】 上海格尔软件股份有限公司(以下简称“格尔软件”)成立于1998年3月,注册资金4 575万元,员工300余人。格尔软件先后两次获得国家科技进步二等奖,是中国数字证书领域的先行者和领导者,是中国最早研制和推出公钥基础设施 PKI(Public Key Infrastructure)产品的厂商,是国内首批商用密码产品定点生产与销售单位,是国家保密局批准认定的涉及国家秘密的计算机信息系统集成甲级资质单位,是全国信息安全标准化技术委员会的核心成员单位,是国家"863"计划信息安全示范工程金融项目的总服务商,是国家科技支撑计划商用密码基础设施项目的牵头单位。

【上海冰峰计算机网络技术有限公司】 上海冰峰计算机网络技术有限公司(以下简称"冰峰网络"),是国内专业 VPN 市场的开创者,是国内领先的 VPN、流量管理、行为管理链路负载均衡、防火墙设备供应商和 IT 价值解决方案提供商。凭借创新的产品理念和雄厚的技术实力,冰峰网络的产品得到国家官方多家权威机构的安全认证,获得中国国家密码管理局的"商用密码产品生产定点单位"、"商用密码产品型号证书"、"商用密码产品销售许可证"等认证,以及中国公安部的"信息安全产品销售许可证"、"互联网公共上网服务场所信息安全管理系统"等认证。

【上海新网程信息技术股份有限公司】 上海新网程信息技术股份有限公司(以下简称"新网程")成立于 1998 年 8 月,由清华学子和资深互联网及网络安全专家创立,是一家专门从事互联网数据分析及网络信息安全产品研发的高新技术企业。新网程是业内为数不多的专注于互联网各种技术研究达 17 年之久,并使用自己开发的中间件平台进行产品研发的企业。17 年来围绕互联网数据采集、数据分析及互联网应用开发各种软硬一体的产品,所有产品均拥有自主知识产权。已推出网络督察上网行为管理系统、新网程互联网信息安全审计平台、新网程内网管理系统、新网程 WiFi 营销应用平台四大系列产品,在国内已拥有超过 50 000 家企事业单位用户。新网程网络督察是中国最早的上网行为管理产品,结合最近推出的内网管理产品,可为企事业单位互联网及内部桌面提供全面细致的管理,是企业信息安全管理不可缺少的组成部分。新网程互联网安全审计平台是专门为互联网管理部门提供的针对公共上网场所进行信息安全管理的产品,已应用在上海、浙江、江苏、山东、河北、辽宁、陕西等 16 个省市相关部门,管理的用户达千万以上。在移动互联网方面,新网程的产品包括 WiFi 接入、身份认证、Portal 管理、网络互动营销、客户关系管理、互联网数据分析及行业应用在内的全线产品及解决方案。新网程的技术、产品及创新能力多年来一直受到行业内的好评,近年来获得上海软件及系统集成行业企业竞争力 50 强、上海软件和集成电路设计人员专项奖励、星级诚信创建企业、上海市计算机行业最具发展潜力科技型企业、上海市明星软件企业等荣誉。新网程的产品还被评为上海市优秀软件产品、上海市品牌产品,并多次获得国家及各级部门科研项目资金扶持。

【上鼎信息科技(上海)有限公司】 上鼎信息科技(上海)有限公司(以下简称"上鼎科技")总部位于上海,是由百川投资基金支持组建,注册在国家级重点软件基地——复旦软件园区的高科技本土企业,备受市经济信息化委、市科委、国家级信息安全研究机构、市信息安全行业协会及复旦软件园区的关注和扶持,管理团队具有十多年信息安全整体方案的研发、销售、集成、咨询运维服务经验。上鼎科技专注于自有知识产权信息安全产品的研发，以及信息安全整体解决方案的咨询、规划、集成及运维服务，已在上海、北京、广州、深圳、南京、杭州、武汉等重点城市设立营销机构，为政府、金融、制造、传媒等行业客户提供定制化的信息安全整体方案和服务。上鼎科技坚持以客户需求为原则，围绕国家信息安全等级保护政策和ISO27001等国际管理和实践标准，不断整合行业优势资源，提供符合客户真实需求的信息安全咨询、整体方案集成以及外包安全运维服务。

【上海云盾信息技术有限公司】 上海云盾信息技术有限公司(以下简称“上海云盾”)成立于2011年，是国内以云安全为核心的高新企业，致力于提供基于云技术支撑的网站安全防护、高防智能DNS、DDOS攻击防护、网站CDN加速、WEB应用SAAS服务、基础云计算服务等。2010年6月，上海云盾创始团队发布服务器的本地安全卫士软件——云盾防火墙(服务器安全卫士)；2011年7月，云盾互联网平台云计算产品beta版邀请内测；2012年9月，云盾1.0上线；2013年12月，云盾2.0上线；2015年5月，云盾3.0上线；2015年7月，完成首轮融资，估值超过2亿。上海云盾旗下有两大平台：YUNDUN-免费网站安全加速云平台、红网卫士—政企网站云安全整体解决方案。

【上海真缘通讯设备有限公司】 上海真缘通讯设备有限公司(以下简称“真缘通讯”)于2007年成立，最初主要是从事通讯设备、电子产品、计算机软硬件的销售。随着发展逐步扩大经营范围，涉足网络安装维护、弱电系统集成、软件开发、信息化咨询设计、智能化建设工程专业施工等，针对企事业单位提供系统集成等一揽子解决方案。真缘通讯以人为本，塑造了一支具备创造力、执行力、凝聚力的团队，现有员工43人，拥有一级、二级建造师人员4人，有中、高级职称人员5人，提供的服务涵盖了系统集成、通信网络建设及运维业务、建筑智能化相关工程建设等。真缘通讯在网络技术研究及网络工程建设方面有多年的经验积累及技术沉淀，同时具有计算机信息系统集成企业资质(三级)、市经济信息化委软件企业认定等多项专业资质，也是市计算机行业协会和市信息安全行业协会的会员单位。近年来，真缘通讯致力于打造“SI服务专家”的发展战略，为政府、教育、医疗、企业、信息、媒体、金融等各单位提供一站式服务。

【上海辰锐信息科技公司】 上海辰锐信息科技公司(以下简称“辰锐公司”)成立于1993年，是公安部第三研究所(以下简称“公安三所”)下属全资公司(又称“信息安全技术部”)。辰锐公司位于上海市浦东新区毕昇路339号，环境优雅，学术气氛浓厚，现有员工近200人，80%以上具有本科以上学历，35%以上的研发人员具备博士、硕士、副研资历。

辰锐公司立足信息安全领域，主要从事可信网络与非可信网络间，有线类边界安全接入、移动安全接入、视频安全接入、云/大数据平台建设及安全服务等领域的方案设计、产品研发及工程实施和服务工作，主要涉及内外网数据交换、可信边界安全接入、移动安全接入、视频安全接入、单向传输、终端安全管理、公安数字证书等技术和产品，并承担全国公安信息系统安全保密大检查工作的技术支撑和服务工作。同时，辰锐公司也是公安部相关业务局的重要技术支撑单位,积极参与公安部相关业务局与信息网络安全相关的规划、规范和标准的制定工作,主导和参与多项国家级和部级科研项目并获得奖项。辰锐公司以信息安全需求为导向,以科技创新为动力,建立健全科技创新体系和有效的运行机制,形成一批具有自主知识产权、具有核心竞争力的产品及具有一流水准的研发队伍,已获得10项发明专利,3项实用新型专利,39项软件著作权,16个销售许可证,在边界接入、无线接入、视频接入、安全隔离、数据交换、终端安全、智能卡等多条产品线上拥有一流的产品与核心竞争力。

【上海安达通信息安全技术股份有限公司】 上海安达通信息安全技术股份有限公司(以下简称"安达通公司")是一家于2002年2月8日创立,于浦东张江高科技园区的高科技企业,注册资本1 000万元人民币,安达通公司是专业从事VPN安全网关、VPN网管平台、身份认证和网络行为管理系统的研发厂商,已被评为国家商用密码产品生产定点单位和销售定点单位、上海市高新技术企业和上海市软件企业,并通过ISO9001质量管理体系认证。

作为高科技企业,安达通公司始终以"创新"作为企业的立足之本。依靠由博士、硕士、学士组成的层次合理、富有经验又极具开拓精神的研发团队,不断推陈出新。自2002年2月成立以来,一直专注于自主知识产权网络安全产品的研发、生产、销售,先后取得七项软件著作权登记证、软件产品登记证书及一项专利发明,安达通公司的VPN安全网关产品凭借领先的技术,能够实现任何IP网络环境下的VPN网络的构建和互联。安达通公司拥有:融VPN、Firewall、IDS、线路均衡等功能于一体的VPN安全网关SGW74系列8个型号产品,覆盖从"SOHO级—企业级电信级"的全系列安全网关;支持Windows各平台的VPN安全客户端系统;SSL VPN网关系列;功能强大的安全网管服务器和数字证书服务器等系列网络安全产品,最新的SJW74系列IPSec/SSL二合一安全网关先后获得公安部、国家密码管理局、计算机世界等政府和民间IT测评机构的多项认证和大奖;2007年年初上市的可信专用网络TPN系统更是将"本地局域网—远地局域网—移动接入节点"的资源和安全策略进行统一管理,联动解决边界威胁、内网威胁和主机威胁。

【上海金电网安科技有限公司】 上海金电网安科技有限公司(以下简称"金电网安")是一家从事信息安全技术研究、信息安全产品和应用系统开发、安全网络系统集成、信息安全咨询服务的高科技公司。金电网安成立于2000年11月,是国家信息安全成果产业化(东部)基地首批入驻企业,拥有一支年轻和富有活力的高水平专业信息安全团队,总人数约100人,其中技术人员占60%。金电网安秉承"求实、创新"的企业发展精神,致力于为用户提供安全、可靠、适用和全面的信息安全产品和解决方案,同时紧紧把握行业发展方向,不断推出符合国家政策和相关标准要求的信息安全产品与服务,为国家信息安全建设保驾护航,为民族信息安全产业发展贡献力量。公司主要产品包括:安全隔离与信息交换系统系列、网络单向导入系统、网站防护系统、可信运维管理系统、工业网络安全隔离与信息交换平台、边界接入平台等。其中安全隔离与信息交换系统系列产品,连续多年在华东市场占有率第一。此外，网络单向导入系统、工业网络安全隔离与信息交换平台、边界接入平台等新兴技术领域产品，也在技术研发、市场推广方面处于行业内领先地位。

金电网安自成立来始终坚持政、产、学、研、用相结合的发展方式，积极参与公安、保密、国安等行业主管部门的事务协作，为行业发展与政府决策提供咨询与建议，同时与国内知名高校开展本科、研究生教育实训与培训，为行业输送了大量的高端人才。此外，与国家计算机病毒应急处理协调中心、等级保护工程中心、国家信息安全工程技术研究中心、国家互联网应急处理协调中心等行业知名科研机构与组织开展深入合作，开展国家和行业重要科研项目研究与建设，涉及高新技术成果转化、科研平台建设及产业化环境建设等领域。

【上海翼火蛇信息技术有限公司】 上海翼火蛇信息技术有限公司(以下简称“翼火蛇”)成立于2013年，是国内领先的数据泄露防护(DLP)产品、解决方案及安全服务提供商。现拥有以知名信息安全专家和大企业集团IT高管为核心的信息安全团队。作为一个拥有完全自主知识产权的软件企业，翼火蛇已获得多项荣誉称号。公司长年秉承“客户至上，不断进取”的核心价值观，以卓越的技术和个性化的解决方案，为每一位客户提供最安全、最全面、最便捷的安全服务。2015年，翼火蛇肩负着“让企业不再遭受数据泄露的困扰”的使命，为八大行业、上百家企业、上千个终端铸就坚不可摧的安全盾牌。过硬的产品和一流的服务，构筑了翼火蛇良好的口碑。

【上海豌豆信息技术有限公司】 上海豌豆信息技术有限公司(以下简称“豌豆信息”)成立于2014年7月，核心骨干由具备资深工作经验的软件研发和信息安全专业人才组成，团队成员在软件研发和信息安全领域的平均工作年限超过10年。创办初期，豌豆信息主要专注于信息安全相关技术的研究工作，涉及研究领域较广泛，例如二进制代码审计、基于模糊测试技术的强制漏洞挖掘、高级恶意代码分析、计算机和移动设备取证等。依托前期的技术研究成果和客户关系，豌豆信息在软件安全架构、软件安全编码、等保测评、安全评估、渗透测试和安全培训等方面有着丰富的项目实施经验。2013年，研发团队成功研发出面向技能培训的下一代虚拟化实验室系统，并形成：EasyLabs虚拟实验室、EasyCTFs攻防演练系统、EasyCloud教育私有云等系列产品(已申请软件著作权)，并先后与上海市信息安全行业协会、公安部第三研究所、浙江警察学院、江西警察学院、南京邮电大学、上海电子信息职业技术学院、申万宏源证券、太平保险等建立教育和培训合作关系。豌豆信息专注为客户提供长期的“信息安全实训”合作计划，通过与客户建立深度的信息安全人才培养体系，为客户制定“人才培养、树立梯队”的建设理念，与客户共同培养专业型的信息安全技能人才。

【上海华仓通信技术有限公司】 上海华仓通信技术有限公司(以下简称“华仓通信”)成立于2011年，注册资金5 000万元，于2014年7月30日在上海股权交易中心Q版正式挂牌上市，9月获得上海通管局颁发的电信运营ISP证，2015年1月获得ISO9001：2008质量服务体系认证。

2015年,由于国家工信部鼓励民营资本进入通信市场,华仓通信积极办理工信部颁发的驻地网牌照,届时华仓通信将是基于上海电信、上海联通、上海铁通、东方有线通、上海电信住宅宽频、上海科技网、上海国通、上海长城宽带等之后的又一家上海整体电信运营服务商。公司依托三大通信运营商,整合自身优势在上海市内拥有较为完善的光纤城域覆盖网络,核心机房加节点机房浦东浦西共有50多个,城网覆盖已经有3 500公里,并根据不同企业发展的需求,为企业快速进入信息化办公时代提供华仓云服务、数据语音接入服务、软件定制开发、大数据安全优化等一站式整体服务,为企业制定个性化解决方案,大大提高企业的整体效益。

(章　蕾)

Shanghai Informatization

第七编　信息化环境

综　述

2015年，上海信息化政策法规相关工作有序开展，人才工作稳步推进，宣传工作取得成效，各行业社团稳步发展，信息化发展环境得到优化和提升。

行政审批制度改革工作不断深化。积极开展行政审批事项清理相关工作，开展“证照分离”改革试点工作部署。实施目录清单管理，分类编制行政权力清单，编制行政责任清单，并在上海市经济和信息化委员会(以下简称“市经济信息化委”)门户网站公开。

依法行政工作继续推进，规范市经济信息化委规范性文件制定发布流程，建立规范性文件数据库，完成“六五”普法总结验收。

信息化人才工作有序开展。一是继续推进经济信息化领域领军人才队伍建设，二是继续推进高技能人才队伍建设。

信息化研究与咨询方面，上海市经济和信息化发展研究中心围绕“互联网+”主题，参与起草《上海市推进“互联网+”行动实施意见(2015—2017年)》，提供信息化决策支持与咨询，以及信息化技术和项目的合作交流。

信息化合作交流有条不紊地进行。市经济信息化委积极开展援藏、援疆、长三角合作等工作，积极与日喀则市、莎车县对接，制定对口支援工作协议；会展方面，上海国际信息化博览会、中国国际工业博览会的召开，推动信息化建设发展。

第一章　信息化政策法规

概　述

2015年是全面推进依法治国的开局之年，也是上海深入推进政府职能转变，深化政府效能建设之年。市经济信息化委紧密结合党和国家关于依法治国总体要求，围绕市委、市政府“转职能、提效能、稳增长、促转型”的工作部署，积极开展政策法规相关工作。

一、行政审批制度改革

【行政审批制度改革】　按照国务院和上海市关于行政审批制度改革工作要求，积极开展行政审批事项清理相关工作。取消“软件产品登记的核报”、“软件企业认定的审核”等行政审批事项。截至2015年年底，市经济信息化委保留行政许可事项14项，集中在涉及国家安全、公共安全以及关系人身健康、生命安全等领域。

【“证照分离”改革】　根据上海市开展“证照分离”改革试点工作部署，对信息化领域相关事项进行改革，进一步提高透明度和可预期性，强化准入监管。着重针对经济领域四类行政许可事项调整为工商登记后置审批；同时以“互联网＋政务”思维做好行政审批事项接入网上电子政务大厅工作，实现网上办理，方便行政审批相对人办理行政审批业务。

【行政权力及责任清单】　实施目录清单管理，体现政府部门“法无授权不可为、法有规定必须为”的要求，分类编制行政权力清单。按照“有权必有责、权责一致”的原则，编制相应的行政责任清单，并按规定在市经济信息化委门户网站公开。同时，推动行政权力规范化、透明化、标准化建设，对行政审批事项逐一编制办事指南和业务手册，规范审批流程，建立行政权力和行政责任动态清理机制。

【政府效能评估】 开展2014年度市经济信息化委政府效能建设评估，形成评估报告。建立政府效能持续改进机制，在专项资金使用绩效、行政审批服务效率、机关工作质量、政府数据共享互通、信用平台利用等方面显著提升；还在政务内网开设"政府效能建设"专栏，发布政府效能建设相关信息。市经济信息化委《试点政府效能建设，创新政府服务管理》案例获得第六届（2014年度）"上海依法治理优秀案例"入围奖。

二、依法行政工作

【地方性立法】 积极推进地方性法规《上海市供用电条例》的立法审议，《条例》于2015年12月30日由市第十四届人大常委会第二十六次会议审议通过，自2016年6月1日起施行。积极开展市政府规章《上海市公共信用信息归集和使用管理办法》的制定，《办法》于2015年12月23日由市政府第103次常务会议通过，2015年12月30日市政府令第38号公布，自2016年3月1日起施行。

【规范性文件】 修订发布《上海市经济和信息化委员会行政规范性文件管理工作规则》（沪经信法〔2015〕45号），规范市经济信息化委规范性文件制定发布流程，建立规范性文件数据库。根据上海市规范性文件有效期制度，结合科技创新中心建设，开展规范性文件清理，经清理共失效规范性文件26件、废止7件、修订3件、延长有效期5件。2015年，市经济信息化委共制定规范性文件15件，全部通过规范性文件备案审查。加强"过路文件"审核，对50余件法律法规或文件提出70余条意见。

【行政执法监督】 2015年，共完成44件电力领域行政处罚案件，并以市经济信息化委名义做出行政处罚，累计处罚金额达80余万元。编制发布《上海市经济和信息化领域行政处罚裁量基准（节能执法类）》（沪经信法〔2015〕128号）和《上海市经济和信息化领域行政处罚裁量基准（信息安全、监控化学品、煤炭、农药、民用爆炸物品、军工执法类）》（沪经信法〔2015〕128号），约束和规范行政处罚自由裁量。

【法治宣传培训】 完成了"六五"普法总结验收，编印《为了让法律铭刻在心——上海市经济和信息化系统"六五"普法案例特辑（2011—2015）》。拓宽法治宣传途径，全年组织开展普法讲座3次，通过各类媒体宣传报道系统法治建设信息10篇，组织系统单位开展第二个国家宪法日暨上海市第二十七届宪法宣传周活动。组织召开2015年度系统法治宣传教育工作经验交流会，举办市经济和信息化系统2015年度法制业务培训会，启动"七五"普法工作。

（蔡朋朋）

第二章　信息化人才工作

概　述

2015年，信息化人才工作有序展开。人才教育培训方面，市经济信息化委开展《上海市产业与信息化领域“十三五”人才规划》的编制工作；信息化优秀人才评选方面，继续推进经济信息化领域领军人才和高技能人才队伍建设。

一、信息化人才教育培训

【制定和落实各项人才政策】　一是在市委组织部的领导下，结合市经济信息化委各领域产业规划的编制工作，配合干部处，开展《上海市产业与信息化领域“十三五”人才规划》的编制工作。二是围绕上海科创中心建设，进一步落实《关于深化人才体制机制改革促进人才创新创业的实施意见》，研究制定企业家人才引进落户标准，配合上海市人力资源和社会保障局(以下简称“市人社局”)制定有关人才政策，与市人社局联合发布《关于服务具有全球影响力的科技创新中心建设实施更加开放的国内人才引进政策的实施办法》、《鼓励和促进博士后工作与企业科技工作者创新平台融合发展的意见》。三是根据市相关部门工作要求，认真组织做好2015年引进非上海生源毕业生重点用人单位推荐申报工作。2015年，市经济信息化系统有117家企事业单位被市高校毕业生就业工作联席会议办公室认定为引进非上海生源高校毕业生重点用人单位。

(杨沛江)

二、信息化优秀人才评选

【以人才选拔和评价推动人才队伍建设】 一是继续推进经济信息化领域领军人才队伍建设，完成对该领域第七批6名领军人才的中期考核工作，其中3名考核优秀；按领军人才选拔标准和条件，结合战略性新兴产业特点和人才情况，在市人才工作领导小组的指导下，按时完成2015年经济信息化领域领军人才选拔工作，共推荐29名候选人，最终15名入选2016年上海领军人才。二是继续推进高技能人才队伍建设，根据市人社局相关要求，组织开展2015年上海市信息创意类首席技师千人计划资助申报和技能大师工作室申报及审核工作，有33名首席技师入选上海市"2015年首席技师千人计划"，有3个大师工作室被评为上海市技能大师工作室。

【第十四届"上海IT青年十大新锐"揭晓】 2015年11月22日，"中国移动"第十四届"上海IT青年十大新锐"评选活动落下帷幕。中共上海市经济和信息化工作委员会书记陆晓春、共青团上海市委员会书记徐未晚出席评选会，为拉扎斯网络科技（上海）有限公司创始人兼首席执行官张旭豪、上海航天电子技术研究所副总工程师朱新忠等"上海IT青年十大新锐"获得者颁奖；中共上海市经济和信息化工作委员会副书记张锡平，共青团上海市委员会副书记、上海市青年联合会主席王宇，为中铁上海设计院集团有限公司通信所副所长刘玺、返利网创始人兼首席执行官葛永昌等"上海IT青年新锐奖"获得者颁奖。市经济信息化委副主任邵志清宣读获奖者名单，共青团上海市委员会副书记王力为主持颁奖仪式。主办方代表、中国移动通信集团上海有限公司副总经理梁志强在颁奖仪式上致辞。

本次评选活动是在共青团上海市委员会、中共上海市经济和信息化工作委员会、上海市经济和信息化委员会、上海市青年联合会的指导下，由上海市信息化青年人才协会、中国移动通信集团上海有限公司、上海广播电视台、解放日报社、文汇报社、新民晚报社、上海信息产业（集团）有限公司、青年报社、IT时报社等单位共同主办。评选活动紧紧围绕"加快向具有全球影响力的科技创新中心进军"的主题，牢牢把握中央关于对人才工作的要求，着眼上海创新驱动发展，经济转型升级，进一步发掘在信息化领域中发挥着积极作用的青年英才。

活动自2015年5月开展以来，得到各级党团组织的高度重视和社会各界的广泛关注，上海信息化领域青年踊跃报名参与。经过评委初评、意见征求选拔产生正式候选人，最终通过自我陈述、答辩等环节由组委会以无记名投票方式，并结合社会公众微信投票评选产生第十四届"上海IT青年十大新锐"和"上海IT青年新锐奖"获得者。本次评选活动获奖者主要聚焦于移动互联网应用、云计算、物联网、软件、网络与系统安全、智能制造、信息服务等领域的杰出青年。获奖者着眼未来、开拓创新、勇担重任，在各自行业取得突出的业绩，为上海“四新”经济和“智慧城市”建设贡献青春智慧。

活动指导单位和主办单位负责人、评委会委员、基层团青组织负责人、相关行业协会代表及上海市各主要新闻媒体记者等150余人出席颁奖典礼。

“中国移动”第十四届“上海IT青年十大新锐”

（按姓氏笔画为序）

刁建敏　上海科匠信息科技有限公司董事长兼首席执行官

王　东　上海钢富电子商务有限公司（找钢网）创始人兼首席执行官

王　翌　上海流利说信息技术有限公司创始人兼首席执行官

王佳梁　触宝科技联合创始人兼首席执行官

朱新忠　上海航天电子技术研究所副总工程师

许闱帷　中国移动通信集团上海有限公司数据业务中心副总经理

吴文辉　阅文集团（上海阅文信息技术有限公司）首席执行官

余建军　上海证大喜马拉雅网络科技有限公司联席首席执行官

张旭豪　拉扎斯网络科技（上海）有限公司创始人兼首席执行官

姜育刚　复旦大学计算机学院视频大数据分析实验室负责人、博士生导师

“中国移动”第十四届“上海IT青年新锐奖”

（按姓氏笔画为序）

朱　珑　上海依图网络科技有限公司联合创始人兼首席执行官

刘　玺　中铁上海设计院集团有限公司通信所副所长

孙　翔　澎湃新闻网产品总监

孙涛勇　上海晖硕信息科技有限公司（微盟）创始人兼首席执行官

周赵云　上海迪爱斯通信设备有限公司副总经理

俞　凯　上海交通大学计算机科学与工程系特别研究员

姜开达　上海交通大学网络信息中心运行部副主任、中国教育网上海节点网络运行中心主任

葛永昌　返利网创始人兼首席执行官

薛贝得　上海长信科技股份有限公司董事长

（华辰武）

第三章　信息化研究与咨询

概　述

2015年，上海市信息化专家委员会(以下简称"市信息化专家委")按照市委、市政府要求，举办交通大数据融合共享开发利用研讨会、组织参加上海—台北双城论坛、协助举办2015上海智慧城市体验周等，并开展系列组别沙龙活动。上海市经济和信息化发展研究中心开展信息化研究及专业咨询服务，围绕"互联网+"、"中国制造2025"、"一带一路"等重大主题以及"十三五"规划等开展一系列研究和服务推进工作。

一、上海市信息化专家委员会

【举办交通大数据融合共享开发利用研讨会】 2015年1月16日，市信息化专家委会同北京市信息化专家委联合举办交通大数据融合共享开发利用研讨会，交流交通大数据的应用案例，研讨运用交通大数据破解交通治理难点问题。两地信息化主管部门领导、专家委负责领导参加。

【组织参加上海—台北双城论坛】 做好2015年8月19日举行的"上海—台北双城论坛"的市信息化专家委专家演讲邀请和与会邀请，推动两市在智慧城市领域的经验分享和交流互动。

【协助举办2015上海智慧城市体验周活动】 2015年12月18日，会同CIO联盟(首席信息官Chief Information Officer，简称CIO)联合举办"2015上海智慧城市体验周——信息化大咖走进金山"活动，提高企业信息化，助推金山区智慧新城试点工作。完成《政府数据资产化管理的路径和政策研究》，开展《大数据在城市管理中的应用》研究，为工作提供决策参考。

【举办专家委系列沙龙】 围绕“1231”探讨精确人群定位和人数统计的解决方案，围绕智慧家庭探讨智能家居新兴技术跨界的发展，围绕TPP(跨太平洋伙伴关系协定Trans-Pacific Partnership Agreement，简称TPP)邀请业内专家和企业代表深入讨论应对建议。

【举办互联网创新创业沙龙】 把握“大众创业、万众创新”要求和大数据发展趋势，与复旦大学数字治理实验室合作举办5期“腌do鲜”互联网创新创业沙龙，瞄准90后创业风潮，挖掘新模式新业态，给予帮助。

【做好专家委常规工作】 发挥市信息化专家委的决策咨询作用，配合相关处室开展工作，如对我国信息化未来发展提出建议等。做好协调服务等常规工作。

（解文婧）

二、上海市经济和信息化发展研究中心

概况

上海市经济和信息化发展研究中心(以下简称“市经信研究中心”)是根据上海市机构编制委员会《关于同意建立上海市经济和信息化发展研究中心并增挂上海市企业技术创新服务中心、上海市智慧城市建设促进中心牌子的批复》(沪编〔2014〕285号)，撤销上海市互联网经济咨询中心、上海市企业技术创新服务中心和《上海信息化》杂志社事业单位建制而建设成立的；2015年1月23日，上海市副市长周波为市经信研究中心揭牌。2015年，市经信研究中心延续了原互联网经济咨询中心的信息化研究、信息化合作交流等专业咨询服务，围绕“互联网+”、“中国制造2025”、“一带一路”等重大主题以及“十三五”规划等一系列研究和服务推进工作。

研究咨询

【战略研究取得进展】 围绕“互联网+”主题，市经信研究中心参与起草上海市推进“互联网+”行动实施意见(2015—2017)，经市政府常务会议通过，正式印发。围绕“十三五”规划，参与上海市产业转型升级“十三五”规划的研究、编制，形成规划研究报告。开展德国“工业4.0”与中国“互联网+”比较研究，开展上海加快互联网经济发展基本思路研究等。完成《上海市经济和信息化“十三五”发展规划研究思路汇编》。

【研究推进智慧城市建设】 **智慧城市建设试点和评估。**为市经济信息化委推进上海智慧城市建设提供评估、咨询等服务。一是承担上海市智慧城市发展水平评估工作，发布《2014年度上海市智慧城市发展水平总体评估报告》，对全市17个区县的智慧城市发展水平进行了评估打分，并开展相关分析总结。二是推进智慧村庄和智慧社区建设，完成智慧村庄试点单位的征集、遴选和调研工作，确定9家试点单位；启动农村信息资源和服务

需求现状调查,研究智慧村庄建设思路、模式和推进策略,完成金山廊下镇智慧村庄调研报告;开展智慧村庄建设指南编写工作;开展智慧社区评估指标体系研究工作。三是开展智慧城市体验中心管理与评估,重新评估确定智慧城市体验中心,发布“智慧城市体验中心参观护照”和电子护照“智慧小Z”APP。

面向区县和社会开展智慧城市相关咨询服务。承担宝山区智慧城市发展规划和方案设计工作;完成交海信息业务发展规划;编制新疆莎车县智慧城市规划工作;承担上海海博馆智慧展馆总体框架设计工作;与金桥开发区管委会探讨承接机器人产业园区规划、创客空间支持政策研究课题;完成闵行区财政预算信息化项目评估;完成静安区信息化项目评估;完成虹口区信息化项目评估;为静安区科信委提供上海张江国家自主创新示范区专项发展资金项目的管理;与上海邮电设计院签约成立“智慧城市基础设施发展研究中心”。

信息化研究咨询取得进展。一是参与市经济信息化委关于开展政府信息资源开发和数据服务规范的研究相关内容,完成《上海市政务数据资源服务平台管理办法》的起草。二是通过跟踪实现工业转型升级“十二五”重点任务,分析上海软件和信息技术服务业发展情况,剖析上海软件和信息技术服务业促进工业转型升级作用、发展面临的问题及其原因,提出解决方法、发展思路、路径、重点和措施等。三是梳理国内外移动互联网发展历史与现状,分析移动互联网发展趋势,开展移动互联网新业务新模式的研究。分析国内外经济与社会环境对上海移动互联网发展的影响,机遇与威胁,预判上海移动互联网产业在国内外的竞争力。挖掘上海具有优势的移动互联网细分领域,并提出推进重点细分领域发展的举措和政策建议。此外,还承担国资企业信息化水平评价课题;完成《2015年上海产业和信息化发展报告》经济和信息化系统协会分报告编制;完成《2014年上海市信息化统计公报》编写、发布工作,以及2015年度相关季度统计数据采集和2015年统计公报编写准备。

做好政府资金投资信息化项目评估咨询管理等服务工作。一是承担信息化发展专项资金项目的日常管理工作,完成2015年度专项资金项目申报、预审、业务培训、计划任务书发放等工作,组织召开项目管理工作会议及项目验收培训工作会议。二是完成市信息化项目咨询评估报告和项目验收总结报告;完成2015年度市级财政预算信息化项目审核工作;完成市交通委和市水务局信息化项目前期咨询评审工作,以及市高级人民法院信息化项目审核工作。三是对市软件和集成电路产业(以下简称“市软集产业”)发展专项资金项目(含国家电子产业发展基金、国家物联网发展补助资金)提供管理服务,组织召开新立项项目管理会,对项目立项单位进行培训,明确项目管理要求,提出项目执行中需要注意的问题等。组织项目申报单位进行专题汇报。对项目单位进行调研、走访和辅导。完成电子发展基金项目的绩效评价工作。对市软集产业发展专项资金项目和物联网发展专项资金项目进行验收。四是提供信息产业项目评估服务,组织召开“1213”专题申报项目的专家评审会。

【合作交流】 展会工作。以主办方、协办方、支持单位等角色参与的重要会议活动有:2015年中国国际工业博览会、2015中国智慧城市建设博览会、全球CEO发展大会、2015年上海物联网大会暨中国制造2025高峰论坛、智慧城市公共安全应急预警物联网高峰论坛、2015中欧智慧城市峰会、智慧城市与信息平台论坛。组织举办全球城市信息化论坛专家会、商务部中国南南合作网年会暨南南网20周年活动、2015中韩优秀ICT企业交流活动。

信息化宣传推进。市经信研究中心致力于信息化宣传推进工作,让上海市民融入和体验上海智慧城市建设。一是与外单位合作举办2015"上海智慧城市体验周"活动。二是邀请社会各界关心智慧城市建设的专家学者,主讲2015年度"上海市智慧城市大讲坛"第11至19期系列讲座,并开展上海市智慧城市大讲坛成果汇编工作。三是《上海信息化》编辑出版。2015年,《上海信息化》杂志围绕上海信息化重点工作,通过参与其新闻报道,跟踪产业动态,组织栏目编辑参与各大论坛活动,策划一系列反映数据开放、移动互联、软件与信息服务业发展等反映上海信息化重点工作的稿件。四是《上海信息化年鉴》编辑出版。《2015年上海信息化年鉴》成稿120万字;重新修订《年鉴改稿规范》,提高编校质量。在中国出版协会年鉴工作委员会主办的第五届年鉴编纂出版质量评比中,《上海信息化年鉴》(2012年卷)获综合三等奖、框架设计一等奖、条目编写二等奖、装帧设计三等奖。五是《上海市志·信息化分志》编纂工作。根据市方志办、市经济信息化委相关处室和专家的意见,针对信息化特点,对篇目和细目进行数次修订,对资料成熟度较高章节进行试写,年内完成85%的初稿纂写工作,成稿42万余字,收集和整理350余张信息化建设相关照片。六是《上海工业》编辑出版。2015年,《上海工业》编辑出版工作由市经济信息化委研究室变更至市经信研究中心编辑出版部,共完成5期《上海工业》编辑出版工作(第80期至84期)。七是《上海市志·人民政府志》信息化章节编纂工作。2015年完成《上海市志·人民政府志》第六篇第六章《信息化建设》的纂稿和统稿工作。八是创办《上海智慧城市建设视窗》,建立视窗编辑工作规程,完成4期编辑发放。九是维护"上海智慧城市"微信公众号,传播市政府、市经济信息化委重要决策和重大活动情况、智慧城市建设相关动态,开展主题活动推广,订阅数达4万余人。

其他重要合作事项。组织召开上海建设国际经济中心战略研究专家研讨会;完成"工业4.0人才培训项目方案"初稿、"2015年智慧城市建设培训研讨班方案"编写;继续与中译语通科技有限公司合作,支持"联合国语言人才培训体系"项目推广;协助举办"中国制造2025"专题学习培训班;促进中心与上海股权交易中心、上海产业合作促进中心、上海工程技术大学、中宣国际集团上海品牌推进中心、GARTNER等各种机构、企业的交流,探索建立合作关系。

【软件评测】 软评公司延展评测业务链条。中心下属软件评测公司注重深化测试平台技术研发,2015年度软件产品登记、著作权、集成资质评审等公共服务得到较快增长,并努力保证信息系统验收测试和软件成果鉴定类测试业务量稳步增长,大力拓展质量保障服务、咨询评估等业务,尝试发展规划类项目实施,参与奉贤区、青浦区、金山区等信息化规划、智慧新城试点实施方案等项目咨询,延展评测业务链条,完成计算机信息系统安全集成服务资质申报及换证评审，完成信息系统集成(高级)项目经理及监理工程师新申报或延续申报审核、配合完成了信息系统质量和绩效评估平台项目、云计算测试平台项目、车联网项目和信息化项目安全测试模板等工作。加强信息化成果评估的研究，建立定性定量评估指标体系和评估模型，稳健推进电子政务项目绩效、政府门户网站达标和电子商务双推试点工程绩效等评估业务。在工业软件测试方面，积极参与国家机器人检测中心建设。

【企业服务】 市经信研究中心下属上海信息投资咨询有限公司注重为企业信息化服务，并拓展、深度进入智慧社区、学校医院、文化创意、数字园区、智慧城市体验中心等业务领域；申报国家两化融合贯标咨询机构；提供包括咨询、监理、招标等信息化项目全生命周期的专业服务，承接项目代建服务业务。如：完成上海市标准化研究院、上海世博发展集团等多个涵盖主体业务和服务社会、服务产业发展的综合性规划课题；为嘉定、奉贤、普陀、金山等区提供信息化专业服务；有意与新疆、南通、西安、绍兴等地开展信息化相关合作；完成部分信息化监理和招标项目；3 个咨询项目获得上海市工程咨询优秀成果奖等。

(曹惠芳)

三、上海市信息服务外包发展中心

【完善软件和信息服务业企业数据库】 进一步完善上海市软件和信息服务业企业数据库，共登记 165 家，产品服务数 329 个，其中产品 214 个，服务 115 条，并新增云计算、物联网、“互联网+”等产品与服务板块。

【加强软件和信息服务业企业国际业务 O2O 平台推广】 形成常规推广机制，累计完成向 133 000 位数据库中的国际传统企业信息技术负责人以及软件和信息服务企业负责人开展远程推广，有效访问达 4 800 次左右，访问有效率控制在 3.6% 左右。

【举办国际业务拓展恳谈会】 进一步扩大国际业务拓展工作的影响范围，上海市信息服务外包发展中心(简称“市信息服务外包中心”)针对希望开展国际业务拓展工作的企业举办 8 次恳谈会，逾 40 家企业参加恳谈说明会，详细说明国际业务拓展工作的合作要求、合作范围与合作内容等。

【加快新媒体平台传播】 充分利用公众微信平台渠道，加大平台对外宣传力度，2015 年度共推送有效信息 60 余条，关注用户数 166 名。

【国际业务对接规模扩大】 充分利用已有渠道，在信息技术国际业务商务平台建设完成并顺利运作的基础上，发布国际项目共 31 个，为上海市企业引进总额约 760 万美元的意向合作项目。与重点企业开展业务对接工作，围绕高管对接、项目洽谈，开展各种电话会议、视频会议、闭门会议共20余次。瑞士Luxoft软件公司希望与上海优质合资伙伴合作并开展业务，围绕其需求，市信息服务外包中心开展政府、园区、企业、高校等领域的对接。

【国内业务对接稳中有进】 完成国内多地新能源技术企业与上海企业合作搭建。2015年3月，市信息服务外包中心组织新能源信息技术合作洽谈会，邀请企业进行新能源技术应用方面的洽谈会，并达成初步合作。另外，开展中国航天科工集团(以下简称“航天科工”)与上海企业对接。2015年4月底，根据航天科工在上海投资的意愿及在上海拓展信息化业务的需求，组织上海软件和信息服务企业代表与航天科工领导进行对接会谈，并安排进行企业实地考察。

【创新软件和信息服务业垂直行业领域研究】 市信息服务外包中心针对国际市场，推出中英文版《上海软件和信息服务业垂直行业发展系列报告》年度电子刊物，涉及金融、物流、教育、制造四大垂直领域，受到国际软件和信息服务业界广泛关注与订阅。

【聚焦“一带一路”领域】 完成课题《上海市软件和信息服务业“一带一路”现状调研与分析研究》，通过问卷、电话、访谈等形式调研200家左右上海企业、50家“一带一路”沿线国家企业，明确发展现状、理清上海定位、调研合作需求、分析重要因素以及提出战略概要。

【加快企业业务需求调研】 市信息服务外包中心一一走访有意发展国际业务的上海市软件信息服务业企业，通过对谈的形式，了解企业目前的业务发展状况和业务需求，调研企业对于业务对接的意见和建议，确认国际业务对接的方向和形式。

【主办中国国际软件和信息服务交易会】 2015年6月15日，会议组织美洲、欧洲、亚洲、非洲的近20个国家(美国、哥伦比亚、法国、荷兰、西班牙、俄罗斯、捷克、保加利亚、土耳其、土库曼斯坦、乌兹别克斯坦、塔吉克斯坦、巴基斯坦、阿尔及利亚、埃塞俄比亚、尼日尔、肯尼亚、加纳等)的40余家境外IT企业与国内软件和信息服务企业展开深入交流与项目对接，项目包含国际IT企业以及国内长三角地区IT企业的百余种软、硬件IT类项目，涉及交通、能源、工业、互联网、电信、办公自动化、城市信息化、多媒体等诸多行业领域。

【与“一带一路”沿线国家驻沪机构合作】 响应国家“一带一路”战略，发展上海市软件和信息服务业“一带一路”业务，通过邮件、电话沟通，市信息服务外包中心走访巴基斯坦驻沪大使馆、土耳其驻沪大使馆、德国驻沪商会以及捷克共和国驻沪大使馆等“一带一路”沿线国家驻沪机构，调研当前“一带一路”沿线各国信息技术产业的发展情况以及合作需求，初步建立上海市软件和信息服务业企业与“一带一路”沿线国家企业的合作渠道。

【承办2015上海国际信息消费节主题论坛】 市信息服务外包中心在2015年7月15日举办主题论坛“互联网+”产业创新与消费大会，以国际化的专业视角，吸引12位来自全球的传统产业先驱者、创新模式的实践者以及专家学者，多方面、多形式地探讨互联网与传统行业融合过程中的产业创新、模式创新与科技创新，会议推动企业间的信息消费，会上签约初期合作规模为20万美元。

【协办捷中信息通信技术研讨会暨B2B网络体系(上海)】 旨在促进捷克与上海软件信息服务业企业的交流与合作，迈出上海市软件和信息服务业企业与“一带一路”沿线国家企业合作的第一步。市信息服务外包中心邀请重点企业参与捷克驻沪大使馆和捷克投资局主办的捷中信息通信技术研讨会暨B2B网络体系会议，帮助上海市软件和信息服务业企业与“一带一路”国家初步建立业务联系。

【举办第十三届上海软件贸易发展论坛—欧美业务研讨会】 2015年10月23日，会议运用Gotomeeting、优听等互联网手段，邀请美国IT咨询机构FIC Global Advisors和美国上市企业Firstsource Solutions Limited与来自上海新致软件股份有限公司、上海仁浔信息科技有限公司、上海海隆软件股份有限公司和上海中和软件有限公司等代表围绕创新业务模式和欧美业务交易流程展开讨论。研讨会的成功举办有助于推动上海市软件企业发展国际业务，为上海市软件服务和技术进出口交易打造统一的业务规范，减少国家间的业务流程差异，进一步为上海与“一带一路”沿线国家的企业合作奠定坚实基础。

（李　凝）

第四章　信息化宣传

概　述

2015年,市经济信息化委围绕信息化发展重点工作,重点聚焦创新发展,积极营造有利于上海市产业和信息化发展的舆论氛围。全年组织新闻发布会9次,新闻通气会18次,组织记者集体采访7次。围绕上海市公共信用信息服务平台(以下简称"市公共信用信息服务平台")与申通地铁集团(以下简称"申通地铁")举行战略合作签约仪式、上海国际信息化博览会、上海CIO联盟成立等活动积极组织编写新闻稿,广泛邀请媒体参加会议,人民网、新华网、中国新闻社、中国经济网,以及《解放日报》、《文汇报》、《新民晚报》等均对相关情况在重要版面作详尽报道。

一、综合性工作宣传

【政务微信建设】　顺应互联网媒体发展趋势,逐步完善市经济信息化委政务微信微博建设工作,权威发布重要工作动态和相关新闻。截至2015年12月,已发布微博2 028条,粉丝数137 296;政务微信239期,粉丝数23 748。开设"你问我答"、"他山之石"、"连线区县"、"互联网+"等专栏,及时推送各类重要新闻信息,让市民知晓信息化建设的重要内容。

【视听及平面媒体新闻工作】　通过新闻发布会、新闻通气会、媒体集体采访等形式,做好与各电视、广播电台、平面及网络媒体的联系沟通,通过人民网、新华网、《解放日报》、《文汇报》、《新民晚报》等媒体,对市公共信用信息服务平台与申通地铁战略合作签约仪式、上海国际信息化博览会、上海CIO联盟成立、上海国际信息消费节等活动进行宣传报道,扩大了活动的影响力、知名度和覆盖面。

【公开出版物宣传】 发布相关产业和信息化规划文本。出版工业和信息化专门书籍，如《上海产业和信息化发展报告》丛书等重要书籍，对上海市工业和信息化主要行业、重点领域、重点企业、推进措施及产业布局等进行宣传，重点突出介绍上海市"四新"经济发展情况。

二、重点工作宣传

【2015上海国际信息化博览会】 第12届上海国际信息化博览会于2015年3月17—19日在上海新国际博览中心举行。博览会由市经济信息化委和浦东新区政府主办，国际半导体设备与材料协会、中国电子商会、慕尼黑国际博览集团、中国印制电路行业协会共同承办。本次展会以"电子信息引领产业革命"为主题，共设16个展馆，参展商超过3 100家，展出面积18.79万平方米。展会由"中国国际半导体设备与材料展暨研讨会"、"中国国际平板显示器件、设备材料及配套件展"、"慕尼黑上海电子展"、"慕尼黑上海电子生产设备展"、"慕尼黑上海光博会"、"中国国际电子电路展览"六大专业展览和近百场论坛研讨会组成。

【2015上海国际信息消费节】 2015上海国际信息消费节于2015年7月15—24日举行，是国内首个面向信息消费经济的多级别、多层次、多元化、互动性的系列活动。本届信息消费节的主题是"四新经济、信息消费、创新创业"，由市经济信息化委和市商务委指导，多家行业协会和相关机构共同承办，由"上海国际信息消费博览会"、"2015世界移动大会·上海"两个博览会以及"众联杯"双创(大众创业、万众创新)大赛等17个线下活动组成。期间在全市范围内宣传推广信息消费新模式，培养信息消费新需求，挖掘信息消费新潜力，展示"互联网+"创新应用，营造创新创业氛围，增强全市信息消费发展内生动力，助推上海科创中心建设和"四新"经济发展，将上海打造为"互联网+"时代的国家信息消费试点城市和互联网产业集聚高地。

【信息化论坛】 **中国产业互联网高峰论坛。**2015年1月9日，以"产业互联网·企业转型新动力"为主题的首届中国产业互联网高峰论坛召开。产业互联网是通过传统企业与互联网的融合，寻求全新管理与服务模式，为消费者提供更好的服务体验，创造出更高价值的产业形态。参会嘉宾认为，经过前20年的飞速发展，我国已处于消费互联网饱和状态，而产业互联网即将进入高速成长期。首届中国产业互联网高峰论坛在市经济信息化委和宝山区政府的大力支持下，由中国互联网协会主办、上海市信息服务业行业协会承办。论坛吸引国内外互联网知名专家学者及企业家近400人参加。

中国(上海)智能终端安全高峰论坛。2015年1月18日，中国(上海)智能终端高峰论坛召开，会上发起成立中国智能终端安全产业联盟。中国智能终端安全产业联盟以贯彻落实国家网络安全和信息化战略为指导思想，充分发挥各成员单位的市场主体作用，积极开展产业链上下游合作、产学研用协同创新、标准规范建议等产业推进工作，努力成为中国智能终端安全产业自主创新的中坚力量，加快提高中国智能终端安全产业的国际竞争力，支撑全球有影响力的科技创新中心建设。论坛上，联盟9家发起单位围绕智能终端、互联网、云、操作系统、芯片等方面的产业发展安全进行专题研讨。由联盟倡导的《智能终端安全4S建议标准》也随之出炉，促进智能终端安全国家标准建立，推进行业规范发展，同时也为我国在国际网络安全新格局的构建中拥有更多的话语权发挥了推动作用。中兴通讯股份有限公司还与哈尔滨工业大学签订产学研合作协议，为产业发展提供人才智库支持，支撑学术研究成果产业化。

【上海CIO联盟成立】 2015年5月9日，上海首席信息官论坛暨首席信息官联盟成立大会召开。上海首席信息官联盟(以下简称“CIO联盟”)是在市经济信息化委及其他相关部门的指导下，由上海信息化发展研究协会、上海市信息化培训协会等社会团体和上海仪电集团、上海电气集团等企业共同发起组建的非营利性社会组织，成员主要来自传统企业的CIO、信息化决策者、信息化主要管理者及部分行业内专家等。CIO联盟将本着服务CIO、服务企业信息化的宗旨，实现资源共享、信息互通、互惠互利、共同发展的目标。在上海向全面创建具有全球影响力的科技创新中心进军之时，CIO联盟将为推进传统产业改造提升和“四新”经济发展、推进工业化和信息化融合、推进上海经济转型升级，提供一个聚合CIO力量的平台。CIO联盟将本着“服务首席信息官、服务企业信息化”的宗旨，通过举办专业培训、专题讨论、沙龙论坛、优秀CIO评选、年度CIO大会等活动，传输最新信息技术及发展理念，加快推动企业转型发展，切实提升CIO的领导能力、流程和绩效管理能力、洞察和采用新技术的能力、信息技术战略规划能力、信息技术管理能力和信息安全保障能力六大能力。力争通过三年的建设，培养一批符合CIO自身发展及行业需求的专业人才，初步构建形式多样、内容丰富、科学合理的交流合作机制，营造良好的CIO发展生态环境，促进CIO共同发展，打造一个上海CIO交流、互助、跨界、碰撞、转型的良性生态圈。

【智慧城市信息安全保障工作会议】 2015年3月5日，上海市智慧城市信息安全保障工作会议召开，通报上海市信息安全主管部门打击网络虚假宣传、销售伪劣产品，处理违规经营网站，取缔“伪基站”，查处侵害公民个人信息、黑客攻击等网络违法犯罪活动的工作情况。会议肯定上一年智慧城市信息安全保障工作取得的新进展，明确了2015年主要工作。会议认为，通过全市上下共同努力，圆满完成亚信上海峰会等重大活动保障工作，进一步提升管理效能，优化网络环境，增强支撑能力，深化保障措施。2015年还聚焦国家战略部署、城市运行安全、企业创新发展和市民信息安全四个层次的安全需求，完善协同机制、强化安全监管、夯实技术支撑、优化保障环境、开展前瞻研究等五个方面，加快完善信息安全保障体系。

【市公共信用信息服务平台与申通地铁举行战略合作签约仪式】 2015年2月26日，上海市征信管理办公室(以下简称“市征信办”)、申通地铁、市公共信用信息服务中心在上海地铁博物馆举行战略合作签约仪式。市征信办、申通地铁、市公共信用信息服务中心将积极整合资源，发挥各自优势，在诚信宣传、地铁运行安全管理、轨道交通供应商信用管理等方面深入合作。三方约定依托地铁公益广告阵地，开展2015年市政府实事项目"为全市法人和市民在线免费提供一次信用查询报告"、诚信活动周、市公共信用信息服务平台建设和应用等方面的宣传工作；依托市公共信用信息服务平台，通过与第三方信用服务机构合作，开展轨道交通供应商信用分类管理，形成经验后向全国轨道交通行业推广，并在上海市国有资产监督管理委员会(以下简称"市国资委")的支持下，向上海市国资国企推广；定期录入影响地铁运行安全、冒用敬老卡逃票信息，覆盖人群逐步由上海市常住人口拓展至外地人和外国人；适时启动工作研究，将冒用敬老卡逃票等失信信息与敬老卡申办、补办，以及居住证积分办理等事项挂钩，实现信用联动监管。

【i-Shanghai 全面升级】 2015年3月5日，市推进无线城市建设联席(扩大)会议召开。i-Shanghai开始全面优化升级，通过引入第三方市场主体，加强与三家电信运营企业合作，以政府引导、市场为主、社会资本参与的PPP全新模式，打造i-Shanghai升级版。实施优化升级后，i-Shanghai将从原有的9类公共场所覆盖扩大到公共交通、商业街圈、公园绿地、旅游景点、会展中心、文化场馆、医疗机构、体育场馆、行政窗口、民政服务、科研院所、教育机构、公用事业、智慧城市地标及信息服务和文化创意产业集聚区等15类场所。2015年的重点是扩大在上海市社区文化、卫生、事务受理中心，公交车站以及公用事业服务网点的覆盖。到2015年年底，在原有450余处基础上再新增450处公共场所覆盖。预计到2020年年底，覆盖规模将达约4 000处，基本实现全市主要公共场所的全覆盖，使i-Shanghai服务能力再上台阶。

原先只能使用2小时的免费上网限制将被取消，用户每天免费上网不限时长，还可同时支持手机、PC和平板电脑等多设备上网。为做好用户数据集中管理和客户服务工作，新建的第三方服务平台和400客服热线电话已与三大运营商服务系统实现对接，保证所有i-Shanghai场所服务界面统一和客户服务统一响应。

i-Shanghai的登录认证更加便捷。在保留原有手机短信验证网页登录这一基本上网方式的基础上，新的i-Shanghai服务增加手机APP一键登录，注册用户无需每次获取密码，简化了认证流程。手机APP已在各大主流应用商店发布供下载。此外，新的i-Shanghai服务实现全市所有i-Shanghai场所的统一认证和漫游，用户只需获取一次短信验证码即可在所有场所登录。

【上海市政府数据服务网2.0版开通】 2015年5月7日，政务数据资源共享和开放推进工作会议召开。上海政务信息化经过多年积累，对政务数据资源共享和开放工作进行研究探索，在建立政务数据资源目录体系，推动政务数据资源向社会开放，建设完善市法人、实有人口和空间地理三大基础数据库，推进建设跨部门重大信息平台等方面均取得一定进展。在政务数据资源目录体系建设方面，2012年，上海市以使用财政资金建成并投入运行的信息化业务系统为重点，启动政务数据资源目录编制试点工作，2015年，工作进入全面推进阶段。在基础数据库建设方面，市法人库、实有人口库和空间地理库是上海市政务信息化统筹建设的数据基础，汇聚160万户法人单位数据、2 500万人口数据，形成覆盖全市陆域高分辨率空间地理基础信息，数据资源积累丰富。在跨部门平台建设方面，围绕科技创新中心、中国(上海)自由贸易试验区(以下简称"上海自贸试验区")扩区建设、创新社会治理、新一轮城市总体规划等重点工作，促进政府职能转变，重点打造一批跨部门、跨领域的重大信息平台，如网上政务大厅、公共信用信息服务平台、城市网格化综合管理信息平台等。

【"智慧虹桥"战略合作框架协议】 为共同打造上海智慧城市"新地标"、推进智慧虹桥建设，2015年3月19日，市经济信息化委和虹桥商务区管委会在虹桥商务区共同签署"智慧虹桥"战略合作框架协议。双方合作计划围绕打造国际领先的宽带虹桥、创建智能宜商的智慧城区示范区、支持"四新"经济区域创新发展和科学应用、构建"以人为本"的服务体系四个目标，在信息基础建设、信息化应用推进、绿色低碳推广、创新科技应用、信息产业集聚等方面全面合作，推进"智慧虹桥"建设，使虹桥商务区成为上海"四新"经济发展的重要载体，合力打造在全国乃至全球具有影响力的智慧城市新地标，为加快建设具有全球影响力的科技创新中心做出贡献。

【"游族杯"上海开放数据创新应用大赛】 2015年11月14日，由市经济信息化委、市交通委主办，中国工业设计研究院承办的"游族杯"上海开放数据创新应用大赛圆满结束。为办好本次大赛，上海市公安局、上海市环境保护局、上海气象局、上海市城乡建设和交通发展研究院、上海申通地铁集团有限公司、上海公共交通卡股份有限公司、上海强生控股股份有限公司、上海浦东新区公共交通有限公司、新浪微博等为本次大赛开放10个大赛专用数据集，包括有关交通卡、交通事故、高架匝道关启、出租车轨迹、公交车运行轨迹、地铁运行、空气质量、气象预报、新浪微博等上千GB的数据集，大部分数据集在国内属首次开放。本次大赛致力于吸引国内外高校、研究机构、企业优秀人才共同参与，挖掘城市开放数据中的价值金矿。大赛以城市交通为主题，运用交通管理部门和相关企业提供的海量开放数据，以产品原型为比赛对象，面向全国征集改善城市交通、便利市民出行、创新商业模式的应用程序和解决方案。

(杨勤伟)

第五章　行业（专业）协会发展

概　述

2015年，上海信息化系统各协会围绕全市年度信息化重点，承接各项课题研究；搭建交流平台，推进政策落地；开展标准建设，促进产业发展，发挥政府和企业之间的桥梁作用。

一、行业（专业）协会发展

上海市信息家电行业协会

【吸纳新业态企业加盟】　2015年，上海市信息家电行业协会（以下简称“信息家电协会”）会长单位成功完成改革转型，以东方明珠新媒体股份有限公司全新姿态亮相，转型后具有强劲实力的会长单位为信息家电协会的进一步发展提供强有力的支撑。为跟上业态的变化，适应新业态的发展，信息家电协会不断进行行业所辖范围的实时调整，吸收站在智能电视、智慧家庭、智慧社区的新技术、新产品、新业态前沿，代表行业和产业发展方向的企业加盟协会大家庭，在会长的带领下，团结全体会员单位的力量，共同推进智能电视和智慧家庭产业新一轮创新发展，共同创造行业和产业发展的新天地。2015年，信息家电协会发展了上海果壳电子有限公司、爱喆汇（上海）信息科技有限公司、上海瑞讯通讯服务有限公司、上海控龙智能科技有限公司（控哪儿网）、中国科学院上海科技查新咨询中心、上海意众网络科技有限公司、上海领洋专利代理事务所7家企业成为新会员。

【深入企业调研】　2015年，信息家电协会通过实地走访、座谈交流、问卷调查等多种形式展开调研，了解企业最新发展状况，广泛听取企业对产业政策、行业发展、协会工作的意见和建议，积极发挥信息家电协会所具有的公信力、权威性和拥有的政府、专家、社会等资源优势，为会员企业提供多元化服务。信息家电协会一如既往抓住会员企业最迫切、最关注、最直接的问题寻求排忧解难的对策，及时向市委、市政府有关部门反映企业存在的问题和困难，提出合情合理的建议，为会员企业发展创造良好条件。企业走访调研主要包括：

会同工业和信息化部（以下简称“工信部”）电子信息司视听产品处处长周海燕一行分别前往上海东方明珠新媒体股份有限公司、上海未来伙伴机器人有限公司、上海智臻网络科技有限公司、弗徕威智能机器人科技（上海）有限公司、上海型与行电子技术有限公司等企业，就上海服务机器人产业进行考察；会同市经济信息化委、市质监局，前往百视通网络电视技术发展有限责任公司、上海仪电数字技术股份有限公司、微鲸科技有限公司等企业，就贯彻落实全国性综合治理，进一步规范互联网电视接收设备的生产开展专题调研；会同市经济信息化委贺奇博士调研走访副会长单位中国电信公司上海分公司，就智慧家庭标准的相关工作情况进行交流；前往上海安逆杰信息技术有限公司调研，了解公司智慧社区方案最新运行情况，并于座谈后针对该企业智慧社区建设方案召开项目论证会，邀请多位专家对其可行性及与上海市实际结合的契合点进行分析探讨；前往海尔集团上海分公司调研考察，公司相关负责人对海尔 U+智慧平台建设进行详细介绍，双方就业务模式、发展战略、未来合作机会等话题进行了深入探讨；前往上海文化产业股权投资基金有限公司调研，对上海杠点信息技术有限公司等 5 家 OTT 机顶盒（系统）厂家的技术性能和市场竞争力进行评估，并给出行业客观评价和建议；前往理事单位上海质检院电家所调研，并参观电家所各类检测实验室。

【加强与政府部门的联系合作】 市经济信息化委和市社团局是信息家电协会的上级主管单位，努力做好相关配合工作责无旁贷，对信息家电协会的自身发展，以及更针对性地为企业服务也至关重要。2015 年，信息家电协会继续加强与两单位有关部门的紧密联系与通力合作。主要工作有：受市经济信息化委产业投资处、上海市高新技术产业化促进中心委托，向会员单位告知“工信部重点项目征集工作的要求”，以规范企业项目申报过程及协助填写相关项目资料；配合市经济信息化委开展“2016 年上海市软件和集成电路产业发展专项资金”项目指南征集工作，召开专题座谈会，并编写上报《关于信息家电行业 2016 年度软件集成项目指南的建议》；向市经济信息化委有关部门提交“关于部分进口配件关税税率调整”的建议，被国家税务总局和上海相关部门采纳，产品进口关税获得大幅降低，企业获得减负；信息家电协会秘书长朱静莲和市文化局、市经济信息化委以及市质监局相关领导一同前往闵行九星市场，对卫星市场整顿工作进行现场检查，以进一步规范落实上海市卫星广播接收设施管理要求；向市经济信息化委推荐上海国茂数字技术有限公司、上海联彤网络通讯技术有限公司等会员企业为改制上市培育企业；朱静莲秘书长出席上海电子信息制造业行业协会秘书长工作会议，并代表信息家电协会发言；积极参加由市社团局主办的“2015 中国互联网公益高峰论坛”；赴上海公益新天地参加由市社团局主办的“发挥人力资源优势，推进行业协会商会发展——上海行业协会商会人力资源论坛”。

【加强与市经团联的联系合作】 出席上海市工业经济联合会(以下简称"市工经联")、上海市经济团体联合会(以下简称"市经团联")第五届会员大会和五届一次理事会。会议以无记名投票方式选举第五届理事会,朱静莲秘书长当选为第五届理事会理事;参与"行业协会驻金山工作站"建设活动,黄寿忠副秘书长出席"行业协会驻金山区工作站"座谈会,就 2014 年行业协会金山工作站工作开展情况进行交流;根据市经团联、市工经联《关于征询推荐市经团联高级咨询专家(顾问)的函》文件精神,并严格按照推荐人选要求,在会员企业中征询推荐高级咨询专家;朱静莲秘书长前往青浦区参加市工经联党委举办的 2015 年上海市工经联党委党支部书记培训班,并作为行业协会代表作交流发言。

【加强与张江管委会的联系合作】 继续向张江高科技园区报送行业动态简报(月报、季报、年报)和专题报告;参与张江园区社会组织年度工作考评,朱静莲秘书长向考评专家团作考评汇报;接待张江管委会胡伟副处长一行对信息家电协会的调研和指导;协助张江平台经济研究院完成"张江科技城规划—需求研究"工作,对张江地区会员企业开展"张江科技城公共配套需求专项研究"问卷调查工作;出席张江"双自联动"中国(上海)自由贸易试验区政策宣讲会。

【加强与其他有关部门的联系合作】 黄寿忠副秘书长出席由上海市精神文明建设委员会办公室、上海市企业诚信创建活动组委会主办,上海现代服务业联合会、上海市经济团体联合会、上海市商业联合会联合主办的《上海企业社会责任和诚信建设工作交流会》;推荐理事单位上海仪电数字技术有限公司、上海下一代广播电视网应用实验室有限公司、上海三思电子工程有限公司作为新型显示整机应用企业参与上海市科学技术委员会(以下简称"市科委")高新处"十三五"上海集成电路技术产业发展规划细化指南准备工作;组织会员企业参加由上海市工商行政管理局主办的上海市著名(驰名)商标培训会,进一步加强企业的名牌意识,促进企业发展;出于对信息家电协会工作的肯定与表彰,有关单位授予信息家电协会市科委研发公共服务平台"2014 年度上海研发公共服务平台优秀服务站点"和市经团联系统"2014—2015 年度先进行业协会"称号,朱静莲秘书长荣获"2014 年度上海研发公共服务平台服务站点优秀联络员"和市经团联系统行业协会"2014—2015 年度先进工作者"称号。

【开展新业态课题研究】 开展各类课题研究是信息家电协会的一项重要工作。2015 年主要有以下几项:承担的《智能电视固定终端产业生态研究》课题通过市专题专家组验收;承担的浦东经信委《物联网智能家居与浦东适应性发展趋势研究报告》课题通过验收;申报的《关于制订信息家电产品安全性标准的建议》课题获市经济信息化委 2015 年度行业协会专项资金支持。

【搭建交流合作平台】 紧密围绕行业发展方向与重点,在与时俱进的开拓创新中,服务能力不断提高,服务样式不断创新。努力为会员企业提供丰富的资源共享平台、企业维权平台、会员交流平台、政府与企业沟通平台等多元化服务平台体系,通过搭建交流合作平台等形式,凝聚行业力量，为信息家电行业的健康发展积极奉献。

【举办论坛研讨会】 召开智能电视产业和市场信息交流会；主办“智能家居如何互联互通形成无缝无感封闭式体验”主题沙龙活动，特别邀请工信部电子司周海燕处长出席指导；召开“智慧社区建设项目方案论证会”，会议就会员单位上海安逆杰信息技术有限公司的智慧社区建设项目方案进行专家论证；召开浦东新区物联网智能家居产业专题座谈会，浦东经信委陈春兰副主任出席；召开信息家电产品绿色节能标准制订可行性分析研讨会，上海工程技术大学、上海市质量监督检验技术研究院、上海市软件评测中心、果壳电子有限公司、风格电子有限公司等重点单位的领导和专家出席会议；主办2015第八届上海信息家电发展论坛，论坛以“智慧家庭，让生活更精彩”为主题，融聚行业力量，紧扣时代脉搏，与产业发展重点相结合，旨在推动智能家电产业健康快速发展；组织会员企业赴浙江上虞考察，参观国家级杭州湾上虞高新技术开发区建设现场，并与管委会领导进行了座谈交流；为进一步加强中日企业知识产权交流，推动企业对知识产权工作的开展，推荐会员单位上海宏曲电子科技有限公司赴日本参加由上海市知识产权服务中心与日本知识产权协会联合主办的第九届中日知识产权研讨会，并代表中方发言；为更好地搭建国际交流合作平台，与上海工业旅游平台合作，组织泰国曼谷国家电力部门一行参观协会副会长单位的上海电信信息生活体验馆；协办“超高清电视产业生态发展高峰论坛及中美数字电视标准ATSC3.0创新及产业对接峰会”；协办“中国电信IPTV 4K/HEVC技术与业务”研讨会及业务演示；协办第四届“上海十大杰出青商”评选活动，成功推荐小i机器人有限公司总裁朱频频荣获十大杰出青商称号；朱静莲秘书长受邀出席第14届“上海IT青年十大新锐”评选会，并担任评委。

【加强横向联系】 受嘉兴市经济信息化委邀请，参加由中国国家互联网信息办公室和浙江省人民政府联合主办的第二届世界互联网大会；参加中国电子工业标准化技术协会第三届第八次常务理事会，审议通过了《2014年中电标协工作总结及2015工作思路》；应邀出席上海现代服务业联合会成立十周年大会暨现代服务业产业发展报告发布会、《上海现代服务业发展报告2014》总结研讨会，以及上海现代服务业联合会召开的表彰大会。朱静莲秘书长在研讨会上做了交流发言，并因成功主办“第七届上海数字电视发展论坛”而在表彰大会上荣获上海现代服务业联合会“年度优秀活动奖”，接受由联合会会长周禹鹏颁发的证书和奖杯；应邀出席第五届长三角地区知识产权服务联谊会暨长三角知识产权服务一体化发展讲坛和“新形势下的知识产权工作”张江园区巡讲活动；组织会员单位参加由上海国际贸易知识产权海外维权服务基地主办的“国际市场开拓中的知识产权策略研究专题讲座”活动；应邀出席由香港贸易发展局、利丰研究中心、上海进出口商会、一带一路贸易商企业联盟和上海自贸试验区供应链共同主办的“一带一路·新贸易·新商机”高峰论坛；应邀出席“‘一带一路’视角下的中国产业联盟建设研讨会暨同济大学商会行业协会秘书长联席会议；应邀出席“遵义-上海重点行业协会产业合作暨项目推介会”；应邀出席“中国产业会展高峰对话——2015”之“产业强国战略中的会展作为”论坛。

【加强协会信息平台建设】 为更好地发挥信息家电协会资讯传递和服务平台的作用，通过提升服务能力和水平，为会员企业提供更便捷、更优质的服务。信息家电协会加强对网站和《上海信息家电》电子会刊的更新维护力度，对国家相关行业政策、产业重大新闻事件、展示会员风采、协会工作动态等信息进行真实、客观的报道。对行业重要会议、大型活动及展览会，通过制作专题专栏进行信息发布，取得良好的宣传效果。信息家电协会通过合作、协作、共建等方式，联合挖掘与用好各会员企业的优势资源，积极探索信息平台运营新模式，努力打造各项服务的集成平台。2015 年，信息家电协会官方微信平台也从订阅号正式升级为服务号，从而为信息家电协会借助新路径增强与会员企业的紧密联系，更有针对性地服务好企业创造条件。

（解 放）

上海市计算机用户协会

【概况】 上海市计算机用户协会(以下简称“计算机用户协会”)作为上海市首席信息官联盟的主要发起单位之一，积极参与筹备和发展联盟会员。2015 年 5 月 9 日，由中国东方航空、上海临港集团、上海锦江国际集团、上海百联集团等近 400 家重点企业共同成立上海首席信息官(CIO)联盟。这是中国首席信息官联盟成立后的一个地方性组织，标志着上海企业首席信息官制度建设进入发展新阶段。

【首届上海优秀首席信息官(CIO)】 上海市首席信息官联盟成立后的一个重要工作就是评选“首届上海优秀首席信息官(CIO)”，计算机用户协会从发出评选通知到收集汇总，组织专家评选，承担联盟中的评选任务。2015 年 12 月 27 日，“首届上海优秀首席信息官(CIO)”评选结果揭晓，上海外高桥造船有限公司副总经理、首席信息官许平，上海市安装工程集团有限公司信息技术总监徐新，上海电气风电设备有限公司信息技术部部长杜凌云等 10 人获选“十佳优秀首席信息官”称号，另有 3 人获优秀团队奖、优秀应用奖和优秀管理奖 3 个单项奖，其余 7 人获“二十佳首席信息官”称号。

【中国首席信息官大会】 2015 年 12 月 10—11 日，在北京召开的中国首席信息官大会上，计算机用户协会选送的上海外高桥造船有限公司副总经理、首席信息官许平，光明食品集团信息中心副主任魏革新获得“全国百佳首席信息官”殊荣。交通银行国际信托公司信息中心总经理谢卫国、上海东方肝胆医院信息中心主任刘逸敏和上海市统计局信息中心主任陆洲获得“全国优秀首席信息官”殊荣。

【2015 网络安全(中国)论坛】 2015 年 8 月 26 日，由中国计算机用户协会主办、上海市计算机用户协会承办的“2015 网络安全(中国)论坛”在上海成功举办，论坛以“互联网＋信息安全”为主题，围绕云计算大数据安全、网络交易支付、互联网金融的网络消费安全、企业信息安全保护等网络安全热点议题，以及行业现状、新技术发展趋势等，通过主题演讲、专题报告、问答互动等形式进行深入探讨和交流。参会代表 500 多人，会议收到良好效果，代表希望每年都有这样的论坛举办。

【企业级 IT 服务与软件应用创新峰会】 2015 第二届企业级 IT 服务与软件应用创新峰会于 2015 年 11 月 27 日在上海召开。本届峰会由上海市计算机用户协会、上海市通信学会联合举办，邀请市经济信息化委、市通信管理局领导出席并致辞，邀请资深专家、用户 CIO 代表、主流产品及服务供应商分享行业应用创新，通过专题演讲、最新技术与产品展示、嘉宾对话互动讨论的形式，针对云时代软件技术发展需求、大数据平台建设与应用落地、ICT 技术创新与应用等方面做深入交流、普及及应用，为 IT 企业、软件企业、信息化服务商、政府机构信息中心、广大企业 CIO、信息化专家和学者搭建一个合作、沟通和交流的平台。

（王寿根）

上海软件行业协会

【概况】 上海市软件行业协会（以下简称“软件协会”）成立于 1986 年 6 月，是国内最早成立的软件行业协会之一。软件协会是由在上海市从事软件业的软件企业、软件机构及相关单位自愿组成的跨部门、跨所有制的非营利的行业性社团法人。软件协会下设软件质量管理与过程改进、软件服务、软件知识产权、嵌入式系统与软件、开源软件和教育软件 6 个专业委员会，会员单位超过 1 200 家，体现协会广泛的代表性和行业的专业性。软件协会遵循“行业代表、行业服务、行业自律、行业协调”的工作宗旨，积极开展“服务企业、发展产业、规范行业”的各项活动，根据政府主管部门的授权或委托，按照公开、公平、公正的原则承担行业管理与服务职能，连续八年被中国软件行业协会评为“先进行业协会”。

2015 年，软件协会主要围绕产业政策落实、服务产业发展、关注企业需求、扩大对外交流等方面着力开展工作。

【产业政策建言和落实】 2015 年，软件协会继续做好产业主管部门委托的“双软”认定（软件企业认定、软件产品登记）、软件企业年审、软件设计人员奖励支撑、市级重点软件企业认定支撑等产业政策落实工作，并根据 2015 年产业政策重点，加强对研发费用加计扣除等相关产业政策的宣传和落实，并积极建言献策，参与政策实施成效评估等工作，为产业持续良好发展做好服务。

做好“双软”认定支撑工作。 2015 年，软件协会在做好窗口服务的基础上，深入基层，送服务上门，扩大宣传和贯彻的范围，在市经济信息化委的领导和支持下，走进杨浦、长宁、青浦、张江等区县和园区，与各区县软件产业主管部门联手举办多场活动，扎实开展新软件企业认定和年审政策培训工作。2015 年新认定软件企业 89 家，新登记软件产品 723 款。

组织召开上海骨干软件企业工作通气会。 2015 年 2 月 10 日，软件协会组织承办 2015 上海骨干软件企业工作通气会。市经济信息化委副主任邵志清出席会议并讲话。会议回顾 2014 年度上海软件产业发展情况，通报 2015 年度重点工作安排。会上，软件协会秘书长杨根兴传达工信部副部长杨学山等领导关于新常态下软件产业发展形势的讲话精神。软件协会副秘书长姚宝敬通报协会相关工作安排。

参与后“双软”认定时代企业能力评估标准制定工作。 2015 年 3 月以来，“软件企业认定备案”和“国家规划布局内重点软件企业的认定”两项非行政许可审批事项先后取消。但是,针对软件企业的税收优惠政策依然有效。在这一背景下,软件协会根据会员企业呼声,积极倡导行业自律,主动作为,以自身的服务转型促进产业发展。软件协会提出以团体标准的形式,服务企业需要、规范行业管理,服务产业发展。软件协会提出的《软件企业评估规范》和《软件产品评估规范》最终由23家企业和3家专业服务机构共同提出并声明实施。两项规范获得市质监局备案登记,团体标准编号分别为:T/310104003-F001-2015 和 T/310104003-F002-2015。2015年年底,软件协会正式启动"双软评估"工作。"双软评估"平台调试完毕,正式上线。

研发人员专项奖励。2015年7—8月,软件协会完成网上预审8 553条人员信息,协助各区县审核271家企业的纸质材料。软件协会积极协助政府部门做好汇总检查工作,仔细核对奖励金额、撰写相关报告、搜集公示反馈意见。最终,256家软件企业共可获得约1.1亿元奖励。

【产业研究与分析】 **编撰产业分析报告**。基于对产业统计数据及发展态势认真细致的研究,软件协会发布《2014年上海软件产业年度发展研究报告》和《上海软件企业兼并重组情况报告》,并在《软件产业与工程》上发布《对国家规划布局内重点软件企业认定工作的回顾和思考》;软件协会完成上海市版权局下属版权服务中心委托编撰的《2014年度上海市计算机软件著作权登记资助工作分析报告》,并于2015年12月通过版权局组织的专家验收。

服务区县、园区。2015年,软件协会与上海市浦东新区国民经济和社会信息化推进中心紧密合作,编写《2015浦东电子信息产业发展报告》和《软件人才薪酬报告》,编印《浦东新区"四新"和"两化融合"案例集》、《2015浦东电子信息产业发展报告》。软件协会还与闸北区科信委、青浦区科信委开展合作,取得较好的服务效果,受到相关区县的热烈欢迎和支持,延伸软件协会服务功能;软件协会完成张江高新园区委托的《"十二五"期间张江国家自主创新示范区专项发展资金及财税政策支持高新技术产业和创新创业的软件产业绩效与需求情况分析报告》。

【推进人才基地建设】 **推进上海市软件产业高技能人才基地建设**。2015年4月,上海市软件产业高技能人才基地正式授牌。之后,软件协会成立上海市软件产业高技能人才基地联盟,协助协会副理事长单位智翔集团"移动应用开发高技能人才培养项目"设施设备费用的申报,收集、整理4家副理事长单位开发课程的设想与计划。协会"软件开发质量控制"课题完成立项,同时完成基地鉴定所的设施设备费用申请,并协助智翔完成设施设备费用的申请。

"上海软件人才公共服务平台"等二个项目通过验收。结合"上海市软件产业高技能人才培养基地"建设,打造"上海软件人才公共服务平台",以公益性服务促进产业发展为目的,力求为上海软件企业提供人才招聘、培养与能力提升的复合式服务载体。项目较好地完成了项目任务书的各项考核指标,于2015年6月通过市经济信息化委组织的项目验收。

2015年1月,"上海软件企业研发费用加计扣除研究"项目通过市经济信息化委验收。该项目编写出版《软件企业研发费用加计扣除操作指引》一书,首印5 000册基本售罄,销往深圳、广东、湖北、山东、浙江、江苏、厦门、西安等省市。

启用北上海服务中心。2015 年上半年，完成软件协会北上海服务中心场地装修和人员配备工作。软件协会北上海服务中心使用面积 175 平方米，设有一间可容纳 66 人的培训教室、一间 10 人会议室，以及 4 个办公位。北上海中心配备 3 个专职服务人员开展工作，于 2015 年 7 月正式开始对外服务，为闸北、宝山、普陀等处于上海北部地区的软件企业提供服务。

开展中、高职职业教育基地建设。组织 3 所学校的 5 位老师参加。由软件协会配备班主任，组织开学典礼、调研会、参观上海信息消费展等 3 次集体活动，累计在相关朋友圈、群组发送基地介绍、学员风采等微信 7 条。因成功开展中职校项目，软件协会获得市经济信息化委人教处及教委装备中心的认可，被评为 2015 年度优秀中职教师实训基地。

【服务产业发展，展示上海软件风采】 2015 年上半年，软件协会通过做好组团参加第十九届中国国际软件博览会、协办上海国际信息消费节、评选软件行业标兵、刊发《软件产业与工程》杂志等工作，展示上海软件在"互联网+"浪潮下的产业风采。

组织上海展团参展软博会。5 月 27—29 日，由工信部主办的第十九届中国国际软件博览会在北京展览馆举行。在市经济信息化委的指导下，软件协会受托组团、精心策划，第七次组团并第三次以"中国软件名城"名义亮相软博会，组织以国家和上海市级重点软件企业和市级软件园为主体的 30 家单位集体参展。工信部副部长怀进鹏、总工程师王黎明、中国软件行业协会理事长赵小凡等领导莅临上海展区视察参观。央视财经频道、第一财经、东方卫视、《中国计算机报》等主流媒体先后对上海展团进行深入的采访报道。会后，市经济信息化委、软件协会分别获得软博会组委会颁发的"优秀组织单位"奖。

协办上海国际信息消费节。软件协会组织了新秀企业共同组成展团，全方位展示上海信息消费发展成果。参展主题涉及智慧城市、网络视听、"互联网＋金融"、"互联网＋生活"等。参展面积达约 2 000 平方米。

软件协会联合浦东新区经信委、长宁区科信委、闸北科信委、互联网金融千人会等共同策划举办"互联网＋消费金融"、第 8 届中国软件渠道大会、"互联网+"主题论坛、Hadoop 中国技术峰会上海站(第七届)、第三届上海项目管理高峰论坛等一系列论坛活动；联络 31 会议网对部分论坛进行网上报名、现场签到全程免费支持；联络 TV189 对"互联网+"主题论坛和"互联网＋消费金融"进行全程网络直播。全部论坛活动参与总人数近 3 000人次，受到第一财经、《解放日报》、《青年报》、TV189 等众多媒体的广泛关注。

举办 2015(第七届)上海软件创新论坛。2015 年 10 月 22 日，由软件协会主办的 2015(第七届)上海软件创新论坛在锦江小礼堂成功举行。论坛的主题是"创新、服务、人才"，市经济信息化委副主任傅新华、共青团上海市委管理信息部部长谢艺伟分别为论坛致辞。论坛邀请上海交通大学软件学院院长臧斌宇教授作"软件产业高层次人才培养和发展战略思考"的主题报告。会议设置圆桌论坛，从高校、园区、企业等不同角度对"互联网+"下的人才战略进行深入探讨，圆桌论坛环节由市经济信息化委软件和信息服务业处副调研员顾伟华主持。论坛上还举行了 2015 年度上海软件“四名”颁奖仪式。

评选“四名”和“双百”名人。2015 年上半年举行的“2014 年度上海市软件行业标兵、服务明星”(“双百”名人)评选是该项评选活动的第五届。2015 年 3 月开展的软件行业标兵、服务明星评选工作,共有 256 名个人参加了本次活动,最终评选出 100 名软件行业标兵及 100 名服务明星,并在 2015 软件协会工作年会上举行颁奖仪式;软件协会连续第三年将“双百”名人和“四名”获奖名单套红刊登在颁奖当日刊发的《文汇报》上,而不收取企业或个人任何费用,为上海软件产业发展、产业形象推广提供持续的宣传平台。

筹建上海 BIM 技术创新联盟。在市经济信息化委的指导和支持下,软件协会承担上海 BIM 技术创新联盟的成立筹备工作,由协会副秘书长姚宝敬带领的工作小组支撑联盟秘书处工作,包括设计入盟申请书,起草和修改联盟倡议书、章程;与相关企业协作设计联盟网站,并负责日常网站信息维护。注册“上海 BIM 技术创新联盟”微信公众号,至少每两天发布 1 则 BIM 业内新闻,维护上海 BIM 技术创新联盟微信群,搜集企业诉求,发布相关新闻。

探索多模式的行业服务。软件协会不断探索多模式服务创新。为 18 家会员单位申请上海市著名商标、名牌产品的推荐意见;为 10 多家企业提供产业链上下端技术或产品对接、政府项目申报咨询服务;为需要接受人力资源外包的上海市 3 家软件企业介绍常熟、常州和西安的软件企业人员对接合作等。

2015 年 4 月,组织 8 家软件企业和一家产业联盟访问日本近畿信息产业联盟,和对方下属企业开展项目合作交流。期间促成一家软件企业和日方企业就药品智能识别机的共同开发,应用于宝山区卫计委下属的医院药房供应链管理的系统中。

2015 年 12 月,软件协会与上海知识产权法院在上海市第三中级人民法院就诉讼与非诉讼相衔接多元化纠纷解决机制合作协议进行签约。软件协会作为第三方专业机构参与并介入调解,在解决软件行业知识产权纠纷中起到积极的作用。

办好《软件产业与工程》。软件协会会刊《软件产业与工程》(双月刊)2015 年共出版 6 期,全国公开发行共约 24 000 份,为多家优势软件企业机构刊文进行有针对性的宣传,并与浦东新区经信委、浦东新区国民经济与信息化推进中心合作,从 2015 年第 2 期开始,刊登浦东新区“四新”和“两化融合”典型案例共 12 篇。全年发表字数共计约 43 万字,每期平均约 7 万字。

【关注企业需求,不断增强协会凝聚力】 2015 年,软件协会密切关注企业需求,根据企业发展要求开展多项服务,不断增强协会凝聚力:**会员发展情况**。2015 年全年,软件协会新入会会员 100 家,会费收缴率达 90%以上。**召开 2015 年工作年会暨会员代表大会**。2015 年 3 月 27 日,软件协会 2015 年工作年会暨六届四次会员代表大会在上海科学会堂举行。市经济信息化委、市科委、市发改委、市商务委、市版权局、市社团局等相关部门负责人,相关产业园区(基地)、行业协会、软件企业负责人及十余家媒体记者,约 300 人到会。市经济信息化委副主任邵志清出席会议并为大会致辞。会上举行了“2014 年度上海市软件行业标兵与服务明星”的颁奖仪式。**信用管理与诚信创建工作**。

受中国软件行业协会委托,开展软件企业信用评价工作。2015 年,新申报企业 17 家,换证企业 3 家,根据公示结果,18 家为 3A 级(最高等级),2 家为 2A 级。组织相关企业参与上海市诚信创建活动的换证培训,共发放证书累计 35 张。**根据企业需求开展培训服务**。2015 年度,共组织培训活动 16 次,参加培训人数近 1 000 人次。**发布年度行业社会责任报告**。发布《2014 年度上海软件行业社会责任报告》,这是继 2014 年首次发布后的第二次发布,再获多方好评。受邀成为第四届"上海市企业社会责任报告发布会"的协办单位,组织 10 家会员企业参与本次发布活动,宝信、付费通两家企业在大会作了口头发布,并在 2015 年 6 月 26 日大会上获颁"推进企业社会责任建设优秀组织奖"。相关发布会有关信息于 2015 年 6 月 30 日刊登在《解放日报》第 8 版上。

(姚宝敬)

上海市信息化培训协会

【概况】 上海市信息化培训协会(以下简称"信息化培训协会")成立于 2003 年 2 月。成立至今,在开展基础调研、承接课题、编制岗位目录等基础工作的同时,先后承担政府委托的多个大型培训项目。从 2003—2005 年的市府实事项目"百万家庭网上行",到 2008—2010 年的市府实事项目"千村万户"农村信息化培训普及工程、上海干部在线学习城课程开发和审核等。除开发培训课程,设计培训运作模式以外,信息化培训协会还为项目提供具体的服务,负责培训教材的开发编写、培训实施的指导以及培训质量的监督管理等,取得了良好的效益。此外,信息化培训协会还作为上海市职业能力考试院信息人才认证中心,承担了全国计算机技术与软件专业技术资格(水平)考试报名辅导和上海市信息技术管理人员职业资格认证的开发工作。

【参与组建 CIO 联盟并开展培训】 为深入推动上海智慧城市建设,全面提升城市信息化水平,在市经济信息化委等政府部门的指导下,由上海市数家协会共同发起的上海首席信息官联盟于 2015 年 5 月 9 日正式成立。信息化培训协会不仅积极参与发起成立,而且在成立后为联盟成员举办了一系列培训和参观活动。10 月 30—31 日,联盟首期培训在市委党校第五分校举办,由原工信部副部长杨学山、市经济信息化委副主任邵志清和华为集团信息化战略咨询部部长王涛担任主讲嘉宾。之后,信息化培训协会又与上海交大安泰经济与管理学院合作,举办了三次培训。来自上海交通大学、同济大学、美国辛辛那提州大学、美国南加州大学的教授和甲骨文股份有限公司的高管围绕当前互联网发展的热点发表自己的观点和想法,得到学员的高度评价。

【西部地区干部培训】 2015 年 7 月底,由市经济信息化委委托信息化培训协会承办的 2015 年遵义市信息产业和信息化培训班在遵义市委党校举行。本次赴遵义的授课专家共 5 人,分别就"互联网+"、互联网创新、智慧城市建设、信息安全和互联网思维等展开讲解。遵义市安排了近百名干部参加。学员表示,此次培训内容新颖,结合实际,为大家拓宽视野和思路,对今后的工作很有帮助。

【为上海老年大学编写教材】 随着信息技术的不断发展，手机已经成为广大中青年人不可或缺的生活用品。但老年人手机应用的比率远远低于中青年人。为满足上海市老年市民的学习热情，缩小老年人与中青年人的“数字鸿沟”，信息化培训协会受市老年教材研发中心的委托，以秘书处人员为主，编写《老年人学 APP 应用(一)》和《老年人学 APP 应用(二)》。上海书展期间，信息化培训协会还配合出版社在展区内面向老年人开展手机应用的讲解，得到众多老年读者的赞许。

【进城务工人员培训】 作为上海改革开放中涌现出来的一支新型劳动大军，进城务工人员已经成为推动上海经济社会发展不可或缺的力量。尽快提升他们的文化技能、整体素养和综合能力，对于上海今后的发展意义重大。为此，市政府决定对他们开展文化技能培训。信息化培训协会首先编写 2 本培训教材《信息技术读本》和《网络开店读本》。之后，又针对进城务工人员，围绕“信息技术”、“人际交往”和“心理健康”三个主题，进入他们所在的工厂、服务场所开展培训，并编写发放宣传小册子。

(童陵枫)

上海市无线电协会

【概况】 2015 年度，上海市无线电协会(以下简称“无线电协会”)在市社团局、市经济信息化委、上海市无线电管理局(以下简称“市无管局”)、上海市无线电监测站(以下简称“市无线电监测站”)等相关政府部门以及无线电协会理事长和副理事长单位的指导下，在各个会员单位的共同支持下，积极发挥企业与政府的桥梁作用，充分发挥协会自身职能，在行业管理、协调、咨询和技术研究等方面都做了一系列工作，取得一定成果，并多次在国家无线电会议上得到国家无管局领导的表扬与肯定，并向全国推广。

【推进行业健康发展】 **无线电协会服务方向**。作为行业协会，一方面要宣传政府相关政策，协助政府部门制定无线电领域的研发、制造、应用、经营方面的技术规范标准和管理政策办法；另一方面要扎根市场，为企业办实事。无线电协会一贯以“服务企业、回报社会”为宗旨，为各会员单位提供包括宣传、协调、培训和标准制定等普及性服务以及认证、咨询、测试等专项服务。**无线电协会自身建设**。协会有会员单位 115 家。其中理事长、副理事长单位 15 家，理事单位 14 家。协会党支部有党员 11 名，归口于市工经联，按照市工经联党委的要求，开展活动。无线电协会具有普及推广无线电技术及提供相关研讨、咨询、服务活动的资质，充分体现规范化的自身管理。

【打造行业“诚信体系”新格局】 “诚信体系建设”是无线电协会的重点工作，已经成为日常工作的一部分。近几年来，协会大力增加对无线电销售设备市场规范化的管理力度，促进依法销售、合法使用。同时通过规范化的资质审证工作，对行业内在各自领域做得比较好的企业，进行推优评选，促进良性竞争，努力营造公平、公正、有序的市场竞争环境和行业诚信的和谐社会氛围。2015 年形成 5 项常态化的诚信体系建设活动。

【“销售无线电发射产品规范企业”诚信体系建设】 无线电协会每年定期赴无线电销售设备现场进行

考察监督，并在年底汇总全年的市场信息，采取互评自评的方式，对于相关发射设备销售单位进行规范评定。对于符合要求的企业颁发“销售无线电发射产品规范企业”证书，并纳入全市企业联合征信系统。

【无线电通信网络设计资质】 为规范上海市无线电和通信网络建设市场，促进无线电通信网络建设技术工作的健康发展，结合无线通信行业的实际情况，凡从事无线电通信网络技术设计的企业均需取得《无线电通信网络技术设计资质》后，方可从事无线电通信网络技术设计工作。《无线电通信网络技术设计资质》由无线电协会统一印制，同时组织上海市行政区内无线电通信网络技术设计资质的年度审证工作。

【“公用移动通信室内信号覆盖分布系统集成企业”、“移动通信室内信号覆盖分布系统代维企业”活动】 活动以自愿参加为前提，参加单位自愿申请，无线电协会组织检查、评审，具有移动通信室内覆盖系统必需的仪器装备、具有移动通信系统的施工技术和检测手段、具有良好的社会信誉度，在同业中具有较高地位和影响力、移动通信室内覆盖系统项目上有一定经验的企业，被授予“公用移动通信室内信号覆盖分布系统集成企业推荐证书”以及“移动通信室内信号覆盖分布系统代维企业”。

【WLAN 无线电产品生产销售规范企业】 为了维护无线电管理的正常秩序，保护合法使用电波用户的利益，无线电协会开展“WLAN 无线电产品生产销售规范企业”活动，对于行业内规范生产、规范使用、规范销售 WLAN 产品的企业进行评比和推荐，通过此项活动来引导消费者购买合格产品，为物联网产业发展创造良好的电磁环境。

【上海市“企业诚信创建”活动】 上海市“企业诚信创建”活动是在市委宣传部、市文明办、市网宣办、市经济信息化委、市建交委等 20 个政府部门指导下，为进一步深入推进上海社会诚信体系建设，进一步优化上海经济社会发展软环境开展的一项常设诚信建设活动。协会牵头组织为相关企业开展联合培训班，目前已有 18 家会员单位申请加入“上海市诚信创建企业活动”。

【解决运营商难题】 **运营商网络测试工作。**频率使用情况是无线电管理的核心内容。公用通信网络的质量与每一个人都息息相关，显得尤为重要。为全面了解公用移动网络的使用情况，同时也为之后基站外部干扰查处工作打下良好的基础，根据运营商需求，无线电协会开展相关频段的扫频测试工作，已测试完成中国移动有限公司上海分公司的 890—909 MHz/935—954 MHz 频段、1710—1735 MHz/1805—1830 MHz 频段和 1880—1900 MHz/2010—2025 MHz 频段，中国电信有限公司上海分公司的1.8G频段、2.1G频段和 2.6G 频段，并形成测试报告。

无线电环境优化工作研究。随着电磁环境越来越复杂，非法设台现象越来越严重，运营商基站受到外部干扰现象越来越频繁，如何快速有效地解决干扰问题将直接影响到运营商网络的整体质量。为维护空中电波的正常秩序，保障通信用户的正常使用，2012 年开始，无线电协会与运营商合作，开展上海市范围内的电磁环境优化工作，排除基站外部干扰。成立干扰联合协查组,成为维护移动通信电磁环境的一支有效力量。无线电协会开展对中国电信、中国联通和中国移动的电磁环境优化服务,基本覆盖运营商的全网络。截至2015年年底,共为中国电信解决干扰问题360余起,为中国联通解决干扰问题150余起,为中国移动解决干扰问题150余起。共协调处理干扰问题660余起。

大数据信息采集工作。为满足运营商对上海市地理数据的需求,无线电协会受移动公司委托,于2015年1月开展"居民小区基础地理信息及相关属性"项目。由无线电协会牵头,联合相关企业,搜集并提供上海市17 000余个小区的属性信息,包括:名称、地址、经纬度、楼宇类型、建筑面积等。

【开展培训及咨询工作】 **培训及论坛**。2015年,组织举办"无线电专管员"、"无线电专管员继续教育"、"无线电管理政策宣讲"、"无线电新技术、新业务"等各类培训讲座。此外,为深入开展无线电技术与管理理论研究和技术创新,适应"十二五"期间国家无线电管理全面建设的要求,无线电协会组织召开数字集群及数字通信技术运用方案论坛和研讨会。内容包括:数字专业通信的新技术、新产品;探讨数字化专网建设、管理新模式;引导频率资源的合理利用和有效监管。这对推进市无管局频率管理中数字集群模转数的进程起到积极作用。**无线电政策宣传及咨询**。此项工作是协会的全新工作方向,致力于为企业提供频率、台站方面的技术和政策咨询,帮助企业获得合法的频率使用和台站设置许可。主要内容包括:无线电台站政策调研;无线电频率政策调研;系统升级方案制定;协助拜耳公司通过市无管局终验审批等。此外,2015年,无线电协会开始开展咨询项目,为会员单位提供协助企业申请政府补贴项目资金。

【开展软课题研究工作】 课题《低碳经济在通信领域中的探索及应用》着眼于将"物联网"技术应用于无线通信领域,促进低碳经济的健康发展。主要开展两方面研究:一方面在楼宇中安装相关节能设备;另一方面,在移动运营商的基站机房里安装相关设备,以达到节能环保护的作用。课题《无线电新技术新应用趋势下的无线电管理应对策略研究》的重点是:无线通信领域发展至今,新技术和新应用不断涌现,发展的同时也产生许多问题,所以,无线电管理部门必须加强无线电管理工作。本课题在调研无线电新技术、新应用现状的基础上,对无线电管理中的一些问题提出思考,并分析相关的解决方法和应对策略。

(陈　晟)

上海市业余无线电协会

【概况】 在市经济信息化委、市无管局的指导下,上海市业余无线电协会(以下简称"业余无线电协会")秉持"服务行业发展、服务会员诉求、支撑政府管理"的理念,积极发挥与政府、会员之间的桥梁和纽带作用,自立自律、奋发进取,促进业余无线电活动有序开展。

【前置受理业余无线电相关业务】 按照要件齐全、程序规范、服务到位、限时办结的要求,进一步规范接待、咨询、受理、办结、存档等环节的业务流程,着力提升用户满意度。2015年全年,核(换)发业余无线电台执照计 598 人,其中新指配呼号 205 个;换发业余无线电台操作证书 769 张。

【组织操作技术能力验证考试】 2015 年共组织 6 次考试,其中 A 类操作证 5 次,考试报名 576 人,参加考试 416 人,通过考试 268 人,通过率为 63.66%; B 类操作证 1 次,考试报名 85 人,参加考试 67 人,通过考试 39 人,通过率为 58.2%。

【协助维护业余无线电秩序】 一方面受市无管局委托,加强对上海地区业余无线电频段的日常监测。每月,监测短波和超短波业余电台常用频率和中继台频率 20 小时以上,发现非法中继台近 30 个频率,自主定位其中 3 个频率,并配合市管局予以取缔。另一方面,强化行业自律,加大对会员和爱好者的普法宣传,敦促合法合规使用,使无线电爱好者使用电台但不办理执照的情况逐步减少,占用业余无线电频率交流非允许业务的情况大幅下降,有力地维护业余频段的电波秩序。

【助力打造优秀科普教育基地】 作为专业普及无线电应用知识的科普馆,上海无线电科普教育基地占地约 1 000 平方米,可同时容纳 120 人参观。伴随市无管局对科普基地的持续硬件升级,业余无线电协会不断提升接待讲解、日常运维服务等软实力。参观民众从学生到成人,从各级领导到普通市民,从爱好者到专业人士,形成较为广泛的人群覆盖。依托科普基地,业余无线电协会还开展"猎狐"行动、主题夏令营等拓展活动。2015 年,基地接待参观人数 1.05 万人,连续三年被评为奉贤区"优秀科普教育基地",同年 9 月获"全国科普教育基地"称号。

【推动科普宣传进校园】 联合市科教艺术中心、市无线电运动协会等多家单位,在嘉定区迎园中学和宝山区吴淞实验学校举办两场青少年无线电通信活动;参与嘉定区黄渡中学举办的 2015 年嘉定区青少年科技节。活动内容包括移动教具展示、无线电通信和无线电测向,并设置对讲机通信、业余电台应急通信、电报抄收等竞赛活动。历次活动吸引众多学生走近无线电,参与人数过千。

【推动科普宣传进社区】 联合奉贤区科信委、闸北区科信委,举办 5 次无线电科普宣传进社区及 1 次大型社区综合科普宣传活动。活动贴近生活,聚焦广大社区居民较为关心的电磁辐射问题,通过专家现场讲解、播放科教片、发放知识手册等形式,拉近民众与无线电应用的距离,帮助民众科学认识电磁辐射,得到社区居民的热情回应。

【应急通信演练】 业余无线电协会以下属应急通信保障分队为核心,定期举行应急通信演练。参训人员由业余无线电协会拓展到区县应急通信分队和志愿者,演练地点由市内延伸到郊区野外,内容由应急通信拓展到中继通信和无线电测向,设备由传统通信设备拓展到卫星电话和无人机。业余无线电应急通信以其特有的技术、手段和设备,为城市运行安全储备一支枕戈待命的民间力量。

(黄雨清)

上海市信息安全行业协会

【大力开展信息安全宣传工作】 上海市信息安全行业协会(以下简称"信息安全协会")举办 2015 年上海市信息安全活动周,围绕信息安全的产业发展、管理运维、人才培育、意识普及、技术交流等核心内容，通过精心组织、广泛发动，开展一系列专业论坛、公益宣传和互动演示等活动，将信息安全知识推送到各个层面的市民之中。活动周期间，在人民广场地铁站换乘通道LED大屏幕投放宣传视频轮播，此外还在部分地铁站投放灯箱海报、7号线文化列车内壁海报和拉手广告等媒体资源。

组织编制信息安全宣传手册，并于2015上海市信息安全活动周期间通过各委办局、银行网点、运营商、区县政府等发放到广大市民手中。面向银行、轨道交通、区县、街道及部分委办局工作人员，开展信息安全公益培训共计12场次，内容涉及隐私保护、防泄密、互联网金融安全、设备安全、移动安全、网络空间安全等。面向全社会，举办信息安全创新创意大赛，以具有创意与个性、丰富趣味性，浅显易懂、主题突出为主旨，作品可以微小说、漫画、flash演示、微视频、海报等多种形式呈现。该活动旨在进一步宣传信息安全知识，加强全社会信息安全保障意识，提升城市信息安全保障水平，提高各个层面对信息数据的保护能力。本届创意赛共有来自全国各地的515名作者积极参与，征集平面作品698幅，视频作品52件。经大赛评委会委员对所有入围的作品从参赛作品要求、创意执行等方面进行认真严谨的评比，分别选出平面类和视频类获奖作品一等奖1个、二等奖2个、三等奖3个。

【开展课题研究】 根据政府对信息安全产业发展的有关政策，结合市场对信息安全产业发展的需求，在对本行业所属企业的发展现状、产品研发、技术创新、人才培养、产业示范应用等情况进行调查研究的基础上，编制完成《2014年上海信息安全技术与产业发展研究报告》、《移动互联网安全风险及对策研究报告》、《2015上海市软件行业发展报告(信息安全部分)》、《上海信息安全技术与产业“十三五”发展规划前期研究报告》。

【强化服务功能】 不定期归纳整理国家为推动中小企业发展出台的一系列扶持产业政策，并及时推送给企业联系人，让会员单位能够及时了解国家相关政策。推荐6家会员单位进入张江园区质量培育库；推荐27家会员单位申报信息安全服务机构推荐单位；推荐6家会员单位入选2015年市经济信息化委推荐重点机构名单；推荐8人次参加2015上海市领军人才评选活动；推荐1家企业申报2015长三角合作项目；帮助7家会员单位申报市科委2015年信息安全专项；组织27家会员单位参加“企业诚信创建”活动；协助2家会员单位申请“上海名牌”。

【推动信息安全行业交流与发展】 2015年，为加强上海市信息安全产业产学研互动互融，推动行业创新驱动发展，信息安全协会联合市科委高新技术产业处、市经济信息化委安全处、市人社局职业能力建设处等政府职能部门，以上海信息安全行业“十三五”规划编制工作为契机，组织开展产学研联动系列研讨会十余场。研讨会主要围绕信息安全基础共性和产业研究、电子政务应用安全保障、关键基础设施安全保障、金融信息安全保障、互联网新技术新业态研究5个专题开展，邀请各专题所涉及政府职能部门、上下游企业、科研院所、知名高校、团队以及用户参加。

6月，组织召开“互联网安全警钟长鸣”闭门会议、上海银行业信息安全协调会议、智慧城市与信息安全保障论坛。10月，与以色列驻沪总领事馆合作，组织信息安全企业赴以色列进行交流。尤其在物联网和可穿戴技术领域，为企业安排与以色列公司进行多场一对一商务洽谈会。

【举办2015信息安全技能竞赛】 举办2015信息安全技能竞赛。该项赛事从重点单位和行业单位安全从业人员小范围个人技术比赛，发展到选手来自全国十多个省、有个人和团体两种赛制及网上线下两种形式，并打造以大赛题库系统为核心，专家团队为后盾，集远程报名、身份认证、实战操作、比赛监控等功能为一体的专业技能在线竞赛平台。该项赛事已发展为国内举办历史悠久、规模大的综合性信息安全技能竞赛。

【实现人才对接】 2015信息安全“人才嘉年华”活动是构建于2015信息安全技能竞赛基础之上的国内首个信息安全人才专场公益活动，由现场招聘、科技体验、人才论坛等多项环节构成，旨在为用人单位与高校学生、业内专才提供对接平台。活动现场聚合多个信息安全人才、信息安全职位，知名企业发布高薪职位，与参赛优秀选手对接。

【举办专业培训】 2015年，为帮助各企业单位在发生网络与信息安全突发事件时能快速发现异常并及时处置以确保损失最小化，信息安全协会与上海市网络与信息安全应急管理事务中心共同组织专家引进、开发了《应急响应和信息安全异常行为分析》高级技术培训课程。11月，首个培训班正式开班，来自银行、证券、保险、国资、信息安全企业的科技主管、IT安全运维人员共26人参加为期3天的培训。

【建设上海市信息安全高技能人才培养基地】 2014年9月，由信息安全协会牵头，以公安部第三研究所、上海交通大学信息安全工程学院、上海市信息安全测评认证中心作为实施单位，申报上海市信息安全高技能人才培养基地。2014年12月，项目经市人保局和市经济信息化委审核通过并公示，于2015年1月授牌。2015年8月，基地申报的两个项目《安全防范技术安装维护员》和《电子数据鉴定》，通过专家组审核并被批准进行项目建设。

【兼职副秘书长制度】 为能与会员更多沟通，让更多会员参与到信息安全协会活动中来，根据信息安全协会工作的实际和会员单位自荐，聘请王怀宾、张凯、卢伍春为兼职副秘书长，协助秘书处开展会员联谊交流、培训业务拓展等相关活动。

【重视党组织建设】 信息安全协会党支部重点加强政治理论学习，提高党员的政治理论素质。组织党员和工作人员通过多种形式深刻学习领会党的十八大报告和党章精神，积极参加市经团联开展的各项活动，并和上海市信息家电行业协会党支部结对，开展形式多样的党员活动。

【加强秘书处内务建设】 完善秘书处各项管理制度和岗位职责，强化内部管理，增强工作人员参与意识和协作能力，鼓励和提倡工作人员学习新技能并参加继续教育，不定期召开秘书处工作会议，部署协调具体工作，合力推进各项工作开展。

（朱方园）

上海信息化发展研究协会

【概况】 2015年是上海市国民经济和社会化信息化"十二五"规划收官之年，也是上海信息化发展研究协会(以下简称"信息化发展研究协会")发展的关键之年，在市经济信息化委的指导下，在会员单位的大力支持下，市信息化发展研究协会继续紧跟信息技术发展趋势，抓住上海智慧城市建设机遇，整合各方资源，在服务会员、服务政府的同时，将工作重心转向服务社会、服务企业，多项工作取得新进展。

【开展规划编制工作】 **编制《上海市促进智慧城市建设发展"十三五"规划》**。在市经济信息化委信息化推进处及综合规划处的指导下，完成上海市智慧城市"十三五"规划编制工作。该规划结合"十三五"期间上海发展重点，提出上海智慧城市建设"445"(4个发展重点领域：智慧民生、智慧经济、智慧治理、智慧政务；4个支撑体系：信息基础设施、信息安全、信息资源、新一代信息技术产业；5个示范新地标：智慧新城、智慧园区、智慧商圈、智慧社区、智慧村镇)发展框架结构。规划于2015年12月形成征求意见稿。

编制《上海市松江区促进智慧城市建设发展"十三五"规划》。结合松江区特点及未来发展定位，围绕"宜居松江"建设目标，以深化智慧应用为主线，以服务社会民生为目标，推进信息化与城市经济社会深入融合发展，促进城乡二元经济融合、新老城区协调发展、民众生活品质提升，全面打造宜居乐业城市。

编制《上海市黄浦区促进智慧城市建设发展"十三五"规划》。结合黄浦区"精品城区"建设，提出在"十三五"期间，黄浦区基本形成以普惠宜居的智慧生活、精细可靠的社会治理、协同透明的智慧政务为重点的智慧应用服务体系，以高端服务业为代表的区域经济创新发展体系的"智慧黄浦"建设目标，为建设成为世界最具影响力的国际化大都市中心城区基本框架奠定基础。

编制《上海市残疾人联合会残疾人事业"十三五"信息化规划》。依据上海市残疾人服务需求，充分借助信息技术，推动残疾人服务信息化小康建设。规划提出"一网、一库、一户、一证、一图"的总体发展框架。"一网"是指建立统一的网络，实现市、区(县)、街(镇)、村(居委)残疾人服务基层网络的互联互通；"一库"是指建立覆盖全市所有残疾人的基础数据库；"一户"是指建立面向残疾人事业管理的统一的智能门户；"一证"是指借助信息化手段，建设残疾人智能证；"一图"是指建立基于GIS全市统一的面向残疾人服务的社会资源信息图。

编制《仪电(集团)有限公司信息化"十三五"规划》。围绕《中共中央、国务院关于深化国有企业改革的指导意见》和《关于进一步深化上海国资改革促进企业发展的意见》要求，结合上海仪电控股(集团)公司在未来作为"智慧城市整体解决方案提供商和运营商"的总体战略定位，在分析现有信息化现状的基础上，提出全面实现管理决策智能化、业务发展网络化、资源服务可控化、基础支撑一体化的信息化发展目标。

【围绕智慧城市主题开展工作】 组织编写《2015年上海产业和信息化发展报告——智慧城市》。该报告分九章，分别为智慧城市发展综述、信息基础设施、智慧民生、智慧经济、智慧城市管理、智慧政务、智慧新地标、新一代信息技术产业和智慧城市发展环境,全面反映 2014 年上海智慧城市建设和应用情况。报告后附有《2012—2014 年上海市信息化领域统计报表》,于 2015 年 7 月出版。

开展《上海智能家居产业发展优势分析及发展重点研究》。智能家居产业的发展是着眼于产业创新和市民生活改善,着力营造普惠化的智慧生活的具体体现。报告重点从全球智能家居产业发展趋势、上海智能家居产业市场定位等方面进行了系统研究,在梳理上海发展智能家居产业的优势和机遇的基础上,提出上海发展智能家居产业的重点。课题于 2015 年 5 月完成。

在市经济信息化委的指导下,信息化发展研究协会协同新华社上海分社、新华网开展“2015 上海智慧城市建设优秀应用”评选活动。经过 3 个多月的征集、评选和公示,12 月成功落幕。在 700 余个参评项目中评选出“十大优秀应用奖”、“十大创新应用奖”,以及“惠民应用奖”、“人气应用奖”。

在上海市智慧城市建设领导小组办公室的指导下,于 2015 年 12 月启动“我心目中的智慧城市”有奖调查,本次调查主要涵盖信息基础设施、信息安全及智慧应用三个方面共 26 个问题,通过网络、社区、智慧城市体验中心等方式和渠道面向上海市全体市民进行调查,目的是为了了解市民对智慧城市建设的满意度,提高市民对智慧城市的感受度。该调查于 2016 年第一季度结束。

作为虹桥商务区“智慧虹桥”建设顾问单位,信息化发展研究协会协助推进智慧虹桥建设领导小组全方位推动智慧虹桥建设。主要开展虹桥商务区基础信息综合服务平台项目咨询管理、虹桥商务区核心区及周边区域交通综合信息服务需求研究及智慧虹桥建设支助项目申报管理工作。

【围绕信息化应用开展调研和研究】 **开展《市级机关信息化现状分析》研究课题**。课题对 2011—2015 年市本级预算支持的市级机关和全额拨款事业单位信息化建设现状进行分析,涉及 2 199 个信息化系统,30 000 多个功能模块。通过分析得出上海市电子政务建设具有向移动化、资源整合、主动服务等方向发展特征。

开展《上海地区金融领域数据中心与信息安全调研报告》研究。在市经济信息化委和市金融办的支持下,信息化发展研究协会协同上海市通信制造业行业协会、上海市金融信息中心及银行、证券、保险、期货、基金等五大同业公会,开展“上海市金融行业数据中心与信息安全调研”,分别从生产数据中心现状、灾备中心及业务连续性、信息系统安全风险评估与管控、云计算及移动化、发展设想及规划等方面进行问卷调研,并在调研的基础上编制报告。

开展《互联网教育对现有教育模式的影响研究》课题。课题在分析现有教育模式的基础上,对“互联网+教育”的内涵、特征、发展趋势、发展重点进行了分析,并结合上海所具备的基础和特点,对“互联网+教育”在上海的实践以及上海如何发展互联网教育产业提出了科学建议。

【开展企业信息化服务】 **成立上海首席信息官联盟**。2015 年 5 月,在市经济信息化委、市国资委会等政府部门的指导下,信息化发展研究协会牵头成立上海首席信息官联盟,旨在“服务 CIO、服务企业信息化”,加强政府部门、行业、企业间的沟通互动,推进信息官制度建设。截至 2015 年 12 月,上海首席信息官联盟审批通过会员总数 430 家/人,其中 CIO/信息/技术总监占 41%;总裁/董事长(院长、校长)占11%；IT经理占16%；其他(主任、处长、科长)占32%。

举办首届上海市优秀CIO评选。上海首席信息官联盟打造“优秀CIO”品牌，挖掘表现突出的CIO及其先进事迹和经验，并在CIO中树立先进榜样，推动上海信息化事业的快速发展。2015年8月，上海首届优秀CIO评选活动启动，最终选出10个优秀奖、3个单项奖、7个二十佳。在提交申报材料的候选人中，有22人推荐参加全国优秀CIO评选，最终14人入选全国优秀CIO榜单，6人获得全国百佳优秀首席信息官称号。

举办专题活动。联盟先后组织各种专题活动20余场，会员参会人数超过800人次，涉及“互联网+”、信息消费、移动互联网、云计算、信息安全、智能制造、3D技术、智慧城市、两化融合等主题，为会员接受最新技术、最新行业资讯、最新发展趋势提供了广阔的平台。

(徐龙章)

上海市交通电子行业协会

【概况】 上海市交通电子行业协会(以下简称“交通电子协会”)由上海汽车集团股份有限公司、中国航空无线电电子研究所、上海外高桥造船有限公司、上海轨道交通设备发展有限公司等单位发起，并于2008年7月成立。至2015年，交通电子协会有会员单位160余家，涵盖汽车电子、航空电子、船舶电子、轨交电子等领域的企业、高校、科研院所，具有跨行业、跨学科的专业化特征。

交通电子协会先后组建了汽车、航空、船舶和轨交电子四个专委会，车联网和智能交通系统两个产业联盟，同时承担中国电子工业标准化技术协会汽车电子标工委的工作职责。交通电子协会服务的范围包括提供政府和企业平台服务，协助推动专项、开展课题研究、咨询服务、行业统计、会展论坛、培训标准及合作交流等。

【开展行业研究】 2015年，交通电子协会积极发挥行业专家委智库作用，承担了《上海公共汽电车信息化标准体系研究》、《上海卫星导航产业统计模型研究》、《上海促进民用航空产业发展政策研究》等8项课题研究和多项咨询服务工作，为政府和企业提供决策参考依据，具有较高的专业价值，在业界产生较大影响。

【成立上海智能交通系统(ITS)产业联盟】 2015年年初，在市经济信息化委、市交通委的指导下，在交通电子协会组建上海车联网联盟“三位一体”运营模式成功的基础上，集聚了40家智能交通系统产业领域的主要骨干企业和科研院所，成立上海智能交通系统(ITS)产业联盟，为探索上海车联网与智能交通网融合发展，以及对“互联网+交通”的创新示范应用起到资源叠加、融合互补的积极作用。

【建立车联网产业推进公共服务平台】 交通电子协会进一步推动市经济信息化委“车联网产业推进公共服务平台”专项项目，与国内外专业8家检测机构签约，共同致力于推动上海车联网产业应用评测、认证、公示和标准化组件应用等公共服务。平台于2015年7月正式开通上线，已在评测资源共享、行业信息推送、活动信息发布等方面开展工作，发挥良好的服务功能。

【拓展平台服务功能】 组织完成多项行业调研统计、政企专题对接、企业合作交流以及推进项目示范应用等综合服务。同时，紧贴行业发展趋势，发挥会员单位和专委会的积极性，以跨业界、跨领域融合为主线，以主题性、多元性交流为特色，开展了2015年度上海车联网产业联盟年度工作大会、2015(第七届)中国汽车电子产业发展国际高峰论坛、2015工博会——互联网+智能车联&智慧交通主题展等一系列论坛会展活动，形成交通电子协会主题活动的品牌效应。

(黄 峰)

上海市信用服务行业协会

【概况】 上海市信用服务行业协会(以下简称"信用服务协会")成立于2005年6月，截至2015年，有会员单位107家，业务范围涵盖信用管理咨询和培训、信用调查、资信评估、商账追收、信用担保、信用保险、保理等领域，业务范围是：行业调研规划、标准制定、学术研究、信息交流、咨询服务、培训及从业人员资质认定。信用服务协会通过互联网站、《工作简报》等形式与社会各界沟通联系、发布信息。2015年是信用服务协会成立10周年。自成立以来，信用服务协会结合实际、合理规划、稳步推进，组织建设日益加强，会员规模逐步扩大，内部框架和运行机制不断完善。在上海市现代服务业联合会的评比中，获得特殊贡献奖。

【筹建新金融信用管理专业委员会】 2015年，在市经济信息化委的推动下，由信用服务协会会长单位上海资信有限公司牵头，联合四家金融信息服务单位共同筹建新金融信用管理专业委员会，并于4月召开成立大会。新金融信用管理专业委员会的成立将更好地推动新金融业务的发展，降低行业信用风险，营造良好的新金融生态环境。

【配合政府工作】 **配合政府做好上海信用服务行业发展调研工作**。2015年7月23日，上海市副市长周波在市经济信息化委相关领导的陪同下，调研上海市信用服务行业发展工作。副市长周波一行先后调研信用服务协会理事单位上海正信方晟资信评估有限公司和上海市公共信用信息服务平台，并与信用服务协会秘书处及会员单位上海正信方晟资信评估有限公司、上海致融企业信用征信有限公司、上海维诚信用风险咨询有限公司、惠信易达征信服务(北京)有限公司、商安信(上海)企业管理咨询股份有限公司相关负责人座谈。信用服务协会积极联系会员单位并配合政府做好联系接待工作。正信方晟公司负责人汇报了技术与产品的创新成果、市场拓展、"互联网+信用"服务体系战略路径和公共信用评估服务平台等情况；信用服务协会秘书处和各信用服务机构负责人分别汇报近两年行业发展情况，对行业普遍关心的信用信息获取便利化、信息应用合法性、信用人才培养等相关问题提出意见和建议。

承接培育信用服务市场的立法课题。为了促进社会信用体系建设顺利进行，同时为社会信用体系立法提供依据，信用服务协会承接培育信用服务市场立法课题，邀请业内专家共同参与，同时举行由业内知名机构互联网金融企业和外资企业分别参与的两场座谈会，并进行广泛的调研。课题旨在借鉴国外发达国家经验，分析上海信用服务行业存在问题，商讨"互联网+"模式下，推动和培育信用市场健康发展的对策。

完成信用服务行业统计制度设计和摸底调查以及2014年度统计工作。为了对现有的行业统计数据进行分析梳理，对非传统口径下与信用服务相关行业的现状摸底调查，信用服务协会于2014年承接信用服务行业统计制度设计和摸底调查课题，并于2015年2月完成课题评审。课题预测包括11个业务类型在内的上海与信用服务相关行业的总体规模，在此基础上，从信用服务理论、行业监管、收入规模、统计可行性四个角度对这些行业进行研究界定，最终确定将商业保理、互联网金融征信、公共征信服务平台查询服务以及大数据信用服务纳入本次上海信用服务行业统计范围修订中，将传统口径范围扩大。同时，在此基础上完成2014年度信用服务行业统计工作，在保留传统信用服务行业基础上，将商业保理、互联网金融、大数据信用服务纳入上海信用服务行业统计范围，使数据更完整地反映上海信用服务行业的现状。

组织会员单位参加《上海市公共信用信息归集和使用管理办法(草案)》立法听证会。《上海市公共信用信息归集和使用管理办法(草案)》立法听证会于2015年10月16日召开，会议邀请上海资信有限公司等信用服务协会会员单位参加。信用服务协会积极联系并发送听证会资料。

配合市公共信用信息服务平台进行第二批试点申报。为贯彻落实《上海市社会信用体系建设2013—2015年行动计划》(沪府发〔2012〕75号)和《上海市公共信用信息归集和使用管理试行办法》(沪府发〔2014〕39号)相关工作要求，深化推进市公共信用信息服务平台(以下简称“市信用平台”)建设和应用，市征信办于2015年8月开展第二批试点申报工作。信用服务协会第一时间公布信息，同时根据市征信办的要求，为申报的会员单位出具推荐函。

完成了《信用体系建设在联合监管、协同服务中的应用研究》课题。为推动上海自贸试验区保税区信用体系建设，信用服务协会承接上海自贸试验区《信用体系建设在联合监管、协同服务中的应用研究》，该课题结合国务院相关文件和上海市社会信用体系建设的总体布局，就上海自贸试验区企业信用管理在监管、服务工作中的应用进行初步探索。为使课题顺利推进，课题组对驻保税区的工商、税务、质监、海事、自贸区公安、洋山港公安、海关和检验检疫8个部门进行调研，了解和探讨“三清单”编制和应用情况，同时对辽宁省社会信用体系建设情况、沈阳市大数据管理局的建设情况开展课题调研活动。该课题已经专家评审，并得到较高的评价。

完成上海信用服务产业“十三五”发展规划前期研究。信用服务协会承担市经济信息化委的课题，联手上海师范大学共同完成上海信用服务产业“十三五”发展规划前期研究，并形成《上海信用服务产业“十三五”发展规划前期研究报告》。该报告回顾“十二五”期间上海信用服务行业发展、阐述“十三五”期间上海信用服务行业发展思路、发展目标、发展重点和主要任务。

【参与行业建设】 采用会员单位自荐、协会审核的方式推荐了部分会员单位承担“企业诚信创建”活动评估工作，同时组织机构制定了“企业诚信创建”活动的评估体系和评分标准。

在政府体制改革的背景下，市征信办将原在沪的征信机构到市征信办备案登记的职能转到信用服务协会,并改成用发展名录的方式进行登记。按市征信办的要求,根据自愿的原则,信用服务协会于 2015 年正式启动上海市信用服务机构推荐扶持发展名录申报的工作。今后该工作每年申报一次。

信用服务协会制定《上海市信用服务行业质量控制基本规范》,建立信用服务机构质量控制规范化建设评估工作方案与评估指标体系。协会召集业内专家对该指标体系进行修订,并继续开展信用服务机构质量控制评选。

在总结 2013 上海信用服务机构的综合排名工作的基础上,开展 2015 上海信用服务机构的综合排名工作。信用服务协会邀请行业内有丰富实践工作经验的相关人员,对上海信用服务机构综合排名指标体系进行修订,经过自愿参与单位自评、互评以及专家评审,评出行业综合实力 30 强单位。

信用服务协会配合市经团联搭建行业信用信息共享平台建设(第一期),项目以推动共享平台快速普及和健康发展为己任,瞄准上海深化改革,建设具有国际影响力的创新中心,把握信用体系基本要素(即数据是基础、制度是核心、应用是关键、平台是支撑),运用互联网思维,以联盟方式统筹上海市行业信用信息共享平台建设,以有限的资源发挥最大限度的效率,创建整体性和自主性相统一的共享平台集约化模式,充分发挥行业协会的主体作用和中心(联盟)的集约效应,构建上海市行业信用信息共享平台。

【组织国内外交流】 2015 年 11 月 26 日,信用服务创新及新金融风险控制论坛暨上海市信用服务行业协会成立 10 周年纪念大会举办。市经济信息化委副主任、市征信办常务副主任邵志清等领导出席了会议并分别发表讲话和主旨演讲。及来自全国各地的 200 多名征信行业的专家、学者,以及征信业的企业家参加活动;信用服务协会于 4 月 28 日举行新金融征信论坛,本次活动就新一轮上海市社会信用体系建设的行动规划、大数据时代征信业的发展与边界、NFCS 网络金融征信系统在新金融信息服务中的作用,以及新金融新业态中的有关热点问题进行交流、研究、探讨;此外,协会还开展各种形式多样的小型研讨会、咨询会等,开拓会员单位的视野,加强彼此之间的交流与合作。

【搭建宣传交流平台】 **组织会员单位发布社会责任报告**。信用服务协会在业内动员和组织会员单位撰写社会责任报告,经审核,上海远东资信评估有限公司、上海正名资信评估有限公司、上海杰胜商务咨询有限公司获得批准,在全市发布各自的社会责任报告,并获得由市经团联颁发的证书和铜牌。**参与《上海现代服务业发展报告 2014》编写**。协会组织业内专家编撰《上海现代服务业发展报告 2014》中的 2014 年上海信用服务行业发展报告部分。**出版《2015 年上海信用服务行业创新产品案例集》**。协会向会员单位征集典型创新产品,并从中挑选 50 个案例编写成册,形成《2015 年上海信用服务行业创新产品案例集》,以宣传上海信用服务行业,推动信用产品的应用。

【开展培训交流】 为上海自由贸易试验区企业展开信用管理培训。为加快建设自贸试验区社会信用体系，增强企业信用意识，提高企业信用管理能力，加强企业风险防范，信用服务协会与上海自由贸易试验区管委会、上海自由贸易试验区服务业产业联盟合作举办自贸区企业信用管理培训。培训自 2015 年 7 月正式开班，历时 1 年多，共开展培训 8 次，培训 1 000 余人次，培训讲师由协会各会员单位的资深讲师担任，培训围绕企业信用管理展开。

为了增强企业信用意识，防范信用风险，提升信用管理水平，营造商务诚信环境，信用服务协会在浦东新区、杨浦区、宝山区、闵行区、闸北区等重点选取 1 400 家上海市“专精特新”中小企业进行培训，主要针对中小企业负责人和相关信用管理负责人，完成教材编写。

（朱晓玲）

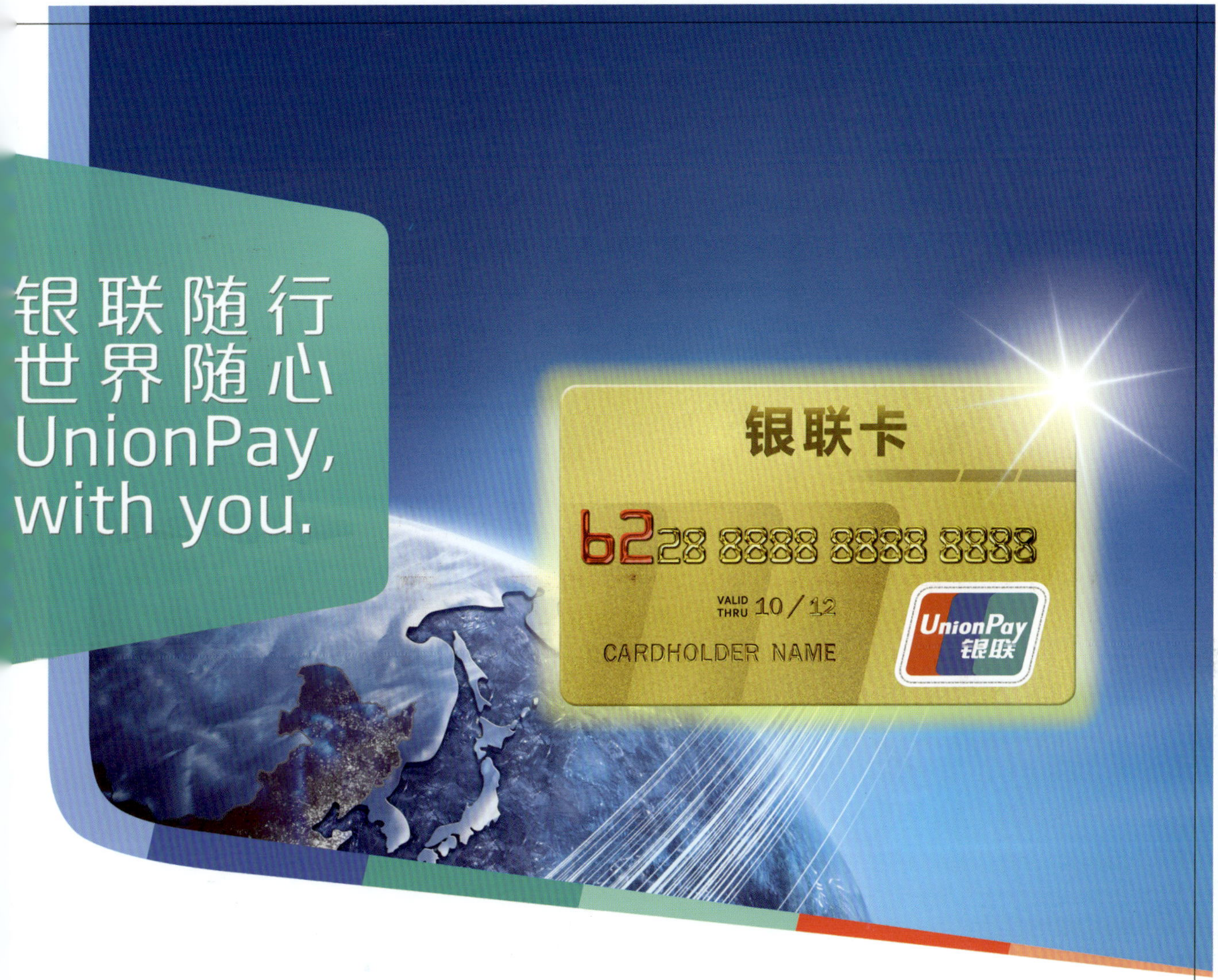
银联随行
世界随心
UnionPay,
with you.
银联卡
6228 8888 8888 8888
VALID THRU 10/12
CARDHOLDER NAME
UnionPay
银联

上海中移通信技术工程有限公司现有自有员工150余人，技术服务及技术合作人员180余人，项目管理团队规模达百人，联合施工班组规模达300余人，全业务支撑人员近200人。公司内设综合部、计划财务部、市场业务部、项目管理部、工程施工部、信息集成部、设计研发部7个职能部门，并结合上海公司深化属地经营的战略指导，设立浦东、南区、西区、北区、核心网与重大工程、外省市项目管理部六处分项目部，贴近服务，支撑属地。通过不懈努力，上海中移通信技术工程有限公司目前已成为上海通信建设领域中的重要力量。

自成立以来，公司先后研发了无线视频监控系统、ATM防诈骗干扰器、WLAN业务自动拨测系统等多项适应市场需求的信息化产品，其中部分产品已成功商用。公司还承接了上海奥运场馆通信建设工程、2010年上海世博会通信网络建设、第十四届世游赛通信建设等重大国际活动的通信建设及保障工程。同时，公司与中国电信、中国移动、中国联通、中国网通等多家大型通信运营商，以及上海贝尔阿尔卡特、中兴公司、华为公司、大唐、诺基亚、西门子、爱立信等企业合作开展工程建设。

公司曾多次被上海通信管理局、团市委、市安监局、中国移动上海公司、中国网通集团上海市分公司评为或授予“上海市通信建设市场管理先进单位”、“上海市青年安全生产示范岗”、“上海市优秀青年突击队”、“TD施工项目组优秀团队”、“迎奥运基础网络整治工程优秀团队”、“上海移动工程建设优秀施工合作方”、“接入网工程建设优胜奖”等。公司所承担施工的工程项目有多项被原上海邮电管理局、上海通管局、中国移动公司评为优质工程。2010年，公司承担的世博项目荣获上海市优质工程一、二等奖。2011年，公司成功夺标第十四届国际泳联世界锦标赛新闻中心网络及通信工程、大师杯赛通信及保障工程等国家重点项目，在世游赛各大新闻中心、大师杯赛现场成功打造集WLAN、有线宽带、IMS多功能语音业务、传真等在内的全业务通信网络，并出色完成世游赛、大师杯赛通信保障工作，赢得了世游赛组委会、大师杯赛组委会及各大媒体记者的一致好评，荣获由第十四届世游赛组委会颁发的荣誉证书。2013年，公司荣获上海市杨浦区“科技小巨人”和“专精特新企业”称号，并被评为2013全国基础设施建设先进企业和2013全国基础设施建设优秀施工企业（信息网络基础工程）。2014年，公司荣获金筑奖之“全国基础设施建设先进单位”光荣称号，并从上海700余家通信企业中脱颖而出，取得了由中国通信企业协会颁发的《通信建设工程企业安全生产合格证》，成为首批获得认证的八家通信企业之一。2015年，公司再次蝉联全国基础设施建设先进企业和全国基础设施建设优秀施工企业称号，并被评为2015年度上海市重点工程实事立功竞赛优秀团队。

上海中移通信技术工程有限公司以“成为卓越的全业务集成与用户个性化信息集成的企业”为战略指引，以成为上海首屈一指的、具备超强社会化服务能力的信息服务企业为目标，全面培育全国化和国际化运作能力，为有力支撑上海移动全业务发展，全面助力上海“四个中心”建设积极贡献力量。

临港地区信息化建设

临港地区规划面积315平方公里，是上海重点发展的六大功能区域之一，重点发展先进制造业和战略性新兴产业，产业带动城市，城市服务产业，是生产、生活、生态同步发展的产城融合新兴区域。

临港地区的开发建设，是上海市委、市政府基于全局视野、经过精心谋划作出的重大战略决策，具有特殊意义、肩负特殊使命。临港的开发，旨在促进上海产业结构转型升级，提升产业国际竞争力，优化上海城市总体战略布局，支撑上海“四个中心”和建成全球有影响力的科技创新中心建设。依托独特的区位优势，临港地区充分发挥浦东新区先行先试作用，放大自贸区的溢出效应，率先实现自贸区制度创新成果的复制和推广，助推国家战略的实现。

2015年，临港地区项目落地投资总额为156.7亿元，完成年度项目落地150亿元任务的104%，同比增长2.6%；新设企业内资注册资本1089.7亿元，同比增长35.28%；产业项目固定资产投资累计完成78.5亿元，占全年计划的105%，同比下降20.3%；工业总产值完成657.4亿元，完成年计划的82%，同比增长6.2%。

2015年，临港地区继续大力推进产业区信息化建设，加快落实“一城一带一中心”的科技创新空间布局，加大力度推进建设有国际影响力的智能制造中心任务，秉承“精细化管理、集约化设施、智慧化应用、专业化服务”的建设目标，启动新一轮的信息化总体规划，着重开展园区信息化基础设施改造和园区信息化服务设施的建设工作。管委会经济贸易办公室作为临港地区信息化建设的牵头部门，统筹协调临港区域内信息化建设的规划与实施。

第六代半潜式钻井平台

12英寸大硅片

在完成临港地区WiFi热点覆盖项目一期（覆盖范围为主城区重点区域（地铁16号线滴水湖站、滴水湖一号码头、主城区庆典广场等））免费无线网络覆盖的基础上，积极协调推进产业区相关业务的同步开展，在临港集团的配合下，产业区免费无线网络“LingangFree”正式上线。

在每年的临港地区“聚人气”活动中，在通信运营商铁塔公司协助下，完成了临港主城区信号基站布局的初步规划，并有序地开始按照规划进行基站建设，已有站点进入施工阶段。

临港主城区站址密度应属于密集与一般区域，临港公园及绿地等应归类于边缘密度区域。密集区域基站密度建议为综合覆盖半径450～500 米，一般区域基站密度建议为综合覆盖半径650～700 米，边缘区域基站密度建议为综合覆盖半径900～950 米。对于上海市南汇新城内的移动网络建设，主要体现在配合规划区域的新建住宅开发和市政改造而需要的网络优化和部分大楼的室内覆盖工作，也要按照话务量的分布新增一定数量的基站或调整现有基站的配置，以满足将来流动人口大量增加导致的话务量上升的需求。

根据临港主城区对移动通信系统的总需求，基于GSM 网络基站规划结果，并综合CDMA 网络以及3G、4G网络对于基础设施的要求形成的现网规划，将发生明显变化。4G网络基站布局将更加密集，覆盖半径更小。综合社区规划、现状基站情况、城市基站站址布局等因素，2015年规划设置12个室外宏基站，大多为移动单建需求，部分考虑共建、共享，并在本规划中初步确定基站理论位置。

1

① 中船三井柴油机总装车间

② 核电燃机转子

③ AP1000稳压器

2

3

中国石化销售有限公司上海石油分公司

上海石油分公司

上海石油分公司是中国石油化工股份有限公司直属的一家大型销售企业，主营汽、柴、煤、润滑油等石化产品的批发、零售、直销配送和仓储业务，实行了财务上的一级核算，经营上的统一进货、一级库存、统一配送，构筑了专业化经营的基本框架。拥有近600座加油站、4座油库，市场占有率70%左右，承担着上海地区成品油市场的稳定供应任务。

自2000年以来，为更好地适应市场化的发展需要，上海石油在中国石化股份有限公司的领导下，以“经营市场化、管理扁平化”为目标，围绕深化体制改革、优化业务流程、规范经营行为、强化内部控制、提高管理水平等方面，积极运用信息化支撑公司转型升级、创新发展，成为一个全面实现信息化的现代化管理企业。在“十三五”期间，将进一步整合信息和实体网络，持续推进两化深度融合，促进生产、经营、决策全面信息化，流程化，促进各项业务协同、整合，提升企业竞争力，打造“互联网+”的商业新模式，建设具有较强核心竞争力的国内一流能源销售企业。

两化融合目标

通过两化融合促进生产、经营、决策全面信息化，流程化，促进各项业务协同、整合；建立CRM客户管理系统，通过统计分析对客户提供针对性服务；充分利用物联网、大数据等信息技术和先进理念，支撑企业跨界经营和模式创新。到“十三五”期末，打造网络化、数字化、自动化、智能化的生产运营管理新模式，构建以客户为中心的石化商业新业态，推进运营模式和商业模式改变，促进公司转型升级、提质增效，实现绿色低碳、安全环保、科学发展，实现两化深度融合。

两化融合成果

上海石油在加强两化融合贯标工作的建设过程中，借鉴了部分成功企业的案例，在吸收应用的同时，坚持“集中集成，创新提升，共享服务，协同智能”的工作方针，加强新技术的研究与应用，以提高发展质量和效益为中心，深化信息系统应用，探索业务模式创新，持续

微信公众号

推进两化深度融合，为企业转型和可持续发展做出了应有的贡献。

建设卡机联动的加油支付系统。2003年，中国石化股份有限公司对外发行了中国石化加油卡，上海石油在全市500多个加油站网点建设了卡机联动的加油卡系统，加油卡成为当时一种富有吸引力的时尚加油支付方式。2014年，又推出了“中国石化加油卡网上营业厅”和手机APP，客户可足不出户，在线充值、自助预分配、查询加油卡信息等。

上线以财务为核心的ERP系统。2004年起，上海石油逐步上线了以财务为核心的ERP系统FI/CO、SD、MM、TR、AIS、PS、PM等功能模块，覆盖了全油品业务，实现了物流、资金流、信息流的统一。目前，ERP系统已成为公司财务管理、会计核算、物流配送、客户和价格管理等经营管理业务中必不可少的工具，有效增强了对企业经营管理过程的监督和控制，提升了公司整体的管理水平。

打造油非一体化客户营销平台。上海石油开拓互联网思维，探索业务模式创新，针对油非互动缺少系统支持，纸质抵用券发放不规范的问题，积极探索移动互联新技术应用，建设了微信营销平台，为油品、非油品客户提供了互动营销和便捷服务，实现了电子券精准发放、加油和购物消费信息的实时推送，以及营销全过程的管理，把加油卡个人客户成功引入了便利店。“中国石化上海石油会员”微信公众号已经积累了百万级的会员，为企业互联网化，实现“实体门店+互联网”的全渠道精准营销和跨界资源合作打好了基础。

建设现代化物流仓储管理模式。上海石油通过工业自动化和信息智能化全面融合和深度应用，构建各大油库的现代化管控模式，实现储运、控制、销售和管理的一体化。闵行油库致力打造全国一流的成品油样板油库，以ERP为平台搭建了油库仓储自动化应用，ERP、ATM自助验单和SCADA管理系统的油缸浸渍自动上传为通道接口，实现了油品收发存业务操作工艺流程一体化，实行全方位、全过程、信息智能化控制，为两化融合奠定了坚实的基础。

中国石化上海石油会员

中国华信能源有限公司以拓展国际能源经济合作为战略，通过能源产业经营和能源产业投资带动，建设有组织的能源国际投行与投资集团。公司立足欧洲油气下游终端，从而获取上游油气股权与权益，组建强大的金融与投行团队和独立国际贸易商团队，建设金融全牌照推动公司战略，降低成本并提高经营利润。同时，公司在捷克设立欧洲第二总部，对接服务国家“一带一路”战略，投资银行、航空、特种钢、特种装备、飞机制造、核电等板块。通过已投资企业的领先技术及优质资产，与央企、国企混合走出去，推动国际产能合作，助力国内产业升级。中国华信连续跻身《财富》世界500强、世界品牌500强，被评为中国最具影响力企业、中国最具国际竞争力十大领军企业、中国十大慈善企业称号。

宝山平安智联网

宝山区综治办的综治信息化建设参评项目——“平安宝山智联网”获得由上海市经济和信息化委员会指导，新华社上海分社与新华网共同主办的2015“上海智慧城市建设十大优秀应用奖”。“上海智慧城市优秀应用评选”活动已连续举办两届，2015年吸引了750余个项目参评。经过媒体评审、网络投票、专家评审层层筛选并经网上公示后确定。

2015年以来，宝山区坚持科技引领、信息支撑理念，在区、街镇（园区）、村居全面推进“平安宝山智联网”建设。通过搭建三级联网的信息平台，并采用物理光纤专网，开发设计出“平安宝山智联网”系统软件；区综治信息中心平台与全区14个街镇（园区）、550多个村居综治信息平台实现联网全覆盖，将小区（村宅）的视频监控系统、人员车辆门禁管理系统、门栋电控防盗门、实有人口动态管理系统、社区网络联网电话、社区信息发布、平安宝山APP系统等技防物防设施进行联网统一管理，以更广泛动员、更充分整合、更有效运用社会各类治安要素资源，整合当地的公安警力、社区保安、平安志愿者等社会力量，实时处理监控、提示与报警，实现警民联防联治，着力构建本市乃至全国首套地区级（210万人口）平安建设实战化、数据化、精细化智能管理系统和专为社区（村宅）定制的治安安全动态联网管理大数据平台，不断提升基层社会治安整体防控水平，进一步提高群众安全感、满意度和感知率。

长宁区众创空间

苏河汇

UCLOUD

鼎创汇

创业者+

近年来，长宁区科委积极贯彻落实国务院和上海市委出台的一系列关于支持众创空间发展的指导意见，坚持从提升众创空间的内部管理运作能力、产业专注度与竞争力、可持续发展能力等方面积极推进众创空间建设，在众创空间的“量”和“质”上均取得一定成效。

截至 2015 年 12 月底，长宁区获市科委认定的众创空间共有 11 家，其中国家级 4 家，孵化载体总面积约 2 万平方米，在孵企业数为 432 家，在孵项目数为 192 个，获得风投资金约 1 亿元人民币，2015 年共举办创新创业活动 187 次。

互联网+教育
聚焦师生成长安全

闵行区教育局

闵行区秉承“让闵行每个孩子健康、快乐成长”的核心理念，通过“互联网+教育”构建以师生发展为核心的数字化感知和支持系统，在促进学生全面而有个性地成长、提升教师专业素养、推进教育精细化管理、探索数字化的教育评价、开展区域教育综合改革实践等方面取得成效。完成了学生学籍管理、综合素质评价、数字化学习、电子学生证应用等上海市教委信息化实验项目，成立了上海市数字化学习研究所，荣获了教育部教育信息化创新应用典范区称号。

“电子书包”项目形成规模化应用

历经三年的深耕细作，区域形成了自觉探索满足学生个性化学习需求的数字化应用，促进信息技术与教育教学深度融合的生态氛围；校长、教师的观念和习惯进一步转变，一批数字化教学骨干脱颖而出；构建了一个基本满足数字化教学的环境，以“先学后教，以学定教，问题引领，发展智慧”为基本策略，探索了以“前移后续、合作互动”、“自适应评价”为特征，“以解决学生问题”为主线的不同学科、不同类型的数字化智慧教学范式。基于数字化的课堂教学更灵动，资源呈现更生动，多元交互更便捷，教师教学更精准，提高了课堂教学效能，提升了学生的绿色学业质量；形成了一套有效的区域推进电子书包项目的机制，初步探索了BYOD实验的流程与机制，现已有65个班级近2000名学生参与实验。

推进学生电子成长档案项目建设

2015年，积极推进学生电子成长档案项目建设，目前学生电子成长档案已覆盖全区16.8万中小学生。实现学生成长历程的全面、即时、真实记录，对指导学生个性发展发挥了重要作用。通过中国电信IPTV和东方有线数字电视、学生个人成长空间PC版和微信版，向全区中小学生提供信息服务、开展数据分析和应用。各校也积极开发校本化应用，如校园活动微信管理系统、基于物联网的智慧型图书馆、运动手环等采集更全面的学生成长数据，真正实现让每个孩子全面而有个性地成长。

家校共育——共同丰富孩子的个人空间

电子书包课堂之实验过程即时交流

伴随化运动数据采集
——体育课运动手环应用

电子书包课堂之摄像记录

“悦”读新体验

上海学前教育网

“一网三通”信息化应用

上海学前教育网——“园园通”管理平台自开通运行以来，不断对功能进行提升优化，已逐步形成了由“一网三通”组成的应用集群。

“一网”上海学前教育网是传递上海学前教育政策、教学与活动的窗口。“家门口的好幼儿园”、“06国际资讯”、“科学育儿”等精品内容和活动逐步成为特色名片，百度搜索、ALEXA排名在国内同类网站中排位第一。

“直报通”包含数据采集、信息传送等多项管理功能，数据“伴随”教师和托幼机构的日常业务工作而产生，为本市小学入学报名登记提供了基础数据。

“课程通”通过资源、备课、教研三大模块，实现本市学前教育课程资源的共建共享，支持教师的教育教学与专业成长，目前平台内已经有覆盖本市幼儿园学习、生活、游戏、运动四大板块课程的3000余件优质资源，并荣获2014年上海市基础教育教学成果一等奖。

“家园通”为园所和家庭提供了主页、论坛等家园共育的平台，并逐步向移动互动平台发展。

“一网三通”是上海学前教育信息化的建设成果。在上海市教委领导下，上海学前教育信息部将继续携手各区县园所、教师共同努力，让园所更优质、让育儿者更专业、让儿童更快乐，创新突破，建设信息化应用良好环境，促进学前教育转型。

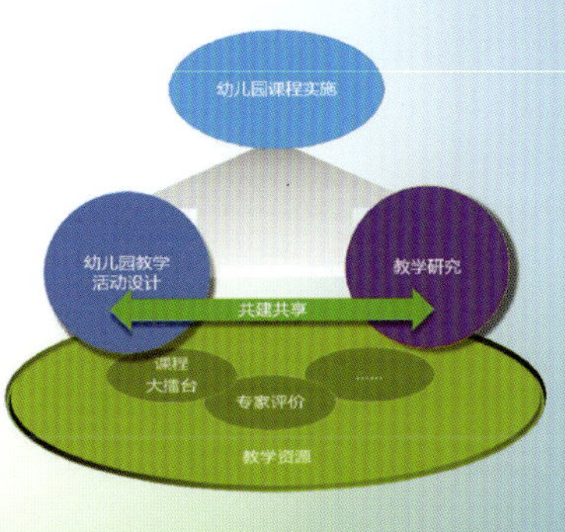

上海市教委信息中心学前教育信息部　黄浦区皋兰路24号（200020）　33080099-211

为了改善教学、学习环境，提供高质量教学、学习资源，上海理工大学在“互联网+”方面不断加大投入力度，建设了面向师生的多种信息化系统。

面向学生的互联网+学生“生命周期”服务，贯穿于学生入学、学习、生活及毕业四个环节，包括：新生迎新服务、校园GIS、微信号、统一短信平台、本科生教务管理与服务平台、研究生管理与服务、课程中心、教学互动（sakai、Elearning、BB）、开放式实验室管理与服务、本科毕业论文管理与指导过程服务、图书管理与服务、上课学生考勤、早锻炼考勤、个人云书架、信息聚合服务门户、学生综合服务、学生成长档案、财务报销管理与服务、公共服务大厅自助服务、网上服务大厅、楼宇数字发布系统、移动信息门户、校园一卡通、毕业离校服务、校友服务、基金捐赠服务、多媒体教室等。

面向教师的互联网+教师一体化服务，涉及教师教学、科研、生活及事务四个方面，包括：移动门户、本科教学基本状态数据服务、科研成果管理、科研项目管理、云桌面服务、办公门禁服务、汽车出入校园门禁服务、年终考核服务、职称晋升网上申报服务、公共会议资源管理、办公自动化、公用房管理、档案信息综合管理、资产管理、宿舍管理、满意度测评服务、教代会提案服务、国际交流与合作服务、网站群等信息系统。

互联网+学生“生命周期”服务

互联网+教师一体化服务

上海理工大学智慧校园建设

IT助力高水平特色大学建设

上海海洋大学始建于1912年，是上海市人民政府与国家海洋局、农业部共建的多科性应用研究型高等学府。学校将建设成为一所国际知名的海洋、水产、食品等学科优势明显，理、工、农、经、文、管、法等多学科协调发展，培养具有国际视野的创新型复合人才，教学科研并重，国际化、开放型的高水平特色大学。

上海海洋大学信息化建设按照"需求牵引、总体规划、创新引领、信息共享、强化安全、持续发展"的指导思想，以网络基础设施和系统平台建设为支撑，以新信息技术应用和智慧校园建设为核心，以促进信息化与教学科研管理服务深度融合为重点，以队伍建设、机制创新和政策措施为保障，立足现实，科学规划，建立规范的服务体系、统一的标准体系、严密的安全体系，实现教育资源信息化、教学手段信息化、管理和服务信息化、数字校园效益最大化，支撑与推动学校整体战略目标的实现。

学校主要由临港沪城环路、杨浦军工路两个校园组成，通过虚拟链路实现高速互联，临港校区是上海教育城域网临港地区主节点。学校网络出口由教育网、联通、电信组成，实现万兆主干、千兆桌面。无线校园网已基本实现对教学、科研、办公、室外公共区域的覆盖，无线AP数量1300余个。每日在线终端数19000余个（无线终端15000余个）。拥有1个专业网络数据中心机房，1个超算中心机房，统一管理公共服务器340余台（含140台虚拟机）。

综合教务管理系统和网络教学系统构成了学校信息化的教学与管理体系。数字图书馆已形成了图书全程信息化管理，建立了图书管理系统、数字化图书馆开发与管理应用平台。OA系统、人事系统、本科生教务系统、研究生管理系统、财务管理系统等30多个信息应用系统的建立，实现了学校后勤、资产、财务等方面的信息化管理。"一卡通"系统得到广泛应用，实现了网上银行及支付宝对接。建立公共网络存储系统，存储空间300T以上，确保学校重要数据资源的安全存储。公共教室全部安装实时信息显示系统，建成沉浸式直播教室和录播教室。

上海海洋大学超级计算中心是上海海洋大学与上海超级计算中心合作下的海洋大数据中心，目前运行着由150个曙光高性能节点组成的高性能并行计算集群——Oceanus，支持34万亿次浮点计算能力，可开展海洋计算、仿真、虚拟现实以及云计算等业务。该中心实现了对海洋、生命、工程、信息等多个学科教师和研究生的计算支持。Oceanus集群全部节点保持80%以上负荷运转，峰值日生产数据约3TB，为校内外相关科学研究提供了有力的支持。

上海海洋大学图片说明

IT 业务监控系统

学生信息综合分析平台

数据中心机房

高清录播教室

地 址：上海市浦东新区沪城环路999号 电 话：021-61900288 邮 编：201306 网 址：www.shou.edu.cn

第六章　信息化合作交流及重要会展

概　述

2015年度，上海市信息化合作交流工作有条不紊地开展。市经济信息化委与西藏自治区日喀则市工信局对接、对口帮扶遵义，还与云南省、河南省、甘肃省产业和信息化主管部门签署战略合作协议。会展方面，上海国际信息化博览会、上海国际工业博览会顺利召开，对信息化、信息产业发展具有推动作用。

一、国内外合作交流

国内合作交流

【对口支援工作接受新任务】 2015年，根据上海市副市长时光辉要求，积极推进就业援疆工作。市经济信息化委相关领导带领委相关处室、相关协会和企业赴喀什调研就业援疆工作，提出工作思路，部分企业有了初步的投资意向。同时，根据工信部第三次全国工信系统产业援藏工作筹备会要求，积极与日喀则市工信局对接，制定对口支援工作协议，做好签约准备。全面完成市经济信息化委2015年度5个对口支援地区人力资源开发项目。

【《莎车县智慧城市建设总体规划及推进智慧城市建设2015—2017年行动计划》】 2015年，为推进新疆治理体系和治理能力现代化，加速新疆新型工业化、农业现代化、新型城镇化进程，有效提升城市管理水平，依据《莎车县国民经济和社会发展第十二个五年规划纲要》和莎车县委、县政府主要领导的要求，上海市经济和信息化发展研究中心编制《莎车县智慧城市建设总体规划及推进智慧城市建设2015—2017年行动计划》。规划主要涉及莎车县各委办局、乡镇社区、企事业单位、案件多发地段、治安状况复杂场所等重点区域的信息基础设施建设，重点在平安涉车、智慧政务及智慧民生三方面的信息应用体系。规划期限为2015—2020年。

【对口帮扶遵义取得新进展】 遵义(上海)产业园开发建设推进协调委员会第一次全体会议召开，部署2015年沪遵两地产业合作工作要点，确定委员会及办公室工作职责和成员单位主要分工安排。全年组织40批次沪遵产业对接，包括"央企遵义行"、"中小企业遵义行"等对接活动，加强沪遵两地企业的对接交流。参与编写对口帮扶遵义"十三五"规划。

【国内合作打开新格局】 市经济信息化委分别与云南省、河南省、甘肃省产业和信息化主管部门签署战略合作协议。搭建上海产业合作交流平台，成功举办"上海产业合作交流平台——凤凰联盟(一期)"信息发布会。圆满完成中国(重庆)国际投资暨全球采购会、中国新疆喀什・中亚南亚商品交易会上海展区的组展任务。组织上海珠宝玉石文创企业赴云南省进行考察和对接。谋划市经济信息化委"一带一路"工作思路，形成工作举措。

国际合作交流

【推动企业参与国际合作】 为帮助企业创造更多机会参与国际合作，开拓海外市场，市经济信息化委与国外政府和企业界建立良好的沟通渠道，支持搭建各种促进国内外产业合作的平台。市经济信息化工作党委书记陆晓春访问波兰、匈牙利和塞尔维亚，为上海市企业落实中央"一带一路"战略，帮助企业走出去，创造良好条件。市经济信息化委领导带队，赴美国硅谷访问具有代表性的创新型企业，增进外方对中国和上海产业发展政策和环境的了解。市经济信息化委领导还出席在突尼斯举办的迦太基国际投资论坛、在美国纽约举办的"上海—纽约创新设计对话"、在意大利佛罗伦萨举办的"2015年世博之年创意双城季"、在德国举办的"2015汉诺威工博会"、"2015年汉诺威信息及通信博览会中德IT峰会"等活动，宣传上海产业政策和发展环境，为企业开拓海外市场营造良好氛围。赴日本横滨参加"第33次上海—横滨经济技术交流会议"，维护和进一步推动两市历史悠久的经济技术交流合作关系。此外，积极开展中国工博会主宾国机制的探索工作，面向各国驻沪领馆召开工博会推介会，并主动与德方相关机构进行友好沟通，为中国工博会未来引入主宾国机制积累宝贵经验。

【以外事活动为抓手做好服务企业工作】 2015年，市经济信息化委共安排外事活动80批次，接待和参与接待包括美国商务部和能源部部长、阿联酋贸工部副部长、巴西巴拉那州州长、欧盟中国商会主席、美国半导体协会副总裁、南非驻沪总领事、新加坡驻沪总领事、中国台湾英业达集团董事长等多个重要代表团。通过这些活动，市经济信息化委向外方介绍政府推动产业和信息化发展的重点领域，并就外方关注的政府数据公开、集成电路产业、创意产业、智慧城市等议题解答有关疑问，有效宣传相关政策和发展重点，表达希望外方持续关注相关领域的进展情况，积极参与相关投资和项目建设的愿望。组建"外企之家"微信群，220多名成员保持线上互动，同时线下积极组织交流活动，先后联合有关单位召开"上海产业转型与城市发展"系列研讨沙龙外资企业专场会议、"服务德企,推进产业合作座谈会”等活动。市经济信息化委推荐的印孚瑟斯技术(中国)有限公司首席执行官朗格和杜雅特涉外经济创兴园区主席安东尼奥·杜雅特两名外籍人士分别入选白玉兰荣誉奖和纪念奖候选人。此外,还积极参与市长咨询会相关筹备工作、市政府国庆招待会的企业组织工作。

(黄治国)

二、长三角区域合作

【沪苏大丰产业联动集聚区进入新阶段】 加强与江苏省发展和改革委员会、盐城市、大丰市的沟通,积极协调上海临港经济发展(集团)有限公司、光明食品(集团)有限公司,推进解决沪苏大丰产业联动集聚区开发建设涉及的两省市扶持政策、土地转让价格、基本农田、考核办法等实际问题,为集聚区的正式启动奠定基础。召开沪苏大丰产业联动集聚区开发建设推进协调领导小组第一次联席会议,党工委、管委会和开发投资公司正式挂牌。协调沪苏大丰产业联动集聚区的消防、交通、安全生产等监管权限问题。

(黄治国)

三、信息化博览会、研讨会

【上海国际信息化博览会】 由市经济信息化委和浦东新区政府主办,国际半导体设备与材料协会及中国电子商会、慕尼黑国际博览集团、中国印制电路行业协会共同承办的“第十二届上海国际信息化博览会”(以下简称“信博会”)于 2015 年 3 月 17—19 日在上海新国际博览中心举行。本届信博会参展商超过 3 100 家,共设 16 个展馆,展出面积 187 900 平方米。“中国国际半导体设备与材料展暨研讨会”、“中国国际平板显示器件、设备材料及配套件展”、“慕尼黑上海电子展”、“慕尼黑上海电子生产设备展”、“慕尼黑上海光博会”和“中国国际电子电路展览”六大专业展现场均人气爆棚。

开幕当天,国家信息化专家咨询委员会主任曲维枝,原工信部总经济师、现任中芯国际董事长周子学,工信部电子信息司巡视员胡燕,上海市经济和信息化委员会副主任马静,江苏省经济和信息化委员会副主任胡学同和浦东新区商务委的领导,会见慕尼黑国际博览会集团副总裁莱因哈德·菲佛、慕尼黑国际博览集团董事总经理福福克·森杰、慕尼黑展览(上海)有限公司董事总经理罗维强、SEMI 全球副总裁 Denny McGuirk、SEMI 全球副总裁陆郝安、中国印制电路行业协会

(CPCA)副理事长王龙基等信博会的三家承办单位的主要领导。

三天展期中，上海市政协主席吴志明、上海市政协副主席周太彤、张恩迪等市领导到现场参观调研；江苏、安徽、河南、杭州等外省市政府经济信息化委组团调研；市合作交流办、浦东新区知识产权局等领导也前来展会调研；市经济信息化委领导和各处室对信博会也给予了高度重视，除首日巡馆外，有五位行政和党口领导莅临指导，电子信息产业处、政策法规处、研究室等多个处室的工作人员也到现场观摩。

信博会有三大亮点，亮点之一，汇集电子信息产业的领先企业。包括 UR3 双手臂机器人、2100 装配机器人、会跳“小苹果”的人形机器人、搭载最新 CNC 的机械钻孔机、人脸识别系统、大尺寸蓝宝石切割设备等一批首发或行业领先的产品在展会现场集中亮相。

亮点之二，展示形式丰富。泰科电子(上海)有限公司的透明 TT 展车展示其完整电连接器产品线，成为展会焦点展台；慕尼黑上海电子展推出了“e 星球”全新概念，将未来的地球比喻成由亿万个元器件组成、互联互通的有机整体，将单一枯燥的展品形象地展示给参展观众。

亮点之三，为了配合信博会的三天展期，共有 90 多台各类论坛、研讨会同期举行。除重量级嘉宾出席的各承办方开幕论坛外，更有“2015 IPC 手工焊接竞技世界选拔赛”等现场活动，使展会不仅成为产品竞技的舞台，更成为专业人才竞技、选拔的平台，极大地丰富了展会形式和内容。

【上海国际工业博览会】 由工信部、国家发改委、商务部、科技部、中国科学院(以下简称“中科院”)、中国工程院、中国国际贸易促进委员会、联合国工业发展组织和上海市政府共同主办的第十七届中国国际工业博览会(以下简称“工博会”)于 2015 年 11 月 3—7 日在上海国家会展中心举办。本届工博会以“创新、智能、绿色”为主题，围绕“中国制造 2025”十大重点领域，聚焦智能转型，突出高端引领，体现“跨界、融合、协同、创新”趋势，弘扬“大众创业，万众创新”精神，促进中外工业技术交流合作，引领“中国制造”向“中国创造”迈进。

中外客商反响良好。本届工博会克服经济下行压力，展览规模较大提升，参观人数再创新高。本届工博会使用国家会展中心 10 个展厅，展览规模 23 万平方米，展位 11 226 个，较上年 8 102 个增加 38%。其中，上海本地企业占 30.4%，上海以外地区企业占 40.5%，境外企业占 29.1%。工博会上，参展企业 2 270 家，其中境外企业 661 家、市外企业 919 家、上海市企业 690 家。本届工博会上，参展单位收获颇丰。科技展区有针对性地组织 1 200名专业观众参观洽谈，现场达成 3.37 亿元的技术交易。高校展区有 30 个项目先后签约，其中上海工程技术大学的“VOC FREE 建筑 DIY 涂料”与苏州吉人高新材料股份有限公司现场签约成交 5 000 万元。此外，还有 10 余所高校的近 30 个项目，在展会现场与前来参观的企业代表达成合作意向，并积极洽谈深入的合作方式等。中科院展区自开幕以来，共接待专业观众 2 万余人，创新项目发布 10 余场，项目洽谈对接意向 40 约项，意向金额达 5 000 多万元。航空航天技术展 5 天约接待 17 500 人次，成交金额约 220 万元，意向成交金额约 500 万元。工业设计创新展展示了领先的数字设计、加工的软件，展期约接待了 30 000 余人次参观,意向签约交易额约 30 万美元。

紧扣"中国制造 2025"战略导向,体现世界工业"数字化、网络化、智能化"趋势。本届工博会设置数控机床与金属加工展、工业自动化展、新能源与电力电工展、信息与通信技术应用展、工业环保技术与设备展、机器人展、节能与新能源汽车展、科技创新展和航空航天技术展 9 个专业展,包括科技系统、高校系统、中科院系统、空间导航、工业设计和新材料等新专区。其中空间信息产业暨北斗导航技术应用展专区开辟 6 048 平方米展示区域,比上届增加 37%。中国航天科技集团公司第八研究院的参展项目"长征六号运载火箭"荣获特别荣誉奖,中国航天科工集团公司参展项目"航天云网"、上海大学的参展项目"精海号无人测量艇"荣获创新金奖。

凸显中国创新和制造水平。一是科委系统围绕科技中长期发展规划,立足绿色发展和民生改善,聚焦国家能源战略规划和城市建设管理,以"绿色技术,绿色未来"为主要展示主题,设立科技部展区、"绿色技术,绿色未来"主题展区、创业孵化及转移转化展区以及企业创新活力展区四个板块,120 余家单位、近 140 余项目参展。二是高校展区在 70 所参展高校的共同努力下,共展出 652 项科技创新成果,首次获得工博会 2 项创新金奖(江苏大学的"高效能稻麦油联合收割机关键技术与装备产业化"和上海大学的"'精海号'无人测量艇")、2 项银奖、7 项创新奖的优异成绩。三是中科院展区展现了在国家经济发展方式转变和经济结构调整中起到的支撑和引领作用。其中"高精度 VLBI 引领嫦娥登月"项目,以其媲美口径超过 3 000 千米望远镜的高效分辨率,为"嫦娥三号"的奔月与软着陆保驾护航,已获得工博会"特别荣誉奖"。来自上海联影医疗科技有限公司的世界首台"96 环光导 PET-CT"项目成工博会金奖得主。

评奖工作和颁奖活动开拓创新。本届工博会在评审与颁奖工作突出创新"两翼":即"奖项优化"与"颁奖前移"。在制度、机制、宣传三个方面积极加强保障。展会共评出奖项 42 项,其中,特别荣誉奖 2 项、金奖 4 项、创新金奖 4 项、工业设计金奖 4 项、银奖 14 项、创新奖 14 项。在评奖流程方面,本届工博会颁奖活动首次前移开幕式举行,进一步扩大工博会评奖的影响力,引导专业观众前往参观。在宣传手段方面,首次灵活运用新媒体和电子展示秀,多渠道广泛宣传优秀展品和评奖进展。首次尝试使用长微博的方式,将往年展商遇到的申报问题,编制成"工博会问答",启动报奖前即在市经济信息化委"两微"、评奖工作微信群转发,得到大量关注。首次采用图文与视频结合的移动微场景方式,分不同时间段推出,生动展示本届工博会评奖工作全景、优秀展品介绍,有效积累了人气。

(黄治国)

Shanghai
Informatization

第八编　区县信息化

综述

2015年是全面完成信息化“十二五”规划的收官之年。按照上海市信息化发展的战略要求和总体部署，在各区县政府的重视和支持下，信息化工作得到进一步加强。

各区县以新一代信息技术创新应用为核心，以“互联网+”思维方式为驱动，以信息资源横向整合和共享为重点，进一步推进智慧城市建设，实施一大批智慧应用项目，在智慧医疗、智慧养老、智能交通、智慧教育等领域全方位提高数字惠民水平。

各区县完善信息化基础设施建设，做好重点区域信息基础设施规划编制，增强无线城市服务，推进4G网络建设。推进社会领域信息化发展，建立健全长效工作机制，有效助推上海区县社会、经济、产业等各行业发展，改善信息化发展环境、提高城市运行管理水平、公共服务水平和居民生活水平。同时，聚焦移动互联网等新兴行业，着力培育成长性良好的新型企业做大做强。

加大社会信用体系构建力度，各区县在加强政务信用、完善市场信用体制、教育宣传培训等方面扎实推进社会信用体系建设工作，顺利完成市政府实事项目“为全市法人和市民在线免费提供一次信用查询报告”工作。

第一章　浦东新区信息化建设

概　述

2015 年,浦东新区智慧城市建设在《上海市智慧城市建设三年行动计划》的全面指导下,围绕浦东区委、区政府年度重点工作,以加快提升智慧城市服务能级为目标、推动信息资源共享利用为抓手,应用引领、产业支撑,推动“智慧浦东”建设各项工作落到实处,完成“十二五”各项任务,荣获由中国智慧城市论坛颁发的“十二五中国智慧城市领军新区”称号。

一是通过加强机制创新,进一步提升信息基础设施能级。二是聚焦应用示范,进一步完善智慧城市框架体系。以政务云建设为切入点,构建政务云数据中心,推动政务信息资源动态目录体系建设,深化一系列政府协同、智能城管、民生与公共服务、智慧园区、两化融合、信息安全保障等领域的应用示范项目建设。三是注重产业支撑,不断完善产业政策体系,积极推动产业载体建设,务实创新、聚焦产业热点,进一步推动信息产业转型升级。四是优化环境保障,推动政企合作,进一步培育智慧城市建设的良好氛围。

一、政务领域信息化

【网格化管理南北联动】　浦东城市网格化管理信息系统(第四期)总投资 2 139 万元,主要是按照上海市和浦东关于城市管理的规划要求,建设南北一体化整体系统,南片周浦、航头及惠南 3 个街镇的网格化平台拓展建设以及环境热线业务整合等功能。2015 年 3 月,逐步完成各子系统并投入试运行。项目完成“区—功能区—街镇”三级平台向“区—街镇”两级平台架构转变,开发完成面向浦东各级网格化平台的集中式应用系统,融合监督员上报、环境热线投诉、媒体(网络)反馈、视频监控等多种发现形式,具有数据挖掘、资源共享、公众参与等多种拓展功能。系统运行至今,区级平台已受理网格类和热线类案件共 12 468 件,办结 10 948 件,办结率为 92.4%。有效回访 909 件,回访满意数为 593 件。通过本期项目建设,推动浦东城市管理水平南北一体化的发展,通过整合主动发现与被动发现问题,提高问题处置效率,提升城市管理民生服务水平。

【优化政务服务窗口管理】 浦东市民中心政务服务支撑系统(第一期)建立浦东市民中心服务大厅的政务云桌面服务平台。该项目提升浦东市民中心服务效率,规范公共服务工作,提高服务质量。利用多种技术手段促进智慧政务信息化发展,打造统一、互联互通的便民办事服务和决策支撑平台,包括以云计算应用服务创新为基础,整合市民中心多个应用系统,为市民中心电子政务一体化建设提供基础保障;通过云计算和虚拟化技术以及云安全技术,改造市民中心的计算机桌面办公环境和服务器环境;建立基础的智慧服务应用,通过门户、手机等载体延展大厅服务。该系统于 2014 年 9 月整体建成并投入试运行,实现市民中心服务大厅 300 个外网桌面和 23 台服务器虚拟化的部署工作,以及智能排队服务系统的跨终端排队叫号与自动提醒服务;通过系统建设,实现服务器资源集约化建设、桌面云终端服务的规模建设,在各进驻窗口和部门,按需或灵活定制终端及服务器资源的分配和应用;有力支撑和满足各类公共服务信息化要求,逐步整合对外信息资源、解决信息孤岛、信息分散等问题;进一步优化服务窗口布局、监控,稳定服务大厅秩序,减少广大市民的办事时间,提升满意度和效率。

【强化政府投资稽察监管】 浦东投资项目稽察管理信息系统建立覆盖全区投资建设项目的稽察工作管理平台,该项目实现浦东政府投资项目稽察业务的管理,包括财务(投资)监理外网服务、内网项目管理、项目移动监管、后评价管理和监理考核等系统,并结合业务数据,实现政府投资建设项目全景分析和稽察预警。该系统自 2015 年上半年建成并投入试运行以来,已实现 12 家财务(投资)监理单位的全覆盖应用、完成 127 个投资项目信息管理。打通浦东财务监理、发改委、财政局、稽察办及行业主管部门间的联动审核,加强政府对第三方监理机构的日常监督和考核,使各职能部门及时掌握区政府投资项目的审批、资金投入和进度情况,从而进一步规范稽察行为,提高行政效率。

【创业服务平台通过验收】 由浦东人力资源和社会保障局承担的浦东创业综合服务平台顺利通过验收。项目完成房租补贴服务管理、开办费补贴服务管理、创业培训服务、创业者档案管理和专家咨询服务等相关子系统的建设,加强对创业相关的数据掌控能力。在第十二届全国人民代表大会第三次会议上,李克强总理指出着力促进创业就业,坚持就业优先,以创业带动就业,实现大众创业、万众创新。浦东自 2012 年起创建"创业型城区",三年来,通过一系列扶持政策优化市民创业环境,加大创业扶持力度,营造创新创业氛围,切实帮助一批市民开业、创业,累计建立创业园区、孵化器 55 个,成功扶持 5 600 多人创业,直接带动近 5 万人就业,充分显现"创业带动就业"的倍增效应。"浦东创业服务平台"实现了创业者房租及开办费补贴 100%线上管理,为创业提供信息化支持,助推大众创业迈上新台阶。

【支农资金整合项目管理系统上线】 浦东支农资金整合项目管理系统结合浦东支农资金政策和项目审批流程，整合各镇支农资金项目信息资源，实现对支农资金申请、受理、审核、立项、拨款与验收等环节的全程管理与监督，主要建设内容包括：基础应用平台、项目在线申报、专家库管理、项目审核管理、项目审批管理、项目拨款管理、项目验收管理、项目统计分析、系统提醒管理、系统配置与安全管理等。该系统使支农资金管理的信息化水平提升，适应支农资金最新的改革形势和管理模式，从单一的立项审批向项目全过程网络协同管理(服务)转变；强化项日的跟踪分析，是支农资金(绩效)管理长效机制建设的有力支撑。项目的实施与建设，满足浦东支农资金管理部门工作要求，实现支农资金项目网上全流转，有效提高工作效率、提升服务能力、增强审批公开公正性、提升政府形象。

【信息化项目建设统筹】 浦东新区经济和信息化委员会(以下简称“区经信委”)积极贯彻落实领导关于加强信息化统筹的工作要求，以 2015 年财力信息化项目为切入点，全力推进信息化统筹工作。自 2015 年起，区级政府财力投资新建信息化项目(除涉密外)不再列支机房和服务器等硬件费用，统一纳入浦东政务云体系。将信息化规划计划制定、条线数据落地、已立项项目按期验收等作为各单位新建项日立项的必要条件，建立新项目立项负面清单。指导相关单位梳理新建项目的软硬件资源需求，与政务云实现有效对接。

二、社会领域信息化

【云计算基础架构及应用公共服务平台】 上海浦东软件园汇智软件发展有限公司(以下简称“浦软汇智”)“智慧园区面向园区企业的云计算基础架构及应用公共服务平台”建设应用服务集成平台，实现了统一计费、统一认证、统一消息服务、性能监控、应用系统 SaaS 化(软件即服务 Software as a Service，以下简称 SaaS)等功能。项目自 2014 年 8 月开始试运行，该项目是浦软汇智智慧园区解决方案的重要组成部分，能有效提高园区运营管理水平、提升服务能级，帮助园区企业减少信息化建设成本，提升核心竞争力，同时对推动智慧园区整体建设、树立智慧园区建设典型也起到积极作用。

【纺织品洗涤中小企业服务平台】 上海雅朴网络科技有限公司“基于物联网技术和 SaaS 模式的纺织品洗涤中小企业服务平台”项目总投资213.5 万元，主要建设 Web 中心子系统、RFID(射频识别技术 Radio Frequency Identification，简称 RFID)采集终端子系统，包括：基础数据、销售管理、客户管理、运营管理、库存管理、财务管理、报表管理等功能。项目自 2014 年 4 月开始试运行，截至 2015 年年底，平台企业用户数 21 家，登录账号 300 个，管理纺织品总量 42 万件，平台接入终端数达 51 台，销售收入 500 多万元。本项目对 RFID 洗衣标签的研究及试点项目实施，实现在线跟踪管理公用纺织品资产并达到：集中批量清点，人工成本控制，储存空间节约，身份唯一，信息完整，衣物洗涤次数、修补次数及使用寿命监控，多家单位同类纺织品实现混洗。降低运营成本、生产工位管理，提高绩效考核、业务计价规范管理，并自动核算、全程跟踪、动态管理。打通整个供应链的各个环节，为传统工业化洗涤行业的物联网应用树立典范。

三、经济领域信息化

【“浦东凤凰联盟（一期）”成立】 为了加强区域产业合作，促进上海与全国各地的政府、企业、机构等交流互通，“浦东凤凰联盟（一期）”成立。联盟主要服务长江经济带乃至全国，旨在打造一个具备“引进来、走出去”双向流动功能的产业合作交流平台，促进地区生产要素合理流动。逐步形成“三个一”运行模式，即一个平台、一个网络、一个联盟。“一个平台”即利用网络渠道和微信号，打造一站式、专业化、全方位服务平台，作为上海企业和外地园区产业合作交流的桥梁；“一个网络”即通过大数据平台建设，汇集企业、投资人、招商办、招商机构等多方，参与产业合作；“一个联盟”即定期举办线下主题交流活动，实现政府引导搭台、多方共享、市场化撮合的长效合作机制。

【居民健康卡芯片】 上海华虹集成电路有限责任公司设计的“居民健康卡芯片”可实现个人实名身份识别、办理掌上就医业务、查询个人电子健康档案以及电子病历信息等功能。该款芯片推出三年以来，累计销售 1 500 万片以上，年增长率 50%以上，迅速占据全国市场主要份额，在上海、北京、辽宁、江苏等地均实现规模发卡。

【高通考察浦东“智慧城市”建设】 2015 年 4 月 16 日，随美国商务部、能源部一起到访中国的美国高通公司（以下简称“高通”）到浦东智慧城市发展研究院考察“智慧城市”建设情况。高通正努力在全球“智慧城市”建设中发挥更大作用，依托其高端芯片产品及相关解决方案，希望能广泛和中国政府、相关企业、研究机构开展合作，在中国尤其是上海“智慧城市”建设中做出力所能及的贡献。高通重点聚焦智慧能源管控、智慧交通、智慧楼宇、智慧基础设施等方面，通过采用 PPP（公私合作关系 Public Private Partnership，简称 PPP）等合作模式，加大对上海及浦东的关注度，全力参与中国“智慧城市”建设。

【试剂用品采购服务平台】 上海张江生物医药基地开发有限公司“生物医药企业研发试剂用品采购服务平台”的建设与运营，实现了张江药谷企业生物医药研发试剂与实验室用品的一站式查询与采购、订单管理等功能；平台上线后覆盖张江药谷中小型生物医药研发企业 175 家，提供生物医药研发试剂用品 14 697 个条目，有效提高查询、采购试剂用品的效率；平台对供需对接服务活动中的人、事、资源进行全方位、深入监管，避免恶意、违法的商务活动;平台为采购大量的试剂提供一个共享渠道,企业间通过试剂共享功能节约研发成本、减低环境污染。项目的持续运营,为浦东生物医药产业发展起到良好的引领示范作用。

【绿色智能会议服务平台】 上海八彦图信息科技有限公司"绿色智能会议服务平台"总投资 183.5 万元,内容包括:用户登录注册与管理、在线会议创建与管理、在线会议页面自助设计、短信邮件提供商接入、互联网媒体推广接入、在线评论与微博直播、在线客服、问卷调查、统计报表、资料分享与下发、会议邀请与推荐、在线收付款、二维码电子票发送与扫描、绿色会议 iOS 客户端功能设计等系统,通过提供电子签到、微信墙、会议 APP 等数字会务工具,帮助会务活动组织者实现更专业、高效、便捷的会务活动管理。截至验收,平台营业收入 491 万元,注册会员 100 万,有超过 30 万场会议/活动在平台发布,平台的会议主办方超过 8 万家、会议供应商 12 万家以上,电子签到 100 万人次,短信通知 1 000 万条,邮件通知 2 000 万条。已经合作的有每日经济新闻、FT 中文网、硅谷动力、互联网周刊等近 500 家媒体。

【制造业 B2B 全程电子单据服务平台】 东方钢铁电子商务有限公司"制造业 B2B 全程电子单据服务平台"总投资 303.5 万元,项目主要建设内容包括:电子提货单、电子合同、电子质保书模块,实现单据查询、下载、打印、验证、订阅、监控、提单打印等功能。该平台以 B2B 商务电子单据运作为基础,形成供应商、B2B 企业、用户等多方积聚的单据服务社区,利用数据集中优势,实现电子商务 B2B 流通环节中产生的提单、合同、质保书、订单等单据文件的电子化功能,并通过对接企业业务平台与电子单据服务平台,实现各类业务单据的系统集中处理与自助查询、归档、验证、打印等功能,保障单据安全,提高贸易各环节业务效率,从而加快整个供应链的流通速度。2014 年 8 月,平台在上海宝钢浦东国际贸易有限公司应用,使用该平台的用户已突破 70 家,占公司稳定订货用户的比例达到 50%,同时,月电子单据数量达 1 700 份,占总单据数量近 80%,提高运营效率的同时,一定程度上降低运营费用。

【产品数据管理系统】 万向钱潮(上海)汽车系统有限公司"产品数据管理系统"项目总投资金额 110 万元,浦东社会领域信息化专项资助 42.5 万元。内容包括:企业级流程管理、产品图文档案高级进阶管理、产品项目管理、产品高级进阶配置与变更管理、图纸发放管理、报表与数据输出、异地协同设计并行管理等。该项目于 2014 年 12 月开始试运行,2015 年 7 月完成安全测评、IT 审计、财务审计。截至 2015 年上半年,项目在研发部、工艺部、采购部、制造部、质量部等公司各部门顺利运行。建成有效产品库 25 个、有效存储库 15 个、图样文档 4 937 个、零部件 4 937 个、变更请求 433 个、变更通告 216 个、设计文档 6 017 个、标准文档 464 个,满足公司产品数据管理需求。

【城市实时停车数据云计算工作管理平台】 上海喜泊客信息技术有限公司"城市实时停车数据云计算工作管理平台"总投资 303.5 万元,项目主要开发城市实时停车数据云计算模块、云计算工作管理模块,实现停车场信息查询、实时状态演算、工作流程管理等功能。项目为客户提供全面准确的停车服务，帮助驾驶员作出合适的停车判断，提高出行安全与效率，缓解城市道路拥堵状况。平台项目签约观致汽车有限公司、德国奔驰汽车有限公司等汽车生产厂家，服务浦东陆家嘴街道办事处、周浦镇、塘桥街道办事处等。

【基于SOA的加工贸易云服务平台】 上海捷艾特信息技术有限公司“基于SOA(面向服务的体系结构Service-Oriented Architecture，简称SOA)的加工贸易云服务平台”总投资210万元，主要建设内容包括：贸易合规管理协同、面向中小加工贸易企业的保料件收用存、加工贸易企业端服务、加工贸易进出口业务协同、加工贸易风险管理、加工贸易决策支持等系统。项目自2014年8月开始试运行，截至2015年4月，平台客户150多家，累计加工贸易进出口报关量56万行，商品条数12万条，完成相关产品及服务销售400万元，将加工贸易备案报文生成由平均每次申报时间2小时左右缩短到半小时之内，单耗申报及单耗版本由平均每次申报时间2.5小时左右缩短到1小时内，EDI报文生成由1小时左右缩短到半小时内。提高加工贸易企业的贸易合规性及管理效率，显著降低加工贸易风险，提高信息化管理水平。

【物流信息公共服务平台】 上海美华系统有限公司“美华进出口贸易物流信息公共服务平台”总投资173.5万元，主要建设包括信息服务门户系统、统一用户管理系统，包括：信息统计、贸易过程分析、口岸节点跟踪、跨国贸易跟踪、异常状态监控、通关绩效分析和贸易预测报告等功能。项目自2015年6月开始试运行，截至2015年年底，平台注册用户数18 673家，累计处理的报关单36 542票，成交会员数526家，完成销售额60 000元。对进出口贸易物流信息公共服务平台的进一步推广与应用，可以提高信息透明度、跟踪口岸通关和物流流程、降低口岸成本；帮助企业实现贸易过程中各类进出口单证的管理，提高工作效率；提高货主企业对第三方物流服务商的考核和绩效评估；规范企业诚信，进行贸易风险评定，规避潜在风险。

四、城市建设管理领域信息化

【道路管线监察管理信息系统】 浦东环保和市容卫生管理局“浦东道路管线监察管理信息系统”，总投资49万元。城市地下管线种类繁多，包括供水、燃气、电力、通信等多个部门。道路管线监察管理系统与区环保行政许可系统对接，加强计划编号与挖掘申请之间的关联，并通过对城市道路挖掘年度计划、月度计划的上报和审核，为合理安排挖掘工程提供决策信息，为解决城市道路“开拉链”现象奠定基础。该项目引入诚信管理，通过执法检查对施工中的不文明现象记入“诚信档案”，作为计划审批和掘路执照审批的重要参考依据。截至2015年7月底，掘路计划共申报126个月度计划，其中浦东公路管理署23个，金桥城市管理署14个，川沙城市管理署14个，陆家嘴城市管理署19个，三林城市管理署19个，惠南城市管理署37个。

【环境监察信息系统(一期)】 浦东环保和市容卫生管理局“浦东环境监察信息系统(一期)”，总投资49万元。项目单位根据《浦东新区环保市容局环保行业信息化发展规划(2010—2015)》要求，制定了“浦东环境监察信息系统”建设规划，将系统分为三期，一期“一企一档数据库”、二期“浦东环境监察现场执法辅助管理系统”、三期整合条线信息并进行补充和完善。通过建立重点工业污染企业“一企一档”数据库，完成180家重点工业企业历史数据导入，完成总量的35.7%。系统的实施，便捷政府对重点工业污染企业从审批、评审、立项、建设的全过程信息查询，也为后期的跟踪、处罚整改和治理提供依据。

【动物无害化系统上线】 浦东农业委员会执法大队“浦东动物卫生信息网络化监管系统(三期)”在一、二期的基础上，完成病死畜禽无害化处理子系统(病死畜禽无害化手机端APP和病死畜禽无害化处理监管模块)、证照管理子系统及动物产品流通信息采集子系统的升级改造等，进一步夯实工作基础，强化监管能力，使病死畜禽无害化收集和处理更加规范、透明。项目的建成，在养殖源头上规范畜禽养殖行为，防止违法违规行为发生，保障动物源性食品在生产源头安全；在动物产品流通环节，加强对动物产品产地检疫、屠宰、病死畜禽无害化处理情况的监管，及时溯源流入市场后的问题动物及动物产品，保障动物源性食品安全。提高监管部门的管理水平和效率以及信息化服务能力，为加强行业监管、政策引导和公众服务提供必要的保证。

【公路智慧管养新模式】 浦东公路管养平台暨环保子平台拓展系统是按照浦东“一总三子”综合交通信息管理系统的总体规划和要求，以电子地图为基础，重点为公路养护、道路畅通处置提供智能化服务，历经几期建设，实现全区2 000公里道路、桥梁、泵站、管道等设施全覆盖，为公路养护管理提供信息支撑。系统自2015年1月正式投入试运行以来，处理3 069起投诉案件、540条路政审批工作，完成18家养护公司的GPS清扫车数据、528座重点桥梁设施的技术检测及跟踪维修。同时，工作人员只需在办公室轻点鼠标，就能及时获取总平台上共享的22个工地、870个道路监控的实时视频信息，并自动检测现场交通事故、拥堵、停车、抛洒物等异常报警，实现道路巡检时间缩短至半小时，突发事件响应时间缩短至2小时以内，提高应急处置、投诉处理的效率和质量。构建“人、车、路”的智慧化管理新模式，进一步提升民生服务水平。

五、信息产业发展

【电子信息产业情况】 截至2015年9月，浦东软件和信息服务业实现经营收入约1 603亿元，同比增长 15.34%，超过经济增长平均水平。其中，软件产业累计收入约 1 088 亿元，互联网信息服务业累计收入 514.97 亿元。同时，浦东电子信息制造业实现经营收入 1 899.68 亿元，同比增长 12.8%。其中，计算机、手机等终端设备制造收入 1 069.01 亿元，电子元器件、通信设备及其他收入 830.67 亿元。

【集成电路产值约占全市 2/3】 2015 年上海市集成电路产值近 950 亿元，浦东集成电路产值 610 亿元，增长 18.8%，规模占全市的 64.2%。中芯国际集成电路制造有限公司(以下简称“中芯国际”)28 纳米工艺技术进入量产阶段，14 纳米工艺关键节点技术 Fin FET(鳍式场效应晶体管 Fin Field-Effect Transistor，简称 Fin FET)的专利申请数量跃居世界第 6 位；上海华力微电子有限公司(以下简称“华力微电子”)28 纳米工艺完成研发，2016 年量产；展讯通信有限公司(以下简称“展讯”)14 纳米 4G 基带芯片完成研发，大大缩短与高通、联发科的技术差距，2015 年基带芯片全球市场占有率超过 20%；格科微电子(上海)有限公司的 CMOS(互补金属氧化物半导体 Complementary Metal Oxide Semiconductor，简称 CMOS)图像传感器全年出货超过 10 亿颗，全球市场占有率近 30%。

【临港 IDC 研发与产业化基地开工】 上海移动临港 IDC(互联网数据中心 Internet Data Center 简称 IDC)研发与产业化基地项目是上海移动迄今为止最大的工程项目，以“立足华东、服务全国、辐射海外”的国际化数据中心为目标，项目建设规模25.09 万平方米，计划 2017 年土建项目竣工，2018 年正式运营，通过打造完整的互联网通信上下游产业链，提升上海“大数据”发展水平，助推上海建设具有全球影响力的科技创新中心进程。

【软件和信息服务业产业链整合力度加大】 浦东软件和信息服务企业通过资本运作，以换股、并购入股等手段，加速占领新兴市场，加大产业链整合力度，加快在全国乃至全球的战略布局。2014—2015 年以来，浦东软件和信息服务企业发生重大并购案例 15 起，涉及金额超过 100 亿元，平均单笔案例融资 6.85 亿元。其中，上海大智慧信息科技有限公司通过收购湘财证券股份有限公司成为第一家拥有券商牌照的互联网金融公司，上海金仕达卫宁软件股份有限公司通过收购北京宇信网景信息技术有限公司、山西导通信息科技有限公司，快速切入北京、山西医疗信息市场，完善全国化布局。

【2 家企业入选“互联网与工业融合创新试点企业名单”】 国家工业和信息化部(以下简称“工信部”)公布 2015 年“互联网与工业融合创新试点企业名单”，分别从全国遴选出 100 家企业作为创新试点，并确定了各企业的融合创新试点方向和项目。上海市共 3 家企业榜上有名，有 2 家在浦东，分别是上海振华重工(集团)股份有限公司(基于大数据技术的起重机远程服务创新平台)和上海康耐特光学股份有限公司(镜片制造及眼镜行业的“互联网+”应用)。

【6 家企业入选中国互联网企业百强】 中国互联网协会、工信部信息中心在北京联合发布“2015 年中国互联网企业 100 强”排行榜。此次浦东 6 家

企业入选，排名最靠前的为上海盛大网络发展有限公司(16 名)，其他 5 家企业分别为前程无忧、上海大智慧信息科技有限公司、陆家嘴国际金融资产交易市场股份有限公司、上海二三四五网络科技有限公司以及上海钢联电子商务股份有限公司。

【2 家企业入选“两化融合管理体系贯标试点”】 按照工信部《信息化和工业化融合管理体系评定管理办法》，经过合规性审查和专家复核，全国共200 家企业入选两化融合管理体系贯标试点。其中上海有 8 家企业，浦东新区占 2 家，分别是沪东重机股份有限公司的海洋动力装备优化设计能力与精益制造能力，上海外高桥造船有限公司的船舶与海洋工程产品创新研发设计与精益建造能力。

【国家集成电路产业投资基金支持】 在相关部门推动下，中国集成电路产业投资基金宣布投资30.98亿港元认购中芯国际新股，以 11.58%股比成为公司第二大股东。中芯国际 2014 年工业产值68.86亿元，同比增长 14%，此次与产业投资基金合作，能有力带动 28 纳米技术的产能扩展与工艺提升。与此同时，国家集成电路产业投资基金、华芯投资管理有限责任公司(以下简称“华芯投资”)、紫光集团有限公司(以下简称“紫光”)共同签署三方战略合作协议，未来五年内产业投资基金拟以股权投资方式给予紫光总金额不超过 100亿元人民币支持。2014 年展讯保持 20%的业绩增长，手机芯片出货 5.5 亿颗，其中超过 2 亿颗智能手机芯片，位列全球第三大手机基带公司。加上已得到产业基金投资的中微半导体，未来浦东集成电路企业有望进一步扩大业务规模，实现跨越式发展。

【哔哩哔哩完成 B 轮融资】 上海幻电信息科技有限公司成立于 2009 年，是视频弹幕网站哔哩哔哩的实体运营企业，注册资本 1 064.51 万人民币，规模 320 人，经过四年的摸索，成功获得 B 轮融资。截至 2014 年年底，哔哩哔哩的视频总播放次数(网页端+移动端)已经突破 50 亿，注册会员突破800 万，日活跃用户突破 700 万，每日的访客数突破 4 000 万，日投稿视频总量 4 000 余个，视频流量突破 280 万，在 Alexa 全球综合排名第 270 位，中国排名第 54 位。

六、信息基础设施建设

【150 多个公共场所开通免费 WiFi】 i-Pudong Free 免费 WiFi 从 2015 年 10 月开始架设，已覆盖67 个公共场所，2015 年年底前覆盖包括商场、医院、图书馆、社区中心在内的 154 个公场所，安装AP 接入设备超过 3 000 台，覆盖浦东 180 万人口。i-Pudong Free 平均网速为 6 M/s，是 i-Shanghai 的3 倍，在重点场所将达到 10 M/s。

【信息化基础设施能级位居全市前列】 浦东“城市光网”覆盖水平已达到196万户，城市地区基本实现全覆盖。浦东实际固定宽带带宽达13M，3G基站数6 113个，4G基站数超过4 000个。已建成2 438个公共区域WiFi场所，并在68个重点公共场所区域(医院、公园、图书馆、文化中心等)推动i-Shanghai免费向公众开放，随着“陆家嘴无线金融城应用平台”正式运行，小陆家嘴地区已实现免费WiFi全覆盖。

【建成4G基站超过4 000个】 截至2015年上半年，浦东累计建成4G基站超过4 000个，占全市17%左右。其中，上海移动超过2 000个，上海联通1 056个，上海电信997个。浦东4G网络已基本实现外环内城区和郊区城镇化地区连续覆盖，重点工程、交通枢纽等重点区域有效覆盖。

【上海首个千兆宽带示范小区启动】 中国电信上海公司在小陆家嘴国信世纪海景小区发布全球首个基于对称型10G-PON技术的FTTH(光纤到户Fiber To The Home，简称FTTH)千兆宽带示范点。经由上海电信部署的10G-PON网络，入户下行带宽达到1 000M，上行带宽则大幅提升至100M，尤其是上行带宽已经远远高出市场上的宽带产品。示范小区内共有135户房屋为电信宽带用户，均已具备千兆宽带接入能力。

【区经信委与电信浦东局开展战略合作】 2015年是“十二五”规划的收官之年，为深入贯彻智慧浦东“十二五”规划各项任务，推进浦东智慧城市各项工作开展，把握上海自贸试验区扩区的历史契机，推动科创中心建设，推进“互联网+”时代信息产业大发展，共同谋求“十三五”的布局开篇，区经信委与浦东电信就推进智慧浦东建设开展战略合作。双方紧扣“创新驱动、转型发展”主题，围绕智慧浦东各项任务要求，进一步拓展浦东信息化建设的合作领域，继续在信息化应用、信息产业、信息基础设施等方面加大推进力度。在陆家嘴等中内环区域和迪士尼等重要区域，率先提供“4G+”覆盖，最高下载速率达300M。积极推进城市宽带第七次大提速，建设光网千兆入户样板小区，大力发展“4K智能高清IPTV”业务，打造上海“城市光网”示范应用区。

七、信息化环境建设

【第12届上海“信博会”】 亚洲最大的电子信息专业展“上海国际信息化博览会”(以下简称“信博会”)于2015年3月17—19日在上海新国际博览中心举行。本次信博会由上海市经济信息化委和浦东新区政府共同主办，以“电子信息引领产业革命”为主题，共设16个展馆，参展商超过3 100家，展出面积18.79万平方米，由“中国国际半导体设备与材料展暨研讨会”、“中国国际平板显示器件、设备材料及配套件展”、“慕尼黑上海电子展”、“慕尼黑上海电子生产设备展”、“慕尼黑上海光博会”、“中国国际电子电路展览”六大专业展览和近百场论坛研讨会组成。

【2015中国智慧城市创新发展峰会】 2015年12月14日，2015中国智慧城市创新发展峰会暨2015上海智慧城市体验周闭幕式在上海国际会议中心举行。本次峰会是在中央网信办信息化发展局、工信部信息化与软件信息服务业司、上海市智慧城市建设领导小组办公室、上海市经济信息化委、浦东新区智慧城市建设领导小组办公室、新华社上海分社等的指导下，由上海浦东智慧城市发展研究院、上海市信息服务业行业协会、上海市智慧社区创新联盟、新华社上海分社新闻信息中心主办。峰会以“互联网＋浪潮下的智慧城市”为主题，汇集智慧城市建设政府部门相关领导、知名专家学者、技术领先企业，深入探讨在“互联网+”时代下智慧城市建设新模式，为新一轮智慧城市建设提供了高层级的交流、展示和合作平台。来自政府、研究机构、企业的500多人参加了本次峰会。

【18家基地申报“四新”经济创新基地试点】 按照上海市“四新”经济创新基地建设试点工作要求，浦东有18家基地申报试点，约占全市1/3，居全市首位。有三方面特点，一是区域分布广，其中张江9家，包括金桥4家、临港产业区2家、南汇工业园区1家、北蔡镇1家、东方医院1家。二是行业细分领域门类多，包括机器人、网络视听、高端医疗器械、新一代信息技术、再制造等细分领域。三是凸显园区二次开发和转型升级，包括生物医药材料基地(南汇工业园区)、网络信息安全基地(临港)、中环四新经济创新创业园(北蔡)等。

【浦东“智慧园区”试点单位占全市的1/5】 全市有“智慧园区”试点单位22家，浦东有5家，占全市1/5，分别是临港产业区、康桥产业区、浦东软件园、上海国际旅游度假区、上海世博园。

【20名专家献计“智慧浦东”建设】 2015年8月28日，浦东新区召开2015浦东新区智慧城市专家委员会暨浦东智慧城市建设高端研讨会，浦东专家委员会20名专家发挥智库力量，探讨“互联网+”思维下浦东智慧城市发展新路径。浦东智慧园区、智慧社区、企业代表等近100人参加会议。会上，区经信委副主任张爱平向与会专家汇报浦东“十二五”期间智慧城市建设取得的成果，并介绍“十三五”期间重点发展的几个方面。同时，上海移动互联网应用促进中心落户张江仪式在浦东举行。

【2015中荷浦东智慧城市发展研讨会】 2015年10月28日，2015上海浦东智慧城市合作交流会暨中荷浦东智慧城市发展研讨会在上海召开。会议由荷兰王国驻上海总领事馆主办，上海市浦东新区国际交往中心、上海浦东智慧城市发展研究院协办。中荷双方对于建设和发展智慧城市有着共同愿景和运作经验。本次就智慧楼宇、智慧社区、大数据和智慧出行四个议题分别进行案例分享和谈论。通过情况分析和互动讨论，中荷双方对面临的创新挑战达成共识。

【2015浦东智慧园区建设研讨会】 2015年12月3日，2015上海智慧城市体验周系列活动之浦东智慧园区建设研讨会在浦东企业中心举行，来自政府、研究院、园区、运营商、企业等的40多位精英代表，围绕通信、云计算、物联网、新能源应用等

软硬件新技术应用方案进行分享交流，积极探索浦东智慧园区发展新模式、新趋势。

【成立智慧城市大数据实验室】 “十三五”期间，云计算、大数据是浦东智慧城市发展的关键要素，浦东已经进入智慧城市2.0阶段。区经信委副主任张爱平表示，智慧城市2.0有五大特征：Information（大数据）、Intelligent（智能化）、Innovation（创新）、Interactive(交互)、Integration(融合)。2015年6月19日，由上海浦东智慧城市发展研究院主办的“iPudong智慧城市系列沙龙第三期”在中国金融信息中心举行。来自大数据、云计算、物联网等相关行业的主管领导、协会代表与100多位企业代表出席会议。上海浦东智慧城市发展研究院、中国科学院上海高等研究院智慧城市研究中心联合创办的智慧城市大数据实验室宣告成立。

【关爱社区老人智能手机APP应用培训进社区】 各类智能化应用通过现代信息技术，解决一系列与人们生活密切相关的问题，涉及吃、住、行、游、购、娱等领域的APP应用成为构建智慧社区的重要载体。浦东信息化协会分别于2015年5月18日、5月27日在塘桥街道、沪东街道举办智慧社区便民APP使用技能讲座，约250人参加。讲座涵盖居民出行、购物、旅游、理财、健康、学习、娱乐等各个方面，讲解了APP的使用方法、场景和技巧等实用技能，向社区居民进行针对性培训。

【利用信息化手段提升社区工作】 2014年，上海市委把“创新社会治理、加强基层建设”列为“一号课题”。经过近一年的深入调研，形成《关于进一步创新社会治理加强基层建设的意见》以及6个配套文件。在落实意见及相关配套文件的工作中，如何借助信息化手段，及时有效地开展村居委社区工作是新形势下各街镇面临的课题之一。浦东信息化协会在2015年下半年对相关街镇新选出的村居委主任进行信息化技术与智慧社区建设知识的普及和培训，活动在金桥镇、康桥镇、洋泾街道开展，通过科普确立、提升村居委干部的信息化、“互联网+”意识，为智慧社区建设打好基础。

八、社会信用体系建设

【在线免费查询信用报告】 为全市的法人和市民在线免费提供一次信用查询报告是2015年上海市政府实事项目之一。为确保常住人口和法人“两个5%”的信用报告查询目标完成(即自然人15万，法人8 500家，指标数额位列各区之最)，区经信委制定《浦东新区落实上海市免费查询信用报告实事项目方案》，联合相关街镇和管委会，采用现场演示、批量查询、结果推送等方式，为企业和市民提供信用报告免费查询。2015年，浦东共完成154 801个自然人和9 559家企业的信用报告查询工作。

【浦东公共信用信息服务平台】 浦东公共信用信息服务平台作为上海市公共信用信息服务子

平台，是区级层面唯一的综合性公共信用信息服务平台。已录入市场监管局、人保局、旅游局、海洋局、安监局、水务局等 10 个部门 350 万余条数据，涉及登记类、许可类、处罚类等信用信息。相关部门已形成周工作例会制度，共同加快平台建设，2015 年年内建成项目一期，为企业事中、事后监管提供基础数据支撑。下一步，将与区审改办重点研究政府信用大数据应用，推动政府职能转变。

【洋泾社区诚信建设主题研讨】 “诚信宣传周”系列活动之“洋泾社区诚信建设主题研讨”于 2015 年 10 月 26 日在浦东洋泾街道 891 工艺坊召开，浦东干部学院、华东理工大学、上海大学等五所高校教授以“推进社区诚信建设，创新基层社会治理”为主题发言交流，探讨基层社会治理新模式。洋泾街道在实践中探索出了“一库、二榜、三机制”的社区信用体系建设框架和“1＋1＋4”的具体做法，系统地推进社会信用体系建设，为基层信用体系建设进行有益尝试，下一步将加强区级—街镇信用体系联动建设，共同推动浦东社会信用体系发展。

【两则案例入选“上海市社会信用体系建设”十大典型】 上海“诚信活动周”于 2015 年 11 月 26 日至 12 月 3 日举行，以信用案例推介为主线，让市民、企业切实感受信用给生产生活、守法经营带来的便利和实惠。2015 年上海诚信体系建设的十大典型案例正式公布，浦东“洋泾街道创新社区诚信体系建设”以及自贸试验区“企业信用分类管理”入选。洋泾街道构建“一库、一榜、三机制”的社区诚信建设框架，为破解基层社会治理难题提供新路径。自贸试验区在 2013 年率先开通上海市信用平台子平台和服务窗口。

（蒯晓豪）

第二章　徐汇区信息化建设

概　述

徐汇区以互联网思维为引导，全面推进“服务意识、服务事项和服务体验的互联网化”，打造“一网运行、一个窗口、一办到底”的“互联网＋政务”服务平台，让数据多跑路、群众少跑腿，推进行政审批标准化、政务服务便利化、信息共享平台化、社会治理精细化，强力支撑现代化国际大都市一流中心城区建设。

一、政务领域信息化

【政务服务“单一窗口”】　徐汇区遵循“让群众满意，使企业受益”的目标，围绕服务型政府建设，着力以信息化助推政务服务现代化，积极运用互联网思维，推动网上政务服务从“信息发布 1.0”向“在线办事 2.0”转型，实现“建设集约化、服务规范化、流程标准化、体验便捷化、数据共享化”。在流程优化上，将数字证书申领纳入企业设立一口受理直通车；户外广告审批事项的协调审批实现一次收件、一次发证模式；整合招标办与安质监站受理窗口，压缩行政审批环节，提高受理效率。在办事程序优化方面，在网站、手机微信平台开通基础上，开发苹果及安卓版手机 APP，多种网上服务渠道为百姓提供网上全天候服务。以微信发布为例，围绕市民办事的指引需求，先后策划推出交通、通讯、设备和预约等专题服务指南；围绕市民办事的咨询需求，对常见问题进行收集，并分门别类，推出企业注册、档案查询、人才服务、就业服务、居住证积分等专题答疑。同时借助“徐汇发布”微信平台进行再宣传、再发布。2015 年，微信订阅人数突破万人，点击率突破 100 万人次。

【网上政务大厅】　徐汇区借鉴“12345”市民服务

热线经验,以"新媒体+平台化"为重点,推动政务服务便利、精准化。互联网和移动端服务"一口统筹"。网上政务服务采用统一的后台管理,不同的终端推送模式,使不同终端显示的信息能够在后台分渠道、分栏目、选功能。统一管理信息资源,减少信息报送环节,降低信息发布错误率。内部协同审批"一网到底",积极推进办事服务"网上走",不仅便于行政人员"留存"办事信息,同时将各种分散的、不规则存在的信息整合成一张"信息网",每个信息节点之间依靠某种或某几种业务逻辑关系进行关联,有效突破信息孤岛的困扰,在这张信息网中获取相关的信息。市民办事服务"一办到底"。积极探索为民提供便利的办事服务。通过统一的平台,市民可以在手机端微信进行预约办事、查询办事进度,到实体大厅提交材料,领取证件。线上线下服务关联,市民可以在不同时间和地点查询所办事项的情况。

【行政服务中心一体化建设】 2015 年 5 月,徐汇区行政服务中心对外服务大厅建成运行,145 个窗口、354 项审批服务事项"集中受理、协同办理",同步开通网站、手机 APP、微信和自助服务终端,"五位一体"实现网上服务与实体大厅服务、线上服务与线下服务"一体化"运行,实现 7×24 小时全天候、全覆盖政务服务,年服务量约一百万次。

开通"企业设立一口受理直通车",打通"工商、质监、税务、商务和统计"条线系统,建立"一表填报、一口收件、协同办理、限时办结、统一发照"运行机制,实现"少跑路、减材料、省时间"。企业申报材料从 43 份精简到 27 份,往返次数从 7、8 次减少到交件、领证各 1 次,外商投资批准证书、工商营业执照、组织机构代码证、税务登记证、统计登记证办理时间从 1 个月压缩到 4 个工作日。

以户外广告行政审批为试点,推进徐汇区绿化和市容管理局与徐汇区市场监督管理局合作建设跨系统"单一窗口",推行户外广告"一次收件、一次发证"新模式。在此基础上,将着手建立"户外广告审批业务全程网上办理"机制,以审批流程"简化、优化、标准化"和审批信息共享为支撑,最终实现"网上先行受理、网下当场办结"。

除网上服务外,实体大厅还配备多种自助服务机,为现场服务提供便利,如出入境自助取证机、自动签注机等。随着电子执照等改革举措落地,通过"形式审批+告知承诺",实体大厅还将会同相关入驻部门,积极探索实现全程网上办理。

【构建开放体系】 在市相关部门的大力支持下,已有 12 个条线专网接入徐汇区电子政务外网,继续深化"迁网行动",让部门审批事项全面从封闭专网接入政务外网,并逐步向互联网开放。同时,对接 73 个业务系统,根据每个系统的特点采用不同的方式连接,有效进行业务系统间的互联互通。

【完善共享平台】 按照"连接一切"的理念,利用技术手段推动跨部门、跨层级的数据共享与协同,积极构建"市区联动、全区共享"的行政审批联动体系,让群众可"一门办、就近办、网上办"。加强政务服务平台向社区延伸。以区行政服务中心、13 个街道镇社区事务受理中心和居民区延伸办理点为载体,构建"1+13+X"区域化政务服务体系,形成"政务服务集中办理、民生服务下沉社区"的格局。重点依托市"法人一证通"和市民云,全面打通网上与网下资源,试行"网上认证、申请预约、窗口优办"模式,促进线上办理与线下窗口服务有机融合。已有10个部门54个事项可在网上受理或办理，2015年提供便民服务2 602次。

【探索政社合作】 徐汇区在社会效益明显、政务服务带动性强、示范作用突出的若干重点领域推动公共数据开放、信息技术资源整合，加强政府与企业、社会跨界合作，探索“企业服务企业”机制，借鉴电子商务模式，推进网上政务跨越式发展，让更多企业、群众享受到信息化的便利和改革的实惠。与腾讯计算机系统有限公司合作，在微信“民生”页面开设徐汇智慧政务服务；引入中智上海经济技术合作公司、百事通科技有限公司等社会化服务机构，建立“企业服务随心选”平台，通过“在线认证、信息共享、服务反馈”等机制，提供口袋律师、智能人事代理、移动OA等专业高效服务，并向小微金融、信息服务等延伸，重点助力“草根性”中小企业创新创业；重点推进科技创新在线服务，通过政府购买“科技创新服务券”，使科技型企业获取法律、人力资源、财务管理、人才医疗、检验检测、科技金融和知识产权等八大专业服务，串联起全区创新企业、创新园区、众创空间、孵化基地等创新服务产业链。

【推动信息资源整合】 以“规范、共享、协同”为原则，统筹全区政务信息资源集约化管理。结合徐汇区实际，制定《区政务公开和政务服务技术规范与数据标准》，对新建信息系统，进一步规范各部门网上行政职权事项的数据格式；对已建成的信息系统，则采用开放式标准以兼容不同条线、不同格式、不同内容的行政数据信息。建立统一标准后，徐汇区各职能部门的网上工作信息可通过转换，成为标准格式信息，便于数据的相互沟通和交流，为推动行政数据信息共享提供有效途径。

【深化信息资源应用】 徐汇区加强对基础数据库、主题数据库和行业应用数据库的开发，充分挖掘政务信息资源的价值。深化主题数据库应用。着力构建行政审批大数据共享应用平台，不断提升行政审批和公共服务效能。以法人库、人口库、地理信息库为基础，加快条线系统数据落地应用，推动基本信息、证照信息、资质信息、监管信息、信用评价信息等跨部门、跨层级共享，以大数据为手段，辟通行政审批管理服务的信息高速公路。坚持整合执法资源与强化科技支撑相结合，促进行政审批阳光运行、规范运行，逐步推进所有行政审批事项在网上全程、闭环操作，精简审批环节，共享审批信息，提高审批效率，并同步建立电子监管系统。平台共发布服务事项信息145项，其中行政职权113项、便民服务32项；梳理政府公开信息22类5 320条；采集行政审批、社区服务等办件信息160万件。深化基础数据库应用。积极推进市法人库、人口库、空间地理库数据的全面落地，同时结合网格化综合管理工作，实现城市管理领域92类数据落地，实现公安、小区4600路视频监控联网，极大地提高城市管理的精细化水平。深化行业应用数据库开发。积极回应社会关切，探索汇聚医养结合、民生服务、基层治理和应急管理等跨行业数据，支撑政务公开、公共服务和社会再开发增值服务。

【加强安全认证评估】 聚焦三级等保要求，将等级保护测评经验成果延伸至区中心机房集中托管的各单位应用，区电子政务应用的整体信息安全防护能力得到有效提升。完成区门户网站、区公务员门户系统两个三级系统的重要信息系统等级保护测评工作，进一步提升区重要信息系统的安全防护能力，确保核心应用的安全性。采用安全基线检查与阶段性渗透测试相结合的方式，及时发现信息安全风险，加强信息安全防护手段与措施，互联网应用及内部应用的安全防护能力得到进一步提升。定期开展信息安全自查，发现信息安全风险，编制《区政务外网信息安全月报》，报送区分管领导，督促相关部门落实信息安全责任与整改工作。

【提升政务网络服务能级】 在电子政务基础设施建设方面，一是结合区网格化系统延伸至居民区、七所八所工作，完成全区 13 个街道镇及下属七所八所、居委会的 398 台网格化应用终端的标准化部署工作，建立网格化应用网络监控体系与运维响应机制，提升全区网格化应用系统安全性、稳定性、可靠性。二是全面排查基层单位基础网络环境，从网络、应用、终端层面，编制基于安全的应用方案及相关管理规范，为电子政务应用的推进与安全保障，进一步加强顶层设计，做好全区统一规划工作。

在电子政务基础设施管理方面，一是结合区计算机终端统一维护服务工作，开展微信公众平台报修，推广全区各个委办局通过微信公众号进行设备报修及用户满意度调查，并通过二维码贴标管理工作，做好计算机终端资产管理、用户报修、服务质量跟踪等工作，进一步提升计算机终端资产管理的精细度与时效性，提升年底用户报修便利性，为终端服务质量管理提供数据支撑。二是进一步优化与扩展 XH336 无线网络。开展无线网络升级改造工作，对无线 AP 进行排摸及资源核查，合理规划无线信号资源分配，增强无线信号覆盖，加强无线网络重点场所的驻场保障服务，制定无线网络故障应急处置计划，提升全区用户无线网络体验度。

【深化电子政务重点应用】 徐汇区按照市政府推行办公无纸化的要求，从办公自动化与办事服务两个方面加快推进无纸化应用。在办公自动化方面，在阅件全面无纸化基础上，以电子签章应用为关键，推行公文办件审批、重点工作督查、书面意见办理、政府信息公开等核心业务全程电子化应用。以信息安全为底线，推进办公自动化系统等核心平台的国产化改造。同步开展政务信息资源梳理与编目工作。

（胡　喆）

二、社会领域信息化

【养老信息化】 徐汇区坚持增加服务供应和提高服务质效“两手抓”，进一步增强养老服务能级。一是对接民政“久久关爱平台”热线（962899），为 70 周岁以上“失独”家庭免费安装救援关爱话机，提供信息查询、牵线搭桥、关爱服务、紧急救助四类电话服务。二是增加养老服务供应，把近两年新增养老床位(约1 900张)中的60%列为基本公共养老服务床位。三是重点提升服务质效,全面推进老年照护统一需求评估试点,出台实施《区老年照护转介细则》、《区老年照护统一需求评估程序》等12项老年照护统一需求评估配套政策。四是购买第三方服务,建立居家、社区、机构服务运行监管信息化系统,实时监管服务过程。

【教育信息化】 加大协同,不断推进家、校、社三位一体育人机制建设。一是加强校外育人共同体建设,利用学生社会实践电子证平台,跟进校外教育信息化管理,引导中小学生使用好电子学生证、"社会实践家庭护照"和"徐汇学子展馆行护照"。二是借助市家庭教育指导资源平台,引导基层学校开展家庭教育指导的研究,发挥社区学校、家长学校作用,在徐家汇、长桥、康健等街道试点探索新路径,提高家、校、社合力育人实效。

【公共服务平台】 徐汇区教育局完善公共服务平台,规范民办非学历教育发展。印制《徐汇区民办非学历教育培训机构分布图》,建立微信平台"光启E学团",扩大知晓率,为居民终身学习提供信息;完成机构年检初审,对90所进修院校进行年检,依法完成各类变更事项66项、专业备案14项、颁发办学许可证2家,严格执行学杂费专用账户监管制度;同时,开展民办非学历教育培训机构特色课程孵化评选活动,搭建参与终身教育的平台,提升可持续发展实力。

【电子实时监管】 徐汇区司法局与徐汇区人民法院共同拟定关于社区服刑人员实施电子实时监管相关制度,通过调查评估事先告知、被告人知情同意并自愿承诺、通过判决予以确认、明确佩戴要求及流程等措施,进一步规范电子实时监管工作,体现社区矫正执法严肃性。徐汇区人民法院在一例刑事判决中,将社区矫正中心的调查评估意见写入判决书,属全国首次。

【法律服务智慧化】 徐汇区司法局加大对接,推动公共法律服务智慧化建设。一是打造司法行政网上服务大厅,提供在线人民调解申请、法律援助预申请、公益律师名录公示、公益法律服务活动查询、在线法律咨询等网上公共法律服务。二是借助微信平台公众号,推行医患纠纷人民调解在线申请和法律援助在线预申请服务,宣传相关法律法规、告知申请流程和受案范围,提供在线咨询、"12348"法律援助热线直拨等服务。三是试点开通7×24小时法律咨询免费热线,利用第三方专业信息服务平台载体及其专业技术和服务团队,在部分街道内开通热线提供全天候免费法律咨询服务。

【社区事务受理中心】 徐汇区民政局以标准化、智能化为抓手,着力推进社区事务受理服务中心建设。一是整合各社区受理中心内部资源,合理设置职能科室,规范预算编制,加强网络安全建设。二是深化标准化建设,制定完善区受理事项标准手册;打通条线壁垒,年内实现全区通办事项80项。三是推进政府公共智能服务,为13个社区事务延伸服务点配备智能查询机,为居民提供政策咨询、事务查询和13项社区事务的代理服务。四是拓展服务功能,推进政务全程公开,完善区级社区事务综合服务平台,协调条线部门建立业务知识库、数据查询库。

【便民医疗】 徐汇区卫生局加强公共服务，切实提升居民惠民便民感受度。一是提供便利化的医疗服务。在72家社区卫生服务站设置与居民手机绑定的健康数据采集仪；畅通一、二、三级医院间转诊渠道；为签约家庭医生的高血压、糖尿病居民一次配足2个月内治疗性用药。二是推进便民服务项目建设。建立青少年生殖健康指导微信平台；为800户计划生育特殊困难家庭提供安全、有效、连续、可及的医疗保健服务；在系统内建造16个妈咪小屋，为孕育女性提供温馨服务；为区属医疗机构住院病人提供优质饮食服务。

【虹梅街道】 强化资源融合，提升服务效率。一是打造线上线下共享平台，通过社区网站、微信公众号等网络传播方式，加大社企资源共享，充分依托漕开发和交通大学两个国家级人才基地，积极打造"微课"等知识分享平台。二是协同推进居委会信息管理系统建设，将台账统计、活动记录、经费管理、人员考核、办文审批、帮困救助等功能纳入系统，力争覆盖居委会全部日常工作，为推广居务公开及经费审计夯实基础。三是与中国电信签署战略合作协议，缓解数据传输瓶颈，强化社区综合管理。

【凌云街道】 全面推进城市网格化综合管理工作。一是加强硬件建设，开通可视化信息平台，配备70台城管通手持终端，实现区网格中心、社区中心、10个居民区工作站、4个街道职能部门、6个区派驻基层站所间的网格化对接。二是完善工作制度，建立健全岗位职责、工作守则、考核办法等系列规章制度，对平台操作、网格巡查、机动处置、联勤执法及巡查督察等五支队伍开展培训，提升整体处置能力。三是开展模拟测试，及时优化系统流程，确保街道城市网格化综合管理中心按时正常运行。

【枫林街道】 一是深化社区服务品牌，搭建社区增值服务平台，推进"健康枫林"的"空中移动讲堂"网站项目和"健康直通车"微信平台建设，强化品牌效应，完善社区事务受理服务中心微信平台功能，提供民生保障政策、劳动就业、帮困救助等信息。二是优化社区管理，推进东四、宛六社区综合管理信息系统建设，完善社区人、地、事、物、组织等各项基础数据资源，为提升社区精细化管理水平夯实基础。

【环保计划】 徐汇区环保局持续推进第六轮环保三年行动计划，提升区域环境整体水平。一是加大大气环境保护力度。加强对工地扬尘污染控制，推进扬尘污染在线监控系统安装。二是提升水环境质量。在徐汇滨江试点"道路雨水花园"生态处理处置技术，启动区管雨水泵站旱流截污方案制定，完成21个直排污染源的改造工程。三是推进低碳城区建设。完成171幢大型公共建筑能耗监测系统，设置第一批15个针对小件电子废弃物回收箱的放置点，建设屋顶绿化5 263平方米。

【长桥街道】 积极推动职能转变，确保"1＋6"文件精神有效落实。一是加强信息平台建设。与市气象局合作，开发气象风险预警平台并整合自有信息受理渠道，开设"长桥热线"、"街道主任信箱"，畅通社代会等反映诉求渠道；利用属地派出所监控系统资源，实现对辖区重点区域的监控全覆盖。二是加快推进网格化管理。结合社区实际，进一步调整充实平台管理事项，形成城市管理执法、综合服务、综合治理3大类、23个中类、123个小类的管理事项，提升社区管理服务能力。三是建立健全信息库。完成龙川北路、上中路和百色路等3条路段205家商铺的信息采集，包括商铺房屋面积、经营业态、产权所属、租赁关系等基础信息。

【康健街道】 整合社会组织资源，优化社区服务质量。一是与东方网合作拓展生活服务中心功能，完成中心内生活服务设施的配备和完善，建设街道首家社区"智慧屋"，为居民提供快递自提、自助健康测量、自助充值等智能化服务设施。二是探索社区慈善超市委托运营新模式，政府购买第三方服务，对慈善超市进行管理，强化超市物资筹备能力、流转能力和变现能力。三是强化社会组织服务中心作用，由该中心牵头，对街道购买的社会组织服务项目开展指导监督和项目评估，提升社会组织服务与街道需求的匹配度；组织互动交流和成果展示活动，加强社会组织服务中心规范化建设。

【斜土街道】 探索医养结合养老模式建设，完善社区养老服务。一是在技术运用上进行探索。运用网络技术，打造智能老人健康管理系统，涵盖包括健康管理、健康监测、远程医疗协助等功能，同时探索建立社区老年人电子健康档案。二是在工作模式上进行探索。委托具有专业资质的社会组织或企业对老人进行生活照护、开展精神文化服务，打造"社区主导＋社会化运行"模式，实现政府从办服务到买服务、管服务的转变。三是在团队建设上进行探索，依托社区卫生服务中心朱兰家庭医生团队及相关医疗人才，尝试增设老年康复科，以个人为中心、家庭为单位，开展综合性医疗卫生保健服务和健康宣教活动。

【徐汇滨江】 徐汇区坚持"文化先导、产业主导"的发展理念，致力于公共环境品质的提升与文化传媒核心功能的塑造。按照已编制完善"滨江地区综合开发建设三年行动计划"，进一步提升和加速滨江地区的综合开发，完善设施和环境建设，形成更加完整、网络化的基础设施体系，完善配套服务设施；加强重点项目建设，加快推进梦中心、西岸传媒港、民航服务中心等项目建设。

三、经济领域信息化

【搭建融资服务平台】 徐汇区深化金融服务，积极搭建服务实体经济的直接融资服务平台。一是形成拟上市企业库。排摸企业上市(挂牌)等直接融资意愿、融资需求，推荐58家企业纳入企业直接融资库，其中纳入"大张江"范围内的企业占47家，占比81％。二是形成专业指导队伍。聘请证券机构、投资公司、银行、产业园区专家以及律师、会计师等20余名，对有意向上市(挂牌)等直接融资的入库企业提供服务。遴选出17家符合产业导向的聚焦服务型企业，并对41家辅导培育类企业建立联席服务机制。三是打造企业服务平台。形成由区商务委、区金融办、市场监管、税务局等政府部门组成的企业上市服务工作平台，突出服务优势，减轻政策优惠，采用全过程、组团服务，加强对已上市(挂牌)53家“存量”企业的关注，鼓励已上市企业通过兼并重组、再融资等方式不断发展壮大，带动区域内及全市相关创新类、科技类实体产业发展。

【完善缴税微信平台】 徐汇区税务分局落实创新“互联网+”思维，完善“徐汇税务”微信平台建设，成为国内首个可微信缴税城区。微信号开通以来，推送各类税收信息、政策解读、通知公告近百条，关注人数达到6 000余人；通过私房出租缴税、挂号预约、排队人数查询等功能，在为纳税人提供便捷的缴税和预约服务的同时，有效减少税务窗口人流，为服务窗口减负，继续在提高办税效率、最大化满足纳税人需求方面多迈一步。

【创新金融服务】 徐汇区金融办创新金融服务，推动区域产业转型升级。一是整合资源，强化平台建设。积极争取市金融办的政策支持，依托上海漕河泾新兴技术开发区(以下简称“漕开发”)打造科技金融服务创新示范区，利用区域互联网金融资源优势，共建互联网金融产业基地，在徐汇滨江建设文化金融特色园区。二是着力缓解中小微企业融资难题。设立5 000万元规模的天使投资引导基金，专门聚焦早期“种子企业”；推动央行“支小再贷款”业务落地；与上海农商银行合作，首期超5亿元再贷款在年内与中小微企业进行对接。三是推广复制上海自贸试验区创新业务。与中国银行合作逐步建立上海自贸试验区创新业务战略联盟，开展跨境人民币双向资金池等四项上海自贸试验区创新金融服务。

【产业推动】 依托漕开发、核电集团、交大科技园等市级“四新”经济创新基地，深化条块协同，推动区域产业转型升级。一是推动集成电路产业发展。围绕核心版块集成电路设计，推进集成电路产业公共测试平台、集成电路产业知识产权服务平台建设；市级集成电路产业创新基地已初具规模，2015年1—8月，集成电路制造总产值14.11亿元，集成电路设计营业收入8.74亿元。二是建设核电服务产业创新基地。依托核电集团，推动核电产业链延伸发展，推进核电关联企业取证、入围、核电设备认证等产业一体化发展；充分利用科技金融优势，探索核电设备的融资租赁等新业态。三是升级大数据和云计算平台产业创新基地。加强上海市云计算联合实验室交大慧谷分中心等硬件的支撑服务建设，以及创新创业服务体系等软环境建设；1—8月，数据处理和存储服务等方面营业收入达9.02亿元。

四、城市建设管理领域信息化

【聚焦智慧城市建设】 徐汇区以项目为抓手，全力推进智慧城区体系化建设。一是落实三年行动计划。聚焦智慧社区、智慧商务和智慧政务，搭建数据中心，强化智能化基础设施建设和信息安全支撑，构建智慧城区建设的组织机制和保障体系。二是实施具体项目。推进公共区域无线覆盖、网上政务大厅、智慧社区、公共安全智慧化管理、众创空间服务平台和科技创新服务券业务受理系统建设等一批智慧应用项目实施。三是发挥上海电信在网络建设、技术应用推广等方面的资源优势，建设区域高速移动网络、光纤网络、云服务等国际领先的信息基础设施，推动“互联网＋公共民生服务”以及“互联网＋政务”等应用项目实施。

【加快智慧商圈建设】 徐家汇商城聚焦重点，加快推进功能智慧化建设。通过引进跨境电商、轻奢集合店和移动支付等新业态、新技术，建设完善商城网络平台，O2O商城网站、移动APP、e卡通支付等开发，通过线上线下联动，优化传统百货自主管理，提升消费者购物体验的舒适度。同时，引入互联网思维，推广商圈WiFi，加强网络宣传，形成商旅文联动和线上线下互动格局。

【推进交通智慧化】 加大互联网技术运用，提升城区治理和服务水平。一是推进城市顽症解决，在枫林街道试点，优化中山医院等重点区域道路出行，推进社区“E停车”APP停车系统开发，着力缓解医院周边等重点区域停车难和交通拥堵现状。二是强化静态交通管理，加快交通管理信息平台、重点地区道路停车信息发布系统建设，逐步实现重点区域的三级诱导系统全覆盖；加强重点区域、核心商圈停车管理，推广徐家汇商圈固定出租车停放管理机制，探索错时停车措施。三是严格交通执法管理，在徐家汇商圈、肿瘤医院和上海铁路南站附近道路安装并全部启用40组违法停车电子警察。

【管理动拆迁房源】 徐汇区建设交通委创新动迁信息平台，整合全区房源信息网络资源，畅通“建设交通委—安置中心—动迁公司”网络渠道，做到信息共享和互通，提高科学分析房源数据的功能，提升适配房源的使用率。实现动态管理，通过网络系统实时掌握安置房源的使用情况，确保房源使用信息及时更新，加强对房源的查询、统计与核对，提高房源的利用率。实现透明公开，努力完善网上房源管理平台，及时传递信息，准确掌握房源的使用状态。

【保护历史建筑】 徐汇区住房保障房屋管理局推进历史建筑保护工作，开展历史建筑“一幢一册”工作，细化分析保护建筑的使用现状，充实保护建筑信息系统数据库。同时，按照市房管局历史建筑审批权下放的工作要求，简化审批流程，研究“绿色通道”，加快推进前期工作。

【建设联动服务中心】 徐汇区推进城市综合管理服务联动中心建设，优化城市综合管理体系，努力提升区域社会治理水平。一是在市划分管理网格的基本原则上，增加社区特色、管理资源、管理空间、服务设施4个划分原则，重点在人流量密集、管理形势复杂的重点难点地区设置管理网格，做到区域管理网格相互叠加、无缝衔接。二是建立区城市网格化综合管理中心和区行政服务中心的信息共享和联动机制，加强网格化平台与市民服务热线、110指挥系统的有效对接，对辖区重大紧急事项、城市管理重难点问题等例行巡护，并定期检查报告。

五、信息产业发展

【专业化载体建设】 徐汇区科学技术委员会(信息化委员会)(以下简称“区科信委”)加快专业化载体建设,推进信息产业结构转型升级。一是推动重点领域发展。加强数字内容、集成电路设计、智能终端研发等行业集聚;助推互联网生活服务、互联网金融、车载信息服务等创新型企业发展壮大,促进技术集成创新和跨界合作。二是推进信息产业创业孵化器建设。完善腾讯上海创业基地配套服务,加大创业项目辅导和入驻项目属地化服务力度;加快互联网创业加速基地建设,促进创业孵化项目与创投资本对接。三是提升行业服务能力。加强与第三方组织的合作,优化区级项目的产业导向和规范化管理,营造区域产业良好发展环境。

【政策扶持】 徐汇区商务委强化政策扶持和企业服务,全力保障工业稳步增长。一是加快产业政策兑现,全面落实惠企政策,推动产业政策尽快兑现落实到位,推荐指导企业积极申报国家、市级各类产业政策资金,累计帮助 12 家企业获得市产业转型升级发展专项资金支持。二是注重产业发展瓶颈的研究。聚焦战略性新兴产业和“四新”经济发展中的问题,对产值下降幅度较大的重点企业,加强沟通,了解需求,想方设法帮助化解实际困难,并将遇到的共性问题上报市级有关部门争取支持。三是增加产业空间载体供应。结合区域更新规划,在漕开发和华泾地区挖掘相对低成本的载体,满足新型智能制造需求。

六、社会信用体系建设

【建设信用体系】 徐汇区商务委加强监管,切实推进区域信用体系建设。该委重点加强建设市场、安全生产、食品药品安全等九个领域的信用体系建设;聚焦数据清单、应用清单、行为清单“三清单”编制,加快全过程信用管理模式落地;细化区社会信用体系建设配套制度,形成区诚信红名单、黑名单,规范失信行为的惩戒制度;推进区公共信用信息平台建设,开展信用分类监管,推广信用产品的使用;推动诚信旅游工作,建立诚信平台,公开企业违法违规信息,不断提升企业诚信品牌意识。

(金怡婕)

第三章　长宁区信息化建设

概　述

2015年是落实长宁区“十二五”规划“智慧高地”发展战略的收官之年，也是长宁区“十三五”规划布局的关键一年。在有关部门的支持指导下，长宁区紧扣中心工作和重点任务，以营造区域创新环境为核心，推进社会信用体系和智慧高地建设为重点，促进区域经济转型升级，提升城区功能品质，努力发挥“促改革、强产业、惠民生、兴城区”方面的积极作用，深化国家信息消费示范点创建成果，不断加速智慧城市建设，提高数字惠民水平。同时，在加快“四新”经济发展特别是互联网金融业发展方面着力突破，在社会信用体系建设及应用方面大胆探索，稳步推进以“技术创新、应用创新、模式创新”为内核的新型信息化建设，取得一定成效。

一、政务领域信息化

【智慧城市发展水平】　2015年12月31日，根据上海市经济和信息化发展研究中心发布的《2015年上海市智慧城市发展水平评估报告》显示，长宁区在上海市各区县智慧城市发展水平指数中排行榜中名列第二。网络就绪度指数（信息基础设施）方面，长宁等三个区县在网络环境建设方面得分居前。近年来，长宁区在智慧城市建设方面注重科技与市民生活的融合，智慧便民服务得到了普及，在宽带网速等方面提升效果明显。

二、社会领域信息化

【“更美长宁”APP】 长宁区科学技术委员会(信息化委员会)(以下简称“区科信委”)、长宁区联动中心联手在“智慧长宁”手机端开设“更美长宁”版块。市民在该版块点击进入“事件上报”并输入相关信息后,即可随时上传城市建设和治理顽疾,随后问题将被传至区联动中心进行处置,问题反映人可通过手机随时查看事件处置动态和结果。该举措旨在有效补充现有监督员队伍发现机制,提高公民参与城区管理的意识,实现居民与政府良性互动,进一步创新社会治理、改善城区环境。

【物流速递储物柜项目】 针对快递配送“最后100米”中用户收件难、物业保管难、快递员送件效率低的“两难一低”问题,长宁区运用“互联网+传统物流”的创新模式,由区科信委牵头,推进物流速递储物柜项目。该项目以云计算、物联网、密码算法认证和高清监控等技术为支撑,以项目主体市场化运作模式进行推进。通过快递员实名存件,收件人凭短信密码取件完成操作。项目于2014年11月、2015年4月分两次进行推进。截至2015年10月,长宁区内40余栋商务楼宇和园区已安装超过60台储物柜。

【建设科技创新中心】 2015年8月14日,中共长宁区委发布《贯彻〈中共上海市委、市人民政府关于加快建设具有全球影响力的科技创新中心的意见〉的实施意见》,明确“坚持全面对接和融入大局、坚持主动作为和因地制宜、坚持品牌特色和比较优势、坚持问题导向和需求导向、坚持创新发展、集约发展和错位发展”的总体要求,明确“打造成为贸易功能突出、现代服务业特色鲜明的科技创新人才集聚区”的发展目标,明确6大方面36条科技创新主要举措。

【信息化手段支撑社会治理创新】 2015年,长宁区以信息化为抓手,重点加强“创新社会治理,加强基层建设”工作的落实,在区、街、居三级层面形成“N+1+1”的信息化架构。一是由区委组织部、区社工委、区社建办、区民政局、区综治办、区网格化联动中心、区人口办、区文化局等业务部门联手,在区级层面建设和完善党建、网格化、综治、养老(生活服务)和社区事务等N个支撑街道8个科室和6个中心运作的核心业务信息系统。二是在街道和居委层面各形成一个以“三个实有”数据库为支撑,整合共享各条线信息系统的一体化综合平台,扎实做好居委会电子台账减负工作。

三、经济领域信息化

【参展2015年上海国际信息消费节】 2015年7月15—17日,为期三天的上海国际信息消费节在上海新国际博览中心举办。作为上海首批信息消费试点城区之一,长宁区在主场馆设置以“长宁信息消费成果展”为主题的展区,重点围绕“智慧高地”、“互联网金融”、“社会诚信”等内容,集中展现长宁区建设成果。长宁区有16家企业参与互动展示,包括银联支付、爱财网等“互联网＋金融”企业,也包括大众点评、格瓦拉、蜘蛛网、菜管家、易果网、开心购等“互联网＋生活服务”企业,让观众真切感受到“互联网+”时代的便利,达到很好的宣传效果,人流量近7 000人。

【互联网金融 · 消费金融论坛】 2015年7月17日,2015年互联网金融 · 消费金融论坛在长宁区虹桥互联网金融财富天地举行,200余位来自全国各地的企业家参加论坛。此次论坛主要围绕车贷、房贷、学贷、装修贷等金融消费热点,得到业内知名企业高管、专家以及金融消费者的积极响应。会议发布和解读“福布斯互联网金融50强”榜单,第一财经等多家知名媒体全程关注论坛动态,并对嘉宾演讲作追踪报道。

【互联网金融财富天地】 作为市金融办、市经济信息化委授牌的五个市级互联网金融产业基地之一,长宁区互联网金融财富天地自2014年10月开园以来,集聚以互联网金融为引领的“互联网+”类企业133家、功能性机构4家,基地内入驻办公人员近1 500人。133家已落户企业中,注册资本5 000万元以上的有19家。企业业务涉及第三方支付、供应链金融、私募基金、资产管理、网络借贷、融资融券、信息安全、征信、大数据、智慧停车系统、移动互联网文化、体育社交平台、电商平台等众多领域,逐步形成以“互联网+”特色产业集聚的态势,累计组织各类活动近100场。基地聚集杨宁团队、邱亿洋团队、廖双辉团队、杨茂江团队等一批富于创新意识和拼搏精神的优秀人才团队。

四、信息产业发展

【调研创新创业孵化基地】 2015年4月16日,国家科技部副巡视员刘育新一行走访苏河汇、德必园两家创新创业孵化基地,调研基地发展情况和需求。刘育新在调研中指出,在深入实施创新驱动发展战略和适应经济发展新常态的大背景下,各级科技管理部门要聚焦创新创业生态环境建设,鼓励“众创空间”发展,有效整合资源,集成落实政策,完善服务模式。要加强对大众创新创业进行宏观引导,鼓励创新创业服务机构帮助大众创新创业者应用新技术、开发新产品、创造新需求、培育新市场,培育出顶天立地的“小巨人”,形成大众创业、万众创新的生动局面。

【欧计斯公司“静脉认证”生物识别技术】 2015年8月11—12日,中央电视台新闻联播节目、人民日报要闻第6版分别报道长宁区欧计斯公司研发成功的“静脉认证”生物识别技术,新华网、人民网刊发并转载《中国“智造”的“静脉认证”生物识别技术全球领先》一文。在全球“静脉认证”领域中,来自上海长宁区成立8年的欧计斯公司处于领先地位。

【“禾创空间”揭牌运营】 2015年10月10日,上海工程技术大学科技园新一块众创空间——“禾创空间”在长宁校区正式投入运营。“禾创空间”是一家“立足长宁、辐射上海”的高校众创空间,将积极为青年创新创业搭建平台、提供扶持、营造氛围,不断优化创新创业环境,满足多种类型和成熟度的创业项目需求,并配置相应的政策集合、载体设施、创业指导和产业资源。上海工程技术大学国家大学科技园以“科技企业孵化”、“科技成果转化”、“创新创业人才培养”为三大发展方向,孵化出一批优质的企业。

【培育科技信息产业发展】 2015年,长宁区以“创新支撑引领经济结构优化升级”为目标,通过强化政策宣传、优化创新政策、深化市区联动等举措,积极整合科技创新服务资源,落实各项科技政策,活跃区域创新氛围,有效激发中小型科技企业的创新发展动力。在2015年度上海市科技小巨人工程(含培育)项目评选中,上海市干细胞技术有限公司、上海万丰文化传播股份有限公司、上海树维信息科技有限公司三家企业获得立项。

【张江企业改制上市政策辅导工作】 2015年6月25日,区科信委、区商务委组织举办张江国家自主创新示范区企业改制上市政策辅导会。包括上海有色网信息科技股份有限公司在内的30家有意进入多层级资金市场的企业代表与会。会上,区科信委对张江改制上市补贴政策和具体申报要求进行详细解读和现场答疑,企业反响热烈。

【调研科技企业孵化基地】 2015年1月15日,长宁区委书记王为人带队,在区科信委主任杨东升的陪同下走访调研由国内知名云服务商U-cloud在长宁区设立运营的“四新”科技企业孵化基地“加U站”,实地了解基地运营情况,并与企业进行座谈。在调研中王为人指出,在营造多赢模式的开放式公共服务平台、推动创业链创新方面,需从三方面下功夫:一是在加强园区建设整体规划、形成梯级发展布局上下功夫。二是在深入挖掘政府大数据资源价值、助力企业发展上下功夫。三是在营造创新创业氛围、提升便利化服务水平上下功夫。

【调研重点科技企业和创业孵化器】 2015年1月28日,长宁区副区长翁华建带队走访调研上海激创投资管理有限公司(苏河汇)、携程旅游网和易贸资讯。翁华建在调研中指出,区科信委要聚焦创新创业服务平台建设,把打造创新创业生态圈作为培育科技与经济新增长点的重要抓手。创新工作方式，探索建立以各类创新创业服务平台为主体的创新创业联盟，进一步整合各类平台资源，形成协同创新的工作格局。同时，聚焦“四新”经济发展，鼓励科技企业以提升自身技术创新能力、创新管理和运营模式为核心，增强市场竞争力。

五、信息基础设施建设

【i-Shanghai2.0 无线局域网建设目标】 长宁区i-Shanghai2.0无线局域网建设的总体目标是按照“问题导向、需求导向、市场导向”要求，着力实现三个转变：一是从当前有限时长、有限场所向未来全天候、全覆盖转变，不断拓展无线覆盖广度和深度。二是从只提供上网功能向信息资源汇聚整合转变，提供公共服务和商圈引流功能，为消费者提供智慧、便捷的消费体验，从而进一步提升长宁商圈的整体优势和核心竞争力。三是从依赖政府主导的单一购买服务方式，向政府引导、市场为主的运作模式转变，营造市场自我循环、自我运作的多赢局面。

【i-Shanghai2.0 无线局域网建设成果】 2015 年，由区科信委牵头，完成对长宁区原自行建设和拓展建设的 112 处无线局域网 WLAN 场所(含市级 33 处场所和区级 79 处场所)的升级改造，并联手市经济信息化委对网络服务开展专项检测优化行动。同时按照 i-Shanghai2.0 标准，推进中山公园龙之梦等重点楼宇的室内覆盖，拓展愚园路商业街等公共区域的无线覆盖，优化中山公园商圈、新虹桥商圈的无线局域网 WLAN 布局与建设。

【推进创新创业基地无线覆盖】 长宁区聚焦科创中心建设，结合国家信息消费试点，加大科技创新基地的信息化基础设施建设力度，引导和培育低成本、便利化、全要素、开放式的科技创新基地，提升优化企业发展环境，加大对市场化、专业化运作的孵化器、众创空间、创业基地和风投机构的支持。UCloud 加 U 站、苏河汇、德必易园、新联坊、虹桥互联网金融财富天地等创新创业基地已完成无线局域网 WLAN 建设，实现创新创业办公场所、会议场所、公共服务场所的全天候免费无线服务全覆盖。

【提升公用电话亭功能】 经排摸，中国电信在长宁区共有公用电话亭 440 处，其中 61 处电话亭承担着 WiFi 热点覆盖功能。长宁区积极尝试实施公话亭 WiFi 覆盖功能，结合 i-Shanghai 无线覆盖工程，探索中山公园商圈公共电话亭的改造试点、参与愚园路智慧街区无线覆盖建设。同时，与第三方合作进行公用电话亭优化转型“公话信息亭”试点，尝试引进社会优质资源参与公话亭的投资建设、改造和运营，将其改建成多功能智能多媒体话亭。并探索将其作为长宁区对外宣传重要渠道，配合做好公益宣传工作。

六、信息化环境建设

【培育科技创新之星】 2015年1月28日，长宁区科信委会同区人才办召开“2014年区科信委科技之星、创新团队”项目评审会。此次评审项目聚焦中小微创新型科技企业，挖掘特色鲜明的创新理念。Ucloud创业孵化基地、新一代数字孵化器、行健园创业孵化基地、新华鼎创创业孵化基地的多项特色鲜明的创新创业项目参与申报。

【虹桥“互联网+”论坛】 2015年9月22日，由市经济信息化委、长宁区政府指导，长宁区科协、市信息安全行业协会、市金融信息行业协会等单位联合主办的虹桥“互联网+”论坛暨第三届互联网金融科技风险与治理高峰论坛在虹桥互联网金融财富天地召开。此次论坛活动聚焦互联网金融风险安全监控等问题，为互联网金融产业的健康发展及风险防控提供了有力保障。市经济信息化委副主任邵志清、副区长翁华建等出席峰会并致辞。200多位来自互联网金融企业、电子商务企业、信息安全厂商的相关人士出席论坛，并就共同关注的互联网金融安全问题进行交流。

【国家网络安全周活动】 2015年6月1—7日，第二届国家网络安全宣传周召开。由区科信委牵头，邀请市信息安全协会的专家前往北新泾街道、江苏路街道、中科院硅酸盐所、微系统所，集中讲解防电信诈骗、信息安全防护等知识技能。会上专家们与市民进行生动的互动交流，并现场发放信息安全手册，普及信息安全知识。

【推进信息安全工作】 区科信委多措并举，积极推进信息安全工作。一是对接国家信息安全战略，积极推进长宁区党政机关信息系统安全工作。二是落实上海市经济信息化委相关要求，对长宁区重要信息系统进行了信息安全风险评估。三是集中部署，完成2015年长宁区信息安全检查。

【春节期间网络与信息安全工作】 由区科信委牵头组织，统筹部署区级60余家重点单位开展春节前网络与信息安全自查，聚焦安全责任落实、外包服务规范等内容，及时发现薄弱环节，采取防范措施。做好春节值班安排，开展节日期间安全巡查，确保责任落实到人，提升突发事件应急处置和协调能力。完善区级安全防控网络，强化险情预警和报告制度，及时更新联络员通讯录，确保节日期间通讯畅通，突发险情能及时通报和处置。

七、社会信用体系建设

【信用体系建设概况】 2015年，长宁区"三清单"落实情况综合排名在全市各区县中位居第一，信用信息查询量排名也位居全市各区县第一。在信用信息发布方面，建立发布专栏，对外发布涉及9个部门18类信用信息。2015年，发布红黑榜数据35批次，发布数据1 191条，涉及事项10类，包括法院"老赖"、环境违法、欠税等失信记录和全国守合同重信用企业、上海市名牌企业等守信记录。在信用信息应用方面，围绕社会治理、行政审批、市场监管、民生服务等重点领域，在政策扶持、表彰评优、政府采购、资质审核、政府专项资金管理、履行行政监管和社会公共管理等方面，选取管理的关键环节，分别在事前、事中、事后阶段开展应用试点工作。区科信委率先带头，在科技项目扶持与资助中，引入信用管理，将信用承诺与信用监管纳入项目计划书中，对无法按照项目计划书完成相关项目的企业，列入信用记录。同时，围绕区域互联网金融产业发展，推动信用服务机构和互联网金融企业合作，支持信用服务机构对公共信用信息深度开发和增值利用。推动建立区互联网金融风险控制平台，依托专业的信用服务机构，为区金融机构提供企业或个人征信报告，提供竞争对手分析报告，同时定期发布互联网金融行业景气指数报告。上海凭安信用企业征信有限公司建设的"互联网中小企业大数据信用平台"项目获评2015年度上海市十大社会信用体系建设典型案例。

【公共信用信息共享库】 2015年，以长宁区"三个实有"（实有人口、实有房屋、实有单位）数据平台为基础，归集区各职能部门的信用信息，建立区公共信用信息共享库。通过数据接口的形式直接调用市公共信用信息数据，实现信用信息的及时共享。2015年，全区12个部门共归集数据74批次33项，共计6 865条信息，其中新拓展区级属性信息11项，涉及7个部门归集的16批次数据共3 827条信息。区公共信用信息服务平台可以查询来自全市99家单位2 696类共3.1亿条市级信用数据，以及935万条区级信用数据。长宁区上报市平台的数据清单事项数为35项，已归集数据32项，报送数据超过5 000条。

【超额完成2015年上海市信用实事项目】 为对接2015年上海市政府实事项目"为全市法人和市民在线免费提供一次信用查询报告"要求，由区科信委牵头进行宣传，并汇总查询企业2 500余家，自然人60 000余人，超额完成长宁区8%的任务目标。

【两应用获市社会信用优秀应用成果奖】 在由市社会信用体系建设联席会议办公室、市征信办开展的市社会信用优秀应用成果评选活动中，长宁区选送的"遵从评价　风险防控　共建诚信——纳税遵从度评价体系的建设与运用"（区税务分局)、"长宁区法院依托强制执行参与构建社会信用体系的探索与实践"(区法院)两个项目分获优秀应用成果一、二等奖。

【发布 2015 年社会信用体系建设工作要点】 2015 年 5 月 13 日,长宁区 2015 年社会信用体系建设联席会议召开,会议发布《2015 年长宁区社会信用体系建设工作要点》。区社会信用体系建设工作将按照以制度为核心,以数据为基础,以平台为抓手,以应用为关键,以行业为支撑的"五位一体"工作思路,聚焦创新体制机制、创新应用、营造软环境,重点做好"拓展诚信信息应用领域,深化事中事后监管;深化信用平台建设,健全部门公共目录;探索市场化信用评估机制,推动信用服务业发展;强化诚信宣传,营造诚信社会氛围"四方面工作。

(李 辰)

第四章　普陀区信息化建设

概　述

2015年，普陀区信息化工作围绕区域建设“科创驱动转型实践区、宜居宜创宜业生态区”的发展目标，加快推进智慧城市建设，制定“十三五”发展规划，提升基础设施能级，突出抓好智慧社区建设和智慧产业集群发展，强化体制机制建设，取得了较好的成效。

完成区域智慧城市“十三五”规划编制。以新一代信息技术创新应用为核心，以“互联网+”思维方式为驱动，以信息资源横向整合和共享为重点，以公共服务云平台建设为突破，普陀区围绕“经济产业、城市运行、社会民生、政府行政”等领域，构建一体化信息基础设施、一体化基础数据中心、一体化交互应用平台“三位一体”的智慧城市顶层设计框架体系，打破部门行政壁垒，提高政府行政效能，实现资源共享，切实推动政府服务管理取得新突破。

区域信息产业以系统集成、软件开发、信息服务为主，聚焦新型移动互联网产业等新兴行业，着力培育成长性好的新型企业做大做强，区域软件和信息服务业整体稳中有升。信息基础设施能级稳步提升。基本实现4G-LTE室外信号、光纤宽带网络、下一代广播电视网NGB全覆盖，区域内49个重点公共场所已覆盖免费WiFi。继续推进无线电管理试点区建设，协助市无线电管理局开展基站预审工作。

社会信用体系建设实现“后来居上”。召开全区社会信用体系建设工作会议，调整联席会议成员单位名单，贯彻落实区领导对社会信用体系建设“找短板、抓落实、促推进”的工作要求。完成区域2015版“三清单”落实和2016版“三清单”编制审核工作，信息事项到位率和应用事项到位率均为100%。完成2015年市政府信用实事项目查询工作，加速推进区域公共信用信息服务子平台建设。

一、政务领域信息化

【全面启动智慧政务建设】 2015 年 10 月,根据普陀区委、区府领导要求,组建由普陀区科学技术委员会(信息化委员会)(以下简称"区科信委")领导直接负责的普陀区智慧城市建设专项工作组,制定智慧行政建设方案。工作组先后调研市行业主管部门、兄弟区县,走访市数据来源部门和试点应用部门,与开发公司进行技术方案的反复论证。在此基础上,形成《普陀区智慧行政建设方案(讨论稿)》。方案明确区级基础数据库数据来源及更新方案,以及建设法人库、人口库、空间地理库共三个区级基础数据库。同时,与市经济信息化委、区公安人口办、区市场监管局、上海市测绘院协调沟通,确定市级数据落地方案及更新维护机制。协调确定于 2016 年试点建设项目,共确定区民政局、区网格中心、区商务委、区科信委、区国资委、区投促办、区环保局等 10 个试点应用项目,并形成基础数据中心项目建设技术可行性方案。区科信委与开发公司对智慧行政建设整体方案进行反复论证,尤其在方案设计、技术选型、系统对接、统一标准、安全规范等方面,进行可行性研究与探索,最终形成基础数据中心项目可研报告(包括法人库、人口库、空间地理库、数据交换平台和数据资源管理系统),并于 2015 年 12 月通过专家评审,列入 2016 年区财政预算。

【政务信息技术保障工作】 普陀区信息中心围绕"两网一站"建设与应用,做好各项信息技术保障工作,加强区网络与信息系统安全建设,保障"两网一站"安全有序运行。2015 年,普陀区电子政务平台运维热线接报 2 539 次,其中上门解决 2 304 次,电话指导解决 235 次。除日常巡检工作以外,周末及其他节假日开展机房值班巡检 55 次。解决网络、应用、存储、机房空调故障 35 次。进行公务网视频会议保障工作 12 次。普陀区电子政务平台 2015 年新增用户 536 个,调整 236 个,删除 189 个,累计用户达 7 948 个。安排日程 24 621 次,观看视频 7 次。新增简报 932 期,预定会议室 3 990 次,发送会议通知 5 318 份,发布公告 287 条,发送短信 247 552 条,发布 90 份全区资料,738 份单位资料。政务网受理院外单位申请新增接入 21 个,调整接入 64 个,取消接入 8 个,提速 5 个,政务外网应用接入 8 个,群发邮件受理 9 次。群发短信业务受理开通 6 家。2015 年未发生安全事件,共拦截垃圾邮件 247 504 封,IPS 拦截高危攻击 80 余万次。门户网站受理 100 多次子网站和门户网站维护工作,配合各单位完成子网站部署、维护、更新等工作,配合门户网站管理中心做好门户网站后台的技术支撑工作。定期对门户网站及子网站进行漏洞扫描,对网站存在的高危安全漏洞联系各单位进行整改工作。

【开展系统管理员业务培训】 为加强对普陀区电子政务平台的应用和管理,提升邮件系统用户使用体验,加强正版化软件的管理工作,区信息中心于 2015 年 12 月开展全区各单位系统管理员集中培训，共 63 名系统管理员参加培训。培训就电子政务平台应用功能、办公自动化系统、邮件使用、统一身份及授权系统、WPS 实务操作及微软产品介绍等进行理论传授和指导，并现场进行实战演示。通过集中培训，进一步提升全区各单位系统管理员的技术水平，强化理论知识。

二、社会领域信息化

【智慧社区应用】 2015 年，利用普陀区科信委智慧城市专项资金在九个街道、镇全面开展项目建设。长征镇智慧健康项目、长寿街道智能停车项目、甘泉街道智能养老平台、桃浦镇智“惠”桃浦信息化平台、真如镇特别群体关爱平台、宜川街道养老服务平台、石泉街道健康社区管理服务平台、曹杨街道智慧物业项目、万里街道智慧民生项目等十个项目先后通过专家评审。十个项目共涉及建设单位六家，建设资金 433 万元。项目建设内容从实用性、便捷性、服务型等角度出发，打造面向街镇社区管理的便捷服务整合平台，积极实践具有普陀特色的智慧社区建设道路。借助智慧社区项目，从深化体制机制改革入手，解决了各街镇管理中存在的信息化服务需求，在完善社区管理体制、服务环境建设、服务多元化、居民自治等模式上实现新突破。同时，利用新型技术手段实现便民、利民服务。根据“进一步完善便民服务、全面承接公共服务、大力倡导公益服务”的工作要求，结合各街镇实际情况，依托互联网、通讯技术、物联网技术，实现信息管理便捷、更新及时、人员动态及时掌握、居民满意度提升的管理要求。

【社保卡服务中心】 2015 年，普陀区社保卡服务中心紧紧围绕“注重规范、强化管理、提升服务”的工作目标，立足做实做好重点工作、做深做细常规工作，进一步强化规范运作，全面提升服务水平和服务能力，较好地完成全年工作任务。一是全力以赴，积极配合市社保卡中心迎接国家人社部社保卡应用现场督导检查。二是多方沟通，顺利完成区社保卡中心含补换卡窗口的场地搬迁。三是依法按章，扎实有效推进社保卡业务工作。普陀区社保卡工作 2015 年度综合考评全市领先(浦东新区单列，仅低于浦东新区 0.5 分)，获得社保卡工作先进区县荣誉奖励。区社保卡服务中心被上海市人口办、上海市社保卡服务中心评为 2015 年度社保卡工作先进集体。区社保卡服务中心上报的“聚焦市民需求，优化服务环境”典型事例荣获全市“社保卡工作十大典型事例”荣誉奖励。同时，区社保卡服务中心荣获 2015 年度“社保卡工作十大典型事例”评选活动“最佳组织奖”。

【“普陀区众创联盟”成立】 普陀区众创联盟成立大会暨“互联网+”时代如何助力创业高峰论坛于 2015 年 10 月 22 日正式举行。普陀区众创联盟的成立是普陀区推进区域创新创业工作的一项重要举措，也是全国大众创业万众创新活动周上海分会场的主要活动之一。通过联盟能汇聚区域内众创资源,共享共融,围绕创新创业开展活动,促进区域经济社会全面发展。普陀区区委常委、副区长范少军,市科委科创中心副主任严雄出席大会。市区相关部门、区众创联盟成员单位、区众创空间创业团队及科技企业代表约130余人参加活动。会上,区众创联盟代表发起成立创新创业投资基金并签署框架协议,中国众创联盟也与普陀众创联盟达成战略合作协议,区科信委也就最新的科技创新政策作宣讲。

三、城市建设管理领域信息化

【创新社会治理】 为充分运用信息化理念和方式创新社会治理、加强基层建设,普陀区大力推进信息化项目建设。一是完善电子政务基础网络建设。拓展公务网的接入和应用范围,完善政务外网网络架构。二是深化拓展重要信息平台建设。在推进区级实有人口库和法人库向各部门开放的基础上,建立健全城市网格化综合管理信息平台,优化完善社区事务受理信息平台,统筹搭建居村综合管理信息平台、老年照护需求评估系统和医疗救护一站式信息系统,深化公共信用信息服务平台和基层党建服务信息平台建设。为加强信息化建设的统筹协调,由分管副区长召集隔周一次的专题推进会,用信息化手段推进基层社会治理。

【"一号课题"信息化项目建设工作】 2015年7月20日,普陀区副区长李忠兴召开专题会议,讨论研究"一号课题"信息化项目建设工作。区府办、区科信委、区民政局、区人社局(区医保办)、区卫生计生委、区社区办、区城市网格化综合管理中心等部门和单位的负责同志出席会议。会议听取区民政局、区城市网格化综合管理中心就居村委会电子台账建设、社区事务受理服务中心区级平台建设、老年照护服务信息管理系统建设、医疗救助"一站式"服务工作、网格化综合管理信息化建设所做的专题汇报。与会人员进行充分讨论。李忠兴强调,要加强信息化工作,借鉴"互联网+"理念和技术手段,加快推进社会治理和基层建设领域的信息化工作,并提出三点要求:一是在前期准备工作的基础上,成立"一号课题"信息化项目建设工作推进组,各项目分别成立协调小组,两周左右开一次工作协调会,将相关工作进行常态化推进。二是明确项目分工,加强分类指导,协同推进。三是制定各个项目的实施方案,明确时间节点,抓紧推进落实。

【城市综合管理信息平台建设】 2015年,普陀区建设以城市网格化管理信息系统为核心,与"12345"市民服务热线相衔接,与"12319"城建服务热线相融合,并与其他相关行业管理信息系统互联互通的城市综合管理信息平台,形成与联勤联动工作机制的有效对接,实现非紧急类城市综合管理领域的全覆盖,全面提升普陀区城市管理水平。

【"数字城管"项目建设】 以"强化内部管理,提高工作效率,规范业务流程,加强依法行政,辅助科学决策"为目标,提高城管大队与中队及大队内部的沟通效率,降低成本。通过对业务数据的有效管理,加强对分队的业务管理和监督。规范案件的办理流程和文书制作,提高整体执法效能及过程监管。并通过对业务数据的积累和分析,辅助领导决策部署。

【"四合一"网络整合信息化建设】 普陀区市场监督管理局信息化系统整合工作以"统一网络、统一门户、统一办公"作为总体目标,确保市场监督管理局挂牌后各项工作不停、不断、不乱,顺畅地办理工商、质监、食药监、物价等各项业务,实现计算机信息系统有效整合、平稳过渡。

四、信息产业发展

【软件和信息服务业】 2015 年,普陀区参加软件和信息服务业年度统计的企业共计 182 家,实现营业收入 111.7 亿元,较上年同期增长 17.6%。其中软件业务收入 50.2 亿元,同比增长 16.3%,共拥有软件著作权数 839 件,较上年同期增长 27.5%,有 25 家企业营业收入过亿元。

【开展园区和孵化器调研】 普陀区积极寻找区内优质科技资源和合作点,进一步做好产业集聚,真正发挥行业引领示范效应。一是天地软件园继续发挥现有文化创意产业和信息服务业集聚优势,结合品牌效应,在 2014 年微软游戏创新中心、unity 天地港已建成入驻的基础上,聚焦软件产业发展,积极引入相关行业近 30 家企业进行孵化,成功孵化出上海银河数娱网络科技有限公司等优质的手游企业,形成具备网游产业特色的标志性区域。二是加快推进华大科技园核心功能区的建设和发展。结合华东师大、华大科技园、华师京城等教育信息化相关企业的人才、资源和技术优势,引入央数文化股份有限公司,形成科技与教育、文化相结合的典型代表,在教育信息产业方面形成集聚并有所突破。同时,充分借助嵌入式软件国家级工程技术研究中心落户华大科技园核心功能区,从而提供软件和信息服务业的技术支撑,不断扩大影响力和辐射力。

【双软评估政策宣讲及年报统计专场培训会】 为摸清普陀区软件和信息服务业企业的经营现状,助力重点产业的发展,2015 年 1 月 12 日,区科信委邀请市经济信息化委专家在天地科技广场组织双软评估政策宣讲及年报统计专场培训会,区内科技园区、众创空间、软件与信息服务业相关企业等 90 余家单位、120 余人参加会议。为减少企业在填报过程中可能遇到的困难,专家对操作过程进行详细的培训,并对注意事项一一作出说明,培训会收到预期的效果。

【长江流域园区与产业合作对接会】 为贯彻落实长江经济带国家发展战略,促进长江流域协调发展,由市政府合作交流办牵头承办的长江流域园区与产业合作对接会于2015年10月11—12日在上海国际展览中心举行。为更好地服务于区域内科技企业，进一步促进区内科技企业的创新驱动、经济转型升级及自主创新和科技产业发展，普陀区科信委组织15家区内高新技术企业参会。通过参加此次对接会活动，更好地帮助普陀区科技企业了解和掌握科技成果及市场商机等方面的信息，更高效地开展科技自主创新和科技成果转化，从而对区内科技企业更好更快地可持续发展起到推动作用。

五、信息基础设施建设

【区域无线电管理】 继续推进无线电管理试点区建设，协助市无线电管理局基站年计划预审共计6批次327个，审批通过327个，未通过0个。基站站址认定预审16批次118个，审批通过78个，未通过40个。在万里街道社区事务受理中心举办“2015年普陀区无线电宣传月”活动，针对近期社会热点，进行无线电资料发放、无线电知识科普、无线电知识解答。活动中向市民发放宣传资料1 000余份，宣传品500多个，取得了理想的宣传效果。

六、信息化环境建设

【推进智慧商圈建设】 中环商贸区作为普陀区唯一的市级商圈，2015年3月经区科信委和区商务委推荐，成功获得市经济信息化委“智慧商圈”首批试点。2015年6月，国家商务部将中环商贸区列入第二批“国家电子商务示范基地”名单，中环商贸区已完成智慧商圈工作方案，明确具体工作目标，正进行项目设计开发。

【推进智慧园区建设】 2015年，所有园区实现光纤覆盖，部分园区已实现无线接入。区科信委对天地软件园、创业星工厂、极地国际创新中心、近铁CLOUD等区内重点产业园区、创业园区进行走访调研，主动推送市经济信息化委对应政策，鼓励园区加强多方合作。组织天地件园作为上海市第三批智慧园区试点申报。

【智慧城市体验周活动】 普陀区积极参加2015年上海市智慧城市体验周活动，在全区范围内广泛动员，征集智慧生活、智慧经济、智慧城管、智慧政务等领域的重点建设内容，联合街道、运营商上报三个体验活动，体现普陀区智慧城市和信息化各个领域的建设成效。

【智慧城市“十三五”规划编制调研】 2015年，编制完成《普陀区智慧城市建设调研提纲》等调研材料，向区内60个部门下发调研通知，共回收50余份调研材料。对区发改委、区商务委等13家重点部门进行上门走访，实地了解各部门智慧城市建设情况及“十三五”工作计划。调研普陀区“十二五”期间信息基础设施发展情况，包括区内主干网络、城市光网覆盖用户及覆盖率、无线覆盖及覆盖率、室外无线基站数、移动宽带用户数、3G和4G网络发展情况、WiFi热点覆盖率、数字电视覆盖率、有线电视数字化改造用户数、IPTV用户数，NGB覆盖率等基础数据信息。

七、社会信用体系建设

【社会信用体系建设联席工作会议】 2015年9月11日，普陀区召开社会信用体系建设联席工作会议，普陀区委副书记、区长程向民，区委常委、副区长范少军出席会议并讲话。区社会信用体系建设联席会议成员单位主要领导、分管领导、联络员参加会议。会上宣读《普陀区社会信用体系建设联席会议成员单位调整名单》，并作《普陀区推进社会信用体系建设工作汇报》，总结“十二五”期间区社会信用体系建设的主要工作，提出下阶段的工作举措。

【社会信用体系建设联席会议联络员会议】 2015年9月16日，普陀区召开社会信用体系建设联席会议联络员会议，联席会议办公室主任、区科信委副主任张会杰出席会议并讲话，市信用信息服务中心吴璟珅就“三清单”编制工作进行培训。区社会信用体系建设联席会议成员单位联络员参加会议。

【组织保障】 由于联席会议成员单位人事变动较大，为进一步推进区域社会信用体系建设，普陀区于2015年9月调整联席会议成员单位名单，调整后的联席会议由21家成员单位组成，办公室仍设在区科信委。在对联席会议成员单位调整过程中，对各成员单位的分管领导及联络员也同步进行调整。2015年9月16日，普陀区建立“诚信普陀”微信群，21家成员单位的联络员加入微信群，可快速下发各类工作通知，方便各成员单位沟通交流，进一步加强组织保障。

【制度制订和实施】 2015年，普陀区社会信用体系建设工作机制进一步完善。《普陀区社会信用体系建设联席会议工作规则》和《普陀区社会信用体系建设工作考核办法》于2015年10月完成意见征求。《普陀区社会信用体系2016—2018年行动计划》于2015年9月形成初稿。行动计划结合普陀区“科创驱动转型实践区、宜居宜创宜业生态区”的建设目标，着重突出普陀信用工作特色，对21家成员单位未来三年在11个重点领域的25项重点工作进行明确分工。在创新性信用制度探索方面，普陀区结合2016年度“三清单”编制工作对各单位信用分类管理措施进行梳理，并将此项工作纳入行动计划，作为未来三年的一项重点工作。

【公共信用信息三清单编制】 2014年，普陀区“三清单”信息事项数和应用事项数均只有7项，全区仅区人社局上报了“三清单”。根据区领导“找短板、抓落实、促推进”的工作要求，2015年，普陀区着重加强“三清单”编制工作力度，共有19家单位编制“三清单”，数据清单共涉及信息事项148项，应用清单共涉及应用事项142项，行为清单涉及各类行为94项(其中法人负面行为68项、法人正面行为5项、自然人负面行为18项、自然人正面行为3项)，均已上报市征信办预审。

【信用信息公开、共享】 2015年，普陀区按照2014年编制的数据清单共确认向市平台提供数据项7项，均为资质类信息。其中主体类别为法人占4项，自然人占3项。7项数据项属性均为公开，录入规则均已明确。2015年，普陀区认真落实数据清单，区人社局积极上报数据，于9月22日、10月30日分两批共上报数据752条，信息事项到位率为100%。

【区县子平台建设情况】 为更好地推进普陀区社会信用体系建设，实现与市信用平台的数据对接，普陀区加速推进区公共信用信息服务子平台建设。2015年9月，向市征信办提交子平台试点申报材料。10月完成子平台基本功能开发。11月27日，区公共信用信息服务子平台顺利实现上线试运行。子平台上线后，区联席会议办公室为各成员单位开设子平台使用账号，各单位利用各自账号上报每年度“三清单”、上传本单位信息事项数据及查询本单位应用事项，以信息化手段落实“三清单”工作。子平台内设置统计考核模块，实时统计各单位使用情况，显示各单位排名，为《普陀区社会信用体系建设工作考核办法》提供考核的数据依据。

【信用奖惩和分类监管】 2015年，普陀区继续在区科信委市软件和集成电路产业发展专项资金初审工作中应用市信用平台查询申报单位信用情况。通过对失信行为扣分的方式对申报单位打分并进行分类管理。2015年共查询15家企业的信用情况，发现失信企业两家，为初审工作提供打分依据。

【诚信宣传普及活动】 2015年，普陀区联席会议成员单位积极参与市“诚信活动周”活动，围绕“共筑诚信，你我同行”为主题，通过一系列的专项宣传活动，促进形成全社会诚实守信的环境氛围。9月17日，区科信委在万里街道社区文化中心举行普陀区2015年“诚信活动周”宣传活动。活动以“筑牢信用基石，共建诚信上海”为主题，以诚信宣传展板展示、信用实事项目现场咨询、诚信宣传品发放等形式向社区居民介绍社会信用的基本知识。现场还进行2015年市政府信用实事项目查询申请收集，进一步提高社区居民“懂信用、查信用、用信用”的意识。9月24日，区卫计委在长征街道社区文化中心及桃浦镇真南市场举行“打击无证行医”专项宣传活动。活动通过“打击无证行医”展板宣传、“打击无证行医”案件巡讲、打非小品《使命》巡演等形式向社区居民介绍“打击无证行医”与社会诚信之间的联系，推广普陀区信用体系建设在“打击无证行医”方面的成果。同月，区质量安全工作领导小组、区总工会、团区委在全区部分机关、企事业单位开展“2015年普陀区质量月”活动，其中区机关共组织40项活动，企事业单位共组织 12 项活动。活动通过介绍质量安全与社会诚信之间的关系，将质量安全与诚实守信的概念结合起来，营造全社会“重质量、讲诚信”的良好氛围。

【完成市政府信用实事项目工作】 市政府将“为全市法人和市民在线免费提供一次信用查询报告”列为 2015 年市政府十大实事项目之一，根据市征信办《关于开展 2015 年市政府信用实事项目区县组织发动工作的通知》要求，普陀区需要完成 815 个法人和 64 805 个自然人的查询指标。4 月 16 日，普陀区编制完成《关于开展 2015 年市政府信用实事项目工作实施方案》并报送市征信办。4—10 月，区联席会议办公室根据实施方案中的进度安排开展了多种信用实事项目组织发动工作。普陀区法人信用实事项目推进工作主要依靠区科信委科技企业资源开展。区科信委通过区科技企业服务平台向全区科技企业发送《关于开展普陀区 2015 年科技企业信用报告查询工作的通知》，通过政策引导鼓励科技企业自愿申请查询信用报告。普陀区自然人信用实事项目推进工作分三方面开展。一是创新工作举措，结合曹杨街道智慧社区平台建设，充分利用曹杨市民卡资源开展工作。二是利用区社保卡中心服务窗口推进工作，在全区 10 个街道、镇社区事务受理中心社保卡服务窗口进行宣传和申请表收集。三是安排各街道、镇深入社区宣传。9 月 28 日，召开普陀区 2015 年市政府信用实事项目街道、镇组织发动工作专题会议，区委常委、副区长范少军出席会议，并对各街道、镇提出工作要求。区科信委积极配合各街道、镇工作，按照各街道、镇指标一比一配套制作宣传海报、微信公众号宣传链接及各类诚信宣传品 65 000 余个，有力支撑各街道、镇工作的开展。截至 2015 年 11 月 12 日，普陀区实际完成法人指标 1 025 个，自然人指标 70 036 个，均超额完成预设任务。

（施浥淳）

第五章　闸北区信息化建设

概　述

2015年,闸北区围绕建设“智慧闸北”的总体目标,重点推进以“宽带城市、无线城市、三网融合”为特征的信息基础设施体系建设和以“六大智慧”为特色的智能应用体系建设,在政务领域信息化、社会领域信息化、经济领域信息化、城市建设管理领域信息化、信息基础设施建设、信息化环境、信息产业、社会信用体系建设等方面均取得较好的成效,提升智慧闸北信息基础设施能级,改善信息化发展环境、提高城市运行管理水平、经济发展水平、公共服务水平和居民生活水平。全面推进社会信用体系建设,始终围绕建设“信用闸北”的总体目标,在加强政务信用、完善市场信用体制、教育宣传培训等方面扎实推进社会信用体系建设工作。

一、政务领域信息化

【数据资源交换平台建设】　闸北区数据资源交换平台按照“统一授权、无缝整合、资源共享”的原则,实现对分散异构信息系统的无缝整合,与其他部门或跨部门系统交换数据,进行资源共享,实现信息资源的最大增值。已完成全区数据资源交换平台的一期建设,与区环保局实现了数据资源的交换,总计交换数据量为190余万条。二期项目将实现与区卫生、教育、文化、体育等十几种业务以及八街一镇的数据资源交换。已完成各委办局相关平台及基础数据库(法人库、诚信库、地理信息库)的调研、对接及部分数据落地工作,为闸北区智慧社区区域平台的建设奠定数据基础。

【"一口受理、综合办理"及"先照后证"系统】 为深入贯彻落实党的群众路线教育实践活动，承接上海自贸试验区溢出效应，通过试行"先照后证"制度，进一步优化行政审批流程，切实改进行政审批方式，积极创造有利于企业发展的良好环境，使闸北区成为企业注册便捷、市场监管高效、公共服务优质的先行地。通过对现有闸北区网上行政审批平台的升级，由"先证后照"改为"先照后证"，实行"一口受理、综合办理"，同时对接法人库，实现消息抄告，信息共享、证照留存、明确权限、强化监督、统计分析管等功能，最终达到"行政效能最高、行政透明度最高、行政收费最少"的改革目标。该系统已建设完成并成功上线，系统共有 67 个用户，登录 17 148 次，一表式填报共 12 条。窗口已受理 256 条，且其中 168 条已办结。法人库已落地法人信息 84 179 条，资质信息 43 757 条，监管信息 108 512 条。

【区居委会台账综合管理系统】 2015 年，在完成区居委会台账综合管理系统一期建设的基础上，根据居委会台账综合管理系统的使用情况，对各街道、居委以及条线部门的系统使用人进行了问卷调研。根据系统运行过程中出现的问题、系统在线反馈的意见以及调研过程中各部门的建议对系统进行优化，进一步完善系统的各项功能。5 月，由闸北区科学技术委员会(信息化委员会)(以下简称"区科信委")、区民政局共同牵头，选取八街一镇部分居委，就民政条线的台账进行系统化的测试并听取居委与街道反馈意见，进一步优化系统。

【网上政务大厅】 按照市委、市政府"两高一少"的要求，紧密围绕"服务政府、责任政府、法治政府、廉洁政府"建设，按照"统一标准，两级建设；市区联动、同步实施；资源整合，信息共享；需求导向，以人为本"的原则，推进闸北区网上政务大厅建设，形成网上服务与实体大厅服务、线上服务与线下服务相结合的一体化新型政府服务模式。在建设内容方面，根据市网上政务大厅建设的整体要求，拟定区网上政务大厅领导小组名单，并通过对行政审批事项的第一轮梳理和市公众信息网服务中心的充分沟通，完成闸北区网上政务大厅建设方案的编制，并通过市级对口部门审核和督察。根据区网上政务大厅建设推进会的要求，一方面完成大部分部门行政审批事项的第二轮梳理，同步启动区网上政务大厅项目一期工程的软件开发。

【区域基础数据库】 上海市法人信息共享和应用系统是全市电子政务领域核心信息资源基础数据库，记录着市级 35 个条线部门的登记类、资质类和监管类法人信息。作为上海市第一批法人信息共享和应用试点区县，闸北区已将市法人信息共享和应用系统中有关闸北区的法人信息落地，完成区法人信息共享和应用系统建设，实现各单位在该系统中的查询和统计等功能。同时，已将市法人库中的闸北区法人信息同步至闸北区数据资源交换平台，沉淀为区信息化基础数据库，14 个部门的 32 个用户申请区法人库账号用于查询、统计。法人库已落地法人信息 84 179 条，资质信息 43 757 条，监管信息 108 512 条。与此同时，闸北区"一口受理、综合办理"及"先照后证"系统已成功对接区法人库数据，形成数据共享应用。

二、社会领域信息化

【社保卡业务培训和社保卡申领补换】 2015 年 9 月，为配合开展补换卡系统升级试点工作，闸北区举办一次为期 3 天的全区范围的社保卡业务集中培训。以社保卡业务流程、操作规范及注意事项为主要内容，进行全面、系统的培训，印制《闸北区社保卡业务培训教材》。全区 9 个街道(镇)共 55 人参加。2015 年，完成社保卡申领 5 758 张，发放 5 723 张，敬老卡申领 5 441 张，发放 5 046 张，补换卡 29 650 张。全区各社保卡服务网点接待受理约 6.5 万人次。

【闸北区域卫生信息平台】 建设完成卫生综合管理信息平台，能自动生成、采集各业务生产信息系统数据，动态、及时、准确地反映医疗机构的实时运行状况，实现对公共卫生、医疗服务、医疗保障、药品监管等领域的全面覆盖，为各级管理者的领导决策提供全方位、动态化、及时、准确的信息服务，也为建立公立医院运行新机制和实施各项管理措施提供技术支撑和数据支持，促进卫生全行业管理数据化、精细化、科学化。2015 年，闸北区卫生信息平台的完善工作继续坚持“管理、技术二手抓”，在上海市各区县平台数据上传月度考评中，闸北区稳居全市前三。在平台建设“三化”的保障下，闸北居民人口健康信息实现统一采集、统一管理、统一应用，可在上海市 38 家三级医院、闸北区区属医疗机构、其他区县医疗机构及居民自我健康信息采集等多点采集。

【健康信息远程共享】 2015 年，闸北区建立便民惠民的综合服务平台，将多年卫生信息化的建设成果延展提供区域居民全面的健康服务，通过建设“闸北区健康门户”使居民可以在家中随时开展自助问诊、在线问答、中医治未病体质自测等内容的健康自我管理。“健康门户”借助大数据技术，结合居民的慢性病史、健康自我管理测试体检结果，智能推送个性化的健康保健知识。同时，居民还可通过添加家庭成员关系，实时关注家人的健康状况。在居民就诊过程中，医生可以通过“健康门户”调阅患者在其他医院的就诊记录，有效避免重复检查、重复用药。在医生处方过程中，“健康门户”还可以自动提醒用药禁忌，保障用药安全。就诊结束后，居民可以通过登陆“健康门户”网站，访问自己的健康档案，查询就诊记录，查阅检验检查报告，并可对就诊环节中提供医疗服务的医务人员进行满意度评价，方便快捷。同时，实现“闸北区健康门户”与“家庭医生”系统的对接，健康信息可在公共卫生机构、医疗机构、家庭医生和居民之间共享利用，实现家庭医生居民患者随访、干预、健康管理、预约二、三级医院医生和检验检查，有助于进一步深化“小病进社区，大病进医院”的就诊模式。

【公共卫生一体化管理】 2015 年，闸北区通过信息共享与协同服务，充分利用公共卫生数据，开展多层级、多病种、多条线信息化管理，建立 20

余项业务应用信息系统。借助电子健康档案大数据分析，在诊疗过程中动态发现脑卒中、糖尿病、高血压等慢性疾病高危患者，实现疾病早发现、早干预。结合区域双向预约转诊服务，协同区域整体医疗资源，建成闸北一、二、三级医疗机构协同干预的慢性病综合防治体系。借助区平台共享协同服务，开展门诊诊疗与公共卫生服务协同，节约资源，减少重复劳动，提高服务质量与效率，推动公共卫生一体化管理目标的实现。卫生行政部门可通过基于平台的卫生综合管理系统，在权限范围内随时查询公共卫生、医疗服务、医疗保障和综合卫生管理等方面的内容，为科学、合理的决策起到积极的辅助作用。通过绩效考核系统，对医疗服务指标、公共卫生服务指标、运行指标数据进行综合积分，生成量化绩效考核结果。同时，建立实用的人力资源管理信息系统，实现人力资源管理的规范化、系统化、流程化，帮助人事干部从繁琐的事务性工作中解脱出来，提高工作效率。

【智慧社区区域平台建设】 围绕提升区域管理和服务水平的总体目标，闸北区按照“1＋X”模式推进全区智慧社区试点工作，即建立一个区域性智慧社区综合平台以及“一街一镇一特色”的八街一镇特色智慧社区应用。同时，在卫生、教育、文化、体育、旅游、民政、人力资源和社会保障、物业、交通、环保等方面，将家庭医生、智慧教育、公共文化云、智慧旅游、体育健身、移动就业、智慧物业、智能交通、环境治理等行业性的智能化应用，通过区智慧社区综合平台实现与社区管理、市民服务的全面对接，并形成多个社区性的展示体验中心。在充分调研 10 个条线部门及八街一镇为民服务信息的基础上，完成智慧社区区域平台的建设方案、相关部门系统的对接以及信息资料的梳理，各开发单位已按照方案内容及进度要求，落实软件开发工作，并通过云平台完成专线部署和实现数据联调。该平台在 2015 年 12 月上线试运行。

【临汾社区管理创新综合系统】 2015 年，在建立实有人口、实有单位、实有房屋核心数据库的基础上，搭建内部综合管理系统，拓展管理应用。建设有组织覆盖系统、社情实时监控系统、为民办事解难题系统、政策信息匹配系统、居民区工作系统、部门事务系统、部门业绩考核系统，支撑社区居民共治和居委会自治的社区管理新格局，实现街道社区管理服务中心(科室)、职能场所(工作站)、居委会的各项工作流程化和管理痕迹化，避免拖拉推诿等现象，有效整合各种资源，提高服务工作实效。内部管理系统的建成有利于提升社区管理和服务水平，完善政府为民服务手段，提升政府服务效能，发挥最大工作效应。

【宝山路街道平安和谐社区】 宝山路街道以平安和谐社区与智慧物业相结合的方式，通过现代的信息化系统建设保障居民的财产安全。结合智慧社区 IPTV 作为社区居民接受信息和报警方式之一，促进社区居民积极参与和谐社区建设，进一步提高居民对平安和谐社区的满意度。整个项目包含宝山路街道平安和谐社区 IPTV 门户、小区助动车智能防盗系统两大部分。

三、经济领域信息化

【上海多媒体谷智慧产业集聚服务平台】 2015年，结合上海多媒体谷多功能数字创意园区的特色，构建一个覆盖产业集聚服务、园区资源管控、生活资讯服务、创新成果转化的智慧园区公共服务平台。平台以信息基础设施为支撑，以信息化应用服务创新为手段，按照园区信息基础设施优化、开发管理精细化、功能服务专业化和产业发展智能化的总体要求，着眼于促进区内产业集聚和产业融合，成为汇聚人才、知识、资本、企业的舞台，降低文化科技创新成本，加快成果转化，促进资源共享。按照“政府引导、园区主体、总体规划、分类指导、统一标准、分步实施”的原则，逐步推进和提高多媒体谷智慧园区的管理和服务能级。

【上海大学科技园区】 按照市委、市政府将上海大学科技园区(上海大学延长校区孵化基地)“发展成为全球化的电影后期制作基地”的战略目标，上大科技园依托高校学科建设、人才培养、成果转化等综合优势，结合闸北区政策聚焦、资源整合及文化产业发展规划，着力发展文化金融服务业，重点建设高端影视技术专业平台，努力导入国际化影视后期制作产业，借助人才高地建设和产业政策支持，形成以影视创作制作、相关衍生产品产业为主的文化创意产业园区和环上大文化创意产业带，带动区域经济转型发展。

【市北高新】 依托上海云计算产业基地，市北高新园区建设一批推进信息化的重点工程和示范项目，为数字园区建设提供有效支撑。市北高新智慧园区建设的主要做法与成效包括大力开展通讯基础建设、楼宇信息化建设、“无线园区”建设、数据中心建设等信息网络基础设施建设，完善信息化发展环境。同时加强园区管理机构信息化应用，率先应用企业“办公云”系统、ERP(企业资源计划管理系统)以及CRM(客户关系管理系统)。并以智能园区监控管理系统、智能信息发布系统以及智能楼宇建设为重点，大力推进智能园区建设，提升数字园区能级。

【大宁国际智能商圈新媒体平台】 大宁国际是沪上首个汇集现代城市生活多元环节“LIFEHUB生活重心”元素，具有商务酒店、办公楼、零售、餐饮、文化、娱乐、教育和城市生活配套设施的大型商圈。大宁国际利用信息化渠道对众多商户进行管理，助力开展营销活动，并通过WiFi覆盖了解顾客动向，消费偏好，调整购物环境。并策划不同类型的线下活动，结合微信、APP，做到线上线下多屏互动。

四、城市建设管理领域信息化

【应急管理信息系统】 系统具体内容可分为应急职守、应急事件、应急资源、绩效考核、系统管理、辅助功能六大块。在应对突发事件时,应急信息平台可满足突发事件应急状态下对于物资、队伍、专家、预案等信息的需求。保障指挥人员在事件爆发后最短的时间内作出正确而全面的反应,确保及时的信息支撑。对上可承担市、区应急管理委员会的决定,统一组织、协调、指导、检查辖区内突发公共事件应对工作。对下可对各镇大联动分中心信息系统提供相关资源和支持,统筹全区条线管理资源,提升属地化调配资源和自主处置的能力,为确保"平安闸北"发挥重要作用。该项目建设方案已完成。

【小区视频监控系统建设】 按照区委、区政府的总体部署,为加快推进网格化管理工作,充分发挥图像监控系统对社区管理和"平安城市"建设的作用,闸北区通过建设视频监控进小区的方式延伸城市治理半径,最大限度覆盖、发现并解决社区相关问题。在一期建设项目完成 43 个小区视频监控系统建设的基础上,二期住宅小区视频监控系统项目结合区政府"美丽家园"工程,分复接和托底两部分。其中,托底小区 66 个,均已开工建设。复接小区开工 198 个,已完成 61 个。随着各街道"美丽家园"建设工程的陆续完成,复接小区的数量也在不断增加。住宅小区视频监控二期的建设进度将保持与"美丽家园"的建设同步。

五、信息产业发展

【申报上海市"四新"经济创新基地】 2015 年,张江高新区闸北园着力发展以科技创新为引领的"四新"经济,培育一批以"四新"经济为主要发展方向的重点领域、重点企业和重点团队。根据张江管委会和市经济信息化委的要求,围绕产业链部署创新链、服务链,组织符合条件的园区如市北高新区、上海多媒体谷等申报上海市"四新"经济创新基地,努力打造一批创新企业集聚、创新活力迸发、产业生态系统良好的"四新"经济创新基地,使张江高新区闸北园成为科技创新的主阵地。9 月 11 日,张江高新区管委会在上海市科学会堂进行"四新"基地授牌仪式。市北高新园区申报的"上海市云计算产业创新基地"、"上海市检验检测认证服务产业创新基地"和上海欧亚多媒体产业发展有限公司申报的"上海市网络视听产业创新基地"获得授牌。

【助推开展上海市创新创业大赛】 上海创新创业大赛旨在促进科技型中小企业创新发展,树立创新创业品牌，激发全社会的创新创业热情。自 2015 年 3 月 29 日启动以来，闸北区共有 7 家单位成功申报企业组分赛点。初赛过程中，闸北区共承担 26 组 385 家企业前来参赛，分电子信息、光机电、创投综合组三个领域进行比赛。7 家分赛点不仅在开赛前为参赛的创业团队提供相关培训课程、为创业者提供创业导师资源，并在 10 天的初赛角逐中，克服硬件、软件、人员各种难题，为参赛者提供系统、专业、周到的服务。此次创新创业大赛分赛点的筹办工作提升闸北各园区的知名度，扩大园区在培养企业创新创业能力方面的影响力，并弘扬创新创业文化，为闸北区及上海市营造良好的创新创业氛围。

【新增 3 家上海市专业技术服务平台】 2015 年 1 月，市科委为新认定的 43 个上海市专业技术服务平台授牌。其中，上海市地质调查研究院的地质资料信息专业技术服务平台、上海文广科技（集团）有限公司的 3D 内容制作专业技术服务平台、上海德诺产品检测有限公司的乳制品质量安全检测专业技术服务平台被认定为上海市专业技术服务平台，获得授牌。至此，闸北区共有上海市专业技术服务平台 9 家，上海市专业技术服务机构 6 家，各类加盟研发公共服务平台企业 30 余家，形成“9＋6＋30”的多层次研发公共服务体系。

【获批六个服务平台】 2015 年 1 月 12 日，张江高新区管委会在上海市科学会堂进行张江高新区服务平台授牌仪式。张江高新区“一区二十二园”共有 44 个试点单位的 55 个服务平台获得授牌。其中闸北园获得 2 个科技中介服务平台、1 个科技金融服务平台、1 个人才服务平台的授牌。

【加大科技企业培育力度】 2015 年，闸北区科技企业实现总营收入 1 200 亿元，同比增长 22%。完成税收总额 110 亿元，同比增长 21%，其中区级税收 29 亿元，同比增长 20%。区软件和信息服务业实现主营收入 448 亿元，同比增长 21.7%，完成税收总额 30 亿元，同比增长 21%，其中区级税收 8 亿元，同比增长 20%。2015 年，闸北区新增国家高新技术企业 22 家，累计达到 182 家。新增上海市科技小巨人（培育）企业 7 家，累计 59 家。科技企业完成股份改制 9 家，累计达 43 家，其中国家高新技术企业 21 家。在海内外和新三板上市的科技企业达 19 家。新增纳税科技企业 460 家，总量达到 3 500 家。2015 年，上海市创新资金项目 49 项（中心城区第三），获得专项资金 1 580 万元。上海市软件集成电路产业发展项目 5 项，上海市高新技术成果转化项目 45 项（中心城区第二）。上海市技术合同登记项目 225 项，合同金额 15 亿元。上海市科学技术奖 17 项，其中区科信委推荐获批 3 项。市科委“创新计划”项目和市经济信息化委信息化专项及国家科技部和工信部各类项目 15 项，专项资金 3 000 万元。

六、信息基础设施建设

【中国铁塔战略合作】 2015 年 3 月 26 日，闸北区人民政府与中国铁塔股份有限公司上海市分公司签订2015年合作框架协议，共同推进闸北区无线通信基础设施建设，合作积极探索利用公安图像监控杆和道路停车诱导牌等设施，依法合规搭载小型化基站建设。

【区域无线电管理】 2015年，完成2014年度区县无线电管理办公室试点管理工作经费专项审计工作。完成2015年度无线电管理工作实施方案和2015年无线电管理工作计划任务书编制。积极参加市业余无线电协会组织的科普场馆调研，学习其他省市在无线电宣传方面的先进经验，更好地规划组织无线电科普活动。4月，在市业余无线电协会组织下，与奉贤区无线电管理机动分队相关人员共赴崇明，开展业务培训。5月中旬及9月下旬，在芷江西路街道、临汾街道、彭浦新村街道组织开展3场无线电知识进社区的科普讲座。10月中旬组织开展1场无线电知识进机关的科普活动，此次讲座也是市无线电管理局“科普新干线—无处不在的无线电波”在闸北的系列巡展活动。

【教育城域网基础设施建设】 2015年，闸北区着重推进节点基础设施的更新与升级，以及重要节点的网络架构完善。以核心机房建设为重点，完成机房环境改造以及教育城域网核心设备改造升级。完成核心交换灾备冗余、网络出口与准入控制、网络运行监管的更新、升级，从而形成“完善设备、使用控制、状态实时监管”的核心体系。完善重要节点的网络设备更新与升级，完成10年以上的学校网络设备更新工作，完善8个汇聚点节点的设备配置，使其与核心机房改造相对应。

七、信息化环境建设

【网络安全宣传】 围绕智慧城市宣传周和网络安全活动周活动，为提高社区居民对智慧城市建设成果的感受度，加强社区居民网络安全的认知度，闸北区通过讲座、参观体验的方式进行宣传。2015年6月24日，闸北区科信委组织八街一镇相关人员参观中国电信上海公司信息生活体验馆。体验馆设10个展区、100多个展项，通过多业务、多网络、多终端的融合，展示了智慧城市在泛在网络、综合平台、智慧应用方面的生动实践，精彩演绎了信息让城市更美好的理念。参观结束后，电信培训中心的专家还就大数据、云计算等热门专题举办科普讲座。10月23日，在闸北区举办一场以“网络安全和防护”为主题的讲座，讲座邀请上海市信息安全行业协会的专家围绕“钓鱼”网站、短信诈骗、微博诈骗等数十个案例进行讲解，旨在提高居民的网络安全意识，解决居民日常生活中的信息安全问题，60余位市民参加此次讲座。12月4日，区科信委组织芷江西街道社区居民前往闸北区多媒体谷创图公司参观体验，安排讲解员进行讲解。参观内容包括园区五大产业介绍、文化云介绍、数字展馆等，通过此次参观体验，使社区居民更加深入了解以物联网、云计算、移动互联网和大数据等为代表的新一代技术。对信息技术引领的创新形态演变有了更真切的体会。此次活动共有 50 余位市民参与,受到社区居民的广泛欢迎。

【信息基础设施建设宣传】 2015 年 5 月 19—20 日,闸北区邀请上海市辐射环境监测站的专家在临汾路街道和芷江西路街道举行两场以“身边的电磁辐射”为主题的科普讲座。通过专家讲解和现场检测演示,消除居民对电磁辐射方面的疑虑,营造科学电磁辐射观的舆论环境。10 月 16 日,由区科信委和区公务员局共同牵头,举办一场以“我身边的电磁辐射”为主题的科普进机关讲座,吸引一百余位公务员前来参与。本次讲座同时是“科普新干线—无处不在的无线电波”在闸北的系列巡展活动之一。讲座持续 2 个小时,向公务员发放宣传手册一百余本,取得理想的宣传效果,提升公务员对电磁辐射的认识。

【推进软件正版化】 2015 年,为贯彻落实国家推进使用正版软件工作部际联席会议办公室和上海市使用正版软件工作领导小组办公室的要求,做好正版软件推进工作,闸北区制定《2015 年闸北区推进使用正版软件工作实施计划》,全面推进闸北区各部门软件正版化的抽查、检查、部署、统计工作,涉及区政府 50 个部门、11 554 台计算机。

八、社会信用体系建设

【推进信用体系制度建设】 2015 年,建立闸北区社会信用体系建设联席会议机制,将信用建设、政风行风、监察、法制等检验信用建设效果的职能单位全部纳入联席会议。会议成员单位共有 34 家,办公室设在区科信委。区信用体系建设联席会议办公室草拟《闸北区社会信用体系建设十三五规划》。

【开展社会信用体系建设】 按照上海市征信办的要求,结合闸北区社会信用体系建设三年行动计划,以“三清单”(数据清单、应用清单、行为清单)编制工作为抓手,以信用平台和应用建设为推动,全面推进区社会信用体系建设。在区域政府信用体系工作推进方面,通过召开区社会信用体系建设联席会议,对 34 个成员单位进行工作部署,商讨各部门如何使用并深入应用闸北区公共信用信息系统。各成员单位纷纷提出相关平台共建共享的建议,并愿意积极参与上海市、区两级信用体系建设。在“三清单”管理方面,通过区社会信用信息子平台实现“三清单”编制汇总,归集三清单具体数据,同时直接向市平台报送相关数据,共有 10 个部门在平台开设 22 个账号。

【区域信用信息平台】 2015 年,闸北区根据市征信办要求,依托并对接市级公共信用信息平台,推进闸北区社会信用体系区域平台建设。完成平台开发部署及相关业务培训工作。平台上线运行后,“三清单”工作已通过该平台进行在线填报,同时通过市征信办关于市信用平台子平台建设第二批试点区县的申报工作。依托市区两级信用信息平台，完成区建交委的建设工程质量安全信用体系管理平台和“一口受理、综合办理、先照后证”系统建设，实现市区两级信用信息在企业监管、行政服务等领域的延伸应用。

【信用信息记录、公开、共享和应用】 2015 年，区财政局打造诚信阳光的财政形象。继续做好区级财政预算决算公开工作。区市场监督管理局探索企业信用应用机制，实施信用管控，从多方面入手探索诚信信息外联外用机制，建立信用信息共享制度，加快推进企业诚信建设。根据各区县检察院公函要求，配合检察院做好监外执行检察监督工作，责令相关当事人办理变更手续 3 户。按照证监会规定，为 195 家拟上市企业分支机构开具信用状况证明。同时，为 8 家企业参评上海市五一劳动奖、5 家企业参评上海市著名商标和 17 户参加招投标企业提供信用证明。区教育局重视基础教育信息的公开工作，特别是社会和公众关注的招生考试、教育收费、校园安全、后勤服务等事项，均按市教委要求统一发布公开。并且，通过闸北教育信息网，在网络平台开展问卷调查、征求意见等各类互动项目，听取家长的意见。2015 年，区教育局主动公开 87 件事项，依申请公开 184 件事项。

【信用产品应用】 闸北区财政局积极降低贷款风险，进一步加强风险控制与防范，制定风险控制的操作细则，理顺流转环节。加强与担保公司、贷款银行的沟通，明确各自承担责任，共同做好中小企业政策性担保贷款申请的审核工作，加强贷前风险的控制。起草《关于政策性担保贷款逾期代偿资金安排的报告》，做好代偿的准备工作。区司法局建设信用信息系统和信息披露平台，整合信用信息数据库。建立律师、公证、基层法律服务、法律援助、法律工作者信用数据库，不断扩大数据采集和覆盖范围，确保信息客观、真实、准确，并在此基础上进行科学分类，深化信用信息资源的应用。区环保局推进市区部门信用信息共享，在上海市危险化学品综合监管工程建设领域加强危险化学品生产和使用的环境管理力度，共享危险废弃物处置单位资质情况、危险化学品生产和使用单位填报的基本情况、产品情况等信息。天目西街道严格把控政府采购，加大使用信用产品的力度。进一步严格按照政府采购的相关规定，对凡纳入“政府集中采购目录”和“部门自行采购目录”内以及限额标准以上的项目，严格按照有关文件规定进行政府采购，且着重倾向高信用产品，推广使用信用产品经验，扩大信用产品在街道各领域的使用面。

【诚信氛围营造】 为认真落实《2015 年市政府实事项目“为全市法人和市民在线免费提供一次信用查询报告”组织发动方案》的工作要求，制定闸北区组织开展“2015 市政府信用实事项目”工作实施方案。组织闸北区企业、街道、镇和社区居民参与免费查询体验活动。完成自然人查询 36 119人，完成法人查询 1 400 人，完成上海市民实事项目闸北区任务。区司法局结合贯彻普法教育，广泛开展全社会诚信宣传教育，倡导“爱国守法、明礼诚信、团结友善、勤俭自强、敬业奉献”的基本道德规范。利用多种载体开展形式多样、生动活泼的诚信宣传教育活动。彭浦镇积极运用网络、微信等新媒体手段，广泛营造核心价值观生活场景。如通过暑托班授课，加强守信知礼的教育培训。并且强化文明诚信典型的发掘和培养,壮大文明志愿者队伍。通过社区报《腾飞报》积极宣传和倡导“知善”和“扬善”的理念,引导社区居民群众养成“日行一善”的生活方式。结合开展“最美家庭”评选、“自强中队”等活动,推动诚信等核心价值观的实践养成,营造创建良好家庭、家教、家风。

【信用教育与培训】 2015 年 9 月,闸北区信用体系建设联席会议办公室在区政府组织开展“闸北区信用信息服务子平台和三清单”培训会,34 个联席会议成员单位的联络员参加培训。会议邀请市征信办专家详细解读“三清单”编制工作要求。同时进行“闸北区信用信息服务子平台”培训。共和新街道也对辖区内的重点企业开展关于信用管理的专题培训,加强诚信引导,倡导诚信经营,提升企业的道德诚信化建设水平,强化企业的社会责任感。

(谢幽探)

第六章　虹口区信息化建设

概　述

2015年，虹口区政府以上海“智慧城市”整体战略规划为指引，认真落实《虹口区智慧城市建设三年行动计划》，深入开展网上政务大厅和信息化基础设施建设，以政务、教育、医疗、信息安全领域信息化为重点，扎实推进智慧城市建设，全区各领域信息化水平进一步提升。

一、政务领域信息化

【网上政务大厅】　截至2015年12月，虹口区网上政务大厅完成框架上线工作目标，梳理虹口区行政审批权力清单中共计485项行政审批类事项。实现网上受理(预受理)，完整实现“在线受理”、“状态查询”、“结果反馈”三大环节的33小项。办事事项均按照市级文件要求的“八要素”在网页上进行展示，包括事项名称、设定依据、申请条件、办理材料、办理地点、办理时间、办理电话和办理流程。同时，注重网上政务大厅的虹口区特色建设，一是增设“虹口创新创业服务专栏”、“培训补贴系统”等五大栏目，其中“虹口创新创业服务专栏”与微信公众号“虹口创新创业服务平台”一起向公众实时发布政策清单、创业项目、资金服务、专家人才、创业载体、服务机构等信息。二是实现市区两级重要功能的对接，包括事项搜索、预约先办、查询反馈、评价分享、互动问答及用户中心。三是将互动问答进行个性化设计并嵌入区智能问答功能，使互动问答更贴合区级需求。四是虹口区网上政务大厅的用户注册、登录、信息修改、个性空间查看等功能均已通过市级大厅完成，不再单独建设用户中心。

【网络信息安全】 2015年,实施虹口区一体化网站平台安全保障建设,并建立网站的应急处置与管理体制,保障"上海虹口"网站群的整体安全性和快速恢复机制。通过对"上海虹口"网站群的网络架构调整,缓解之前单链路出口所带来的运行维护压力,避免设备故障导致门户网站群服务中断。本次安全加固建设整体提升新"上海虹口"门户网站群对于《信息安全技术信息系统安全等级保护基本要求》第三级中安全保障的能力和要求,并进一步加强其等级保护的合规性和管理能力。在建立健全"上海虹口"门户网站信息安全系统应急处理工作机制方面,对"上海虹口"门户网站信息安全系统应急预案进行修订。本次修订细化网络应急措施、网站应急措施及系统应急措施,罗列可能发生的潜在安全事件并划分事件等级、描述应急恢复指导措施,更新应急通讯录。同时,落实国务院办公厅《关于开展第一次全国政府网站普查的通知》要求,通过自查整改、核查检测和重点走访,摸清全区政府网站基本情况,有效解决一些政府网站存在的"不及时、不准确、不回应、不实用"等问题,切实消除政府网站"僵尸"、"睡眠"等现象,确保全区网站合格达标并顺利通过全国第一次网站普查工作。

【政府投资信息化项目评审】 2015年,虹口区加强政府投资信息化项目管理与服务,组织完成虹口区安全生产综合信息管理系统、"数字城管"综合执法平台(一期)、第一人民分院电子病历系统应用分级4级达标工程一期等20个2015年政府投资信息化项目评审。组织完成2016年区政府投资信息化项目及运维预算的申报评审工作,完成2016年度计划项目评审50万元以上项目39个,50万元以下项目16个。

二、社会领域信息化

【社保卡发放】 虹口区社保卡中心利用市三级管理平台加强对各街道网点规范化情况督查,每月抽查发卡率及补换业务规范合格率等项目,全年共抽检500多份资料,每月实地巡检各街道网点一次,对网点人员服务规范进行面对面指导。各街道网点执行相关规章制度,在做好台账和票据核销等基础工作的同时,不断规范操作行为。为适应业务种类增加和服务要求提高的需要,加强对窗口工作人员的培训。2015年,区社保卡中心共组织进行11次业务培训,各街道网点共90余人次参加培训。同时,区社保卡中心还委托专业培训机构对22名窗口服务人员进行摄影技巧方面的培训。同时,建立"虹口社保卡工作微信讨论群",将区社保卡中心和各街道网点工作人员纳入群中,集思广益,及时解答网点和市民紧急疑难问题。当某一网点制卡设备出现故障时,能及时通过微信群发布故障提示信息,告知其他网点不要推荐市民去其网点办理业务,以减少市民走"冤枉路"而产生的矛盾。并且,推出补换卡业务单据打印功能,将原手工填写的单据调整为系统打印。截至2015年12月,曲阳、江湾、嘉兴、提篮桥、区卡中心5个网点实现单据打印功能。全区共申领各类社保卡 12 097 张(其中儿童卡 25 张,蓝卡 5 296 张,红卡 32 张)、敬老卡 6 744张。补换各类社保卡 37 267 张(其中儿童卡 31 张,蓝卡 24 808 张,红卡 9 024 张,金卡 15 张)、敬老卡 3 389 张。

【智慧教育】 2015 年,依托国家教育体制综合改革试点项目"数字化课程环境建设和学习方式变革实验"(电子书包),虹口区推进信息化在教与学中的有效利用。构建区域基础数据服务中心,建立虹口区教育信息化设备应用效能动态管理平台,构建区域学术体能测试数据系统和区域教师管理信息化平台,从而促进资源共享。同时,夯实教育信息化的网络基础,完成教育城域网建设,推进 WiFi、3G、4G 等无线网络在校园的深入覆盖,建设无线校园和网络教室,保障网络畅通,完善互动教学平台的软硬件建设。并探索云计算在教育领域的应用,着力打造服务于教育的云计算平台,整合教学资源,推动教育信息化的进一步提升。

【卫生医疗领域信息化建设】 2015 年,虹口区启动上海市中西医结合医院电子病历五级标准达标信息化项目建设。按照上海市卫生信息化三年行动计划要求(2013—2015 年),达到电子病历 5 级标准,实现医院的数字化、集成化、智能化、精细化,提高医院资源的综合使用效益。组织实施基于居民电子健康档案的虹口区医改信息化工程项目建设,搭建区卫生信息化平台,建成以市民健康管理为核心的市民电子健康档案。同时,扩展区卫生信息平台应用,探索居民健康信息自我检测,在多个社区街道开展居民自我监测仪试点,为市民享有方便、高效、优质的医疗卫生服务提供技术支撑。并且,以社区居民需求为导向,依托虹口区生活服务网(www.hklifc365.com)和虹口网上敬老院,拓展服务内容,打造诚信、价廉、便捷的生活服务平台,探索建立科技助老新模式。为全区 6 000 余名 80 岁以上的独居老人安装紧急救助"一键通",实现独居老人安全保障和紧急救助服务全覆盖。

【文化旅游信息化】 以虹口区图书馆网站、上海四大纪念馆网站、上海文博网为载体,搭建文化数据平台。通过开办科普大讲坛、虹口文化名人讲坛、共享工程专题视频讲座等栏目和项目,让市民可以便捷共享虹口文化、文博等资源。推进针对社区居民的"旅友便利店"微信平台项目和针对游客的"虹口旅游"微信智能包两个项目,结合"智慧旅游"建设主体,积极探索将智能化手段运用到旅游服务中。

【整合视频资源促进公共安全】 推进建设虹口区安全生产综合管理系统,提高虹口区安全生产监管的信息化水平,解决监管手段单一、信息沟通渠道不畅与监管领域扩大的矛盾,创新安全监管的模式。推进虹口区应急管理平台建设,提高虹口区应急反应和应急管理的水平。2015 年,提篮桥街道启动建设街道视频监控平台,整合公安、小区物业、社会机构的视频信息,提升安全监控效率。

三、经济领域信息化

【产业经济分析系统】 2015年，召集区内产业经济相关主管部门召开区产业经济地理信息系统专题讨论会，对区内宏观经济、园区楼宇等数据进行分类梳理，并组织建设开发基于GIS共享平台的虹口区产业经济地理信息系统。系统基本功能建设已经完成，实现待开发载体、待调整载体、产业园区、商务楼宇、沿街商铺（四川北路商业街）、专业市场、菜场、废品回收站八类载体在地图上的展现，可实现载体数据的综合分析。各类载体的分布情况，可在地图上直观清晰地展现。2015年年底，在调研相关产业经济部门的意见后，对系统的界面风格进行完善和优化。通过系统的应用，有利于相关产业部门加强数据分析，开发调整载体资源，促进数据为区域经济发展服务。

【智慧园区和商圈建设】 2015年，虹口区智慧园区建设围绕园区管理和产业服务，推动信息化基础设施集约化建设，完成固定宽带网络、移动通信网络和WLAN优化覆盖，推动园区管理服务精细化水平提升。2015年，申报明珠园、优族173、运动LOFT三家试点园区，其中明珠园纳入市级智慧园区试点。在虹口龙之梦商圈，无线AP已覆盖整个商圈，龙之梦商圈在管理方面已部署办公自动化、招商管理、应急安防、信息发布、停车诱导、智能卡管理、客户管理等系统，该商圈已上报2015年上海市智慧商圈试点。

四、城市建设管理领域信息化

【网格化综合管理平台升级改造项目】 2015年，虹口区进网格化综合管理平台的建设和应用，通过需求调研和综合分析，结合城市网格化综合管理中心的职能，梳理城市综合管理信息资源，形成覆盖全区的城市综合性管理信息库。完成包括利用市网格化资源，完善地形图、遥感图等基础地理数据，完善部件事件业务库，采集及梳理应急资源库等工作。同时，结合实际需要，建设指挥平台软件系统，完成网格化管理系统流程及功能改造，完成网格化管理系统、12345市民热线系统、应急管理等系统集成。通过系统应用和功能的不断完善，推进并优化了城市网格化管理。并完成现有网格化管理平台的全面升级改造，建立区、街道、居委综合管理平台，与市区联动平台对接，实现城市管理、社区服务与社区安全管理的融合。

【市政综合管理系统】 通过建立市政管线设施GIS综合数据库，完成地下综合管线物探，完成市政设施与路面病害数据的现场采集，提高虹口区市政综合管理水平。分步实施城市数字高清图像监控及治安卡口信息系统，提升社会稳定管控能力，提高交通安全执法和案件侦破的时效性。应用建筑工地视频监控系统和人脸识别系统，有效保障建筑工地的安全。2015 年 12 月，完成环卫车队 ERP 管理系统项目(二期)功能开发和系统建设、虹口环卫车辆管理及 ERP 管理系统的上线应用，提升环卫工作的管理水平，实现对环卫车队数字化管理，加强对作业车辆的监管，提高环卫车队的运营能力和资源利用率。

五、信息产业发展

【互联网金融】 2015 年，虹口区构建优良的金融生态体系，加速金融产业集聚，进一步提升财富管理高地的建设能级。建设上海对冲基金园区网站，使之成为园区政策宣传、业内资讯传播、园区指数发布、中介机构对接和对冲基金研究所成果展示平台，进一步扩大园区影响力，推动园区快速发展。建设上海并购网，打造上海并购行业资讯平台，提供更多的交易机会，助力股权投资企业发展，推动资源优化配置和产业结构调整。

【信息产业结构】 2015 年 1—12 月虹口区信息服务业实现三级税收 60 444 万元，同比增长 1.5%。区级税收 20 315 万元，同比增长 9.0%，完成 2015 年度指标的 90.2%。销售收入 121.14 亿元，同比增长 11.4%。截至 2015 年 12 月，区信息服务业企业共 1 651 家，占全区企业数量 5.27%。从细分行业来看，软件和信息技术服务业类企业共 893 家，占 54.1%。电信类企业共 14 家，占 8.5%。互联网相关服务业企业 732 家，占 44.3%。从发展趋势来看，代表产业转型方向的“四新企业”不断涌现，占整个产业的比重也呈上升态势。从产业规模收入来看，2015 年销售收入 121.14 亿元，销售收入首次突破 120 亿元，占全区现代服务业销售收入总额的 2.2%。全年销售收入 1 000 万元以上信息服务业企业 107 家，占全部企业的 6.4%。其中年销售收入达到 5 000 万元以上的企业有 34 家。

【信息企业融资意识增强】 近年来，虹口区信息服务业企业利用资本市场融资的意识有所增强。虹口区 IPO 企业总数已达 5 家，启动 IPO 进程的企业 4 家。

六、信息基础设施建设

【推进基础设施建设】 通过政策及财政上的大力扶持，虹口区内光纤宽带、移动通信网络和广播电视网络等信息基础设施发展迅速。区内免费无线宽带网络不管是在数量、范围还是用户感知度上都达到全市领先水平，全面完成无线城区建设目标。虹口区科学技术委员会(信息化委员会)(以下简称"区科信委")、区规土局、区建交委等相关政府职能部门与通信运营商积极协作，严格执行光纤驻地网的集约化建设模式，使虹口区集约化建设率高于全市平均水平。新建住宅、商务楼宇100%实现光纤到楼，高端商务楼宇100%实现光纤到楼层。上海电信完成39.1万户家庭用户光纤到户覆盖数，上海移动完成3.07万户家庭用户光纤到户覆盖数，上海联通完成5.6万户家庭用户光纤到户覆盖数，基本完成全区光纤宽带网络覆盖改造。全区30.05万有线电视用户中，28.82万户实现整转，整转率达96%，基本完成NGB网络覆盖转换工作，满足百姓的文化需求。全区建设公用移动通信基站240处，WiFi无线热点覆盖726处，其中HongKouFree覆盖220余处公共场点。其中，四川北路、甜爱路、山阴路、多伦路和溧阳路，以及凯德龙之梦、壹丰广场、巴黎春天等四川北路沿线10家商场实现HongKouFree全覆盖，成为全市市级商业街中，率先拥有"全覆盖"、"全天候"、"全免费"的无线网络环境商圈，给予市民更多、更好的体验模式。

【产业园区商务楼宇信息基础设施建设】 2015年，虹口区进一步推进产业园区通信基础设施优化改造，重点落实新建商务办公楼宇、产业园区信息通信配套建设，通过《虹口区通信环境优化专项经费管理办法(2014年修订版)》、《虹口区产业园区光纤驻地网建设导则》等政策扶持和引领，推进产业园区、办公楼宇三家宽带运营商资源接入，手机信号覆盖无盲区、公共区域无线局域网覆盖和光纤驻地网共建共享建设。

【信息布局专项规划】 编制完善《上海市虹口区信息基础设施布局专项规划》，规划分总论、虹口区信息化现状及问题、需求分析及业务预测、建设规划、彩虹湾大型居住区通信配套建设方案、北外滩沿江地区通信配套接入方案、上海张江高新区虹口园信息基础设施建设总体发展思路、四川北路街道信息基础设施建设总体发展思路和居民密集区信息基础设施总体思路共9章，对虹口区"十三五"期间的信息基础设施建设将产生积极的规范和推进作用。

七、信息化环境建设

【网络安全和无线电管理工作培训】 为提高区机关工作人员信息安全知识普及程度，更好地做好本部门网络与信息安全保障工作，2015年9月，区科信委和上海电信合作，在电信培训中心组织开展主题为"无线网络安全"知识系列培训。各部门信息化分管领导、具体信息化工作人员共135人次参加培训。11月16日，区无线电管理办公室12家成员单位工作人员在市无线电监测站开展培训。培训会介绍区无线电现状及规划基站梳理评估、区县公共移动通信基站站址认定预审工作流程等内容，使成员单位了解无线电与移动通信基站之间的联系，以及本部门职责范围与移动通信基站建设预审之间的协同合作关系。

【虹口区无线电管理办公室】 2015 年 6 月 11 日，市无线电管理局与区科信委签署无线电管理工作合作框架协议，虹口区无线电管理办公室正式揭牌成立。市无线电管理局局长张建明、虹口区副区长徐彬、区科信委主任卞学敏等领导出席签约仪式。根据协议，双方将重点围绕台站协同管理、无线电安全保障、无线电宣传、无线电监督等方面深入开展合作，在业务管理领域，市无线电管理局将赋予区无线电管理办公室一定的协同管理职责，扩大无线电管理的广度和深度。虹口区无线电管理办公室成立以来，梳理确定《虹口区基站站址预审工作流程》，启动并完成区县公用移动通信基站站址认定预审 2 批次共 17 个。2015 年，虹口区无线电管理办公室获得上海市"完善区县无线电管理机制建设上表现突出集体"称号，区科信委副主任黄海滨、信息安全科夏良获得"区县无线电管理工作表现突出个人"的表彰。

八、社会信用体系建设

【诚信环境营造】 深入开展"诚信虹口"系列宣传活动，区联席会议办公室制定诚信宣传工作方案，充分利用现有宣传资源和载体——上海虹口微博公众号、微信公众号、人民日报电子阅报栏、机关电子屏、上海虹口门户网站、协同办公平台等媒体资源，开展诚信宣传。区科信委作为社会信用体系建设联席会议牵头部门，积极推进诚信专题知识学习和相关培训。针对诚信建设重点工作内容和重点人群，利用科普讲坛、知识讲座、专家讲课等形式，组织相关人员学习信用制度、信用管理、防范信用风险以及失信惩戒等方面的知识。区市场监管局以贯彻落实企业信息公示制度为主题，开展系列宣传活动。如以质量管理质量信用档案工作为主题，及时更新公布质量良好信息及质量监督不合格产品生产企业不良记录信息。开展"诚信计量自我承诺"宣传活动，对超市卖场、百货商场和加油站等张贴承诺书，向社会承诺诚信计量，公开接受社会监督。区司法局开展以"文明创建、诚信服务、法治保障"立功竞赛活动，举办律师行业参与文明行业倡议书活动。区建管委以建筑工程企业为主要对象，开展"建筑工程重信用"宣传教育活动。区文明办举办"诚信虹口、你我携手"公益宣传活动。通过文艺汇演、书法、绘画、摄影等方式开展形式多样的宣传活动。让诚信理念走入百姓家庭，走入社区街道。区财政局对会计师等重点群体开展诚信建设主题宣传教育实践活动，结合会计信用等评定工作，宣传诚信建设的重要性。

【信用实事项目】 虹口区落实 2015 年市政府信用实事项目，组织制定《虹口区推进 2015 年市政府信用实事项目工作方案》，明确相关部门组织发动的目标任务和时间节点，通过宣传海报、广告单页、诚信故事展版、走访科技园区和居民社区等形式广泛开展宣传发动，共汇总上报法人信用查询申请表 3 592 份，个人申请表 33 863 份，超额完成预设的法人查询 1 500 份、个人查询 30 000 份的目标任务，完成度在全市处于领先位置。

【组织保障】 2015 年，虹口区对区联席会议成员单位进行扩充，由原来的 23 家扩充到 39 家，并根据机构调整和人员变动情况及时调整成员单位的负责人和联络员。区委常委、副区长徐彬作为联席会议召集人，亲自参加联席会议例会，指导推进社会信用体系建设。各成员单位能够相互合作，协同开展诚信宣传、信用报告查询、信用信息归集与应用、市文明城区创建等活动。

【制度制订和信用基础建设】 组织制定《关于进一步推进虹口区社会信用体系建设的工作方案》，突出区域信用工作特色，分解落实重点任务。同时，推进部门形成工作机制，落实守信激励，失信惩戒的原则。区税务局制定《虹口区税务局关于开展纳税信用管理的实施办法（试行）》，通过采集纳税信用信息，采取评价指标得分和直接判级的评价方式，对不同信用级别的纳税人实施分类管理和服务。积极参加市公共信用信息服务平台第二批试点工作，提交市信用平台子平台建设试点、市信用平台服务窗口试点申报材料，并根据试点工作要求，拟定了相关细则和制度，试点方案通过了市征信办的审核。区信用平台已于 2015 年年底搭建完成，全区各部门借助该平台都可以开展公共信用信息的查询应用和归集上报工作。

（朱长根）

第七章　杨浦区信息化建设

概　述

2015年，杨浦区认真做好“四新”经济服务工作。“四新”经济集群效应逐步显现，云计算创新基地扩建为云计算和大数据创新基地。基地累计引进大数据、云服务企业300余家，云计算创业链基本形成。贯彻落实《杨浦区贯彻〈国务院关于促进信息消费扩大内需的若干意见〉实施方案(2014—2015年)》。组织区内15家企业组团参展上海国际信息消费展。

互联网教育产业逐步集聚，杨浦区被授予首家上海市互联网教育产业基地，成立首个国家级互联网交流联盟。并编制《杨浦区互联网教育产业发展三年行动计划》，开展互联网教育产业宣传、交流活动，组织互联网教育宣传片拍摄，筹建互联网教育展示厅，支持举办首届大学生网络创新创业大赛总决赛。

做好市、区两级信息服务业政策兑现工作。完成软件和集成电路开发人员专项奖励政策兑现，受理17家共329人的专项奖励申请，涉及个税506万元。完成上海市规划布局重点软件企业奖励兑现工作，涉及2家企业共72万元。完成2014年度云计算专项政策兑现工作，32家企业获得房租、宽带补贴共计327.7万元。

积极推进智慧城市建设。推进i-Yangpu无线网络三期30个场点建设。并积极与市经济信息化委对接，促进i-Yangpu和i-Shanghai的融合、对接。同时，杨浦区被纳入上海市无线电管理区县试点工作，成立上海市杨浦区无线电管理工作站，编制完成《杨浦区信息基础设施专项规划》。

开展社会信用体系建设工作。开展公共信用信息数据清单、行为清单和应用清单三清单编制工作，完成2015年度上海市政府信用实事项目任务，完成2 550个法人单位、50 000个自然人的信用查询报告，推进公共信用平台共享和应用，建设杨浦区信用子平台，在政府采购、公务员招录和年度考核、商业企业等领域使用信用报告。

一、政务领域信息化

【电子政务建设】 杨浦区不断夯实信息基础设施建设，完成全区接入政务外网单位的实名认证工作，并推进软件正版化工作。深化区政务云建设方案，完善政务云实施方案，形成可落地、分部实施的细化方案。完成电子政务内网二期改扩建工程，由63个信息点扩充至93个，并优化各接入机房的网络设备和安全设备配置。完成电子政务内网三期建设前期准备和市级视频会议改造方案。

二、经济领域信息化

【五角场智慧商圈】 为落实《加快上海商业转型升级提高商业综合竞争力的若干意见》及《上海市智慧城市建设2014—2016年行动计划》，市商务委联合市经济信息化委开展了智慧商圈创建试点活动。经广泛推荐、专家评审和综合打分，认定五角场商圈等7个商圈作为上海首批智慧商圈创建试点。根据试点工作要求，7个试点商圈要围绕上海市智慧城市建设和商业转型升级相关工作要求，加强信息化建设投入和应用创新。在两年试点期满后，经第三方机构评估符合相关条件的商圈将被授予上海市智慧商圈创建活动示范区域。

三、信息产业发展

【互联网教育】 2015年，编制《杨浦区互联网教育产业发展三年行动计划》，完成互联网教育产业基地申报工作，获得唯一一个"上海市互联网教育产业基地"称号。积极参与互联网教育产业宣传、交流活动，组织互联网教育宣传片拍摄，参加互联网教育展示厅建设筹备等工作。

【上海市互联网教育产业基地】 2015年7月25日，中国互联网教育产业联盟成立大会暨2015年中国互联网教育高峰论坛在上海杨浦区创智天地报告厅举行。会上，中国互联网教育产业联盟成立，杨浦区被授予上海市互联网教育产业基地。中国互联网教育产业联盟是在国家和上海市政府部门及区政府的支持下，由易班网会同华平科技、优刻得、百度传课、教享科技、前程无忧、万学教育等互联网教育知名企业联合发起成立的首个国家级在线教育联盟,旨在共同打造一个自由开放、互惠共赢、可持续发展的互联网教育生态圈。

【云计算和大数据创新基地】 2015 年,区云计算创新基地累计引进大数据、云服务企业 300 余家,云计算创业链基本形成。

【上海互联网创业峰会】 2015 年 8 月 22 日,以“一样的互联网+,不一样的申城”为主题的 2015 上海互联网创业峰会,在中国(上海)创业者公共实训基地举办。峰会结合“大众创业、万众创新”的主旨,通过主题演讲和圆桌讨论等环节,共同探讨创业者如何从中脱颖而出。通过本次大会促进信息技术在各领域的深入应用,推动各产业融合发展,传播互联网思维,推广 O2O 商业模式,研究探讨互联网在引领产业革命中的重要驱动作用。加强交流合作,加快推进互联网的创新应用辐射效应,服务于“互联网+”创业企业的带动作用。携程、百度、阿里巴巴、搜狐等企业的众多专家助力此次大会,在全民创业时代为上海的创业者带来更多的支持帮助,解答创业者对大企业业务对接、融资方面的问题。

【“众创空间”主题互动活动】 2015 年 10 月 27 日,“发现双创之星”走进上海,“众创空间”主题互动活动在中国(上海)创业者公共实训基地举行。国务院办公厅政府信息公开办以及科技部、工业和信息化部等 15 个中央部委,上海市政府办公厅等部门领导出席。主题活动前,国家和市有关部门领导参观考察中国(上海)创业者公共实训基地内的大学生创业示范园和创想空间展示厅。市发改委、科技创业企业中心的相关领导现场介绍多项推进“双创”工作的政策措施,包括将孵化器评定权和科技成果处置权交还市场、创新创业人才落户上海等政策。互动环节,各方为广大创客答疑解惑,夯实创业信心。

【“智能无线打造物联生态”论坛】 2015 年 11 月 20 日,“兆联天下”智慧城市系列活动暨“智能无线打造物联生态”研讨论坛在复旦软件园举行。论坛通过举办技术、渠道及人才对接活动,为企业提供包括硬件、软件和服务的全面系统方案,解决物联网与云服务“最后一百米”问题,以及互联互通、数据应用问题,吸引数十家联盟特色企业负责人现场参与。

【杨浦国家创新型城区高层发展战略咨询会】 2015 年 10 月 28 日,由市科委、杨浦区政府、美国旧金山湾区委员会共同主办,杨浦区科学技术委员会(信息化委员会)(以下简称“区科信委”)、上海浦江创新论坛中心、西门子上海公司和美国旧金山湾区委员会上海代表处共同承办的 2015 浦江创新论坛之杨浦国家创新型城区高层发展战略咨询会暨湾区创新创业论坛,在杨浦区创智天地会议中心举行。本届咨询会围绕杨浦打造科创中心重要承载区这一主线,以“新起航,让创新创业梦想在这里绽放”为主题。来自美国旧金山湾区、世界 500 强企业、创新创业企业、行业机构等 300 余人参加了本次论坛,分享国内国外创新创业实践及孵化器建设发展经验,讨论杨浦建设万众创新示范区的理念、思路和建设路径,为杨浦转型发展建言献策,提供智力支持。作为论坛重要活动,咨询会还联合知名跨国公司西门子共同举办创新项目对接活动——西门子创业梦之桥路演日。精选创业企业9家、跨国公司5家、VC投资机构36家,进行对接交流,这也是西门子在行业领域里进行创业孵化迈出的重要一步。

【四新经济主题沙龙】 2015年5月21日,市经济信息化委和杨浦区政府共同主办的上海“四新”经济首次主题沙龙在杨浦区创智天地举行。本次沙龙的主题是“创新视野、突破发展——‘四新’经济腾飞的阻力和动力”。活动对“四新”经济的内涵进行了深入解读。

【位置网公司总部入驻杨浦湾谷科技园】 2015年5月15日,市委副书记、市长杨雄,中国兵器工业集团总经理温刚出席中国兵器工业集团公司与市政府战略合作框架协议以及与杨浦区政府项目落户协议签约仪式。中兵北斗产业投资有限公司董事长薛建国与杨浦区委副书记、区长谢坚钢代表双方签署项目落地协议,位置网有限公司、北斗产业发展有限公司以及基金管理公司在杨浦区湾谷科技园筹建落户。

四、信息基础设施建设

【信息基础设施建设】 2015年,杨浦区与东方网签署共建智慧社区合作备忘,大力推进“智慧杨浦”建设。推进i-Yangpu无线网络三期30个场点建设,并对已建设的前两期工程进行改造升级,进一步完善用户认证,完成实现一次认证、统一认证页面、增加网络覆盖率、消除接入盲点等工作。同时积极与市经济信息化委对接,促进i-Yangpu和i-Shanghai的融合、对接。

【信息基础设施专项规划】 杨浦区信息基础设施专项规划(2015—2020)围绕杨浦区打造上海科技创新中心重要承载区的目标,在分析杨浦区未来土地规划、区域人口组成特点、发展模式及功能定位对通信需求的基础上,结合各运营商现有网络及相关网络技术的发展能力,提出塑造杨浦区城市新形象的总体目标。目标包括固定通信、移动通信、通信机房、通信基站、通信管道等方面的建设。

五、信息化环境建设

【“智慧城市”建设三年行动计划】 杨浦区《“智慧城市”建设三年行动计划2015—2017)》以国家确定杨浦区为首批国家创新型试点城区为主线,进一步加强区内自主创新能力,改善创新服务体系。以杨浦—上海—长三角—全国一盘棋为谋略,加强社会力量和市场资源共同利用与参与,提供理念、减少重复、强化共享、统筹协调。助推知识杨浦、创新杨浦建设，助力杨浦区社会治理体系和治理能力现代化。以“智”生活、“慧”民生为第一需求导向，深化智慧应用，以强化网络安全为保障，形成智慧生活、智慧经济、智慧城管、智慧政务的杨浦区智慧城市建设先导区，使杨浦区在上海率先迈入信息社会的过程中，努力当好全市深化改革、实现智慧发展的先行区。

【杨浦区无线电管理办公室】 2015 年 6 月 11 日，杨浦区与上海市无线电管理局签署无线电管理合作框架协议。同时，区无线电管理办公室揭牌成立。根据合作框架，杨浦区将进一步加强无线电管理在服务经济社会发展、服务民生需求、保障无线电安全等领域的作用，并积极探索无线电频谱资源服务建设具有全球影响力的科创中心的新路径、新模式。

六、社会信用体系建设

【社会信用体系建设】 完成 2015 年上海市政府信用实事项目任务，完成 2 550 个法人单位、50 000个自然人的信用查询报告。推进公共信用平台共享和应用，建设杨浦区信用子平台。继续在政府采购、公务员招录和年度考核、商业企业等领域使用信用报告。

【三清单编制工作】 按照市征信办要求，组织区内相关部门培训，开展公共信用信息数据清单、行为清单和应用清单三清单编制工作。

【社会信用体系专题工作会议】 2015 年 7 月 24 日，为贯彻上海市社会信用体系建设要求，细化落实《杨浦区社会信用体系建设 2013—2015 年行动计划》，进一步推进 2015 年杨浦区社会信用体系建设，由杨浦区社会信息化领导小组办公室组织召开杨浦区 2015 年社会信用体系专题工作会议。会议就推进杨浦区争创全国文明城区工作中的信用体系建设、落实 2015 年市政府信用实事项目、编制《杨浦区社会信用体系建设 2016—2018 年行动计划》等工作做了具体部署和培训，杨浦区有关部委办二十多个单位的工作人员参加了此次会议。

（邓恢祯）

第八章 黄浦区信息化建设

概 述

2015 年,黄浦区围绕“整合提升,创新发展,传承经典,打造精品”的发展要求,以区域经济和社会发展对信息化的重大需求为导向,促进信息技术在核心商务区、文化先行区与和谐生活区建设中的全面渗透和深度融合,全面推进信息化建设。区域网络宽带化和应用智能化水平全面提升,以数字化、网络化、智能化为主要特征的智慧城区基本框架初步形成。

一、政务领域信息化

【概况】 2015 年,黄浦区立足管理体制机制完善和信息技术创新,结合区中心工作,继续推进电子政务项目管理、基础建设和平台应用,优化政府业务流程,拓展线上公众服务渠道,确保信息安全,在提高行政效能、创新公共服务模式、提升城区管理水平等方面发挥积极作用。

【网上政务大厅黄浦分厅】 2015 年,根据市政府总体要求、结合黄浦区特点,明确以建立区网上政务“单一窗口”、行政审批业务平台、政务信息资源整合共享和网上服务与实体行政服务中心“线上、线下”联动的网上政务大厅为工作目标。参照市政府设置,成立黄浦区网上政务大厅建设与推进工作领导小组和领导小组办公室,统一部署网上政务大厅建设与推进工作。根据市网上政务大厅工作方案和技术指导意见,制定网上政务大厅黄浦分厅总体框架、业务方案和技术方案,完成区级行政审批事项和实体窗口办理点信息的调查梳理。黄浦区被市政府列为第一批示范区县,率先完成网上政务服务“单一窗口”建设,实现企业设立、变更事项的网上预约先办功能，11 月 2 日与市网上政务大厅同步上线。

【区网格化综合管理平台】 2015 年，根据黄浦区网格化管理工作需求，加强区、街两级网格化综合管理平台的顶层设计和软、硬件系统建设技术保障，实现较为先进的大屏指挥、日常联络通讯、任务分派、重大活动或突发事件快速响应等功能，促进黄浦区社会管理水平的提升。完成市府应急指挥系统、防台防汛视频会议系统、“12345”热线系统和区内公安、市政道路图像资源的整合应用，促进区公共安全管理水平的提升。

【办公无纸化和移动化】 2015 年，根据市信息中心电子公文对接标准，黄浦区实现市、区公文系统对接。并推进公文流转办理、人大意见和政协提案办理等无纸化系统的深入应用。完成电子邮件、日程安排、信息简报、通知通告、短信收发、工作督查、普发文件传阅等移动办公应用建设，初步建立符合黄浦区实际需求的移动办公应用和管理模式。

【电子政务项目管理】 2015 年，为进一步规范全区电子政务项目申报、必要性审核、技术方案审核、预算评估等审核工作流程和职责分工，黄浦区完成历年电子政务项目的整理入库工作，并且根据市政府办公厅相关工作要求，开展电子政务项目过程管理和后期绩效评估调研。

【政务数据共享利用】 2015 年，黄浦区初步建成区级层面的人口数据综合应用平台，实现信息汇总分类、质量检测、图形化分析等功能。在实现市工商、质监、食药监业务专网在区政务外网一网整合的基础上，推进法人数据在区级层面的落地，为建立起长效的法人数据市、区联动共享创造条件。

【政府网站群建设管理】 2015 年，为推进落实全国政府网站普查工作要求，完成全区各部门各类政府网站的自查整改。完成部门、街道网站“一体化”建设，实现全区各类子网站“构架一体、数据一体、管理一体”。结合区中心工作，开展 8 期区领导和部门领导在线访谈活动，优化政民互动内容和形式。“上海黄浦”门户网站在中国信息化研究与促进网联合多家权威机构举办的中国优秀政务平台评估活动中，获“中国政务网站领先奖”，位列全国各直辖市所属区县第一，同时获得“设计创新型政务平台”称号。在市政府办公厅开展的上海市政府网站测评中，被评为上海市优秀政府网站，位列全市区县第一。

（张　倩）

【区政务外网建设】 黄浦区电子政务光纤网络采用自建和租用光纤相结合的方式，截至 2015 年年底，光纤总长近 300 公里，构建成黄浦区电子政务的骨干网络。政务外网覆盖全区 89 个部门，接入点 170 余家，接入终端 4 500 余台。共有核心机房 1 个、西区汇聚机房 1 个、托管机房 1 个。承载区电子政务综合应用平台、区人口信息共享系统、网上政务大厅业务处理系统、社区事务受理系统、组织人事信息系统等跨部门重点应用，并为区各部门的专项业务应用系统提供网络支撑。

【区政务内网建设】 截至2015年年底，黄浦区政务内网共覆盖34个部门，接入终端78台。配置网络交换设备52台，安全设备6台，屏蔽机房2座，视频会议室2个。同时，区检察院、区法院、区纪监、区组织部等部门依托政务内网建立部门子网，与市相关系统对接。

【机关互联网统一出口】 2015年，黄浦区积极推行机关互联网统一出口工作，区机关各主要办公场所的49个部门、2 000余台终端实现互联网出口统一。为适应移动互联网的发展趋势，方便机关工作人员使用移动设备接入移动互联网，黄浦区在机关办公楼布设WiFi接入设备。该项目共部署无线AP351个，交换机23台，接入用户3 500余个。

【综合应用平台】 按照“一体化、标准化、通用化、协同化”建设的黄浦区电子政务综合应用平台，是区机关日常办公信息化应用支撑体系的核心。2015年，区应用平台功能进一步拓展、优化和完善，升级电子论坛，建设“交换集市”专栏，优化部门会议管理系统，更好地满足区机关工作人员的日常办公需求。

【区实有人口信息共享服务平台】 黄浦区实有人口信息共享平台由“一库、一系统”组成。区实有人口信息资源库用于承载市公安下发的实有人口基础数据，主要有基本信息、人户分离、地理、房屋、照片等8类信息，形成包括户籍人员、人户分离人员、外省市来沪人员、境外来沪人员4类。实有人口信息共享系统具有综合查询、统计报表、人口GIS、辅助决策、数据管理、部门应用等模块。2015年，新增统计报表自定义生成、数据分析、街道人口数据应用、共享服务等新功能，为区领导及各部门提供多样化的人口数据服务。区府办、区人口办、区残联、区防范办、区民政局等部门率先开展应用。

【区地理信息共享系统】 黄浦区地理信息共享系统由一库和一系统组成。地理信息资源库以测绘院1∶500矢量图为基础图层，整合网格化城市管理地理数据和部门公共服务等业务数据，形成区统一的地理信息资源库，共有19类116个图层。地理信息共享系统具有地图缩放、漫游、查询、定位等功能。为方便区内各部门和街道应用，设立三大数据共享服务接口，即专题地图定制接口、地图共享服务接口、图层调用服务接口。已为光缆管孔分布、震害防御场所、监控图像、实有人口系统、金融服务平台5个业务系统提供地图服务。

【区移动政务平台】 黄浦区移动政务是区统一的移动办公平台，与区综合应用平台保持应用对接与数据同步。截至2015年，已建电子邮件、公文查阅、日程安排、公告通告、部门简报等10个应用模块，实现向区机关工作人员提供日常办公功能的移动应用服务。

【“上海黄浦”门户网站】 2015年，“上海黄浦”门户网站“政务大厅”栏目整合各部门网上办事事项。在保证事项上网率的同时，黄浦区更关注网上办事的质量，每项上网事项都在醒目位置公布了职能部门、负责人姓名、联系电话信息，并整合办事指南、表格下载、在线咨询、投诉监督等10项办事项目。并且，整合社区服务资源，形成较为完善的网上社区服务体系。各街道贴近于社区生活的物业、维修、家教、家政、物流、医疗、助残等服务信息，以及社区事务、文化、卫生、生活中心的服务资源在门户网站统一的社区服务窗口和地理信息系统内整合，实现“一口”服务，各街道的特色服务项目也得到保留和展现。同时，整合商、旅、文资源。黄浦区根据优化“都市黄金观光旅游圈”线路，推进“商旅文联动”建设的目标，通过政府网站整合都市购物、特色商圈、中华老字号、历史遗产、文化设施、旅游景点、海派美食等服务资源，动态发布外滩新年倒计时、上海旅游节、玫瑰婚典、豫园元宵灯会等大型活动信息。并通过中文版、英语版、韩语版、手机APP版等多种形式，为市民和国内外游客提供便捷的“商、旅、文”服务。

【“上海黄浦”门户网站“在线访谈”】 2015年，“上海黄浦”门户网站开展“在线访谈”6期，主题涵盖社会事业、住房保障、城区建设等民生热点话题。黄浦区通过功能完善的互动系统，创新政民互动方式，积极开展领导“在线访谈”活动，得到了网民的热情回应和关注。黄浦区“在线访谈”的平均访问量保持在3万人次，有效提问答复率100%。

【“上海黄浦”门户网站强化功能】 2015年，“上海黄浦”门户网站归并网上投诉办理渠道与“12345”市民服务热线办理渠道，利用区网格化管理系统完善的分派、办理、监督功能，对市民通过网站、热线两个不同渠道反映的非紧急类政务、事务诉求，进行“集中办理、统一答复”，门户网站的咨询、投诉窗口已成为非紧急类政务、事务诉求的重要通道。同时，参照互联网主流搜索引擎的标准，实现政府网站覆盖全站群的文字检索、图片检索和地图检索功能，提高了搜索速度和准确性。

【门户网站信息安全事件应急预案演练】 2015年，为保障“上海黄浦”门户网站信息系统安全稳定运行，提高区政府网站运维及工作人员信息安全意识，根据门户网站安全责任的划分，修订《“上海黄浦”门户网站信息安全事件应急预案》、应急响应流程及网站信息安全事件处置操作手册等，并于2015年12月10日，组织开展《“上海黄浦”门户网站信息安全事件应急预案》的实地演练。通过应急预案的演练，检验分工落实、协调能力，相关人员进一步熟悉应急处置流程，提高应对网站突发信息安全事件的快速反应能力，对保障区政府门户网站的信息安全有重要的作用。

二、社会领域信息化

【社区信息化】 2015年，为落实中共上海市委网络安全和信息化领导小组办公室、上海市智慧城市建设领导小组办公室《关于印发〈关于以信息化支撑创新社会治理加强基层建设的实施意见〉的通知》精神，黄浦区积极开展工作调研，汇总分析区各街道在政务网络、信息平台、数据共享及信息安全方面的情况，认真了解各街道的应用需求，结合实际，从服务和管理两个方面，初步确定完善网络覆盖、优化社区事务受理信息平台、建设居委会台账系统、推进人口信息在社区共享、智慧社区平台建设等方面的工作安排,积极发挥信息化支撑社区管理和服务的作用。

【五里桥公益宝党建新平台】 为全面贯彻市委一号课题"创新社会治理、加强基层建设"的总体部署,适应"互联网+"时代对政府传统管理和服务模式的挑战,2015年,五里桥街道全力打造互联网党建平台公益宝。平台以服务凝聚群众为核心,以构建区域化大党建格局为支撑,以创新社会治理为重点,通过公益众筹的方式,党员先行、公众参与、汇聚社区点滴,实现以党建推动区域进一步整合资源、服务群众、推进自治的实效。网站(www.gongyibaocp.com)和微信公众号两种参与方式于2015年4月22日同步上线,首批发布包括图书换绿植、"六一"孝梦节、五里美食家、防霾为老等十六个项目,受益人群达16 000人次。

【五里桥街道"联系服务一本通"平台】 黄浦区五里桥街道"居民联系服务一本通"平台是一款以互动、内容、体验为核心的综合性社区服务网络。平台的创建有效帮助居民及时获取并查阅所需的各类服务资讯,促进社区和居民的互动。社区管理者可以更高效地组织社区活动,发布社区服务信息。平台主要功能包括文化健身场馆、活动、社区公共服务网上预约,居民终身教育课程网上预约报名,志愿服务活动参与报名,志愿服务网上记录等。网络平台实现社区资源共享和充分利用。

【"黄浦瑞金"APP上线】 2015年,为畅通社区居民的参政、议政渠道,方便居民快速反映社区问题、寻求解决方法,瑞金街道建设"黄浦瑞金"APP。主要功能包括在政务方面,更好地促进政策的下达与施行,使得社区工作更趋直观、透明。党建方面通过网络推广的方式宣传党的建设与实践工作,提升居民对党建的认识和重视。为民服务方面,依托移动互联网的技术优势,为社区医院、生活配送、地理定位、社区意见反馈等提供解决方案,全面提升社区居民的生活质量和办事效率。

【教育信息化建设】 "十二五"期间,黄浦区教育局积极开展建设与实践信息基础环境设施、教育行政管理信息化、学校教育教学信息化应用等方面的建设,并取得丰硕的成果。区教育城域网网络结构不断优化,黄浦区教育数据中心系统平台项目一期建设完成,形成黄浦区教育业务数据标准,重构各个教育业务管理平台,有效实现教育业务数据的集成应用。

【"Itravels黄浦"】 "Itravels黄浦"是由黄浦旅游局与上海旅游网旅行服务有限公司联合开发的一款智能手机导游软件。在游客的智能手机上集成利用GPS、GIS等多种技术,实现以多媒体方式展现旅游景点的相关信息,以及基于地理位置服务(LBS)的配套综合服务信息。软件以"智能导游,移动服务"为核心理念,可为市民和游客传递旅游时事资讯、设计旅游交通路线,提供区内景点游玩和吃住娱乐等全方位的旅游咨询服务,集导游、导览、导航、导购等功能于一体,让游客体验到"一机在手,智慧游黄浦"的便捷与轻松。

三、经济领域信息化

【黄浦数字商圈项目建设】 2015年,黄浦区按照依托移动互联、大数据、云计算等新技术应用,努力构建"两街"商圈线上数字空间的要求,着力整合商业相关产业链,有效延伸数字商业价值链,积极打造数字商圈生态链,大力推动传统商业科技化、数字化改造。黄浦数字商圈项目建设不断推进,率先实现传统商业的颠覆式创新。2015年,完成淮海路(西藏路到陕西南路)、南京路(成都路到中山东路)的基础硬件和免费WiFi建设。8月30日,免费WiFi运行启动,为实现消费者与商家的连接、消费者与消费者的连接和商家与商家的连接提供运行环境。

【淮海路商业街】 2015年5月5日,淮海路商业街被正式认定为上海市首批7个智慧商圈创建活动试点之一。此次智慧商圈创建活动旨在加大上海市商圈信息基础设施建设力度,以信息化促进传统商业转型升级,提升商圈整体经营、管理和服务水平。黄浦区提出建立大数据平台、室内外导航系统,扩大与"两街"区域内更多商场和商户的合作,共同推广"爱逛街"APP,打造商圈泛会员系统。建立商家数字联盟、发展"两街"新媒体,营造数字商业生态圈。从而联动商圈内各街道、各商务楼、各园区,提供解决商业活动、生活出行等问题的一站式服务平台,形成区域消费闭环,营造数字时代商业价值圈、数字生态圈架构。

【黄浦区企业公共服务平台】 2015年,按照"以互联网+思维推进政府管理服务模式创新"的思路,黄浦区搭建区企业公共服务平台。平台由区企业政策服务平台、黄浦区企业人才服务平台、黄浦区企业金融服务平台等组成。具有"最新动态"、"通知公告"、"政策法规"、"创新企业"、"业务受理"、"政策订阅"、"政策咨询"、"项目管理"等模块,提供办事(受理)、咨询、发布(推送)、投诉、监察、协调六大功能。个人或企业用户注册成为会员后,可以通过平台享受黄浦区优质的服务。其中,黄浦区企业人才服务平台围绕黄浦区六大产业发展的格局和目标,由"人才政策"、"公共服务"、"人才公寓申请"、"专业服务"四大版块服务组成,通过整合社会专业服务机构,采用"政府监督+市场运作"的模式,为区内企业提供全方位的人才服务和支持。平台已获得上海市张江高新技术产业开发区管委会批准,正式授牌为"上海市张江高新区黄浦园人才服务平台"。

四、城市建设管理领域信息化

【网格化综合管理系统】 2015年,黄浦区启动区街网格视频信息平台项目建设,完成区信息系统平台切割转换等基础工作。实施全区视频监控资源整合项目，形成区街两级视频监控指挥体系。完成区防台防汛视频会议同步指挥系统，组织网格中心的整体搬迁，按时建成并启动运行集视频监控、应急值守、防汛防台、视频会议、热线办理、联动指挥等功能的网格化综合管理中心。协调组织网格中心的应用软件开发，实施监管巡视模块、社会监督信息的APP以及舆情监督等开放性受理模块等项目开发。试行远程警示呼叫干预系统、移动监控系统及道路违章自动警示反馈系统开发。完成区街网格中心与工作站的网络互通项目。

五、信息基础设施建设

【信息基础设施建设专项规划】 2015年6月11日，《黄浦区信息基础设施建设专项规划》通过专家评审。专家组对黄浦区在道路信息管线、通信机房、基站、公共热点地区WLAN覆盖等通信设施建设过程中，形成的“政府导向、市场化运作、集约化建设”模式以及管线、机房共建等集约化措施予以高度评价。

【区域信息基础设施服务能级】 2015年，黄浦区基本实现光纤到户，百兆家庭宽带接入基本全覆盖，光纤入户累计覆盖433 145户。WLAN覆盖场点1 749个，AP12 809个。71处公共场所开通i-Shanghai，实现五大商圈全覆盖。4G室外宏基站累计完成332个，4G室内宏基站(室内站点覆盖)累计完成490个。在上海市经济和信息化发展研究中心、上海市智慧城市建设促进中心所作的2014年度《上海市智慧城市发展水平评估报告》中，在区县智慧城市发展水平指数、区县网络就绪度水平指数、用户感知指数均高于上海市指数。其中区县网络就绪度水平指数、用户感知指数均名列第一。

【网络基础设施建设】 2015年，黄浦区完成区政务外网光缆汇接点扩建，提升街道、居委会网络应用水平。为满足移动办公、移动执法领域日益扩大的网络应用需求，完成移动互联网与政务外网的接口扩充。根据市保密局相关工作要求，落实互联网集中出口工作，基本完成全区各单位互联网接入口清理、归并。

六、信息化环境建设

【2016年度部门信息化项目申报】 2015年9月，黄浦区科学技术委员会(信息化委员会)(以下简称“区科信委”)牵头组织开展2016年度部门信息化项目立项审核、预审工作。项目审核工作以市、

区智慧城市建设相关工作要求和规划计划为主要依据，按照“推进跨部门业务系统的信息共享、应用集成和业务协同，严格控制独立、封闭的单一部门业务系统建设，鼓励使用成熟的信息化技术和产品，避免重复建设和重复投资，切实提高投资效益”的要求，注重项目为对接科创中心建设，促进高端服务业、创新政府管理模式和惠民益民服务提供有力支撑。截至 2015 年年底，共对 30 余个单位申报的 49 个新建、续建类和 85 个运维类信息化项目进行了受理和立项审核。

【举办网络与信息安全培训会】 2015 年 10 月 23 日，黄浦区科信委组织开展“黄浦区机关网络与信息安全”培训，邀请市信息安全测评认证中心主任蒋力群做“信息安全趋势及防范要点”的专题讲座，通过丰富的案例和大量的数据，介绍了信息安全的形式与特点、信息安全的检测与评估、对安全防范工作的基本认识，以及政府部门维护信息安全常用手段等。本次培训旨在加强黄浦区机关工作人员网络与信息安全意识，提高机关工作人员网络与信息安全技能与水平。

【推进智慧城市建设专题培训】 为更好地推进“互联网+”背景下的智慧城市建设，加深对信息化支撑经济社会发展的了解，2015 年 12 月 9 日，黄浦区组织全区各部委办和街道相关人员参加“对接互联网+，推进智慧城市建设”专题培训。培训中，专家介绍了上海《智慧城市建设“十三五”规划》的内容，具体描绘智慧经济、智慧生活、智慧治理、智慧政务四个方面的应用，信息基础设施、信息技术产业、网络安全、数据资源利用四个支撑体系，以及智慧新城、智慧社区、智慧商圈、智慧村镇、智慧园区 5 个重点示范。同时邀请上海互联网软件公司专业人员从 BIM 的技术概念入手，介绍了信息技术在城市建筑管理方面的具体应用。

【《黄浦区促进智慧城市建设“十三五”规划》】 2015 年，为深入贯彻“创新驱动、转型发展”，强化黄浦区在推动上海建设“四个中心”和科技创新中心格局中的核心引领地位，依据《上海市推进智慧城市建设发展“十三五”规划》和《上海市黄浦区国民经济和社会发展第十三个五年规划纲要》，黄浦区开展《黄浦区促进智慧城市建设“十三五”规划》编制工作。规划由“十二五”建设情况、“十三五”趋势研判、指导思想、发展原则、发展目标、主要任务和重点工程、保障措施七部分组成，2015 年年底完成征求意见稿。

【开展资金扶持和奖励工作】 2015 年，黄浦区内共 10 家单位获得上海市软件和集成电路产业发展专项资金项目支持。其中 1 家为国家战略项目，2 家为集成电路课题项目，3 家为软件公共服务平台项目，4 家软件产业项目。1 家集成电路企业获得 2014 年度上海市规划布局内重点软件企业和集成电路企业专项奖励。10 家企业的 250 人次获得 2014 年度软件和集成电路设计人员专项奖励。

【完善创新政策】 2015 年，参照《黄浦区关于进一步提升自主创新能力的实施意见》，黄浦区不断细化政策措施，制定和出台《黄浦区电子信息产业发展专项资助政策》等多项政策，汇总编印并向企业发放《黄浦区自主创新政策申报指南(2015 年版)》等宣传资料。

【优化“两器三基地”创新创业载体环境】 2015 年，黄浦区着力完善以“众创空间＋创业苗圃＋孵化器＋加速器”为核心的创新创业服务模式，搭建孵化企业成果交流展示平台，建立园区孵化管理平台，开展 ISO 质量管理体系认证，主动开展创业辅导、创业沙龙、专题论坛、市场对接等各类服务，不断提高服务能效。上海集成电路设计孵化器连续 8 年被评为“上海市优秀孵化器”，黄浦区科技创业中心孵化器晋升为上海市孵化器优良级。

七、社会信用体系建设

【推进与市公共信用信息服务平台对接工作】 2015 年，黄浦区加强公共信用信息归集。全年数据清单完成四批次归集，共计上报 800 多条信息。同时，完成 2016 版黄浦区数据清单、行为清单、应用清单编制工作，共编制数据清单 92 项，行为清单 6 项，应用清单 30 项。

【落实市政府信用实事项目】 2015 年，黄浦区遵循全市统一部署，认真推进信用实事项目实施，根据《2015 年黄浦区政府实事项目“为法人和市民在线免费提供一次信用查询报告”组织发动方案》，通过多种渠道，多种形式，大力推动企业和个人参与，全区共发动1 914家企事业单位，15 988 人次参加活动。

（沈　蓓）

第九章　静安区信息化建设

概　述

2015 年，静安区围绕“十二五”规划目标，抓紧推进各项任务实现。以“数字化、网络化、智能化”为主线，深入推进城市管理、社区治理、行政服务、安全保障等领域的信息化应用，充分发挥信息化在全区重点工作领域的支撑保障作用。加强项目顶层设计，进一步加强信息资源和信息系统的整合集成。同时，创新投入机制，注重政府引导，完善市场监管，积极鼓励社会力量参与信息化建设。推动信息基础设施高度完善、智慧政务深度整合、智慧商务蓬勃发展、信息安全可靠可控。全面开展项目建设绩效评估，确保项目建设有深度、见实效、可持续，切实发挥智慧城区建设对区域经济社会发展的拉动和促进作用。

一、政务领域信息化

【电子政务平台无纸化办公应用】　2015 年，静安区提升办公自动化应用水平，基本实现区内政务简报、公文、通知的无纸化，按月发布公共信息平台简报、通知、公文的应用情况。2015 年，通过公共信息平台发布的各类简报 635 篇、通知 19 173 条、公文 976 篇，网上公文和通知的接收率达到 100%。完成移动办公平台系统开发和试用，完成平台的软件测评和安全测评。

【无纸化会议系统】　2015 年，静安区建设区无纸化会议系统，实现区委常委会、区委书记专题会、人大常委会、人大主任会、区政府常务会、政协主席会、政协常委会七类会议过程无纸化。无纸化会议系统实现会议在会前、会中的清晰管理，减少会务筹备中的事务性工作，减少会议用纸，快速响应会议材料调整变化，方便参会领导及时阅看会议材料，便于会议信息统计查询、资料积累和归档。

【光纤网络向社区延伸】 2015 年，根据市政府办公厅《关于推进无纸化办公精简文件会议简报的通知》，静安区积极推进无纸化办公。为提升社区居委会接入政务网络的速度和接入的安全性，满足各社区居委会日益增多的信息化应用需求，提高工作人员的办事效率，由静安区科学技术委员会(信息化委员会)(以下简称“区科信委”)牵头会同全区五个社区(街道)实施此项目。完成 69 个居委会光纤铺设和设备安装工作，65 个居委会已通过光纤网络接入区政务网进行业务办理。在对社区居委会使用的多项应用实地测试情况显示，各应用网页打开速度比原来 VPN 连接速度平均要快 3 倍以上，数据丢包率为零，有效提高社区居委会工作人员的办事效率，为进一步拓展社区信息化应用打下基础。

【静安区决策支持平台】 静安区决策支持平台建设是着眼于“大数据”时代变革趋势，落实上海推进全球科创中心建设要求，推进“互联网＋智慧政务”建设的重要举措。平台总体定位为“大数据驱动的决策支持平台”。建设分为两期。一期建设立足宏观经济社会数据、微观企业数据支撑决策。二期建设立足微观人口数据支撑决策，整合人口库、人口普查库、法人库、社保、民政、社区信息系统、GIS 库等，以工作人口、居住人口、潮汐人口为重点，增加人口服务、社会治理分析、城市治理分析等多个内容。

【城市图像监控系统“一张网”建设】 2015 年，根据静安区技防“一张网”项目推进计划，区公安分局、区综治办会同各街道在完成基础调研的基础上，根据专家评审意见采用“混合方式”(即租赁和自建相结合)开展项目建设。在公安智慧安防一、二期基础上，进一步整合街道社区和有关部门的视频监控资源，完成智慧安防三期建设，构建起全区统一的高清数字视频资源共享平台，提升社会管理和防控能力，降低治安维护成本，促进平安城区建设。根据市里统一要求，为进一步提升一线民警的信息化手段，强化移动警务的应用，公安分局配备 325 台新一代移动警务 PDA，并开发符合分局实战需要的 APP 应用软件。

【区停车诱导管理信息系统】 2015 年，根据市交通委关于停车电子收费系统安装工作推进要求，对区域所辖停车场(库)进行政策宣传，并根据推进时间节点要求，结合静安区停车场(库)规模，制定具体推进工作计划。对拟纳入停车信息采集的公共停车场(库)开展调研分析，采取租赁社会资源模式，已纳入信息采集场(库)80 家。

二、社会领域信息化

【推进智慧社区建设】 2015 年，为进一步完善智慧社区平台技术架构，完成静安智慧社区服务平台顶层框架设计，为整合各项服务内容奠定基础。同时，完成《智慧社区服务平台信息服务管理暂行办法》初稿，建立信息发布审核机制。并且，进一步梳理发布到平台的信息内容，扩大信息覆盖面。同步完善静安智慧社区手机 APP 功能，完成 IPTV 和有线电视静安智慧社区频道的技术开发工作，并实现手机端与电视端的协同发布，推进东方网智慧屋在社区中的推广和应用。

【居委会电子台账建设】 2015 年，静安区积极推进居委会电子台账系统建设，减轻居委会工作负担、增加工作效能、改变基层考核方式、实现基层信息大数据分析和利用。召集区 18 个条线部门开展下沉到居委会台账事项的二次梳理工作，全区居委会台账事项由梳理前的 44 项精简至 32 项。

【社区事务中心“一口受理”系统试点】 2015 年，为进一步推进社区政务服务，帮助政府科学决策，根据市领导指示，由市民政局和市经济信息化委共同牵头，静安与长宁、嘉定、闵行共同试点开展社区事务受理信息系统优化工作。按照市建设方案，新系统软件由市统一组织开发，在各区县分别部署，区县搭建受理信息系统运行的网络、硬件和安全环境。在相关部门和街道的大力支持和配合下，项目已经基本完成，并将开展统一身份认证。

【整合区域医疗资源】 2015 年，静安区实施中心医院综合布线及无线网络改造项目、门诊一站式服务系统项目、电子病历四级、物资全程管理系统等中心医院信息系统建设，加快推进公共健康服务信息系统(二期)项目的建设，打造以区中心医院为核心的区域医疗联合体。

【文化市场行政执法移动执法平台】 2015 年，建设文化市场行政执法大队移动执法平台，提高现场文书水平和现场办案效率。

三、经济领域信息化

【静安智慧商圈综合服务平台】 2015 年，依托互联网、移动互联网和社交媒体新技术，静安区充分利用区域商业资源、文化资源、旅游资源，以提升南京西路商业能级为核心，建设商旅文体联动的静安智慧商圈综合服务平台。促进线上线下良性互动，着力优化商圈消费的服务体验，为消费者提供更加便利、优质、富有时代感的一站式服务。

【升级白领驿家网站】 2015 年，静安区升级白领驿家网站，将网站建成“服务白领、凝聚白领、组织白领”的重要桥梁，为静安 20 万白领的“安居乐业”创造条件。

【区域电子商务发展】 2015 年，静安区提升支付、信用等配套服务能力，优化移动支付环境，创建静安南京路移动支付示范街区，推动近场远程支付应用，以白领午餐项目为切入点，推出“静安白领卡”系列营销活动，在1788广场、久光百货、吴江路步行街等区域打造移动支付示范区域。并且，探索借助移动支付推动南京西路商圈功能升级，推进“网上南京路”建设。

四、社会信用体系建设

【推进社会信用体系建设】 2015年，静安区建立公共信用管理平台静安子平台。导入区属部门沉淀信息，加载信用分类评价模型，实现信息自动生成。逐步建立数据对接、更新、共享等制度，规范数据的归集和整理，不断丰富数据内容，提高数据质量。推动政府部门在资质认定、专项资金、配套资金、政府采购和项目招投标等领域使用信用信息(产品)，充分发挥政府在社会信用体系建设中的示范引导作用。推动各部门立足自身工作职责，按照行业监管要求，抓紧建立配套监管措施和本部门的企业信用分类监管标准和措施，加快推进对企业事中事后的分类监管。

(谢　天)

第十章　宝山区信息化建设

概　述

2015 年是全面完成信息化“十二五”规划的收官之年，也是加快智慧城市建设的重要一年。宝山区信息化工作紧紧围绕“两区一体化”总目标和“五个好”总要求，以建立智慧城市运行新机制为主线，切实发挥信息化在创新政府服务、优化城市运行、提升行政管理领域的重要作用，加快推进卫星应用产业发展和信息化与工业化深度融合，深入开展社会信用体系、信息基础设施和信息安全保障体系建设，推动区域信息化向共享、惠民、智能的新阶段迈进。“平安宝山智联网”荣获 2015 上海智慧城市建设优秀应用奖；宝山区无线电管理办公室获 2015 年度上海市区县无线电管理工作先进集体。

一、政务领域信息化

【采购平台电子招投标系统正式运行】 2015 年 1 月 1 日起，宝山区采购平台电子招投标系统正式运行。为确保采购平台电子招投标系统顺利运行，宝山区政府采购管理中心开展一系列工作：一是收集参与试运行的代理机构和采购人的反馈意见，对试运行项目进行总结，查漏补缺；二是及时更新 CA 数字证书；三是对现有的电子开评标室的设备进行必要的维护更新，增配不间断电源 UPS 应对可能存在的断电风险；四是加强宣传和培训工作，充分认识政府采购电子招投标平台正式运行的重要意义，打造“公开、公平、公正”的阳光交易环境。

【2014—2016 年进馆档案数字化工作】 经过大量前期调研、科学谋划和充分准备，宝山区 2014—2016 年进馆档案数字化工作正式进入实施阶段。

2015年2月13日上午，宝山区档案局举办进馆档案数字化签约仪式，区档案局与宝山区经济和信息化委员会、宝山区爱国卫生运动委员会办公室、庙行镇以及数字化加工服务公司分别在数字化三方合同上签字。签约仪式上，各方进一步明确各自的权力和义务，在数字化工作实施阶段，宝山区的相关档案进馆单位要在纸质档案整理合格后进行移交，在数字化过程中确保纸质档案的完整与安全，并派驻档案人员对现场的档案数字化加工情况进行质量检验。区档案局(馆)提供符合标准的加工场地及相关安全措施，安全的数据存储服务，完备的监管流程，并对档案信息数据进行验收。数字化加工服务公司严格按照相关法律法规要求，确保档案实体和档案信息安全，组织实施数字化加工工作，使档案信息数据达到技术要求。宝山区2014—2016年进馆档案数字化工作由区档案局(馆)牵头组织各单位集中进行招投标，并为数字化工作提供加工场所和技术支持，是区档案局(馆)主动服务基层，加强对基层档案数字化工作指导的一次成功探索。

【环保在线监控和展示平台项目通过验收】 2015年2月3日，宝山区环保在线监控和展示平台项目通过专家验收。该项目完成对宝山区环保局原外网网站的改版升级，网站的信息发布、网上办事、公众互动等功能提高了宝山环境管理的效率，及时反馈市民关心的热点问题、各项环境整治措施的实际效果，更好地发挥窗口和平台作用。此外，通过与区环保局现有系统的数据交换，实现在线环保监控信息查询展示功能。方便污染源、辐射等被监管企业管理人员在网站上登录后在线查询污染源、环境质量等各类实时数据以及设备设施的运行状态，及时保障各类环境实时在线系统及设施的正常运行。

【“上海宝山”党政移动客户端上线】 为加大新媒体建设力度，利用移动互联技术打造政务服务、信息传播、舆论引导、便民利民电子平台，宝山区委宣传部和新华社上海分社合作开发的“上海宝山”党政APP终端正式上线运行。市民可以通过智能手机、平板电脑等移动设备链接网址下载安装，打开应用程序，即可正常使用。苹果手机和安卓系统用户可以分别在“App Store”搜索栏、“安卓市场”搜索栏输入“上海宝山”，下载使用，随时随地查询当地政务、生活、旅游、就业和文化等方面的最新信息。APP终端主界面由“宝山资讯”、“宝山生活”、“宝山政务”、“走进宝山”、“掌上建言”、“微博大厅”六大栏目组成，下设“宝山新闻”、“公示公告”、“信息公开”、“视频新闻”、“企业办事指南”、“企业办事查询”、“宝山生活”、“食在宝山”、“购在宝山”、“行在宝山”、“娱在宝山”、“科技科普”、“乐游宝山”、“医在宝山”、“公共运动场”、“学在宝山”、“人文宝山”、“就业创业”、“历史沿革”、“区域特点”、“投资宝山”等20多个子栏目，着力体现“注重服务性、强调互动性、重视用户体验”的基本功能定位，打造实用、便捷、易用的区电子政务手机平台及集工作、生活、投资、旅游信息发布为一体的互动平台。

【召开信息安全工作会议】 2015年6月10日上午，宝山区召开区信息安全工作会议，总结2014年信息安全工作，研究部署2015年度信息安全工作。宝山区经济和信息化委员会(以下简称“区经信委”)主任叶英对信息安全工作进行总结和部署。宝山区副区长秦文波作讲话。2015 年，宝山区进一步加强信息安全保障体系建设，规划筹建区电子政务数据中心；进一步加强信息安全督查，保障重要信息系统正常运行；加强应急管理，提升应急处置能力；加强宣传普及，提高信息安全意识。秦文波指出：信息安全形势越来越严峻，信息安全工作永远在路上。区网安办要筑牢信息安全基础，摸清底数、突出重点、实施分级管理，加强协调，及时处理信息安全事件，不定期发布网络安全信息，实施信息安全责任问责，加强宣传和培训。各部门要加强责任落实，加强检查切实整改，定期开展应急演练，提高应急处置能力，保障信息系统正常运行。会议还传达上海市网上政务大厅建设与推进工作领导小组第一次全体会议精神。各街道办事处、各镇人民政府、园区、区委、区政府各部门、委办局、区人大办、区政协办、社会团体、检察院、法院等单位的负责人参加会议。

【安全生产监管信息系统通过专家验收】 2015 年 6 月 12 日，宝山区安全生产监管信息系统通过专家验收。系统分为政府端和企业端。政府端应用覆盖区级安全监管部门和街镇园区安全办，建成统一的企业安全生产监管档案，掌握全区危化企业和重大危险源的管理情况；通过移动执法模块，实现移动执法设备现场执法、打印法律文书、网上报批案件、上传下载企业信息；通过行政执法模块，实现安全监督检查、行政处罚等行政执法程序的网上流转、审核、审批；通过隐患排查模块，实现企业日常隐患排查登记与管理，执法检查更有针对性。企业端应用由各企业报送日常信息，便于政府部门动态掌握企业安全生产状况，对 112 家区级重点监管企业和 1 000 多家街镇重点监管发放账号，通过分级分类管理，重点企业实现基本信息自主维护，上报安全生产信息，学习解上级部门最新动态和法律法规、危化品知识，自动预警到期证件等，更好地提高企业安全生产管理水平。系统通过安全生产源头信息采集、过程信息监控、日常安全管理信息化等，全方位提升全区安全生产管理水平和效率，保障人民群众生命财产安全，为宝山区城市安全运行提供坚实的安全保障。

【友谊路街道“谊家党建网”上线运行】 迎接建党 94 周年之际，友谊路街道“谊家党建网”上线运行。网站联系着友谊路街道区域内的社区单位、居民区党组织和“两新”党组织，联系着社区数千名党员，联系着创新社会治理、加强基层建设的新载体、新途径。谊家党建网的开通，为街道的区域化大党建工作搭建一个网络交流、服务、宣传的平台，是友谊路街道引导辖区党组织融入区域化大党建共同体，便于信息及时发布，加强工作交流联动，有效合作开展活动，推动区域化大党建工作进一步落实的有力举措。网站下设 7 个子栏目，分别是社区动态、党建项目、党员风采、党代表工作、I 阅读、服务指南、文件下载和党建地图，全面涵盖了友谊路街道区域化大党建工作的各项内容。谊家党建网的上线，标志着友谊路街道区域化大党建软实力的进一步提升。友谊路街道以专业化的互联网平台建设，实现区域化大党建软硬件结合，进一步推动街道区域化大党建工作的长足发展。

【举办信息安全和保密专题培训】 2015 年 8 月 26—27 日，宝山区经信委和区国家保密局在区委党校联合组织 2015 年区网络安全和保密专题培训班，区内 80 多家委、办、局、镇、街道、园区等相关部门的110多名网管员和保密联络员参加培训。区经信委部署2015年宝山区网络与信息安全专项检查工作,要求各单位按照《2015年宝山区网络与信息安全专项检查实施方案》,就网络安全、技术防范、应急工作、宣传教育、等级保护、国外信息技术产品和服务使用等情况开展自查,按照"谁主管谁负责、谁运营谁负责"的原则,以专项检查工作为契机,充分履行职责,加强协作联动,推动网络与信息安全各项措施和有效落实。区公安分局网安支队要求各单位重视网站备案登记和重要信息系统等级保护工作。对于已定级备案的重要信息系统,按照相应等级定期开展评测和整改工作;未开展定级备案工作的,积极对照《重要信息系统等级保护定级指南》和上级主管部门的要求,抓紧落实相关工作。区保密局要求各单位按照2015年的保密检查工作要求做好责任落实、组织保障、推进"三大管理"、保密基础建设和工作评估等工作,并按照"业务谁主管、保密谁负责"的原则完成自查自评工作。期间,区经信委对单位本地局域网日常管理、维护知识和操作流程进行了培训;网络安全专家讲述网站安全防护知识和虚拟化、云计算技术。

二、社会领域信息化

【社区事务受理实现全区通办】 2015年4月14日,宝山区社区事务受理全区通办信息系统——全区通办子系统通过专家验收。系统按照"能通办则通办、能就近则就近"的原则,通过对接市级平台实现宝山区社区事务受理事项的全区通办,有效改善宝山区人户分离、居民来回奔波于户籍地与居住地办事的现状,节约办事人的时间、缓解公共交通等设施压力,进一步改进政府提供公共服务的方式,加强基层社会管理和服务体系建设,增强城乡社区服务功能,提高政府为民办事的水平。系统实现宝山区12个社区事务受理中心76项事项的全区通办,业务范围包括计生、残联、医保等多个部门。

【建成档案服务电子阅览室】 2015年11月20日,宝山区档案服务电子阅览室建设通过专家验收。宝山区档案服务电子阅览室系统的开发,主要解决宝山区档案利用服务规范性问题,方便用户在一个系统中集中完成档案的利用服务工作,并规范用户的操作,通过档案馆接待窗口应用,宝山区档案服务电子阅览室发挥重要作用。系统集成IC卡识别、身份证识别和扫描仪等设备,大大简化档案局接待人员的工作,方便档案局业务活动的开展,提高工作效率。集成式的档案利用服务系统,提高查档效率,保证档案数据的安全,实现档案信息的共享与整合。通过半年多应用,宝山区档案服务电子阅览室系统在档案馆查档窗口发挥重要作用。从2015年3月试运行,到2015年7月正式使用,共接待查档利用2 836人次,打印2 115件,完全承担区档案馆查档利用窗口的需求。集成式的档案利用服务系统,提高查档效率,特别是查阅占查档量70%的婚姻档案,不到1分钟就可以完成，比原操作方式效率提高1倍。保证档案数据的安全，实现档案信息的共享与整合，在推动政府信息公开、档案信息资源为民服务等方面起到积极作用。

【宝山影像(放射)诊断中心揭牌】 宝山区影像(放射)诊断中心是宝山区运用互联网＋医疗模式，在区内各级医院之间构建的医学影像会诊网络平台。2015年12月8日，宝山区影像(放射)诊断中心在市一宝山分院揭牌。宝山区副区长陶夏芳和市一医院领导共同为中心成立揭牌。影像(放射)诊断中心在宝山区公共数据平台基础上，以市一宝山分院为依托，在区各级医院与社区卫生服务中心之间构建医学影像会诊网络平台，使患者在社区即可享受区级中心医院甚至三甲医院的优质医疗服务，实现远程网络诊断，有效弥补社区卫生服务中心医学影像人员和技术不足的难题。借助该平台，也可在全区开展医学影像专业交流学习，提高宝山医学影像学整体水平，更好地为市民健康保驾护航。市一宝山分院医学影像科设备先进，技术力量雄厚，是南昌大学医学影像与核医学专业硕士点，首批上海市医学影像专业住院医师规范化培训基地，并同市一医院医学影像科建立专家进驻级疑难病例会诊机制。

三、经济领域信息化

【宝山工业园区地理信息系统】 智慧工业园区是智慧城市建设的重要内容，随着城市建设加快，运用信息和通信技术服务城市管理成为潮流。作为利用三维地理信息系统(GIS)协助进行工业园区管理的成功案例，由上海市测绘院承建的宝山工业园区三维地理信息系统获得了中国地理信息产业优秀工程奖银奖。GIS是基于计算机的工具，可以对空间信息进行分析和处理，拥有直观的数据表达和空间分析能力。宝山工业园区三维地理信息系统项目自2013年11月进行需求调研，经过12个月的要素采集、模型生产及系统测试等，于2014年10月完成项目验收。2014年11月正式运行以来，各模块运转良好，为解放村征地补偿工作的公正性、公平性提供数据支持，获得相关方面的一致认可。

【2015中国产业互联网高峰论坛】 2015年12月9日，2015中国产业互联网高峰论坛在宝山开幕。中国互联网协会副理事长高新民，区长方世忠，副区长夏雨、秦文波等领导出席。论坛在国家工信部指导下，由中国互联网协会和宝山区政府主办，并得到上海市政府、上海市经济和信息化委员会、上海市发展和改革委员会、上海市商务委员会、上海市科学技术委员会的大力支持。方世忠指出，自创建“中国产业互联网创新实践区”以来，宝山区在产业互联网方面取得飞速发展，特别是在钢铁互联网、智慧邮轮、智能制造、“大平云移”等互联网产业方面实现跨越式突破。宝山区在“十三五”战略布局中，明确提出要建成与上海科创中心相适应的“中国产业互联网创新实践区”。宝山区和中国互联网协会共同成立中国产业互联网促进

中心，重点聚焦“传统企业＋互联网”、“互联网＋传统行业”、“为产业互联网提供技术、产品、服务等支持的企业”三个领域，积极在产业转型升级、互联网创新创业及产业支撑等方面发挥更优平台作用。继续致力于打造产业互联网经济，力争使宝山成为创新动力强劲、产业特色鲜明、企业规模集聚、品牌效应显著的发展高地。开幕式上，高新民、方世忠共同为中国产业互联网促进中心揭牌，夏雨、秦文波分别为中国产业互联网创新实践区卓越园、宝锦园授牌，宝山区相关部门与入驻企业进行签约。参会者以“新工业革命驱动力——产业互联网”为主题，围绕“中国制造 2025”、“互联网+”、“双创四众”等热点话题进行分享交流和深入研讨。

四、城市建设管理领域信息化

【信息化提升顾村公园樱花节安保水平】 2015 年 3 月 18 日—4 月 15 日，第四届上海樱花节在顾村公园举行。樱花节共接待中外游客 151.16 万人次，首个周末入园人数即达 24 万人次，日均游客量5.21 万人次，均创历史新高。为应对上海樱花节的客流大考，宝山区运用大数据智能监测和手机信号监测对客流背景、数据作多维度的分析与透视，为公共管理提供实时监控数据和应急措施，为包括大规模拥挤踩踏事件的防范处置做可靠预警。为更好地服务赏樱客流、确保园区安全有序，宝山区首次在园区安保中引入大数据信息智能监测。通过协调公园方，以及周边地铁线路、通讯基站等各方资源，建立“1＋3”大数据阵地，即建成一个公园售票信息终端和园区进出口人像捕捉识别系统、园内通讯点监测预警系统、地铁客流 AFC 预警系统三套智能系统硬件，通过数据信息的共享交流、双向更新，可以实时动态地掌握在园人数、客流流向、人员密集区域等信息数据，以便及时发布大客流预警提示，并对应启动预案措施。地铁方面通过进出站闸机，能实时监测到从顾村公园站出站的客流。自动售票系统能提前获知其他站点购票目的地为顾村公园站的乘客数量。警方与地铁运营方每小时联动，及时更新人员流动、进出站情况，从而及时判断园区内客流承载量。一旦发现远端大客流将至，可以做到提前预判，采取限流措施。此外，顾村公园安保还首次引入手机信号监测大客流。在园区内的通讯点，系统通讯车整合移动、联通、电信三大运营商的后台信息，对各地点客流进行及时分析。通过监测范围内的手机信号数量，判断园区客流。更能够通过手机信号分布，判断出人流密集区，并有针对性地及时疏散。此外，根据每个人的手机信号，结合 定区域内的交通、公交、地铁等信息，可以进行客观分析，支持相关应急指挥和决策。

【无线视频监控提升交通执法效率】 2015 年 5 月 22 日，宝山区城市交通行政执法应急指挥系统通过专家验收。在 8 辆交通执法车上安装摄像设备，通过 3G 无线网络将视频传输至全球眼平台，在区交通执法大队监控中心实现对执法车辆拍摄视频的实时查看，以及调用监控录像。系统的建成应用，为提高监管能力、规范执法行为提供有力的支撑平台。在监控中心或办公室桌面电脑上的管理人员能实时查看掌握现场执法情况，根据现场情况作出快速反应，及时调度执法力量，从而保障执法工作有序开展。通过执法现场的实时监控，既规范执法人员的执法行为，也保证日常的有效取证；执法车辆上的摄像设备也对非法客运从业人员起到了震慑作用。该系统启用以来，区交通执法大队共查获非法客运车辆 900 余辆、普通货运违章 4 000 余起、危险品货运违章 100 余起，大大提高交通执法效率。

【友谊路街道第二期重点路段违停抓拍系统】 2015 年 7 月 29 日上午，友谊地区第二期 6 处重点路段违停抓拍系统通过验收，分别是牡丹江路(友谊路北侧文化馆)、友谊路密山路口、密山路牡丹江路口、东林路密山东路口、友谊路(牡丹江路西侧宝钢商场)以及双城路(永清路东侧)。街道社区平安办会同交警支队事故科、交警四中队和建设单位负责人参加了工程验收。友谊路街道安装违停抓拍系统共 14 套，从启用初期每月抓拍到 1 000 起违章停车至今已大幅减少，使原本乱停车现象严重的宝杨路、双城路等重要路段的秩序得到明显改善。

【启动环保移动执法平台建设】 移动执法平台建设是加强环境监管能力、提升环境监管效率的有效手段，是环保部门履职尽责、依法行政的趋势。2015 年 2 月，宝山区环保局召开移动执法平台建设整体方案专题讨论会，标志着宝山移动执法平台建设正式启动。区环保局移动执法平台建设突出三个特点：一是系统界面友好，“实”字出发，重在提升效率；二是统一标准，信息对称，使污染企业信息一目了然，从而使执法人员能够对症下药、立体监管；三是结合宝山特征污染因子，体现一个平台、突出重点、全面提升，加大重点行业执法监管力度，全面提升执法能力，严厉打击环境违法行为。该平台建设有效解决环境执法中标准不统一、信息不及时、装备不到位、现场执法易受主观因素影响等问题。

【8 座水闸实现智能化监控管理】 宝山区滨江临海，水务信息化是实现新的治水管水思路的重要抓手。水闸闸门是防洪排涝的重要设施，宝山区经过 3 期信息化建设，实现 8 座重点水闸的智能化监控和管理，提高水闸的现代化管理水平。2015 年，8 座水闸全部联网接入全区统一的监控管理中心，实行 24 小时监控，有效解决河道和闸门分布散、距离远带来的管理难题。通过水位闸位自动监测和视频监控，宝山区监控管理中心和“一线”值守人员一样，随时监控水闸的关键部位是否正常运行，并可进行远程调度控制；水位异常、设备故障，系统自动报警；利用激光对射原理，水闸外闸船只超高可及时报警。在监控管理中心，系统还实时采集汇聚水位、流量、设备电源及供配电状态、闸站收费数据等信息，进行自动化模拟计算，为指挥调度提供参考依据。针对堤防水闸管理规范要求不断提高和人员编制不断缩减的情况，通过信息化建设，实现 24 小时值守、“机器换人、少人看管”的自动化控制管理模式，为水坝水闸减员增效提供条件。根据宝山区水闸运行定岗定人的管理标准，水闸 24 小时三班制运行，普通水闸每班需 3 人值守，实施自动监控系统后，每班只需 2 人值守，减少人力成本支出，实现业务监管向信息化要效率的目标。

【“平安宝山智联网”获智慧城市优秀应用奖】 2015年12月14日，社会治安综合治理委员会办公室申报参选的综治信息化建设项目“平安宝山智联网”获得了2015“上海智慧城市建设十大优秀应用奖”。上海智慧城市优秀应用评选活动由市经济信息化委指导，新华社上海分社与新华网共同主办，已连续举办两届，2015年吸引750余个项目参与角逐。经过媒体评审、网络投票、专家评审层层筛选并经网上公示后，一批应用脱颖而出。宝山区坚持科技引领、信息支撑理念，在区、街镇(园区)、村居全面推进“平安宝山智联网”建设。三级信息平台采用物理光纤专网，开发设计“平安宝山智联网”系统软件；区综治信息中心平台与14个街镇(园区)、550多个村居综治信息平台实现联网全覆盖，将小区(村宅)的视频监控系统、人员门禁管理系统、门栋电控防盗门、实有人口动态管理系统、社区网络联网电话、社区信息发布、平安宝山APP系统等技防物防设施进行联网统一管理，更广泛动员、更充分整合、更有效运用社会各类治安要素资源，着力构建全市乃至全国首套地区级(210万人口)平安建设实战化、数据化、精细化智能管理系统和专为社区(村宅)定制的治安安全动态联网管理大数据平台，不断提升基层社会治安整体防控水平，进一步提高群众安全感、满意度和感知率。

五、信息产业发展

【产业互联网助力宝钢服务化转型】 2015年，以宝钢集团为代表的一批上海传统企业开始尝试与互联网联姻，通过新兴信息网络技术应用，积极探索各种基于互联网的新兴服务业态，有力促进企业的转型升级。产业互联网正成为上海创新驱动发展、经济转型升级的新动力。**服务互联网助力电商化转型**。宝钢集团电子商务平台从服务内部物流采购开始，不断革新传统钢铁流通生态，成功实现了向“第三方”平台的转型发展。宝钢国际与宝山区市政府共同出资成立的上海钢铁交易中心围绕钢铁交易、信息、物流、金融、研发、再生资源六大功能，实现跨所有制央企、民营企业、地方企业强强联合，形成以大生产、大流通、大市场为特点的钢铁供应链服务体系。基于规模化的真实交易，形成钢材交易和服务的“上海价格”和“上海标准”。平台作为钢材业的淘宝，与宝钢、鞍钢、首钢、马钢、包钢、太钢等152家社会钢材生产制造企业保持稳定联系，与包括浙江物产、五矿集团、南京华能等在内的428家社会钢材贸易商保持长期现货交易。**工业互联网保障生产零宕机**。宝钢设备检修有限公司针对宝钢大型装备管理服务的需求，运用工业互联网RFID技术和WSN技术，实现对备件全生命周期物流跟踪、连铸生产线设备点检维护及现场环境监测等服务。通过车间联网，设备状态数据实时进入MRO(维护、维修、运行)系统，实时分析展示、生成异常报告。同时，基于历史数据构建设备运行数据模型，开展状态分析和故障预断，及时调整备件库存。通过宝钢机械厂的系统应用，冶金流程生产维护水平提高20%、工业设备及备件利用率提高10%；降低设备故障率和维护成本，提高设备综合效率、降低公司年吨钢维修维护费用、降低事故成本，折合成相应产能，实现间接效益3 000余万元。**互联网供应链协作催生新模式**。EVI(供应商早期介入)是指材料制造商介入下游用户的早期研发阶段，充分了解用户对原材料性能的要求，从而为客户提供更高性能的材料和个性化的服务。宝钢集团很早就介入了汽车板EVI业务，通过基于互联网的产业链协作，建立宝钢与汽车用户、科研单位的紧密合作关系，形成一个完整的汽车板数据库。用户只要告诉宝钢需要多少辆某型号的轿车，信息系统就会在第一时间作出反应，根据需求驱动生产。

【上海移动商务生产性服务业功能区挂牌】 2015年3月19日，高境镇首个市级功能区——上海移动商务生产性服务业功能区(移动商务产业园)正式挂牌运行。市经济信息化委、市生产性服务业协会、宝山区有关职能部门领导和部分企业家代表出席授牌仪式座谈会。企业家代表和职能部门领导积极沟通互动，畅谈未来主题产业园区的发展定位、规划和前景。企业家纷纷表示上海具有更好的互联网创业精神和包容度，互联网下的创业形式实质是渗透在各行各业的传统服务的转型服务，向更便利、更快捷、更透明的方向提供服务，希望有更多支持创业的政策向中小企业倾斜。参加座谈的园区运营方对园区的打造献计献策，为园区发展提供了很多思路。宝山区和高境镇领导表示，市经济信息化委的授牌既是对前阶段工作的认可和鼓励，也是后续工作的新起点，将力争把宝山区打造成现代服务业的新高地，实现城市功能转型、经济转型发展、园区二次开发、推动互联网企业集聚发展。

六、信息基础设施建设

【信息基础设施建设稳步推进】 2015年，宝山区完成通信管线建设约123沟公里，新建移动通信基站410个。截至年底，共建成通信管线约2 643沟公里，移动通信基站2 981个，基本完成全区光纤改造全覆盖建设，下一代广播电视网(NGB)覆盖用户数70.66万户，数字电视用户数60.75万户。公共通信产业发展取得积极成效。截至年底，全区固定电话用户46.17万户；累计接入的宽带用户35.67万户，平均带宽35兆；无线覆盖热点1 256个，无线AP数8 297个，在69个公共场所开通i-Shanghai免费上网服务试运行。

七、信息化环境建设

【宝山启动信息化与工业化融合发展水平评估】 在新形势下，为把握辖区信息化与工业化融合现状和发展特征，宝山区启动信息化与工业化融合发展水平评估工作，并开展专题培训。上海市经济信息化委信息化推进处副处长石伯明对评估标准进行了解读，上海交通大学网络化制造与企业信息化重点实验室明新国教授做了“互联网+”企业实施路径的辅导报告。各街镇园区、部分行业、重点企业参加会议。开展区信息化与工业化融合发展水平评估历时 3 个月，重点评估各行业和企业的信息化基础环境、信息化应用深度、信息化效益效果，掌握企业设计研发、生产制造、市场流通、协同集成等方面的信息化水平，分析信息化在企业经济效益、决策支持、优化发展、竞争力提升等方面发挥的作用。通过评估，挖掘信息化水平高、经济和管理效益明显的企业，为其他企业实施和应用信息技术提升竞争力提供参考。评估委托上海市智慧城市建设促进中心，采取第三方评估方式进行。评估指标以《上海市信息化与工业化发展水平评估指标体系》为依据，通过公共统计数据和抽样调查结果，结合宝山区信息服务环境和产业基础等综合性指标，形成《2015 年宝山区信息化与工业化融合发展指数评估报告》。宝山区是上海市首批信息化与工业化融合实践区。通过营造基础环境、确立标准标杆，汇聚政策资源、激发企业行业内在动力，信息化条件下的企业竞争能力普遍增强，信息技术应用和商业模式创新促进产业结构调整升级，经济发展质量和效益逐步提升。宝山区是全国六家“工业电子商务试点区”之一，宝山工业园区成为上海市“智慧园区”建设试点单位，东方钢铁电子商务被评为国家级两化深度融合示范企业、上海钢银钢铁现货网上交易平台获全国电子商务集成创新奖、二十冶集团成为全国首批两化融合管理体系贯标试点企业。欧冶云商、上海钢联、上海钢铁交易中心等电子商务平台快速崛起，一批传统企业成为市级信息化应用示范企业，借助信息化走向智能制造，提升市场竞争力。

八、社会信用体系建设

【“按日计罚”罚单】 2015 年 1 月 1 日，史上最严的新《环境保护法》正式实施，设定“按日计罚”、“查封扣押”及“行政拘留”等强有力措施。区环保局对某食品公司实施“按日计罚”，这是宝山区首次对环境违法行为启动“按日计罚”程序。2015 年 2 月 16 日，区环保局对该公司锅炉排放烟气林格曼黑度超标发出责令改正决定书，并处罚款 2.7 万元。3 月 4 日，区环保局对该公司进行复查时，发现其锅炉排放烟气林格曼黑度依然超标。立即开展案件调查，固定相关证据，再次发出责令整改决定书，并启动“按日计罚”程序，对该企业罚款 43.2 万元，打响区落实新环保法的“第一枪”。区环保局一是未雨绸缪、加强学习。以集中学与个人学相结合、理论与实际相结合的方式，组织多次不同形式的学习培训，包括组织领导及一线执法人员参加环保部法律专家解读新法出台背景及要义；邀请市环保法律专家对全体环境执法人员进行新环保法律法规的培训；邀请环保律师从第三方角度对环保局环境新法实施过程中执法程序及法律文书进行规范。二是周密部署，确保实效。区环保局克服锅炉冒黑烟时机的不确定性、企业受到处罚后的戒备心理以及气象因素的影响等困难，根据企业生产周期、锅炉特性研判分析可能出现冒黑烟的时机，制定周密工作方案，通过错时检查、守候伏击等方式，多次实地踏勘取证点位，最终复查取得该企业排放烟气林格曼黑度超标的证据，为实施"按日计罚"奠定基础。三是从速从快、彰显决心。在程序合法的前提下，坚持从速从快办案，做到"四个第一"(第一时间调查取证、第一时间完成立案、第一时间进行审理、第一时间处罚)，彰显区环保局铁腕执法、铁拳治污的决心。"按日计罚"第一案是宝山区铁腕治理环境污染的宣言书，区环保局严于"砺剑"、敢于"亮剑"、勇于"挥剑"，对各类环境违法行为"零容忍"，让高压成为新态势、让守法变成新常态，切实解决"民生之患、民心之痛"。

【食品生产企业诚信自律生产研讨会召开】 2015年2月19日，宝山区食品生产企业诚信自律生产研讨会召开，食药监宝山分局局长王成、副局长王爱兴出席研讨活动。区食品生产企业联合会20余家理事、会长单位负责人参加了研讨。与会食品生产企业围绕增强诚信自律意识和诚信生产进行讨论，一致认为区食品生产企业联合会应以诚信自律为主线，引导区内食品生产企业增强诚信意识，自觉做到诚信生产、安全生产，为社会提供合格放心食品。与会各方形成了以下共识：通过区食品生产企业联合会平台，倡导食品生产企业开展"诚信自律生产活动"。王成肯定了区食品生产企业联合会的工作，勉励区食品生产企业联合会和宝山区食品生产企业从四个方面做好下一步工作：一是增强依法组织食品生产活动的意识，成为遵纪守法的模范；二是增强诚信自律意识，成为诚信自律的标杆；三是建立健全和落实各项生产制度，保障食品安全和生产安全；四是联合会秘书处加强自身建设，发挥好食品生产企业与监管部门之间的纽带作用，更好地服务好全区食品生产企业。会议还讨论通过《关于在宝山区食品生产企业开展"诚信自律生产"活动的倡议书》和《宝山区食品生产企业自律诚信生产承诺书》。

【张庙街道举办"反医保欺诈、保基金安全、护自身权益"主题宣传活动】 2015年3月25日上午，张庙街道社区事务受理服务中心协同仁和医院及长江路社区卫生服务中心、泗塘社区卫生服务中心联合举办2015年"走进张庙社区、服务居民群众"大型医疗咨询及医保反欺诈宣传活动。活动现场为参保人员发放宣传资料，解答参保人员关心的医保政策，普及防范医保欺诈的基本常识，同时安排居家护理、健康教育指导、药物安全及合理使用，免费量血压、免费测血糖等惠民项目。通过广泛开展反医保欺诈宣传活动，增强广大参保人员的防范意识和诚信意识，不断提升防范打击能力，确保医保基金安全，切实维护参保人员的根本利益。

【友谊路街道举办"世界卫生日"宣传活动】 2015年4月7日世界卫生日，友谊路街道社会保障科举办，以《上海市精神卫生条例》颁布12周年为主题的宣传活动。活动以市民身心健康为出发点和落脚点，通过宣传展板、黑板报、现场咨询、发放宣传资料等方式，提高社区居民心理疾患的预防、治疗和康复知识。宣传活动期间,街道共印制宣传横幅 37 条,出黑板报 39 块,开展心理知识讲座 4 次。分发精神卫生法宣传折页宣传资料 300 份,社区居民争看宣传黑板报和宣传资料,受益人数约 1 200 人。活动期间,为前来咨询的社区居民免费测量血压 78 人次。

【召开打击侵权假冒暨“两法衔接”工作会议】 2015 年 4 月 16 日,宝山区召开打击侵权假冒暨“两法衔接”工作会议。区打击侵权假冒领导小组成员单位联络员、区“两法衔接”信息共享平台录入员 60 余人参加会议。区打击侵权假冒工作领导小组副组长、区商务委主任丁顺强参加会议。会议传达全国打击侵权假冒工作电视电话会议、上海市打击侵权假冒工作会议精神,总结宝山区 2014 年市场整规和打击侵权假冒工作,布置 2015 年工作。会议提出 2015 年市场整规和打击侵权假冒工作要围绕保障和改善民生,着力开展食品、药品、消毒产品、农资打假、“质检利剑”打假、推进软件正版化和车用燃油等专项整治行动。继续开展网络打假,强化重点网站、网络交易平台监管和在线监测,对举报投诉相对集中、侵权假冒问题比较突出的重点区域、重点市场,加强集中整治,开展联合执法行动,努力营造诚实、自律、守信、互信的市场环境。

【高境镇开展“食品安全知识进校园”活动】 2015 年 4 月 28 日,高境镇食安办以“安全、健康饮食”为主题的食品安全宣讲活动走进宝山江湾中心校。活动通过问卷调查、知识讲座和超市现场讲解等形式,介绍食品安全的基本概念、垃圾食品的危害及健康食品的种类,讲解 QS 标志及绿色食品标志的含义,强调养成良好的饮食习惯的重要性。师生表示:通过此次活动的开展,不仅增长食品安全知识,而且食品安全意识、健康意识和维权意识也得到进一步增强。

【召开社会信用体系建设工作会议】 2015 年 6 月 10 日,宝山区召开社会信用体系建设工作会议。会议的主要任务是:总结 2014 年社会信用体系建设工作,研究部署 2015 年度社会信用体系建设和信息安全工作,落实上海市政府信用实事项目。区经信委主任叶英对社会信用体系工作进行总结和部署,副区长秦文波作重要讲话。2015 年,宝山区社会信用体系建设围绕社会信用体系规划制度、区公共信用信息管理平台、推进重点领域信用信息应用、全面落实市政府信用实事项目、开展诚信宣传等方面开展工作。秦文波强调:社会信用体系建设是政府转变职能的重要举措,用“互联网+政府”的方式推进政府诚信。联席会议要做好跨部门协调组织工作,联席会议办公室要围绕“搭建平台、建立制度、推广应用”开展工作,各职能部门要发挥积极作用,共同推进诚信社会建设。同时要加强考核和评比。会议还传达上海市网上政务大厅建设与推进工作领导小组第一次全体会议精神。各街道办事处、各镇人民政府、园区、区委、区政府各部门、委办局、区人大办、区政协办、社会团体、检察院、法院等单位的负责人参加会议。

【“2015 年食品安全宣传周”】 2015 年 6 月,宝山区食安办围绕 2015 年食品安全宣传周活动主题——“尚德守法,全面提升食品安全法治化水平”,组织区市场监管局、区农委、区商务委等单位在宝山区文化馆广场开展现场设摊宣传活动。宣传人员围绕与百姓生活关系密切、社会普遍关注的食品安全问题，通过分发宣传资料、展示宣传展板、接受现场咨询等方式，向群众宣传食品安全知识，普及新修订的《食品安全法》等食品安全相关法律法规。与往年相比，2015 年特别邀请食品行业协会、相关食品企业参加宣传活动，通过提升食品生产经营企业的参与度，强化企业的诚信自律意识与主体责任意识，营造人人关心、人人维护食品安全的良好社会氛围。活动当日共计发放宣传资料 2 500 余份，接受市民咨询 85 人次，取得良好的宣传效果。

【危险废物专项执法检查】 2015 年 8 月，宝山区环境监察支队对辖区内 75 家重点危险废物产生单位开展专项执法检查。执法检查引入百分制定量评估方式对企业实施考核，重点查找企业环境管理及应急制度漏洞。为使执法检查起到处罚与教育相结合的目的，区环境监察支队做了大量的前期准备工作：一是开展专题培训，明确危险废物的贮存、标识、流转等制度；二是制作业务手册，汇编危险废物法律法规及技术规范，在执法过程中要求企业学习整改；三是制作百分制评分表，对企业危废管理措施进行综合评价，并依据专项执法行动重心确定分值比例，通过分值反馈使企业管理者对危废管理情况产生直观的感受，并与同类企业进行横向比较，起到激励、督促、学习的作用。通过定量评估的方式发现，有些企业虽然危险废物的备案、资质、五联单等资料齐全，但是内部各项管理制度混乱，流转、标识、贮存设施达不到标准；有些企业虽然危险废物的环境管理制度较为健全，但没有落到实处，环境风险极高。专项行动对 4 家企业进行立案查处，对 7 家企业进行责令整改。区环境监察支队继续加强执法力度，严厉打击环境违法行为，开展环境后督察进行“回头看”，确保违法企业整改到位，确保危险废物应急、演练等各项环境管理制度落到实处。

【实验室危险废物专项执法检查】 2015 年 9 月，宝山区环境监察支队集中执法力量对行知中学、宝冶工程、一钢医院等 7 家单位的实验室危险废物产生和处置情况进行专项执法检查。检查发现，上述单位危险废物管理整体较为规范，内部管理制度相对完善。对不规范的处置行为，区环境监察支队一方面责令相关单位立即改正，另一方面加强宣传和教育，通过耐心细致的指导告知其具体标准和规范，要求相关企事业单位切实提高环保意识，发挥示范效应。实验室危险废物由于量小、种类多、变化大，是监管的灰色区域，此次专项执法检查重在理清家底、分析现状、明确目标。后续通过对上述单位开展“回头看”，确保管理要求落实处、见实效，并进一步扩大专项执法检查范围，针对区域特征污染因子完善方案，通过教育与监管相结合的方式扫除环境监管盲区，稳控区域环境风险。

【“维权 365”劳动保障专题系列宣讲】 为了帮助和指导企业正确了解掌握劳动保障法律法规和相关政策规定，增强企业依法规范劳动用工的自觉性，切实维护劳动者的合法权益，宝山区人力资源和社会保障局下属劳动监察大队采用“以案说法”的形式，在全区范围内巡回开展“维权 365”规范劳动用工法律法规的专题系列宣讲指导活动。2015 年春节以来举办 4 场宣讲活动，参加企业共计 75 家，回收问卷 70 份，提出意见 8 条。活动以“政策宣传解疑惑，监察执法促规范”为主题，重点就“劳动合同签订”、“社会保险缴纳”、“最低工资标准”、“高温季节津贴”、“欠薪入罪”等劳动用工相关事宜涉及的劳动保障法律法规向企业法定代表人和人力资源管理人员进行深入剖析和讲解，并下发“宝山大队‘维权 365’规范劳动用工法律法规宣讲情况反馈表”和“规范劳动用工指导服务联系卡”，收集企业重要意见和建议。

【庙行镇 4 家企业获“守合同、重信用”企业称号】 2015 年 11 月，上海市“守合同、重信用”企业授牌交流会在庙行镇骏利财富大厦召开。宝山区市场监督管理局副局长王哲、区企业合同信用促进会秘书长毛燕明等领导及获奖企业代表出席会议。王哲向获奖企业表示祝贺，并重申企业诚信建设对于企业持续、健康发展的重要性、必要性。并指出：企业要把“守合同、重信用”的诚信理念落实到企业经营中，做到对客户有诚信，创建品牌效应；对员工有诚信，坚持以人为本，做到合同规范化、管理制度化、信用长效化。要在成功创建上海市“守合同、重信用”企业的基础上，努力创建全国“守合同、重信用”企业。与会领导向上海高波工程咨询监理有限公司、上海宝川水利设计有限公司、上海锦住印刷有限公司、上海江天高分子材料有限公司等上海市“守合同、重信用”企业授牌，并与获奖企业代表进行交流互动。

【顾村镇创建 2015 年度上海市食品安全示范镇】 2015 年，根据《上海市食品安全示范镇创建工作的通知》的要求和标准，顾村镇全面启动推进食品安全示范镇的创建工作。一年来，顾村镇通过进一步建立健全综合协调机制，加强食品宣传教育、落实创建经费、强化食品安全监管、深化各类专项整治等多方举措，收到良好的创建实效。于 2015 年 12 月顺利通过市食安办的验收考核，成功创建 2015 年度上海市食品安全示范镇。

【上海市“打假办”检查考核宝山工作】 2015 年 12 月，由上海市知识产权局副局长客绍英带队的上海市打击侵权假冒工作考核组莅临宝山检查考核工作。宝山区打击侵权假冒工作领导小组相关成员单位分管领导参加考核会。区打击侵权假冒工作领导小组组长、区委常委、副区长夏雨陪同检查考核。会议由区打击侵权假冒工作领导小组副组长、区商务委主任叶强主持。考核会上，叶强代表宝山区打击侵权假冒工作领导小组向考核组汇报宝山区打击侵权假冒工作基本情况、主要做法、取得成效、存在问题及下一步工作打算；与会相关成员单位分管领导作补充汇报发言。考核组人员与各成员单位就考核相关情况进行交流，客绍英对宝山区打击侵权假冒工作给予充分肯定：宝山区能够结合自身实际，紧紧围绕以保障民生安全为重点，扎实开展打击侵权假冒工作，取得较好的工作成效。一是各成员单位认真履行职责，专项执法行动紧锣密鼓；二是坚持常抓不懈，重点领域保持严打高压态势；三是抓好专项治理，“网上打假”工作有序推进。同时，要不断加大市场整治力度，坚持打防结合，落实工作制度，建立长效机制，推进区域“双打”工作再上新台阶。最后，区委常委、副区长夏雨表示，打击侵权假冒工作是一项艰巨的、长期的工作，要进一步增强工作紧迫感和责任感，认真总结经验，自觉查找不足。他要求各成员单位树立攻坚克难、长期作战的思想，深化改革创新，推动经济转型，强化联合执法，推进长效机制建设，不断提高凝聚力和战斗力，为维护地区良好的知识产权环境，维护人民切身利益，保障民生安全，创造良好的经济发展环境，作出积极贡献。

【“健康消费，伴你左右”专题讲座】 为正确引导社区居民健康消费，切实提高群众安全消费意识，高境镇社区文化活动中心一楼多功能厅举办了“健康消费，伴你左右”专题讲座，区市场监督管理局特邀上海市人大代表、沪上荧屏知名“老娘舅”柏万青为200多名社区居民授课。在1个半小时的讲座与互动中，“老娘舅”柏万青旁征博引，以朴实幽默的语言讲述自己在日常生活中碰到的各类消费问题。因前来参加讲座的以老年人为主，“老娘舅”柏万青更是对老年人在保健品消费中可能遭遇的消费陷阱、面临的消费风险提出警示，提醒老年消费者加强理性消费意识，莫要贪图便宜，因小失大。通过讲座，社区居民懂得在消费时要擦亮眼睛，遇到消费“潜规则”、消费陷阱或骗局时，及时运用法律武器维护自己的合法权益，做到合理消费、科学消费、健康消费。

（张婷婷）

第十一章　闵行区信息化建设

概　述

2015年，在闵行区委、区政府的正确领导下，在市经济信息化委的指导帮助下，闵行区信息化工作按照“创新驱动、转型发展”的总体要求，将智慧闵行建设作为落实信息化领先发展和带动战略的主要抓手，实现信息化建设跨越式发展，在各重点领域取得了一定的成绩。

一、政务领域信息化

【闵行区网上政务大厅】　根据市政府统一部署，闵行区于2015年5月启动网上政务大厅建设。计划在3年内建成全区统一的网上政务“单一窗口”，推动资源整合、信息共享和数据开放利用，提升行政管理和为民服务水平，形成集行政审批、办事服务、事中事后监管等多种功能于一体的全市统一、市区联动的网上办事服务体系。5月，成立闵行区网上政务大厅建设与推进工作领导小组，区长任组长，区内52家委办局、镇街道工业区为成员单位。闵行区科学技术委员会(信息化委员会)(以下简称“区科信委”)作为牵头单位，编制完成《闵行区网上政务大厅实施方案》和《闵行区网上政务大厅建设方案》。12月搭建完成区网上政务大厅基本框架并投入试运行。截至2015年年底，已完成455项行政审批事项的网上发布。

【规范政务外网使用和管理】　为更好地维护全区范围内网络和信息安全良好环境，对原《闵行区政务外网使用和信息安全管理规定》进行部分内容的修改，并重新发文至全区各单位，进一步规范政务外网的使用和管理。根据新修订的管理规定，继续做好政务网接入资格审核、政务网网络搬迁的审核和协调等工作。2015 年共处理审核全区各委办局及街镇约 200 份政务网接入资格申请。

【调研智慧社区、智慧村庄试点示范单位】 为进一步做好智慧社区、智慧村庄建设推广工作,2015 年 8 月,开展对马桥镇、吴泾镇、七宝镇、江川路街道、古美路街道 5 家智慧社区试点、示范单位,以及七宝九星村 1 家智慧村庄试点单位的调研工作。通过调研,全面了解智慧社区、智慧村庄建设基本情况及发展现状。

【街镇信息化现状绩效评估】 为摸清街镇信息化现状,闵行区委托专业机构开展街镇信息化现状绩效评估工作,针对信息网络、信息资源、信息应用、信息化资产等方面进行信息化发展水平试验评估。2015 年 9 月,完成 13 个街镇的自评估和第三方现场评估,12 月形成《闵行区街镇信息化发展水平总评估报告》及各街镇的分报告,为进一步指导街镇开展信息化工作提供依据。

【"智慧政务"平台应用】 闵行区以整合政务信息资源、更好地服务市民和企事业单位为目标的智慧政务工作不断加强。区级政务办公系统建立全区各单位统一授权和单点登录的内部办公门户,包括公文流转、日程安排、会议会务管理、短信平台、视频会议、简报中心等子系统。2015 年,通过各系统流转请示件 2 474 件、公文交换 3 205 件、会议室申请 12 545 条、会议通知累计 16 470 条,短信平台发送短信 7 591 508 条。

【区数据交换平台】 截至 2015 年年底,数据交换日志达 612 600 条,有效数据交换超过 120 000 次。平台资源目录管理子系统已开发完成,梳理完成闵行区各委办局提供数据资源,以及市 OpenData 门户筛选闵行区相关政务数据共计 276 项,已有 8 个部门提供的部分数据在该交换平台上交换应用。其中包括学生基本信息、居民健康档案信息、自行车租借网点信息、民防疏散、实时路况信息等。已开发完成医院、教育、物价、气象、自行车、体育、文化、劳动等多个数据接口,提供给智慧闵行 APP、智慧闵行公共微信号、数字电视等媒介,实时为市民提供所需的公共服务信息。

二、社会领域信息化

【闵行区智慧生活体验中心】 闵行区智慧生活体验中心于 2014 年 11 月 7 日揭牌,2015 年 5 月 1 日正式对外开放,同年 12 月被认定为上海市智慧城市体验中心,并列入上海市智慧城市体验中心参观护照。体验中心以"感知民生、互联信息、智能管理、共享共用"为主题,通过空间效果的营造,打造涵盖居民日常医食住行、养老、娱乐等各方面的全方位智慧生活体验场景。通过近距离体验各类智能家居产品及"智慧闵行"相关领域的建设成果,让参观者有身临其境的带入感,能亲身感受智慧生活所带来的便利实惠。体验中心总面积约 300 平方米,设有入口接待区、家庭区、社区区、社区医院区、学校区、结束区共 5 个展区，约 60 个展品。全年共接待人大代表、政协委员、机关、企事业单位、社区、学校等 64 批次团队前来参观体验。

【“智慧闵行”宣传工作】 2015 年，闵行区科信委加大“智慧闵行”的宣传面和宣传力度。制作宣传单页 30 万张，发送至各社区居民每家每户信箱。制作易拉宝 42 个，每个街镇 3 个，摆放在社区事务中心、文化活动中心等公共服务场所。设计并制作“智慧闵行”宣传展板 10 块，内容涵盖智慧政务、智慧社区、智慧教育、智慧中心、智慧交通、智慧医疗、信息基础设施等重点领域建设，主要用于上海科技周、科普日、智慧城市体验周、智慧闵行进社区、科技下乡、科普进社区等大型活动的展示。

【“智慧闵行”进社区培训活动】 为进一步提升社区居民的信息化普及程度，提高社区居民对“智慧社区”的感知度，区科信委与区妇联合作，携手上海电信莘闵局共同举办“智慧闵行”进社区培训活动。活动自 2015 年 6 月正式启动，11 月结束，历时 6 个月。共开展 52 场培训，涉及 52 个居委，覆盖全区 13 个镇、街道、莘庄工业区，约 1 000 余位市民参与。授课内容大多为市民身边的实用信息化知识，课程包括闵行区智慧社区普及及使用、旅行中的信息化、微信的简单应用、防通信诈骗探讨等。培训活动既宣传智慧闵行建设成果，又普及信息化知识，让市民真正感受到智慧闵行、信息化建设带来的便利与实惠。

【2015 年智慧城市体验周活动】 2015 年上海智慧城市体验周活动于 12 月 1—14 日举行。区科信委积极组织发动全区各镇、街道、莘庄工业区，以智慧城市体验周为契机，开展举办各项宣传体验活动。全区 13 个街镇全部参与，活动形式多样、内容丰富，包括参观体验智慧生活体验中心、智慧政务讲座、智慧楼宇金点子、智慧环保在身边装饰画展览、团员青年智慧体验之旅等。通过举办体验周活动，让市民全方位互动与参与，真切体会到智慧城市带来的便利与好处。

【“电子书包”项目】 闵行区“电子书包”项目率先在全市实现规模化应用，已覆盖全区 65 所学校、440 个班级、15 000 名学生和 2 000 余位教师，促进信息技术与教育教学深度融合，提高课堂教学效能，提升学生学业质量，从而形成一套有效的区域推进电子书包项目的机制，已有 65 个班级近 2 000位学生参与实验。

【学生电子成长档案项目】 2015 年，闵行区积极推进学生电子成长档案项目建设，项目已覆盖全区 15.3 万中小学生，实现学生成长历程的全面、即时、真实记录，对指导学生个性发展发挥重要作用。基于学生成长数据开发的中小学生个人成长空间投入运行，融入学生成长客观记录和学生成长的主观体验，全面呈现学生成长的轨迹，为学生综合素质评价提供数据支撑和个性化指导与服务。

【健康服务移动平台应用】 为充分发挥闵行区卫生系统在数据共享、医疗随访方面的优势，全区通过健康服务移动平台 APP 完成随访 95 953 人次，其中高血压随访 41 831 人次，糖尿病随访数12 152 次，残疾人随访数 22 298 次，80 岁以上老年人随访数 231 371 次，离休干部随访数 4 199 次，T 易患肿瘤随访数 345 次，使用 APP 随访医生人数达到 452 人。

【居民健康卡试点工作】 在前期完成健康卡技术准备和试点工作全面推进的基础上，闵行区卫计委与三家银行签订了全区推广合作协议，完成卫生专用刷卡机 2 000 台的采购、安装调试工作。协助样卡在农业银行内部和江川社区进行实用环境测试，启动了在吴泾医院体检人群刷全国居民健康卡的功能，召开与农业银行工作联席会议，加快农行发卡工作，并召开五院和区中心医院全国居民健康卡的功能部署会。全区新采集居民健康卡数据 116 715 份，新制作健康卡 193 012张。

【1+1+1 分级诊疗信息系统】 系统通过古美社区试点开发完成家庭医生组合签约、预约转诊、延伸处方开具、费用管理等功能，发挥信息化技术在家庭医生健康管理、服务管理、费用管理中的支撑作用，构建以家庭医生为基础的分级诊疗模式，在社区卫生服务中心建立签约居民预约优先就诊机制。13 家社区完成信息系统的安装调试工作，通过市转诊平台(市挂号网)建立社区与二三级医院的转诊通道，开通区内 3 家二级医院(市五医院、区中心医院、吴泾医院)和仁济南院的转诊接诊通道，并通过建立优先预约与转诊机制，体现诊疗服务的有序、合理。

三、城市建设管理领域信息化

【道路交通信息化工程项目】 闵行区道路交通信息化工程项目按照局部试点、分步实施的原则，总体分四期建设。在一期已建成莘庄城区周边路口红绿灯自适应控制系统的基础上，二期工程完成 56 个路口 SCATS(悉尼自适应交通控制系统 Sydney Coordinated Adaptive Traffic System，简称 SCATS)接入，中春路金都路情报板已开始信息发布，整体系统进入试运行阶段。三期工程可行性报告已完成专家评审，批准立项后将正式进入项目实施阶段。

【大联动流水号信息系统】 2015 年，闵行区完成大联动流水号信息系统建设并正式运行。大联动综合业务平台案件中的六大类来源(12345 热线、962000 热线、区长网上信箱、党务公开信箱、大联动公开信箱和代表委员联系服务群众)已纳入流水号管理。通过整理全区对外公开电话，实现全区窗口单位电话号码的“962000”一号通达，同时与市级政务热线“12345”形成有效对接，形成市区两级联动。

【深化大联动网格化及三级门户建设】 2015 年，闵行区完成全区责任网格地图 GIS 电子化，全区由居村网格、街面网格和拓展网格组成，合计 784 个责任网格。其中居村网格 532 个、街面网格 42 个、拓展网格 169 个。三级门户建设已开通所有 14 个镇、街道、莘庄工业区，以及 11 家委办局的门户网站，充分展现各街镇、委办局工作动态和履职情况。

【拆违和环境综合整治平台】 2015 年，违法建筑信息系统建设完成信息录入，以及与大联动综合业务平台关联，具备初步查询统计等功能。区拆违办对全区 14 个镇、街镇、莘庄工业区相关人员进行系统操作培训。随着拆违和环境综合整治平台基本形成，整体数据已导入平台，正在进行相关需求分析和功能完善。

四、信息基础设施建设

【推进“无线城市”建设】 闵行区积极推进“无线城市”建设，优化整合已有无线覆盖点。全区实现无线局域网覆盖场所 1 681 处，包括各街镇社区事务受理中心在内的公共服务场所免费无线上网点 64 处。

【协调信息管线集约化建设】 根据各通信运营单位业务需求，共协调闵行区内 104 个路段的信息管线集约化建设。信息管线建设 153 沟公里，661 孔公里。积极配合区重大工程、市政道路改造工程建设中涉及通信基础设施方面的协调工作。

【推进楼宇智能化建设】 按照《闵行区楼宇经济推进工作方案》要求，根据区科信委任务分工，会同区经委组织协调三家通信运营单位根据区内楼宇建设现状，制定完成 15 幢楼宇的建设改造计划。截至 2015 年年底，完成 15 幢楼宇 4G 网络室内覆盖，完成预定目标，提升区内经济楼宇的信息基础设施能级。

【加强网格化管理】 全年共处理 2 760 起区应急联动中心和网格化管理指挥中心下达的信息管道被盗窨井盖、信息交接箱破损、架空线坠落等案件，完成率 100%。

【无线电管理工作】 根据《2014 年区县无线电管理工作要点》的有关要求，编制《闵行区无线电管理实施方案》、《计划任务书》，主要做好三方面工作内容。一是做好宣传工作，依托科技下乡和科技周宣传活动，下发各类宣传材料 26 000 余份。二是协助做好移动通信基站规划落地、台站预审工作，共计完成 436 个基站的年计划预审工作和 139 个基站的站址申报预审工作。三是完成无线电投诉和处置工作，完成 97 起信访案件，其中关于基站建设 89 起，移动通信信号差 8 起。

五、信息化环境建设

【智慧闵行建设“十三五”规划】 根据智慧闵行建设总体安排和区“十三五”规划编制要求，由区科信委牵头编制。《智慧闵行建设“十三五”规划》，通过开展调研、集中座谈、听取人大代表、政协委员意见等形式，几经修改完善，于 2015 年 10 月形成《闵行区信息化暨智慧闵行建设“十三五”规划》，并报区政府审议。

【增加区级考核信息化工作指标】 根据《关于进一步推进"智慧闵行"建设的若干意见》,2015 年,闵行区在对各单位的年度考核评分指标中加入信息化考核指标,制定考核标准和相关细则。以考核为抓手,促进全区各镇、街道、莘庄工业区及委办局重视信息化工作的组织建设、智慧社区、电子政务、信息安全等方面的工作。

【街镇信息化专项资金项目申报评审】 为激励各街镇立足实际、积极创新,2015 年,闵行区继续以统筹资金、重点扶持的方式,开展街镇信息化发展专项资金项目申报及评审工作。全年共有 10 个街镇申报 20 个项目,13 个项目通过评审,核定专项资金 431.8 万元。并督促各街镇做好项目经费的落实,以及项目后续的建设和验收等工作。

【组织召开街镇信息化工作会议】 2015 年 5 月 21 日,组织召开街镇信息化工作会议,各街镇科信办负责人及相关工作人员出席。会议围绕街镇信息化考核、信息化现状评估、信息化项目方案编制、智慧闵行进社区宣传培训等方面作了工作部署和专题培训。会后下发补充通知,将会议内容作了重申和明确,进一步指导和督促各街镇做好信息化各项工作。

【2016 年度信息化预算工作会议】 2015 年 7 月 7 日,区科信委组织召开 2016 年度信息化预算工作布置暨培训会。全区各委办局的信息化责任科室负责人及相关人员参加会议。会议围绕 2016 年度信息化预算、项目建设可提供的公共服务、项目填报注意事项、系统操作等方面作具体部署和培训。

【开展网络与信息安全专项检查工作】 2015 年 8 月,根据市网信办要求,在全区范围内开展了网络与信息安全专项检查和自查工作。要求闵行区所有建有网站的单位开展自查,并提交自查报告及检查表,汇总分析闵行区安全形势,形成《2015 年闵行区网络与信息安全检查总结报告》,并上报市网信办。

【开展非涉密重要信息系统安全等级保护工作】 为进一步加强闵行区非涉密重要信息系统安全防范工作,切实提高信息安全防范能力,2015 年 2 月,区网安办在与各成员单位充分沟通的基础上,转发了市等保办关于《组织开展 2015 年本市非涉密重要信息系统安全等级保护工作的通知》,要求全区所有建有信息系统的单位做好等级保护定级备案等工作。7 月,顺利通过安全等级测评,同时对测评过程中发现的问题进行整改。

【"我喜爱的信息化项目"评选活动】 智慧闵行推进办依托智慧闵行 APP 和智慧闵行微信平台,举办了"我喜爱的信息化项目"评选活动。2015 年 5 月,向各街镇征集优秀信息化应用项目,共有 9 个街镇申报 9 个信息化项目,并制作投票评选活动页面。活动面向社区百姓,由社区居民进行网络投票。经评选,古美路街道"智慧古美"、华漕镇"智慧管理城中村"、莘庄镇"文明莘庄"微官网 3 个项目分获一、二、三等奖。活动是智慧闵行、智慧社区、信息化建设成果的一次集中展示。活动将一些有质量、有特色、贴近百姓生活的优秀信息化应用项目集中展示给社区百姓,让更多市民了解智慧闵行,切实享受到信息化带来的便利。

【一站式移动 APP“智慧闵行”】 作为移动互联网时代获取信息的主要渠道之一，移动应用建设是“智慧闵行”感知渠道建设的重中之重。闵行区通过对全区各政府部门移动应用需求的整合与梳理，将所有公共服务信息整合到全区统一、唯一的移动应用“智慧闵行”手机 APP 和微信公众号，使闵行区居民只要通过这一个移动应用，就可以一站式获取包含政策资讯、医疗、教育、体育、交通、文化、就业、物价、公安、天气、举报投诉、婚姻、养老、生活、旅游等多个领域共计 14 大类 83 项智慧民生服务，未来还将继续增加更多的服务内容。在 2015 年度上海市智慧城市宣传周中，一站式“智慧闵行”城市公共服务平台获上海市“2015 上海智慧城市建设优秀应用奖”。同时，在由腾讯大申网和上海交通大学媒体与设计学院大数据与传播创新实验室共同举办的 2015 年度上海微信大赛中，“智慧闵行”移动 APP 获得“微信服务功能票选十强”。

六、社会信用体系建设

【开展诚信知识宣传活动】 闵行区利用多种宣传平台和形式，大力倡导全社会诚信、守信观念。在 3.15 消费者权益日、知识产权保护日开展大型宣传咨询活动，积极参与设摊宣传，接受市民咨询 100 人次，发放《诚信知识漫画册》、《个人诚信体系建设指引》等宣传资料和纪念品，努力营造良好的社会诚信氛围。

【闵行区企业信用信息共享平台】 根据闵行区信用信息共享平台与上海市公共信用信息服务平台对接项目要求，按照《关于开展 2015 版“三清单”编制工作》的指示，由区诚信办牵头组织开展闵行区“三清单”编制培训讲座。共上报 32 项法人信息数据清单和 3 项自然人信息数据清单、4 个行业 6 个事项的应用清单、4 个法人负面行为清单和 1 个自然人负面行为清单。通过对闵行区信用信息共享平台与上海市公共信用信息服务平台的对接，进一步提升区各部门对平台的应用和维护。按照 2015 年闵行区上报的 35 项“数据清单”内容，已向上海市公共信用信息服务平台提供数据 23 项。截至 12 月，报送市平台数据 14 623 条，列全市第一。同时，通过对信息共享平台的应用，各部门对需要查询的法人或自然人信用信息进行查询。截至 12 月，闵行区各部门平台信息查询数 8 844 条，应用清单查询量排名全市第三，“三清单”综合排名全市第二，充分发挥信息共享平台的作用。

（陈玉兰）

第十二章　嘉定区信息化建设

概　述

2015年，嘉定区围绕打造科技创新中心重要承载区的核心目标，加快推进智慧城市建设。围绕智慧新城建设，以改善民生作为出发点和落脚点，编制《嘉定区“十三五”信息化发展规划》，出台《嘉定智慧新城试点实施方案》，明确“十三五”期间要加快智慧城市建设、提升区域信息化水平的各项具体发展目标。在智慧医疗、智慧教育、智慧交通、智慧政务、智慧社区等领域，形成一批示范应用项目，取得可喜的成果。

一、政务领域信息化

【“智慧城市”建设2015年重点工作推进会】 2015年3月20日，嘉定区召开2015年智慧城市建设工作推进会，总结2014年建设情况，并对2015年重点工作进行部署。区委常委、副区长费小妹出席会议并讲话。2015年，嘉定智慧城市建设进入聚焦重点、深入推进、全面发力的一年，在基础设施、政务、交通、医疗等11个领域全面推进。

【智慧政务平台应用情况】 2015年，嘉定区不断推进智慧政务平台的深入应用，平台各子系统进一步调整优化，用户体验得到极大提升。截至2015年年底，嘉定区政务网互联网出口总带宽达900兆，日均在线人数8 048人，平均下载速度超过100Mb每秒。政务办公平台累计发布工作纪实2 928 556条，日均4 233条。发送政务短信34 585 565条，日均55 985条。发送专送件1 257 173条、通知25 357条。全区政务网络实现区、镇、村三级光纤网络全覆盖，涉及1 335个接入单元，其中包括行政村 152 家、居委会 53 家、社区 170 家、镇企业 117 家,以及各委办局、职能部门及事业单位 843 家,接入网络用户达 15 913 名。

【“两新”党建信息化建设】 2015 年,嘉定区大力推进党建信息化建设,运用“互联网+党建”的思维开展“两新”组织党建工作。在“两新”组织党组织中普遍建立支部网站,通过支部网站及时发布党组织工作情况和活动信息、上传教育学习内容和党课资料、设立组织生活主题栏目、开设党员交流互动窗口、展示党组织和党员风采等,确保“两新”组织党组织的有效性。截至 2015 年年底,嘉定区共有“两新”组织党组织 858 家,全区“两新”组织党组织建站率达 97%,网站更新率达 84%。

【党建信息化建设试点】 2015 年 12 月,嘉定区承担上海市社工委的党建信息化建设试点工作,在江桥镇和嘉定镇街道开展“两新”组织党组织和党员政治生活积分激励系统试点,覆盖 131 个党组织、1 331 名党员。系统建立在互联网上,通过支部网站来实际记录党组织党员网络操作行为,并转化为分值体系的信息化系统。可帮助党员主动找到组织,帮助党组织看到党员的表现,通过系统部署工作、传递任务。对区级层面而言,可动态掌握各街镇工作情况、专项任务的落实情况。对街镇而言,可动态掌握基层党组织活动情况、党组织任务完成情况、党员活跃程度等。对基层党组织而言,可实时记录党员的表现,为考核工作提供量化指标。

【机关事业单位绩效管理与考核系统】 2015 年,由嘉定区人力资源和社会保障局负责推进的机关事业单位绩效管理与考核系统正式建成,并分别在嘉定区人社系统内部和徐行镇进行网络考核试点。该系统采用部门考核和个人考核相结合的平时考核方式,各机关将每年业务工作目标和共性工作目标分解到各科室(部门),加强对科室(部门)的考核,再由科室(部门)将工作任务分解到每位公务员,细化明确考核内容。在个人考核方面,突出工作的计划性,要求每位公务员在季度初,在平台中制定个人的季度工作计划。季度末,按照每人绩效考核工作目标规定职责和领导交办的任务,由各单位分管领导和科长两个层次,逐级评鉴下属本季度的履职绩效和交办任务的完成情况,提出考核评语及考核等次意见,季度考核等次分“好”、“良好”、“一般”、“差”四个等次。年终考核时,在系统中录入每位公务员一年工作总结,并实施民主测评,按照上级、平级、下级三个层面,以 5∶2∶3 的测评权数,对每位公务员进行德、能、勤、绩、廉全方位考核评分,全面反映公务员工作情况,准确评价公务员综合素质。

【打造党员“微信学习城”】 2015 年,嘉定工业区全新升级社区党建服务中心,依托公众微信号等方式,把在线视频教育课程、在线知识竞答、O2O 私人定制课程、B2C 党建图书馆四个环节相串联,打造以互联网为平台的“微信学习城”——党建教育培训平台。内容涵盖云端党建自学馆、在线党史达人秀、选书即送悦读汇等项目。“微信学习城”通过在线方式由学员自主选择参与感兴趣的培训课程,择日前往各党支部开课。周末的体验课程则通过众筹方式,突破支部隶属限制。参与活动的学员还会获得活动相应积分,并可用积分兑换神秘礼包。同时,在公众号上开展党史有奖知识竞答活动，参与答题的党员有机会得答题红包，还能通过累积答题积分冲击党史达人榜。B2C党建图书馆则以线上选书、线下阅读的方式，精心准备了政史类、经济类、管理类、文艺类等相关书籍，可以在线选择心仪的书籍，免费赠送党员。

二、社会领域信息化

【联影医疗打造肺癌早期筛查平台】 2015年1月，上海联影医疗科技有限公司(简称“联影医疗”)与上海长征医院、上海市公共卫生临床中心、华东医院、上海市肺科医院、上海交通大学医学院附属瑞金医院、复旦大学附属中山医院与复旦大学附属肿瘤医院七家三甲医院联手，共同参与由上海长征医院牵头的市科委重大专项研究项目“上海地区早期肺癌的影像学筛查及诊断研究”。由联影医疗提供自主研发的肺癌早期筛查平台。通过多家医院多中心采集、共享并研究早期肺癌病例数据样本，制定早期肺癌高危人群预警指标，进而建立一套肺癌筛查及早期诊断的最佳方案和标准流程。同时，在多中心研究基础上，建立可拓展、可挖掘的上海市早期肺癌患者数据库。联影医疗为该研究项目量身定制一整套新型早期肺癌筛查平台，以联影“影像云”为依托，具备高敏感度肺结节检测识别、海量数据存储与共享等优势。平台已实现上海七家三甲医院数据互联，支持多家医院在线实时会诊，最大程度做到资源共享。

【联影—嘉定区域影像中心会诊中心】 2015年7月3日，联影—嘉定区域影像中心会诊中心在瑞金医院北院正式启用，标志着一个由社区卫生服务中心、区域卫生中心、三级医院(专科)组成的三级架构区域影像中心基本形成。2014年4月，联影—嘉定区域影像诊断中心启动试运营，截至2015年7月，远程诊断服务已覆盖全区14家社区服务中心，以及区精神卫生中心等医疗单位。诊断中心日均实时接收、读片、诊断达到336份，高峰可达到每天1 500人次的诊断记录。中心在瑞金北院开通后，当区中心医院的区域影像诊断中心遇到疑难杂病例时，便可以通过信息传输，实时让瑞金北院的专家进行会诊。病人则不必来回奔波，实现“在哪里摄片检查，就在哪里等候报告”，真正做到不出社区就能享受三级医院的专家医疗服务。

【安亭智慧社区体验中心】 2015年2月，位于安亭新镇的“一号秘书”体验中心正式试运营。体验中心内设有提供远程医疗、健康档案、自助体检、健康咨询的智慧健康区。“一号秘书”通过整合区域卫生平台、社区卫生平台和个人健康资源，打造全方位的“三合一”健康数据包，实时联动家庭医生，实现与上海市38家三甲医院的远程诊疗。此外，“一号秘书”还有智慧家居区和便民查询区，可为居民提供代办缴费、家政服务、地铁接送、在线物业、文体预订、电动车租赁等15项服务。中心平均每日接待130人次左右，电话服务日均35

次。平台注册用户500多人，日平均访问量85人次左右，社区“微商圈”月平均营业额12 000元左右。

【区妇幼保健院“智慧医疗”移动服务平台】 2015年5月11日，嘉定区妇幼保健院正式发布“智慧医疗”移动服务平台项目。通过平台，患者只需完成就诊卡绑定，就可以实现提前预约专家、手机挂号等功能。就医结束后还可以查询检验检查电子报告，以及门诊、住院电子账单，并通过“五星满意度”对医院的服务进行沟通反馈。该项目通过移动互联网技术，完成医院内部信息系统与微信和支付宝两大支付平台的对接，成为嘉定区率先开展此项服务的医院。在随后的二期建设中，平台将陆续完善诊间支付及医保支付等功能。

【“中国最强大脑”云智能平台】 2015年5月，作为第十九届中国国际软件博览会的专场活动之一，由上海市软件协会、小i机器人联合主办的小i机器人“中国最强大脑”云智能平台发布及产业合作论坛在上海举行。通过在人工智能领域的多年耕耘，小i机器人专注于智能机器人核心语义交互技术的研发和产业应用，逐步建立包括学习体系、知识表示、语义理解和推理以及上层应用的完整架构，并针对不同领域相继推出企业级、标准级、SaaS产品和多种解决方案，具有为广大企业输送来自云端的、强大的类人智能交互服务能力。小i机器人和交通银行联合推出的首款银行业实体智能机器人——交行小e也同时亮相，借助小i机器人的后台数据库、算法和云服务，小e可实现人机交互95%以上的准确率，专用于银行日常客户服务。

【复旦临床病理诊断中心】 2015年6月8日，复旦临床病理诊断中心——嘉定疑难病理会诊平台揭牌成立。复旦大学常务副校长陈晓漫，党委副书记袁正宏，嘉定区委副书记、区长杲云，副区长李原等出席成立仪式。嘉定与复旦大学通过开展合作，运用“互联网+”思维，通过在区中心医院建立疑难病理会诊平台的方式，让复旦大学优质的医疗专家资源覆盖到嘉定。

【试点微信挂号候诊】 2015年6月，“嘉定卫生计生”微信公众平台在瑞金北院、区中心医院、区妇保院三家医院试点。平台开通手机挂号、候诊信息查询等功能，一定程度上缓解了挂号难、就诊排队时间长等问题。未来，嘉定所有公立医院的预约挂号、医疗咨询等资源都将纳入该平台，患者可通过手机等终端，查阅化验报告、医学影像诊断报告等信息。

三、经济领域信息化

【农村集体土地和物业租赁监管平台】 2015年2月，嘉定区农村集体土地和物业租赁监管平台建成并投入试运行。平台建立在嘉定区农村集体“三资”监管平台的基础上，主要选取“三资”监管平台中涉及农村集体土地和物业租赁方面的相关数据，实现基础数据对接、资源信息共享。同时，设置监察点，对这些数据进行查询、统计分析，对相关问题进行预警，从而实现对全区镇、村集体经济组织所拥有土地出租情况，以及集体物业出租情况的实时监管。

【2015 上海国际互联网金融高峰论坛】 2015 年 6 月 6 日，在市经济信息化委、市金融办、市科委、嘉定区政府等有关部门指导下，2015 上海国际互联网金融高峰论坛在嘉定全通上海金融谷举行。论坛围绕新常态下“新技术、新产品、新模式、新业态、新金融＋全球科创中心”主题，邀请业界权威人士齐聚嘉定，畅想互联网金融的发展与未来，共同探讨新型互联网金融生态环境对上海互联网产业以及建设嘉定金融硅谷所带来的机遇与挑战。国务院参事、国务院发展研究中心金融研究所原所长夏斌，上海证券交易所首席经济学家胡汝银等多名专家学者在论坛上作交流发言。全通上海金融谷也于论坛举办当日开园。作为市经济信息化委等主管部门重点扶持的上海市信息服务产业基地和上海市互联网金融产业基地，全通上海金融谷已逐步形成以金融服务外包产业为基础、以新一代信息技术（互联网金融）为核心、以金融服务为纽带、以资本投融资为杠杆的创新型、生态型和智慧型创新金融产业服务园区。

【“嘉定物价”微信平台】 2015 年 8 月 1 日，“嘉定物价”平台完成改版上线。改版后，平台提供价格政策、政策提醒、主副食品、超市晒价、监测资讯、法律法规、工作动态、价格资讯等九大类信息，为市民提供与生活密切相关的教育、医疗、水电煤等八类具体价费项目及标准。提供国家、市、区级价格相关政策，并对最新价格调整进行公告提醒。发布全区 9 个监测点的主副食品动态价格行情，每月选择同类、同规格商品在区内世纪联华超市、农工商超市 66 店、欧尚超市博乐路店三家超市进行比价，并及时公布。2015 年，通过“嘉定物价”微信平台共发布主副食品价格信息 108 条，超市比价信息 13 条，法律法规 17 条，价格政策信息 15 条，价格监测信息 14 条。

【国资监管信息系统】 2015 年，嘉定区国资委在全市范围内首先探索研发国资监管信息系统，充分利用信息技术，创新监管手段，有效提高财务监管的及时性和科学性。监管信息系统具备网络收集、信息查询、财务分析、绩效评价、风险预警、实时预警和报表自动合并等功能，同时覆盖企业预算、年度决算、投融资管理和工程项目管理等各个方面，形成一整套财务数据自动收集备份和反馈、资金流动即时监控预警和财务报表自动汇总分析的财务信息化监管体系，在技术上极大提高了国资监管的及时性和针对性。

四、城市建设管理领域信息化

【嘉定区村居社会管理服务系统】 2015 年 8 月 10 日，嘉定区村居社会管理服务系统正式建成并上线运行。凸显服务与自治功能,集成电子台账、考核评级和联系服务三大版块,并有效整合政务办公平台、实有人口库等信息资源,实现整合基层信息资源、服务基层基础工作、提高基层工作效能、辅助领导科学决策的总体目标。12月1日起,区社工委通过该系统对全区159家社区居委会开展评级。通过社区居委会填报,街镇审核,部门复核,层层把关,确保数据真实准确。同时新增村居申诉环节,通过申诉,相关职能部门在相应时间段根据实际情况对村居提交的申诉进行核实或调整,凸显评级的公开、公平、公正。

【嘉定区教育安全管理远程监控平台】 2015年9月1日,嘉定区教育安全管理中心正式启用远程监控平台,将全区130所学校2 000多个监控摄像头联网,实施网络化管理,确保校园安全。在嘉定区教育安全管理中心,大屏幕时时滚动播放、切换全区130所中、小、幼学校的监控画面,包括校门口、操场、食堂等重点部位,监控点总计约2 000多个。中心值班人员一旦发现异常情况,能第一时间与学校门卫室实时对话。远程监控平台实施联网管理,信息与嘉定区市场监管局共享。一旦发生意外突发情况,将联合相关执法部门,协助处置安全事务。截至2015年年底,教育安全管理中心联网管理的学校达到170所。

【嘉定区联勤和城市网格化综合管理信息系统】 2015年,嘉定区联勤和城市网格化综合管理信息系统正式投入使用。该系统基于城市网格化管理信息系统,是整合联勤、城市网格化管理、“12345”市民服务热线和应急管理等职能和功能的一个城市综合管理信息系统。已基本形成网格确定、内容明了、责任清晰、流程统一的城市综合管理体系,建成覆盖全区城市综合管理领域的信息平台体系,具备对全区范围内城市综合管理问题从发现到处置,并实施监督指挥的能力。系统根据城市管理“纵向到底、横向到边”的要求,强化城市综合管理各部门、各信息化平台之间的联勤联动,建立健全联勤网格化系统街镇信息指挥平台,在相关职能部门及其派出机构、村、居等自治组织综治联勤工作站设立工作终端,实行对接联动,实现街镇在城市综合管理中统筹协调功能和及时发现、快速处置的运行功能。

【地下空间网格化管理信息系统】 2015年,嘉定区地下空间网格化管理信息系统正式投入运行。嘉定区民防办下属民防工程管理所全部管理人员持手持终端,每日开展地下空间日常安全管理检查工作,严格落实全部检查情况,及时录入信息系统,提升工作效率、完善工作痕迹、规范业务流程。地下空间网格化管理系统搭载在嘉定区城市网格化管理系统平台之中,独立运行,全面实现地下空间日常安全监管情况上报、立案派遣、处置、核查、结案的信息化管理模式。通过系统,嘉定区民防部门可以及时接收区网格监督中心发现的问题,进行分析,根据事件归属(如消防类、民防类、工商类、水务类、房管类、安监类等),派单给相应的处置部门,迅速完成事件派遣,并根据案件办理情况,及时对案件进行核查、反馈。

【城管执法综合信息系统】 2015年,嘉定区城管执法局积极推进城管执法综合信息系统建设,打造执法办案监管系统、城管指挥监控系统。执法办案监管系统可根据办案规范流程,通过案件在线处理,加强取证、立案、审查、备案、审批等各环节把关,严格规范办案程序,同时实现电子档案、数据分析等信息交互功能。并且,依托城管指挥监控系统,成立全新的区城管指挥监控中心,实现职能、人员有效整合,实现信息收集、勤务安排、执法取证、执法处置、案件处理、应急调度等各项业务工作数字化。城管指挥监控系统在城管执法的重点道路、重要区域增加"全球眼"移动监控设备,与车载移动视频监控和执法人员 PTT 移动终端互为补充,使辖区内的监控任务由全范围巡查向自动监控、重点巡查转变,实现视频监控的广覆盖、无盲区。同时,依托指挥监控中心、街镇联勤和城市网格化综合管理中心两级平台,建立指挥派勤制度,通过指挥监控中心 4 个席位的综合调度指挥终端,使勤务指挥更灵活、快速、有效,有力提升城市管理效能。

【推进居民区平安工程】 2015 年,嘉定区大力推进居住区平安工程建设,以全面提升社区技防系统科技含量、加强和创新基层社会管理、提高居民群众安全感和满意度为目标。推进联勤指挥中心、小区电子显示屏联网系统和小区视频监控系统建设,重点加强小区视频监控和小区电子显示屏覆盖力度,完成 25 个小区视频监控点建设(带有车牌识别功能)和 61 个小区电子显示屏建设,并实现与公安 110、联勤指挥中心联网互动。

【重点食品生产经营企业视频监控】 2015 年,嘉定区在原有 21 家企业视频监控试点的基础上,进一步扩大重点食品生产经营企业视频监控覆盖范围,将高风险生产企业、农村会所、集贸市场纳入视频监控范畴,充分利用互联网资源,对重点单位、重点环节进行 24 小时视频监控,实现对食品安全的无缝隙、全程化监控,避免监管盲区,提升监管效率。截至 11 月,已完成 101 家重点单位的食品加工和生产重点部位的视频监控接入,实现 12 个街镇的视频监控室分中心全部运行,区级视频监控联网平台也已完成调试。

【葡萄大棚智能管控】 2015 年,嘉定区在上海马陆葡萄主题公园和上海农家苑葡萄园试点运用物联网技术,辅助葡萄精细化智能种植。该项目通过完善网络基础、视频监控系统、物联网信息采集系统,智能接入大棚风机及湿帘、控制设备等,并实现物联网葡萄管控系统与电脑、智能手机的联动。可随时随地查询监控大棚光照强度、土壤温湿度等实时环境数据和设备工作状态,接收关键指标的预警提醒和超标报警等,并可通过互联网远程启动葡萄大棚内风机、湿帘等相关设备进行调节操作。该项目于 2015 年 4 月被列入上海市"科技兴农"项目。

【公共交通信息化建设】 2015 年,嘉定区交通发展集团委托专业机构,完成嘉定公交信息化三年行动计划研究,制定公交信息化建设方案,并于 5 月 22 日正式启动项目建设。嘉定区公交信息化项目围绕公交企业、乘客、行业管理部门三方需求,统筹建设公交企业运营智能调度平台、乘客出行信息服务平台和公交运营动态监控平台,通过对线路沿途站点信息化改造、车载智能系统一体化建设、车牌识别系统和 RFID 系统运用等,实现集行业监管决策、企业运营调度和公众信息服务于一体的公交行业信息化功能。按照建设计划,整个项目分为两个阶段实施,计划用三年建成,总投资约 3 600 万元。至 2015 年年底,该项目已陆续完成公交信息化集群调度中心装修、67 辆智能车载终端安装调试、39 个站点站牌信息化改造,驾驶员个人电子信息采集及软件研发等各项工作,并已在嘉定 12 路和嘉定 13 路上实现试运行。

五、信息产业发展

【车联网产业发展论坛】 2015 年 8 月 15 日,在 2015 上海嘉定科技博览会上,嘉定区科学技术委员会(信息化委员会)(简称"区科信委")与上海市交通电子行业协会联合举办了主题为"聚焦嘉定——车联网产业发展前瞻与对策"的车联网产业发展论坛。来自全区汽车、互联网、汽车电子、新能源汽车等相关领域企业的 100 余人参加本次论坛。嘉定区科信委党组书记周勇、市经济信息化委软件和信息服务业处副处长何炜在论坛上致辞。

【菊园物联网孵化器】 2015 年 9 月,上海菊园物联网科技服务有限公司获批成为 2015 年上海市第一批"四新"经济创新基地建设单位。该基地以培育"四新"经济发展方向,突出园区基地化、特色化发展为主要目标,旨在打造一批创新企业集聚、创新活动迸发、产业业态系统良好、具有国际竞争力的创新基地,从而推动上海产业结构和区域经济结构优化升级,实现可持续发展,提高产业国际竞争力。

【"嘉境通"开通】 2015 年 11 月 26 日,嘉定区正式开通跨境电商运营平台嘉境通,进军跨境电商产业,包括京东等 20 多家跨境电商企业当天签约入驻,嘉定 · 上海跨境电商示范园区同时揭牌。揭牌前,平台已开始实质性运转。2015 年 8 月,阿侠谷成为嘉境通平台首个对接的跨境电商企业,20 天完成系统对接、6 小时走完近 700 个订单,创下上海跨境电商平台运营效率的新纪录。仅"双十一"一天,嘉境通平台上的跨境电商企业销售单数就超过 2.2 万单。

【嘉定产品和技术亮相世界互联网大会】 2015 年 12 月 16 日,第二届世界互联网大会在浙江乌镇开幕。大会上,出现诸多嘉定科研院所和高新技术企业的身影。大会使用的"乌镇峰会"APP 和虚拟会议系统的测试工作,均由位于嘉定的华东计算技术研究所完成。注册在嘉定菊园新区的中电科软件信息服务有限公司为大会嘉宾服务 APP、智慧乌镇 APP 承担运行保障,并在现场代表中电科展示大数据应用平台、智慧停车系统和智慧医疗系统。此外,在 12 月 16 日,在乌镇"互联网之光"博览会上,嘉定企业上海遥薇集团研发制造的"1 号秘书"机器人也登场亮相。

六、信息基础设施建设

【无线电管理工作】 2015 年,嘉定区聚焦智慧城市建设,大力支持各运营商加快推进 4G 网络建设,以建设"宽带、泛在、融合、安全"的移动通信网络为目标,积极组织开展嘉定区无线电管理工作,切实推动无线电管理工作在服务产业、服务民生、服务安全方面迈上新台阶。2015 年,嘉定区无线电管理办公室完成基站年计划预审 1 批、站址1 386处,基站站址认定预审 11 批、共 314 座基站。同时,出台《加强移动通信基础设施建设和管理实施意见》,规范基站建设流程。组织区内各运营商积极参与 F1 赛事等重大活动的通信保障工作,协调处理基站信访投诉案件 11 件。

【移动通信信号盲区普查】 2015 年 6 月,嘉定区针对移动通信设施建设速度落后于城市发展进程、移动网络服务质量投诉日渐增多等问题,委托第三方专业机构,完成安亭镇、南翔镇、江桥镇、嘉定新城等区域的移动通信信号现状测试(一期)。对群众反映集中的信号盲区及薄弱区域进行深度普查,形成移动通信信号"热力图",梳理出近百处移动通信信号弱覆盖区域及场所。在此基础上,嘉定区积极联合铁塔公司及各运营商,多次召开专题研讨会、现场工作会,协调铁塔公司牵头完成信号弱覆盖区域整改技术方案,逐一明确各区域内新建站点整合、存量基站共享、新购计划外站点、现网站点优化等具体实施路径,逐步改善区域内移动通信网络服务质量。

【"光纤到户"及信息管线建设】 截至 2015 年年底,嘉定区共累计完成 1 234 个小区光网改造,实际在网家庭"光纤到户"用户总数达 36.02 万户,家庭宽带最高速率达 200Mbps。累计完成 386 栋商业办公楼宇光纤覆盖,实际用户总数达 7 790 个单元。信息管线路段总数达 1 886 条,总长度达 4 514.3孔公里,其中共建共享的信息管线路段达 263 条。

【移动通信网络及 WLAN 建设情况】 截至 2015 年年底,全区范围内共有完成建设并开通的 2G 和 3G 基站 1 153 座,4G 基站 1 911 座,共建共享基站累计达 489 座,在网 4G 用户数已达 75.64 万户。各类商用 WLAN 覆盖热点总数已达 2 174 个,城镇化地区有效面积覆盖率超过 98.5%。

【NGB 网络改造及 IPTV 覆盖情况】 截至 2015 年年底,嘉定区累计完成 54.46 万用户 NGB 网络改造,NGB 网络改造覆盖率达 95.7%,NGB 电视实际在网用户数达 27.88 万户。IPTV 实际在网用户总数达 10.78 万户,占所有家庭宽带用户数的 46%。

七、信息化环境建设

【"2015互联网+技术创新"大会】 2015年7月16日，作为2015上海国际信息消费节的重要活动之一，"2015互联网+技术创新"大会暨第二届商派电商技术大会在嘉定盛大召开。大会以"让互联网商业无处不在"为主题，面向广大中高端互联网技术人员及开发者，话题涉及"互联网+"的各产业、云计算、大数据、企业互联网安全、企业互联网开放与集成等互联网产业的多个方面。市经济信息化委副主任傅新华、副区长沈华棣出席大会并致辞。大会吸引上千名中高端电商技术人员及开发者参会，会上举办"电商智慧化数据运营之道"、"传统企业互联网转型与技术发展"、"解读京东智慧物流系统"等多个分论坛，参会企业就互联网行业的各个领域展开深入探索与分享。

【2015嘉定科博会机器人教育论坛】 2015年8月16日，2015上海嘉定科技博览会机器人教育论坛暨北虹桥分会场首届"北极星"科技文化节在江桥镇举行。论坛由中国机器人教育联盟与江桥镇人民政府联合主办，中国人工智能学会理事长李德毅、中国机器人教育联盟理事长李敬来、复旦大学机器人智能实验室主任张文强、中国科技大学机器人研究中心主任陈小平等出席论坛并作主题报告。与会嘉宾就促进中国机器人基础教育的发展普及、推进机器人科教示范区建设等议题作深入交流。

【"智慧新城"建设正式签约】 2015年11月26日，市经济信息化委与嘉定区政府举行推进"智慧新城"建设框架协议签约仪式。双方将就进一步推进嘉定信息化发展与"智慧新城"建设展开深入协作，共同助推上海科技创新中心建设。会上，市经济信息化委与嘉定区人民政府，嘉定区科信委与嘉定新城管委会(马陆镇)、上海国际汽车城(集团)有限公司、中国联通嘉定分公司、上海飞乐音响股份有限公司分别签署《共同推进嘉定"智慧新城"建设合作框架协议》。

【嘉定"智慧新城"】 嘉定新城是2015年上海确定的首批智慧城市示范城区之一。嘉定"智慧新城"以嘉定新城"一核两翼"为主要范围，拟用两年时间，重点围绕嘉定新城核心区及国际汽车城区域，以城市智慧管理、智慧社区、智慧政务、智慧园区为重点推进方向，把嘉定新城建设成为特色鲜明、创新活跃、宜居宜业的"智慧城市国家级示范区"。同时，将结合市民需求，加大力度推进一系列重点项目，真正将"智慧新城"建设成为民心工程，探索建立可持续、可复制、可推广的智慧城市运营模式。

【无线电管理宣传月活动】 2015年9月22日，2015嘉定区无线电管理宣传月暨嘉定镇街道全国科普日主题活动在罗宾森广场举办。活动由上海市无线电管理局指导，区科信委、区无线电管理办公室等联合主办，以“共筑绿色和谐电磁环境”和“万众创新，拥抱智慧生活”为主题，通过展板宣传、资料发放、科普巡展互动、电磁辐射现场检测等多种形式，吸引数百名市民参与，拉近无线电技术与公众的距离。同时，本次无线电管理宣传月系列活动还面向嘉定全体市民，在“上海嘉定”门户网上举办“2015 年嘉定区无线电管理有奖知识竞赛”，帮助公众深入了解无线电常识、移动通信技术及相关法律法规等知识。此外，系列宣传活动也借助嘉定无线电科普特色学校平台，陆续深入全区多所学校，面向学生群体开展无线电科普巡展、业余无线电拓展课程等特色活动，进一步普及无线电知识，促进科学认识无线电、人人关心无线电的良好氛围。

【无线电创客中心】 2015 年 11 月 14 日，嘉定区举办迎园教育集团“无线电创客中心”揭牌仪式暨无线电课程体验日活动。上海市无线电管理局副局长戴维出席揭牌仪式并致辞，嘉定区科信委主任陈蕴珠、区教育局局长姚伟共同为“无线电创客中心”揭牌。在区科信委、教育局等相关部门的指导下，通过近一年时间的努力建设，嘉定区“无线电创客中心”开辟出 400 余平方米专用空间，建设无线电科普馆、体验馆、DIS 实践操作室等多间特色教室。自 11 月 14 日起，逢双休日向迎园教育集团内所有中小学生开放，集团内的学生可持特制的集团课程体验卡完成游学课程，修满相应学分。

【社区无线电宣传】 2015 年，嘉定区以“科技服务零距离—无线电科普知识进社区”为主题，深入嘉定镇街道、希望社区、白银社区开展无线电知识宣讲，为社区居民普及关于电磁辐射、移动通信的基本知识，受众超过 400 人次。此外，以 4 月“全国知识产权宣传周”、9 月“全国无线电管理宣传月”为契机，开展多场宣传活动，通过展板宣传、资料发放、“科普新干线”巡展互动、电磁辐射现场检测等多种形式，拉近无线电技术与公众的距离，累计受众超 2 000 人次。

八、社会信用体系建设

【社会信用体系建设联席会议】 2015 年 3 月，嘉定区社会信用体制建设联席会议正式建立，会议以分管副区长为总召集人，科信委主要领导、区府办分管领导担任召集人，包括 24 个职能部门和 12 个街镇在内的 36 家单位作为联席会议成员单位。明确联席会议各成员单位职责分工，落实各成员单位分管领导和联络员。同时，根据《关于进一步加强上海市社会信用体系建设的意见》文件精神，区制定出台《关于进一步加强嘉定区社会信用体系建设的意见》，作为推进全区社会信用体系建设工作的指导性意见。明确至 2020 年区社会信用体系建设发展目标、重点领域和主要任务。根据《2015 年上海市社会信用体系建设工作要点》文件要求，区联席会议办公室印发《2015 年嘉定区社会信用体系建设工作要点》，从建立健全信用体系建设工作机制、推动信用信息的公开和共享、加强信用奖惩联动力度、拓展信用产品应用、营造良好诚信环境五方面布置2015年工作重点。

【社会信用体系建设联席会议2015年工作推进会】 2015年7月3日，嘉定区召开社会信用体系建设联席会议2015年工作推进会，市经济信息化委副主任邵志清，嘉定区委常委、副区长沈华棣出席会议并讲话。邵志清从诚信、信用、征信三个概念强调了社会信用体系建设的重要意义，希望嘉定区形成五位一体的工作模式，加强区域合作，形成良好的诚信氛围。会议是对市委、市政府工作要求的贯彻落实，也是嘉定区促进政府职能转变、实现经济跨越升位、创新驱动发展、经济转型升级的重要举措之一。

【落实纳税信用A级纳税人激励措施】 2015年，为进一步倡导诚信纳税、增强纳税人纳税荣誉感、推进社会信用体系建设，嘉定区税务局积极落实A级纳税人激励措施。根据2014年度纳税信用评价工作结果，区税务局共有1 238户A级纳税人，为更好地服务A级纳税人，提高纳税信用级别在纳税人日常办税中的含金量，区税务局积极探索，制定《嘉定区税务局关于落实纳税信用A级纳税人激励措施的实施方案(试行)》，在全区范围内开展布置，并要求相关部门定期上报工作开展情况，报送《A级纳税人激励措施落实情况反馈表》，力求各项措施落实到位、服务到位。根据实施方案中的十项激励措施，A级纳税人在嘉定可以享受到的服务包括培训课程任意选、专家咨询"一对一"、发票管理服务、政策专递服务、定期走访、疑难问题主动服务和享有绿色通道等十余项优质服务。

（金　戈）

第十三章　松江区信息化建设

概　述

2015年,松江区围绕《松江区"智慧松江"计划(2013—2015年)》,对接"创新驱动、转型发展",全力实施"智慧高地"战略。扎实推进基础设施、电子政务、信息产业、社会诚信等八大方面建设项目。

一、政务领域信息化

【区政府WLAN网络运维】　2015年9月,针对用户反映网速慢、部分区域覆盖弱等情况,联合区机管局,完成松江区政府区委、区政府、区人大、区政协办公场所优化覆盖工作,优化后用户体验良好。

【街镇级电子政务网络运维】　2015年,完成街镇级电子政务网络升级改造竣工验收工作,制定发布《松江区政务外网管理规范》,加强网络安全使用规范。同时做好新增、迁移、拆除网点的确认沟通工作,保障网络正常运行。2015年,全区街镇电子政务网络无重大安全事故、无重大用户投诉,网络运行安全稳定。

【信息化项目管理办法修订工作】　自2015年5月启动修订工作,通过先期调研、听取意见、专家咨询等环节,在原有《松江区信息化项目管理暂行办法》的基础上,重新梳理优化管理制度和操作流程,修订完成《松江区信息化项目管理办法(试行)》。该办法的实施将加强松江区信息化建设的立项管理和资源共享,提升信息化项目的质量和深度应用,使信息化在政府管理和服务方面真正发挥出高效支撑作用。

二、社会领域信息化

【社保业务“一口式”受理】 2015年,以“贴近市民、以人为本”的工作理念,街镇社区事务受理中心推行“一口式”办理,所有网点实行轮岗制。经过多次安排社保业务操作培训及上岗证培训,全区社区事务受理中心共新增社保卡业务工作人员106人,全部通过上岗证培训,做到持证上岗,持证服务。

【智能生活】 2015年,松江区共收到6个街镇7个特色项目认定申请,经专家组论证,泖港镇“智慧农村、幸福泖港信息化项目(二期)”、叶榭镇“同建村农业网络体验平台”、泗泾镇“城市e管家”、洞泾镇“社区服务平台”、石湖荡镇“综合信息平台”5个项目,在引领性、示范性、实用性上较为突出,认定为“2015年度松江区智慧社区特色项目”,给予扶持资金80万元。同时启动叶榭镇同建村申报上海市“智慧村庄”试点。

三、经济领域信息化

【专项资金支持两化融合】 2015年,结合建设上海全球科技创新中心和“四新”经济发展要求,松江区积极支持企业通过管理信息化、生产信息化、产品信息化等途径开展传统产业改造提升和重点领域信息化应用。德马吉国际展览有限公司、上海松江出口加工区企业服务有限公司、生工生物工程(上海)股份有限公司等10个项目获得专项资金支持,支持资金共计340万元,获得企业总投资4 364万元。

四、城市建设管理领域信息化

【松江区智慧城市建设“十三五”规划编制工作会议】 2015年5月18日,松江区智慧城市建设“十三五”规划编制工作会议召开。会议通过介绍松江区智慧城市建设“十三五”规划编制工作情况,对工作进行全面部署,提出材料收集要求、任务分工和进度安排,为各项工作顺利推进提供保障。

五、信息产业发展

【企业提升自主创新能力】 2015年11月20日举行的“2015上海高新技术成果转化百佳年会”上，松江区7个项目经过层层筛选，在全市2 783个高转项目中脱颖而出，获“2014年度上海市高新技术成果转化项目百佳”。其中上海正泰电源系统有限公司的并网光伏发电专用逆变器项目(CPS)位列具有典型示范意义的“自主创新十强”项目，体现松江区企业自主创新能力逐步提升。

【平台建设助力3D打印产业】 2015年，由松江区知识产权局指导开发的漕河泾松江园“3D打印产业创新集群专利导航平台”于10月运营上线。漕河泾松江园3D打印产业创新集群专利导航平台汇集国内外3D打印领域的专利信息资料，并免费向园区3D打印企业开放。通过简洁明了的目录式菜单导航，企业能便捷地查阅打印工艺、3D打印机、打印材料等方面的中英文专利数据资料，及时了解最新专利动态，不仅能提升查询、使用相关专利的效率，还能降低自行开发维护专利数据库的成本，避免重复建设。

六、信息基础设施建设

【完善基础设施建设】 2015年，松江区协调推进新建基站225个，全区现有室外宏基站1 363个。稳步推进管线集约化建设，完成上海移动、上海联通共计67条路段的管线共建预审工作。

【信息基础设施建设管理工作推进会】 2015年9月23日，松江区信息基础设施建设管理工作推进会召开，旨在通过解读《关于进一步加强松江区信息基础设施建设管理的若干意见》，并由各部门就如何贯彻落实发表意见。会议为切实转变观念，加强交流沟通，发挥主观能动性，将智慧城市建设发展作为长效日常工作提供有力的支撑。

七、信息化环境建设

【信息安全知识讲座】 2015年5月14日召开信息安全知识讲座，邀请市级专家向街镇信息主管分析信息安全趋势及如何开展安全测评。会议旨在加强信息安全知识的普及教育，特别是对相关人员进行网络安全知识培训，大力强化相关队伍的安全保密意识，使网络信息安全宣传教育工作不留死角，为网络信息系统安全运行创造条件。

八、社会信用体系建设

【信用查询和三清单培训班】 2015 年 7 月 16 日，松江区组织各单位联络员进行信用查询培训。通过详细解读 2015 年上海市实事项目“为全市法人和市民在线免费提供一次信用查询工作”的背景、重要意义和查询途径、方法，为各单位联络员梳理“数据清单”、“行为清单”和“应用清单”的编制依据和方法。

【诚信进社区活动】 2015 年 10 月 15 日，九亭镇拉开松江区诚信活动周序幕。活动主要以市公共信用信息服务平台为依托，组织发动九亭社区居民参与信用实事项目，通过多种渠道查询本人公共信用信息，推广公共信用信息应用。现场下发实施项目宣传折页及告之书等资料，通过诚信小故事和名言培养市民知信用、守信用，营造全社会重信用、讲诚信的良好氛围。

（何月丽）

第十四章　金山区信息化建设

概　述

2015年，在上海加快建设具有全球影响力的科技创新中心以及区委、区政府积极打造科技引领、创新驱动的经济转型发展示范区的背景下，金山区进一步完善信息化工作理念、创新工作方法，坚持创新、应用、普及一体化融合发展，切实提升科技和信息化支撑经济发展的作用，着力在智慧城市建设、经济转型发展、社会信用体系建设、社会治理等领域开展工作，并取得一定成效。

一、政务领域信息化

【法人数据服务平台建设】　为进一步解决金山区"信息孤岛"问题，实现法人数据在区各委办局系统内的共享应用，2015年，金山区科学技术委员会(信息化委员会)(以下简称"区科信委")着力推进金山区法人数据服务平台建设。10月，区级法人数据平台建设启动，主要功能为：向区各委办局提供本辖区内法人数据查询与共享，并将收集与汇总区内各委办局系统中法人数据拓展信息，丰富区法人数据内容与应用，增强区法人数据拓展性、应用性与完整性。

【人口数据平台建设】　根据"十二五"规划中"促进政务信息资源深度开发和共享"要求，2015年，区科信委积极推进金山区人口数据平台建设，于7月完成建设方案编制。10月，完成区级人口数据平台框架建设，并通过市人口办检查。区级人口数据平台主要功能为：整合人口信息资源，建立完善的人口基础信息管理、更新、维护机制，根据各委办局实际需求，提供金山区常住人口、户籍人口、来沪常住人口、境外人员等基础数据查询与应用。通过编制和完善《区级人口数据使用规范》，设立数据安全保障制度,明确数据使用规范、使用要求、使用责任等内容,保障人口数据安全、合理、合法的应用。

【金山区网上政务大厅】 2015年,认真贯彻落实市政府关于上海市网上政务大厅建设与推进工作的要求,积极建设金山区级网上政务大厅(一期)。成立由区长任组长、分管副区长任副组长的金山区网上政务大厅建设与推进工作领导小组,办公室设在区行政服务中心。在前期调查研究中,对全区37个部门、606项行政审批事项涉及的网上业务系统情况进行摸底梳理,于11月2日完成基本框架搭建并上网运行。区网上政务大厅围绕网上政务"单一窗口"打造,在物理大厅实体运作的基础上,聚焦重点,推行网上审批。已完成全区32个部门、400余项行政审批事项办事指南的系统录入,实现办事指南外网查询功能,并选取4项行政审批事项作为网上预约预审试点。

【区镇两级预算执行动态监控全覆盖】 2015年,为进一步深化金山区财政集中支付制度改革,确保区镇两级财政资金安全、规范、高效运行,区财政局依托金财工程应用支撑平台,加强镇级预算执行动态监控建设,在全市范围内率先实现区、镇财政动态监控体系全覆盖。根据国库集中支付和财务管理等相关规章制度,结合镇级财政业务实际,科学设置预警规则,制定镇级财政动态监控内部操作规程。加强镇级财政性资金管理平台的预算执行动态监控模块建设,实现动态即时、智能预警、综合分析等核心主体功能。7月,完成系统调试,8月初组织开展业务培训,8月17日实施试运行工作,并结合试运行情况对系统进行优化完善。2016年1月1日正式投入运行,初步建成预警高效、反馈迅速、纠偏及时、控制有力的预算执行动态监控体系。

【司法网站】 2015年,区司法局建设维护的"上海市金山区司法局"门户网站和"金山区法律服务平台"网站按照有关要求,在全国编办系统政务和公益机构域名注册管理中心完成基础资料填报、资格复核、悬挂党群机关网站标识。并按市公安系统要求,在上海市计算机信息网络国际联网单位备案系统完成注册备案。在国务院办公厅组织开展的第一次全国政府网站普查中,通过基本信息填报、检查整改、抽查核查等环节,对发现的个别栏目更新不及时和少量页面不能正常访问的问题进行整改,顺利通过第一次全国政府网站普查考评。

二、社会领域信息化

【创建智慧新城试点】 2015年,根据市委、市政府推进上海智慧城市建设的总体部署,以及区委、区政府创建金山智慧新城试点的工作要求,区科信委成立由分管区长为组长的试点工作推进小组,编制《金山智慧新城试点实施方案》。5月,实施方案通过市相关部门、专家论证。8月,金山智慧新城建设试点项目获市经济信息化委批复同意，并举行签约仪式。根据实施方案，在未来几年中，金山智慧城市建设将以金山新城为切入点，着力构建三大体系：即构建全市领先、高速泛在的信息基础设施体系；构建极具特色、互动感知的智慧应用体系；构建产城融合、集聚创新的绿色生态产业体系。着力实现五大目标：即实现建成全市信息基础设施先进地区；实现智慧城市各领域应用长效、创新运营；实现创新社会治理方式，缩短城乡数字鸿沟；实现全方位的金山城市运行管理体系；实现以智慧经济为支撑的科技创新城市。

【智慧村庄和园区建设】 2015 年，金山卫镇八字村获批“智慧村庄”项目，金山第二工业区获批“智慧园区”项目，各获得市经济信息化委 2015 年信息化发展专项资金 100 万元资金支持。指导中华村、五龙村申报智慧村庄试点，两村都已顺利获得试点称号。

【金山区村（居）电子台账管理信息系统】 2015 年，为切实减轻金山区村（居）委会基层工作负担，进一步提升村（居）自治工作水平，区民政局以精简、规范为原则，以减负、增能为目标，完成全区村（居）电子台账的开发、建设工作。此次电子台账建设在区民政局 2014 年对全区村（居）台账清理规范后的数量及表单的基础上，通过深入开展调研、设立村居试点、听取专家意见、汇总基层需求，进一步删减工作台账，完善系统建设，实现 12 个区级相关部门与村居台账的有效对接。首期开发的电子台账系统分为社区管理工作、社区党群工作、人口数据三个模块，实现归类、上报、导出、统计查询等功能。电子台账管理信息系统于 2015 年 12 月正式启用。2016 年 1 月起，各村（居）委会无需再另行报送纸质台账。

【养老机构登记轮候系统】 2015 年，为落实《区民政局、老龄办关于实施养老服务信息化三年计划（2014—2016 年）的通知》要求，促进养老服务信息公开透明与资源共享，提升管理服务效能，区民政局于 2015 年下半年开始启用养老机构床位登记轮候系统。系统容纳了金山区范围内依法许可执业的 27 家养老机构信息，将养老机构的床位资源、收住条件和已排队登记的老人人数进行网上公开。根据机构入住情况、老人身体状况评估等因素，通过排队轮候系统实现网上申请、入住轮候登记。系统 2015 年 12 月启动试运行，并于 2016 年第一季度正式投入使用。系统的实施有利于群众及时掌握信息，选择适宜的养老机构登记入住，促进资源共享和公开透明，更好地保障社会公平。同时，促进养老机构床位登记轮候的信息化、流程化，有利于提高养老机构的管理服务效率。

【“金山人才服务一点通”微信订阅号】 为打造人才服务新平台，快速便捷地提供人才服务信息，进一步缩短企业与人才的距离，2015 年 1 月，由区人才服务中心开发的移动互联服务平台“金山人才服务一点通”微信订阅号正式上线。该平台开设公共服务、求职招聘及特色服务等栏目，定期推送人才政策、招聘信息，校地合作等信息，是随时随地获取人才服务信息、了解人才服务内容的好助手。

【金山区社区矫正中心信息化管控系统】 2015 年，为加快司法系统的信息化建设，利用现代计算机技术和通讯技术等手段，做好对特殊人群的管理和司法教育矫治，区司法局在区科信委等有关部门的支持下，启动开发建设金山区社区矫正中心信息化管控系统，实现司法局、社区矫正中心与街镇司法所之间的信息互联，实现人员管理的智能化、信息化、联动化，促进改善司法管理工作，提高社区矫正、安置帮教业务管理水平，为各级司法机关的决策提供快速、准确的司法信息服务。该系统主要内容包括社区矫正、刑释解教人员管理、司法安置帮教管理、外调取证管理、走访管理、移动终端应用开发等。

【“健身金山”APP健身服务平台】 为进一步丰富和扩展全民参与健身活动的渠道及形式，金山区体育局打造多终端体育服务模式，开发“健身金山”APP健身服务平台，于2015年8月8日正式启用。“健身金山”APP设立健身金山、热门活动、运动地图、公告动态等栏目，具有体育健身所需的信息咨询与服务指南功能，可及时向市民提供场馆开放、赛事活动、体质监测、科学健身等相关信息，为实现公共体育设施动态管理提供保障。

【网格化综合管理中心建设】 为贯彻上海市委、市政府下发的2015年“创新社会治理、加强基层建设”“1＋6”文件和金山区委“1＋7”文件精神，金山区全面推进网格化综合管理中心建设。截至2015年年底，金山东方有线完成朱泾镇、廊下镇、吕巷镇、张堰镇、金山卫镇共59个村居网格化综合管理项目建设，主要功能包括视频会议系统、监控系统、热线呼叫系统、电子走访系统等。网格化综合管理中心的建立，实现将辖区内城乡社区管理问题统一处理、统一派单、统一协调、统一监督、统一考核，清晰、科学地划分管理网格，使金山区网格化管理步入常态化。

【八字村“智慧村庄”试点项目建设】 金山卫镇八字村是市经济信息化委、市农委公布的首批市级“智慧村庄”5家试点单位之一。截至2015年年底，由金山东方有线承建的八字村“智慧村庄”试点项目已建设完成。该项目的开展主要依托数字电视机顶盒开发综合视讯交互信息内容。项目为村居民每户升级了高清智能互动机顶盒，并在此基础上开发八字村“智慧村庄”应用，包括智慧村庄、平安社区、互动社区、便民服务等栏目。为配合项目，还建设了户外LED大屏、高清监控系统和户外应急广播、村级信息监控中心、无人售菜机（强丰微菜场）等内容。八字村村民通过数字电视机顶盒遥控器就可访问综合视讯信息内容。

【美丽金山项目】 2015年，金山东方有线开发上线了“美丽金山”项目，该项目基于数字电视机顶盒开发综合视讯信息服务，并在朱泾镇率先完成“朱泾0频道”项目。项目包含美丽朱泾、幸福家园、社区互动、便民服务四个栏目，在政务公开、网格化管理以及社区治理等管理功能的基础上，进一步提供综合视讯信息服务。每天更新朱泾镇域内的信息，让居民足不出户就可以第一时间知道朱泾镇的发展动态和社区治理动态，广大居民用户在家就能对社区事务进行评价和投票，还能享受敬老送餐、专家门诊、公交查询和旅游咨询等便民服务。项目获得“2015年度上海社会建设市区（县）联动项目示范引领项目”。

三、经济领域信息化

【企业信息化管理】 金山区供销社、区粮油总公司在“十二五”期间提出了“创新管理机制，打造全新供销合作社”的理念，先后投资一百多万元，将财务、资产、人事信息化建设作为实现企业管理创新的一项重要举措。2015 年，公司实施人事信息化管理平台建设，并于 2016 年 1 月起投入使用。

【金山科技金融服务平台】 金山科技金融服务平台于 2014 年年底开始建设，2015 年 6 月正式上线运行，由金山资本集团直属企业上海金山科技投资有限公司运营管理，为区中小企业搭建起与银行、担保、创投等金融机构的对接桥梁。平台提供贷款、融资和政府专项资金的信息查询及线上申请服务，并为金融、投资机构提供科技企业贷款、股权融资的对接服务。平台是科技与金融资源对接的有效载体，是金山区乃至全市科技金融服务体系的重要组成部分。平台上线运行以来，已集聚 100 余家科技企业，受理履约贷申请 31 家，微贷通申请 1 家，完成尽职调查 31 家，上会审核 24 家，上会通过 12 家，银行放款 6 家，2 家企业成功申报股改上市专项资金补贴，2 家企业成功申报贷款贴息补贴。

四、城市建设管理领域信息化

【金山区船舶动态监管平台】 2014 年，根据智能化监管的工作要求，金山区船舶动态监管平台系统开始建设。该系统共有船舶日常安全监管、危化品运输、装卸作业动态监管、基础监控及多源融合、智能信息发布、电子地图、电子巡查、数据集成与交换七大监管功能。工程建设分为两个阶段。一期工程在金山区域省际航道交汇处及重要航段 23 个点位安装 38 个视频监控探头，投资金额 450 万元人民币，并于 2015 年年底完成并进入调试阶段，实现紫石泾危险品航道全程监控和张泾河航道重要航段的部分监控管理。二期工程将在一期基础上，在张泾河航道和区域内重点航段卡口交汇处、码头区、部分重要桥梁、复杂航段再新增 50 个点位，安装 96 个视频探头，并将 2013 年前已建的 69 个视频探头全部纳入金山区船舶动态监管平台系统，此项工程将于“十三五”期间推进完成。

【金山区汽车维修行业管理平台】 由金山区运管所负责开发工作。开发完成后，在全区 116 户一、二类汽车维修业户中进行推广，为企业免费安装并培训使用方法。该系统的安装使用不仅提高企业的维修效率，而且在维修质量、维修价格等方面也进一步透明规范，受到广大汽车维修企业的好评。

【数字化城市管理信息系统二期】 数字化城市管理信息系统是金山区绿化市容局提出的“十二五”信息化工作项目，旨在建立一个综合一体的跨部门、跨业务和跨平台的信息交换与共享系统，以实现提高城市管理工作效率、提升工作质量、更好地服务民众。二期项目于 2013 年下半年开始建设，同年 12 月首次进入试运行。根据区绿化市容局的行业管理需求和机构改制实际，经过多次调研、沟通、联调、修改、变更、测试、完善后，二期项目于 2015 年 11 月竣工验收，正式投入使用。二期建设内容包括应用模块开发（广告管理、店招店牌管理、渣土日常管理、市容环卫现场检查、财务审批管理等）、界面调整、系统框架变更。通过二期项目的建设，完善区绿化和市容管理局的广告和店招店牌的管理工作，优化政务流程，避免信息传递速度慢、决策与执行脱节等问题的发生，实现有效的信息整合，降低了管理成本，同时提高行政办事效率，给区绿化和市容管理局带来切实的帮助。

【城市网格化综合管理信息平台升级改造】 2015 年，为进一步推进综合性城市管理工作，拓展网格化管理范围，提升管理效能和公共服务能力，金山区城市网格化综合管理中心对接各类信息系统，建设城市网格化综合管理信息平台，针对城市管理和社会治理中的问题，基本实现“多个渠道发现、一个平台受理、一个系统分派、一套机制管理”和“各自分工负责、联勤联动应急、结果反馈及时、考核督查到位”的目标。金山区城市网格化综合管理中心于 2014 年 5 月开始筹备金山区城市网格化综合管理信息平台升级改造项目建设工作，2015 年 2 月平台建设方案定稿。在由区科信委给出《金山区科委关于区城市网格化综合管理信息平台升级改造项目论证意见》后，项目进入招投标环节，于 4 月确定中标单位，并于 6 月建设完成开通试运行。项目完成升级改造后，区级平台功能得到提升，镇级平台新建完成，区网格化管理运转模式从原来的“一级平台、两级网络”升级为“两级平台、三级网络”。全区 11 个镇级平台开通运行，并延伸到村居。同时，“12345”市民服务热线通过系统接口转为在网格化平台进行操作。

五、信息产业发展

【信息化领域引导政策】 2015 年，金山区科信委在参与编制《关于加快推进科技创新提升区域核心竞争力的实施意见》和牵头完成金山科技创新“四智”路径中的智慧城市专项课题研究的基础上，提出并拟定金山区信息化领域引导政策。主要“以信息化推动经济社会转型发展，以信息化引领智慧城市建设”为纲领，结合金山实际，以更完善、更实效、更有针对性的引导政策，来承接全市信息产业领域的溢出效应，支撑和培育金山特色的信息产业发展，同时吸引各地更多的企业关注金山信息化建设和智慧城市发展。在此基础上，着力在传统经济转型发展、信息产业创新升级、智慧城市长效运营三个重要领域,共 10 个方面支持和引导信息化建设。

【争取市级信息化项目】 2015 年,金山区科信委组织完成区内 14 家企业申报上海市软件和集成电路产业发展专项资金项目。其中汇纳信息科技有限公司成功获得第一批专项资金 80 万元。上海新跃物流企业管理有限公司服务于中小微物流企业的第四方物流平台"物流汇"再度荣获上海市电子商务"双推"创新服务平台称号。

【开展两化融合优秀企业评选】 2015 年,区科信委组织开展金山区两化融合创新示范企业评选工作。根据《金山区两化融合示范、创新企业评选活动方案》,组织专家对 52 家申报企业进行评审,从传统产业领域企业应用信息技术解决行业共性问题、软件和信息服务业领域企业应用云计算、物联网、大数据、移动互联网等新一代信息技术等方面着手,共甄选出两化融合示范型企业 1 家,创新型企业 5 家。通过评选活动,进一步促进两化融合取得新成效,为区内"四新"经济发展提供良好的氛围。

六、信息基础设施建设

【信息基础设施建设持续加强】 2015 年,金山区累计完成 65 条道路(路段)通信管道共建共享建设,全长 81.8 沟公里。新增光纤覆盖小区 60 个,光纤覆盖楼宇 20 幢,光纤覆盖企业 142 家。新增农村地区光网覆盖 2 800 户,累计完成 14.2 万户,农村地区基本实现光网全覆盖。新建 4G 基站 216 个,新增 i-Shanghai 热点 19 个,完成金山新城区域 NGB 整转改造。重点协调推进杭州湾大道改扩建、廊下郊野公园 37 个 4G 基站建设等区重大项目的信息基础设施配套建设。

【医保联网村村通】 "医保村村通"是指村卫生室实现居民医保社保卡联网刷卡、适时结算。2015 年 4 月 1 日,"医保村村通"正式投入使用后,收到广泛好评。系统于 2015 年 10 月实现全覆盖。项目采用由上海电信投资建设,院方租用的方式,充分发挥上海电信作为金山区主导运营商的网络资源与服务优势。该项目的落实使金山区辖区内的各医疗机构(卫生服务中心)医疗数据资源共享,改善就医环境,减少医患矛盾,提高医职人员办公效率,使金山区整体医疗信息化水平得到提升。

【4G 无线网络覆盖】 2015 年,上海移动推进智慧城市建设,提速全区 4G 覆盖。截至 2015 年年底,区内移动网络标准化基站达 970 个,开通金山万达广场、中侨学院等 75 个重点楼宇和居民小区的 4G 覆盖,完成全区 4G 网络覆盖。2015 年,上海联通基本实现金山区 4G 无线网络全覆盖,累计开通 351 个 4G 室外宏站,对金山区所有道路及街区实现连续覆盖,开通金山区火车站、金山万达广场等 42 个重点楼宇的 4G 室内分布系统。

【完善各镇区及工业区光网络覆盖】 2015 年,上海联通进一步完善各乡镇及工业区光网覆盖。至

2015年年底，市区两级公司累计完成投资5 000万元，新增12个光交配线环网与13个综合业务接入点建设，新增光缆交接箱100余座。

【4G基站建设项目】 2015年，为实现宽带中国战略，提高金山区无线覆盖质量，全面提升金山区4G无线信号覆盖能力，持续优化改善无线宽带网络，满足金山人民对无线4G网络日益增强的需求，中国铁塔股份有限公司上海市金山区分公司于2015年1月开始建设“金山铁塔2015年4G基站建设项目”，项目投资金额达到8 200万元。截至2015年12月，已建设4G基站216个，完成全年建设计划，全部交付运营商投入使用。通过该项目的建设，降低金山区4G基站的总体建设成本，同时该项目满足金山地区移动、电信、联通三大运营商的覆盖需求，有效提升4G无线信号的覆盖，优化无线4G网络。

【NGB建设及有线电视数字化整体转换】 2015年，为推动金山区广播电视有线网络数字化、信息化、规模化、产业化发展，NGB建设及有线电视数字化整体转换工程被列入金山区2015年实事项目。截至2015年年底，金山区NGB建设及有线电视数字化整体转换工作全部完成，累计完成28万户NGB建设及20万户有线电视数字化整体转换，实现金山区数字电视全覆盖。

【农村应急广播建设】 2015年，为进一步创新社会治理，扩宽宣传途径，助推美丽乡村建设，6万户农村应急广播安装工程被列入金山区2015年实事项目。金山有线通过统一部署，制定智能寻址有线共缆应急广播系统方案。截至2015年年底，完成金山区124个行政村6万户农村居民安装任务。

七、信息化环境建设

【电子政务数据异地容灾中心建设】 2015年，区科信委选择区教育局信息中心机房作为全区电子政务数据异地容灾中心，为重要应用系统和托管的政府网站建立相应的备份设备和技术。异地灾备一期建设已基本完成，OA平台和部分重要网站已迁移到异地灾备中心。

【推动虚拟化平台建设】 2015年，区科信委对现有服务器进行扩容和优化整合，合理分配硬件空间资源，逐步提高硬件设备利用率，同时完成相关平台和系统迁移至虚拟化平台上。内网应用服务器虚拟化平台由19个刀片服务器组成，已运行有139台虚拟服务器。

【软件正版化工作】 2015年，区科信委完成360安全卫士(天擎版)全网部署工作，推进防毒软件正版化，现共部署5 532个终端。完成办公软件WPS的采购工作，并在全区政府部门推广使用。同时，推广移动办公应用，完善移动OA的功能并推进其使用。全区共有移动OA用户数1 260人。

【完善和优化网络系统建设和管理】 2015年，区科信委更新维护中心机房空调外机等老化设备，保障机房安全运行。更新维护政务网核心设备及各单位政务网接入设备，保障网络安全。推动公务网网上传阅三期延伸建设，完成余下 23 家处级单位接入工作。建设信息化管理中心运维管理系统，加强机房资产的登记、变更、维修、报废等管理以及日常事务日志记录，加强日常事务工作的管理。

八、社会信用体系建设

【公共信用信息服务平台建设和应用】 2015 年，区科信委对重点部门的“三清单”目录编制进行培训，并完成 2015 版“三清单”目录编制工作，向市公共信用信息服务平台提供 40 项数据清单、8 项行为清单、15 项应用清单目录，并落实 1 236 条数据清单项报送和 3 873 次应用清单项查询应用。区“三清单”落实情况在全市综合排名中位列第二。

【落实市政府信用实事项目】 2015 年，区科信委制定推动“为全市法人和市民在线免费提供一次信用查询报告”市政府实事项目的工作方案，提出具体落实措施，组织召开信用实事项目宣传发动会议，动员各街镇、工业区、大口委办局等部门发动所辖企业和自然人主动查询信用信息。已组织 26 339 位市民和 1 989 家法人查询信用信息，在全市排名第二。

（李　俊）

第十五章　奉贤区信息化建设

概　述

2015年，奉贤区加快推进智慧城市建设，在政务领域信息化、社会领域信息化、经济领域信息化、城市建设管理领域信息化、信息基础设施建设、信息化环境、信息产业、社会信用体系建设等方面均取得较好的成效。

一、政务领域信息化

【电子政务办公平台】 2015年，奉贤区电子政务办公平台中共有各级机关99个，延伸至村、居，用户9 962人，日平均在线人数1 500人以上，有效提升了电子政务办公平台的可用性，缓解了海量数据访问的压力。

【公务网接入网扩容二期项目建设】 2015年，奉贤区内所有处级单位政务内网全覆盖，确保区公文传阅推进至处级部门。

【信息资源云服务平台项目二期建设】 2015年，奉贤区信息资源云服务平台项目以一期工程为基础，建成基于政务资源目录体系的区信息资源目录，初步完成平台管理、接口规范、数据标准等各项服务规范。同步完成企业管理平台和税源电子地图项目建设。并积极推进平台在区内各单位的推广应用，已完成对人口、诚信平台、税务、人社等部门的信息资源共享。

【奉贤区税源电子地图项目】 2015年，借助GIS地理信息系统等可视化技术，改变传统以报表为分析载体的模式，区镇两级相关部门可通过奉贤区税源电子地图项目，及时掌握企业相关统计数据，为政府决策提供数据支持。

【奉贤区移动通信基站管理平台项目】 2015年，通过奉贤区移动通信基站管理平台项目，实现了奉贤区移动通信宏基站的综合管理，实现市、区、镇三级对于移动通信宏基站的建设审批流程电子化。

二、社会领域信息化

【社保卡】 2015年，在社会保障卡工作方面，信息采集人数10 946人，累计采集479 073人。发放社会保障卡10 160张，累计发放477 222张，补(换)社会保障卡13 869张。

【公共卫生平台】 2015年，奉贤区进一步深化基于市民电子健康档案的卫生信息化，完善公共卫生信息平台安全保障水平和信息系统支撑水平。着力推动区公共卫生平台安全等级保护二期工程和卫生监督中心机房扩容工程，为奉贤区电子健康档案系统稳定运行提供保障。

【智慧校园】 2015年，奉贤区发挥信息技术对教育现代化的支撑作用，建立教师备课和学生学习支撑系统，创新教学手段和模式。推动涵盖校区管理、教务安排、后勤保障等内容的“智慧校园”建设。着力推动教育网基础建设、校园电台、电子书包、网络安全等领域建设，进一步打造智慧教育系统工程。

【智慧就业】 2015年，奉贤区以整体提升人力资源服务智能化水平为目标，深度挖掘劳动监察、劳动仲裁、社保缴费等方面的业务数据，实现政府就业监管机制的创新。完善事业单位人力资源和社会保障相关信息资源建设和开发，实现三级事业单位管理信息共享和综合利用。

三、城市建设管理领域信息化

【智慧交通】 2015年，奉贤区运用信息技术提升交通运输行业的智能化水平，完善公共交通信息服务系统，推进公交客流实时信息采集、智能集群调度和公交电子站牌建设。建设公共停车信息平台，采集实时泊位信息，发布停车诱导动态信息，推进停车收费电子化和监管智能化。同时，着力推动公交智能化示范项目、重要道路红绿灯智能控制(绿波)系统二期、南桥新城静态交通诱导平台，为市民出行提供便利。

【智慧新城建设】 2015 年,奉贤区加强南桥智慧新城顶层建设,以智慧城市建设为重点,打造新型智慧新城建设模式,形成南桥智慧新城试点方案。南桥新城将以宽带城市、无线城市、NGB 网络为基础,充分利用大数据、云计算、物联网等新技术,打造统一的智慧城市运营管理中心。通过交通、社区、园区、商圈等丰富的智慧城市应用体系,关注民生和产业的发展,向政府、企业、市民提供便捷的智慧城市服务。

【智慧社区建设】 2015 年,奉贤区推进智慧社区建设,促进社区服务集成化、社区管理智能化、居民生活现代化。推动南桥镇智慧社区一卡通项目,以及正阳二居、银河丽湾等智慧社区创建。

【智慧村庄建设】 2015 年,奉贤区按照美丽乡村建设的总体要求,以信息基础设施高速泛在、农村公共服务便利化、村庄治理智慧化、互联网助力农村经济发展等为重点,推动奉贤区村居委会电子台账系统、奉贤区为农综合信息服务平台更新建设。推荐青村镇解放村为上海市第二批“智慧村庄”示范村建设试点。

【智慧园区建设】 2015 年,奉贤区围绕上海市综合工业开发区智慧园区创建试点项目,围绕园区管理和产业服务,加快信息化助力制造业园区高端绿色、服务业园区宜居宜业。推动信息基础设施集约化建设,鼓励园区管理服务精细化,以办公、招商、物业等为核心,推动形成“一站式”园区公共管理服务体系。

【智慧商圈建设】 2015 年,根据智慧商圈创建专题工作的相关部署,在区经委的紧密配合下,推荐南方国际申报上海市第一批智慧商圈试点。

【精细化城市管理】 2015 年,完成奉贤区重要道路卡口综合监控系统建设三期、派出所监所及机房管理信息系统建设、国家保密信息系统区级接入工程。

四、信息产业发展

【电子信息制造业】 2015 年,奉贤区共有工业规模以上电子信息制造业企业 15 家,完成工业产值 53.91 亿元,同比下降 5.8%。完成出口交货值 35.45亿元,同比下降 12.2%。完成主营业务收入 56.79 亿元,同比下降 4.3%。完成利润 1.8 亿元,同比增长 33%。完成税收 0.95 亿元,同比下降 15.1%。全区规模企业 2015 年年均产值 1.35 亿元,其中电子行业企业年均产值 3.59 亿元,远高于全区水平。

【软件和信息服务业】 2015 年,奉贤区软件和信息服务业在移动“互联网+”、云计算、大数据等新兴技术的带动下,保持良好的增长势头,企业营收和利润都有较大幅度增长。企业以中小微型企业为主，在“互联网+”浪潮下，工业制造类企业也开始与软件和信息领域结合，利用移动互联网、云计算等新技术，提高自身的自动化、数字化和网络化水平。

五、信息基础设施建设

【宽带中国工程建设】 2015 年，奉贤区积极落实国务院“宽带中国”战略要求，年铺设光缆资源 145 811芯公里，基本完成全区城市光网全覆盖工作，百兆接入率达到 100%。截至 2015 年年底，区光纤到户用户共计 326 141 户，移动通信用户共计 1 606 799户，其中 3G/LTE 用户共计 615 786 户，4G 用户 510 921 户。区宽带覆盖 741 000 户，区互联网出口带宽总计 430G。区移动通信基站共计 1 878个，其 3G/LTE 基站共计 1 168 个，4G 宏基站 830 个，室分 94 个，微站 55 个。依托中国铁塔公司奉贤分公司成立，积极推进宏基站共建共享工作，共新建基站 177 个，共享率 59%，同时启用存量基站共享 344 个。在无线局域网热点覆盖方面，区累计热点 580 个、AP6 203 个，其中 2015 年新建热点 11 个、新建 AP906 个。完成各社事服务中心 i-Shanghai 无线覆盖。

【推进三网融合】 2015 年，完成奉贤区台网分离工作，成立东方有线公司奉贤分公司，积极推进广播电视模数转换工作，实现广播、数字电视、互联网接入服务的一体化运行。截至 2015 年年底，已完成全区 100% 网改覆盖，数字整体转换完成 90%以上，网改覆盖 35 万户，数字整转 17.2 万户，高清 IPTV 用户总计 86 372 户，新增移动有线电视用户数 9 859 户。

六、信息环境化建设

【《奉贤区网络与信息安全事件应急预案》落实工作】 2015 年，奉贤区对防病毒服务项目进行变更测试验证，政务网内 1 万多台终端计算机已部署 360 天擎软件，加强 XP 停止服务后的补丁管理工作。完成 2015 年度重要信息系统等保测评、应急演练和全区数字证书发放更新等管理工作。同时，确保节庆期间网络与信息安全工作，完成节假日期间及重要活动的应急保障方案编制。对区政务网各接入单位信息化联络员进行网络安全和信息化工作培训，增强了安全意识。

七、社会信用体系建设

【信用信息公开、共享情况】 2015年，奉贤区积极推进信用信息公开，推进信用信息跨部门、跨领域共享，积极构建信用信息互联互通和交换共享的网络平台。以奉贤区政务网为网络基础，将原有的企业信用信息平台升级，建立通过奉贤电子政务平台的奉贤区公共信用信息服务平台，落实数据清单与市公共信用信息服务平台的对接。通过"诚信奉贤"专栏向社会发布区内诚信工作动态、红黑榜信息、制度规范信息、信用知识，提供律师、会计师、监理工程师、资产评估师等重点人群的信息查询接口。

【信用信息及信用产品查询应用情况】 奉贤区鼓励各部门在行政活动中使用信用产品。2015年，在文明单位评选、国资转让招投标、经济园区转型发展管理、政府采购、道德模范评选等事项中通过市公共信用信息平台对相关法人单位和自然人信用信息进行查询。区公共信用信息服务平台升级后，也可通过此平台查询相对人的信用信息。

【组织保障】 2015年，继续完善奉贤区信用体系建设联席会议制度，明确联席会议主要工作职责、联席会议办公室职责、联席会议议事规则、联络员工作制度等内容，规范联席会议的运作机制。明确了各镇、开发区、社区、政府各职能部门诚信建设工作的分管领导及联络员，在区信用体系建设联席会议及其办公室的指导、安排下，推进本区域、本部门的诚信建设工作。

【信息沟通】 2015年，奉贤区由分管区长担任信用体系建设分管领导、区科学技术委员会(信息化委员会)(以下简称"区科信委")分管领导担任联络员、区科信委相关科室负责人担任信息员，明确责任到人，建立工作信息沟通机制，按照时间节点要求报送诚信工作计划及总结，及时上报诚信宣传、三清单编制等区内信用体系建设工作动态简讯。

【制度制订和实施】 2015年，制定《奉贤区推进诚信建设制度化(社会信用体系建设)2015年度工作安排》，围绕重点工作，分解任务，切实推动全区诚信建设制度化工作。召开区"三清单"培训工作会议，参与单位44家，梳理数据清单83项，应用清单12项，行为清单4项，通过调整修改顺利完成"三清单"编制工作。

【诚信宣传】 在上海市2015年度诚信活动周期间举办"奉贤区失信行为典型案例展"活动，组织发动各镇、开发区、社区、政府各职能部门通过电子屏、电视、网站、微信等平台，利用文字、图片、视频等形式宣传诚信知识、营造诚信氛围。区统计局利用统计业务知识培训对乡镇统计人员进行统计信用体系建设培训宣传。区文广局以"贤城说事"、"奉广新闻"、"奉视新闻"等宣传平台为渠道进行诚信宣传。区文化馆在“宣传大篷车”三下乡活动中推出诚信类相关节目加强生动宣传。区图书馆及各镇图书馆继续办好诚信类图书专架,供全区读者借阅浏览。区文化资源配送中心在全区各村数字电影放映点,积极开展诚信类电影放映活动。区文化执法大队利用大队微博、简报等渠道提高经营场所诚信度。各镇组织各基层村居单位积极开展各类宣传活动,利用宣传栏、黑板报、电子屏、微博微信等各种平台进行诚信宣传。

【信用教育与培训】 2015 年,奉贤区组织政府部门、中小企业开展信用管理培训,通过在“上海奉贤”门户网站开设“诚信奉贤”专栏等形式,面向市民、学生及特殊人群开展信用知识普及教育。

【实事项目落实情况】 2015 年,市政府将“为全市法人和市民在线免费提供一次信用查询报告”列入市政府实事项目。奉贤区广大群众和法人单位积极参与。截至 11 月 12 日,完成法人查询 892 家,完成率 103%,自然人查询 31 408 人,完成率 121%,完成市征信办下达的指标任务。

(朱冬军)

第十六章　青浦区信息化建设

概　述

2015年，青浦区信息化工作在区委、区政府的领导下，在市经济信息化委的指导下，大力实施《青浦国民经济和社会信息化“十二五”规划(2011—2015)》，聚焦政务领域、社会领域、经济领域、城市建设管理领域，推动信息产业、信息基础设施发展，优化信息化和社会诚信环境，在各方面取得了新成效、新突破。

青浦区依托“一网(政府网站)、二馆(区档案馆、区图书馆集中查询)”，完善政府信息公开系统，全面拓展信息公开渠道，让政务更阳光、透明。广泛推动信息化、工业化深度融合，深化信息技术在各领域的集成应用，加快推动电子商务应用，引领智慧城市建设。推进信息化应用惠民工程，在智慧健康、智慧养老、智能交通、智慧教育等领域开展信息化惠民项目。

做好重点区域信息基础设施规划编制，增强无线城市服务，推进4G网络建设。深化多媒体信息发布应用，把握网上舆论引导方向，提升网站信息发布实时化、政务信息新闻化、重大信息专题化、信息服务互动化、传播形式多样化的能力和水平。

强化重要信息系统安全管理，完善信息化应急管理机制，推进信息安全战略规划布局，保障信息安全。强化无线电安全保障，做好重要节点、重大活动的无线电安全保障任务，以信息安全保障区域经济社会稳定发展。完善工作推进机制，推进信用信息记录与公开，加强信用产品使用，推进“诚信青浦”建设。

一、政务领域信息化

【拓展信息公开渠道】　2015年，青浦区抓好政务微博、微信，以及数字电视等建设，打造政民沟通新渠道。启用基于上海下一代广播电视网数字高清机顶盒上的区域综合信息发布平台，提高信息公开服务的普及性和便民性。完善政府信息基层公开渠道，在“一网（政府网站）、二馆（区档案馆、区图书馆集中查询）”的基础上，推动社区（农村）信息公开服务示范点建设，为公众就近获取政府信息提供便利。完善青浦区政府信息公开系统，不断提高全区政府信息公开工作信息化水平。

【深化信息公开力度】 2015 年，青浦区坚持“以公开为原则，不公开为例外”，落实公开属性源头认定机制。牵头区内各责任单位开展本单位《2014 年政府信息公开年度报告》编制工作，区政府及各责任部门均向社会公开 2014 年度政府信息公开工作年度报告。同时，加强工作监督检查，把加强政务公开监督检查与效能监察、执法监察、纠风等工作相结合，推进统计月报、年度报告、主动公开信息报送、信息公开目录更新等工作，强化主动公开。2015 年，全区主动公开公文类政府信息 2 966 条，主动公开率为 44.4%，依申请公开公文类政府信息目录 508 条，全文电子化率达 100%。

【重点领域信息公开】 2015 年，加大行政权力运行、公共财政、民生、公共资源配置、重大项目建设、信用信息、侵权假冒行政处罚案件等领域的信息公开。包括公开区 2014 年预算执行情况和 2015 年预算草案。实现区级部门和 11 个镇街道部门的预决算、“三公”经费预决算全面公开。同时，主动向社会公开教育、医疗卫生、社会保障和就业、“三农”、住房保障等涉及民生的重大财政专项资金支出情况。公开 2015 年度重点审计项目计划、青浦区行政审批事项目录（2015 年版），7 家试点单位公开行政权力目录。

【提升政府网站服务能级】 2015 年，区门户网站“书记信箱”、“区长信箱”、“网上信访”、“网上投诉”等政民互动渠道持续畅通。书记、区长信箱共收到来信 752 件，办结答复 752 件，办结答复率为 100%。各委办局、街镇领导信箱共收到来信1 091 件，办结答复 988 件，办结答复率为 90.56%。网上信访类栏目共收到电子来信 413 件，办结 378 件，办结率为 91.5%。在公示公告、民意征询方面，门户网站发布各类公示、公告 247 项，对“2015 年青浦区政府实事工程项目”、“青浦区城市质量精神口号”、“青浦区‘十三五’规划公众调查问卷”、“2016 年政府工作意见征求”、“青西郊野公园标志公开征集”、“青浦城市新形象视觉标识推介投票”等 73 项区内重要事项进行网上公开征集意见。在体现政府工作公正、透明，切实加强和保障公民知情权和参政议政权利方面发挥积极作用。网站聚焦 2015 年青浦“两会”等发展热点，开展专题宣传报道。完成网上视频系统数字高清升级改造，有效提升用户访问体验。同时，创新网站新技术应用与开发，完善《青浦区政府门户网站优化建设规范方案》，提升政务 APP 应用服务，优化便民服务能效。完善政府网站群智能服务平台建设及门户网站无障碍改造，增加综合型智能查询服务，语音朗读等多项功能，提升政府网站的易用性、人性化和友好度。

二、社会领域信息化

【卫生领域信息化】 2015 年,青浦区重点推进公立医院改革三年行动计划中卫生信息化项目的建设。以基于居民健康档案的卫生信息系统和综合监管信息系统建设为着力点,加快医疗卫生服务和监管向数字化、智能化应用发展。完成卫生综合管理信息平台、青浦区区域共享影像诊断中心信息系统、青浦区医疗卫生电子信息认证系统、青浦区公立医疗机构成本管理信息系统、青浦区卫生人力资源协同管理平台(二期)、青浦区卫生信息平台、区域临检中心信息管理系统等建设工作。完善区农村合作医疗“医卡通”实时结算系统,启动新农合民政医疗救助“一站式”实时结算系统试点,已覆盖区内所有医疗机构。

【民政领域信息化】 2015 年,青浦区推进智慧社区、智慧村庄建设。通过建立实名制社区一卡通的方式,集聚社区公共服务资源、商业资源,向社区居民提供便利的智慧服务。完成村居电子台账系统的建设和试点应用,并以朱家角张马村为试点,从村庄自治管理、公共服务、公共安全、旅游服务等各方面实行智慧试点应用。2015 年,全区制发各类社保卡 10 528 张,补换社保卡 20 265 张。开通“青浦区社会保障卡服务中心”微信公众号。

【推动行政审批领域信息化】 2015 年,推进青浦区行政审批平台建设,发挥基于云基础架构的青浦区网上行政审批与电子监察平台作用,构建区级平台和条线业务系统之间的数据交换和信息共享机制,实现市、区两级审批业务联动。依托“上海青浦”门户网站及各单位网站公开本部门《行政审批事项目录(2015 年版)》及行政审批信息。开展行政权力清单制度试点工作,并明确要求各试点单位公布行政权力清单。

三、经济领域信息化

【深入推进“两化”融合】 2015 年,落实《上海市信息化与工业化深度融合发展“十二五”规划》,完善软件信息服务业扶持政策,支持企业以应用信息技术提升核心力。区 27 个项目被认定为 2015 年度区软件信息服务业扶持项目,获得扶持资金 803.9 万元。3 家公司获得 2015 年度上海市软件和集成电路产业发展专项资金项目立项。6 家企业的软件设计人员成功申报上海市 2014 年度软件产品设计人员专项奖励。同时,开展软件和信息服务业运行监测分析,依托相关单位,坚持每月对软件和信息服务业产值形成统计报表，及时掌握全区产业发展情况，做好运行分析工作。

【深化农村信息化工作】 2015年，青浦区完善村民信息化活动室监管平台，加强对活动室硬件设施、使用情况的监管。推进农村信息化信息服务平台建设，为村民提供信息知识、信息安全、农业信息等服务。组织申报村民信息化服务点，发挥区内已有的146个村民信息化活动室的信息化服务阵地作用，推动农村信息化普及工作。同时，开展移动互联网应用宣传培训，培训采用“统一组织、统一教材、统一培训点认定、统一考核、统一发证”的方式，面向全区居民开展移动互联网应用培训和宣传普及，共培训830人次，宣传覆盖6 000人次。

四、城市建设管理领域信息化

【城市综合管理大联勤系统】 2015年，青浦区通过在街镇建立大联勤工作平台，构建集管理、执法、服务为一体的城市综合管理工作构架，解决职能部门和街镇在城市管理中责权不对称的弊端，形成“多种力量整合、多种状态切换、多种平台合一、指挥权威高效”的联勤工作格局。

五、信息产业发展

【软件和信息服务业集聚提升】 2015年，区软件和信息服务业实现销售额188.5亿元，同比增长12.73%，实现税收9.86亿元，同比增长36.17%，累计拥有软件认定企业60家。

【产业基地建设】 2015年，青浦区加强对重点区域、重点产业、重点项目建设。中国北斗产业技术创新西虹桥基地被评为上海智慧园区试点单位，北斗导航示范应用项目工程已部署20 069套北斗位置服务终端设备，广泛应用于民政、教育、城市综合管理等与民生相关的重点领域。

【培育创新型集群发展】 2015年，青浦区推进腾讯云计算中心和电子商务基地建设，形成以北斗导航与位置服务产业为主的创新集群、E通世界大型电子商务与文化创意特色产业创新集群、移动智地移动互联网产业创新集群、淀山湖信息谷软件和信息服务业创新集群等一系列产业创新集群，逐步实现创新集群优势向产业整体竞争优势转变。

六、信息基础设施建设

【夯实智慧城市建设基础】 2015年,青浦区加快全区信息基础设施专业规划,按照“统一规划、集约建设、资源共享、规范管理”的原则,加快推进青浦区4G网络建设。同时,对接国家“宽带中国”和“无线城市”战略,开展青浦区无线网络覆盖的可行性调研工作,编写完成《青浦区无线城市(WLAN)规划方案研究》。编写完成青浦区智慧城市“十三五”规划。继续推进实施赵巷奥特莱斯商圈网络优化方案,提升产业园区信息通信服务能级。截至12月,全区固定电话总数达26.4万户,4G网络用户达44.7万户,宽带接入用户达到22.3万户,城市光网覆盖用户达47.2万户,数字整体转换用户为19.6万户,共发出60条道路的管线建设征询单。

【推进重大工程和市政道路通信设施集约化建设】 2015年,青浦区配合轨道十七号线、西虹桥国家会展中心项目、复旦附中青浦校区、“2015中国快递论坛”等重大工程、会议和市政建设,推进通信设施集约化建设。积极协调通信运营商做好通信基础设施搬迁和新建工作,对盲点区域进行无线信号提升。配合西虹桥国家会展中心项目,积极协调通信运营商做好周边拓宽改造道路的信息基础设施搬迁工作。配合全区大社区建设积极推进基础设施的集约化建设,切实保证社区信息基础设施建设的进度和质量。

【加强无线电项目管理工作】 2015年,青浦区探索区县无线电管理工作模式,利用门户网站、电视台、电梯广告及发放宣传册等形式,开展无线电知识进社区、进学校宣传活动。积极宣传有关无线电管理法律法规知识,为社区居民普及无线电管理和频谱资源基本常识,增强社区居民对无线电频谱资源和无线电管理工作的认知度、认可度。积极联系市无线电监测站对全区高考考场进行电磁环境监测,在高考前夕对各考场听力考试的收听频率进行考前测试和收听指导。

七、信息化环境建设

【健全电子政务安全体系】 2015年,青浦区电子政务云安全系统建设项目被国家工信部确定为上海市政府部门云计算服务信息安全审查试点工作中一项重要组成部分。按照项目建设方案,分别从云网络态势展示、云安全监测响应、身份认证与授权控制、云基础设施安全、云数据安全及云应用安全六个安全组成部分增强安全防护措施,逐步构建并完善多层次立体式的一体化电子政务云安全防护体系。继续扎实推进两个三级信息系统(青浦区政务公共信息平台及“上海青浦”政府网站系统)的安全等级保护整改工作,确保可靠稳定高效运行。

【优化电子政务应急预案】 2015 年,充分考虑各种可能的突发事件,补充并优化相应处理措施,持续改进《青浦区政务外网系统应急预案》及《青浦区政府网站系统应急预案》,进一步明确全区各部门突发事件应对职责,规范应对流程,建立健全应急机制,积极构建多重防护结构,逐步完善区电子政务网络与信息安全防御体系,保障基础信息网络和重要信息系统的运行安全。

【加强信息安全宣传】 2015 年,开展以“践行网络文明,共护网络安全”为主题的 2015 年青浦区信息安全活动周,举办信息安全专题培训、信息安全知识竞赛、市民信息安全宣传、信息安全应急演练等系列活动,增强全民信息安全防范意识。以信息化专管员队伍为抓手,开展专题集中培训,提高全区信息化安全技术水平。

八、社会信用体系建设

【完善工作推进机制】 2015 年,健全区社会信用体系建设联席会议工作制度,明确各成员单位职责分工,充分发挥联席会议协调推进作用及各成员单位在社会信用体系建设中的积极性和创造性。建立健全区内信用体系建设基础制度。落实《上海市企业失信信息查询与使用办法》、《市公共信用信息归集和使用管理试行办法》等规范要求。结合区域特点,研究制定《青浦区公共信用信息归集和使用管理试行办法》,研究修订《关于政府部门在区财政性资金使用和公共管理活动中使用信用产品的暂行规定》,完成《青浦区社会信用体系建设“十三五”规划》研究。逐步健全政府部门归集和使用信用信息、使用信用产品的工作标准和制度机制。

【推进信用信息记录与公开】 2015 年,青浦区开展公共信用信息归集和平台试点工作,组织编制 2016 版信用“三清单”,落实 2015 版“三清单”工作。开通市信用平台青浦区服务窗口,面向市民和企业提供信用信息查询服务。推进信用信息应用,复制推广上海自贸试验区社会信用体系建设创新成果,推进“三清单”、“三阶段”全过程信用管理模式。以落实各部门应用清单为抓手,着力推动信用信息和信用产品在市场监管、社会管理、公共服务等领域示范应用。按照“谁主管、谁收集、谁公开、谁负责”的原则,重点推动工程建设、环境保护、公共卫生、安全生产、食品药品等涉及重大公共利益行业领域的信用信息公开工作。同时,依托青浦区中小企业信用信息共享服务平台,推进信用信息跨部门、跨领域共享,实现青浦区的信用信息归集,实现与市信用平台数据对接。

【加强信用产品使用】 2015 年,青浦区推动政府带头使用信用信息产品,根据青浦区《关于政府部门在区财政性资金使用和公共管理活动中使用信用产品的意见》，在政府采购、企业申请政府贷款担保等 8 方面共 12 项内容中，推行应用信用产品。开展青浦区科学技术委员会（信息化委员会）（以下简称“区科信委”）项目申报应用申请主体使用信用报告试点，鼓励和支持各部门在市场监管和公共服务等领域，示范使用信用产品。推进市公共信用信息服务平台应用推广，4 个政府部门申请开设 6 个市公共信用信息服务平台查询账户。建立企业公共信用信息核查机制，编制形成青浦区应用清单，开设市信用平台服务窗口青浦区子窗口。

【开展诚信宣传创建活动】 2015 年，青浦区举办“诚信，美好生活的通行证”——2015 年青浦区诚信活动周，突出信用信息应用对经济社会发展促进作用，推动社区、园区、商圈等加强信用建设。开展各类诚信创建活动，在食品药品、农副产品、旅游、房产、建筑、商业、交通运输等行业开展各类符合各自行业特点的诚信创建活动。加强信用教育与培训，组织开展“三清单”编制工作专题培训。联动开展“3·15”国际消费者权益保护日、“质量月”、“安全生产月”、食品药品安全宣传周、宪法宣传周等活动，突出诚信主题，营造诚信和谐的社会氛围。同时，实施 2015 年市政府实事项目“为全市法人和市民在线免费提供一次信用查询报告”，通过信用信息查询，培养法人和市民知信用、守信用、用信用的行为习惯，规避社会交往、市场交易中的信用风险，营造全社会重信用、讲诚信的良好氛围。

（张　峰）

第十七章　崇明县信息化建设

概　述

2015年,崇明县信息化建设围绕崇明现代化生态岛建设的总目标,夯实基础,拓展应用,努力完成《崇明县“十二五”时期国民经济和社会信息化发展规划》所确定的目标任务,充分发挥信息化在加快推进生态岛建设中的助推作用。

在政务信息化方面,县政务外网进一步向基层延伸。截至2015年年底,已建成覆盖县、乡镇、村居委的三层架构网络,实现与市政务外网的互联互通和因特网的统一出口,共联网27个委办局、18个乡镇、18个社区事务受理中心、6个医院和35个乡镇卫生服务中心、589个县乡两级财政预算单位、338个村居委,并完善电子政务协同办公平台,有效促进政务信息共享互通,实现公文传递无纸化、机关办公智能化,降低行政成本、提高办公效率。

在信息化社会服务方面,更加便捷的惠民服务也离百姓越来越近。如在医疗卫生领域,各医院均实现从挂号、就诊到付费配药的全程信息化管理,全县219个村卫生室建立合作医疗实时结报系统,建成覆盖较为全面的电子健康档案信息系统。在教育领域,通过建立“校校通”、“班班通”和“家校互通”系统,促进了教育资源共享、家校信息沟通、校园安保水平提升。在旅游领域,完成崇明旅游行业风险监督管理服务平台项目建设,建立旅游信息采集、旅游应急处理、旅游重点区域视频监控等系统。在社会治安领域,基本建成图像监控系统框架,实现图像监控全市联网和资源共享。在信息化便民方面,居民获取各类政府公开信息也更加方便。持续加强以“上海崇明”为核心的政府网站群建设,将县、乡镇和部门网站建设成为崇明县政府信息公开的主要平台,方便公众查阅。进一步完善“12345”市民服务、“12316”三农服务等政务热线,提升市民投诉、求助事项解决的及时性和有效性。“上海崇明”官方微博、微信也成为政府发布信息的新形式、开展政民互动的新渠道和提供服务的新平台。

一、政务领域信息化

【信息化建设情况报告】 2015 年 4 月 14 日,崇明县十五届人大常委会第二十七次会议召开,听取和审议崇明县政府关于县信息化建设情况的报告。自 2007 年以来,围绕崇明现代化生态岛建设总目标,按照《崇明县"十二五"时期国民经济和社会信息化发展规划》要求,积极推进实施"信息强政"、"信息惠民"等各项工作。"十二五"期间,县信息化建设工作机制得到加强,基础设施得到改善,业务应用得到拓宽,安保水平得到提高,为改进政府自身建设、深化社会治理提供有力支撑。其中,持续加强以"上海崇明"为核心的政府网站群建设,通过增设公开专栏、优化栏目界面、改善用户体验、方便公众查询,将县、乡镇和部门网站建设成为崇明县政府信息公开的主要平台。"上海崇明"官方微博、微信也成为政府发布信息的新形式、开展政民互动的新渠道和提供服务的新平台。审议中,县人大常委会组成人员对崇明县信息化工作表示肯定,并围绕信息化发展统筹规划、信息资源共享利用、信息产业培育、信息安全等方面提出意见建议。

【信息化项目建设规划课题研究】 2015 年,为进一步加强崇明县信息化项目的建设管理,充分发挥信息化建设对崇明县生态岛建设的支撑推动作用,切实提高政府公共服务能力和社会管理水平,县科学技术委员会(信息化委员会)(简称"县科信委")委托第三方机构开展崇明县信息化项目建设规划课题研究。此次课题研究围绕"统筹规划、资源共享、安全可靠、注重实效"的原则,从而全面摸清"十一五"和"十二五"期间崇明县信息化建设基本情况、取得的成效,以及存在的问题。同时从三方面着重提出"十三五"信息化发展规划。一是着重顶层设计,进一步关注信息化项目建设的系统性和关联度问题,深入研究各领域信息发展对推动崇明县生态岛建设的耦合性,深入论证各部门信息化项目建设规划可行性,使信息化项目建设与其他实事项目建设相互配合、相互促进,全面提升信息化建设的支撑作用。二是着重资源整合,进一步推动数据资源共享应用及基础环境资源整合,提高崇明县信息系统整体应用绩效。三是着重项目创新,在信息化顶层设计基础上更加关注智慧农业、智慧旅游、智慧环保、智慧医疗等贴近崇明生态岛建设的项目创新投入,积极争取市级资金扶持,切实发挥信息化建设的推动剂和助力剂作用。

【调研崇明县信息化项目建设情况】 2015 年 3 月 27 日,县人大常委会主任周卫杰,副主任张荣、褚以琳、邢建良、陈锡昌等一行就崇明县信息化建设情况进行集体调研。县人大常委会实地察看县行政服务中心办事大厅、县政务网中心机房。提出进一步优化完善信息化建设和管理的意见和建议。一是完善信息资源共享工作机制,进一步加强信息化项目集约共建,以防止出现重复建设、重复投入的现象，导致财政性资金投资绩效降低。二是推进信息化项目绩效评估，以信息化绩效评估为抓手，强化财政性投资信息化项目建设的前期可行性评估及项目建成后绩效的验证，将绩效评估结果作为安排下年度信息化项目建设的重要依据。三是处理好信息系统的开放性与安全性问题。云平台等新兴信息技术应用使网络与信息系统的开放性与共享程度得到提升，但信息安全问题凸显，加强信息安全意识教育、落实信息安全工作责任制、提升信息安全防护措施，是保障信息系统开放性和确保信息系统安全性重要举措。四是抓紧制定“十三五”信息化建设规划并付诸实施。信息化项目建设作为一项系统工程，必须统一规划，分步实施，信息化主管部门要把信息化建设融入崇明生态岛建设的大范畴中去思考，注重规划的前瞻性和科学性。

【行政服务信息短信平台部署协调会】 2015 年 3 月 17 日，县科信委组织召开崇明行政服务信息短信平台部署协调会。县科信委、县税务局、县行政服务中心等单位分管领导和相关科室负责同志参加会议。会议听取了县税务局、县行政服务中心关于平台发送的对象类型、业务数据量等需求及平台部署的短信接口标准要求。县科信委通报前期各平台建设方案评审情况，分析说明各建设方案在安全性、稳定性、可管理性、可追溯性等方面的优缺点，并就平台投入使用后的维护和安全等问题与县税务局、县行政服务中心交换意见。经研究，会议明确完成平台部署、实现业务系统对接、开通短信全网发送的时间节点。平台正式上线后，将延伸崇明县政府并联审批系统服务深度，方便各部门及时与服务对象建立便捷顺畅的沟通渠道，不断提高行政服务管理能力。

【开展党政机关软件正版化工作培训】 2015 年 10 月 20 日，县科信委组织开展党政机关软件正版化培训，全县党政机关各部门办公室主任和软件正版化工作联络员参加培训。专家强调党政机关开展软件正版化工作的重要意义，介绍近年来上海市政府机关软件正版化工作开展情况。微软公司相关技术员阐述正版化软件的采购和管理知识。

二、社会领域信息化

【崇明旅游网】 2015 年 3 月 9 日，经过两个多月设计、整合、调试、征询意见，崇明旅游网全新改版上线，改版后的崇明旅游网是崇明旅游官方门户网站，涵盖崇明三岛几乎所有的旅游景区、酒店、农家乐以及热门旅游线路、攻略等，致力为游客提供最专业、最便捷的旅游服务，以此实现“崇明旅游网，一网游崇明”。随着崇明旅游网服务内容的丰富，影响力逐步扩大，崇明不少特色鲜明的景点与地道农副产品、美食搭上“顺风车”，逐渐广为人知。

【试点推行动物检疫电子出证】 2015 年，为进一步加强动物及动物产品安全信息追溯管理，促进动物检疫信息化，县农业执法大队根据《崇明县动物检疫电子出证实施方案》及《动物检疫电子出证操作方法》，选定新海申报点从10月1日起实施动物检疫电子出证试点工作。为确保试点成功，执法大队指派具有官方兽医资格人员至试点单位开展工作，与当地政府和相关部门沟通协调，商讨动物检疫电子出证工作的人员安排、经费落实、设施设备、实施细节等相关事宜，并就操作中可能出现的突出问题进行研究，制定解决方案。与此同时，还组织产地检疫申报点和畜禽屠宰检疫申报点的负责人及骨干参加动物检疫电子出证工作培训班，组织召开辖区内畜禽场负责人会议，宣传动物检疫电子出证工作重要性，讲解动物检疫电子出证操作办法。

【教育信息化应用推进工作会议】 2015年12月25日，在崇明县实验小学举行了崇明县中小学教育信息化应用推进工作会议。与会者观摩三节展示课，通过展示和互动，感受到信息化助推教育转型，体验教与学的方式改变，提高教育教学效果。会上，实验小学、民本中学就学校信息化应用推进情况作了交流发言。

三、经济领域信息化

【新农资系统经营主体信息维护工作】 2015年，为充分发挥新农资市场监管系统的作用，推进农资市场的信息化建设工作，进一步提高农资市场的监管效能，县市场监管局积极开展新农资市场监管系统经营主体信息维护工作。一是调查走访，摸清底数。为确保农资经营主体信息的全面、准确、及时，各市场监管所逐一排查辖区内与农资相关的每一户经营主体，做到不漏、不缺、不错。二是协调互助，排除困难。由于机构改革，部分市场监管所的硬件设施尚未完善，但各所面对过渡时期的重重困难，仍然齐头并进，认真工作。三是仔细甄别，细心维护。在甄别与维护工作中，各市场监管所仔细厘清农资经营主体与非农资经营主体，认真填补农资经营相关信息，按时保质地完成此项维护工作。全年县市场监管局共完成维护农资经营主体297户，其中清除不属于农资经营的主体57户，完善相关信息240户。

【基于物联网技术的中药全产业链信息管理系统】 2015年，上海百路达药业在产品流通环节根据GSP标准，对各项工艺参数自动控制，采用实时收集，即时跟踪。建立流通领域的产品识别码系统和电子监管码系统，通过网络追踪产品质量，确保产品质量的可控。形成从银杏种植到制剂生产以及最后患者服用全程的质量控制体系。公司实施的“基于物联网技术的中药全产业链信息管理系统”获得市经济信息化委信息化专项资金立项。

【苏州市相城区领导考察智慧农业】 2015年6月25日，苏州市相城区政协主席周天平，区政协副主席姜玲、江兴发，以及区农业局局长顾敏等一行十余人专程来崇明，考察交流智慧农业建设。县政协副主席顾德昌，县委农办、县农委副主任陆锦辉等陪同。考察团一行首先来到位于港沿镇的国家设施农业工程技术研究中心，听取基地负责人在发展设施农业，推进农业物联网技术应用等方面的情况介绍，并实地参观智能温室大棚的果蔬生产。随后又前往竖新镇仙桥村，在村委会的“农民一点通”信息平台前，详细听取平台服务功能的介绍，并了解平台的运行和应用情况。最后，考察团参观沐雨合作社的“稻—虾—鳖”循环农业生产基地。在座谈交流会上，考察团还听取崇明县农业信息化建设与发展情况，并开展互动交流介绍。双方领导一致认为，信息技术的应用是现代农业的必然选择，农业信息化是现代农业的制高点。并希望两地进一步加强交流合作，相互借鉴，共同推进农业信息化的发展。

四、城市建设管理领域信息化

【推进动物检疫电子出证试点工作】 新海镇在崇明县农业执法大队的支持和指导下，于 2015 年 10 月 8 日起，在全县范围内率先试点动物检疫电子出证工作。动物检疫电子出证工作以市动物及动物产品检疫监督信息管理系统产地报检系统为依托，采用行政区划管理和用户权限的模式，建立基础数据管理、养殖监督管理、网络申报检疫、电子机打出证、统计分析报表以及屠宰检疫管理和电子出证系统，搭建统一网络化信息平台。实施动物检疫电子出证准备阶段，新海镇充分摸底调查镇域内的动物养殖数量及组成情况，深入分析检疫数据和检疫人员等基础数据，通过会议、培训、发放宣传资料等形式，向畜禽养殖户积极宣传动物检疫电子出证工作。同时，积极落实办公场地、申报电话、协检人员等，对协检人员开展专门培训，确保技术上能够完全胜任。县农业执法大队为新海镇检疫申报点配备官方兽医，并安装专业设备。动物检疫电子出证工作能够切实规范动物检疫工作，增强检疫证明的防伪功能，切实提升动物卫生监管信息化管理能力，有效促进动物、动物产品电子化出证工作和信息可追溯管理体系的建设。

【智慧乡镇建设】 2015 年，围绕崇明县生态县建设战略部署，东平镇积极实施两轮生态镇建设，“一个目标，五大创建”工作取得良好成效。为继续巩固和延伸生态镇建设，东平镇与崇明电信局签订“智慧社区”战略合作协议，本着“政府推动、市场引导、企业运作、资源整合”的原则，共同推进东平镇“智慧社区”建设。首先拓展镇域信息化服务项目和内涵，加大信息化基础建设，对政府网站、“59666777”服务热线、智能技防、无线网络、信息化设备、大数据信息库等方面实行信息化指标体系和功能化升级，在这基础上，培养和建立一批不同领域的信息化专业操作人员，在硬件和软件两个方面为“智慧社区”建设顺利实施提供重要保障。同步推进智能化管理，逐步打造具有东平特点的社会治理电子化、智能化操作平台。并且实施电子化服务,由于东平镇老龄化程度较高,在养老服务项目方面率先进行试点探索,为全镇 60 岁以上孤老和 80 岁以上高龄老人安装急救呼叫系统,在居委和社区卫生服务中心建立健康信息采集仪服务平台,为辖区老人带来智能化电子服务的便利。

五、信息产业发展

【信息产业发展】 2015 年,崇明县参加网上直报的软件和信息服务类企业共有 34 家,其中,经认定的软件企业 24 家,非认定企业 10 家。34 家企业共实现营业收入 313 407.8 万元,与 2014 年同期相比增长 91.56%,利润总额－30 621.7 万元,与 2014 年同期相比减少 344.74%。县软件和信息服务业从业人员 2 116 人,比上年增长 53.89%。软件和信息服务业企业科技研发投入经费支出为 8 404.2 万元,较上年减少 36.51%。

六、信息基础设施建设

【上海电信与崇明县签订信息化合作协议】 2015 年 6 月 10 日,崇明县与上海电信共同签署崇明信息化建设合作协议,加快“智慧崇明”发展,助力生态岛建设。根据协议,未来 3 年里,双方将在多个方面进行广泛合作。具体内容包括推进城市光网建设,至 2015 年年底,崇明县城区和部分有条件的非城区 90%以上家庭具备 100Mbps 光纤接入能力,至 2017 年底,80%非城区家庭将具备 100Mbps 光纤接入能力,100%的行政村将实现光纤到村,农村宽带家庭普及率将大幅提升。同时,宽带网络资费将合理下降。至 2016 年年底,将实现崇明网络深度覆盖,4G 网络覆盖率达到 98%。实现城桥新城、陈家镇、长兴岛等政府办公区和商务区 4G+3G+WiFi 的无线宽带覆盖。配合崇明生态岛定位和生态绿道建设规划,推进重点休闲区域、旅游景区、骑行道、步行道等重点区域的 4G 和 WiFi 建设覆盖。此外,将推动生态环境领域信息化、推广智能环境监控,并运用大数据、物联网等信息技术,提升突发事件预测和应对能力。并且,共同推进科技、教育领域信息化,通过电子书包等教育信息化应用建设,进一步提升崇明教育质量。推进“智慧经济”产业创新发展,开发集崇明优质品牌农产品市场销售、质量监督、智能化管理为一体的“崇明优质品牌农产品产销管理平台”系统,大力推进信息技术在发展高效生态农业中的应用。提升“智慧社区”民生服务应用,加大县级医院的信息化建设,通过无线查房、远程开方、家庭病房等功能的增加,切实提高医院的工作效率和服务质量。

【数字电视全覆盖】 2015年,崇明县新增6.5万户数字电视用户,城桥镇、堡镇、陈家镇、长兴镇、新河镇和港西镇6个乡镇实现数字电视全覆盖。截至2015年年底,崇明县共完成数字电视转换12.36万户,其中NGB网络覆盖8.2万户。

【i-Shanghai2.0优化服务升级】 2015年,崇明县新增南门码头、南门汽车站、陈家镇枢纽站、申崇线汽车站、崇明县庙镇人民医院、崇明电大、青少年活动中心6个公共场所i-Shanghai2.0无线局域网覆盖。截至2015年年底,崇明县共计21个公共场所向公众提供i-Shanghai2.0公益服务。

【调研崇明县智慧村庄试点建设】 在新一轮智慧城市建设三年行动计划(2014—2016年)中,智慧村庄列入智慧城市建设重点打造的五大地标之一。2014年12月,崇明县确定绿华镇绿港村、竖新镇仙桥村等5个村庄为上海市智慧村庄首批试点单位。为进一步做好智慧村庄试点示范工作,2015年1月30日,市经济信息化委副主任刘健带队赴崇明调研指导智慧村庄建设,并强调要加强组织协调,市、区、镇、村形成工作合力共同推进试点工作。并完善资源整合,充分利用社会力量,动员通信运营商等相关企业参与智慧村庄建设。同时加强农村信息员队伍建设,培养一支具备信息化意识和应用技能的信息员队伍,为智慧村庄建设提供人才支撑。

七、信息化发展环境

【汇创崇明】 2015年,由市科委、市人保局、县政府共同发起的"汇创崇明"项目正式启动,在六大产业园中同时辟出"零门槛"创客基地,向全市创业创新者发出邀请,鼓励草根创业。

【区区合作、品牌联动项目】 2015年12月14日,上海张江(集团)有限公司、上海金桥(集团)有限公司与县政府就合作开发建设上海智慧岛数据产业园举行战略合作协议签字仪式。县长唐海龙出席并讲话,县委常委、副县长吴召忠主持签字仪式,浦东新区有关部门和崇明县有关部门等参加。县委常委、副县长吴召忠代表县政府与张江集团、金桥集团主要领导共同在战略合作协议上签字。由此,崇明县与浦东新区区区合作、品牌联动项目正式启动。金桥集团和张江集团将充分利用自身的开发优势、品牌效应以及管理经验与智慧岛园区拥有的土地资源和生态优势相结合,通过项目引进、资源整合和产业功能开发等,实现合作共赢。

八、社会信用体系建设

【2015年社会信用体系建设工作会议】 2015年1月16日召开2015年崇明县社会信用体系建设工

作会议。回顾总结2014年工作，全面部署2015年任务。副县长王菁出席会议并讲话，全县社会信用体系联席会议成员单位的分管领导和联络员参加会议。县科信委主任顾松兰通报了2014年崇明县社会信用体系建设工作情况，并对2015年度信用体系建设工作进行安排部署。副县长王菁指出，全面推进社会信用体系建设是提升崇明县软实力的重要抓手，各联席会议成员单位要明确目标、突出重点，努力推动社会信用体系建设工作取得新突破。

【编制《崇明县社会信用体系"十三五"规划》】 2015年，县社会信用体系联席会议办公室积极贯彻落实国务院《社会信用体系建设规划纲要(2014—2020年)》，在充分调研的基础上，编制了《崇明县社会信用体系"十三五"规划》，加强政务诚信、商务诚信、社会诚信和司法公信建设，并且提出"生态文明＋信用"的工作创新模式，以生态岛建设为大局，实施农业人口、涉农单位、绿色信贷联盟企业的农村生态文明信用体系建设。

【推进诚信建设制度化】 2015年是崇明县全国县级文明城市创建的起始之年，推进诚信建设制度化工作是创建重要工作任务之一。围绕创诚测评指标，崇明县信用联席办和成员单位上下联动，稳步推进诚信建设制度化工作。一是制定贯彻落实国务院《社会信用体系建设规划纲要(2014—2020)年》的实施意见、《崇明县2015年诚信建设制度化工作要点》，以及《崇明县公民和企业诚信"红黑榜"发布制度》。二是建设县公共信用信息平台，推进信用记录建设和信用记录共享。三是县工商、质检、食品药品安全、环境保护部门开展失信突出问题专项整治，整治虚假违法广告，形成打击假冒伪劣的监督、投诉和处置机制。四是在崇明报、崇明电视台宣传诚信企业、诚信群体、诚信人物和揭露失信败德行为，进一步营造诚信氛围。同时，县经委、县市场监管局在崇明县生产企业、流通企业、窗口行业、食品药品企业开展信用至上、诚信兴业、履约守信等主题实践活动，把诚信渗透到生产、流通、消费各环节。

【推进公民和企业诚信"红黑榜"行动】 2015年，县社会信用体系建设联席会议办公室根据县创建办的部署，结合推进诚信制度化建设工作的开展，着力深化认识、落实措施，有序推进公民诚信"红黑榜"行动。一是开展专项调研。二是制定公民诚信"红黑榜"行动工作方案。三是制定《崇明县诚信"红黑榜"发布制度》。四是发布两批公民和企业诚信"红黑榜"。第一批黑榜共计20家，由县法院提供失信被执行人信息。红榜由县市场监督管理局提供，包括获得"全国驰名商标"、"上海市著名商标"、"重合同、守信用"的崇明企业。第二批黑榜共计20家，由县法院提供失信被执行人信息。红榜共计55家，是由县总工会、县旅游局、县司法局提供的获得"上海劳动模范"、"上海市劳动模范集体"、"2014—2015年度崇明县职代会制度"、集体协商工作"双同步"示范单位、"2014—2015年度崇明县厂务公开民主管理工作先进单位"、"崇明县文明旅游饭店、文明旅游景区、文明旅行社"以及"东方大律师"、"崇明县法律援助先进个人"的单位和个人。

【开设公共信用信息查询服务窗口】 根据市征信办《关于开展上海市公共信用信息服务平台相关

试点工作的通知》精神，崇明县以县政府为主体申报市信用服务平台窗口试点。为切实做好信用服务窗口试点工作，2015 年 3 月 17—18 日，市公用信用信息服务中心为崇明县信用服务窗口工作人员进行业务培训，培训内容重点围绕市信用服务平台区县服务窗口暂行管理办法、服务窗口人员工作守则、信用信息查询管理办法、信用信息异议处理流程等展开，并进行现场模拟教学。5 月，县科信委在县行政服务中心开设县公共信用信息查询窗口，面向企业和个人提供信用查询服务。

【“上海市社会信用体系建设情况介绍”中心组(扩大)学习会】 2015 年 6 月 3 日，县委中心组(扩大)学习会在崇明会议中心举行，邀请市经济信息化委副主任邵志清为全县各级领导干部作《上海市社会信用体系建设情况介绍》专题辅导。县领导马乐声、唐海龙、施建华、林杰等参加学习辅导。邵志清全面阐述社会信用体系建设的基本内容、国家社会信用体系建设的基本情况、全市新一轮社会信用体系的建设布局和市公共信用信息服务平台建设情况。会议强调，2015 年是崇明县社会信用体系建设三年行动计划的收官之年，也是创建全国县级文明城市的开局之年，全县各级领导干部要把社会信用体系建设作为落实社会主义核心价值观的一项具体举措，加大对诚信文化的宣传教育，促进形成“失信者寸步难行，守信者处处受益”的社会氛围。领导干部要自觉增强诚信意识，在讲信用守信用方面发挥示范带头作用，使诚实守信逐步成为社会主流和公共规范。

【6.14 全国信用记录关爱日】 2015 年是上海市政府信用实事项目“为全市法人和市民免费在线提供一次信用报告”实施之年，而 6 月 14 日是我国第八个“信用记录关爱日”。为更广泛的普及信用知识，提高市民的信用意识，推动崇明县社会信用体系建设，县社会信用体系联席会议办公室组织团县委、县市场监管局、县税务局、县工商银行、县农村商业银行等部分县信用体系联席会议成员单位举办“6.14 全国信用记录关爱日”暨 2015 年上海市实事项目信用查询宣传活动。活动围绕“珍爱信用记录、积累信用财富”主题，以向广大市民发放宣传资料、现场咨询、关注“上海诚信”公众微信号、依托市公共信用信息服务平台查询自己的信用报告等方式进行。在宣传活动中，广大市民踊跃参与，工作人员解答征信及相关金融、税务热点问题，就个人信用报告的有关内容和作用进行解读，使广大群众了解自身的信用情况，真正懂得“珍爱信用记录、积累信用财富”的意义。

【落实“为全市法人和市民在线免费提供一次信用查询报告”】 2015 年，市政府将“为全市法人和市民在线免费提供一次信用查询报告”是市政府实事项目，为切实落实好此项实事工程，县科信委制定实施方案，印刷并分发共计 10 万份宣传折页、海报，专题召开工作部署推进会，邀请专家进行讲座与培训，同时还安排 15 名工作人员分别与组织发动单位进行联系对接，指导解决工作推进中出现的问题，督促对接单位按时完成查询指标任务。据统计，县上报法人查询数 660 户，完成率180.35%，自然人查询数 48 738 人，完成率为159.92%，法人和自然人的查询数累计完成率为 170.41%。

【信用平台走进崇明玉环居委】 2015年，以"诚实做人，信用生活"为主题的2015上海诚信活动周于11月26日至12月3日在上海举行。为进一步宣传诚信理念，传播信用正能量，崇明县于12月2日举办信用平台走进玉环社区专场活动。上海市公共信用信息服务中心的汤昌岚老师作"关注信用记录、创建县级文明城市"为主题的专题讲座，玉环居委的50多名社区居民参加本次信用知识讲座。

【2016版"三清单"编制工作】 2015年，根据市征信办关于开展2016版"三清单"编制工作的要求，县信用联席办认真组织成员单位开展2016版"三清单"编制工作，共计编制涉及登记类、资质类、监管类197项数据信息事项，3大类44项行为事项，以及围绕政府采购、招标投标、资金扶持、表彰评优、日常监管方面44个应用事项。

（施　华）

Shanghai Informatization

第九编　社会信用体系

综　述

2015年是全面落实《上海市社会信用体系建设2013—2015年行动计划》的收官年，也是“十三五”规划的编制年。围绕国家规划纲要和市委、市政府要求，上海市社会信用体系建设工作围绕“四个中心”建设和上海自贸试验区扩区深化，强化顶层设计，突出制度创新，以信用信息记录、共享、披露、应用为主线，加快推进上海市公共信用信息服务平台建设，稳步拓展信用信息归集应用，持续加快发展信用服务行业，从而使全社会对信用建设的关注度显著提升。社会信用体系建设支撑政府职能转变、服务经济社会发展的作用也日益显现。

第一章　信用制度建设

概　述

2015年，按照上海市社会信用体系建设联席会议统一领导、向上海市信用平台统一归集、统一建立上海市信用平台查询服务窗口的"三统一"工作导向，上海初步形成"五位一体"(以制度为核心、以数据为基础、以平台为抓手、以应用为关键、以行业为支撑)信用建设运行体系。

一、市级信用制度建设

【规划编制】　本着"开门办规划"精神，组织联席会议各成员单位编制《上海市社会信用体系建设"十三五"规划》和《上海市社会信用体系建设2016—2018年行动计划任务分工表》，已完成多轮意见征询和专家论证。

【规章制定】　《上海市公共信用信息归集和使用管理办法》起草工作始于2015年3月，历经启动评估、调研讨论、起草和意见征求、听证四个阶段，广泛调研和听取多方意见，并学习借鉴其他省市相关经验。10月16日，市政府法制办召开立法听证会，围绕"公共信用信息"的定义和归集范围、信息查询限制、分类管理三项议题，广泛听取意见。10月26日，市政府召开专题会议，专门听取规章起草情况的汇报。最终形成的《上海市公共信用信息归集和使用管理办法》分七章共三十七条，以公共信用信息的归集和使用为主线，包括总则、信息归集、信息查询、信息应用、权益保护、法律责任、附则七部分，明确了公共信用信息的定义和归集范围、不同主体的查询权限和条件、行政机关应用信用信息要开展分类管理，以及各类主体信息安全、救济及法律责任。《上海市公共信用信息归集和使用管理办法》于 12 月 23 日经市政府常务会议审议通过。

【立法调研】 配合市人大常委会做好 2015 年度重点课题调研项目，完成《信用信息概念、归集和共享机制》、《关于完善本市信用联动奖惩机制》等专题研究。

【信用管理标准化工作】 推进全过程信用管理标准化工作，“三清单”编制指南被列为地方标准正式项目，已完成编制工作及地方标准审定。

【召开市政府专题会】 2015 年 8 月、10 月，上海市政府两次召开专题会，听取上海市信用体系建设及制度推进情况，对信用体系建设推进思路和工作表示充分肯定。

二、各领域、各区县信用制度建设

【上海自贸试验区信用建设经验复制推广】 围绕服务上海自贸试验区制度创新和政府职能转变需求，创新形成基于数据、行为、应用清单，覆盖事前告知承诺、事中评估分类、事后联动奖惩的“三清单”、“三阶段”全过程信用管理模式。结合上海自贸试验区扩区和管委会机构调整，会同浦东新区积极落实工作机制。浦东新区公共信用信息服务平台一期已建设上线，共归集数据超 430 万条，完成与市公共信用信息服务平台对接。上海自贸试验区服务窗口升级，同时开展公共信用信息和金融信用信息的查询，并积极推动上海自贸试验区服务窗口向扩区后的其他片区拓展。制定发布《复制推广自贸试验区经验　推进区县社会信用体系建设行动方案》，指导区县信用体系建设，重点抓好区县“三清单”落实、信用实事项目推进以及子平台和服务窗口试点工作。

第二章　信用信息基础建设与信用服务行业发展

概　述

2015 年，上海市公共信用信息服务平台（以下简称“市信用平台”）数据归集不断深化、服务功能不断完善、信息应用逐步拓展。

一、信用信息基础建设

【深化数据归集】 2015 版数据清单中包含 3 441 项信息事项，实际归集信息 1 165 项，89 项重点数据已基本归集完成。如市工商局动产抵押登记信息、股东信息；市公安局饮酒后驾驶机动车信息、造成交通事故后逃逸信息；市公积金中心单位不缴或少缴公积金信息；市食药监局食品药品严重违法行为的生产经营者与相关责任人员黑名单；市高院失信被执行人名单、贪污贿赂罪信息；公共事业单位水、电、燃气、通信欠费信息，地铁、铁路逃票信息等。同时探索开展与企业掌握的社会信用数据合作。

【完善平台建设】 结合市政府信用实事项目实施，推动上海诚信网、手机 APP、市民信箱、电子银行、短信、支付宝、微信、法人一证通等渠道实现信用报告在线查询功能。上海诚信网日均点击量从 2014 年不到 2 400 次增加到 2015 年 14 800 余次。编制发布《2014 年上海市公共信用信息服务平台运行情况报告》，发布 2015 版“三清单”，包含全市 99 家单位的 3 441 项信息事项和 547 项应用事项。面向联席会议成员单位开展“三清单”编制培训，并结合 2016 版编制工作，创新报送形式，开发完成上海诚信网网上申报系统，同时在政务外网开发统计分析功能。市信用平台一期建设于 2015 年年底完成验收工作。

【加强市区联动】 2015年，将市信用平台子平台和服务窗口建设作为支撑区县和重点部门数据归集与应用的重要载体。已建和在建的区县子平台达15个，覆盖率90%。服务窗口4家，涵盖金山、崇明等区县。同时，推动以“三清单”为基础，覆盖“三阶段”的全过程信用管理模式向区县延伸。从7月开始，每两周公布委办、区县“三清单”落实情况综合排名，并以清单编制落实情况为重点，调整完成区县2015年度社会信用体系建设绩效考核。

【服务政府职能转变】 围绕服务政府管理方式转变、城市管理、社会治理、公共服务、经济建设和产业发展等多个方面，政府部门带头应用、分类试点，在表彰奖励、行政处罚、行政审批、日常监管、招标投标、政府采购、资金扶持等环节，加强市信用平台信息查询工作。72家政府部门开通699个平台账户，通过账户或后台批量查询方式，查询法人信息约61万次，自然人信息逾104万次。

二、信用信息应用

【拓展政府应用】 以应用清单编制和落实为抓手，实现市级部门向区县政府的全覆盖。政府部门应用事项214项，涉及综合执法、拆违治理、评奖评优、公务员招录及资金管理等方面。同时，积极服务市经济信息化委综合规划处，形成市经济信息化委信用信息“三清单”。协助市经济信息化委结构调整处，结合信用信息形成针对全市“三高一低”特征的企业失信程度评估方法。

【拓展市场应用】 以试点项目为抓手，市信用平台服务金融、国企、行业协会、P2P等社会机构19家。涉及信用卡管理、普惠金融发展、供应商分类管理及图书馆免押金办证服务等领域。

【信用实事项目】 全力推进2015年市政府实事项目——“为全市法人和市民在线免费提供一次信用查询报告”，开通信用文化列车、播放公益宣传片、建设地铁文化长廊，开展“走进区县、走进园区、走进商圈、走进社区、走进工博会、走进两委机关”等系列活动，结合线上线下多样化查询渠道，推动广大市民和法人踊跃参与。

公共信用信息查询量得到较大突破。截至2015年年底，市民累计查询超过500万人，法人累计查询超过106万家，超额完成预期目标，并形成上海市市民和法人信用状况统计报告报市政府。市信用平台累计接受法人信息查询377万次，自然人信息查询1 194万次，查询参与度在全国首屈一指，在模式创新的同时实现了数量的突破。

采用大数据挖掘与公共信用智能信用评估体系。实现了数据导入、信息识别、信用评估、信用报告生成等信用评估业务的在线一体化、自动化、实时化处理。

加大新型安全技术应用。采用人脸识别生物技术作为身份鉴别的审核手段，开创了国内首次采用人脸识别查询信用信息报告的先例。信用实事项目法人通过一证通查询信用报告，对提升管理部门工作效率、减轻窗口办事压力、提升公共服务质量、降低企业成本等具有重要的现实意义。

创新信用报告传统服务模式。信用实事项目打破了企业向信用评估机构申请信用报告的传统服务模式，主动将负面清单信息在线以红、黄、绿灯形式推送给企业，实现法人信用风险智能预警的创新示范作用。

三、信用服务行业发展概述

【加强信息支撑】 通过两期应用试点，已支持5家符合条件的信用服务机构以安装查询终端或专线方式接入市信用平台，不断完善有利于信用服务市场发展的信用信息采集机制，推动公共信用信息向符合条件的机构提供便利化服务。

【用好专项资金】 加大社会诚信体系建设专项资金对信用服务机构产品研发、服务推广和“互联网＋征信”等创新模式的支撑，推动信用产品的使用，扩大信用服务市场，培育综合服务能力强、专业化的信用服务机构。

【发挥行业组织作用】 支持上海市信用服务行业协会成立新金融信用管理专业委员会，助力普惠金融发展，制定《上海市信用服务机构推荐扶持发展名录实施办法》，上海市信用服务行业协会首批30余家成员单位进入名录。

第三章　社会诚信氛围营造

概　述

2015年，上海市积极深入推进诚信文化、信用建设宣传活动，营造诚信社会环境，普及推广信用知识。同时，深入推进长三角区域信用合作。

一、诚信文化建设

【配合人大督查】 按照市人大常委会开展社会信用体系建设专项监督和专题询问的各项工作要求，组织全市各部门、各区县围绕信用制度建设、信用平台建设、信用市场建设和信用监督管理四项重点深入进行监督调研并撰写相关报告。专题询问中，26位市人大常委会组成人员和市人大代表先后就信息共享、失信惩戒、公众个人信息保护、信用服务市场发展状况等群众高度关注的内容进行了询问，市经济信息化委、市建管委等17个政府部门负责人对每个问题做了实事求是的回应。

【营造诚信社会氛围】 上海市副市长周波到市信用中心调研并参加了上海市信用服务行业座谈会。举办“2015上海诚信活动周”，发布十大典型优秀案例，组织开展各类信用宣传、教育和培训活动，举办信用高峰论坛，充分利用手机APP、微信、微博、电商平台等新兴媒介，发布信用应用典型案例，推广线上线下信用享惠，推出以“信用文明”为主题的头脑风暴等。活动周期间，全市共举办30余场形式多样、内容丰富的诚信创建活动，多维度、全方位、立体式地展示上海市社会信用体系建设成果，进一步营造了“知信用、守信用、用信用”的良好氛围。

二、长三角区域合作

【促进区域合作】 深化长三角区域信用专题组合作,共同发布“三省一市”信用信息规范标准,完善信用平台互联互通,持续打造“信用长三角”合作品牌。积极推动“一带一路”、“长江经济带”信用建设合作,推动信用制度、标准、技术和信用服务“引进来”、“走出去”。会同江苏、浙江、安徽共同推进长三角区域信用联动奖惩机制建设试点。围绕旅游领域旅行社和导游、环保领域国控重点企业,强化信用联动机制建设,探索跨省市重点领域信用应用,联合召开信用长三角第21、22次专题例会。

(陈 思)

Shanghai Informatization

附　录

2015年上海信息化建设大事记

1月

1月23日，本市召开区县“四新”经济工作会议，副市长周波出席会议并讲话，时任市政府副秘书长徐逸波主持会议。

1月27—28日，市经济信息化委副主任徐子瑛、秘书长戎之勤带队赴杭州调研浙江在“四新”经济发展、产业结构调整升级、优化创新创业环境、政府职能适应“四新”经济发展跨界融合要求等方面的先进经验做法。

1月28日，以“未来低碳城市——城市发展的最佳实践”为主题的上海2015低碳国际论坛开幕。此次论坛由上海和伦敦两座城市的有关方面携手举办，旨在实现中英双方在区域性低碳领域的战略合作，探讨中国未来低碳城市发展模式。

1月29日，市人大常委会主任殷一璀到市经济信息化委“两会”现场工作点，了解现场答复代表意见和咨询情况。

1月29日，副市长时光辉召开沪苏大丰集聚区建设推进工作专题会议，听取临港集团关于沪苏大丰集聚区开发建设总体思路的汇报。市经济信息化委副主任马静代表沪苏大丰产业联动集聚区开发建设推进协调领导小组办公室进行补充汇报。

1月30日，上海市产业结构调整联席会议召开，副市长周波出席会议并讲话，总工程师原清海汇报了本市产业结构调整2014年工作总结和2015年工作计划。

2月

2月3日，市经济信息化工作党委、市经济信息化委2015年度工作会议召开，副市长周波出席会议并讲话。市经济信息化工作党委书记陆晓春主持会议，市经济信息化工作党委副书记张锡平作党委工作报告。

2 月 3 日，上海智能交通系统产业联盟成立，该联盟的成立有助于加快启动基于车联网、交通网、位置网“三网融合”的智慧交通专项，更好地推动“四新”经济的发展，推进上海智慧城市智能交通建设。

2 月 5—6 日，工信部规划司司长冯飞一行赴上海调研，并组织召开推进智能制造产业发展座谈会。会后，冯飞赴宝信软件、上海工业自动化仪表研究院、上海电气自动化研究所、同济大学工业 4.0 智能工厂实验室等单位开展实地调研，市经济信息化委副主任徐子瑛、秘书长戎之勤、副巡视员史文军等分别陪同调研活动。

2 月 6 日，主题为“互联网时代与品牌经济”的长三角城市品牌发展论坛召开。市经济信息化委副主任陈跃华、市合作交流办副主任姚新、上海社科院副院长谢京辉等共同为“长三角城市经济协调会品牌建设专业委员会”揭牌。

2 月 10 日，市经济信息化委与浦发银行召开业务合作交流会，签订建立战略合作机制的协议。市经济信息化委副主任吴磊、副巡视员史文军等出席会议。

2 月 15 日，市经济信息化委召开 2015 年度直属(归口)单位安全生产工作会议，副主任马静出席会议并讲话，市核电办等 20 多家直属单位领导参加会议。

2 月 25 日，上海市第三次经济普查的主要综合数据正式公布。这次普查的标准时点为 2013 年 12 月 31 日，普查时期资料为 2013 年年度资料。普查对象是在本市行政区域内从事第二产业和第三产业的全部法人单位、产业活动单位和个体经营户。

2 月 26 日，市征信管理办公室、申通地铁集团有限公司、市公共信用信息服务中心举行战略合作签约仪式。

3 月

3 月 4 日，副市长周波赴上海新时达机器人公司调研本市工业机器人产业发展情况，市经济信息化委副主任吴磊等陪同调研。

3 月 5 日，副市长周波、时任市政府副秘书长徐逸波赴上海华虹(集团)有限公司调研，听取集团经营情况和集团在参与上海建设全球科技创新中心方面的总体思路、具体措施及意见建议等。

3 月 5 日，上海市智慧城市信息安全保障工作会议召开，会上通报了本市信息安全主管部门打击网络虚假宣传、销售伪劣产品，处理违规经营网站，取缔“伪基站”，查处侵害公民个人信息、黑客攻击等网络违法犯罪活动的工作情况。

3 月 5 日，推进无线城市建设联席(扩大)会议召开，进一步贯彻落实国家“宽带中国”战略和《上海市智慧城市建设 2014—2016 年行动计划》要求。副市长周波出席并讲话，时任市政府副秘书长徐逸波主持会议，市经济信息化委副主任刘健等参加会议。

3 月 9 日，市经济信息化委领导率部分企业家赴云南“走市场、看企业、谈合作、促发展”，围绕沪滇两地产业战略合作及“四新”经济交流发展进行实地考察。

3 月 12 日，市智慧城市建设领导小组办公室召集成员单位和相关部门，召开全市智慧城市建设工作推进会，时任领导小组办公室主任、市政府副秘书长徐逸波出席会议并做工作动员。市经济信息化委副主任刘健通报工作。

3 月 13 日，召开市政府专题会议，重点研究讨论推进区县社会信用体系建设、网上政务大厅建设与推进、政务数据资源共享和开放等相关工作。

3 月 17—19 日，第 12 届上海国际信息化博览会在浦东新国际博览中心举行。本届展会参观总人数突破历史纪录，达到 18 万人次。

3 月 19 日，市经济信息化委和虹桥商务区管委会共同签署“智慧虹桥”战略合作框架协议，市经济信息化委副主任刘健等出席签约仪式。

3 月 24 日，副市长周波到中国电信上海公司调研，参观体验大人流监控、智慧交通、智慧医疗和翼支付等。

3 月 31 日，市委副书记、市长杨雄出席上海市产业园区“区区合作、品牌联动”现场推进会。副市长周波主持会议，副市长时光辉作相关工作部署。

4 月

4 月 2 日，工信部副部长毛伟明来沪专题调研中芯国际，了解中芯国际在创新发展方面取得的成果、听取中芯国际的发展规划。工信部产业政策司司长冯飞、中芯国际董事长周子学参加调研。

4 月 8 日，2015 年上海市文化创意产业推进工作会议召开。时任市委常委、宣传部部长、市文创产业推进领导小组组长徐麟出席会议并讲话，会议由副市长、市文创产业推进领导小组副组长翁铁慧主持。

4 月 9 日，副市长周波带队走访中核集团，与总经理钱智民就推进中核集团“十三五”期间在沪产业发展等问题进行会谈。

4 月 9 日，市政协“加快本市新能源车的推广运用”重点协商办理提案专题座谈会召开。市政协主席吴志明、副主席李良园及 15 位市政协委员出席座谈会，市经济信息化委副主任马静等作为提案主办单位领导出席会议并汇报工作。

4 月 13 日，市政府与腾讯公司在沪签署战略合作框架协议。市委副书记、市长杨雄，腾讯公司董事会主席兼 CEO 马化腾出席签约仪式。副市长周波与腾讯公司副总裁殷宇分别代表双方签约。

4 月 21 日，副市长周波到上海移动调研指导，听取上海移动整体发展情况以及在智慧城市建设、大数据能力输出、科技创新等方面的工作汇报。

4 月 25 日，2015 中国品牌经济（上海）论坛首次在沪举办。工信部副部长怀进鹏、副市长周波等应邀出席并致辞。

4 月 30 日,副市长周波分别到上海博泰集团和博科资讯公司调研本市智能汽车和互联网产业发展情况。

5 月

5 月 5 日,副市长周波主持召开 2015 年本市新能源汽车推广应用专题会议,听取上海市新能源汽车推广应用 2014 年工作情况和 2015 年工作计划。

5 月 6 日,副市长周波、时任市政府副秘书长徐逸波到上海华为技术有限公司调研科技创新工作。

5 月 7 日,本市召开政务数据资源共享和开放推进工作会议。副市长周波出席会议,并点击开通上海市政府数据服务网 2.0 版。

5 月 9 日,首席信息官(CIO)论坛暨上海首席信息官联盟成立大会在浦东干部学院举行。原工信部副部长杨学山、市人大常委会副主任郑惠强、市政协副主席王志雄出席,时任市政府副秘书长徐逸波出席并致辞。

5 月 14 日,副市长周波一行到大麦村智能硬件生态孵化器、IC 咖啡等创业服务组织调研,了解上海智能硬件众创生态环境营造推进情况。

5 月 15 日,上海市政府与阿里巴巴集团在沪签署战略合作框架协议。市委副书记、市长杨雄,阿里巴巴集团董事局主席马云出席签约仪式。副市长周波与阿里巴巴集团总裁金建杭代表双方签约。市政府秘书长李逸平出席签约仪式,时任市政府副秘书长徐逸波主持签约仪式。双方将围绕云计算、大数据、智慧城市、电子商务、互联网金融、智慧健康、社会信用体系等领域开展合作,推动“互联网+”战略落地,助力上海向具有全球影响力的科技创新中心迈进。

5 月 21 日,由副市长周波带队,市经济信息化委、市发展改革委、市商务委、市科委、市建设管理委、市农委、市食药监局等部门到上海电子商务“双推”平台典型企业调研产业领域电子商务工作。

5 月 21 日,2015(第六届)中国物联网大会开幕。工信部原副部长、中国首席信息官联盟技术专委会主任、中国信息化百人会学术委员会主席杨学山,市经济信息化委副主任徐子瑛等为大会致辞。这是中国物联网大会自 2010 年举办以来首次移师上海。

5 月 27 日,副市长周波一行到中芯国际调研,听取企业发展现状、先进技术研发进展等情况介绍,并重点沟通了中芯国际未来 5—10 年在上海发展的定位、规划、政策需求等内容。

5 月 28 日,首届上海 3D 打印产业大会暨增材制造产业推进和技术应用论坛举行。会上,上海市增材制造协会、上海 3D 打印产业联盟正式揭牌成立。

5 月 28 日,上海市信息服务产业基地联盟正式成立。首批 26 家联盟成员单位高管齐集上海浦东软件园,共商园区集聚创新、联动发展新模式。

6月

6月24日，上海市政府与中核集团在沪签署战略合作框架协议。市委副书记、市长杨雄，中核集团党组书记、董事长孙勤出席签约仪式。副市长周波与中核集团党组副书记、总经理钱智民代表双方签署协议。市政府秘书长李逸平出席签约仪式，签约仪式由时任市政府副秘书长徐逸波主持。

6月30日，副市长周波主持召开上海推进智能制造加快发展专题会，研究《上海加快发展智能制造助推全球科技创新中心建设的实施意见》编制工作。

7月

7月15—17日，2015上海国际信息消费节和世界移动大会·上海(MWC)大会在上海新国际博览中心举行。世界移动大会·上海(MWC)大会的主题是“移动无极限”，主要聚焦移动互联网、企业物联网、可穿戴技术、互联汽车、智慧制造、创新城市等话题。

7月21日，市经济信息化工作党委、市经济信息化委召开系统2015年年中工作会议，传达学习十届市委九次全会精神，通报市委第一巡视组巡视市经济信息化委以及合并巡视单位的反馈意见，总结上半年工作、部署下半年任务。

7月23日，副市长周波调研上海正信方晟资信评估有限公司和市公共信用信息服务平台，了解本市信用服务行业发展工作。

8月

8月13日，副市长周波主持召开专题会议，研究本市产业经济运行有关情况。

8月13日，副市长周波召开专题会议，研究《上海市推进大数据发展若干意见》制定工作和《上海市推进“互联网+”行动实施意见(2015—2017年)》制定工作。

8月14日，工博会组委会副主任、副市长周波主持召开第十七届工博会专题工作会议，要求进一步提高工博会办展水平，时任工博会组委会常务副秘书长、市政府副秘书长徐逸波出席会议。

8月19日，副市长周波调研利用物联网进行城市运行安全和生产安全监管的情况。市经济信息化委相关领导参加调研。

8月27日，副市长周波赴东方明珠新媒体公司和澜起科技集团公司调研本市科创中心建设情况。

9月

9月9日，第十七届工博会组委会秘书长会议在北京召开，研究工博会筹备工作。时任工博会组委会常务副秘书长、市政府副秘书长徐逸波出席会议并讲话。

9月12—13日，工信部副部长怀进鹏来沪调研集成电路产业发展，副市长周波出席座谈。

9月19日，第二届“诚信上海”信用创新论坛暨“长三角区域信用联动奖惩机制试点工作”启动仪式举行。

9 月 20 日,由国家集成电路产业投资基金联合行业龙头企业及金融机构发起设立的国内首家集成电路产业融资租赁公司——芯鑫融资租赁有限责任公司揭牌暨战略合作协议签署仪式在上海举行。副市长周波与国家集成电路产业投资基金有限公司董事长王占甫共同为公司揭牌。

9 月 24 日,副市长周波出席经济沙龙暨上海发展论坛系列活动之智能制造论坛,并和与会专家进行互动交流。

10 月

10 月 9 日,工信部与上海市政府在沪签署《推进"四新"经济实践区建设、促进上海产业创新转型发展战略合作协议》。工信部部长苗圩和上海市市长杨雄代表双方签约。副市长周波出席,市政府秘书长李逸平主持签约仪式,时任市政府副秘书长徐逸波出席。

10 月 9 日,上海领导干部贯彻落实《中国制造 2025》专题研讨班在市委党校开班。工信部部长苗圩作专题辅导报告。上海市市长杨雄作开班动员。

10 月 11 日,作为长江流域园区与产业合作对接会的第三项活动,由市经济信息化委承办的"上海产业合作交流平台——凤凰联盟"信息发布会在上海国际展览中心举办。市经济信息化委领导与市政府合作交流办主任姚海分别致辞。发布会由市经济信息化委副主任马静主持。

10 月 22 日,由工信部信息化和软件服务业司、市经济信息化委和市国资委指导,上海首席信息官联盟主办、畅享网承办的首届两化融合创新高峰论坛暨 2015 年上海"互联网+制造业"大会在上海成功召开。

10 月 23—29 日,以"践行网络文明,共护网络安全"为主题的第五届上海市信息安全活动周举行。

10 月 26 日,召开市政府专题会议,听取《上海市公共信用信息归集和使用管理办法(草案)》编制情况的汇报。

11 月

11 月 3 日,第十七届中国国际工业博览会在国家会展中心举行开幕式。中共中央政治局委员、国务院副总理马凯出席并宣布本届工博会正式开幕。中共中央政治局委员、上海市委书记韩正出席并颁发本届工博会特别荣誉奖。上海市市长杨雄致欢迎词。工信部副部长冯飞代表主办单位致辞。上海市副市长周波主持开幕式。

11 月 3 日,市经济信息化委与甘肃省工业信息化委在沪召开"上海—甘肃产业合作对接会"。市经济信息化委领导与甘肃省工业信息化委主任汪海洲代表双方签订产业合作框架协议。

11 月 3 日,由市经济信息化委指导,上海电信等十余家单位发起的上海"互联网+"创新发展联盟正式成立。市经济信息化委副主任邵志清、上海电信总经理马益民、微软大中华区副总裁严治庆、尼尔森大中华区总裁严旋等出席成立仪式。

11 月 12 日，副市长周波出席“央企话科创”主题沙龙活动，介绍上海建设全球科创中心的内涵和思路。时任市政府副秘书长徐逸波出席。

11 月 14 日，由市经济信息化委和市交通委主办，中国工业设计研究院承办的“游族杯”上海开放数据创新应用大赛决赛顺利结束。

11 月 26 日，2015 上海诚信活动周在沪拉开帷幕。

12 月

12 月 1 日，市政府举行新闻发布会，副市长周波介绍《上海市推进“互联网+”行动实施意见》的重点内容。

12 月 1 日，2015 上海智慧城市体验周开幕式暨首届智慧城市市民沙龙举行。

12 月 2 日，全球最大规模车联网年度盛会——2015TC 汽车互联网（Telematics@China）大会在沪举行。

12 月 16 日，副市长周波出席以“智能制造，标准引领”为主题的首届中德智能制造/工业 4.0 发展与标准化交流会，介绍上海智能制造工作情况。

12 月 16 日，中国制造千人会 2016 暨第二届“互联网+”制造高峰论坛召开，标志着中国制造千人会正式启动。

12 月 18 日，市人大常委会组织市人大代表并邀请在沪全国人大代表 80 余人，围绕工业转型升级，视察海立集团和上海华为公司。

12 月 21 日，市委常委、常务副市长屠光绍出席市经济信息化工作党委、市经济信息化委“三严三实”专题民主生活会。

12 月 28 日，市长杨雄出席上海股权托管交易中心“科技创新板”开盘仪式并敲响开市锣，常务副市长屠光绍出席并讲话，副市长周波出席。

（刘　芸）

2014 年上海市国民经济和社会信息化统计公报

上海市经济和信息化委员会

2014 年，作为新一轮《上海市推进智慧城市建设三年行动计划》首年，本市全力推进国民经济与社会信息化水平发展，信息基础设施不断完善，服务能级进一步提升；信息化资源向共享与深化应用发展；信息化环境进一步优化；相关领域信息技术、信息产品与服务应用进一步拓展深化，继续保持稳定较快的发展趋势。

一、信息基础设施

信息基础设施不断完善，服务能级进一步提升。全市光纤到户覆盖总量达 841 万户，基本实现全市全覆盖；家庭宽带用户平均接入带宽达 23M；完成 600 万户下一代广播电视网(NGB)网络改造，基本覆盖中心城区和郊区部分城镇化地区；第四代移动通信(4G)网络建设全面启动，基本覆盖中心城区和郊区主要城镇中心区域，3G 和 4G 用户普及率快速提升；全市互联网数据中心机架数突破 3.1 万架；公共场所无线局域网(WLAN)布局进一步优化，无线接入点突破 2.3 万个，公益性 WLAN 服务质量不断提升，“i-Shanghai”完成了模式转换和功能升级。

(一) 公共信息基础设施

基础通信网络

截至 2014 年年底，全市新增基础通信管线 994 沟公里，累计敷设 8 860 沟公里，增加 12.64%；新增通信管线接入楼宇 478 栋，累计接入楼宇 5 360 栋，同比增加 9.79%。

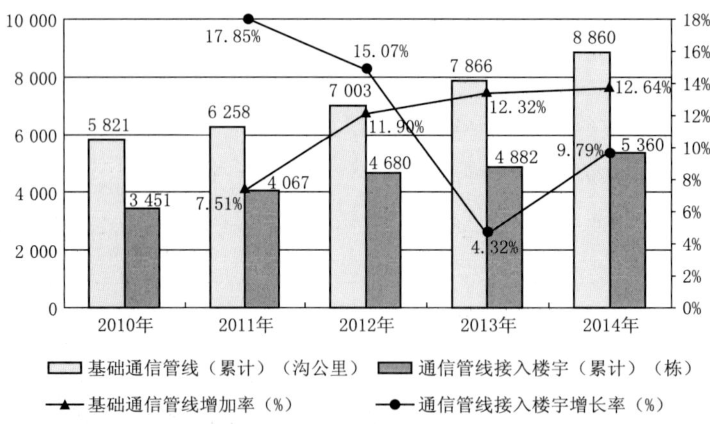

图 1　基础通信网络建设发展情况(2010—2014)

表 1　基础通信网络建设发展情况(2010—2014)

指　　标	单位	2010 年	2011 年	2012 年	2013 年	2014 年
基础通信管线(累计)	沟公里	5 821	6 258	7 003	7 866	8 860
通信管线接入楼宇(累计)	栋	3 451	4 067	4 680	4 882	5 360

通信基站

截至 2014 年年底,全市公用移动通信网宏基站逻辑站首次突破 2 万,达到 27 172 个,同比增长 71.83%;公用移动通信网无线室内覆盖系统数达到 6 643 套,同比增长 1.65%。

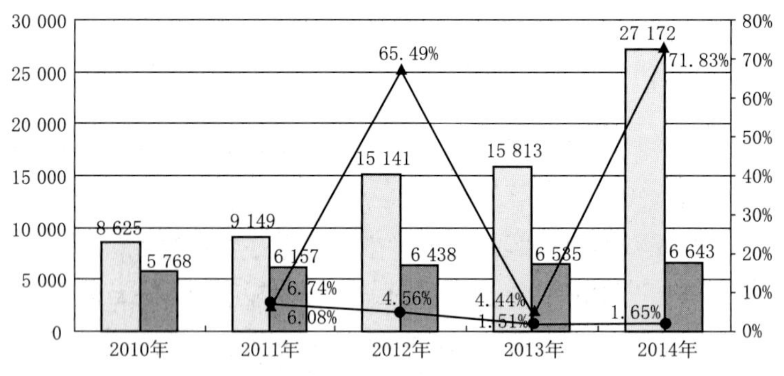

图 2　公用移动通信设施建设发展情况(2010—2014)

表 2　公用移动通信设施建设发展情况(2010—2014)

指　　标	单位	2010 年	2011 年	2012 年	2013 年	2014 年
公用移动通信网宏基站逻辑站	个	8 625	9 149	15 141	15 813	27 172
公用移动通信网无线室内覆盖系统	套	5 768	6 157	6 438	6 535	6 643

（二）宽带城市建设

光纤到户建设

截至2014年年底，全市光纤到户能力覆盖用户达到841万户，同比增长4.47%；宽带接入用户数达到625.16万户，同比增长2.71%；家庭宽带用户达到519.12万户①，同比增长3.63%，其中，实际家庭使用光纤用户达到425.00万户，占比达到81.87%；家庭宽带平均接入带宽达到23Mbps②，比2013年底提高8.9Mbps。

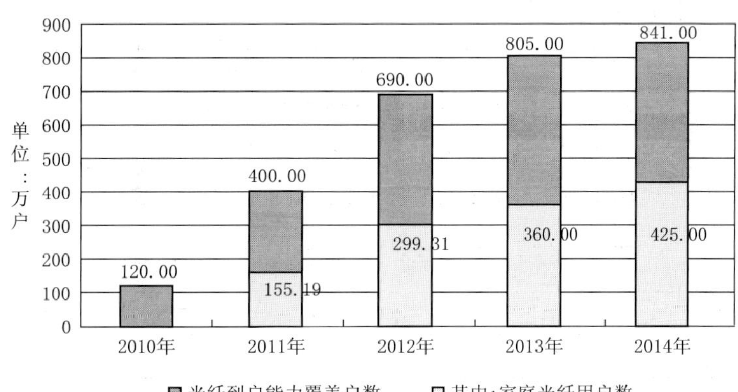

图3　光纤到户能力发展情况（2010—2014）

表3　光纤到户能力发展情况（2010—2014）

指　　标	单位	2010年	2011年	2012年	2013年	2014年
光纤到户能力覆盖户数	万户	120	400	690	805	841
其中：家庭光纤用户数	万户	—	155.19	299.31	360.00	425.00

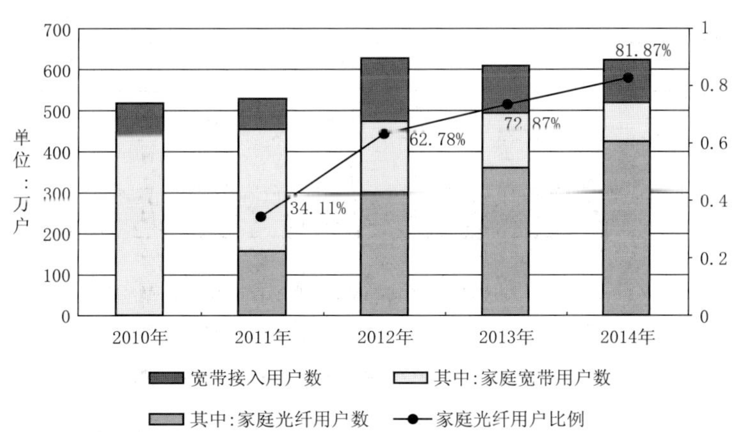

图4　家庭宽带光纤化改造 & 用户发展情况（2010—2014）

① 宽带方面相关数据，不包括主要民营宽带服务商——鹏博士的用户数据（包括宽带通、长城宽带等）。
② 不含电信在宽带业务以外单独提供IPTV带宽。

表 4　家庭宽带光纤化改造 & 用户发展情况(2010—2014)

指　　标	单位	2010 年	2011 年	2012 年	2013 年	2014 年
宽带接入用户数	万户	517.40	530.70	626.82	608.69	625.16
其中:家庭宽带用户数	万户	440.00	455.00	476.74	494.03	519.12
其中:家庭光纤用户数	万户	—	155.19	299.31	360	425

下一代广播电视网(NGB)

截至 2014 年年底,下一代广播电视网(NGB)改造已完成 600 万户,同比增长 12.15%,占有线电视用户比重达到 86.08%;其中,NGB 网络用户达到 146 万户,同比增长 32.72%。

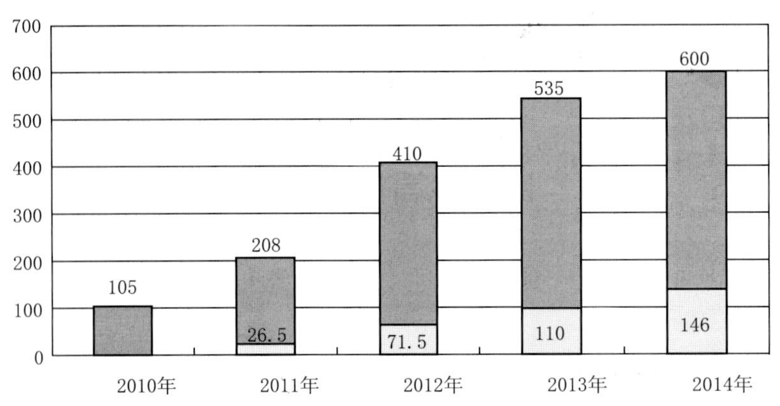

图 5　下一代广播电视网(NGB)建设情况(2010—2014)

表 5　下一代广播电视网(NGB)建设情况(2010—2014)

指　　标	单位	2010 年	2011 年	2012 年	2013 年	2014 年
NGB 网络改造覆盖家庭	万户	105	208	410	535	600
NGB 网络用户数	万户	—	26.5	71.5	110	146

互联网出口带宽

截至 2014 年年底,上海互联网国际出口带宽为 700Gbps,同比增加 7.69%;互联网城(省)际出口带宽达到 3800Gbps,同比增加 8.57%。

表 6　基础通信网络建设发展情况(2010—2014)

指　　标	单位	2010 年	2011 年	2012 年	2013 年	2014 年
互联网国际出口带宽	Gbps	300	450	550	650	700
互联网城际出口带宽	Gbps	1 500	2 000	3 000	3 500	3 800

(三)无线城市建设

无线局域网(WLAN)建设

截至2014年年底,全市公共场所WLAN场点达到2.3万个,同比增长4.55%,无线接入点AP达到17万个,同比增长3.03%。2014年起,市政府开展了"i-Shanghai"公益WLAN优化升级,针对前期市民反映的认证流程复杂、部分场所覆盖不足、难以联接等问题,开展了服务优化升级工作,目标实现服务能级全面跃升、运作模式可持续发展、服务功能具备资源汇聚和公共服务等无线综合门户功能三方面的转变。

表7 公共场所WLAN建设覆盖情况(2011—2014)

指　　标	单位	2011年	2012年	2013年	2014年
公共场所WLAN场点数	个	12 000	16 932	22 000	23 000
公共场所WLAN AP数	个	76 008	125 763	165 000	170 000

3G/4G网络建设

2014年度,本市全力推进了以TD-LTE、FDD-LTD为重点的第四代移动通信技术(4G)网络建设,截至年底,4G网络基本覆盖中心城区和郊区主要城镇中心区域。3G和4G移动通信网宏基站逻辑站数达到13 265个,同比增长53.69%。

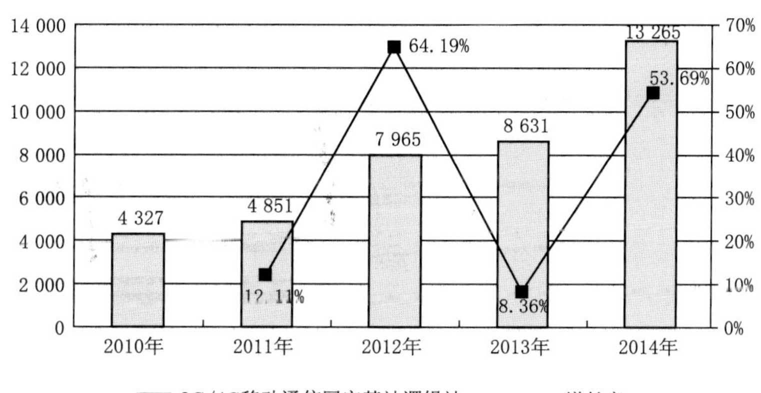

图6 3G/4G基站建设 & 用户发展情况(2011—2014)

表8 3G/4G基站建设 & 用户发展情况(2011—2014)

指　　标	单位	2011年	2012年	2013年	2014年
3G/4G移动通信网宏基站逻辑站	个	4 851	7 965	8 631	13 265

注:仅2013年、2014年数据包括4G基站数,2011年、2012年无4G基站。

(四) 三网融合

数字电视

截至2014年年底,全市有线电视用户为697万户,同比增长5.61%。其中有线数字电视用户为604万户,同比增长15.05%,占有线电视用户比重为86.66%;高清数字电视用户达到188万户,同比增加27.89%,占有线电视用户比重为26.97%。

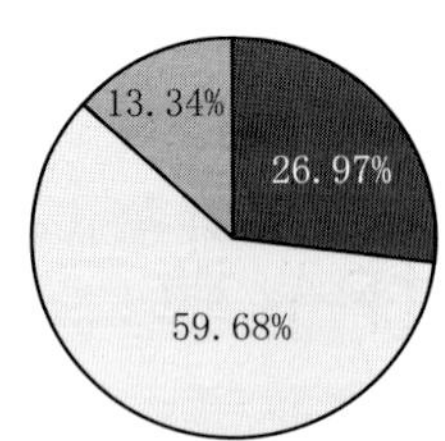

图7　2014年高清数字用户/数字电视用户/有线电视用户

表9　有线电视/数字电视用户发展情况(2010—2014)

指　　标	单位	2010年	2011年	2012年	2013年	2014年
有线电视用户数	万户	263	600	620	660	697
其中:有线数字电视用户数	万户	220	263.5	365.5	525	604
高清数字电视用户数	万户	10.8	35.4	82.9	147	188
互动电视用户数	万户	130	45.6	103.1	148	174

IPTV

截至2014年年底,全市IPTV用户数保持198万,高清IPTV用户数增加了9万户,达到78万户。

表10　IPTV用户发展情况(2010—2014)

指　　标	单位	2010年	2011年	2012年	2013年	2014年
IPTV用户	万户	130	154	178	198	198

(五) 功能性服务设施

超算中心

2014年,上海超级计算中心魔方超级计算机全机系统全年平均使用率为75.63%,全年并行规模在1 024核以上应用使用的机时占全年机时的18.66%。2014年中心用户增长速度保持平稳,新增用户单位55家,全年为71个新进研发团队提供了正式账号,为104个研发团队提供了试用服务,累计为570个研发团队提供了持续性计算服务。

互联网数据中心

截至 2014 年年底，全市三大电信运营商互联网数据中心（IDC）总机架首次突破 3 万，达到 31 575 个，同比增长 29.68%。

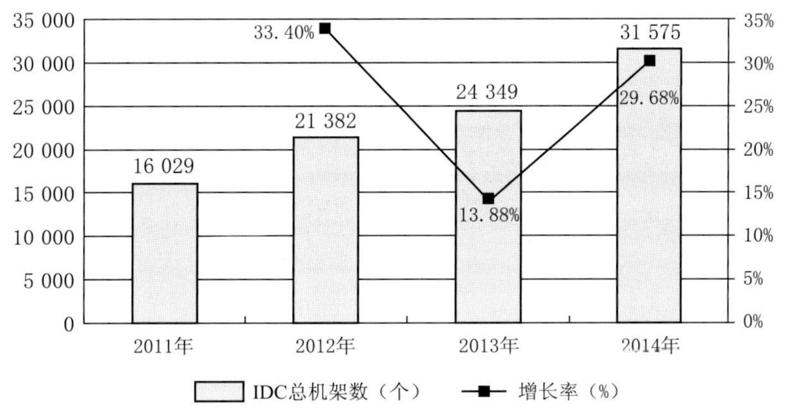

图 8 IDC 总机架数（2011—2014）

表 11 IDC 总机架数（2011—2014）

指　标	单位	2011 年	2012 年	2013 年	2014 年
IDC 总机架数	个	16 029	21 382	24 349	31 575

二、信息化应用

2014 年，本市不断探索加快社会、经济、城市建设与管理、政务等领域信息化建设，提升管理服务水平。智慧社区试点、网格化管理已实现或基本实现全面覆盖；高速公路电子不停车收费系统（ETC）建设基本覆盖全市主要道口；“智慧校园”建设持续推进；上海大学生网络互动社区、公交电子站牌、公共信用服务平台等多个领域公共服务信息系统与平台正式开通使用运行；旅游电子合同系统、上海健康信息网、电子账单服务平台使用进一步深化完善。

（一）社会领域信息化

教育

2014 年，上海大规模智慧学习平台（“上海微校”）建设完成平台顶层设计；上海教育数据中心建设基本完成部署数据中心机房二期；完成上海教育资源中心建设方案，加快推进建立教育资源供给新模式和优质资源共享辐射;上海教育数据中心和上海教育资源中心于年底正式挂牌成立;“智慧校园”建设持续推进,提升了教育教学一线的教师信息化能力,促进了信息技术与教育教学的融合;上海大学生网络互动社区——“易班”在高校和职业院校中得到进一步深度应用。

旅游

2014 年,智慧旅游实现“设施、信息、服务”实质性联动,市政府实事项目——地铁旅游公共服务信息导览系统,在 100 个地铁站点设置区域旅游公共服务信息导览系统,为市民游客提供旅游资讯服务。游客通过“乐游上海 · 服务版”微信公众号系统,可以进一步了解周边旅游要素详细信息、节庆活动、地铁资讯等,与“962020”旅游服务热线的坐席员进行实时互动咨询;旅游电子合同系统应用推广迅速,全市赴台社实现 100%覆盖,大型旅行社(包括在线旅游平台)及新兴在线旅游企业实现了较高程度覆盖(20%大型旅行社数据量占比 80%)。锦江国际集团等传统旅游企业积极探索智慧化转型,携程、驴妈妈等在线旅游龙头企业发展迅速,国内知名的在线旅游企业如八爪鱼、同程、途牛、万达、在路上等纷纷入驻上海,智慧旅游产业集群初步形成。各区县也通过旅游门户网站、旅游移动应用、微信公众号等不同形式开展了智慧旅游探索。

卫生医疗

基于市民电子健康档案的卫生信息化工程在实现 17 个区县联网的基础上,进一步深化完善;2014 年年底“健康信息网”已覆盖全市近 600 家公立医院,日均发生超 1 万次的健康档案调阅,目前市数据中心日新增数据超过 750 万条;医联平台联网 38 家市级医院,推出跨院一站式付费、预约挂号、网上查询检验检查报告等服务,方便市民看病就医;制定发布《上海市健康物联网推进工作方案》,开展了徐汇三级康复网络、闵行居家远程医疗、浦东医疗设备在线监控和服务等多项三级康复网络应用示范工程工作。

智慧社区(村庄)

2014 年 9 月,启动智慧村庄建设首批试点单位申报工作,确定了崇明县绿华镇绿港村、崇明县竖新镇仙桥村、金山区金山卫镇八字村、闵行区七宝镇九星村、宝山区顾村镇星星村等 5 个智慧村庄为本市智慧村庄建设首批试点单位。同期,市经济信息化委启动了本市智慧社区建设第三批试点单位申报,新增认定了 7 家智慧社区试点单位;至 2014 年年底,全市 17 个区县共确定 50 家智慧社区试点单位,其中浦东陆家嘴街道、闵行古美路街道、宝山友谊路街道、静安石门二路街道、长宁周家桥街道等 5 家智慧社区被确定为上海智慧社区首批示范社区。

智慧园区

启动临港产业园、虹桥商务区、世博园区等两批 22 家智慧园区试点单位建设。加强重点项目建设落实,推动创意秀场公共服务平台、汇智 IT 服务云、智能商务楼宇管控平台、园区能源管控平台、知识产权统计服务平台等一批重点信息化项目建设。指导成立上海市智慧园区发展促进会,发展会员 120 余家,其中园区会员 60 余家。参与推进浦东软件园“智慧园区”、世博集团“生态智慧城市示范区”等区域性信息化规划。

电子账单公共服务平台

电子账单公共服务平台全年推广电子账单 54 万份,截至 2014 年年底,电子账单数累计达到 275 万份,"市民信箱"累计注册用户达 452.40 万人。"付费通"业务平台交易量 19 298.46 万笔,同比增长 22.49%,交易额达到 108.07 亿元,同比增长 8.18%。

表 12 "付费通"业务平台交易情况(2010—2014)

指　　标	单位	2010 年	2011 年	2012 年	2013 年	2014 年
"付费通"业务平台交易量	万笔	7 483.1	9 555.9	10 947.14	15 755	19 298.46
"付费通"业务平台交易额	亿元	62.40	70.90	72.75	99.91	108.07

(二) 经济领域信息化

"两化"深度融合

2014 年,上海市信息化与工业化融合(简称"两化融合")初步进入深化融合阶段,"两化融合"发展水平指数得分达到 82.2。

表 13 "两化融合"发展水平(2010—2014)

指　　标	单位	2010 年	2011 年	2012 年	2013 年	2014 年
"两化融合"发展水平指数	无量纲	72.3	75.53	77.39	80.36	82.2

金融业信息化

截至 2014 年年底,全市银行卡交易金额为 2.42 万亿元,同比增长 13.15%;其中,银行卡持卡消费金额达到 1.79 万亿元,同比增长 48.15%。

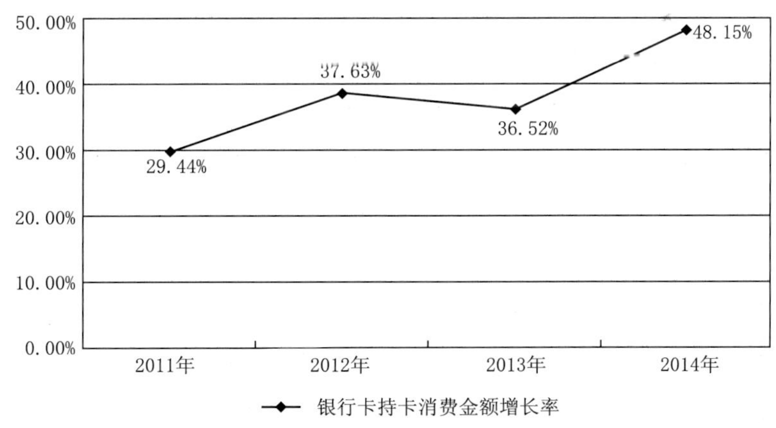

图 9 银行卡交易额/消费额(2010—2014)

表 14　银行卡交易额/消费额(2010—2014)

指　　标	单位	2010 年	2011 年	2012 年	2013 年	2014 年
银行卡交易金额	亿元	11 306.3	13 887.7	16 608.12	21 403.08	24 217.35
银行卡持卡消费金额	亿元	4 963.76	6 425.12	8 843.11	12 072.26	17 885.00

注:银行卡交易来源:中国人民银行上海分行;持卡消费来源:上海银联。

2014 年,中国人民银行未发放新的非金融机构《支付业务许可证》,截至 2014 年年底①,落户上海的第三方支付企业达 54 家,占全国总数的 20%,国内第三方支付领域 60%左右的业务量集中在上海。

表 15　获得第三方支付牌照企业(2011—2014)

指　　标	单位	2011 年	2012 年	2013 年	2014 年
上海市累计获得牌照企业数	家	34	51	54	54
全国累计获得牌照企业数	家	101	216	269	269

商贸流通信息化

全年完成电子商务交易额 13 549 亿元,比上年增长 28.3%。其中,B2B 交易额 10 645 亿元,增长 23.3%,占电子商务交易额的 78.6%;网络购物交易额 2 904 亿元,增长 50.6%,占 21.4%。

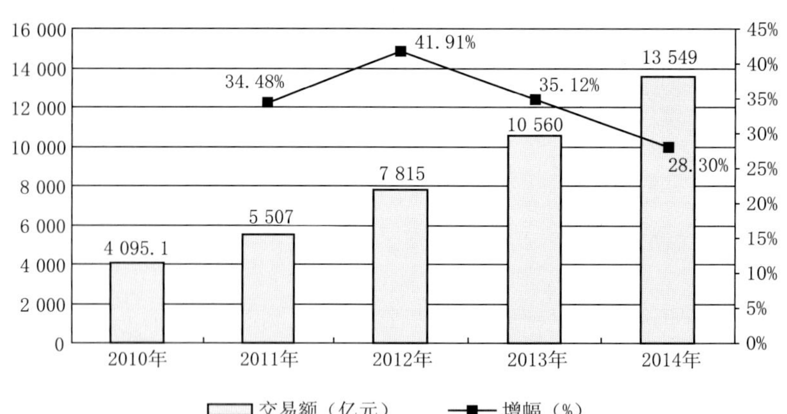

图 10　全市电子商务交易额(2010—2014)

表 16　全市电子商务交易额(2010—2014)

指　　标	单位	2010 年	2011 年	2012 年	2013 年	2014 年
全市电子商务交易额	亿元	4 095.1	5 507	7 815	10 560	13 549

① 最近一次银行发布非金融机构《支付业务许可证》是 2013 年 7 月 6 日。

2014 年,口岸税费电子支付系统入网企业累计 55 000 家,全年电子单证传输量为 22 900 万张,同比增长 25.39%,上海口岸税费电子支付额达到 12 830 亿元,增长 12.05%。

表 17 口岸信息化指标发展情况(2010—2014)

指 标	单位	2010 年	2011 年	2012 年	2013 年	2014 年
口岸电子单证传输量	万张	13 250	17 047	17 874.45	18 262.36	22 900
口岸税费电子支付额	亿元	1 566	9 110	9 947.56	11 450	12 830

(三) 城市建设与管理信息化

网格化管理

2014 年,上海城市网格化管理已经覆盖了全市 17 个区县,208 个街道镇,共约 1 433 平方公里主要城市化区域。截至 2014 年年底,总计立案 1 079 万余件,结案 1 057 万余件,结案率 98%。

智能交通

巴士公交完成 1 133 块公交电子站牌(55 英寸屏)建设,浦东公交完成 1 516 根太阳能站杆建设。通过电子站牌、上海公交 APP 等渠道,向公众提供 950 条公交线路,13 000 辆公交车辆实时到站信息服务。

高速公路电子不停车收费系统(ETC)建设基本覆盖全市主要道口,目前全市已建成 284 条 ETC 车道,分布在 109 个收费站(其中 20 个主线收费站和 89 个匝道收费站),并实现全国高速公路 ETC 互联互通,全市共有 55 万 ETC 用户。

2014 年发行交通卡 1 375.76 万张,销售额 11.33 亿元,同比下降 13.45%。

表 18 交通卡销售金额(2010—2014)

指 标	单位	2010 年	2011 年	2012 年	2013 年	2014 年
交通卡销售金额	亿元	26	13.6	14.39	13.09	11.33

(四) 政务领域信息化

法人一证通

截至 2014 年年底,法人数字证书一证通已累计发放 1 271 934 张,有效法人达 964 923 人;"法人一证通"项目已在全市 17 个区县行政办事大厅、企业服务中心等设立 22 个服务网点,比 2013 年新增 3 个服务网点;2014 年开通的业务部门从 2013 年的 9 家增长到 23 家;开通的业务应用也从 2013 年的 23 个增长到 55 个。

政府信息公开

2014 年,全市政府子网站主动公开的各类政府信息(文件、通知、公告)18.6 万余条,其中区县政府网站 94 304 条,市政府部门网站 91 822 条;通过政府子网站受理的政府依申请公开信息 8 716 件(次),其中区县政府网站 4 734 件,市政府部门网站 3 982 件。2014 年,"中国上海"门户网站首页总访问量 3 242

万(日均 8.88 万),页面总访问量 7.24 亿(日均 198.44 万),比上年上升 27.02%。全市 64 个政府子网站全年首页总访问量约 3.8 亿(日均 104.59 万),页面总访问量 77.39 亿(日均 2 120.37 万)。

社会保障卡服务

制定发布《社会保障卡"事务处理申请"受理操作规范》、《社会保障卡补换卡代办业务电话确认回访操作规范》,进一步规范补换卡业务电话确认回访工作,并于第三季度在全市实现全覆盖。2014 年,全市共制发(包括补换)各类社保卡、居住证件 254.12 万张,其中社保卡(蓝、红、金卡)62.88 万张、儿童卡 0.73 万张、敬老服务卡 18.82 万张、居住证 74.10 万张、临时居住证97.78 万张。"962222"呼叫中心全年提供来电咨询 54.58 万人次,接待来访 0.38 万人次,处理来信 0.35 万封。

(五) 公共信用信息服务平台建设

市公共信用信息服务平台于 2014 年 4 月 30 日正式开通运行。至 2014 年年末,市公共信用信息服务平台已有包含行政机关、司法机关、公用事业单位在内的 97 家信息源单位,其中:市级行政机关 45 家,中央在沪单位 10 家,区县政府 17 家,司法机关 1 家,公共事业单位 11 家,人民团体 2 家,社会组织 11 家。归集信息事项 3 297 个,可提供查询的数据约 3.04 亿条,基本覆盖全市 2 400 万常住人口及 138 万企业法人、事业法人和社会组织法人。

(六) 居民生活信息化

固定电话/移动电话用户

截至 2014 年年底,上海固定电话用户进一步减少到 840.21 万户,同比减少 3.28%;移动电话用户达到 3 316.41 万户,同比增加 6.95%,移动电话普及率达到 136.3 部/百人,低于北京与广东,在省级区域中排名第三①;其中 3G 和 4G 用户总数达到 1 426.22 万户,比上年增加 278.99 万户。

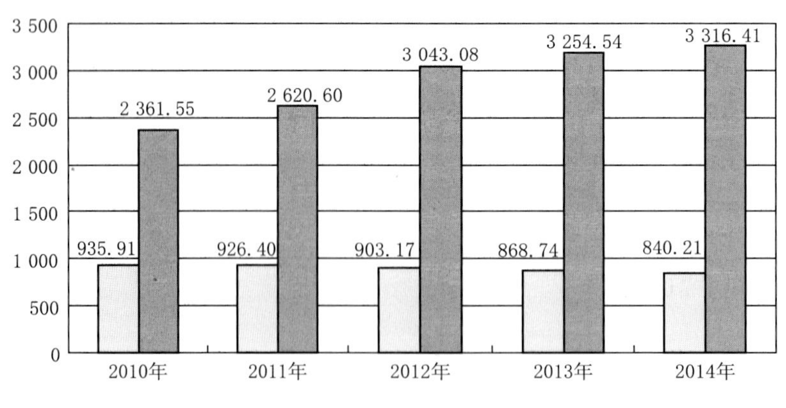

图 11 固定/移动电话用户数(2010—2014)

① 不包括港澳台地区,上海以外数据来源于国家工业和信息化部运行监测协调局,以下关于 3G/4G 用户数据同。

表 19 固定/移动电话用户数(2010—2014)

指 标	单位	2010 年	2011 年	2012 年	2013 年	2014 年
固定电话用户数	万户	935.91	926.40	903.17	868.74	840.21
移动电话用户数	万户	2 361.55	2 620.60	3 043.08	3 254.54	3 316.41

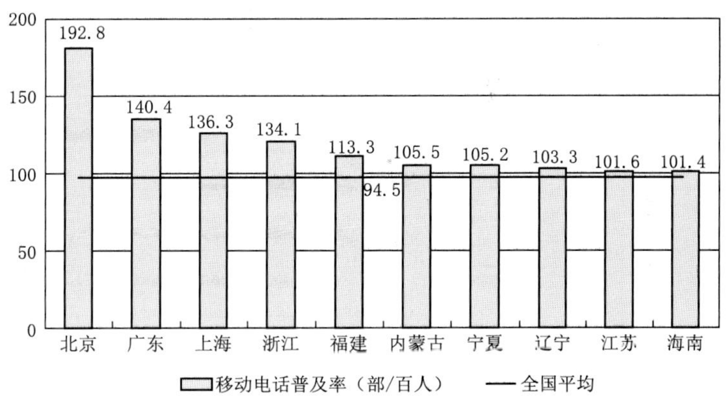

图 12 2014 年全国移动电话用户普及率区域分布情况

网络用户

2014 年,全市互联网上网人数 1 716 万人,互联网上网人数普及率为 71.1%。移动互联网用户达到 2 482.11万户,同比增长 17.34%,首次超过常住人口数量;移动互联网普及率达到 102.33 户/百人,同比增加 13.43 户/百人,远高于全国平均水平。其中,3G/4G 用户达到 1 426.22 万户,同比增长 24.32%,3G/4G 用户渗透率①达到 43.00%,高于全国平均水平。

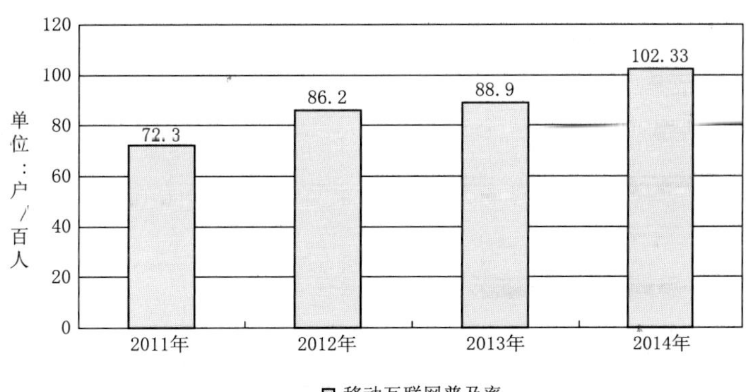

图 13 移动互联网普及率

注:因为移动互联网用户存在重复的情况,即同一个用户使用两部及两部以上手机(并同时产生互联网流量)的情况,因此移动互联网普及率的绝对数字高于互联网普及率。

① 指 3G/4G 用户占移动电话用户的比例。

表 20　移动互联网/3G/4G 用户发展情况(2011—2014)

指　　标	单位	2011 年	2012 年	2013 年	2014 年
移动互联网用户数	万户	1 696.7	2 023.4	2 115.28	2 482.11
3G/4G 用户数	万户	—	747.63	1 147.23	1 426.22

信息消费支出

2014 年,本市城市居民家庭人均信息消费支出为 1 586 元,同比减少 12.62%;其中,城市居民家庭人均通信服务支出为 1 302 元,同比增长 9.83%。

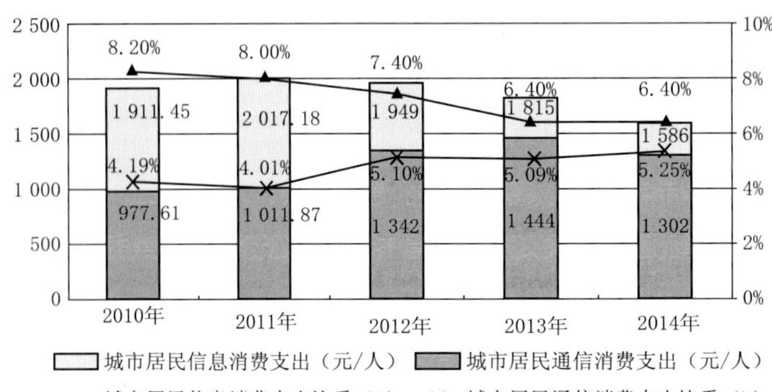

图 14　城市居民家庭人均通信服务支出(2010—2014)

表 21　城市居民家庭人均通信服务支出(2010—2014)

指　　标	单位	2010 年	2011 年	2012 年	2013 年	2014 年
城市居民信息消费支出	元/人	1 911.45	2 017.18	1 949	1 815	1 586
城市居民通信消费支出	元/人	977.61	1 011.87	1 342	1 444	1 302
信息消费支出占人均消费支出的比重	%	8.2	8	7.4	6.4	6.4

三、信息资源开发利用

法人、人口与空间地理信息库等三大基础数据库建设稳步推进,进一步向共享与深化应用发展;政务数据资源目录体系覆盖范围稳步扩展,体系建设工作进入全面推进阶段。

(一) 法人、人口、空间地理信息库建设

市法人库已涵盖企业、机关、事业单位、社会组织和其他五大类共 19 个主体,汇聚法人登记、资质和

监管三大类信息;当前入库法人单位达 160 万户,基本实现了登记类、资质类法人信息全覆盖,以及重点领域监管类信息基本覆盖。

市实有人口库涵盖全市 2 400 万常住人口,整合了来自公安的人口 6 类基础信息(姓名、性别、身份证号码等),以及卫生、计划生育、人保、房管、民政、教育、工商、残联、法院等部门的 13 类业务信息。

市空间地理信息库汇聚了大地基准数据库及地形、遥感影像、公众地图、三维模型、导航基础、地名地址和地下管线数据库;其中地形数据库包含 8 大类近 900 个地理要素,完成了覆盖全市陆域的高分辨率数码航空遥感摄影,已为政府部门提供 27 项实际应用。

(二) 信息资源目录体系建设

2014 年,政务数据资源目录体系建设工作进入全面推进阶段,覆盖范围拓展到 44 家市级部门,截至 2015 年 4 月月底,累计编制资源目录数 8 500 条、数据项达 10 万个。

上海市政府数据服务网(www.datashanghai.gov.cn)作为全国首个政府数据服务网站,已建成 2.0 版并正式运行,目前网站已累计开放了经济建设、资源环境、教育科技等 11 个领域 470 项数据资源。

四、信息产业

2014 年,上海信息产业继续保持稳定较快的发展趋势,全年实现信息产业增加值 2 460.11 亿元,比上年增长 9.6%,占全市国民生产总值比重达到 10.44%。其中,信息产品制造业增加值达到 786.36 亿元,同比增长 4.4%;信息服务业增加值达到 1 565.9 亿元,同比增长 12.83%,占全市国民生产总值比重为 6.65%,占第三产业增加值比重为 10.25%。

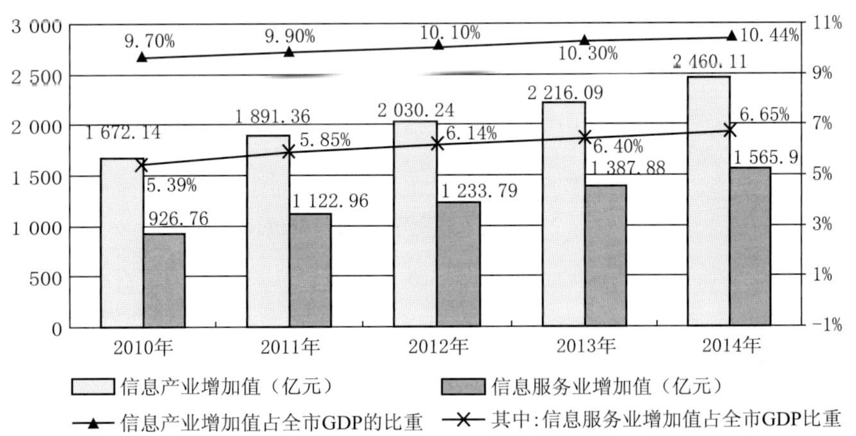

图 15 信息产业增加值(2010—2014)

电子信息制造业产业结构持续转型提升，经济效益保持稳步增长，产业从规模扩张向效益提升转变，从“做大”逐步向“做强”转变；新型显示产业和集成电路制造业增幅明显高于全行业；通信和网络设备领域在“四新”经济发展的推动下处于加速发展的关键期，汽车电子产业形成国内汽车电子产业最具规模、配套最完整的区域布局。信息服务产业能级快速提升，2014 年产业规模突破 5 000 亿元大关，产业能级由两年增加 1 000 亿元提升到一年增加 1 000 亿元，信息服务产业基地已经成为本市信息服务业集聚的重要空间载体。

(一) 电子信息制造业

2014 年全市电子信息产品制造业销售收入为 6 691.49 亿元，同比增长 2.00%；新一代信息技术制造业产值为 2 258 亿元，同比增长 8.3%。电子组装加工业延续向内地转移态势，规模持续缩减；受组装加工业外迁影响，低端就业人口比例降低，截至年底，全行业从业人员 51.81 万人，比上年同期减少 9.1%；在沪产品逐步向服务器、高端消费电子产品集中，企业运行质量进一步提升。

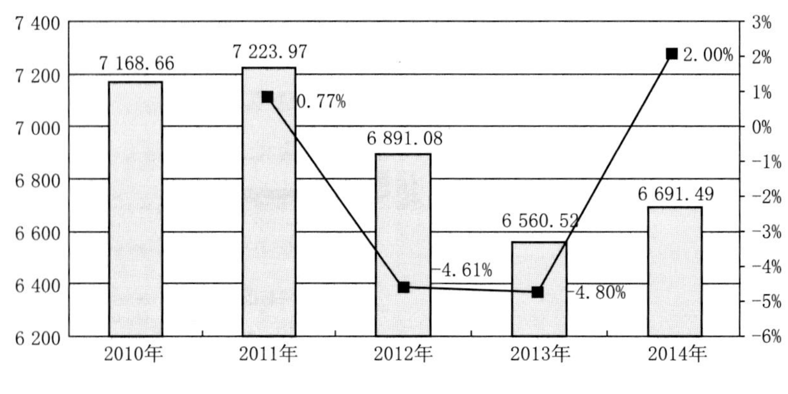

图 16　信息产品制造业主营业务收入

集成电路产业

依托上海在集成电路领域的既有优势，据上海市集成电路行业统计网(SICS)的跟踪统计，2014 年上海集成电路产业销售收入为 821.6 亿元，同比增长 12.5%。其中出口金额 74.11 亿美元，同比增长80.1%；实现利润总额 69.06 亿元，同比增长 22.2%； 2014 年上海集成电路产业及各行业销售收入及增长率情况如表 22。2014 年上海集成电路产业链结构更趋优化；其中，设计业、芯片制造业和设备材料业占产业链的比重继续提升至 29.3%、22.7%、10.3%，封装测试占产业链的比重下降至 37.2%。

2014 年上海集成电路产业拥有企事业单位共 441 家，比 2013 年净增 18 家。其中，产品设计及设计服务企业共 198 家，芯片制造企业共 9 家，封装测试企业共 33 家，专业设备材料专业企业共 32 家。智能卡企业共 22 家，其他配套服务企业及人才培养等机构共 147 家。

表 22 2014 年上海集成电路产业及各行业销售收入及增长率

行业/年份	2014	2013	2014/2013 增长率
集成电路产业(亿元)	821.6	730.0	12.5%
其中:设计业	240.9	210.0	14.7%
芯片制造业	186.2	151.9	22.6%
封装测试业	310.1	259.3	5.0%
设备材料业	84.4	72.8	14.9%

数据来源:上海集成电路行业统计网(SICS),2015.03。

2014 年上海集成电路产业从业人员总数为 12.71 万人,比上年净增 8 100 人。其中,专业技术人员 5.85万人,比上年净增 4 870 人。专业技术人员占从业人员总数 46.0%。

新型显示产业

上海新型显示产业同比增长 15.5%。其中,半导体照明产业规模年均保持高速增长;2014 年上海 LED 应用领域销售已突破 300 亿元,相比 2013 年增长超过 30%;AM-OLED 突破产业化瓶颈,和辉光电成为国内第一个小批量量产 AM-OLED 面板的企业,国产化生态环境日益完善。

通信和网络设备制造业

2014 年,随着新一代移动终端产品市场应用的加快、4G 网络布点范围的进一步扩大、移动互联网、下一代网络、信息消费产品性能的升级,全市通信和网络设备领域在"四新"经济发展的推动下处于加速发展的关键期。在制造业领域,2014 年主要指标平稳增长,通信设备制造业工业总产值同比增长 13%;手机设计产业转型取得新成效,华勤、龙旗、闻泰占据全国手机独立设计商前三名。

汽车电子产业

上海形成了嘉定、浦东、徐汇为集聚区,松江、青浦、徐汇、杨浦、闵行、奉贤等为拓展区的国内汽车电子产业最具规模、配套最完整的区域布局,成为我国汽车电子与车联网产业发展的标杆。上海汽车电子产业链几乎涵盖所有汽车电子门类产品的研发、制造及应用领域,并有汽车与汽车电子跨国公司区域总部或研究中心 16 家,本土企事业汽车电子领域国家级技术中心 8 家,市级技术中心 10 家。以上汽集团为代表的整车企业在车联网领域引领国内汽车电子、移动互联、云计算、大数据等新一代信息技术应用。

(二) 软件和信息服务业

2014 年,以软件产业为主体的上海信息服务产业实现经营收入 5 106.94 亿元,比上年同期增长 20.02%;实现增加值 1 565.9 亿元,同比增长 12.8%,占全市增加值的 6.65%,占第三产业增加值的 10.25%。其中,软件产业占上海软件信息服务总体收入的 58.77%,较上年提高 1.67 个百分点。截至 2014 年年底,上海规模以上信息服务企业近 5 000 家,从业人员达到 58.9 万人,其中,2014 年经营收入超亿元企业 437 家。

互联网信息服务业

2014年实现经营收入1 095.98亿元,比上年同期增长31.1%。上海网络游戏企业超过300家,从业人员约6万人,网络游戏经营收入337.7亿元,比上年同期增长29.8%,产值约占全国的三分之一;互联网金融经营收入近260亿元,其中,第三方支付经营收入近220亿元,比上年同期增长30%;网络视听经营收入超过110亿元,比上年同期增长50%以上,增速远超全市信息服务产业增速;互联网教育方面,2014年新增企业60家。

软件产业

上海软件产业能级实现新突破,自2012年突破2 000亿大关,2014年上海软件产业规模又突破3 000亿大关,实现经营收入3 001.36亿元,比上年同期增长21.7%。实现利润总额408.2亿元,平均营业利润率13.6%;软件出口规模38.49亿美元,同比增长23.4%;软件从业人员42.8万,首次突破40万大关,新增从业人员8.8万人。2014年,软件出口额38.49亿美金,同比增长23.36%。2014年上海软件产品登记再创新高,全年新增登记软件产品4 675个,较2013年增长8.22%,其中进口软件产品登记12个。全市累计认定软件企业4 552,其中2014年新增认定软件企业344家;经营收入超亿元软件企业349家,较去年的306家增加了14.05%;经营收入超10亿元软件企业38家,较2013年的32家增加18.75%; 2014年上海软件企业人才规模不断扩大,人员规模超千人软件企业45家,较2013年的41家增加9.76%。累计有269家企业获得计算机信息系统集成资质(其中:一级资质12家、二级资质45家、三级资质123家、四级资质89家);获得计算机信息系统工程监理资质的企业17家,计算机信息系统集成项目经理2 809人(其中,高级项目经理709名);共有9家企业通过ITSS符合性评估。

(三)产业基地与园区情况

截至2014年年底,上海共有规模以上信息服务产业基地50多个,企业户均面积1 655平方米、人均面积32平方米、户均从业人员52人。形成了一批以漕河泾开发区、紫竹高新区、浦东软件园、天地软件园等为代表的综合基地和以云计算、数字内容、数据服务、移动互联网等领域为重点的特色基地。目前,信息服务产业基地已经成为本市信息服务业集聚的重要空间载体,全市信息服务产业63%的经营收入和70%的企业集聚在上述基地。

(四)信息产品进出口

2014年,上海信息产品进口额为611.86亿美元,同比减少1.20%;信息产品出口额841.9亿美元,同比减少0.20%,其中一般贸易出口额为96.48亿美元,同比增长23.90%。

表23 信息产品进出口额(2010—2014)

指　　标	单位	2010年	2011年	2012年	2013年	2014年
信息产品进口额	亿元	577.24	650.79	677.93	619.11	611.86
信息产品出口额	亿元	815.62	902.67	869.57	841.9	840.04
一般(信息)产品出口额	亿元	62.92	68.06	67.22	77.84	96.48

五、信息化环境

2014 年，上海信息安全保障工作按照国家的部署和要求，围绕城市运行保障和智慧城市建设，加强市网络与信息安全协调小组办公室平台的协同联动，完善信息安全协同管理，强化重点领域安全监管，深化信息安全基础支撑，优化安全保障环境建设，提升全民信息安全意识，有序推进各项工作任务的落实，全年没有发生重大信息安全事故，确保了城市信息安全的总体可控，进一步完善了上海加快完善与智慧城市发展和科技创新中心建设相适应的信息安全保障体系。

积极推进政府职能转变，进一步营造良好信息化政策法规环境；编制完成了本市智慧城市建设新一轮三年行动计划；研究形成“十三五”规划基本思路和初步框架；深化开展“两化融合”、信息化应用、信息安全、信用诚信、智慧城市等为主题的信息化宣传培训。

(一) 信息安全

信息安全环境

推进网络信任体系建设，进一步丰富和完善网络信任应用模式。2014 年，新增 15 家“法人一证通”使用单位，并在电子招投标、医疗卫生、金融保险领域推广证书应用。全年发放各类证书 116.9 万张，累计达 517.1 万张。依托 12321 网络不良与垃圾信息举报平台不断完善不良信息、网络欺诈、移动恶意程序等投诉和黑名单共享机制。

信息安全管理

市经济信息化委组织市信息安全测评认证中心对 66 家单位的 88 个公共信息系统实施安全测评，测评通过率 97%，并督促问题整改；委托市网络与信息安全应急管理事务中心对全市 210 家重点网站开展实时监测预警和应急处置，妥善处置安全风险 515 个。

会同市网信办组织实施了针对本市 116 家信息安全重点单位的网络安全检查行动。组织专业技术队伍对 28 家单位开展了现场检查，对 36 家单位的 45 个信息系统进行了远程检测。

组建工业控制系统信息安全技术服务联盟，搭建了产学研用融合创新平台，推进科技成果转化。目前，联盟成员已涵盖科研院校、工业控制系统关键设备和部件生产制造商、系统集成商、信息安全企业、终端工业控制系统用户等 30 余家知名机构。完成《在役危险化工工艺自动化控制系统检查导则》地方标准编制和专家评审。重点推进轨道交通、钢铁等行业工业控制系统信息安全加固试点工作。

(二) 信息化政策法规

编制完成了本市推进智慧城市建设行动计划(2014—2016 年)。完成本市“十三五”深化智慧城市建设基本思路研究，启动本市促进智慧城市建设“十三五”规划的编制工作，组建规划编制工作小组，研究形成“十三五”规划基本思路和初步框架。

完成了《关于加快推进本市第四代移动互联网络建设实施意见》、《上海市公用移动通信基站设置管理办法实施细则》、《上海市中小企业发展专项资金管理办法》、《关于推进政府信息资源向社会开放利用工作实施意见》和《2014 年度上海市政府数据资源向社会开放工作计划》等规范性文件的发布和报备。起草了《上海市公共信用信息归集和使用管理办法(试行)》，并由市政府对外发布。

推进“两化融合”管理体系贯标试点工作，成立贯标试点工作小组和贯标服务机构联合工作小组，制定本市贯标工作方案。推进上海“工业云”创新试点工作，编制发布《上海“工业云”创新服务试点实施方案(2014—2016 年)》。

按照国务院和本市关于行政审批制度改革工作要求，开展信息化领域有关行政审批事项清理。取消了“信息系统工程监理单位资质认证”、“计算机信息系统集成企业资质审批或初审”、“计算机信息系统集成项目经理资质审批”等审批事项。

完成人大财经委委托的《电子交易信息安全保障制度》研究，发布《上海市政府网站安全保障指南》地方标准。

积极落实教育综合改革方案，根据《上海市国家教育综合改革试验区建设方案(2014—2020 年)》，制定教育信息化具体改革任务的实施方案。建立统筹推进上海教育信息化建设的工作机制，发布了教育信息化数据标准和规范，加强教育信息化项目管理，引导和规范合理开展信息化建设和应用。

(三) 信息化培训

继 2013 年的“上海市智慧城市 CIO 培训”成功举办之后，完成 2014 年度三期约 300 人次的上海市智慧城市 CIO 专题培训。依托相关行业协会和高校科研院所，加强“两化融合”管理体系相关标准培训和标准宣传。

对 200 多家市级预算单位开展基础软件宣传与培训。广泛开展各类信用培训和诚信宣讲，促进企业加强信用管理，提升各类群体诚信意识，增强信用知识。针对自贸区企业以“每月一讲”形式开展系统性企业信用管理培训，活动已开展 5 次，参与企业达 600 余家；成立“诚信上海大讲堂”讲师团，进社区、园区、楼宇、学校和机关开展市社会信用体系建设巡讲，举行各类信用讲座 20 余场，参与人次达 1 000 余人；加强市公共信用信息服务平台推广，开展“四进”宣讲活动。

完成《上海市网络与信息安全事件专项应急预案》修订，会同市应急办召开网络安全应急管理工作会议，开展预案修订专题培训，完成 174 家重点单位预案备案和评估。

(四) 信息化宣传创建

2014 年继续举办“上海智慧城市宣传周”活动，新增确定 3 家体验中心，全市体验中心达到 17 家，涉及智慧社区、家居生活、云计算、信息安全、新一代移动技术等领域。宣传周期间，向市民发放《我身边的智慧城市Ⅲ》，并首次发布了《上海市智慧城市体验中心参观护照》；依托有关媒体资源，开展智慧城市专题访谈节目;分别围绕智慧社区、智慧政务、智慧医疗等领域开展主题日活动。

开展智慧城市体验周暨信息安全活动周,充分发动企业、行业协会、政府部门、区县等积极性,累计举办 2014 信息安全技能竞赛、信息安全用户大会、“智慧城市与信息安全保障”高峰论坛等各类活动 180 余个,有效提升了市民的感知度和参与度。其中,信息安全活动周以“践行网络文明,共筑清朗空间”为主题,设置互动展示日、竞赛比拼日、市民体验日、专业人才日、思维碰撞日、安全教育日和行业风采日等 7 个主题日。由市各重要行业主管部门、各区县政府、信息安全重点单位、相关研究机构和企业,共同组织开展了面向社会大众、重点行业、专业人才三大板块的 40 多项活动。技能竞赛得到了行业主管部门的大力支持和信息安全爱好者的积极参与。技能挑战赛共有 221 支 CTF 队伍报名。管理运维赛分赛区分行业进行,吸引了 100 余家单位的 113 支团队,共 396 人次报名参加。

举办 7 期上海市智慧城市大讲坛系列活动,受众逾 2 000 人次;举办智慧园区论坛、沙龙研讨、参观交流等宣传交流活动 10 余次;在《中国电子报》头版发表《上海:两化融合驱动区域经济转型》专题报道;编印 2014 年“两化融合”重点案例集和智慧园区建设案例集以及上海市智慧城市大讲坛材料汇编。

2015年上海市智慧城市发展水平评估报告

上海市经济和信息化发展研究中心
上海市智慧城市建设促进中心

一、上海市智慧城市发展水平评估指标体系

(一) 评估指标体系概述

1. 评估指标体系框架

上海市智慧城市发展水平评估指标体系,包括构成总指数的3个一级指标,即网络就绪度指数、智慧应用指数与发展环境指数,以及作为修正系数的信息安全状况系数。其中,网络就绪度指数、智慧应用指数与发展环境指保障指数3个一级指标的权重按35%:55%:10%的比例分布;在此3个一级指标以下,共有9个二级指标,具体包括基础能力指数、生活服务指数、产业融合指数、机制保障指数等;三级指标共有32个,即为形成各级指数值的评估指标,具体包括光纤网络覆盖率、智慧社区普及率、环境质量监测点全市占比、领导小组等(二级与三级指标构成详见表1)。

2. 评估指标构成

评估指标体系的指标构成,如下表所示,详细的指标解释,请见附录。

(二) 评估测算方法与标准

1. 评估信息来源

网络就绪度指数、智慧应用指数以及信息安全状况系数的评估信息来自于市级各相关政府部门、企事业单位;发展环境指数的评估信息由各区县信息化工作主管部门提供。(详见附录一)

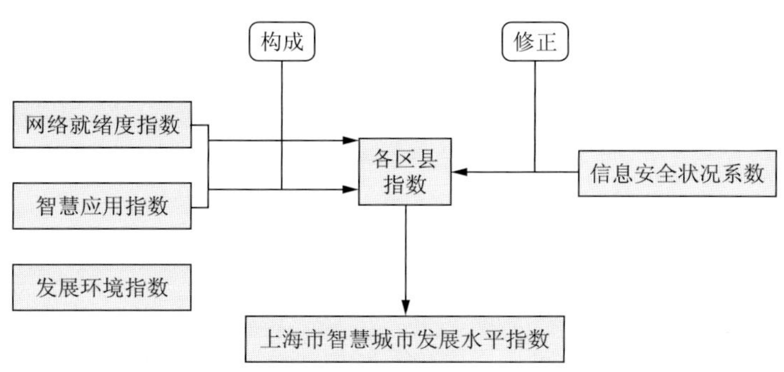

图 1　上海市智慧城市发展水平评估体系框架

表 1　上海市智慧城市发展水平评估指标体系

一级指标	二级指标	序号	三 级 指 标
网络就绪度指数	基础能力指数	1	光纤宽带网络覆盖率
		2	NGB 覆盖率
		3	基站覆盖率
		4	室内分布系统覆盖率
		5	WLAN 覆盖率
		6	i-Shanghai 覆盖率
	普及水平指数	7	家庭宽带普及率
		8	家庭光纤入户率
		9	数字电视普及率
	用户感知指数	10	专业评价
		11	用户评价
智慧应用指数	生活服务指数	12	智慧社区覆盖率
		13	12345 市民服务热线综合服务水平
		14	市民体质监测点全市占比
		15	电子学生证应用场点普及率
	产业融合指数	16	两化融合管理体系贯标试点企业全市占比
		17	单位地区生产总值发明专利申请量
		18	单位地区生产总值发明专利授权量
		19	单位地区生产总值软件及相关信息服务业收入
		20	国家布局内重点软件企业和集成电路设计企业全市占比
		21	智慧园区全市占比

续表

一级指标	二级指标	序号	三　级　指　标
智慧应用指数	城市治理指数	22	电子警察覆盖率
		23	环境质量监测点全市占比
		24	区县电子政务门户网站评比得分
		25	信用信息归集共享及查询应用情况
发展环境指数	机制保障指数	26	领导小组
		27	工作会议
		28	专项资金
	规划引导指数	29	顶层设计
		30	专项规划
	工作创新指数	31	工作试点
		32	成果获奖

2. 指标测算标准

对于三级指标测算方法包括两种，其一：对于纯量化的非百分制指标，为了消除各指标单位不同的问题，首先对数据进行无量纲化处理，再用中位值法测算出指数值。处理方法为，对于具体量化指标的数值，记 17 个区县的中位值为 $\overline{X}_i(i=\text{指标})$，各评估指标原始值记为 X_i，测算出的指数值记为 Z_i，公式如下：

$$Z_i=\left[\mathrm{Log}_2\left(1+\frac{X_i}{\overline{X}_i}\right)\right]\times 100$$

其二，对于百分制指标，即满分为 100 分的指标，参照其具体的评分计算标准(详见附件一)。

3. 指数值测算方法

三级以上各级指标指数值测算采用线性加权方法，公式如下：

$$II=\sum_{i=1}^{n}w_i p_i$$

其中，II 为智慧城市发展水平总指数值，n 为构成总指数的指标个数，p_i 为第 i 个指标的指数值，w_i 为 p_i 的权重，对于多级指标，以两步计算为例，第一步公式为：

$$Q_i=\sum_{j=1}^{m}w_{ij}p_{ij}$$

其中，Q_i 为第 i 个一级指标(分指数)的指数值，m 为构成该一级指标的二级指标个数，p_{ij} 为第 i 个一级指标中的第 j 个二级指标的指数值，w_{ij} 为第 i 个一级指标中的第 j 个二级指标的权重。

第二步公式为:

$$II = \sum_{i=1}^{n} w_i Q_i$$

其中,II 为发展水平总指数的指数值,n 为一级指标(分指数)个数,Q_i 为第 i 个一级指标值,w_i 为 Q_i 的权重。

4. 指数的修正与汇总

对于每个区县,使用信息安全状况指数乘以该区县各级指数值的加总即为该区县的智慧城市发展水平指数。上海市智慧城市发展水平指数是各区县指数值的算术平均值,而市级有关各级分指数与指标构成,则分别对应各区县相关分指数与指标的平均值。

5. 关于区县的区域划分

参考上海市有关行政区域划分标准,在评估分析中将 17 个区县分为中心城区与郊区等两类区域。其中,浦东新区、黄浦区、静安区、徐汇区、长宁区、普陀区、闸北区、虹口区、杨浦区为中心城区;宝山区、闵行区、嘉定区、金山区、松江区、青浦区、奉贤区、崇明县为郊区。

表 2 区县所处区域分类表

区 县	区域划分	区 县	区域划分
浦东新区	中心城区	宝山区	郊区
黄浦区	中心城区	闵行区	郊区
静安区	中心城区	嘉定区	郊区
徐汇区	中心城区	金山区	郊区
长宁区	中心城区	松江区	郊区
普陀区	中心城区	青浦区	郊区
闸北区	中心城区	奉贤区	郊区
虹口区	中心城区	崇明县	郊区
杨浦区	中心城区		

二、智慧城市发展水平评估总体情况

(一) 智慧城市发展水平指数

2015 年上海智慧城市发展水平指数为 96.91。其中,网络就绪度指数为 104.97,智慧应用指数为

99.19,发展环境保障指数为69.79。按各区县所属区域划分,中心城区智慧城市发展水平指数为108.71,郊区智慧城市发展水平指数为83.63。

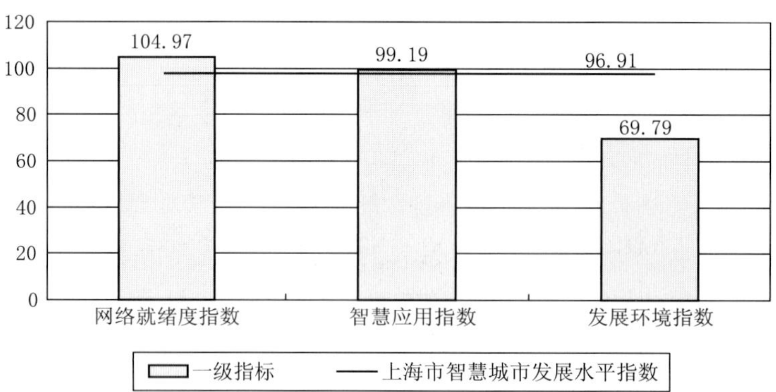

图2 上海市智慧城市发展水平指数(总指数 & 一级指标)

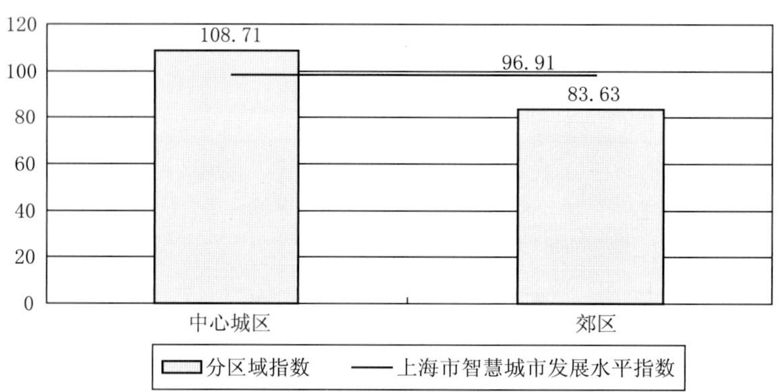

图3 上海市智慧城市发展水平指数(分区域)

其中,在相关二级指标中,基础能力指数为125.55,普及水平指数为97.52,用户感知指数为94.32,生活服务指数为99.97,产业融合指数为10.64,城市治理指数为93.71,机制保障指数为78.92,规划引导指数为72.06,工作创新指数为53.82。

表3 上海市智慧城市发展水平指数(二级指标)

二级指标	指数值	二级指标	指数值	二级指标	指数值
基础能力指数	125.55	生活服务指数	99.97	机制保障指数	78.92
普及水平指数	97.52	产业融合指数	103.64	规划引导指数	72.06
用户感知指数	94.32	城市治理指数	93.71	工作创新指数	53.82

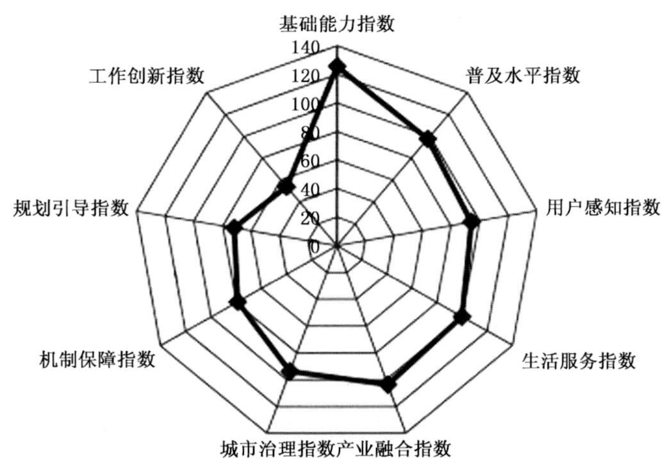

图 4 上海市智慧城市发展水平指数(二级指标)

(二)网络就绪度指数

上海市网络就绪度指数为 104.97,按各区县所属区域划分,中心城区网络就绪度指数为 126.49,郊区网络就绪度指数为 80.75。

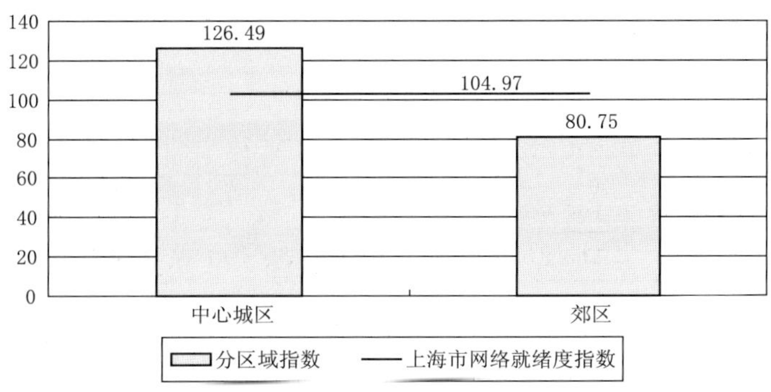

图 5 上海市网络就绪度指数(分区域)

其中,全市网络就绪度指数相关三级指标的指数值如下所示:

表 4 上海市网络就绪度指数相关三级指标指数值

三级指标	指数值	三级指标	指数值
光纤宽带网络覆盖率	95.37	家庭宽带普及率	101.30
NGB 覆盖率	93.68	家庭光纤入户率	98.69
基站覆盖率	111.48	数字电视普及率	88.90
室内分布系统覆盖率	108.90	专业评价	98.22
WLAN 覆盖率	155.62	用户评价	78.72
i-Shanghai 覆盖率	172.45	—	—

(三)智慧应用指数

上海市智慧应用指数为99.19,按各区县所属区域划分,中心城区智慧应用指数为107.33,郊区智慧应用指数为90.04。

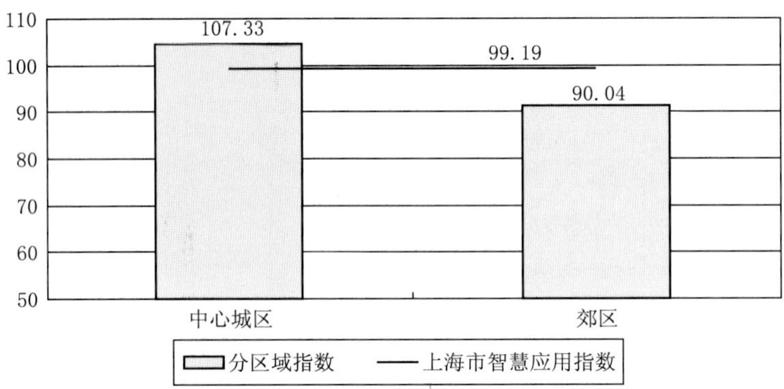

图6 上海市智慧应用指数(分区域)

其中,全市智慧应用指数相关三级指标的指数值如下所示:

表5 上海市智慧应用指数相关三级指标指数值

三级指标	指数值
智慧社区覆盖率	90.27
12345市民服务热线综合服务水平	86.18
市民体质监测点全市占比	94.46
电子学生证应用场点普及率	128.97
两化融合管理体系贯标试点企业全市占比	84.35
单位地区生产总值发明专利申请量	99.42
单位地区生产总值发明专利授权量	101.38
单位地区生产总值软件及相关信息服务业收入	104.40
国家布局内重点软件企业和集成电路设计企业全市占比	124.42
智慧园区全市占比	107.88
电子警察覆盖率	94.93
环境质量监测点全市占比	101.49
区县电子政务门户网站评比得分	87.65
信用信息归集共享及查询应用情况	90.76

(四) 发展环境指数

上海市发展环境指数为69.79,按各区县所属区域划分,中心城区发展环境指数为73.89,郊区发展环境指数为65.18。

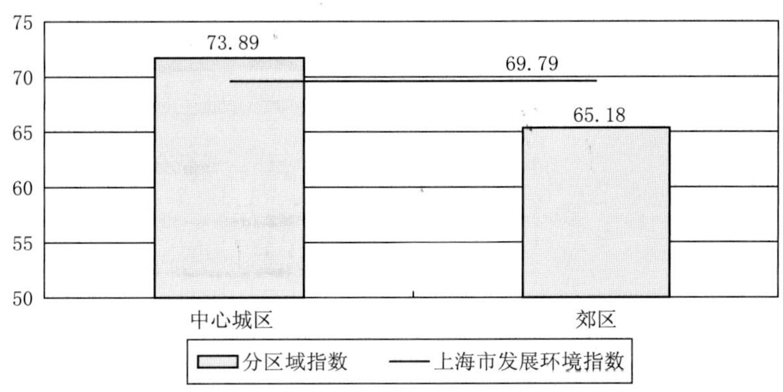

图7 上海市发展环境指数

其中,全市发展环境指数相关三级指标的指数值如下所示:

表6 上海市发展环境指数相关三级指标指数值

三级指标	指数值	三级指标	指数值
领导小组	89.71	专项规划	50.00
工作会议	61.76	工作试点	70.29
专项资金	85.29	成果获奖	37.35
顶层设计	94.12	—	—

三、各区县评估情况

(一) 区县智慧城市发展水平指数

区县智慧城市发展水平指数从高到低依次排名,高于上海市智慧城市发展水平指数的有徐汇区、长宁区、浦东新区、黄浦区、杨浦区、闸北区、静安区和普陀区。

其中,徐汇区、长宁区和浦东新区名列前三,闵行区和宝山区在郊区县中名列前茅。各区县在推进智慧城市建设方面各有所长,黄浦区、静安区和长宁区在网络环境建设方面得分最高,浦东新区、徐汇区和杨浦区在推进智慧应用方面力度最大,徐汇区、宝山区和浦东新区在营造发展环境方面成效最为明显。

表 7　区县智慧城市发展水平指数

序号	区　县	分　类	智慧城市发展水平指数	网络就绪度指数	智慧应用指数	发展环境保障指数	信息安全状况系数
1	徐汇区	中心城区	128.76	130.01	133.19	100.00	100%
2	长宁区	中心城区	119.73	143.38	111.51	82.14	100%
3	浦东新区	中心城区	116.10	96.85	138.18	85.71	98%
4	黄浦区	中心城区	111.76	145.41	100.28	57.14	100%
5	杨浦区	中心城区	111.35	120.61	118.66	61.43	98%
6	闸北区	中心城区	109.04	116.32	108.92	84.29	100%
7	静安区	中心城区	102.28	144.18	86.45	63.57	98%
8	普陀区	中心城区	97.40	118.71	94.65	57.86	98%
9	闵行区	郊区	93.22	96.13	98.79	71.43	98%
10	宝山区	郊区	92.59	96.39	89.35	97.14	100%
11	奉贤区	郊区	88.66	72.88	100.66	77.86	100%
12	嘉定区	郊区	87.32	86.96	95.11	63.57	98%
13	金山区	郊区	84.47	82.19	93.38	60.71	98%
14	松江区	郊区	82.04	83.19	85.95	56.43	100%
15	虹口区	中心城区	81.97	122.96	74.10	72.86	90%
16	青浦区	郊区	73.26	70.34	78.56	54.29	100%
17	崇明县	郊区	67.46	57.95	78.51	40.00	100%

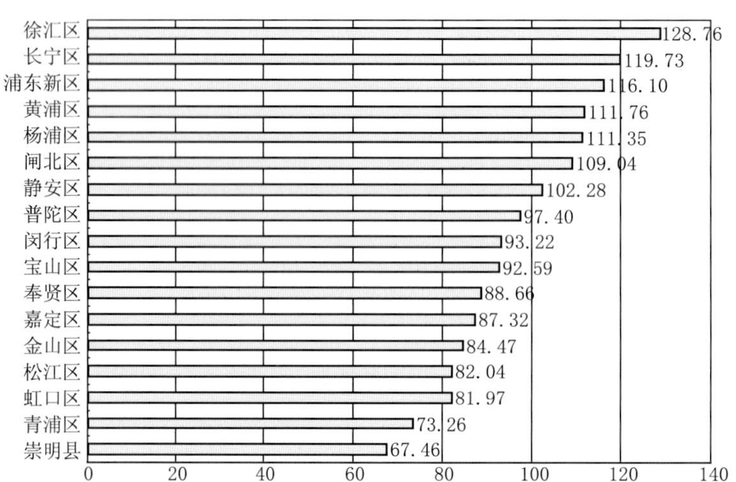

图 8　区县智慧城市发展水平指数

按各区县所属区域划分,区县智慧城市发展水平指数从高到低依次排名如下:

表 8 中心城区区县智慧城市发展水平指数

序号	区 县	智慧城市发展水平指数	网络就绪度指数	智慧应用指数	发展环境指数	信息安全状况系数
1	徐汇区	128.76	130.01	133.19	100.00	100%
2	长宁区	119.73	143.38	111.51	82.14	100%
3	浦东新区	116.10	96.85	138.18	85.71	98%
4	黄浦区	111.76	145.41	100.28	57.14	100%
5	杨浦区	111.35	120.61	118.66	61.43	98%
6	闸北区	109.04	116.32	108.92	84.29	100%
7	静安区	102.28	144.18	86.45	63.57	98%
8	普陀区	97.40	118.71	94.65	57.86	98%
9	虹口区	81.97	122.96	74.10	72.86	90%

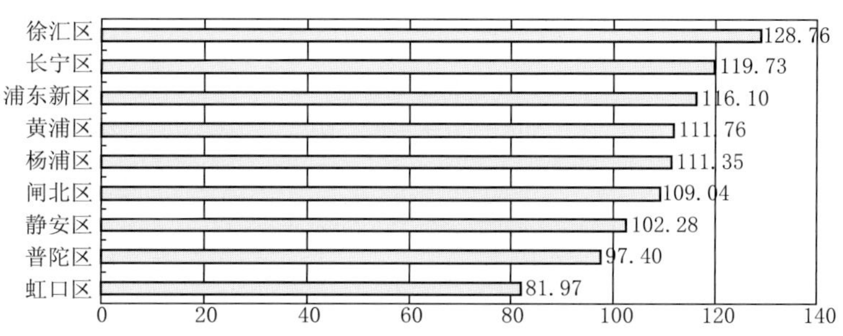

图 9 中心城区区县智慧城市发展水平指数

表 9 郊区区县智慧城市发展水平指数

序号	区 县	智慧城市发展水平指数	网络就绪度指数	智慧应用指数	发展环境指数	信息安全状况系数
1	闵行区	93.22	96.13	98.79	71.43	98%
2	宝山区	92.59	96.39	89.35	97.14	100%
3	奉贤区	88.66	72.88	100.66	77.86	100%
4	嘉定区	87.32	86.96	95.11	63.57	98%
5	金山区	84.47	82.19	93.38	60.71	98%
6	松江区	82.04	83.19	85.95	56.43	100%
7	青浦区	73.26	70.34	78.56	54.29	100%
8	崇明县	67.46	57.95	78.51	40.00	100%

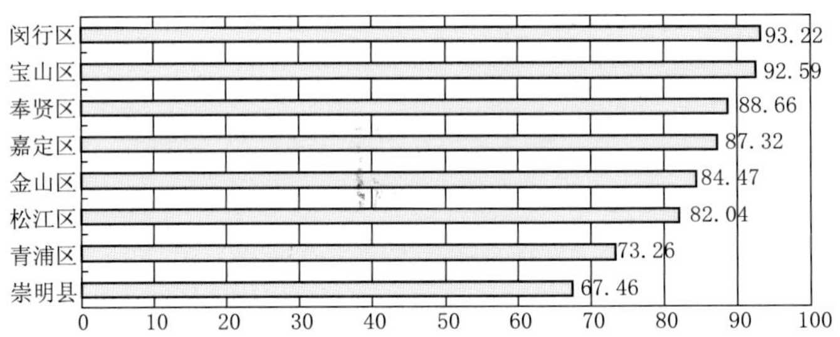

图 10　郊区区县智慧城市发展水平指数

(二) 区县网络就绪度指数

区县网络就绪度指数高于上海市网络就绪度指数的有黄浦区、静安区、长宁区、徐汇区、虹口区、杨浦区、普陀区和闸北区。

表 10　区县网络就绪度指数

序号	区　县	指数值	序号	区　县	指数值
1	黄浦区	145.41	10	宝山区	96.39
2	静安区	144.18	11	闵行区	96.13
3	长宁区	143.38	12	嘉定区	86.96
4	徐汇区	130.01	13	松江区	83.19
5	虹口区	122.96	14	金山区	82.19
6	杨浦区	120.61	15	奉贤区	72.88
7	普陀区	118.71	16	青浦区	70.34
8	闸北区	116.32	17	崇明县	57.95
9	浦东新区	96.85	—	—	—

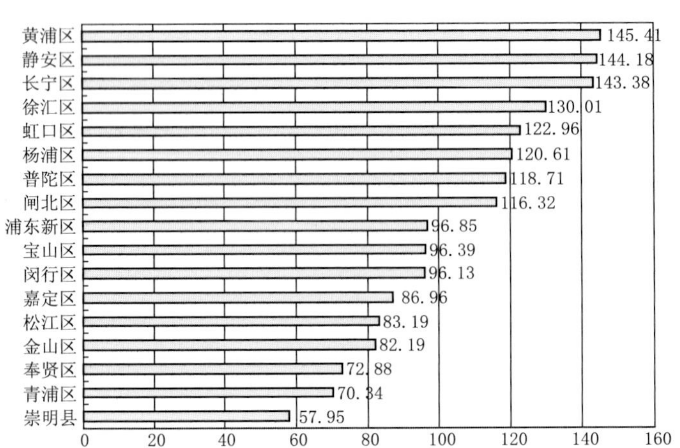

图 11　区县网络就绪度指数

1. 基础能力指数

区县基础能力指数高于上海市基础能力指数的有静安区、黄浦区、长宁区、徐汇区、虹口区、杨浦区、普陀区和闸北区。

表 11 区县基础能力指数

序号	区 县	指数值	序号	区 县	指数值
1	静安区	245.35	10	闵行区	86.15
2	黄浦区	229.34	11	宝山区	86.06
3	长宁区	194.77	12	嘉定区	83.43
4	虹口区	177.18	13	松江区	77.86
5	徐汇区	176.09	14	青浦区	64.80
6	闸北区	152.78	15	金山区	62.61
7	杨浦区	141.71	16	奉贤区	60.71
8	普陀区	141.04	17	崇明县	57.53
9	浦东新区	96.87	—	—	—

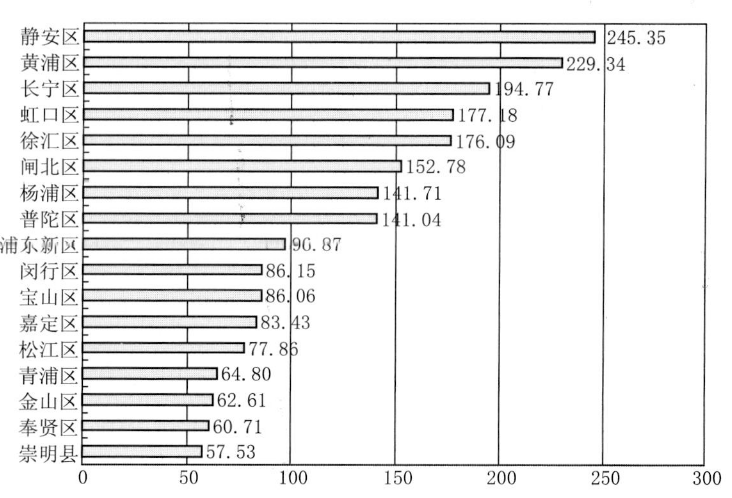

图 12 区县基础能力指数

(1) 光纤网络覆盖率

区县光纤网络覆盖率指数值高于上海市光纤网络覆盖率指数值的有长宁区、闵行区、虹口区、黄浦区、闸北区、宝山区、静安区、徐汇区和嘉定区。

表 12　区县光纤网络覆盖率指数值

序号	区　县	指数值	序号	区　县	指数值
1	黄浦区	143.75	10	浦东新区	99.07
2	长宁区	140.21	11	虹口区	90.27
3	杨浦区	121.99	12	嘉定区	74.26
4	徐汇区	116.85	13	松江区	67.75
5	普陀区	116.56	14	金山区	66.86
6	宝山区	112.73	15	奉贤区	64.38
7	静安区	102.19	16	青浦区	54.75
8	闸北区	100.12	17	崇明县	49.52
9	闵行区	100.00	—	—	—

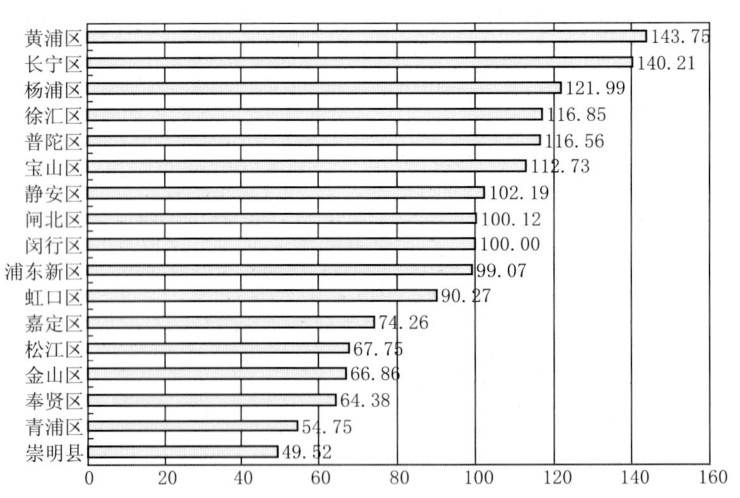

图 13　区县光纤网络覆盖率指数值

(2) NGB 覆盖率

区县 NGB 覆盖率指数值高于上海市 NGB 覆盖率指数值的有长宁区、徐汇区、普陀区、虹口区、闵行区、宝山区、杨浦区、闸北区、黄浦区和嘉定区。

表 13 区县 NGB 覆盖率指数值

序号	区 县	指数值	序号	区 县	指数值
1	长宁区	130.49	10	嘉定区	98.45
2	徐汇区	121.24	11	静安区	94.30
3	普陀区	120.34	12	松江区	94.09
4	虹口区	118.57	13	浦东新区	86.67
5	闵行区	114.48	14	金山区	57.08
6	宝山区	114.33	15	崇明县	45.63
7	杨浦区	108.98	16	青浦区	43.73
8	闸北区	107.90	17	奉贤区	36.21
9	黄浦区	100.00	—	—	—

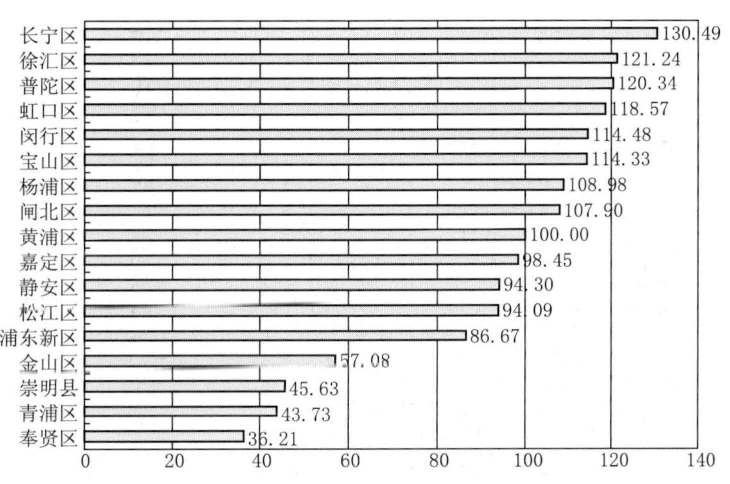

图 14 区县(三级指标)NGB 覆盖率指数值

(3) 基站覆盖率

区县基站覆盖率指数值高于上海市基站覆盖率指数值的有静安区、黄浦区、虹口区、徐汇区、长宁区、闸北区、杨浦区与普陀区。

表 14　区县基站覆盖率指数值

序号	区　县	指数值	序号	区　县	指数值
1	静安区	174.04	10	嘉定区	97.88
2	黄浦区	163.72	11	松江区	86.93
3	徐汇区	143.07	12	奉贤区	86.37
4	虹口区	142.55	13	浦东新区	85.09
5	长宁区	134.57	14	闵行区	83.72
6	闸北区	127.16	15	崇明县	77.03
7	杨浦区	124.60	16	金山区	75.08
8	普陀区	123.38	17	青浦区	70.04
9	宝山区	100.00	—	—	—

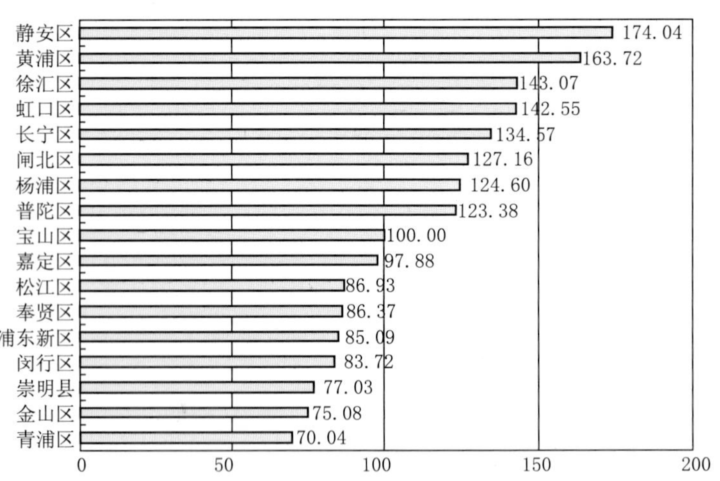

图 15　区县基站覆盖率指数值

（4）室内分布系统覆盖率

区县室内分布系统覆盖率指数值高于上海市室内分布系统覆盖率指数值的有静安区、黄浦区、长宁区、闸北区、虹口区和徐汇区。

表 15 区县室内分布系统覆盖率指数值

序号	区 县	指数值	序号	区 县	指数值
1	静安区	238.23	10	闵行区	99.14
2	黄浦区	183.93	11	嘉定区	93.22
3	长宁区	173.92	12	青浦区	70.01
4	闸北区	143.43	13	松江区	60.94
5	虹口区	139.54	14	崇明县	54.26
6	徐汇区	135.45	15	金山区	49.07
7	浦东新区	115.23	16	宝山区	47.86
8	杨浦区	103.25	17	奉贤区	43.82
9	普陀区	100.00	—	—	—

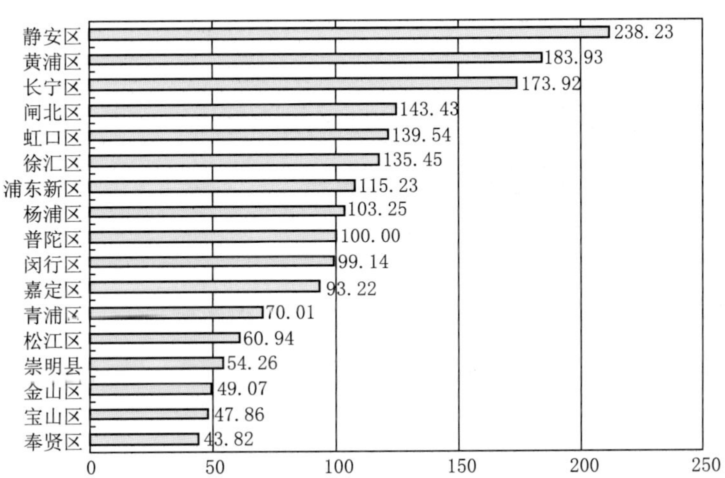

图 16 区县室内分布系统覆盖率指数值

(5) WLAN 覆盖率

区县 WLAN 覆盖率指数值高于上海市 WLAN 覆盖率指数值的有黄浦区、静安区、徐汇区、虹口区、长宁区、普陀区、杨浦区和闸北区。

表 16　区县 WLAN 覆盖率指数值

序号	区　县	指数值	序号	区　县	指数值
1	黄浦区	330.83	10	浦东新区	94.89
2	静安区	329.26	11	闵行区	88.95
3	徐汇区	242.68	12	宝山区	85.33
4	虹口区	238.29	13	嘉定区	70.07
5	长宁区	234.53	14	青浦区	64.22
6	普陀区	214.33	15	奉贤区	62.06
7	杨浦区	211.32	16	金山区	42.03
8	闸北区	189.56	17	崇明县	41.56
9	松江区	105.55	—	—	—

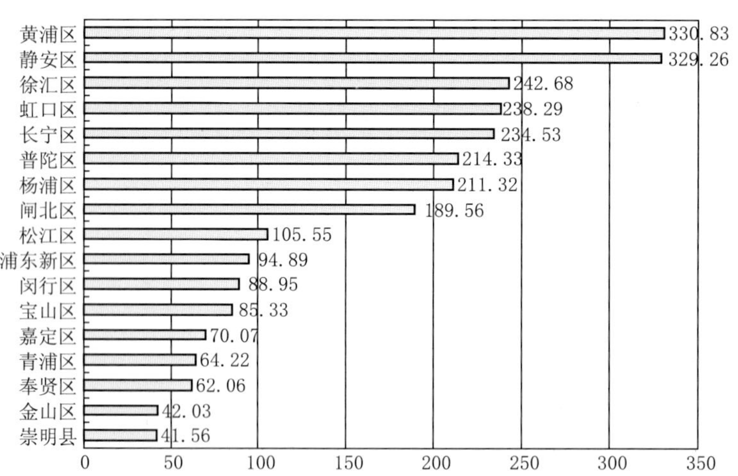

图 17　区县 WLAN 覆盖率指数值

（6）i-Shanghai 覆盖率

区县 i-Shanghai 覆盖率指数值高于上海市 i-Shanghai 覆盖率指数值的有静安区、黄浦区、长宁区、虹口区、徐汇区和闸北区。

表 17 区县 i-Shanghai 覆盖率指数值

序号	区 县	指数值	序号	区 县	指数值
1	静安区	457.99	10	金山区	88.17
2	黄浦区	407.20	11	宝山区	78.11
3	长宁区	349.13	12	青浦区	70.67
4	虹口区	300.61	13	崇明县	63.99
5	徐汇区	272.55	14	嘉定区	60.23
6	闸北区	223.91	15	奉贤区	52.58
7	杨浦区	163.64	16	松江区	44.32
8	普陀区	157.59	17	闵行区	41.00
9	浦东新区	100.00	—	—	—

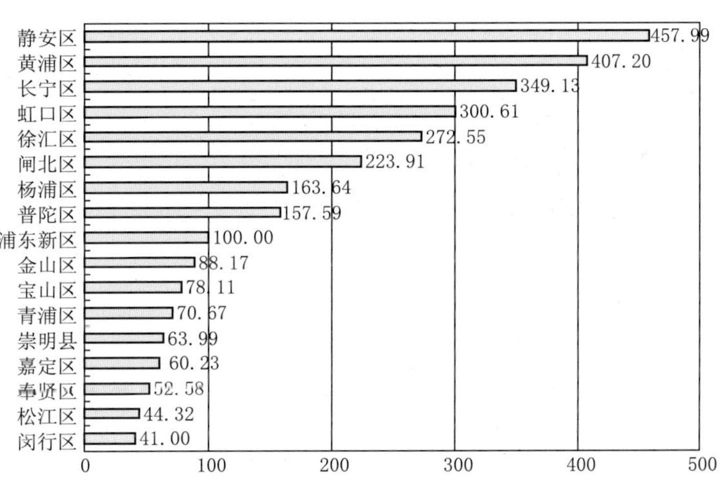

图 18 区县 i-Shanghai 覆盖率指数值

2. 普及水平指数

区县普及水平指数高于上海市普及水平指数的有长宁区、徐汇区、杨浦区、普陀区、黄浦区、宝山区、静安区、闸北区、闵行区和虹口区。

表 18 区县普及水平指数

序号	区 县	指数值	序号	区 县	指数值
1	长宁区	140.61	10	虹口区	98.70
2	徐汇区	121.68	11	浦东新区	94.19
3	杨浦区	120.67	12	金山区	89.71
4	普陀区	117.64	13	嘉定区	86.35
5	黄浦区	115.44	14	松江区	86.32
6	宝山区	104.09	15	奉贤区	68.06
7	静安区	104.02	16	青浦区	62.38
8	闸北区	102.91	17	崇明县	43.48
9	闵行区	101.53	—	—	—

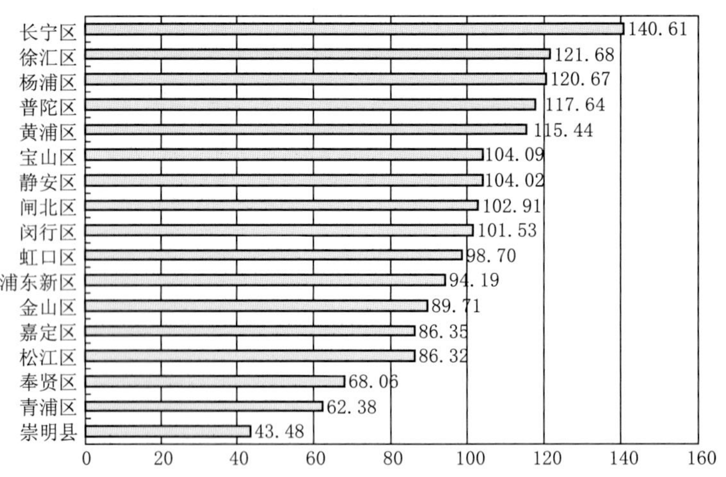

图 19 区县普及水平指数

(1) 家庭宽带普及率

区县家庭宽带普及率指数值高于上海市家庭宽带普及率指数值的有长宁区、徐汇区、杨浦区、黄浦区、普陀区与静安区。

表 19 区县家庭宽带普及率指数值

序号	区 县	指数值	序号	区 县	指数值
1	长宁区	144.64	10	金山区	99.46
2	徐汇区	122.44	11	浦东新区	96.03
3	杨浦区	118.70	12	虹口区	95.94
4	黄浦区	116.40	13	松江区	93.79
5	普陀区	115.69	14	嘉定区	92.06
6	静安区	107.07	15	奉贤区	77.56
7	闸北区	100.74	16	青浦区	72.01
8	宝山区	100.53	17	崇明县	69.07
9	闵行区	100.00	—	—	—

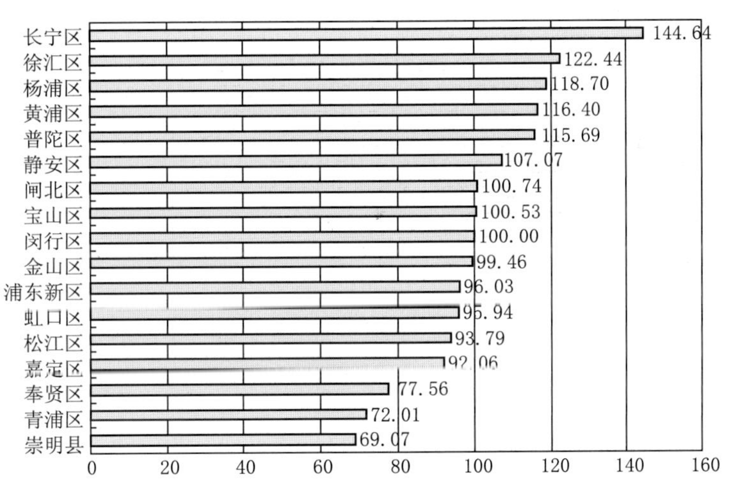

图 20 区县家庭宽带普及率指数值

(2) 家庭光纤入户率

区县家庭宽带普及率指数值高于上海市家庭宽带普及率指数值的有长宁区、杨浦区、徐汇区、黄浦区、普陀区、宝山区、闵行区、静安区、浦东新区、金山区和闸北区。

表 20 区县家庭光纤入户率指数值

序号	区 县	指数值	序号	区 县	指数值
1	长宁区	139.74	10	金山区	99.33
2	杨浦区	122.82	11	闸北区	99.32
3	徐汇区	118.43	12	虹口区	90.38
4	黄浦区	116.59	13	松江区	89.81
5	普陀区	115.94	14	嘉定区	87.82
6	宝山区	108.98	15	奉贤区	80.21
7	闵行区	103.05	16	青浦区	60.58
8	静安区	101.80	17	崇明县	42.94
9	浦东新区	100.00	—	—	—

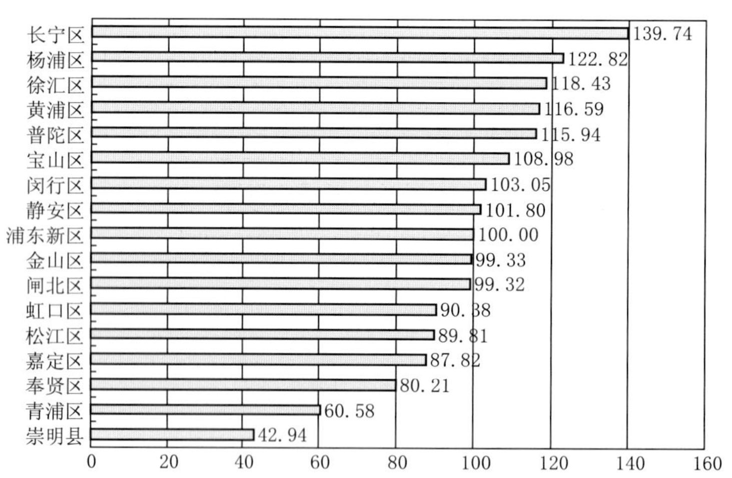

图 21 区县家庭光纤入户率指数值

(3) 数字电视普及率

区县数字电视普及率指数值高于上海市数字电视普及率指数值的有长宁区、徐汇区;普陀区、虹口区、杨浦区、闸北区、黄浦区、静安区、闵行区和宝山区。

表 21　区县数字电视普及率指数值

序号	区　县	指数值	序号	区　县	指数值
1	长宁区	136.75	10	宝山区	97.23
2	徐汇区	128.67	11	浦东新区	76.91
3	普陀区	124.79	12	嘉定区	74.13
4	虹口区	123.66	13	松江区	66.39
5	杨浦区	118.26	14	青浦区	52.44
6	闸北区	115.15	15	金山区	51.01
7	黄浦区	111.13	16	奉贤区	23.42
8	静安区	105.00	17	崇明县	6.43
9	闵行区	100.00	—	—	—

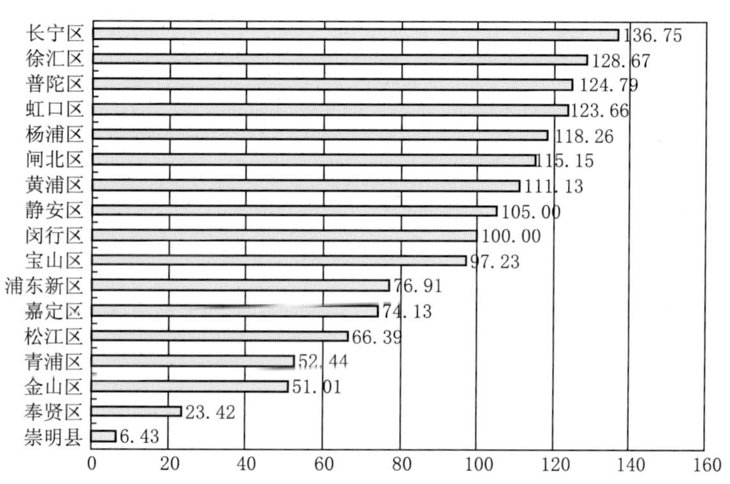

图 22　区县数字电视普及率指数值

3. 用户感知指数

区县用户感知指数高于上海市用户感知指数的有黄浦区、虹口区、浦东新区、杨浦区、闵行区、普陀区、闸北区、静安区、宝山区、长宁区和徐汇区。

表 22　区县用户感知指数

序号	区　县	指数值	序号	区　县	指数值
1	黄浦区	101.44	10	长宁区	95.68
2	虹口区	101.07	11	徐汇区	95.05
3	浦东新区	100.37	12	金山区	91.74
4	杨浦区	99.45	13	奉贤区	91.46
5	闵行区	98.91	14	嘉定区	91.30
6	普陀区	97.82	15	青浦区	86.48
7	闸北区	97.73	16	松江区	84.36
8	静安区	96.54	17	崇明县	77.66
9	宝山区	96.44	—	—	—

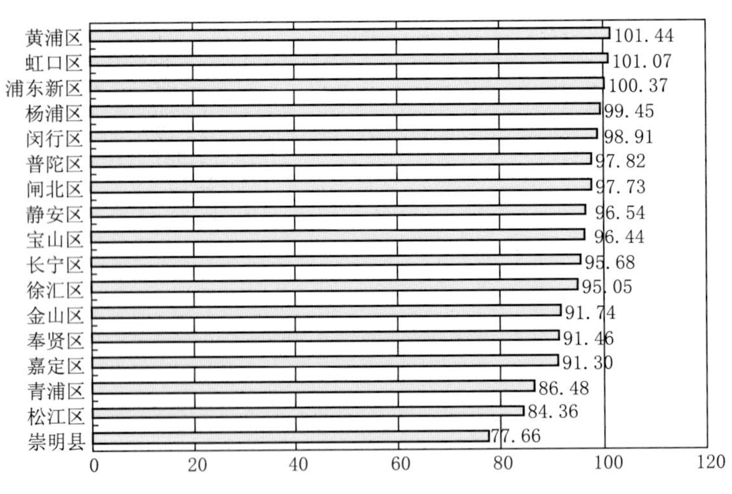

图 23　区县用户感知指数

(1) 专业评价

区县专业评价指数值高于上海市专业评价指数值的有黄浦区、虹口区、杨浦区、闵行区、浦东新区、普陀区、闸北区、静安区、宝山区、长宁区和徐汇区。

表 23　区县专业评价指数值

序号	区　县	指数值	序号	区　县	指数值
1	黄浦区	107.15	10	长宁区	99.98
2	虹口区	106.71	11	徐汇区	99.19
3	杨浦区	105.06	12	金山区	94.95
4	闵行区	104.01	13	奉贤区	94.70
5	浦东新区	103.82	14	嘉定区	94.50
6	普陀区	102.66	15	青浦区	88.40
7	闸北区	102.53	16	松江区	85.83
8	静安区	101.95	17	崇明县	77.45
9	宝山区	100.93	—	—	—

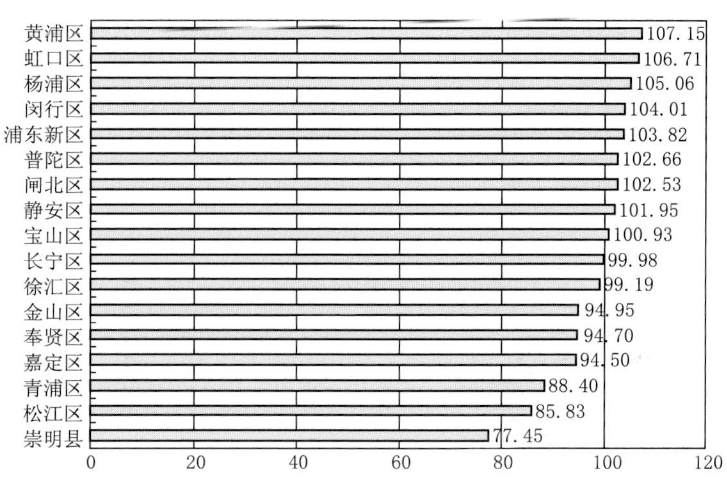

图 24　区县专业评价指数值

(2) 用户评价

区县用户评价指数值高于上海市用户评价指数值的有浦东新区、金山区和青浦区。

表 24　区县用户评价指数值

序号	区　县	指数值	序号	区　县	指数值
1	浦东新区	86.60	5	闵行区	78.50
2	金山区	78.90	5	宝山区	78.50
3	青浦区	78.80	5	松江区	78.50
4	黄浦区	78.60	5	嘉定区	78.50
5	长宁区	78.50	5	奉贤区	78.50

续表

序号	区　县	指数值	序号	区　县	指数值
5	闸北区	78.50	5	崇明县	78.50
5	徐汇区	78.50	16	杨浦区	77.00
5	普陀区	78.50	17	静安区	74.90
5	虹口区	78.50	—	—	—

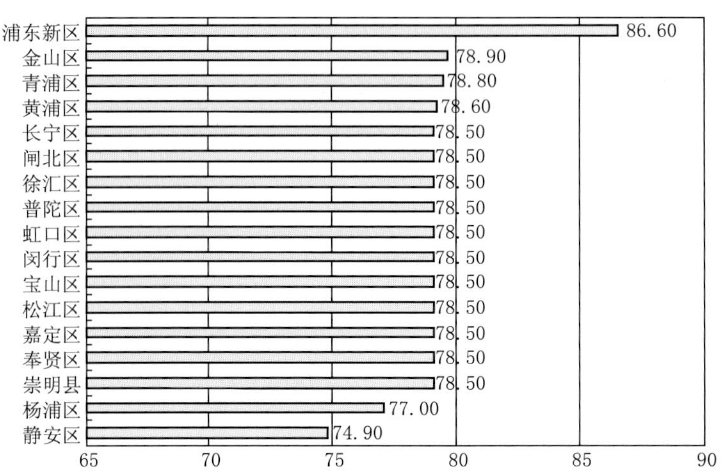

图 25　区县用户评价指数值

(三) 区县智慧应用指数

区县智慧应用指数高于上海市智慧应用指数的有浦东新区、徐汇区、杨浦区、长宁区、闸北区、奉贤区和黄浦区。

表 25　区县智慧应用指数

序号	区　县	指数值	序号	区　县	指数值
1	浦东新区	138.18	10	普陀区	94.65
2	徐汇区	133.19	11	金山区	93.38
3	杨浦区	118.66	12	宝山区	89.35
4	长宁区	111.51	13	静安区	86.45
5	闸北区	108.92	14	松江区	85.95
6	奉贤区	100.66	15	青浦区	78.56
7	黄浦区	100.28	16	崇明县	78.51
8	闵行区	98.79	17	虹口区	74.10
9	嘉定区	95.11	—	—	—

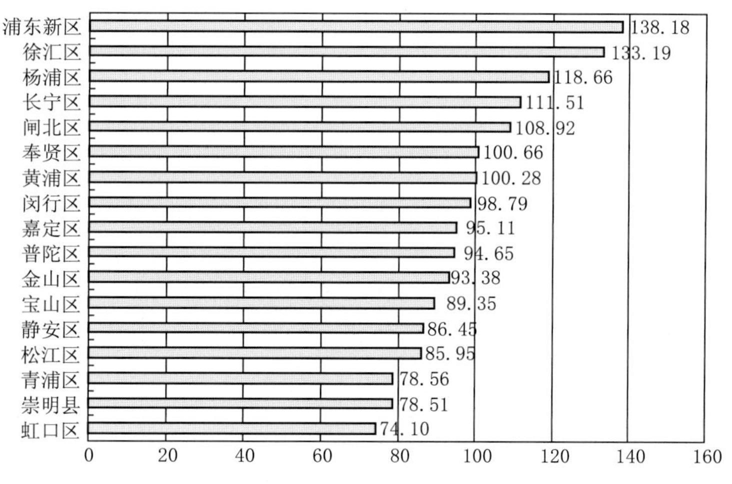

图 26 区县智慧应用指数

1. 生活服务指数

区县生活服务指数高于上海市生活服务指数的有徐汇区、杨浦区、普陀区、金山区、黄浦区、奉贤区、嘉定区、长宁区和闸北区。

表 26 区县生活服务指数

序号	区 县	指数值	序号	区 县	指数值
1	徐汇区	123.81	10	闵行区	98.68
2	杨浦区	123.55	11	浦东新区	97.50
3	普陀区	121.44	12	崇明县	93.17
4	金山区	113.27	13	静安区	86.80
5	黄浦区	112.45	14	虹口区	79.95
6	奉贤区	108.21	15	松江区	78.90
7	嘉定区	105.44	16	宝山区	77.27
8	长宁区	103.40	17	青浦区	73.87
9	闸北区	101.76	—	—	—

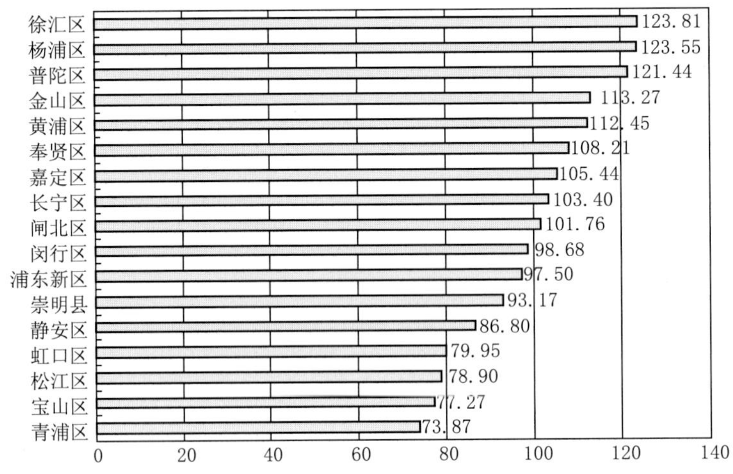

图 27　区县生活服务指数

(1) 智慧社区覆盖率

区县智慧社区覆盖率指数值高于上海市智慧社区覆盖率指数值的有闵行区、闸北区、静安区、长宁区、嘉定区、徐汇区、奉贤区、浦东新区和杨浦区。

表 27　区县智慧社区覆盖率指数值

序号	区　县	指数值	序号	区　县	指数值
1	闵行区	154.06	10	杨浦区	86.25
2	闸北区	149.48	11	金山区	72.64
3	静安区	120.73	12	松江区	52.24
3	长宁区	120.73	13	虹口区	49.48
3	嘉定区	120.73	13	崇明县	49.48
6	徐汇区	117.55	15	黄浦区	40.85
7	奉贤区	115.53	15	普陀区	40.85
8	宝山区	106.41	17	青浦区	37.58
9	浦东新区	100.00	—	—	—

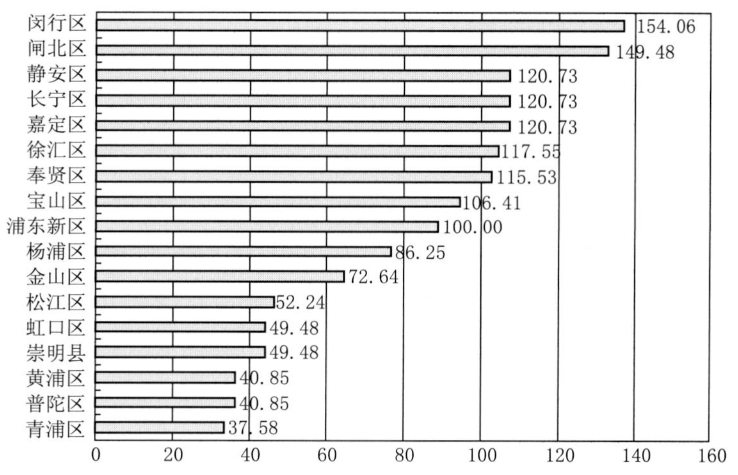

图 28　区县智慧社区覆盖率指数值

(2) 12345 市民服务热线综合服务水平

区县 12345 市民服务热线综合服务水平指数值高于上海市 12345 市民服务热线综合服务水平指数值的有浦东新区、静安区、杨浦区、宝山区和金山区。

表 28　区县 12345 市民服务热线综合服务水平指数值

序号	区　县	指数值	序号	区　县	指数值
1	浦东新区	90	6	虹口区	85
1	静安区	90	6	闵行区	85
1	杨浦区	90	6	嘉定区	85
1	宝山区	90	6	青浦区	85
1	金山区	90	6	奉贤区	85
6	徐汇区	85	15	黄浦区	80
6	长宁区	85	15	松江区	80
6	普陀区	85	15	崇明县	80
6	闸北区	85	—	—	—

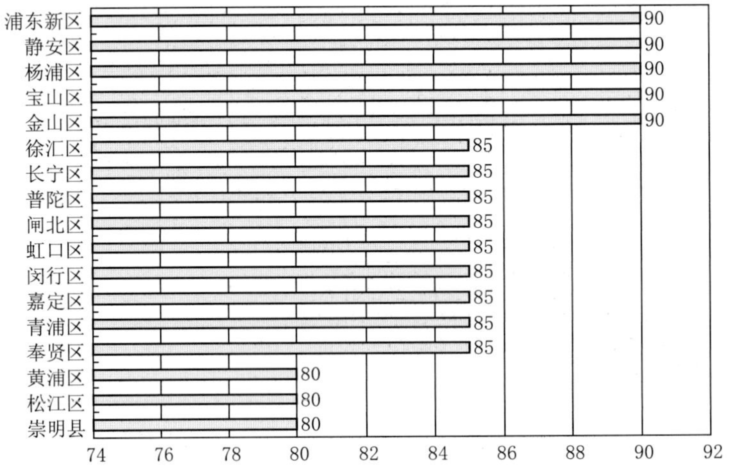

图 29　区县 12345 市民服务热线综合服务水平指数值

(3) 市民体质监测点全市占比

区县市民体质监测点全市占比指数值高于上海市市民体质监测点全市占比指数值的有嘉定区、奉贤区、杨浦区、黄浦区、徐汇区、崇明县、松江区和普陀区。

表 29　区县市民体质监测点全市占比

序号	区　县	指数值	序号	区　县	指数值
1	嘉定区	151.46	10	青浦区	89.31
1	奉贤区	151.46	11	静安区	77.76
3	杨浦区	144.06	11	闸北区	77.76
4	黄浦区	128.01	11	闵行区	77.76
4	徐汇区	128.01	14	长宁区	65.21
4	崇明县	128.01	15	虹口区	19.26
7	松江区	119.26	15	宝山区	19.26
8	普陀区	109.95	15	金山区	19.26
9	浦东新区	100.00	—	—	—

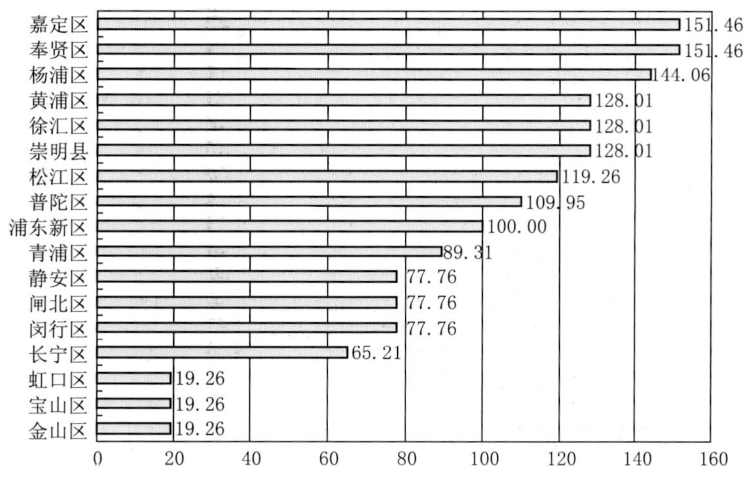

图 30　区县市民体质监测点全市占比指数值

(4) 电子学生证应用场点普及率

区县电子学生证应用场点普及率指数值高于上海市电子学生证应用场点普及率指数值的有金山区、普陀区、黄浦区、徐汇区、虹口区、杨浦区和长宁区。

表 30　区县电子学生证应用场点普及率指数值

序号	区　县	指数值	序号	区　县	指数值
1	金山区	276.85	10	闸北区	86.69
2	普陀区	208.14	11	宝山区	83.32
3	黄浦区	200.99	12	奉贤区	81.22
4	徐汇区	166.50	13	青浦区	78.95
5	虹口区	152.12	14	静安区	76.40
6	杨浦区	143.98	15	闵行区	69.61
7	长宁区	131.27	16	松江区	58.72
8	崇明区	100.08	17	嘉定区	53.45
9	浦东新区	100.00	—	—	—

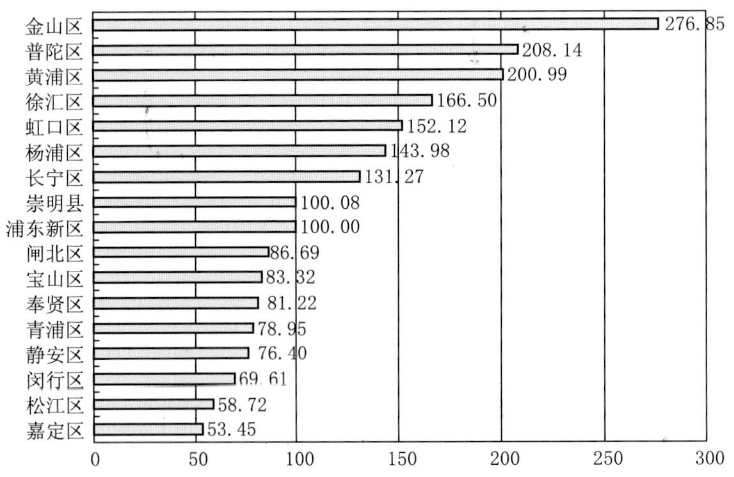

图 31　区县电子学生证应用场点普及率指数值

2. 产业融合指数

区县产业融合指数高于上海市产业融合指数的有浦东新区、徐汇区、闸北区、杨浦区和长宁区。

表 31　区县产业融合指数

序号	区　县	指数值	序号	区　县	指数值
1	浦东新区	225.79	10	松江区	93.82
2	徐汇区	173.97	11	宝山区	93.40
3	闸北区	134.81	12	青浦区	77.92
4	杨浦区	131.02	13	金山区	77.57
5	长宁区	126.10	14	普陀区	66.75
6	闵行区	98.23	15	静安区	64.77
7	奉贤区	98.20	16	虹口区	56.98
8	嘉定区	96.48	17	崇明县	51.98
9	黄浦区	94.13	—	—	—

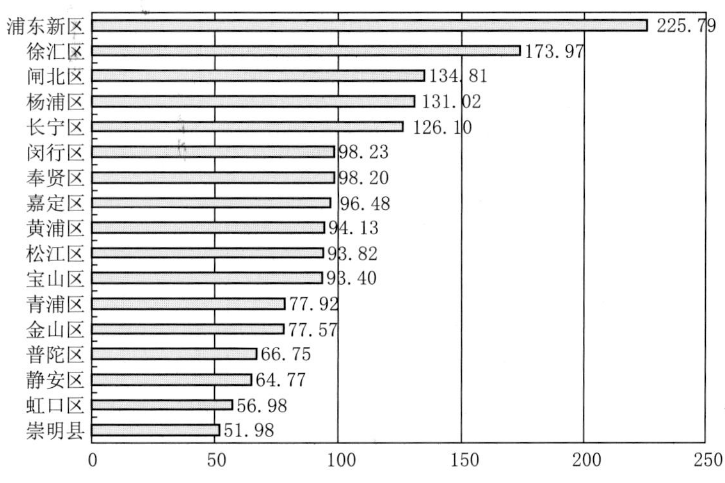

图 32 区县产业融合指数值

(1) 两化融合管理体系贯标试点企业全市占比

区县两化融合管理体系贯标试点企业全市占比指数值高于上海市两化融合管理体系贯标试点企业全市占比指数值的有浦东新区、黄浦区、金山区、徐汇区、普陀区、闸北区、杨浦区、宝山区、松江区、奉贤区和崇明县。

表 32 区县两化融合管理体系贯标试点企业全市占比指数值

序号	区 县	指数值	序号	区 县	指数值
1	浦东新区	316.99	10	奉贤区	100.00
2	黄浦区	158.50	11	崇明县	100.00
3	金山区	158.50	12	静安区	0.00
4	徐汇区	100.00	13	长宁区	0.00
5	普陀区	100.00	14	虹口区	0.00
6	闸北区	100.00	15	闵行区	0.00
7	杨浦区	100.00	16	嘉定区	0.00
8	宝山区	100.00	17	青浦区	0.00
9	松江区	100.00	—	—	—

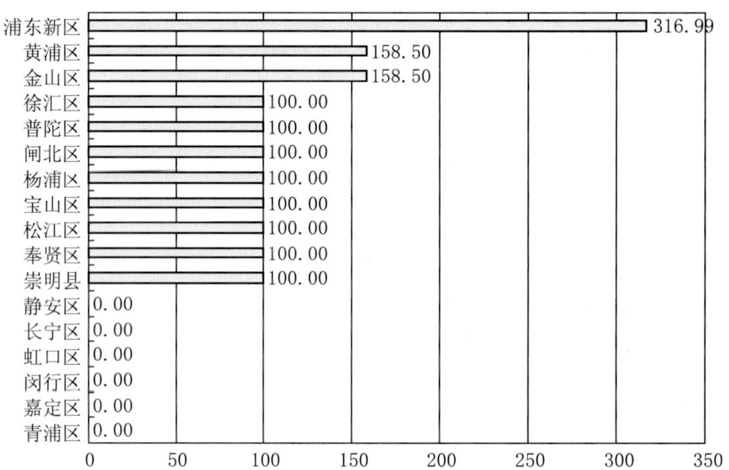

图 33 区县两化融合管理体系贯标试点企业全市占比指数值

(2) 单位地区生产总值发明专利申请量

区县单位地区生产总值发明专利申请量指数值高于上海市单位地区生产总值发明专利申请量指数值的有松江区、闵行区、嘉定区、宝山区、奉贤区、徐汇区、杨浦区、青浦区和金山区。

表 33 区县单位地区生产总值发明专利申请量指数值

序号	区 县	指数值	序号	区 县	指数值
1	松江区	160.22	10	普陀区	93.50
2	闵行区	151.44	11	浦东新区	83.16
3	嘉定区	131.26	12	长宁区	70.23
4	宝山区	130.74	13	崇明县	69.77
5	奉贤区	128.59	14	闸北区	69.57
6	徐汇区	121.58	15	虹口区	61.52
7	杨浦区	117.50	16	黄浦区	49.91
8	青浦区	113.58	17	静安区	37.53
9	金山区	100.00	—	—	—

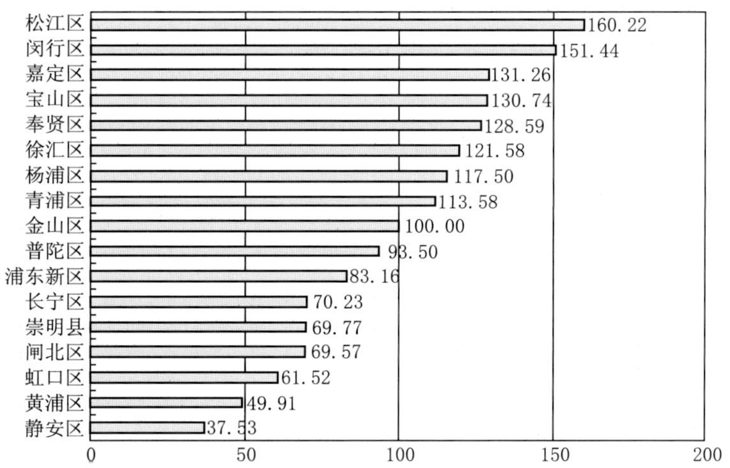

图 34 区县单位地区生产总值发明专利申请量指数值

(3) 单位地区生产总值发明专利授予量

区县单位地区生产总值发明专利授权量指数值高于上海市单位地区生产总值发明专利授予量指数值的有松江区、嘉定区、奉贤区、闵行区、宝山区、青浦区、徐汇区和杨浦区。

表 34 区县单位地区生产总值发明专利授予量指数值

序号	区 县	指数值	序号	区 县	指数值
1	松江区	166.78	10	普陀区	96.27
2	嘉定区	141.10	11	浦东新区	81.11
3	奉贤区	140.48	12	崇明县	77.98
4	闵行区	138.60	13	长宁区	72.10
5	宝山区	129.69	14	闸北区	67.61
6	青浦区	128.32	15	虹口区	62.14
7	徐汇区	118.43	16	黄浦区	49.41
8	杨浦区	111.80	17	静安区	41.68
9	金山区	100.00	—	—	—

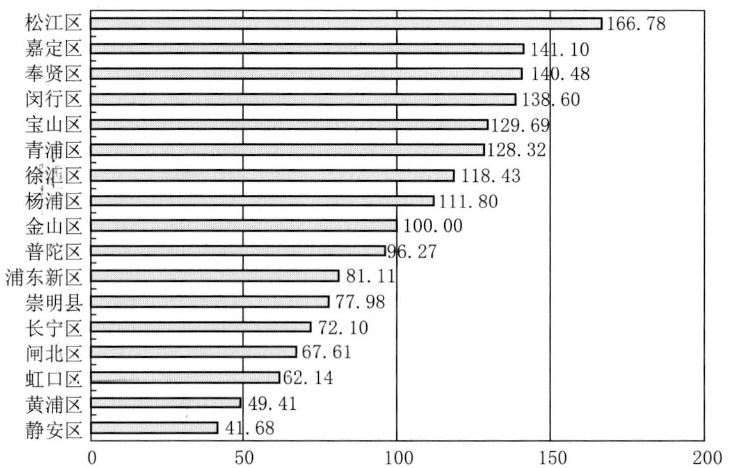

图 35　区县单位地区生产总值发明专利授予量指数值

(4) 单位地区生产总值软件及相关信息服务业收入

区县单位地区生产总值软件及相关信息服务业收入指数值高于上海市单位地区生产总值软件及相关信息服务业收入指数值的有长宁区、闸北区、徐汇区、浦东新区、虹口区、普陀区、静安区和嘉定区。

表 35　区县单位地区生产总值软件及相关信息服务业收入指数值

序号	区　县	指数值	序号	区　县	指数值
1	长宁区	282.11	10	杨浦区	76.06
2	闸北区	254.66	11	崇明县	64.12
3	徐汇区	199.36	12	黄浦区	48.47
4	浦东新区	175.72	13	闵行区	40.82
5	虹口区	118.24	14	松江区	35.94
6	普陀区	110.70	15	青浦区	25.66
7	静安区	109.42	16	奉贤区	20.17
8	嘉定区	106.51	17	金山区	6.92
9	宝山区	100.00	—	—	—

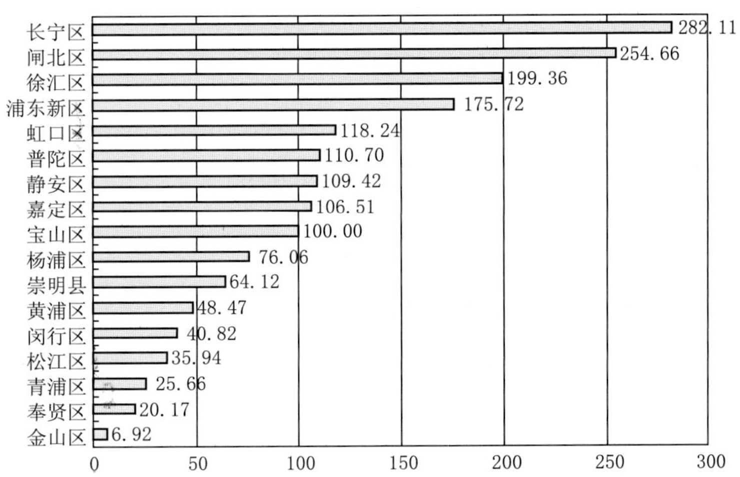

图 36　区县单位地区生产总值软件及相关信息服务业收入指数值

(5) 国家布局内重点软件企业和集成电路设计企业全市占比

区县国家布局内重点软件企业和集成电路设计企业全市占比指数值高于上海市国家布局内重点软件企业和集成电路设计企业全市占比指数值的有浦东新区、徐汇区、杨浦区、长宁区、黄浦区和闸北区。

表 36　区县国家布局内重点软件企业和集成电路设计企业全市占比指数值

序号	区　县	指数值	序号	区　县	指数值
1	浦东新区	439.23	7	青浦区	100.00
2	徐汇区	345.94	7	奉贤区	100.00
3	杨浦区	280.74	12	普陀区	0.00
4	长宁区	232.19	12	虹口区	0.00
5	黄浦区	158.50	12	宝山区	0.00
5	闸北区	158.50	12	金山区	0.00
7	静安区	100.00	12	松江区	0.00
7	闵行区	100.00	12	崇明县	0.00
7	嘉定区	100.00	—	—	—

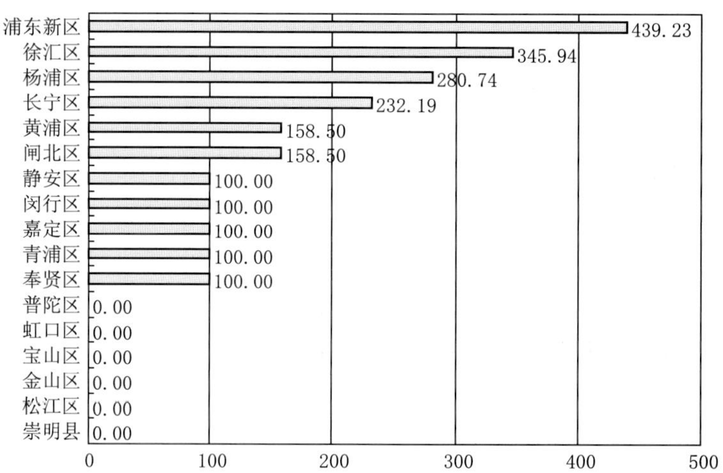

图 37　国家布局内重点软件企业和集成电路设计企业全市占比指数值

(6) 智慧园区全市占比

区县智慧园区全市占比指数值高于上海市智慧园区全市占比指数值的有浦东新区、徐汇区、闸北区和闵行区。

表 37　区县智慧园区全市占比指数值

序号	区　县	指数值	序号	区　县	指数值
1	浦东新区	258.50	5	宝山区	100.00
2	徐汇区	158.50	5	嘉定区	100.00
2	闸北区	158.50	5	金山区	100.00
2	闵行区	158.50	5	松江区	100.00
5	黄浦区	100.00	5	青浦区	100.00
5	静安区	100.00	5	奉贤区	100.00
5	长宁区	100.00	16	普陀区	0.00
5	虹口区	100.00	16	崇明县	0.00
5	杨浦区	100.00	—	—	—

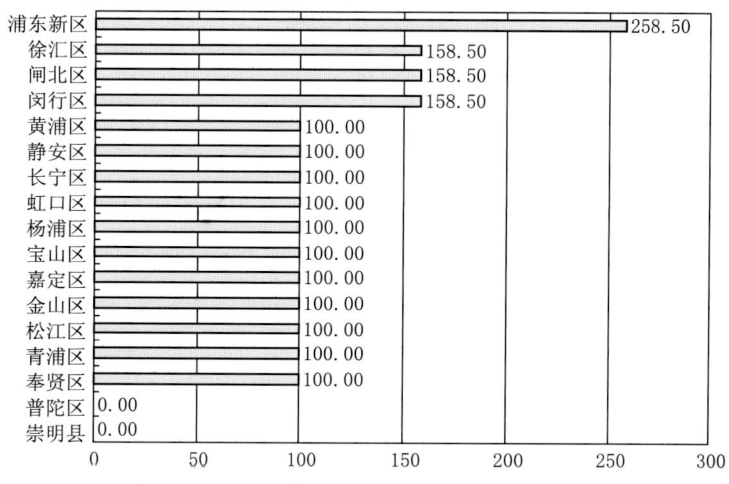

图 38 区县智慧园区全市占比指数值

3. 城市治理指数

区县城市治理指数值高于上海市城市治理指数值的有静安区、黄浦区、虹口区、长宁区、闸北区、徐汇区、杨浦区和普陀区。

表 38 区县城市治理指数

序号	区 县	指数值	序号	区 县	指数值
1	长宁区	107.73	10	黄浦区	90.22
2	静安区	107.67	11	松江区	87.50
3	徐汇区	104.92	12	普陀区	86.82
4	浦东新区	104.82	13	崇明县	85.50
5	宝山区	101.40	14	青浦区	85.46
6	杨浦区	99.77	15	虹口区	83.42
7	闵行区	99.51	16	金山区	82.68
8	奉贤区	93.06	17	嘉定区	79.97
9	闸北区	92.57	—	—	—

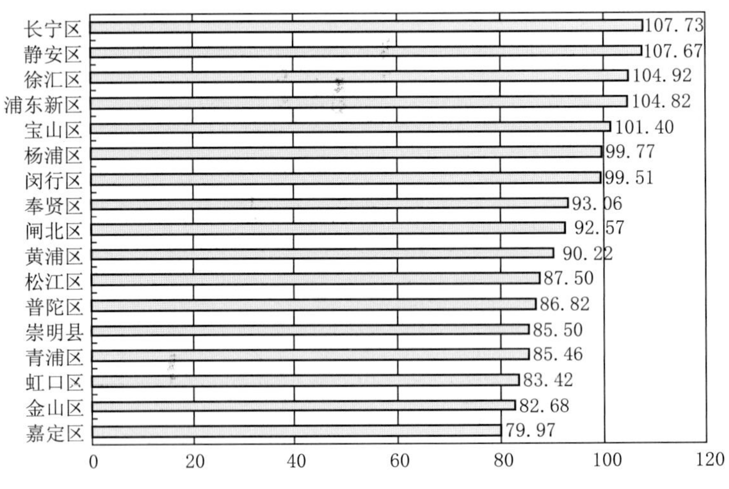

图 39 区县城市治理指数

(1) 电子警察监控点覆盖率

区县电子警察监控点覆盖率指数值高于上海市电子警察监控点覆盖率指数值的有静安区、长宁区、闸北区、徐汇区、普陀区、杨浦区、宝山区、闵行区、虹口区。

表 39 区县电子警察监控点覆盖率指数值

序号	区 县	指数值	序号	区 县	指数值
1	静安区	162.99	10	浦东新区	83.78
2	长宁区	136.44	11	黄浦区	75.87
3	闸北区	134.57	12	奉贤区	67.00
4	徐汇区	130.66	13	嘉定区	61.87
5	普陀区	116.60	14	松江区	58.98
6	杨浦区	112.09	15	崇明县	55.27
7	宝山区	109.59	16	青浦区	54.59
8	闵行区	102.03	17	金山区	51.47
9	虹口区	100.00	—	—	—

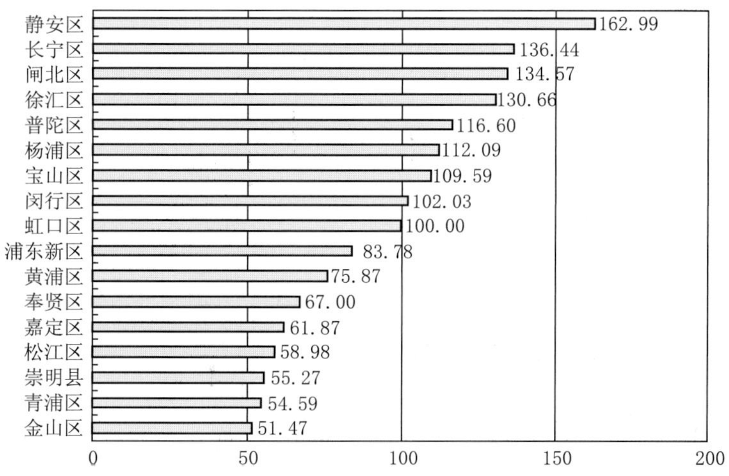

图 40　区县电子警察监控点覆盖率指数值

(2) 环境质量监测点全市占比

区县环境质量监测点全市占比指数值高于上海市环境质量监测点全市占比指数值的有浦东新区、金山区、青浦区、奉贤区和崇明县。

表 40　区县环境质量监测点全市占比指数值

序号	区　县	指数值	序号	区　县	指数值
1	浦东新区	141.50	6	宝山区	100.00
2	金山区	122.24	6	闵行区	100.00
2	青浦区	122.24	6	嘉定区	100.00
2	奉贤区	122.24	6	松江区	100.00
2	崇明县	122.24	14	静安区	73.70
6	黄浦区	100.00	14	普陀区	73.70
6	徐汇区	100.00	14	闸北区	73.70
6	长宁区	100.00	14	虹口区	73.70
6	杨浦区	100.00	—	—	—

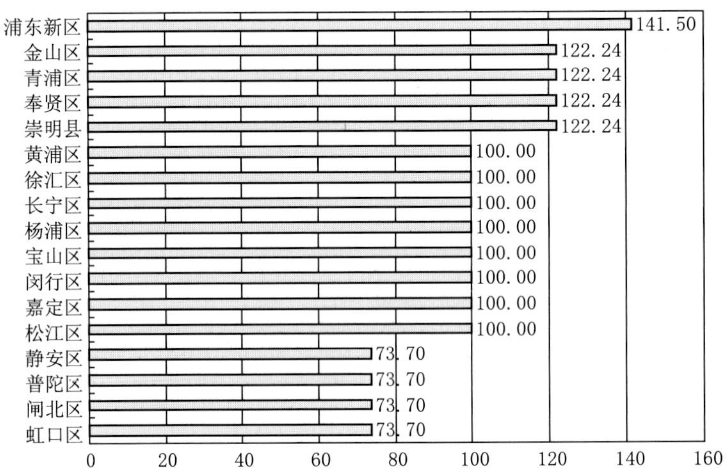

图 41　区县环境质量监测点全市占比指数值

(3) 电子政务门户网站评比

区县电子政务门户网站评比指数值高于上海市电子政务门户网站评比指数值的有浦东新区、黄浦区、静安区、徐汇区、长宁区、杨浦区、宝山区、闵行区、松江区和奉贤区。

表 41　区县电子政务门户网站评比指数值

序号	区　县	指数值	序号	区　县	指数值
1	浦东新区	100	1	奉贤区	100
1	黄浦区	100	11	普陀区	70
1	静安区	100	11	闸北区	70
1	徐汇区	100	11	虹口区	70
1	长宁区	100	11	嘉定区	70
1	杨浦区	100	11	金山区	70
1	宝山区	100	11	青浦区	70
1	闵行区	100	11	崇明县	70
1	松江区	100	—	—	—

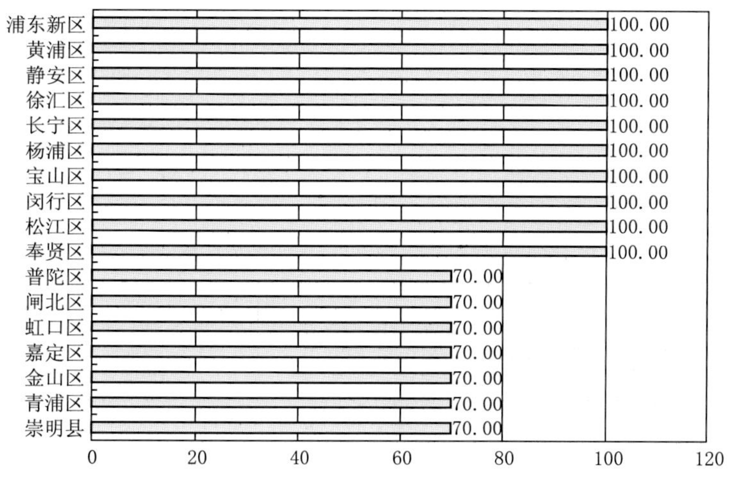

图 42 区县电子政务门户网站评比指数值

(4) 信用信息归集共享及查询应用

区县信用信息归集共享及查询应用指数值高于上海市信用信息归集共享及查询应用指数值的有宝山区、闵行区、青浦区、长宁区、崇明县、浦东新区、静安区、闸北区和松江区。

表 42 区县信用信息归集共享及查询应用指数值

序号	区 县	指数值	序号	区 县	指数值
1	宝山区	96.00	10	虹口区	90.00
1	闵行区	96.00	11	徐汇区	89.00
3	青浦区	95.00	12	嘉定区	88.00
4	长宁区	94.50	13	普陀区	87.00
4	崇明县	94.50	13	杨浦区	87.00
6	浦东新区	94.00	13	金山区	87.00
6	静安区	94.00	16	黄浦区	85.00
8	闸北区	92.00	17	奉贤区	83.00
9	松江区	91.00	—	—	—

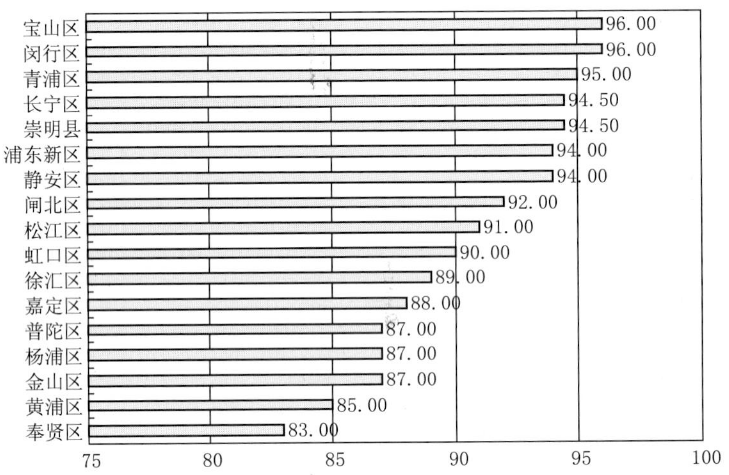

图 43　区县信用信息归集共享及查询应用指数值

(四) 区县发展环境指数

区县发展环境指数高于上海市发展环境指数的有徐汇区、宝山区、浦东新区、闸北区、长宁区、奉贤区、虹口区和闵行区。

表 43　区县发展环境指数

序号	区　县	指数值	序号	区　县	指数值
1	徐汇区	100.00	9	嘉定区	63.57
2	宝山区	97.14	11	杨浦区	61.43
3	浦东新区	85.71	12	金山区	60.71
4	闸北区	84.29	13	普陀区	57.86
5	长宁区	82.14	14	黄浦区	57.14
6	奉贤区	77.86	15	松江区	56.43
7	虹口区	72.86	16	青浦区	54.29
8	闵行区	71.43	17	崇明县	40.00
9	静安区	63.57	—	—	—

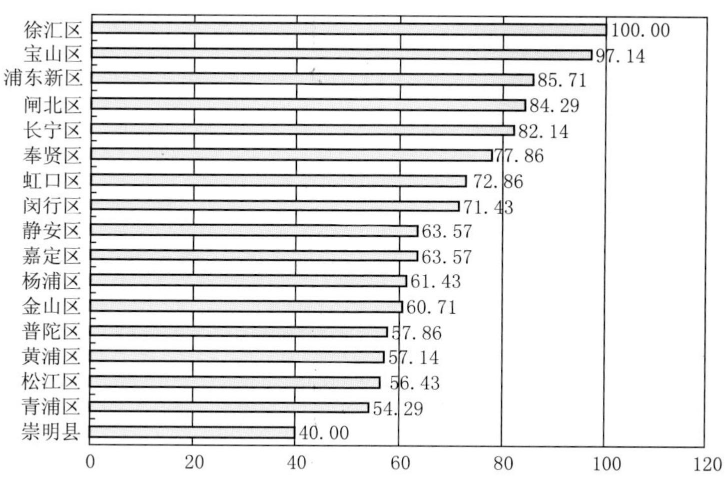

图 44 区县发展环境指数

1. 机制保障指数

区县机制保障指数高于上海市机制保障指数的有徐汇区、长宁区、闸北区、宝山区、奉贤区、浦东新区、虹口区、闵行区、嘉定区、金山区和松江区。

表 44 区县机制保障指数

序号	区 县	指数值	序号	区 县	指数值
1	徐汇区	100.00	6	金山区	83.33
1	长宁区	100.00	6	松江区	83.33
1	闸北区	100.00	12	静安区	66.67
1	宝山区	100.00	12	杨浦区	66.67
5	奉贤区	91.67	12	崇明县	66.67
6	浦东新区	83.33	15	黄浦区	50.00
6	虹口区	83.33	15	普陀区	50.00
6	闵行区	83.33	15	青浦区	50.00
6	嘉定区	83.33	—	—	—

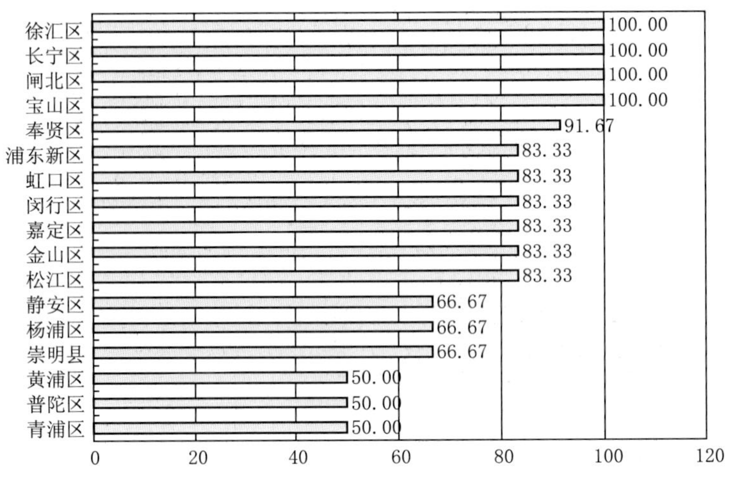

图 45　区县组织领导指数值

(1) 领导小组

区县领导小组指数值高于上海市领导小组指数值的有浦东新区、静安区、徐汇区、长宁区、普陀区、闸北区、虹口区、杨浦区、宝山区、闵行区、嘉定区、松江区和青浦区。

表 45　区县领导小组指数值

序号	区　县	指数值	序号	区　县	指数值
1	浦东新区	100.00	1	闵行区	100.00
1	静安区	100.00	1	嘉定区	100.00
1	徐汇区	100.00	1	松江区	100.00
1	长宁区	100.00	1	青浦区	100.00
1	普陀区	100.00	14	奉贤区	75.00
1	闸北区	100.00	15	黄浦区	50.00
1	虹口区	100.00	15	金山区	50.00
1	杨浦区	100.00	15	崇明县	50.00
1	宝山区	100.00	—	—	—

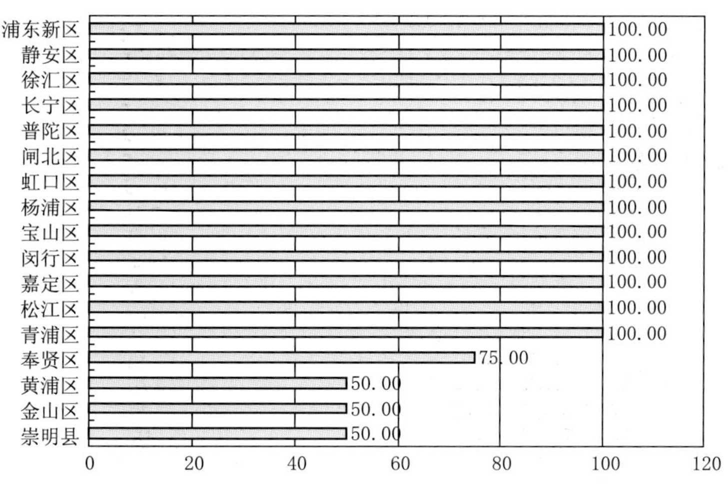

图 46　区县领导小组指数值

(2) 工作会议

区县工作会议指数值高于全市工作会议指数值的有徐汇区、长宁区、闸北区、虹口区、宝山区和金山区。

表 46　区县工作会议指数值

序号	区　县	指数值	序号	区　县	指数值
1	徐汇区	100.00	10	静安区	0.00
1	长宁区	100.00	10	普陀区	0.00
1	闸北区	100.00	10	杨浦区	0.00
1	虹口区	100.00	10	嘉定区	0.00
1	宝山区	100.00	10	松江区	0.00
1	金山区	100.00	10	青浦区	0.00
7	浦东新区	50.00	10	奉贤区	0.00
7	黄浦区	50.00	10	崇明县	0.00
7	闵行区	50.00	—	—	—

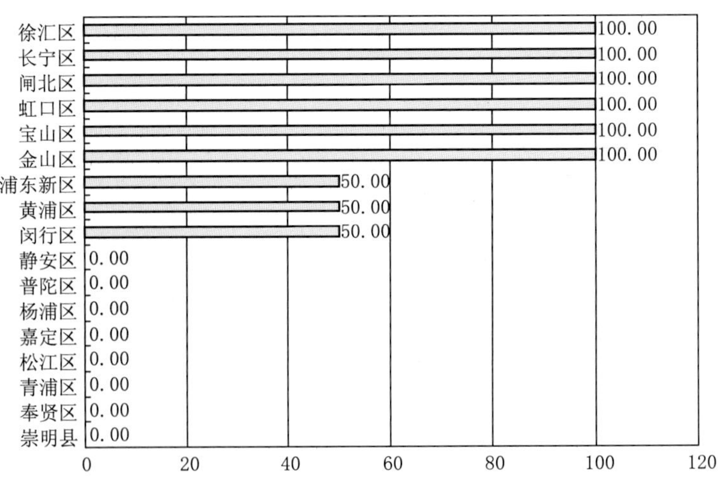

图 47　区县工作会议指数值

(3) 专项资金

区县专项资金指数值高于全市专项资金指数值的有浦东新区、静安区、徐汇区、长宁区、闸北区、杨浦区、宝山区、闵行区、嘉定区、金山区、奉贤区和崇明县。

表 47　区县专项资金指数值

序号	区　县	指数值	序号	区　县	指数值
1	浦东新区	100.00	1	金山区	100.00
1	静安区	100.00	1	奉贤区	100.00
1	徐汇区	100.00	1	崇明县	100.00
1	长宁区	100.00	13	黄浦区	50.00
1	闸北区	100.00	13	普陀区	50.00
1	杨浦区	100.00	13	虹口区	50.00
1	宝山区	100.00	13	松江区	50.00
1	闵行区	100.00	13	青浦区	50.00
1	嘉定区	100.00	—	—	—

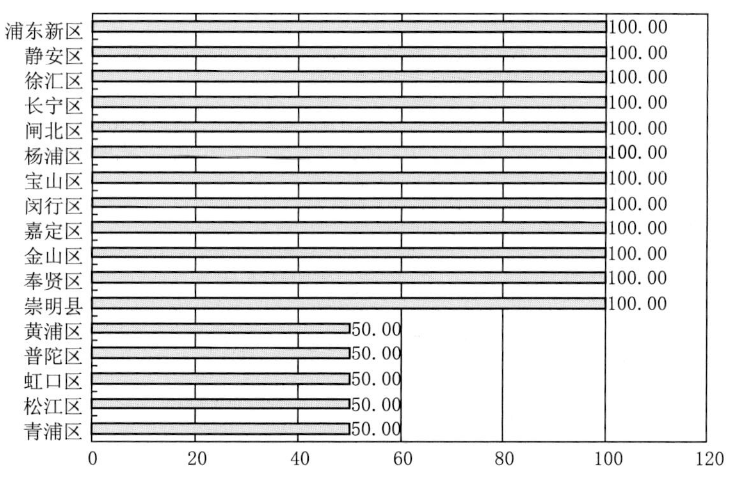

图 48　区县专项资金指数值

2. 规划引导指数

区县规划引导指数高于上海市规划引导指数的有徐汇区、普陀区、虹口区、宝山区、奉贤区、浦东新区、黄浦区、闸北区、杨浦区、嘉定区和青浦区。

表 48　区县规划引导指数

序号	区　县	指数值	序号	区　县	指数值
1	徐汇区	100.00	6	嘉定区	75.00
1	普陀区	100.00	6	青浦区	75.00
1	虹口区	100.00	12	静安区	50.00
1	宝山区	100.00	12	长宁区	50.00
1	奉贤区	100.00	12	闵行区	50.00
6	浦东新区	75.00	12	金山区	50.00
6	黄浦区	75.00	12	松江区	50.00
6	闸北区	75.00	17	崇明县	25.00
6	杨浦区	75.00	—	—	—

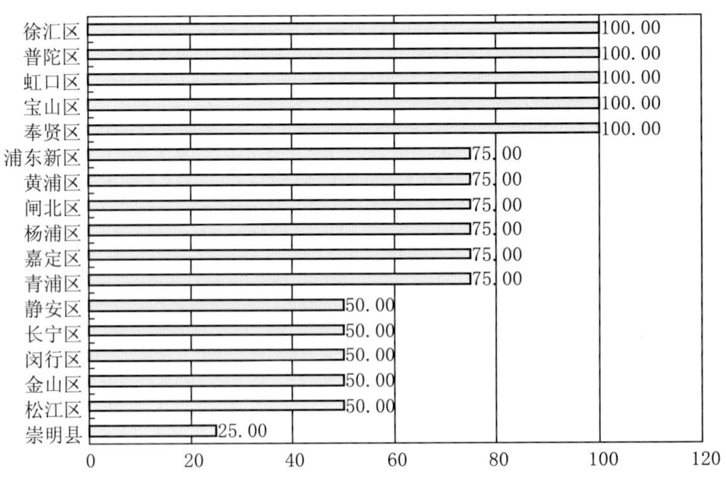

图 49　区县规划引导指数

(1) 顶层设计

除青浦区、崇明县外,其他区县都有明确的智慧城市顶层设计规划,该项指标指数值为 100。

表 49　区县顶层设计指数值

序号	区　县	指数值	序号	区　县	指数值
1	浦东新区	100.00	1	宝山区	100.00
1	黄浦区	100.00	1	闵行区	100.00
1	徐汇区	100.00	1	嘉定区	100.00
1	静安区	100.00	1	金山区	100.00
1	长宁区	100.00	1	松江区	100.00
1	普陀区	100.00	1	奉贤区	100.00
1	闸北区	100.00	16	青浦区	50.00
1	虹口区	100.00	16	崇明县	50.00
1	杨浦区	100.00	—	—	—

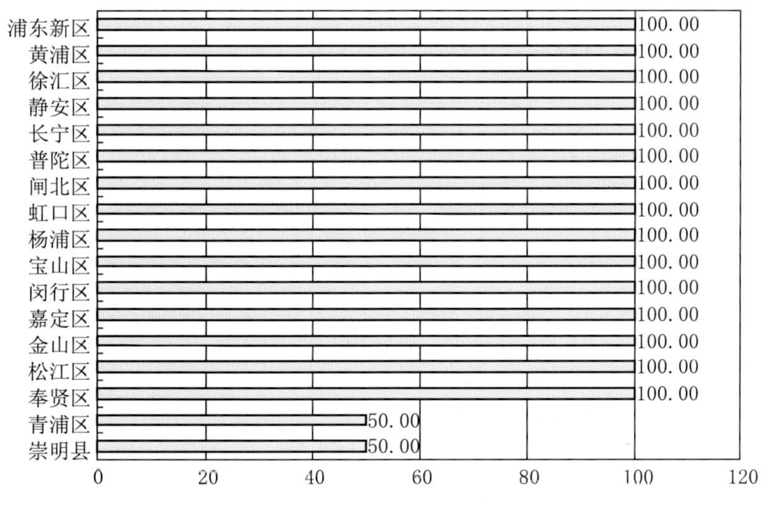

图 50　区县顶层设计指数值

(2) 专项规划

宝山区、奉贤区、青浦区、虹口区、普陀区和徐汇区该项指标指数值为 100。

表 50　区县专项规划指数值

序号	区　县	指数值	序号	区　县	指数值
1	徐汇区	100.00	7	杨浦区	50.00
1	普陀区	100.00	7	嘉定区	50.00
1	虹口区	100.00	12	静安区	0.00
1	宝山区	100.00	12	长宁区	0.00
1	青浦区	100.00	12	闵行区	0.00
1	奉贤区	100.00	12	金山区	0.00
7	浦东新区	50.00	12	松江区	0.00
7	黄浦区	50.00	12	崇明县	0.00
7	闸北区	50.00	—	—	—

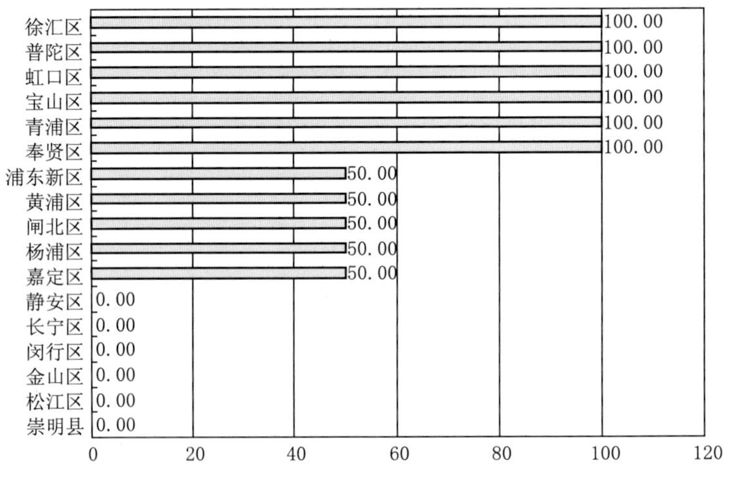

图 51　区县专项规划指数值

3. 工作创新指数

区县工作创新指数高于上海市工作创新指数的有浦东新区、徐汇区、宝山区、长宁区、闵行区、静安区和闸北区。

表 51　区县试点获奖指数

序号	区　县	指数值	序号	区　县	指数值
1	浦东新区	100.00	9	杨浦区	40.00
1	徐汇区	100.00	11	金山区	37.50
3	宝山区	90.00	12	奉贤区	35.00
4	长宁区	87.50	13	虹口区	30.00
5	闵行区	75.00	14	普陀区	27.50
6	静安区	72.50	15	嘉定区	22.50
7	闸北区	70.00	15	松江区	22.50
8	黄浦区	50.00	17	崇明县	15.00
9	青浦区	40.00	—	—	—

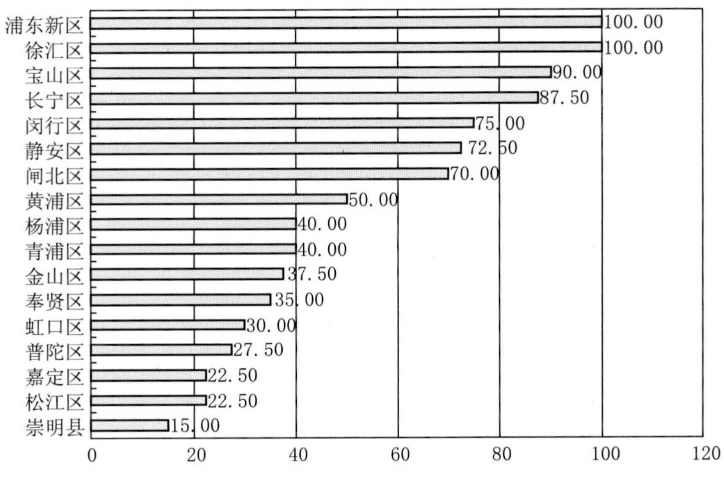

图 52　区县工作创新指数值

(1) 工作试点

区县工作试点指数值高于上海市区县工作试点指数值的有浦东新区、徐汇区、长宁区、闸北区、宝山区、闵行区、杨浦区、金山区、奉贤区。

表 52　区县工作试点指数值

序号	区　县	指数值	序号	区　县	指数值
1	浦东新区	100.00	10	黄浦区	60.00
1	徐汇区	100.00	10	虹口区	60.00
1	长宁区	100.00	12	青浦区	55.00
1	闸北区	100.00	13	静安区	45.00
1	宝山区	100.00	13	嘉定区	45.00
1	闵行区	100.00	13	松江区	45.00
7	杨浦区	80.00	16	普陀区	30.00
8	金山区	75.00	16	崇明县	30.00
9	奉贤区	70.00	—	—	—

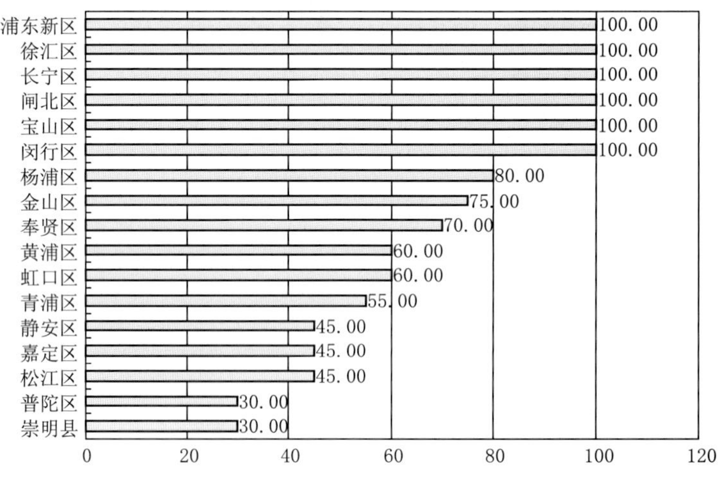

图 53　区县工作试点指数值

(2) 成果获奖

区县成果获奖指数值高于上海市成果获奖指数值的有浦东新区、静安区、徐汇区、宝山区、长宁区、闵行区、黄浦区和闸北区。

表 53　区县成果获奖指数值

序号	区　县	指数值	序号	区　县	指数值
1	浦东新区	100.00	9	青浦区	25.00
1	静安区	100.00	11	虹口区	0.00
1	徐汇区	100.00	11	杨浦区	0.00
4	宝山区	80.00	11	嘉定区	0.00
5	长宁区	75.00	11	金山区	0.00
6	闵行区	50.00	11	松江区	0.00
7	黄浦区	40.00	11	奉贤区	0.00
7	闸北区	40.00	11	崇明县	0.00
9	普陀区	25.00	—	—	—

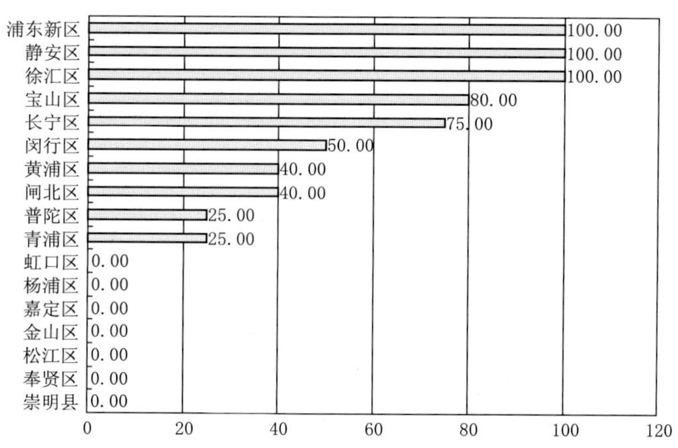

图 54 区县成果获奖指数值

(五) 信息安全状况系数(修正系数)

表 54 区县信息安全状况系数(修正系数)

区 县	修正系数值	区 县	修正系数值	区 县	修正系数值
崇明县	100%	长宁区	100%	杨浦区	98%
奉贤区	100%	徐汇区	100%	普陀区	98%
青浦区	100%	黄浦区	100%	静安区	98%
松江区	100%	金山区	98%	浦东新区	98%
宝山区	100%	嘉定区	98%	虹口区	90%
闸北区	100%	闵行区	98%		

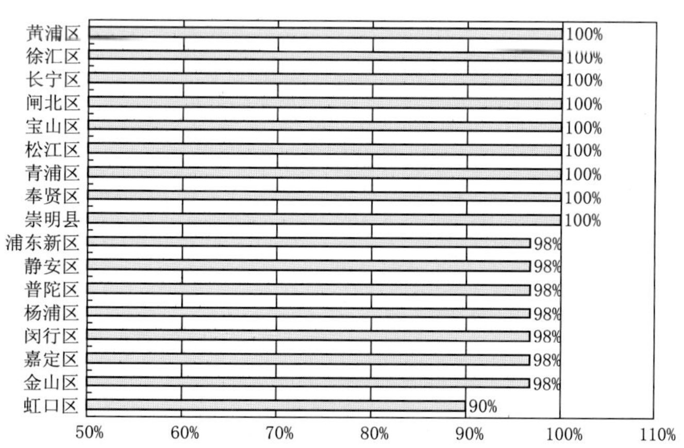

图 55 区县信息安全状况系数(修正系数)

附录 评估指标

(一) 网络就绪度指数

表 55 网络就绪度指数指标组成

一级指标	二级指标	序号	三级指标
网络就绪度指数	基础能力指数	1	光纤宽带网络覆盖率
		2	NGB 覆盖率
		3	基站覆盖率
		4	室内分布系统覆盖率
		5	WLAN 覆盖率
		6	i-Shanghai 覆盖率
	普及水平指数	7	家庭宽带普及率
		8	家庭光纤入户率
		9	数字电视普及率
	用户感知指数	10	专业评价
		11	用户评价

1. 基础能力指数

(1) 光纤宽带网络覆盖率(单位:%)

指标说明:该指标反映区域居民家庭完成光纤入户改造的覆盖情况。

统计口径:该区县完成光纤入户改造的家庭总数/该区县常住人口户数。

评估信息来源:中国电信上海公司、中国铁通上海公司、中国联通上海市分公司、东方有线网络公司。

(2) NGB 覆盖率(单位:%)

指标说明:该指标反映区域居民家庭完成下一代广播电视网(NGB)改造覆盖情况。

统计口径:该区县完成下一代广播电视网(NGB)改造的家庭总数/该区县常住人口户数。

数据来源:东方有线网络公司。

(3) 基站覆盖率(单位:无量纲)

指标说明:该指标反映移动通信宏基站及室外分布系统的分布覆盖情况。

统计口径:首先计算(1)(移动通信宏基站数量+室外分布系统数量)/该区县面积;(2)(移动通信宏基站数量+室外分布系统数量)/该区县常住人口。再对上述两数据按照中位值法计算后,按照 50%:50%权重相加计算。

数据来源:上海市无线电管理局。

(4) 室内分布系统覆盖率(单位:幢/万人)

指标说明:该指标反映区域室内分布系统楼宇覆盖情况。

统计口径:室内分布系统覆盖楼宇数/该区县常住人口。其中,区域内的商务楼宇指区内单层建筑面积超过 3 000 m^2 且建筑高度大于 24 m 的建筑或者单体建筑面积超过 20 000 m^2 的建筑物。

数据来源:上海市无线电管理局。

(5) WLAN 覆盖率(单位:无量纲)

指标说明:该指标反映区域无线局域网(WLAN)的网络接入点(AP)建设覆盖情况。

统计口径:首先计算(1)WLAN 的 AP 数/该区县面积,(2)WLAN 的 AP 数/该区县常住人口。再对上述两数据按照中位值法计算后,按照 50%∶50%权重相加计算。

数据来源:上海市经济和信息化委员会,各区县经济和信息化工作主管部门。中国电信上海公司、中国移动上海公司、中国联通上海市分公司。

(6) i-Shanghai 覆盖率(单位:无量纲)

指标说明:该指标反映区域 i-Shanghai 接入点(AP)建设覆盖情况。

统计口径:首先计算(1)i-Shanghai AP 数/该区县面积,(2)i-Shanghai AP 数/该区县常住人口。再对上述两数据按照中位值法计算后,按照 50%∶50%权重相加计算。

数据来源:上海市经济和信息化委员会,各区县经济和信息化工作主管部门。

2. 普及水平指数

(7) 家庭宽带普及率(单位:%)

指标说明:该指标反映区域家庭宽带普及水平。

统计口径:该区县家庭宽带用户数/该区县常住人口户数。

评估信息来源:中国电信上海公司、中国铁通上海公司、中国联通上海市分公司、东方有线网络公司。

(8) 家庭光纤入户率(单位:%)

指标说明:该指标反映区域家庭光纤宽带普及水平。

统计口径:该区县使用光纤宽带的家庭总户数/该区县常住人口户数。

评估信息来源:中国电信上海公司、中国铁通上海公司、中国联通上海市分公司、东方有线网络公司。

(9) 数字电视普及率(单位:%)

指标说明:该指标反映区域数字电视普及水平。

统计口径:该区县数字电视用户数/该区县有线电视用户总数。

数据来源:东方有线网络公司。

3. 用户感知指数

(10) 专业评价

指标说明:该指标反映区域固定网络用户下载及视频下载的速率水平。

统计口径:对该区县固定网络下载速率统计值、固定网络视频下载速率统计值进行加权平均,其中前者占80%权重,后者占20%权重。

数据来源:宽带发展联盟。

(11) 用户评价

指标说明:该指标反映区域固定网络、WLAN和移动通信网络的速率。

统计口径:首先在该区县范围内计算(1)针对固定网络,分别统计该区域的网络下载速率、上传速率、网页浏览首屏呈现时间,按照中位值法得出评分,再按照50%∶20%∶30%权重相加计算;(2)针对公共WLAN网络,分别统计网络下载速率、上传速率、网页浏览首屏呈现时间,按照中位值法得出评分,再按照50%∶20%∶30%权重相加计算;(3)针对移动通信网络,分别统计网络下载速率、上传速率、网页浏览首屏呈现时间,按照中位值法得出评分,再按照50%∶20%∶30%权重相加计算。然后对上述三项得分按照50%∶30%∶20%的权重相加计算。

数据来源:公共用户测试。

(二) 智慧应用指数

表56　智慧应用指数指标组成

一级指标	二级指标	序号	三级指标
智慧应用指数	生活服务指数	12	智慧社区覆盖率
		13	12345市民服务热线综合服务水平
		14	市民体质监测点全市占比
		15	电子学生证应用场点普及率
	产业融合指数	16	两化融合管理体系贯标试点企业全市占比
		17	单位地区生产总值发明专利申请量
		18	单位地区生产总值发明专利授权量
		19	单位地区生产总值软件及相关信息服务业收入
		20	国家布局内重点软件企业和集成电路设计企业全市占比
		21	智慧园区全市占比
	城市治理指数	22	电子警察覆盖率
		23	环境质量监测点全市占比
		24	区县电子政务门户网站评比得分
		25	信用信息归集共享及查询应用情况

1. 生活服务指数

(12) 智慧社区普及率(单位:%)

指标说明:该指标反映区域智慧社区建设水平。

统计口径:该区县拥有(由市级层面统一确定试点)智慧社区的街道(镇)数量/该区县街道(镇)总数。

数据来源:上海市经济和信息化委员会。

(13) 12345 市民服务热线综合服务水平(无量纲)

指标说明:该指标反映区域 12345 市民服务热线综合服务水平。

统计口径:参考相关部门对于各区县 12345 市民服务热线综合服务水平的绩效考核结果。

数据来源:上海市监察局、上海市政府督查室、上海市“12345”市民服务热线管理办公室。

(14) 市民体质监测点全市占比(单位:%)

指标说明:该指标反映区域市民体质监测服务普及水平。

统计口径:该区县市民体质监测点个数/全市监测点个数。

数据来源:上海市体育局。

(15) 电子学生证应用场点普及率(单位:所/万人)

指标说明:该指标反映区域实体文体服务场所开放服务与信息技术的融合与应用普及的水平。

统计口径:该区县可使用电子学生证社会场馆数/(该区县中小学生数/10 000)。

数据来源:市电子学生证应用系统平台。

2. 产业融合指数

(16) 两化融合管理体系贯标试点企业全市占比(单位:%)

指标说明:该指标反映区域“两化融合”贯标实施推进水平。

统计口径:该区县拥有的两化融合管理体系贯标试点企业数/全市试点企业数。

数据来源:上海市经济和信息化委员会。

(17) 单位地区生产总值发明专利申请量(个/元)

指标说明:该指标反映区域发明专利申请水平。

统计口径:该区县当年国内三种专利(发明专利、实用新型与外观设计)申请量/该区县 GDP。

数据来源:上海市知识产权局。

(18) 单位地区生产总值发明专利授予量(个/元)

指标说明:该指标反映区域发明专利授予水平。

统计口径:该区县当年国内三种专利(发明专利、实用新型与外观设计)授予量/该区县 GDP。

数据来源:上海市知识产权局。

(19) 单位地区生产总值软件及相关信息服务业经营收入(无量纲)

指标说明:该指标从收入角度反映区域信息服务业产业发展水平。

统计口径:该区县当年软件及相关信息服务业经营收入/该区县 GDP。

数据来源:上海市经济和信息化委员会。

(20) 国家布局内重点软件企业和集成电路设计企业全市占比(单位:%)

指标说明:该指标从重点企业角度反映区域信息服务业产业发展水平。

统计口径:该区县国家布局内重点软件企业和集成电路设计企业数/全市重点企业数。

数据来源:上海市经济和信息化委员会。

(21) 智慧园区全市占比(单位:%)

指标说明:该指标反映区域智慧园区建设水平。

统计口径:该区县拥有(由市级层面统一确定试点)智慧园区数/全市智慧园区数。

数据来源:上海市经济和信息化委员会。

3. 城市治理指数

(22) 电子警察监控点覆盖率(单位:个/公里)

指标说明:该指标反映区域交通信息化建设水平。

统计口径:该区县电子警察固定监控点数/该区县道路长度,其中,道路包含国道、市道、主要道路、次要道路、一般道路。

数据来源:上海交通安全信息网。

(23) 环境质量监测点全市占比(%)

指标说明:该指标反映区域环境质量监测点覆盖水平。

统计口径:该区县环境质量监测点数(含国测点)/全市监测点数。

数据来源:上海市环境保护局。

(24) 电子政务门户网站评比(无量纲)

指标说明:该指标反映区域电子政府门户网站建设与应用水平。

评分标准:以市政府办公厅组织开展的年度区县电子政务门户网站评比结果为评分依据。其中,被评为优秀的得到100%分数,被评为良好的得到70%分数。

数据来源:“中国上海”网站公布的关于政府网站测评情况的通报。

(25) 信用信息归集共享及查询应用(无量纲)

指标说明:该指标反映区域信用信息归集共享及查询应用水平。

评分标准:对公共信用信息数据清单编制情况、信用信息应用清单编制情况、查询市公共信用信息服务平台信息情况、申请开展市信用平台子平台建设试点情况的综合评估。

数据来源:上海市经济和信息化委员会。

（三）发展环境指数

表 57　发展环境指数指标构成

一级指标	二级指标	序号	三级指标
发展环境指数	机制保障指数	26	领导小组
		27	工作会议
		28	专项资金
	规划引导指数	29	顶层设计
		30	专项规划
	工作创新指数	31	工作试点
		32	成果获奖

1. 机制保障指数

(26) 领导小组(无量纲)

指标说明:该指标反映区域对于智慧城市建设的相关组织领导机构的设置情况。

评估内容:该区县是否成立推进智慧城市建设领导小组,是否由区县主要领导担任组长。

评分标准:建立推进智慧城市建设领导小组与由区县主要领导担任组长,各占50%分数。即该区县已成立智慧城市建设领导小组,或者明确由区县信息化工作领导小组负责智慧城市工作,得50%分数;明确由区县主要领导担任组长,得50%分数,如由区县分管领导担任组长,得25%分数。

信息来源:区县信息化工作主管部门。

(27) 工作会议(无量纲)

指标说明:该指标反映区域对于智慧城市建设的工作会议机制建设与运行情况。

评估内容:该区县是否建立了智慧城市工作会议制度,是否能保障实行。

评分标准:建立智慧城市工作会议制度及保障实施各占50%分数。即该区县是否已明确或实际上建立了智慧城市工作会议制度,如已建立,得50%分数;如果能定期召开工作会议,并明确相关推进工作的协调机制,得50%分数。

信息来源:区县信息化工作主管部门。

(28) 专项资金(无量纲)

指标说明:该指标反映区域在资金保障方面对于智慧城市以及信息化建设的重视程度。

评估内容:该区县信息化建设方面的财政投入,以及智慧城市建设专项资金设立情况。本次评估考察该区县是否有智慧城市专项建设资金。

评分标准:该区县是否已设立智慧城市专项建设资金,包括在信息化专项资金中予以列支与解决的,如果是,得到100%分数;如果仅明确有信息化专项资金的,得到50%分数;如果都无,该指标不得分。

信息来源:区县信息化工作主管部门。

2. 规划引导指数

(29) 顶层设计(无量纲)

指标说明:该指标反映区域智慧城市顶层设计工作的开展情况。

评估内容:该区县是否编制发布智慧城市建设规划或行动计划,特指智慧城市建设整体规划。

评分标准:该区县是否已编制智慧城市建设规划,或通过"十二五"信息化发展规划等相关规划对智慧城市建设的目标与重点予以明确,如果是,得到100%分数;如果都无,该指标不得分。

信息来源:区县信息化工作主管部门。

(30) 专项规划(无量纲)

指标说明:该指标反映区域智慧城市相关专项规划工作的开展情况。

评估内容:该区县是否在与智慧城市建设有关的具体领域形成了专项规划与办法指南等。

评分标准:该区县在信息基础设施、信息化应用、信息产业、信息安全以及其他与智慧城市建设有关的领域是否制定了专项规划与指导性文件,每项得到50%分数,两项封顶。

信息来源:区县信息化工作主管部门。

3. 工作创新指数

(31) 工作试点

指标说明:该指标反映区域所承担的国家或市级信息化项目试点工作情况。

评分标准:该区县每承担一项国家或市级信息化项目试点工作,得到25%或15%分数,100%分数封顶。

信息来源:区县信息化工作主管部门。

(32) 成果获奖

指标说明:该指标反映区域相关信息化工作获得国家或市级奖项与表彰的情况。

评分标准:该区县所开展的相关信息化工作的成果是否在相关的国家或市级评比中获奖、或得到表彰,或排名靠前(至少排名前10%)。每获得一项国家或市级奖项或表彰,得到25%或15%分数,100%分数封顶。

信息来源:区县信息化工作主管部门。

(四) 信息安全状况系数(修正系数)

系数说明:该系数反映各区县被各级职能部门通报的高危漏洞和安全事件数量。

评分标准:通报存在高危漏洞数量≥1个,则系数为98%(总分*0.98);通报存在安全事件数量≥1个,则系数为90%(总分*0.90);既存在高危漏洞数量≥1个,也存在安全事件数量≥1个,则系数为98%*90%(总分*0.98*0.90)。

信息来源:上海市网络与信息安全应急管理事务中心。

2015年度国家技术创新示范企业(上海)

1	上海置信电气股份有限公司	3	上海新时达电气股份有限公司
2	万达信息股份有限公司	4	上海人本集团有限公司

2015年度国家级企业技术中心(上海)

1	上海置信电气股份有限公司	4	上海人本集团有限公司
2	上海微电子装备有限公司	5	网宿科技股份有限公司
3	上海市建筑科学研究院(集团)有限公司	6	万达信息股份有限公司

2015年度上海市企业技术中心

1	上海联影医疗科技有限公司	15	上海通领汽车饰件有限公司
2	上海市建工设计研究院有限公司	16	上海海马汽车研发有限公司
3	中国海诚工程科技股份有限公司	17	上海安悦节能技术有限公司
4	上海华勤通讯技术有限公司	18	上海恒瑞医药有限公司
5	中微半导体设备(上海)有限公司	19	芯原微电子(上海)有限公司
6	上海勘测设计研究院有限公司	20	安科瑞电气股份有限公司
7	澜起科技(上海)有限公司	21	上海邦中高分子材料有限公司
8	上海金仕达卫宁软件股份有限公司	22	上海汉得信息技术股份有限公司
9	上海景峰制药有限公司	23	蒂森克虏伯电梯(上海)有限公司
10	上海新阳半导体材料股份有限公司	24	上海复星长征医学科学有限公司
11	上海古鳌电子科技股份有限公司	25	上海飞航电线电缆有限公司
12	上海郎特汽车净化器有限公司	26	上海晶华胶粘新材料股份有限公司
13	上海安诺其集团股份有限公司	27	上海蓝滨石化设备有限责任公司
14	上海电驱动股份有限公司	28	必能信超声(上海)有限公司

续表

29	光明米业(集团)有限公司	50	上海包装造纸(集团)有限公司
30	上海宝康电子控制工程有限公司	51	上海松江埃驰汽车地毯声学元件有限公司
31	上海华力微电子有限公司	52	上海帝联信息科技股份有限公司
32	上海杰隆生物制品股份有限公司	53	上海远方基础工程有限公司
33	上海英汇科技发展有限公司	54	上海众大汽车配件有限公司
34	银联商务有限公司	55	上海紫江喷铝环保材料有限公司
35	上海普天能源科技有限公司	56	上海奔腾电工有限公司
36	上海韦尔半导体股份有限公司	57	上海中信信息发展股份有限公司
37	思达斯易能源技术(集团)有限公司	58	上海富山精密机械科技有限公司
38	中颖电子股份有限公司	59	上海金自天正信息技术有限公司
39	捷开通讯科技(上海)有限公司	60	上海宏和电子材料有限公司
40	上海福耀客车玻璃有限公司	61	上海思乐得不锈钢制品有限公司
41	上海中远船务工程有限公司	62	上海小绵羊实业有限公司
42	亚士漆(上海)有限公司	63	上海宏钢电站设备铸锻有限公司
43	上海埃斯凯变压器有限公司	64	上海三立汇众汽车零部件有限公司
44	上海万泰汽车零部件有限公司	65	上海置信电气非晶有限公司
45	中英海底系统有限公司	66	上海浦江缆索股份有限公司
46	上海华培动力科技有限公司	67	上海鸿辉光通科技股份有限公司
47	上海康耐特光学股份有限公司	68	上海通用风机股份有限公司
48	上海银联电子支付服务有限公司	69	上海飞尔汽配有限公司
49	格朗吉斯铝业(上海)有限公司		

2015年度上海市产学研合作创新示范基地

1	上海化工研究院	4	上海仪电控股(集团)公司
2	上海微创医疗器械(集团)有限公司	5	上海药明康德新药开发有限公司
3	上海航天技术研究院		

2015年度上海市“四新”服务券(产学研合作)获得企业

1	上海合胜计算机科技股份有限公司	19	上海海勃物流软件有限公司
2	上海群力橡塑制品厂	20	上海大汉三通通信股份有限公司
3	上海天阳钢管有限公司	21	上海通领汽车饰件有限公司
4	上海海光电机有限公司	22	上海宇昂水性新材料科技股份有限公司
5	上海德马物流技术有限公司	23	上海大智慧财汇数据科技有限公司
6	上海安悦节能技术有限公司	24	上海邮政科学研究院
7	上海小绵羊实业有限公司	25	上海瑞斯达防护制品有限公司
8	上海天洋热熔粘接材料股份有限公司	26	上海联业农业科技有限公司
9	上海鸿辉光通科技股份有限公司	27	上海新朋联众汽车零部件有限公司
10	上海光裕汽车空调压缩机有限公司	28	上海安诺其集团股份有限公司
11	上海蓝滨石化设备有限责任公司	29	上海生农生化制品有限公司
12	上海赫腾精细化工有限公司	30	上海安谱实验科技股份有限公司
13	上海汉华水处理工程有限公司	31	上海克络蒂材料科技发展有限公司
14	上海汇纳信息科技股份有限公司	32	聚威工程塑料(上海)有限公司
15	上海方科汽车部件有限公司	33	上海澳润信息科技有限公司
16	上海建中医疗器械包装股份有限公司	34	上海智翔信息科技发展有限公司
17	上海思源电力电容器有限公司	35	上海钢之杰钢结构建筑有限公司
18	上海伯豪生物技术有限公司	36	上海宝冶钢渣综合开发实业有限公司

2015年度上海市明星软件企业

2015年度名企(经营型)

1	上海华东电脑股份有限公司	3	上海龙旗科技股份有限公司
2	上海宝信软件股份有限公司	4	上海贝尔软件有限公司

续表

5	银联商务有限公司	33	上海金仕达卫宁软件股份有限公司
6	三七互娱(上海)科技有限公司	34	上海中信信息发展股份有限公司
7	上海新炬网络技术有限公司	35	上海期货信息技术有限公司
8	上海智翔信息科技发展有限公司	36	上海益盟软件技术股份有限公司
9	卡斯柯信号有限公司	37	上海迪爱斯通信设备有限公司
10	网宿科技股份有限公司	38	上海海隆软件有限公司
11	花旗金融信息服务(中国)有限公司	39	起于凡信息技术(上海)有限公司
12	盛趣信息技术(上海)有限公司	40	易保网络技术(上海)有限公司
13	上海理想信息产业(集团)有限公司	41	上海齐家网信息科技股份有限公司
14	万达信息股份有限公司	42	上海金融期货信息技术有限公司
15	上海征途信息技术有限公司	43	上海波克城市网络科技股份有限公司
16	上海大智慧股份有限公司	44	上海林果实业股份有限公司
17	上海延华智能科技(集团)股份有限公司	45	乐线软件开发(上海)有限公司
18	银联数据服务有限公司	46	上海格蒂电力科技股份有限公司
19	上海万得信息技术股份有限公司	47	上海亚太计算机信息系统有限公司
20	上海微创软件股份有限公司	48	上海中和软件有限公司
21	东方财富信息股份有限公司	49	上海南天电脑系统有限公司
22	上海金桥信息股份有限公司	50	上海众恒信息产业股份有限公司
23	捷开通讯科技(上海)有限公司	51	华平信息技术股份有限公司
24	上海恺英网络科技有限公司	52	上海百事通信息技术股份有限公司
25	中海网络科技股份有限公司	53	普元信息技术股份有限公司
26	东软集团(上海)有限公司	54	上海互联网软件有限公司
27	上海华勤通讯技术有限公司	55	普华基础软件股份有限公司
28	上海新致软件股份有限公司	56	上海格尔软件股份有限公司
29	上海博达数据通信有限公司	57	上海三旗通信科技股份有限公司
30	上海起凡数字技术有限公司	58	上海摩软通讯技术有限公司
31	上海银天下科技有限公司	59	博彦科技(上海)有限公司
32	上海数讯信息技术有限公司		

2015年度名企(出口型)

1	花旗金融信息服务(中国)有限公司	6	上海冈三华大计算机系统有限公司
2	上海海隆软件有限公司	7	PFU上海计算机有限公司
3	上海中和软件有限公司	8	上海新致软件股份有限公司
4	易保网络技术(上海)有限公司	9	上海启明软件股份有限公司
5	博朗软件开发(上海)有限公司	10	上海恩梯梯数据晋恒软件有限公司

2015年度名企(创新型)

1	上海宝信软件股份有限公司	24	上海思伟软件有限公司
2	卡斯柯信号有限公司	25	上海三旗通信科技股份有限公司
3	上海摩软通讯技术有限公司	26	上海南天电脑系统有限公司
4	上海华勤通讯技术有限公司	27	上海博科资讯股份有限公司
5	上海中信信息发展股份有限公司	28	上海埃帕信息科技有限公司
6	花旗金融信息服务(中国)有限公司	29	上海益盟软件技术股份有限公司
7	万达信息股份有限公司	30	上海天好电子商务有限公司
8	东方财富信息股份有限公司	31	上海互联网软件有限公司
9	上海理想信息产业(集团)有限公司	32	上海新致软件股份有限公司
10	上海京颐科技股份有限公司	33	上海贝尔软件有限公司
11	三七互娱(上海)科技有限公司	34	上海珍岛信息技术有限公司
12	上海大智慧股份有限公司	35	上海金桥信息股份有限公司
13	普元信息技术股份有限公司	36	展唐通讯科技(上海)股份有限公司
14	易保网络技术(上海)有限公司	37	中海网络科技股份有限公司
15	上海龙旗科技股份有限公司	38	上海熙菱信息技术有限公司
16	上海迪爱斯通信设备有限公司	39	东软集团(上海)有限公司
17	上海金仕达卫宁软件股份有限公司	40	上海期货信息技术有限公司
18	银联数据服务有限公司	41	上海鹏达计算机系统开发有限公司
19	上海城市地理信息系统发展有限公司	42	上海百胜软件股份有限公司
20	乐线软件开发(上海)有限公司	43	上海同是科技股份有限公司
21	捷开通讯科技(上海)有限公司	44	上海华东电脑股份有限公司
22	普华基础软件股份有限公司	45	上海东欣软件工程有限公司
23	上海普华科技发展股份有限公司	46	上海金融期货信息技术有限公司

续表

47	上海亚太计算机信息系统有限公司	62	上海上讯信息技术股份有限公司
48	上海恺英网络科技有限公司	63	上海博达数据通信有限公司
49	维音数码(上海)有限公司	64	上海酷宇通讯技术有限公司
50	盘石软件(上海)有限公司	65	上海网波软件股份有限公司
51	上海万得信息技术股份有限公司	66	上海格尔软件股份有限公司
52	华平信息技术股份有限公司	67	上海城基中控技术有限公司
53	上海铭创软件技术有限公司	68	希姆通信息技术(上海)有限公司
54	上海大汉三通通信股份有限公司	69	上海景格科技股份有限公司
55	上海麦杰科技股份有限公司	70	上海富欣智能交通控制有限公司
56	上海三零卫士信息安全有限公司	71	上海复高计算机科技有限公司
57	上海市软件评测中心有限公司	72	上海数腾软件科技有限公司
58	上海众恒信息产业股份有限公司	73	网宿科技股份有限公司
59	上海新炬网络技术有限公司	74	上海屹通信息科技发展有限公司
60	上海兴安得力软件有限公司	75	上海金牌软件开发有限公司
61	上海数讯信息技术有限公司	76	上海众人网络安全技术有限公司

2015 年度名企(快速增长型)

1	三七互娱(上海)科技有限公司	7	上海东方延华节能技术服务股份有限公司
2	上海恺英网络科技有限公司	8	上海彩亿信息技术有限公司
3	上海格蒂电力科技股份有限公司	9	畅索软件科技(上海)有限公司
4	上海京颐科技股份有限公司	10	上海众人网络安全技术有限公司
5	上海珍岛信息技术有限公司	11	上海新炬网络技术有限公司
6	上海屹通信息科技发展有限公司	12	上海银天下科技有限公司

2015 年度名企(领先型)

1	上海宝信软件股份有限公司	7	上海银天下科技有限公司
2	三七互娱(上海)科技有限公司	8	上海金仕达卫宁软件股份有限公司
3	网宿科技股份有限公司	9	上海中信信息发展股份有限公司
4	万达信息股份有限公司	10	上海期货信息技术有限公司
5	上海大智慧股份有限公司	11	上海益盟软件技术股份有限公司
6	东方财富信息股份有限公司	12	上海齐家网信息科技股份有限公司

续表

13	上海林果实业股份有限公司	20	上海众人网络安全技术有限公司
14	上海亚太计算机信息系统有限公司	21	上海兴安得力软件有限公司
15	上海众恒信息产业股份有限公司	22	上海市数字证书认证中心有限公司
16	华平信息技术股份有限公司	23	上海屹通信息科技发展有限公司
17	上海百事通信息技术股份有限公司	24	上海长城电子信息网络有限公司
18	上海格尔软件股份有限公司	25	上海文华财经资讯股份有限公司
19	上海幻维数码创意科技有限公司		

2015 年度名企(四新企业)

1	上海二三四五网络科技有限公司	9	上海富欣智能交通控制有限公司
2	上海金仕达卫宁软件股份有限公司	10	上海大汉三通通信股份有限公司
3	上海波克城市网络科技股份有限公司	11	盘石软件(上海)有限公司
4	上海幻维数码创意科技有限公司	12	上海东方延华节能技术服务股份有限公司
5	上海彩亿信息技术有限公司	13	上海齐屹信息科技有限公司
6	上海众人网络安全技术有限公司	14	上海鲁班软件有限公司
7	上海珍岛信息技术有限公司	15	上海七牛信息技术有限公司
8	上海屹通信息科技发展有限公司		

2015 年度名企(互联网+企业)

1	上海银天下科技有限公司	6	上海睿泰信息科技有限公司
2	上海百事通信息技术股份有限公司	7	上海汇付科技有限公司
3	上海景格科技股份有限公司	8	东方财富信息股份有限公司
4	上海嘉扬信息系统有限公司	9	上海益盟软件技术股份有限公司
5	上海齐家网信息科技股份有限公司	10	上海花千树信息科技有限公司

2015 年度优秀软件产品

序号	企 业 名 称	产 品 名 称
1	卡斯柯信号有限公司	卡斯柯轨旁安全平台主处理单元软件 V1.0
2	上海恺英网络科技有限公司	恺英 XY 社交娱乐平台软件 V1.0
3	卡斯柯信号有限公司	卡斯柯联锁计算机 IPS 软件 V1.0
4	网宿科技股份有限公司	网宿内容与流量管理软件 V2.0

续表

序号	企业名称	产品名称
5	银联商务有限公司	银联商务全民付手机终端软件 V2.4.0
6	网宿科技股份有限公司	网宿全站加速软件 V1.0
7	上海彩亿信息技术有限公司	彩亿 9188 彩票网 V2.0
8	上海迪爱斯通信设备有限公司	DS 多媒体调度软件 V1.0
9	上海恺英网络科技有限公司	恺英 XY 苹果助手 PC 端应用软件 V1.0
10	乐线软件开发(上海)有限公司	乐线经销商销售平台软件 V3.0
11	上海城基中控技术有限公司	城基中控列车自动跟踪定位软件 V1.0
12	上海格尔软件股份有限公司	格尔 SSL 安全认证网关软件 V6.0
13	上海中信信息发展股份有限公司	光典档案信息资源管理软件(专业版)V4.5
14	上海大汉三通通信股份有限公司	三通运营平台软件(简称:CTC-OSS)V2.0
15	上海互联网软件有限公司	必优必达知识管理平台软件 V1.0
16	上海思伟软件有限公司	思伟商品砼自动化生产管理软件 V6.0
17	上海中信信息发展股份有限公司	光典追索超市卖场信息追溯管理软件 V1.0
18	东方财富信息股份有限公司	东方财富 L2 极速版软件 V8.5
19	上海金仕达卫宁软件股份有限公司	金仕达卫宁放射信息管理软件 V5.0
20	上海互联网软件有限公司	必优必达远程教学平台教与学多模式软件 V1.0
21	易保网络技术(上海)有限公司	易保产险核心业务系统软件 V3.8
22	上海屹通信息科技发展有限公司	eInformation 金融信息管理平台软件 V1.0
23	上海宝信软件股份有限公司	宝信企业高性能实时数据库软件 V2.0
24	上海大智慧股份有限公司	大智慧 365 策略投资终端软件 V7.50
25	上海普华科技发展股份有限公司	普华工程项目管理集成软件(简称:PowerOn)V5.4
26	上海合合信息科技发展有限公司	合合名片全能王 wp7 版名片识别软件 V1.5.1
27	上海众恒信息产业股份有限公司	众恒工作流引擎软件 V1.0
28	上海普华科技发展股份有限公司	普华项目管理信息平台软件(简称:PowerPIP)V5.0
29	上海迪爱斯通信设备有限公司	DS 移动智能处警终端应用软件 V1.0
30	上海宝信软件股份有限公司	宝信冶金企业产供销管理软件 V1.0
31	上海理想信息产业(集团)有限公司	理想 CRM(集团级)管理软件 V2.0
32	上海征途信息技术有限公司	巨人游戏软件 V1.0
33	上海众恒信息产业股份有限公司	众恒全国违法犯罪人员信息管理软件 V1.0

续表

序号	企 业 名 称	产 品 名 称
34	泛亚汽车技术中心有限公司	泛亚网关控制软件 V1.0
35	上海博科资讯股份有限公司	博科企业管理信息系统 Yigo3D 打印软件 V7.0
36	上海复高计算机科技有限公司	复高区域远程医学平台软件 V2.0
37	上海征途信息技术有限公司	巨人网络——绿色征途游戏软件 V1.0
38	上海益盟软件技术股份有限公司	益盟操盘手领先机构版智能投资策略软件 V1.0
39	上海七牛信息技术有限公司	七牛云存储企业管理软件 V1.1
40	上海弘积信息科技有限公司	SuperADV3.6
41	万达信息股份有限公司	万达行政审批管理软件 V4.0
42	华平信息技术股份有限公司	AVCON 监控管理平台软件 V7.0
43	上海大智慧股份有限公司	大智慧证券手机超赢专业版软件 V7.52
44	华平信息技术股份有限公司	AVCON 移动终端视频监控指挥通讯软件 V7.0
45	上海金仕达卫宁软件股份有限公司	金仕达卫宁区域卫生信息集成总线软件 V4.5
46	万达信息股份有限公司	万达 HIS 信息系统应用软件 V1.0
47	上海金仕达卫宁软件股份有限公司	金仕达卫宁病理信息管理软件 V5.0
48	上海亚太计算机信息系统有限公司	亚太加油卡查询统计分析决策软件 V1.0
49	上海延华智能科技(集团)股份有限公司	延华数字化医院信息系统管理软件 V1.0
50	上海蓝鸟科技股份有限公司	蓝鸟锐泰生产管理软件 V2.0
51	上海益盟软件技术股份有限公司	益盟一财点睛 VIP 证券资讯深度优化软件(双平台)V1.0
52	上海期货信息技术有限公司	Futures Ideal 期货市场运行监测监控软件 V1.0
53	上海众恒信息产业股份有限公司	众恒指纹信息管理软件 V1.2
54	盘石软件(上海)有限公司	盘石手机取证分析软件 V3.0
55	上海金仕达卫宁软件股份有限公司	金仕达卫宁移动护理软件 V5.0
56	上海百胜软件股份有限公司	百胜 iPOS 商店管理软件 V2.0
57	华平信息技术股份有限公司	AVCON 视频通信系统标准版软件 V7.0
58	上海格尔软件股份有限公司	格尔签名验证服务器 V1.0
59	上海天好电子商务有限公司	天好统一应用支撑平台软件 V3.1
60	上海金仕达卫宁软件股份有限公司	金仕达卫宁区域医疗协同系统应用软件 V4.5
61	上海新致软件股份有限公司	新致产险核心系统业务平台软件 V1.0

续表

序号	企 业 名 称	产 品 名 称
62	上海麦杰科技股份有限公司	麦杰厂级监控信息系统管理软件(简称:SIS)V3.0
63	上海金仕达卫宁软件股份有限公司	金仕达卫宁医保支付监控审核平台应用软件 V1.0
64	上海京颐科技股份有限公司	京颐移动护理信息管理软件 V5.0
65	上海益盟软件技术股份有限公司	益盟操盘手热点接力策略软件 V1.0
66	上海东方延华节能技术服务股份有限公司	东方延华建筑能耗监测软件 V1.0
67	上海宝信软件股份有限公司	宝信采购电子商务平台软件 V2.0
68	上海林果实业股份有限公司	林果第二代 USB-KEY 软件
69	上海延华智能科技(集团)股份有限公司	延华卡申区级大型公共建筑能耗分析软件 V1.0
70	上海智臻智能网络科技股份有限公司	智臻智能客服软件 V7.0
71	盘石软件(上海)有限公司	盘石介质取证分析软件 V4.0
72	上海新致软件股份有限公司	新致移动开发框架平台软件 V1.0
73	上海益盟软件技术股份有限公司	益盟爱炒股平台软件 V1.0
74	上海金仕达卫宁软件股份有限公司	金仕达卫宁临床知识库管理机应用软件 V3.0
75	普元信息技术股份有限公司	普元元数据管理软件(简称:Meta Cube)V5
76	上海天好电子商务有限公司	天好智慧大厅软件(简称:智慧大厅)V1.0
77	上海益盟软件技术股份有限公司	益盟操盘手主力版证券投资决策软件 V1.0
78	上海天好电子商务有限公司	天好统一电子政务平台软件(简称:统一平台)V1.0
79	上海天好电子商务有限公司	天好政务服务电子监察软件 V4.1
80	上海铭创软件技术有限公司	铭创金融资产管理软件 V8.0
81	上海蓝灯数据科技股份有限公司	蓝灯情报分析软件 V2.0
82	上海益盟软件技术股份有限公司	益盟操盘手多空复利组合软件 V1.0
83	上海诚联交通智能科技有限公司	诚联驾驶适性心理综合测试软件 V3.0
84	上海鹏达计算机系统开发有限公司	鹏达校园网应用系统管理软件(简称:PantoSchool.Net 学分制版)V3.5
85	万达信息股份有限公司	万达法人信息共享与应用软件 V1.0
86	上海复高计算机科技有限公司	复高智慧医院管理信息平台软件(简称:HIS)V5.0
87	上海埃帕信息科技有限公司	埃帕 Cooling 互联网商业大数据分析软件 V1.0
88	上海东方延华节能技术服务股份有限公司	Zigbee 无线传输网络的实时温度监测软件 V1.0

续表

序号	企 业 名 称	产 品 名 称
89	普华基础软件股份有限公司	普华 ORIENTAIS 汽车电子基础平台软件 V2.0
90	上海海鼎信息工程股份有限公司	海鼎全渠道零售 ERP 软件 V1.0
91	盘石软件(上海)有限公司	盘石计算机仿真取证软件 V2.0
92	上海恩梯梯数据晋恒软件有限公司	恩梯梯数据晋恒规则引擎软件 V1.0
93	上海宝信软件股份有限公司	宝信化工生产调度软件 V1.0
94	中海网络科技股份有限公司	中海智慧公路养护管理信息平台软件 V1.0
95	普元信息技术股份有限公司	普元云平台软件(简称:Primeton PaaS)V5.0
96	上海上讯信息技术股份有限公司	上讯数据库审计软件 V3.1
97	上海理想信息产业(集团)有限公司	理想微信银行应用软件 V1.0
98	普元信息技术股份有限公司	普元云计算资源管理平台软件(简称:Primeton IaaS)V5.0
99	上海铭创软件技术有限公司	铭创信托业务管理平台软件 V2.0
100	上海鹏达计算机系统开发有限公司	AUTOLearning 汽车仿真教学平台软件(简称:AUTOLearning 汽车仿真教学平台)V2.0
101	上海新致软件股份有限公司	新致智能数据分析软件 V1.0
102	上海天好电子商务有限公司	天好民生资金监管软件 V6.2
103	上海宝信软件股份有限公司	一体化质量监控平台(iQV)V2.7
104	上海文沥信息技术有限公司	文沥 DIS 经销商数据整合软件+V2.0
105	上海鹏达计算机系统开发有限公司	鹏达银行模拟教学平台软件(简称:BANKLearning) V2.0
106	上海天好电子商务有限公司	天好综合业务办公平台软件 V3.2
107	上海长城电子信息网络有限公司	长城 ideal 信息发布软件 V1.0
108	上海南天电脑系统有限公司	南天村镇银行综合业务软件 V2.0
109	上海鹏达计算机系统开发有限公司	鹏达导游实务教学平台软件(简称:导游实务系统) V2.0
110	上海鹏达计算机系统开发有限公司	鹏达“微课堂”职业教育在线学习平台软件(简称:微课堂)V2.0
111	上海天好电子商务有限公司	天好成本管理控制平台软件 V5.8
112	上海长城电子信息网络有限公司	长城 ideal 移动办公软件 V1.0
113	上海埃帕信息科技有限公司	埃帕 Cooling 搜索引擎软件 V1.1

续表

序号	企 业 名 称	产 品 名 称
114	上海鹏达计算机系统开发有限公司	鹏达教委职业教育信息平台软件(简称:PantoSoft-VEMIS)V2.0
115	上海鹏达计算机系统开发有限公司	鹏达网络教学平台软件(简称:网络教学)V2.0
116	上海天好电子商务有限公司	天好移动政务服务平台软件(简称:移动政务)V1.0
117	上海宝信软件股份有限公司	宝信过程控制平台软件 V2.0
118	万达信息股份有限公司	万达博物馆藏品业务管理软件 V1.0
119	上海合合信息科技发展有限公司	合合证照全能王 wm 版证件识别软件 V2.6.4
120	上海百胜软件股份有限公司	百胜 eFAST 电子商务管理软件 V2.0
121	上海网波软件股份有限公司	网波水资源管理软件 V1.0
122	上海文沥信息技术有限公司	文沥商家易云服务平台软件+V1.0
123	上海铭创软件技术有限公司	铭创做市商服务平台软件 V2.0
124	上海佳克计算机软件股份有限公司	佳克实物资产全生命周期的数据分析管理软件 V9.0
125	盘石软件(上海)有限公司	盘石计算机现场取证软件 V3.0
126	上海汇付科技有限公司	汇科车汇 E 家营销管理平台软件 V1.0
127	上海互普信息技术股份有限公司	互普网官网络接入管理系统 iMan X3000/V3.6.8
128	东方财富信息股份有限公司	东方财富 Choice 资讯金融终端软件 V1.0
129	上海维宏电子科技股份有限公司	维宏 WISE(维智)系列伺服驱动器控制软件 V1.0
130	维音数码(上海)有限公司	维音数码质量评估软件(简称:VisionQA)V3.0.0
131	维音数码(上海)有限公司	维音数码智能排班软件(简称:VisionWFM)V3.5.0
132	维音数码(上海)有限公司	维音数码交互式应答软件(简称:VisionIVR)V4.0.0
133	维音数码(上海)有限公司	维音数码客户关怀服务应用软件(简称:VisionCCS)V3.0.0
134	上海益盟软件技术股份有限公司	益盟操盘手 L2 资金雷达分析软件

2015年度优秀软件企业家

序号	企 业 名 称	姓 名	职 务
1	上海华东电脑股份有限公司	张为民	总经理
2	上海龙旗科技股份有限公司	徐文军	总经理
3	捷开通讯科技(上海)有限公司	侯世华	总经理
4	上海博达数据通信有限公司	汪 革	总经理
5	上海起凡数字技术有限公司	吴 波	总经理
6	上海中信信息发展股份有限公司	张曙华	总经理
7	上海波克城市网络科技股份有限公司	徐仁彬	总经理
8	上海格蒂电力科技股份有限公司	雷 厉	总经理
9	上海百事通信息技术股份有限公司	冯 勇	总经理
10	上海智翔信息科技发展有限公司	张钦礼	总经理

2015年度明星软件园

2015年度上海明星软件园(领先型)

1	上海浦东软件园	4	上海多媒体产业园
2	上海市漕河泾新兴技术开发区	5	上海创智天地园区
3	上海普天信息产业园		

2015年度上海明星软件园(特色型)

1	上海湾谷科技园	4	上海临港软件园
2	上海徐汇软件基地	5	博济·智汇园
3	上海天地软件园	6	上海国家现代服务业软件产业化基地

特别鸣谢

《2016上海信息化年鉴》组稿与撰稿单位

中共上海市委组织部
中共上海市委宣传部
上海市人民政府办公厅
上海市人民代表大会常务委员会办公室
上海市经济和信息化委员会
上海市水务局(上海市海洋局)
上海市绿化和市容管理局
上海市交通委员会
上海市国有资产监督管理委员会
上海市发展和改革委员会
上海市公安局
上海市监狱管理局
上海市国家保密局
上海市人民检察院
上海市高级人民法院
上海市司法局
上海市财政局
上海市统计局
上海市审计局
上海市工商行政管理局
上海市科学技术委员会
上海市通信管理局
上海市农业委员会
上海市环境保护局
上海市文化广播影视管理局
上海市知识产权局
上海市民政局
上海市体育局
上海市旅游局
上海市国家税务局
上海市地方税务局
上海市质量技术监督局
上海市无线电管理局
上海市新闻出版局
上海市人口和计划生育委员会
上海市民防办公室

上海市商务委员会
上海市住房保障和房屋管理局
中国保险监督管理委员会上海监管局
中国证券监督管理委员会上海监管局
上海邮政公司
“中国上海”门户网站
中国人民银行上海分行
上海市社会保障卡服务中心
上海超级计算中心
上海互联网络交换中心
上海市社区服务中心
上海市计算机病毒防范服务中心
上海市网络与信息安全应急管理事务中心
上海市经济和信息化发展研究中心
上海市数字证书认证中心有限公司(上海 CA 中心)
上海市信息服务外包发展中心
上海市文广影视集团
上海博物馆
上海科技馆
上海市图书馆(上海科学技术情报研究所)
复旦大学
上海交通大学
华东师范大学
上海外国语大学
上海理工大学
上海师范大学
上海体育学院
上海应用技术学院
上海远程教育集团
浦东新区经济和信息化委员会
徐汇区科学技术委员会(信息化委员会)
长宁区科学技术委员会(信息化委员会)
普陀区科学技术委员会(信息化委员会)
虹口区科学技术委员会(信息化委员会)
杨浦区科学技术委员会(信息化委员会)
黄浦区科学技术委员会(信息化委员会)
静安区科学技术委员会(信息化委员会)
宝山区经济和信息化委员会
闵行区科学技术委员会(信息化委员会)
嘉定区科学技术委员会(信息化委员会)
松江区科学技术委员会(信息化委员会)
金山区科学技术委员会(信息化委员会)
奉贤区科学技术委员会(信息化委员会)
青浦区科学技术委员会(信息化委员会)
崇明县科学技术委员会(信息化委员会)
上海市集成电路行业协会
上海市信息服务业行业协会
上海市软件行业协会
上海市通信制造业行业协会
上海市信息家电行业协会
上海市光电子行业协会
上海市信息安全行业协会
上海市交通电子行业协会
上海信息化发展研究协会
上海市信用服务行业协会
上海市信息化培训协会
上海市计算机行业协会
上海市计算机用户协会
上海市电子商务行业协会
上海市无线电协会
上海市业余无线电协会
上海市信息投资股份有限公司
上海市信息管线有限公司

中国电信股份有限公司上海分公司
中国移动通信集团上海有限公司
中国联通(集团)有限公司上海市分公司
中国铁通集团有限公司上海分公司
宝钢集团有限公司
上海理想信息产业(集团)有限公司
中国石化上海石油化工股份有限公司
上海公共交通卡股份有限公司

Shanghai Informatization

索　引

C

D

E

F

G

Q

R

S

Y

浦发银行
小微金融业务

小微企业是国民经济的生力军，在支持经济增长、缓解就业压力、改善经济结构上发挥着重要的作用。早在建行之初，浦发银行就高度重视小微金融服务，将支持小微企业发展定位成一项长期的战略性事业。

2005年6月，浦发银行设立中小客户部专司中小微金融业务；2009年9月，经过中国银监会批准，浦发银行“中小企业业务经营中心”挂牌成立，该机构是上海市场上最早设立的中小企业专营机构，实现了浦发银行中小企业业务管理的专业化和独立化；2012年12月，浦发银行再次明确将中小微业务作为全行五大重点战略突破领域之一；2014年2月，浦发银行在战略上更加专注于小微金融服务，建立小企业金融服务中心，明确以小微企业和个人经营者为浦发银行小微金融的重点服务对象，体现了支持小微、真正服务实体经济的决心和力度。

金融服务创新方面，秉承“笃守诚信、创造卓越”的经营理念，浦发银行积极探索金融创新，以专营机构为载体，以解决中小企业融资难问题为宗旨，积极打造“科技金融”品牌，奠定了浦发银行在科技型中小企业领域的领先地位；2012年年初，浦发银行再推创举，针对小微企业推出“五宝一厂”体系，包括投贷宝、银元宝、银通宝、银链宝、微小宝五大专属系列产品及信贷工厂专门业务系统；2014年，机构整合后，浦发银行在原有开发模式的基础上，进一步创新升级，结合电商金融、互联网融资的发展趋势，全新推出了“银商宝”、“银链宝”、“银元宝”三类实体批量开发方案，以及“电商通”和“网贷通”两类线上批量平台，形成了具有浦发小微特色的“三宝两通”批量开发模式。在搭建批量模式的基础上，浦发银行小微特色产品持续丰富：对于高成长型小微客户，建立“千人千户”培育计划，提供定制化金融服务；对于一般小微客户，则通过“4＋1”小微金融特色产品体系提供标准化金融服务，更贴合小微企业以及企业主的经营特点和实际需求。

2013年10月，为应对小企业持有小额票据难以贴现的困境，在上海市促进中小企业发展协调办公室的牵头指导下，浦发银行与中小办合作设立“上海市小额票据贴现中心”，并形成了“贴现金额全受理、承兑银行全覆盖、服务网点全配套、金融服务全流程”的“四全”模式。其中尤为突出的两点：一是“承兑银行全覆盖”，指小票贴现可受理的承兑银行覆盖了全国所有银行，这一点目前也只有浦发银行能够承诺做到；二是“金融服务全流程”，指浦发银行对于申请贴现的小微企业，配套浦发银行特有的“千人千户”小微成长客户培育计划，为企业及企业主个人提供包括贷款融资、往来结算、资金理财、增值服务等全面全程的一揽子金融服务。

浦发银行小微金融一贯秉持“积小善而臻大成”的经营理念，积极探索小微金融创新。未来，浦发银行将结合移动金融的领先优势和互联网融资的发展趋势，继续保持对小微金融的全心投入，时刻活跃在服务小微实体经济的第一线。

银联智惠

UnionPay Smart

关于我们

银联智惠信息服务（上海）有限公司是中国银联旗下子公司，成立于2012年，建立并不断完善基于消费数据的大数据平台，为银联及合作伙伴提供行业分析、经营决策、商业策略等多方面的大数据应用解决方案。公司成立以来已经在商业零售、餐饮连锁、酒店连锁、汽车、航空、金融等领域形成了特有的服务体系，帮助企业从客户挖掘、市场动态监测、商业策略改善等全方位提升企业经营效率，应对市场变化。

公司已经与众多知名企业达成了战略合作伙伴关系并得到了业界高度的评价。公司是上海市高新技术企业、双软认证企业，获得国家科技部、上海市科委等多项政府资金扶持，2015年荣获由上海市经济和信息化委员会为指导单位颁发的“上海智慧城市建设十大优秀应用”奖项。

 上海市东方路3261号B座25F

 021-31216300

 corp@unionpaysmart.com

中国太平洋保险（集团）股份有限公司是一家以一流的服务质量、一流的工作效率、一流的公司信誉，积极开拓保险服务领域，在审慎决策、稳健经营的前提下，促进和支持国民经济发展和社会全面进步为经营宗旨的现代综合性保险集团公司。

2015年是公司实践转型、打造客户经营模式升级版“棋至中盘”的重要之年，也是集团公司信息技术中心的“安全生产、改革破题”之年。一年来，在集团公司党委和经营管理委员会的正确领导和关心支持下，集团公司信息技术中心坚持以集团党委“抓机遇，重价值，促转型，防风险”十二字方针为指导，立足于建设成为客户经营模式升级的支撑者和卓越运营体系的建设者的基本定位，围绕公司下达的年度重点工作，紧跟移动互联等新技术发展的步伐，以安全稳定、持续创新、用户满意、行业标杆为目标，持续提升IT安全生产能力、项目研发能力、技术整合能力和大数据应用能力，为公司转型战略、响应内外部用户新需求，推动业务流程优化、提升营运生产率等奠定重要的技术支持。

“数字太保”信息技术规划(ITDP2017–2019)

ITDP新三年规划是在“互联网+”和“新国十条”的背景和机遇下，充分应用云计算、大数据、移动互联、社交网络、人工智能等新技术发展红利，全面贯彻集团公司“转型发展，打造数字太保”的发展战略的新一轮IT数字化建设规划。ITDP规划将以客户自服务为主要特征，以直达终端客户的数字化建设为目标，完成多触点客户端应用、高能核心平台、客户数据库及中国太保云的全面数字化支撑体系建设工作。ITDP规划的实施将使公司信息系统的用户支持能级从百万级提升到亿级，服务对象从内部用户扩展到终端客户，从而为公司业务发展注入强劲的数字化内生动力。

建设以客户为中心的新一代车险理赔核心系统（M6项目）

M6项目是集团信息化建设三年规划（ITMP 2014—2016）的重点项目之一，是落实公司战略转型、强化车险理赔全流程管控、打造服务核心竞争力的重要技术平台，是车险理赔条线全面贯彻“搭平台，定规则，装探头，做交警”重点求的基础性工作。该项目经过集团公司信息技术中心和产险公司两年多精心打造，共完成了71个业务模块、1208个用户场景、540条业务路径的开发，实现了与周边46个关联系统、354个内外部交互接口的对接，完成了500余个新老系统数据库表的核对和数据迁移。项目组周密安排，精心组织，开展了10期、500余名骨干的培训，带动公司上万名用户在上线前熟练掌握系统操作。在前期无锡、福建、山东等分公司试点上线的基础上，匹配车商改进程，于2016年1月9日完成了所有六个批次产险各分公司和营运中心的全面推广。

新一代车险理赔核心系统，全面提升了太保车险理赔服务的透明化、流程的标准化、作业的自动化、管理的集约化和业务管理的专业化，将为实现提升车险理赔降成本、优服务、提效率的经营目标提供强大系统支持。

中国太平洋保险（集团）股份有限公司
China Pacific Insurance (Group) Co.,Ltd.

上海新长宁（集团）有限公司

2015 年，新长宁集团完成主营业务收入 26.64 亿元，实现净利润 4 亿元，净资产收益率 8.16%，国资保值增值率 109.79%，上缴国资收益 2157.83 万元，累计发生公益性捐赠、赞助支出 385 万元。集团获上海市重大工程立功竞赛优秀公司二十三连冠，获上海市房地产开发企业 50 强，338 保障房项目获上海市“园林杯”优质工程奖。旧小区综合整治工作有序开展，代建项目稳步推进。6 月 30 日，紫云路人行地下通道项目完成管线复位和道路修复。该项目位于长宁区遵义路、紫云路（茅台路）口，连接 SOHO 绿城广场和上海城三期，是一条横穿紫云路的地下通道，建筑面积约 315 平方米，开挖深度 10.88 米，长度 31 米，内宽 8 米。7 月 1 日，新长宁集团联合九华商业公司以 16.22 亿元竞买取得华阳街道 28 街坊的土地使用权。该地块占地 1.6 万平方米，地上建筑面积 6.6 万平方米。7 月 2 日，新长宁慧生活物业服务平台启动，该平台通过智能互联使物业服务更便捷，融合延伸生活服务，通过“手机 + Web + 管理平台”的形式，发挥手机 APP、微信、网站等线上工具和 962121 热线的优势，结合专业物业管理团队和线下实体中心，增进业主与物业企业互动，实现服务升级与产业升级。7 月 27 日，缤谷大厦项目开工启动，该项目位于威宁路近天山路，新泾镇 171 街坊 5/4 丘 G－08 地块，建筑用地面积约 10684.2 平方米，总建筑面积约 37039 平方米，其中地上面积为 21368 平方米，包含办公、商业和 2000 平方米文化设施，地下两层面积为 15001 平方米，为绿色二星级建筑。7 月，临空 11－3 地块 1－8 号楼完成竣工验收。该项目位于通协路、福泉北路路口，总建筑面积 143317 平方米，其中地上面积 86301 平方米，地下面积 57016 平方米。9 月 21 日，安墁西郊项目第一期别墅开盘销售。该项目由 100 幢独立别墅，11 幢平层公寓以及一幢商业用房组成，占地面积 170956.4 平方米，总建筑面积 10.83 万平方米，容积率 0.496，建筑密度 21%，绿地率 45%。10 月 30 日，西陶浜 B 块二期动迁安置房项目取得竣工备案证，11 月 20 日，取得新建住宅交付使用许可证。11 月 18 日，临空 10－3 地块商业办公用房建设项目 2 号楼和临空 11－3 地块商业办公用房建设项目 6 号楼获由中国施工企业管理协会颁发的“2014—2015 年度国家优质工程奖”。11 月，晨韵公寓开放供应。上海芭蕾舞团、上海歌舞团以单位承租模式租赁晨韵公寓 120 套房源，截至年底，晨韵公寓共计供应房源 157 套，签订租赁合同 143 套，出租率达 91%。截至年底，晨飞、晨和公寓项目共签订租赁合同 726 套，出租率达 92%，新泾北苑、剑河家苑共计回租 306 套公租房房源，100% 入住。年内，江森自控亚洲地区总部大楼项目获中国首个 EDGE 设计阶段认证奖（Excellence in Design for Greater Efficiency 优秀高能效设计）。该奖项是世界银行集团推出的一个绿色建筑认证体系，关注 100 多个新兴经济体中高效利用资源的建筑设计，主要由瑞士经济事务国务秘书处 (SECO) 资助。年内，江苏北路西块基地征收完成 12 证，完成比例 10%，已签未搬余 10 证。年内，集团各物业公司新接管产业 39.2 万平方米，其中非居住类物业 22.3 万平方米，公租房等保障性住宅 4.8 万平方米，存量商品房 10.8 万平方米，售后房 1.3 万平方米，同期调整退出物业管理项目 3 个，建筑面积 3.4 万平方米，截至年底，管理产业总量 1176 万平方米。

图一

图二

图三

图一：新长宁慧生活物业服务平台启动仪式

图二：临空11-3地块建设项目获国家优质工程奖

图三：公租房晨韵公寓开放供应

上海青浦工業園區

SHANGHAI QINGPU INDUSTRIAL ZONE

上海青浦工业园区是1995年11月25日，经上海市人民政府批准成立的九大市级工业开发区之一。规划面积16.1平方公里，区域范围东至油墩港、南至上达河、西至青赵路、北至北青公路，是上海通往江苏、浙江两省的交汇点，不仅位于长三角“之”字型经济圈的交接处，而且是长三角制造业产业带的中心，具有承东启西、东联西进产业带的枢纽作用和对长三角、华东地区的辐射作用。

经过20年的发展，上海青浦工业园区基础设施配套完善，在园区已开发区域内的基础设施配套已达到“九通一平”的能力，开发建设已具有一定规模，并接近国际化标准水平，已成为上海西部地区中外客商最好的投资热土。目前，园区已形成了以德国海德堡印刷设备为代表的印刷传媒产业，以日立电梯设备为代表的精密机械产业，以腾讯云计算中心、日本NEC光电为代表的电子信息产业，以高田汽配为代表的汽车零部件产业，以美国英威达、日本尤尼佳为代表的纺织新材料产业，成功引进日本尤妮佳、日本天田等2个青浦区首家中国区总部，美国派克汉尼芬、南大苏富特等9个项目相继获得上海市高新技术产业化认定，为园区的转型发展奠定了扎实基础。为呼应产城联动，坚持高品质开发，引进深圳卓越集团对中央商务区进行开发，正打造成以卓越世纪中心为主体的业态合理、功能齐全、综合配套、环境高雅的商业商贸中心，进一步完善园区的产业发展环境和功能配套，优化园区的投资环境。园区综合实力、社会形象不断提升，连续两年被评为“上海市品牌园区”。

为适应新形势、谋求新发展，上海青浦工业园区提出大力发展总部经济和生产性服务业。将以上海淀山湖生产性服务业功能区为载体，以淀山湖总部基地城市规划为引领，以跨国公司地区总部和国内外龙头企业为标杆，依托园区坚实的内外资实体型企业和巨大的民营经济基础，将功能区打造成园区转型发展的示范区、经济效益的高产区、才智集聚的智慧之谷、活力集聚的动力之湾、人气集聚的生态之园。截至2014年年底，总部基地已累计实现投资145亿元，累计固定资产投资达到50亿元。2014年，总部基地企业合计完成营业收入121亿元，纳税9.4亿元。目前淀山湖总部基地一区项目正在全力推进中，预计2017年投运，这一项目的建成将进一步完善淀山湖生产性服务业功能区的配套，为研发总部项目提供物理空间。

目前，园区上下充分发扬“团结、高效、务实、奉献、廉洁”的园区精神，紧紧围绕创新驱动、转型发展，坚持突出重点不变调、攻克难点不懈怠、打造亮点不放松，以实干精神和认真态度，关注“三个转变”（在产业上向“优二强三进四”转变、在规划上向产城融合转变、在经营上向多元化投资转变），做到重点项目有推进，重点区域出形象，重要指标稳增长。积极规划“一廊”、“一片”、“一区”、“一批”，使之成为园区产城融合的新地标、示范区、主战区和集聚区，打造一个富有活力、拥有实力、积聚潜力、彰显魅力的“升级版”园区。

上海嘉定工业区经济发展有限公司

上海嘉定工业区经济发展有限公司成立于1995年，注册地位于上海市级工业园区——嘉定工业区叶城路925号，是上海嘉定工业区开发（集团）有限公司旗下全资国有企业。

自成立以来，公司一直致力于打造职业化的专业招商、服务机构，为中外客商提供良好的产业招商及财政扶持政策，营造科学、持续、和谐发展的投资环境，奉献优质高效的工商、税务等办证办照、协调服务体系。经过二十余年的发展，已逐步壮大成为嘉定区税收总量第一、服务优质、知名度较高的经济园区。

自成立以来，在公司历任领导的带领下，不断开拓招商领域、勇于创新招商方式，依靠全体员工的不懈努力，赢得了众多投资者的信任，集聚了9600余户中外企业的落户，行业集聚汽车零部件研发、制造、销售，电子商务、文化创意、信息软件等。2015年，公司完成税收总量45.5亿元，成为嘉定区第一个税收突破40亿元的经济小区。近年来，公司按照嘉定工业区党工委、管委会、集团公司的总体部署与要求，潜心钻研新兴产业领域的招商，努力转变招商方式，大力推动电子商务、文化创意等新兴转型产业在园区的发展，引进了京东华东总部、国美在线中国总部、新蛋中国、聚美优品、际恒品牌、安瑞信杰、盟博中国、宝迪广告等一批知名电子商务和文化信息创意产业企业。正是由于产业的集聚效应，2012年，嘉定工业区被评为第一批国家级电子商务示范基地和国际级广告示范园区。上汽变速器、小糸车灯、麦格纳斯太尔、埃贝赫汽车排气系统等一大批汽车及部件研发、制造企业相继入驻。2012年，公司顺利引进了沃尔沃汽车中国销售中心、依维柯商用车中国总经销等著名品牌整车销售企业，形成了以汽车及其零部件制造、整车销售为中心的汽车产业群。

公司已连续8年荣获嘉定区经济小区特别贡献奖；公司招商部已连续7年荣获“嘉定区先进集体”称号，荣获“2011-2012年度嘉定区青年文明号”称号。

公司一贯秉持“需求服务”的理念，凭借良好的政策、更好的服务，为企业创造良好的发展空间。公司在北京、上海、广州等地均设有办事处，方便企业办事，协调解决企业需求。

我们诚邀广大中外客商投资前来嘉定工业园区实地考察、投资落户。我们将从您的需求出发，为您提供专业、优质的服务，为您的投资发展出谋划策。

衷心感谢社会各界对公司的关心与厚爱！热忱期待在以后的成长之路上与您交集，共同成就我们更为辉煌的明天。

地　址：上海市嘉定区叶城路925号　　电　话：69526583　　邮　编：201821

携手双赢 · 同创和谐

中国石油西气东输管道（销售）公司

PetroChina West East Gas Pipeline Company

总经理、党委书记 李文东

站内巡检　抢修演练

管道保护　夜间作业

用户座谈　企业文化

中国石油西气东输管道(销售)公司，是中国石油天然气股份有限公司直属的地区公司，负责辖区内西气东输管道工程建设、生产运营管理和天然气市场开发与销售等业务。

西气东输管道分公司和西气东输销售分公司实行合署办公，注册地在上海。目前，公司在上海机关设14个职能部门和1个附属机构，下设14个地区管理处，1个市场开发与销售部，1个计量测试中心，1个科技信息中心，3个工程项目部，4个股权管理单位；管理2个国家石油天然气大流量计量站天然气流量分站（南京、广州），共有员工3500余人。

公司运营管理2条干线管道（西气东输一线59#阀室-上海段、西气东输二线68#阀室-广州段）、9条支干线、7条联络线、16条支线、长宁兰银线（甘宁交界至银川段）和香港支线，管道总长11016.9公里；2座地下储气库（金坛、刘庄）、1个计量测试中心、157座站场。管线途经14个省（市、自治区）和香港特别行政区，下游销售及分输用户达320家，供气范围覆盖西北东部、中原、华东、华中、华南地区，并向华北、西南地区转供天然气，形成了塔里木、柴达木、长庆、川渝四大气区以及中亚、中缅、进口LNG联网供气格局。

西气东输自正式投入运行以来，在上海市经济信息化委、中国石油天然气集团公司党组、中国石油天然气股份有限公司管理层的正确领导和亲切关怀下，在工程建设、生产运行、市场销售同步进行的较大压力和繁重任务面前，紧紧围绕确保管道安全平稳高效运营这一中心，坚定不移地抓好管道运营和市场销售主营业务，持续深化经营管理，不断加强党建和精神文明建设，圆满完成了各项业绩指标。十余年来，公司累计实现天然气管输商品量近2700亿立方米，使天然气在我国一次能源消费结构中的比例提高1个百分点以上，占我国新增天然气消费量的50%，较好地履行了政治责任、社会责任和经济责任，为促进天然气工业和地方经济发展，调整能源结构、改善生态环境、提高人民生活质量做出了贡献。公司先后荣获全国“五一劳动奖状”，首届“国家环境友好工程”、“国家开发建设项目水土保持示范工程”和“新中国成立六十周年百项经典暨精品工程”称号。西气东输管道工程通过国家验收。“西气东输工程技术及应用”项目荣获2010年度国家科技进步一等奖，公司参与项目“我国油气战略通道建设与运行关键技术”荣获2014年度国家科技进步一等奖。公司项目《超大型天然气长输管道复杂工程建设与运营管理》获第十九届国家级企业管理现代化创新成果一等奖。

中船航海科技有限责任公司
CSSC MARINE TECHNOLOGY CO.,LTD

企业简介

联系我们　地址：上海市金桥路525号　电话：13818237416

航海导航产业领域的旗舰企业

中船航海科技有限责任公司隶属于中国船舶工业集团公司，

是集团在航海导航产业领域的旗舰企业，

也是我国导航和机舱自动化设备、

船舶导航系统集成、航海与北斗运营服务

以及配套装备贸易的重要科研生产基地之一。

上海总部

北京研发中心

航海运营服务平台

五家单位签订全面战略合作协议

中船与中国气象局、

国家海洋局、中科院遥感所、

中远集团共同携手，

面向航运服务产业积极推进全面战略合作。

获奖产品

运输船队管理与保障系统

该系统依托航海运营服务平台

研制而成，

通过“互联网+航运”为海上运输

船舶提供实时船队管理、

航行保障和海洋信息服务，

目前已在中远等

大型远洋运输企业初步应用。

上海中核浦原有限公司

上海中核浦原有限公司，是中国核工业集团公司在沪子公司，隶属于中核集团所属中核控股板块，是以仪器仪表制造、进出口贸易和不动产经营为核心业务的高科技投资控股公司。

中核浦原公司坚持自主创新、锲而不舍、攻坚克难，在仪表制造业拥有18项专利，创造了多项国内第一，积累了丰富的工程应用业绩，产品广泛应用于核电、核燃料、中石油、中石化等工程。

中核浦原公司贸易业务成功进入日本、欧盟等跨国公司供应链。为上海电气集团、东方电气集团等大型设备制造企业，以及大众汽车二期工程、广东省石化工程等国内外重点工程提供良好的物资供应服务。

中核浦原公司不动产经营板块核心——浦原科技园区，先后吸引50多家信息、通讯等IT企业入驻，获得徐汇区四星级产业园区和上海市创意产业聚集区称号。

秉持中核集团“开放、包容、合作、共赢”的经营理念，浦原公司在“十三五”期间，将继续坚持走“专业化发展，特色化经营”的道路，创新突破、转型升级、加快发展。

中核浦原公司2015年实现营业收入49.8亿元，实现利润6077万元。

“十三五”发展目标：

树立“创新、协调、绿色、开放、共享”发展理念，坚持“稳中求进”的工作总基调，立足现有的产业基础，保存量，谋增量，保持经济稳步增长。全面落实中核集团公司深化改革要求，推进股权改革、人事体制改革，以“改革”促“发展”。围绕中核集团公司战略布局和中核控股发展规划，推进仪器仪表“专而强”、国内外贸易“大而优”、不动产经营“创品牌”，推动公司转型发展，延伸产业发展空间，实现“十三五”改革发展新跨越。

到2020年，争取将中核浦原公司建设成为中核集团公司核仪器设备集成供应平台，设备物资供应的重要渠道，做大做强贸易产业的主力军，成为中核集团公司在上海的“区域投资管理公司”；成为对外具有影响力，对内充满活力，具有核心竞争力和服务核工业能力的现代企业。

企业宗旨：科技兴业，服务中核。做强做大高科技流量仪表系列产品，成为中核集团核仪器仪表的供应商和主渠道。展示中核集团在沪窗口单位形象，为中核集团实现战略目标，提供优良服务。

企业精神：锲而不舍，敬业奉献。无论前进的征程中有多少艰难险阻，都不能阻挡我们勇往直前的坚定步伐；诚心尽力，以中国核事业的强盛为己任，为浦原的发展壮大作贡献。

企业理念：创新是魂，人才为本，和谐奋进。创新是企业发展之魂，勇于创新，善于创新，在竞争中立于不败之地。创建人尽其才、才尽其用的良好机制，将育人、用人同企业的发展融为一体，为建设浦原的美好未来携手并进。

海螺

上海海螺服饰有限公司

上海海螺服饰有限公司起源于1950年9月，前身为荣新内衣厂，1966年更名为上海第二衬衫厂，1998年定名为上海海螺服饰有限公司，是上海龙头（集团）股份有限公司旗下的全资子公司，企业注册资本17800万元。

上海海螺服饰有限公司是专业生产销售中高档衬衫、西服、夹克、时装及休闲服等系列产品的服饰企业，早在1998年，公司就通过了ISO9002质量管理体系认证，2010年公司被认定为“上海市企业技术中心”，2011年被国家商务部授予“中华老字号”荣誉。近几年连续蝉联上海市文明单位称号并被授予“纺织安全生产标准化一级企业（第一批）”。

公司终保持国内领先的现代化管理优势，加强信息化建设和管理，将信息化建设融合到公司对内对外的建设中，建立完善以营销供应链系统（SCM）为主的信息化系统，统一财务软件，建立集中的财务管理平台；充分利用互联网资源优势，加快推进B2C网络直销业务，周密策划，探索研究网络增量销售的新盈利模式，全力促成局部突破。

上海海螺服饰工厂车间

全面建立完善以营销供应链系统为主的信息化系统，通过管理系统及业务板块系统的建设，逐步推进与实施，优化升级，完成从单体项目走向系统集成，从系统集成走向信息的快速采集分析，实现集约、实用、统一、规范的目标，为企业战略服务。

海螺服饰目前拥有海螺（CONCH）、金海螺（GOLD CONCH）、高马仕（GERMES）、绿叶、箭鱼等品牌。迄今为止海螺品牌已先后获得国家金质奖、中国名牌产品、中国驰名商标、国家免检产品、上海市著名商标、上海名牌产品、中国最具市场竞争力品牌等殊荣。2014年获“上海名牌辉煌之星”称号。在世界品牌实验室公布的2015年中国500最具价值品牌排行榜中，“海螺”品牌位列第479，品牌价值为32.11亿元，较2014年提升4.19亿元。

上海沪太路专卖店

2015年9月2日，国家主席习近平在钓鱼台国宾馆会见来华出席中国人民抗日战争暨世界反法西斯战争胜利70周年的外国友人和国际组织负责人，海螺高端品牌“金海螺（Gold Conch）”牌宴会厅工作人员服装首次亮相，在原有海螺工艺的基础上研究设计，逐步完善不同品牌的差异化定位和消费群定位，实现工艺技术突破，为中高端量身定制奠定了基础。在上海纺织的带领下，海螺服饰积极配合打造“国际化与高品位的融合”设计，最终确定了12个系列6款颜色的服装设计，体现出中华民族的大气和典雅，为“老字号”民族品牌传承创新再次获得国际的认可，为海螺进军国际市场打开了新的局面。对于海螺企业而言，亦是一个良好的发展契机。

海螺品牌60多年的历史，凝聚的是几代海螺人“追求卓越、永不自满”的企业精神，在传承和创新中，赋予海螺新的内涵和活力。不管岁月如何变迁，品牌永远坚守勤勤恳恳“为国人做更好的衬衫”的使命。

上海中山西路专卖店

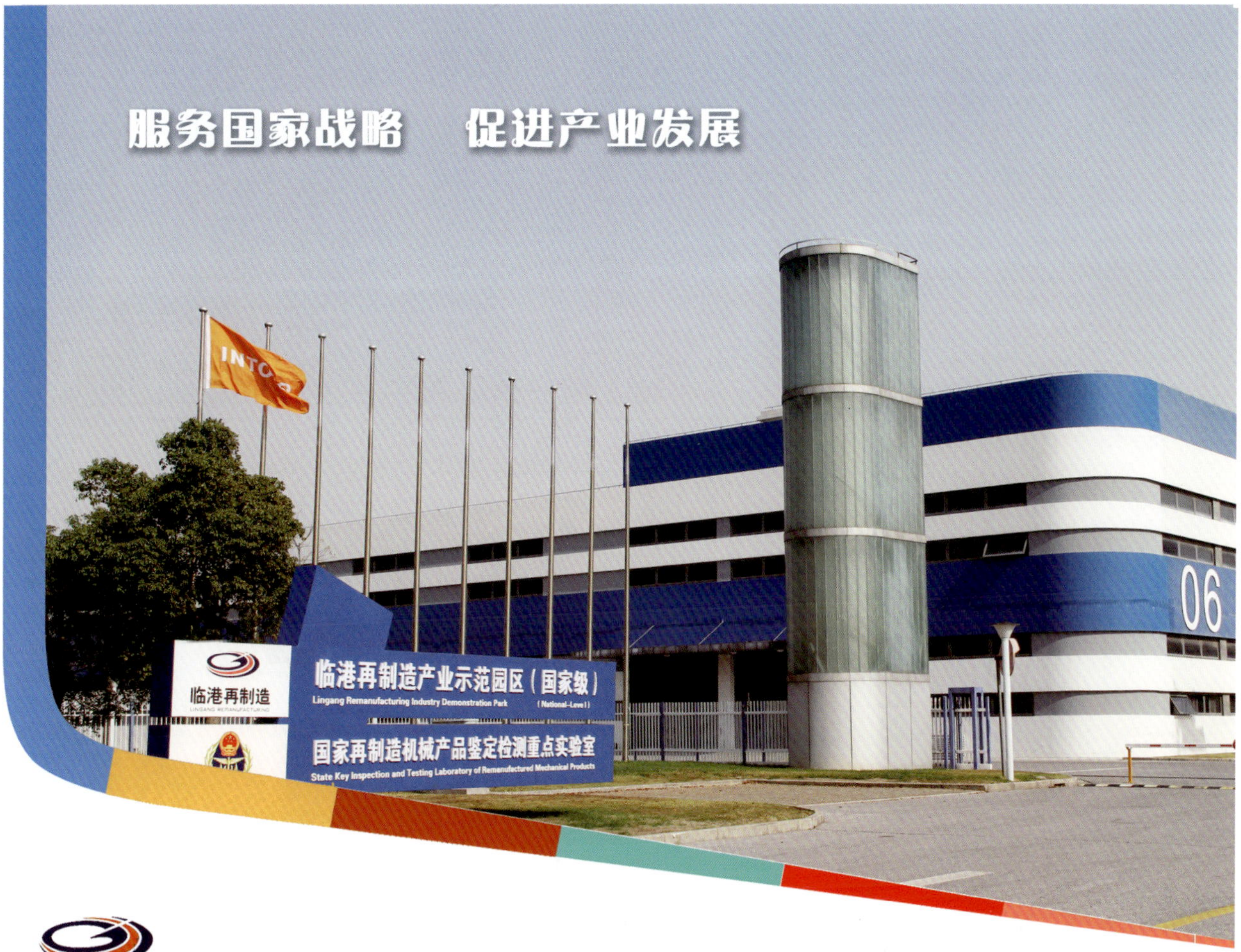

服务国家战略　促进产业发展

上海临港国家级再制造产业示范园区

上海临港国家级再制造产业示范园区（简称“临港再制造园区”）地处长江口、杭州湾交汇处，是上海临港产业区为落实中国把再制造产业作为循环经济发展重点内容的要求而专门规划建设的国家级再制造产业示范基地，承担着探索建立具有中国特色的再制造产业体系、推动中国再制造产业又好又快发展的示范重任。

目前，临港再制造园区已获得国家发改委“国家再制造产业示范基地”、工信部“国家机电产品再制造产业示范园”、质检总局“全国入境再利用产业检验检疫示范区”和环保部“进口废汽车压件集中拆解利用示范园区”的批复。

临港再制造园区总规划占地面积2平方公里，位于临港重装备产业区，将建设成为集先进的工程机械、航空发动机、医疗器械、汽车发动机和变速箱等汽车关键零部件再制造于一体的产业集聚区，并同步建设国家机械产品再制造检测鉴定重点实验室、技术研发中心、人才培训基地、展示中心、集中清洗中心和数据中心等公共服务平台。

CSSC | SWS 上海外高桥造船

上海外高桥造船有限公司成立于 1999 年，是中国船舶工业集团旗下的上市公司中国船舶工业股份有限公司的全资子公司。公司全资拥有上海外高桥造船海洋工程有限公司，控股上海江南长兴重工有限责任公司、上海外高桥海洋工程设计有限公司、上海中船船用锅炉有限公司、中船圣汇装备有限公司。自 2005 年起，公司造船总量和经济效益连续多年位居国内造船企业前列。2015 年，公司造船完工总量，新船接单量和交付订单量排名世界前五，在国际船舶建造行业强势领跑，被誉为“中国第一船厂”。

公司主要经营范围覆盖民用船舶、海洋工程、船用配套、能源及化工装备设计、制造等领域。公司累计承建并交付的好望角型散货船占全球好望角散货船船队比重的 14%，是中国船舶出口“第一品牌”；30 万吨级超大型油轮 VLCC 累计交付量占全球 VLCC 船队的 8.3%；公司已交付 3 艘 18000TEU 超大型集装箱船和 8 条 8.3 万立方米大型液化气运输船。在建的民用产品还有 20000TEU 和 21000TEU 超大型集装箱船，苏伊士油轮和冰区加强型阿芙拉油轮等。在海工装备领域，公司承建的产品有海上浮式生产储油轮（FPSO）、深水半潜式钻井平台、自升式钻井平台（Jack-up）、深水钻井船、海工辅助船（PSV）等。截至 2015 年年底，公司累计交付的各类船舶、海工产品超过 370 艘（座）。

公司已先后通过 ISO9001、ISO14001、OHSAS18001、ISO50001 和两化融合管理体系五大体系审核认证，正逐步形成市场、科研、生产一体化的技术创新机制，企业的市场竞争力不断增强。

公司积极倡导“员工与企业共同发展”的价值观，大力弘扬“学习创新、务实执行、和谐发展、追求卓越”的企业精神，推行绿色造船，创立安全环境，建造优质产品，在推进建立现代造船模式的进程中，走出了一条锐意进取的跨越式发展之路。

欧冶电商|上海钢铁交易中心

欧冶电商前身是由国内钢铁巨头宝钢集团和上海市宝山区政府在2013年5月共同筹建的上海钢铁交易中心，它凝聚了宝钢数十年来在钢铁制造、贸易和电子商务方面的智慧，结合最新的信息和网络技术，按照“政府推动、社会参与、企业运营、多元合作”的原则，为钢铁行业上下游客户提供在线交易、资金、物流、加工、技术、信息等全流程、一站式的服务，力争成为国内领先的第三方钢铁B2B电子商务平台，助力中国钢铁流通行业通过电子商务实现产业升级。

欧冶电商平台目前拥有钢铁行业各类用户4.1万家，国内主流钢厂几乎都在平台实现了交易，年交易额过430亿元。随着平台和用户的日趋成熟，欧冶电商逐步形成了供应链上下游企业频繁往来的交易圈、社交圈，让传统的钢铁贸易变得安全、简单而有趣，为中国钢铁产业的创新转型探索出了一条全新的道路。

欧冶电商将基于规模化的实盘交易形成钢铁交易和服务的“上海价格”和“上海标准”，构建了现代化钢铁供应链服务体系，引领钢铁流通变革，提高钢铁流通效率，提升钢铁服务业水平，更好地集聚产业优势、资源优势和区位优势，充分发挥示范带动作用，以创新的商业模式拉动制造与服务的结合，实现“二三产业联动”，引领中国钢铁工业转型升级。

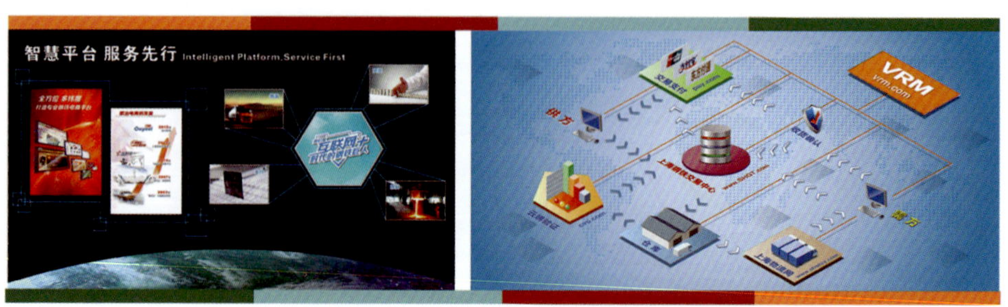

徐家汇商城

www.xjh.com

智慧商圈建设新里程

徐家汇商圈O2O平台联通联动线上线下

徐家汇智慧商圈建设六大板块内容包括商圈 WiFi 覆盖、PC 的 O2O 平台运营、APP 功能拓展、E 卡通虚拟化、智能设备铺设以及大数据分析。工作取得阶段性成果，2015 年先后获得上海首批智慧商圈创建活动试点区域授牌和上海智慧城市建设十大创新应用奖。

徐家汇商城集团电商公司以“引导、引领商圈，服务商圈，和商共赢”的宗旨，打造“你上线、我服务，我搭台、你唱戏”的商圈氛围。徐家汇商圈定向挑战赛品牌活动更是践行徐汇区“十三五”规划之“创新徐汇”、“幸福徐汇”、“文化徐汇”和“美丽徐汇”的新突破。

徐家汇商圈荣获2015上海智慧城市建设十大创新应用奖

在徐家汇 畅享沪上 最大的

免费商圈 WiFi

特种钢板生产线

合金钢棒材生产线

特种无缝钢管生产线

特冶锻造生产线

特殊钢线材生产线

连铸合金圆坯生产线

江阴兴澄特种钢铁有限公司

中信泰富特钢集团（简称中特集团），是中国中信股份有限公司全资子公司，下设江阴兴澄特种钢铁有限公司、湖北新冶钢有限公司、大冶特殊钢股份有限公司、铜陵泰富特种材料有限公司和扬州泰富特种材料有限公司，形成了沿长江流域产业链的战略布局。

中特集团具备年产900万吨优特钢生产能力，工艺技术和装备达到世界先进水平，是目前全球钢种覆盖面大、涵盖品种全、产品类别多的精品特殊钢生产基地，拥有合金钢棒材、特种中厚板材、特种无缝钢管、特冶锻造、合金钢线材、连铸合金圆坯“六大产品群”以及调质材、银亮材、汽车零部件、磨球等深加工产品系列，品种规格配套齐全、品质卓越并具有明显市场竞争优势，产品畅销全国并远销美国、日本以及欧盟、东南亚等60多个国家和地区，赢得了一大批国内外高端用户的青睐。

中特集团秉承“诚信、高效、创新、超越”的理念，以造福社会为己任，努力建设环境友好型、资源节约型和社会和谐型企业，着力打造全球最具竞争力的特钢企业集团。

中特集团真诚与海内外各界朋友共创美好未来！

中特集团总部
电话：021-61713366　传真：021-61710111
地址：上海市南京西路1168号中信泰富广场15楼　邮编：200041
网址：www.cp-ssteel.com

中特集团兴澄特钢
电话：0510-86193388　传真：0510-86191400
地址：江苏省江阴市滨江东路298号　邮编：214429
网址：www.jyxc.com

中特集团新冶钢
电话：0714-6297888（总机）　0714-6297777（销售）
传真：0714-6297792（总经办）
地址：湖北省黄石市黄石大道316号　邮编：435001
网址：www.xinyegang.com

湖北新冶钢有限公司

欧冶物流 Ouyeel 上海欧冶物流股份有限公司

2015 年年初，宝钢集团和宝钢股份共同出资20 亿元注册资本成立欧冶云商股份有限公司。上海欧冶物流股份有限公司（以下简称：欧冶物流）注册资本 5.5亿元， 欧冶云商占65%，宝钢国际占35%。公司愿景：立足钢铁流通领域，以互联网及物联网技术为手段，构建集仓储、运输、加工、配送等服务为一体的钢铁物流生态圈，为钢材供应链各相关方提供高效、便捷、可靠的物流服务产品和交易平台。

2015年3月，公司启动第四方钢铁物流平台建设，通过平台为用户提供钢铁物流整体解决方案。公司目前拥有欧冶运帮、欧冶云仓两大智慧物流平台产品，通过GPS 、RFID 、PDA、智能终端、视频监控等互联网、物联网技术，提高物流作业的智能化和自动化，为用户提供完美的物流服务体验。公司也将在促进物流行业标准、推进钢铁供应链协同、带动物流产业升级、促进钢铁产业的发展等方面发挥一定的引领作用。

欧冶运帮：以钢铁物流运能交易为核心，通过平台进行物流资源匹配，提供运输交易的最优方案，满足不同交易用户和物流承运商的个性化服务需求，打造钢铁领域的一站式物流服务平台，提升物流服务效率、降低物流成本。

欧冶云仓：以SAAS模式的统一信息系统为支撑的1000余家实体仓库构成平台运转的基石，为货主与仓库之间架起在线互通的桥梁。平台通过运营坐席制为每个客户提供贴身秘书式服务，并为用户提供一键预约、图片识别等便捷的前台操作方式，同时提供一系列仓库端及货主端的增值服务，包括快捷便利的支付模式， 加快仓库作业速度和货主提货速度， 提升用户体验。

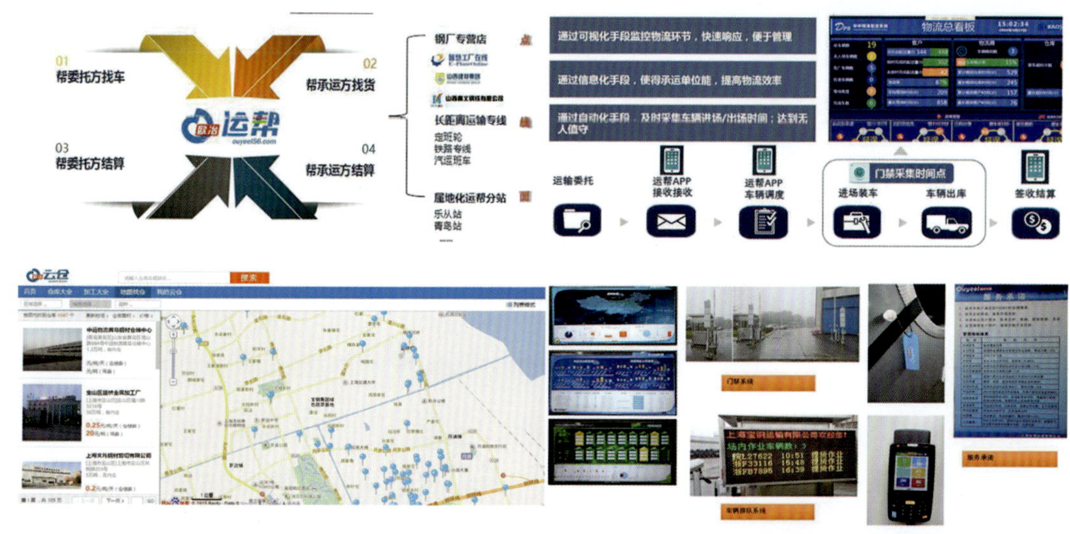

公司简介 云物业 云社区 云服务

上海银湾生活网络股份有限公司下辖国家一级物业管理资质的物业企业三家，主营全国中高档住宅小区的物业管理和社区综合服务，现管理住宅项目850个，管理面积1.2亿平方米。

公司始终秉承“服务无限，价值无限”的企业文化和经营理念，积极探索社区服务创新经营模式，以物业为载体、以社区为资源、以互联网为工具，不断加大技术研发投入，提升企业信息化水平和经营管理科技水平。自主研发了银湾社区生活网、银湾云APP为载体的社区O2O综合服务平台以及智慧社区SAAS服务平台，将传统物业管理、社区服务、移动互联网、在线支付、在线客服、车牌识别、智能门禁等诸多业务与技术整合在一个云平台上，以全地域、全行业、全免费、全开放的模式帮助行业内物业企业建立数字化的智慧社区服务体系，促进企业向现代服务业的转型升级，提升服务效率，提高服务质量，面向社区居民提供优质便捷服务。同时通过软硬件系统结合，利用物联网技术，助力智慧社区、智慧城市建设。

APP介绍 共筑社区服务平台，惠及中国千万业主

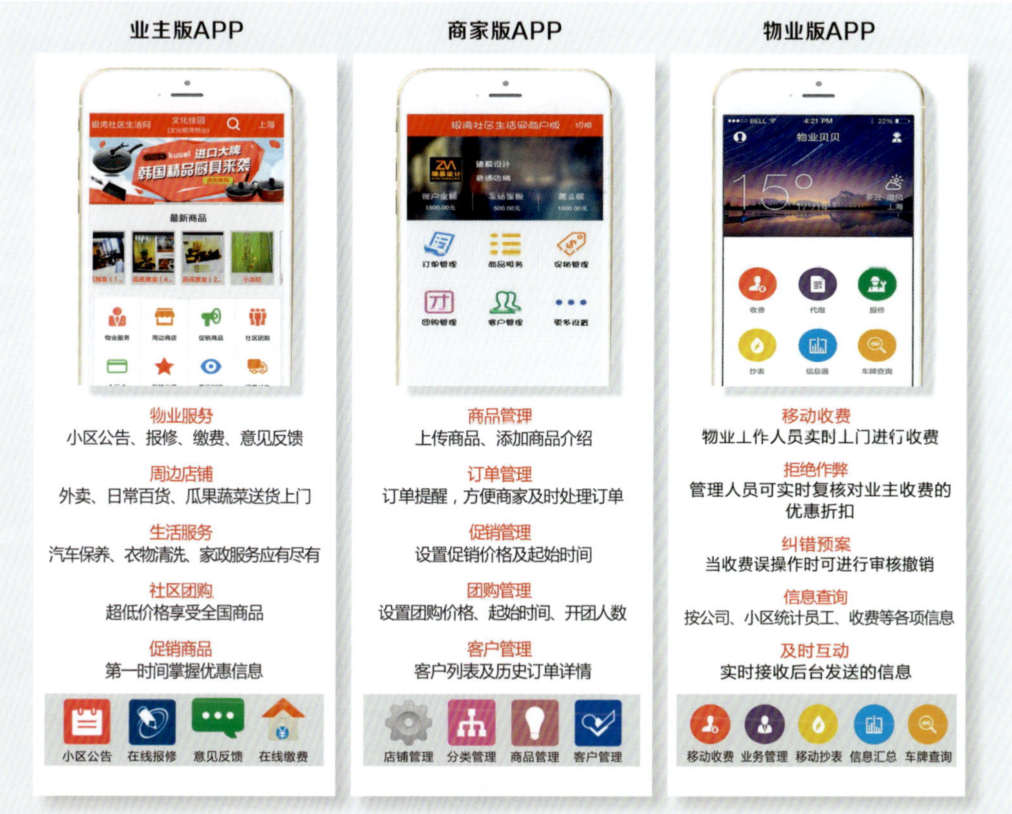

川沙欢迎您

CHUANSHA NEW TOWN

为支持配合迪士尼和国际旅游度假区建设，提前做好应对迪士尼大客流的准备，针对镇政务办公、城市安全、社区服务等方面相对落后的现状，川沙镇在 2013 年 9 月份正式启动了“智慧川沙”建设，并于 2014 年 11 月，被上海市经济信息化委纳入本市智慧社区建设第三批试点单位。

按照国家发改委、工信部等八部委联合下发的《关于促进智慧城市健康发展的指导意见》和上海市《推进智慧城市建设2014-2016年行动计划》，川沙镇积极开展了“智慧川沙”建设工作。与中兴公司、上海电信签订《战略合作协议》，采用“企业建设、政府租赁服务”的商务模式，通过集中式、统筹型建设，提高政府资金使用效率，缓解财政投入压力，解决政府缺乏技术、缺乏人才的困难，减少政府人员配额，降低政府管理成本。

目前，“智慧川沙”各项建设工作正在加快推进中。主要是制定《“智慧川沙”总体规划》，按照“统一规划、分步实施”的原则，设定三个阶段。第一阶段是起步期，主要是基础建设及与迪士尼开园密切相关的项目，包括智慧云平台和数据中心，主要是整合现有资源，争取上级部门的支持与社会的参与，全面建设智慧镇。第二阶段是发展期，主要是依靠社会投入，依托川沙智慧基础设施的完善及体制机制的健全，吸引更多的智慧项目聚焦川沙。第三阶段是成熟期，主要包括平安城市、智慧环保、智慧社区、智慧产业、智慧旅游等内容。目前，正在开展第一阶段工作。

活力之都　魅力川沙

CHUANSHA NEW TOWN

*** 开展智慧云平台和数据中心建设**　建立大数据分析功能，对舆情、环境、能源、民生等方面进行及时有效的监督管理。采用“效率川沙”这一全新的政府内部沟通协同智能终端应用（APP），改进“移动办公”方式，提升政府办公效率。

*** 开展平安城市建设**　在川沙17个老旧小区，建立统一监控体系，由物业公司进行监督管理。系统具备智能抓拍、周界防范等功能，接入云平台。若发生小区物业不能处理的情况，可上报镇指挥中心统一调度。

*** 开展智慧社区建设**　在迪士尼项目居民安置的川迪一、二、三居民区进行试点，对社区具体需求和服务资源进行整合，以便多种生活服务实现“一站式”。同时，将社区的公共服务和商圈服务进行结合，对不同群体，采用多种接入方式。

*** 开展智慧产业建设**　加快推进软件园的规划建设，完善配套设施，为数字产业项目落实创造条件；推进经济园区、鹿园都市工业园区的产业转型升级，推进光电子产业园规划建设，重点发展新信息技术等战略性新兴产业；试点启动智慧人才创业园区建设，开展信息服务业人才集聚工程。

*** 开展智慧旅游示范镇建设**　以旅游产业与现代信息通信产业的融合发展为核心，建立旅游智能服务平台，提升旅游信息服务的系统智能化、服务全程化、内容个性化、方案整体化水平。按照《浦东新区美丽乡村创建工作实施方案》，发挥川沙在迪士尼市民农园板块中的优势，围绕水生态环境良好的五灶港及其相连的五纵五横河道，加快该区域建设，营造一流的五灶港十里水乡田园风光。

川沙镇力争通过“智慧川沙”建设，有效整合资源，提高政务服务能力，加快产业转型升级，提高为迪士尼和国际旅游度假区服务的保障能力。

连民村美丽乡村建设

图书在版编目(CIP)数据

2016上海信息化年鉴/《上海信息化年鉴》编纂委员会编.—上海:上海人民出版社,2016
ISBN 978-7-208-13958-9

Ⅰ.①2… Ⅱ.①上… Ⅲ.①信息工作-上海市-2016-年鉴 Ⅳ.①G202-54

中国版本图书馆CIP数据核字(2016)第162392号

责任编辑 鲍 静
封面设计 零创意文化

2016上海信息化年鉴
《上海信息化年鉴》编纂委员会 编
世 纪 出 版 集 团
上海人民出版社出版
(200001 上海福建中路193号 www.ewen.co)
世纪出版集团发行中心发行 浙江新华数码印务有限公司印刷
开本 787×1092 1/16 印张 39.75 插页 36 字数 828,000
2016年9月第1版 2016年9月第1次印刷
ISBN 978-7-208-13958-9/Z·200
定价 360.00元